RACINES DE LA LANGUE GRECQUE

POUR SERVIR

A L'HISTOIRE DE L'ORIGINE ET FORMATION DU LANGAGE

PAR

M. ÉTIENNE DE CAMPOS LEYZA

BORDEAUX

IMPRIMERIE GÉNÉRALE D'ÉMILE CRUGY
16, rue et hôtel Saint-Siméon, 16

1874

ANALYSE ÉTYMOLOGIQUE

DES

RACINES DE LA LANGUE GRECQUE

ANALYSE ÉTYMOLOGIQUE

DES

RACINES DE LA LANGUE GRECQUE

POUR SERVIR

A L'HISTOIRE DE L'ORIGINE ET FORMATION DU LANGAGE

PAR

M. ÉTIENNE DE CAMPOS LEYZA

BORDEAUX

IMPRIMERIE GÉNÉRALE D'ÉMILE CRUGY

16, rue et hôtel Saint-Siméon, 16

1874

INTRODUCTION

La science admet aujourd'hui comme un axiôme fondamental que le langage humain a dû commencer par l'onomatopée. Les philologues et les étymologistes des temps modernes ont écrit sur ces branches importantes de la philosophie et de la grammaire des pages admirables, de magnifiques théories; mais il faut convenir que, quand ils en sont venus à l'application, ils y ont échoué, pour la plupart, d'une manière tout aussi déplorable que les écrivains de l'antiquité qui, ayant voulu s'essayer sur ces matières, ne nous en ont laissé que de bien pitoyables et ridicules échantillons.

De cet état de choses, il faut s'en prendre en grande partie à l'époque reculée où ils ont vécu, époque où l'érudition, la science et surtout la critique se trouvaient dans les langes; car il arrive à l'humanité, comme à l'individu, que plus elle vit plus elle voit, et que plus elle voit plus elle apprend. Mais on doit en accuser aussi cette indifférence remarquable que les esprits éminents de l'antiquité ont affectée pour l'étude de la nature. La poésie, l'éloquence, la politique, les beaux-arts, nous ont laissé des modèles qui n'ont pas été surpassés depuis, tandis que les sciences naturelles y existaient à peine à l'état d'embryon, et ce ne fut qu'au temps d'Aristote qu'on vit enfin s'ouvrir le grand livre de la nature, source de toute science, où se trouve la raison et le mode des êtres, et, par conséquent, la raison et la manière de les nommer, l'étymologie et l'onomatopée.

Mais, quoique généralement reconnue, cette genèse onomatopéique de la parole n'a pu, jusqu'à ce jour, être démontrée d'une manière éclatante et telle qu'il convient à la marche lumineuse de la science, soit que la meilleure et la plus directe des méthodes pour arriver à ce but soit encore à découvrir, soit que l'immense effort que suppose cette méthode ait rebuté les intelligences les plus tenaces et la plus subtile sagacité.

Eh bien! cette œuvre si difficile, qui a fait jusqu'ici le désespoir des philologues, nous allons l'entreprendre, et c'est avec la même clef qui nous ouvre les portes de toutes les sciences, l'analyse, que nous allons essayer d'ouvrir ce sanctuaire impénétrable et en dévoiler les intéressants mystères.

Si nous prenons une langue souche quelconque, et qu'en bûcheron philosophique et armé de la hache de l'analogie, nous la dépouillons de son riche feuillage, de ses rameaux, de ses branches et même de son tronc, nous arriverons à ses racines, et nous aurons trouvé en elles la matière de notre analyse, le corps sur lequel doit agir notre scalpel. Et si nous dépouillons encore ces racines de l'écorce ou pellicule qui couvre et défigure leur parenchyme, nous aurons mis à découvert leurs véritables formes et leur véritable composition.

Enlevez ces costumes si riches, si brillants et en même temps si variés qui revêtent et défigurent le corps de l'homme chez les différents peuples de la terre, et vous n'y trouverez au-dessous que l'unité de formes, un type identique pour l'humanité tout entière. Il en est de même à l'égard du langage : variété immense dans les formes, identité dans le fond. C'est que les formes dépendent de l'art et sont, par conséquent, du domaine de l'homme; le fond, au contraire, appartient à l'immuable nature, qui ne reçoit des lois que du Créateur.

Mais, pour que l'épreuve soit plus éclatante, il nous faudra choisir un type brillant, un type modèle dont le degré de perfection et de richesse rende plus frappante encore cette réduction à la simplicité et à la nudité primitives du berceau du langage;

et, sous ce rapport, la langue des Homère et des Démosthènes ne saurait admettre des rivales. Reine de la littérature antique, mère des littératures actuelles, institutrice de la plus polie et de la plus puissante moitié des races humaines, ayant étendu son empire de l'Indus aux colonnes d'Hercule, des bords du Nil à ceux de la Néva, servant encore aujourd'hui d'idiome à la science, et de levier puissant aux progrès de l'esprit humain (1), nulle autre langue ne saurait lui disputer ce sceptre qu'elle a porté avec tant de gloire et avec tant de fruit pour le sublime empire de l'intelligence.

Nous allons donc prendre un à un les radicaux de cette langue modèle (2), et, au moyen de l'analogie plus ou moins cachée, mais toujours existante entre les idées, nous expliquerons l'analogie relative des sons plus ou moins défigurée par la diversité de prononciation émanant presque toujours de quelques modifications imperceptibles de l'organe vocal, modifications qui peuvent être naturelles et tenant à la construction de l'organe même, ou artificielles et dépendantes de l'usage.

Si, après cette revue sur laquelle nous appelons toute l'attention du lecteur ; si, après cette élimination rationnelle et cons-

---

(1) Nous ne pouvons nous empêcher de signaler ici le funeste abus qui s'est introduit dans la nomenclature des sciences naturelles et qui consiste à désigner les espèces et variétés nouvelles par les noms propres de ceux qui, les premiers, les ont découvertes ou décrites. Ces mots, inventés par la flatterie ou par un sentiment plus noble, mais toujours exagéré, sont un obstacle pour la mémoire, par la raison qu'ils ne disent rien à l'intelligence, qui a le droit de chercher dans tout nom nouveau ce qui doit s'y trouver, c'est-à-dire une véritable définition, une peinture claire et concise de l'objet. C'est là la nomenclature qui convient à la science, qui n'a certes rien à gagner de ces insipides litanies de la vanité et de l'amour-propre, si bien faites pour décourager les esprits sérieux et pour obstruer la route de l'intelligence.

Cherchez pour les savants des récompenses dans une autre sphère ; donnez-leur une place distinguée dans l'histoire et la biographie de la science ; mais que ces nobles ouvriers de son temple auguste ne permettent jamais que la pierre qu'ils y apportent soit placée par une main maladroite de façon qu'elle en vienne à troubler l'éclat et à obstruer le sanctuaire.

(2) Nous avons suivi dans cet ouvrage les séries exposées par Lancelot dans son *Jardin des Racines grecques,* ouvrage classique adopté de temps immémorial dans nos universités.

ciencieuse des mots regardés à tort comme radicaux, il ne nous en reste que cinq à six douzaines venus évidemment de l'Orient, et dont l'analyse n'appartient pas, par conséquent, au présent ouvrage (1), et un nombre à peu près égal de mots, onomatopées qui constituent le fond de toutes les langues, parce qu'ils ne sont autre chose que la voix et le langage de la nature elle-même, nous aurons bien, dans ce cas, le droit de conclure que la langue grecque, ce corps si beau, si vaste, si bien constitué, a disparu, dissous, évaporé, sous l'irrésistible pouvoir de l'analyse, ne nous laissant pour résidu que ce *caput mortuum* que l'on doit trouver dans tous les composés congénères qui forment l'immense famille des langues humaines.

Mes lecteurs remarqueront avec surprise le rôle important que je fais jouer dans les séries étymologiques à l'ellipse ou apocope initiale d'une syllabe. Ce rôle va si loin, que nous lui attribuerions volontiers l'explication de la plus grande partie des radicaux de la langue grecque, que l'on peut regarder comme de simples mutilations de mots composés dont l'usage, disons mieux, la nécessité, a lentement et successivement amené l'abréviation. La langue française nous fournit elle-même de nombreux exemples d'un semblable procédé; nous nous contenterons de citer les suivants :

BLASON, pour *noblason, noblaison*, noblesse. Il en est la marque.
BOUT, BUT, pour *cabout, cabut*, du lat. *caput ;* en espag., *cabo*.
DANSE, pour *cadanse, cadence*. C'est un saut fait en cadence.
FEU, pour *défunct*, mort.
GAGE, pour *ligage*, du lat. *ligare*, obligation, lien qui retient.
GAINE, pour *vagaine*, du lat. *vagina*.
GARDER, pour *regarder*. La garde, la surveillance sont l'apanage de la vue.
GOUACHE, pour *agouache, aigouache*, de *aigue* ; en espag., *agua*, eau.
GRIMOIRE, GRIME, GRIMAUD, pour *lagrimoire, lagrime, lagrimaud*. C'est surtout le geste désagréable de celui qui pleure, surtout des enfants qui se défigurent complètement.
LUTH, pour *chéluth*, du grec χελυς, tortue.

(1) Voy. notre ouvrage intitulé : *Clef de l'interprétation hébraïque,* qui forme comme la première partie de notre travail.

Rage, pour *courage;* en espag., *corage,* fureur, colère, soulèvement du cœur. L'absence du *b* dans le français nous fait préférer cette étymologie à celle de *rabies.*

Ravin, pour *gravin.* Analogue au grec χαραδρα de χαρασσω, gravir.

Renard, pour *prenard,* ravisseur ; ou bien *trainard ,* il traîne sa longue queue, et *entraîne* les volailles ; ou *prenard,* de prendre, ravir, enlever. En espag., *raposa,* qui peut tenir à *rapio,* enlever, ravir, ou bien à *rabosa* de *rabo,* queue. Cet animal est, en effet, remarquable par sa queue et par sa rapacité.

Rideau, pour *corrideau;* en espag., *cortina, correr la cortina,* faire courir la courtine ; on la fait *courir* à droite et à gauche sur sa barre.

Rincer, pour *grincer, frotter, gratter* en faisant un bruit aigre.

Roux, Rouge, pour *ferroux, ferrouge* (ferrugineux), couleur du fer oxidé.

Seau, pour *puiseau;* en espag., *pozal,* de *pozo,* puits. Ce mot est de la même famille que *puiser, puisard,* etc.

Veau, pour *nouveau;* en espag., *novillo,* jeune, nouveau, *juvencus.*

Velu, pour *chevelu.*

Galant, pour *régalant,* de régaler, du latin *regale,* royal, princier, fastueux.

Gaule, pour *virgaule, virgule,* de *virga,* verge, baguette.

Basin, pour *carbasin;* en latin, *carbasinus,* étoffe de lin ou de coton.

Gueux, pour *vagueux,* de *vagus,* vagabond, errant.

Dernier, pour *modernier,* le plus moderne, le plus récent, le plus nouveau.

Gris, pour *négris,* de *nigrisco,* tirer sur le noir, être noirâtre.

Gire, Etre cisant, pour *longire, être longissant,* être allongé, étendu tout de long, dans sa longueur.

Grès, pour *agrès, agrégé,* agrégation de sables, conglomération, conglomérat.

Truie, pour *ventruie, ventrue,* qui a le ventre plein, qui est pleine, qui porte, est enceinte, féconde ; en espag., *ganado de vientre,* terme de bergerie, brebis pleine.

Lot, pour *balot, ballot,* de ballotter, jeter, lancer ; on *jette* le sort, on *jette* les dés, les *jetons ;* en espag., *echar suertes,* et même on *les ballotte* préalablement ; en latin, on dit *jacere sortem.*

Migraine, pour *demigraine, demicrâne,* douleur de la moitié du crâne, de la moitié de la tête.

Tine, pour *fontine, fontaine, cuve, bassin* où l'on verse l'eau, du latin *fonte;* en espag., on appelle aussi *fuente* une cuvette ou un plat creux propre à contenir des sauces ou autres liquides. Tout cela vient du radical *fundo*, verser.

Bosse, pour *gibosse*, gibosité.

Piége, pour *épiége*, du verbe épier, espionner, guetter.

Bat, pour *cabat*, grand sac ou panier pour les bêtes de somme.

Brin, pour *fibrin*, fibre, fibreux, mince, fin, délié.

Brique, pour *fabrique*, terre apprêtée, préparée, disposée préalablement pour la construction des édifices ; en espag., *obra de fabrica*, ouvrage de maçonnerie, par opposition à celui de simple terre, tel que celui de la hutte, cabane, chaumière. La brique est, en effet, de la terre *fabriquée* pour la rendre plus solide.

Gaz, pour *fugaz, fugace, fugitif*. Rien de plus fugace et de plus volatile que ces matières qui *s'échappent, s'enfuient* et *s'évanouissent* à nos regards.

Gai, pour plegai, vieux mot qui signifie *plaisant*, agréable, amusant, *qui plaît*.

Travail, pour entravail, de entrave, lien, arrêt, empêchement, ligature, qui nous occupe, nous tient, nous retient, nous lie, nous *oblige* (*ob ligat*), nous *attache*, nous met à la *tâche*.

Tâcher de, s'attacher à, sont synonymes de travailler à, s'efforcer de. Les Espagnols disent aussi *trabajo*, de *traba*, entrave.

Nous trouvons encore un exemple remarquable de ce procédé dans les dénominations modernes d'un grand nombre de villes que les conquérants turcs ont altérées en supprimant la première syllabe.

Pour eux, Constantinople est devenue Stamboul.

Acarnania	—	Carnia.
Thessalonique	—	Saloniki.
Amphilochia	—	Filokia.
Orope	—	Ropo.
Itaca	—	Tiaki.
Epidaure	—	Pedauro.
Anaphe	—	Naufio.
Iconium	—	Konieh.
Alexandrie	—	Scandrona.
Cybura	—	Buras.
Cybestra	—	Bustereh.
Apamca	—	Famiah.

La langue italienne nous présente encore de nombreux exemples de ces apocopes de mots.

Nous citerons :

NEMICO, pour *inimico*, ennemi.
TRAVIATA, pour *extraviata*, extraviée, errante, perdue.
SPRESO, pour *espreso*, exprès.
SCUSA, pour *escusa*, excuse.
STRANO, pour *estrano*, étrange.
FANTI, ponr *infanti*, infanterie.

Ce fait, qui paraît au premier abord singulier, s'explique cependant très-naturellement. L'homme, en effet, ainsi que nous croyons le démontrer dans les observations qui terminent cet ouvrage, a dû commencer à parler par de simples interjections et des monosyllabes, peignant ainsi d'un seul trait l'objet ou l'idée qui le préoccupaient. A l'aspect imposant et inattendu des prodiges de la création qui s'offraient successivement à ses yeux, quel autre langage plus naturel et plus énergique à la fois pouvait-il employer qu'une longue et retentissante clameur d'admiration, une série d'interjections aussi longue et aussi variée que celle des merveilles du sublime spectacle de la nature ?

Mais l'intelligence de l'homme, fait à l'image de Dieu, ne pouvait se contenter de ce premier pas. Après avoir vu de son œil, il lui fallait étudier et connaître au moyen de ses facultés privilégiées; après avoir perçu l'idée, il lui fallait comparer et juger. Quelle différence y aurait-il eu sans cela entre le roi de la nature et la brute stupide qu'il voyait passer devant lui ?

Or, étudier et juger ne sont autre chose que comparer, et cette opération consiste à porter et mettre les objets les uns auprès des autres, à les rapprocher pour en apercevoir plus facilement leurs ressemblances ou leurs différences, leur harmonie ou leur disparité. Et de là le besoin de réunir, de rapprocher aussi les mots qui expriment ces objets, et, par conséquent, l'origine indispensable des mots composés formés de la juxta-position des sons, comme la pensée l'est elle-même de la juxta-position des idées, comme le tableau l'est aussi de la juxta-position des couleurs.

Les mots brefs et rudes dans l'origine durent s'accroître, s'allonger et même se radoucir quelque peu pour s'ajuster à la nouvelle combinaison. Ajoutés les uns aux autres sous les dénominations d'adjectifs, de prépositions ou d'adverbes, inventées plus tard par la grammaire, ils tendaient à former eux aussi un véritable tableau, c'est-à-dire une définition plus ou moins juste des objets. La préposition surtout parvint, dans ce mécanisme, à s'adjuger le premier rôle. Dans la langue des Hellènes, notamment, elle s'infiltra de telle façon, elle en imprégna tellement sa composition, que ses mots finirent par acquérir un embonpoint majestueux et vénérable, excellent sans doute pour un fauteuil d'académicien ou l'éloquence ampoulée de la tribune, mais fort incommode et fort lourd pour les usages de la vie commune et comme attirail de voyage.

Les Grecs, peuple éminemment sociable et communicatif, et dont la loquacité était même passée en proverbe, pouvaient-ils s'accommoder facilement d'un pareil bagage? Passant sa vie sur la place publique, au milieu du tumulte des nouvelles du jour et des harangues de la tribune; habitué à parler de tout, à discuter sur tout, dans les assemblées, dans les académies, dans les spectacles et les jeux publics; étant le premier peuple qui ait réduit en un art (la rhétorique) la faculté de bien et de beaucoup parler sur tous les tons et dans toutes les circonstances; ayant, en un mot, créé la tribune et le théâtre, la grammaire, la rhétorique et la poésie; ce peuple privilégié, qui a tant fait pour les progrès de l'esprit humain et de la parole, qui en est son indispensable interprète, devait sentir plus que tout autre et avant tout autre le besoin d'abréger, de concentrer cette parole toujours en action dans son organe infatigable, de s'exprimer à demi-mot, de raccourcir ces composés dont l'usage prolongé des siècles avait déjà fixé la signification, et qui pouvaient, dès lors, être abrégés sans inconvénient.

Ces mots, si symétriquement composés par l'addition de prépositions, d'adverbes ou de substantifs, furent donc écourtés et allégés pour les approprier aux rapides évolutions d'une parole vive et abondante, qui pouvait à peine suffire au flot débordant des idées accumulées chez des imaginations brillantes sous l'impulsion progressive de la science et de la civilisation.

Mais, comme les formes ou inflexions grammaticales, indispensables d'ailleurs pour l'intelligence de la parole, se trouvent, dans la langue grecque, à la fin des mots, et que les en retrancher eût été détruire le sens et l'âme du discours, on fut obligé d'attaquer le mot par sa syllabe initiale, et la préposition ou le mot quelconque préposé fut sacrifié, non pas cependant sans qu'il laissât suspendues au mot principal des traces évidentes de sa primitive association.

La transposition des lettres joue aussi un rôle important dans la formation et la constitution définitive des langues, soit que ce procédé ait lieu dans la première syllabe du mot ou dans les subséquentes. Cet artifice linguistique, qui altère et défigure le langage original, et qui paraît, au premier abord, le résultat du caprice et de l'ignorance, n'est pas toutefois indépendant des lois immuables de la physiologie, et tient, en grande partie du moins, à quelque modification accidentelle et purement physique dans l'organe vocal des différents peuples et même des différents individus. Parcourez nos villages et nos campagnes, prêtez l'oreille au langage des basses classes de nos grandes villes, et vous y découvrirez sans peine une foule d'exemples de ces transpositions vicieuses de lettres dont gémissent la grammaire et la science, mais dont se trouvent fort bien la paresse ou l'inexpérience des bouches qui les prononcent, et quelquefois aussi la facilité et l'euphonie de la prononciation.

Comment s'étonner, après cela, que, dans ces temps reculés, contemporains de la formation des peuples ainsi que de leurs langues, et dépourvus des immenses ressources que prêtent à la constitution et à la fixation définitive du langage humain, l'écriture, cet art admirable inconnu alors ou pratiqué par si peu de personnes, les grammaires, les dictionnaires, les académies, les écoles et même les livres qui n'existaient pas encore ; comment s'étonner, disons-nous, que ces bouches grossières aient altéré et mutilé les mots qu'ils entendaient prononcer chacun à sa manière, sans pouvoir s'en référer au modèle écrit qui devait en fixer l'ortographe? Les peuples enfants ont agi comme l'individu enfant : ils ont tâché de se mettre à l'aise, et leur bouche, guidée par le simple instinct et plus ou moins bien servie par une oreille plus ou moins fine, a adopté la prononciation la plus facile, sans tenir compte de la composition rationnelle du mot qu'ils n'étaient pas en état de comprendre, puisque, chose remarquable, les esprits les plus éminents, les philosophes les plus profonds de l'antiquité, ont à peine soupçonné eux-mêmes qu'il pût exister une philosophie du langage et une science étymologique, branches importantes du savoir humain, et fondements de l'art sublime de la parole, qu'ils savaient d'ailleurs manier avec tant de perfection et d'élégance.

Voilà comment s'explique le phénomène remarquable qui nous donnera la clef étymologique de la plus grande partie des prétendues racines de la langue d'Homère, et les lecteurs auxquels ces observations ne satisferaient point n'auront qu'à lire avec attention et sans préjugés cet essai que nous leur offrons. Prenez et lisez, leur dirons-nous avec confiance, la lumière qui jaillira à chaque pas, et à laquelle vous ne voudrez pas fermer obstinément les yeux, produira nécessairement son effet naturel.

On remarquera que, pour un grand nombre de mots, nous présentons plusieurs étymologies. Mais quel moyen d'éviter cette multiplicité? Comme il n'existe dans la nature rien d'absolu, comme chaque objet se trouve en relation avec d'autres objets, comme il n'est lui-même autre chose qu'une collection de relations, son nom, qui n'est que sa définition, ne doit être et ne peut être que la désignation de ces mêmes relations, du moins de celles qui sont les plus saillantes, les plus remarquables. Or, ces relations étant multiples dans tout objet et variées à l'infini, suivant le lieu, le temps, le climat et les diverses manières d'envisager ces mêmes relations, que nous devons aux habitudes, aux préjugés, à l'éducation et à une foule d'autres causes, les raisons des noms de ces mêmes objets ont dû être aussi multiples et variées à l'infini. Ce que les grammairiens sont convenus d'appeler synonymie n'est autre chose que la constatation de ce principe, le même objet étant appelé de diverses manières, suivant l'aspect divers sous lequel on le considère, suivant la qualité ou relation la plus saillante qu'il présente à nos yeux.

Un chapeau, par exemple, est, pour les Français et les Italiens, un objet destiné à la tête, *chapeau*, *capello*, de *caput*; c'est, mot à mot, un *têtier*. Pour les Grecs, c'était un objet de laine ou de poil *foulé*, πῖλος; pour les Latins, un objet *ample* et *étendu*, *petasus*, du grec πετάω; pour les Espagnols, un objet qui donne de l'*ombre*, une véritable *ombrelle*, *sombrero*, un *ombrage*.

Voilà donc quatre peuples et quatre dénominations distinctes d'un même objet, répondant chacune au point de vue différent aussi sous lequel il le considère, à la qualité relative qui a fait le plus d'impression sur ses sens, au rôle d'utilité que cet objet remplit à son égard.

Le cheval est, pour nous, un animal *chevelu*. Sa longue *chevelure* ou crinière le distingue, en effet, de ses congénères, l'âne et le mulet. En espag., c'est aussi *caballo*, de *cabello* et *cabellera*, cheveux, chevelure; de même qu'en hébreu et en arabe, *farasch*, voisin de *faragh*, chevelure dispersée, flottante, allongée, très-développée, en effet, dans ces animaux dans les contrées méridionales. Mais, pour l'Anglais, ce sera le *coursier*, le *coureur*, *horse* (corse); c'est, dans ce pays, la qualité la plus appréciée. Chez les Latins, c'est l'animal *apparié*, *accouplé*, *égalé*, formant la *paire* avec son semblable, *son égal* (*equus*, *bigœ*), pour traîner le chariot, ce qui fut probablement l'usage primitif du cheval avant que l'homme osât le monter. Pour les Grecs, nous soupçonnons que c'était l'animal *rueur*, le *frappant* du pied, ἵπτω, πους, devenu ἵππος, et c'est là, en effet, l'arme et la défense caractéristique du genre.

Encore quatre peuples et quatre aspects divers, et, par suite, quatre origines diverses et quatre sons différents. Or, ce qui a lieu pour des langues diverses peut avoir lieu aussi dans une même langue, et la grecque, qui se trouve dans les mêmes conditions d'origine et de formation comme fille de la même mère, c'est-à-dire de la nature, a dû procéder de la même manière. Dans plusieurs de ses mots, l'homophonie parvient à absorber et confondre deux ou plusieurs significations ou étymologies distinctes qui, par des altérations diverses, sont venues s'amalgamer en un même composé. La sagacité du lecteur saura néanmoins choisir la meilleure, qui devra toujours être la plus simple, c'est-à-dire celle où la nature jouera le rôle le plus manifeste et le plus général.

ANALYSE ÉTYMOLOGIQUE

DES

RACINES GRECQUES.

A

Nous ne nous occuperons pas des diverses significations que l'on attribue à cette première lettre de l'alphabet grec, parce qu'elles se trouvent partout, et s'expliquent naturellement. Comme particule privative, elle tire son origine du verbe ἐάω, laisser, lâcher, omettre; c'est probablement la troisième personne singulier du présent indicatif ἐα, et, en supprimant ε, il reste simplement α, mot à mot il laisse, il omet, il manque; la négation οὐ, que nous verrons plus tard, a une origine presque identique; et le latin vient le confirmer encore par la parfaite analogie que nous présente la formation de ses négatifs *ne*, *non*, *sine*, *in*, qui viennent tous du verbe *sineo*, comme ἐάω, lâcher, laisser, omettre, manquer. *Ne dicas* est pour *sine dicas*, laissez, omettez de dire.. *Injusticia, incredulitas, sine justicia, sine credulitas*.

Ἀάζω, exhaler, aspirer, respirer, fréquentatif de αω, souffler, respirer.

Ἀαμίνς, perche d'oiseleur, espèce de piége. Vient de ἀάομαι, tromper, surprendre.

Ἄβαξ, proprement tableau à jouer, table ou damier, analogue à ce que nous appelons encore aujourd'hui Table de Pythagore, et en traduisant rigoureusement *abécédaire*. On sait que les Grecs se servaient de leur alphabet pour la numération, et comme ces sortes de tables à jeu étaient divisées en cases et numérotées par les premiers chiffres ou lettres 1, 2, 3, a, b, c, on forma le mot αϐγ, par euphonie αϐαγ ou αϐαξ. Comme les jeux ou combinaisons de ces chiffres ou lettres ordinairement au nombre de douze formaient l'élément principal des jeux de calcul ou de hasard, on donna le nom d'*abécédaires* ou de αϐαξ aux damiers ou tableaux sur lesquels ils étaient tracés, et par extension à tout ce qui avait une forme et une dimension analogue.

Le nom de γραμμισμα et γραμμισμός, que portent certains de ces jeux, noms si voisins de γραμμα lettre, viennent à l'appui de cette étymologie.

Ἀϐλεμής, lâche, mou, faible, sans vigueur, de ἀ priv. et βάλλω, mot à mot *qui ne frappe pas, ne bat pas, qui ne porte pas, sans portée.*

Ἀϐραμίς, brème ou muge, poisson. A augment, et βρέμω frémir.

Ἀϐρός, mou, tendre, beau, fastueux, pour ἡϐάρος, paraît tenir à Ἥϐη, jeunesse, Ἡϐάω, être en âge de puberté, être en vigueur, se livrer à la débauche. Cet âge est en effet celui de la volupté : de là les sens de lâche, mou, efféminé. L'âge du développement des formes, en même temps que de leur fraîcheur, de leur mollesse ou morbidesse et de leur flexibilité : de là les sens de grâce, de beauté, et ceux de tendre et délicat. L'âge de la vigueur, de l'audace, de la pétulance : d'où les sens analogues à ces qualités. Ce qui paraît confirmer l'origine que nous attribuons à ce mot, c'est qu'on trouve son féminin ἄϐρα signifiant jeune fille, jeune servante.

Il pourrait encore être directement venu du verbe ἅπτω dans sa signification d'*attacher, suspendre, toucher, traiter, manier,* d'où orner, embellir, parer, et en cela la langue espagnole nous présente un rapport remarquable : on y appelle la toilette *tocado, tocador,* du verbe *tocar,* toucher, manier : et l'on nomme *prendido,* mot à mot *attaché, suspendu,* les ornements de tête des femmes. En français, nous disons aussi *ajuster, ajustement,* en traduisant presque mot à mot le verbe ἅπτω.

Ἀϐρότη, nuit, ténèbres, n'est autre chose que ἀμϐρότη, mot à mot *la douce, la paisible, la délicieuse, l'ambroisienne.*

Peut-être aussi du poétique ἀμϐροτεῖν pour ἁμαρτανεῖν, errer, s'égarer.

Ἀϐυρτάκη, menestre de fruits et légumes. Métathèse de αϐρυκατη. A augment, et βρυκω, manger, croquer, dévorer.

Ἀγαθίς, peloton de fil, pelote, pour αγαρθίς de αγείρω, αγερεθω.

Ou mieux encore d'un fréquentatif ἀγαθίζω, rendre bon, doux, *utile, bonifier*, par opposition à l'état de mélange, de confusion, et par conséquent d'inutilité.

Ἀγαθός, bon, brave, approuvé, de ἄγαμαι, signifie proprement *admirable, étonnant*.

Ἀγάλλω, parer, orner, embellir, est venu probablement de αγω, dans le sens de conduire, mener, estimer, honorer, comme en latin, *ornare ornamentum*, pour *honorare honoramentum :* et ce qui paraît confirmer cette dérivation, c'est que le verbe πεμπω, qui signifie aussi mener, conduire, envoyer, pousser, a fait πομπη, qui signifie pompe, cortège, honneur, escorte, sens qui tous viennent se réduire à celui si simple de *conduite*.

Ἀγαν, trop, beaucoup, extrêmement, de αγω, pousser, amener, emporter, c'est mot à mot le *vehementer*, des Latins qu'ils ont aussi formé de *veho*, emporter, αγαν, n'est donc proprement que *en emportant, en poussant*.

Ἀγάλλοχον, aloès. Cette plante exotique remarquable, par sa beauté et sa symétrie, tire évidemment son nom du verbe αγάλλω, combiné avec le verbe εχω, mot à mot *qui a de la beauté*.

Αγαλλις, autre plante bulbeuse à fleurs très-belles, a la même étymologie.

Αγανακτέω, de αγαν et ακτος ou ακτέος, proprement, *violemment agité, excité, poussé*, ακτός, adjectif formé de αγω, pousser, agiter, exciter ; analogue au *furor* des Latins, de *feror*, mot à mot transport, emportement, *foror*.

Αγαρικόν de αγριος, champêtre, αγραικόν, agaric, ce qu'en français nous avons rigoureusement rendu par le mot champignon formé aussi de champ, champêtre. Ces plantes sont en effet essentiellement sauvages, et naissent sans culture.

Ἀγαω, admirer, n'est autre chose qu'un dérivé de αγω, dans sa signification de estimer, de considérer, respecter, avoir égard.

Αγγαρος, courrier, estafette, et mieux encore porteur : de ανα αγω, transporter. Cette origine explique pourquoi ce mot signifie quelquefois portefaix, homme de corvée.

Αγαπάω, aimer, chérir, embrasser. Ce mot vient du sémitique *ahab*, aimer.

Αγγέλλω, révéler, annoncer, rapporter. Nous hasarderons sur cette étymologie deux idées ; ανα αγω, en latin *refero*, en français *rapporter*, qui sont synonymes de annoncer et qui traduisent exactement αναγω, devenu αυγω' αγγω et avec la terminaison augmentative, fréquentative ou expressive, αγγελλω.

Ou bien tout simplement pour αναλεγω par inversion αναγελω, en supprimant α αγγελλω, mot à mot *redire, réciter*, annoncer.

Ou bien enfin, composé de ανα et αγελω, αγελαω, *ramasser, recueillir, ramener*, retirer (le voile qui couvre), velum, revelatio *voile, dévoiler*. Étendre c'est couvrir, *ramasser* enrouler c'est découvrir, dévoiler.

Αγγος, vase, vaisseau, veine, vient de ανα, αγω, conduire. Tout ustensile qui sert à porter, transporter, ou organe qui sert de véhicule ou de conducteur, comme les veines le sont du sang. *Vena* peut-être pour *vehena* de *veho*.

Αγγων, javeline des Francs, de ἀνά et ἄγω, *ramener, retirer à soi* au moyen d'une courroie.

Αγειρω, *assembler, réunir*, de αγω, proprement *mener, conduire*. C'est ainsi que de *grex* qui vient de *rego* et de *ex*, et qui dans le principe signifiait ce *qu'on mène, ce qu'on dirige* ou *conduit*, les Latins ont fait de même *agregare, congregare*, qui ne signifie plus que rassembler, réunir.

A moins qu'on ne préfère retrouver ici le sémitique אגר, ramasser, réunir.

Αγέλη, troupeau, mot à mot ce *qu'on mène, conduit, dirige*, a la même origine que le précédent et contribue à la confirmer.

Αγερωχος, fier, rude, mot à mot *agreste, rustique*, αγρο, εχω, qui habite les champs. Les habitants des campagnes ont toujours des mœurs et des manières plus brusques que ceux des villes.

Αγιος, saint auguste. *Voyez* ἄζω, vénérer, respecter, et ἄγος son dérivé.

Αγκαι, les bras, est formé de αγω, briser, rompre. Ce mot a été dans l'origine αγκται de l'adjectif verbal αγκτος, brisé, rompu, qui lui-même doit sa formation à la troisième pers. sing. du parf. passif ηγκται. D'où ηγκαι ou αγκαι. Ce qui paraît confirmer cette étymologie, c'est que le mot Βραχιων, qui signifie aussi bras, est formé de βραχυς, court, écourté, coupé, brisé, rompu, ραγω, ῥηγνυω. Ou de φράζω, diviser, devenu βράζω.

A moins que ce soit un dérivé du vieux verbe εγκω, porter, fonction spéciale des bras.

Αγκιστρον, hameçon, crochet. De αγκαι, mot à mot *muni de bras, branchu*, forme essentielle de ces instruments. Ou bien pour ογκος, syncope de ονυχος, ongle, onglet. *Semblable à un ongle*, crochu.

Αγκος, vallon, profondeur, de αγω, rompre, c'est mot à mot *lieu brisé*, en latin *locus præruptus*, synon. de χαραδρα, de χαρασσω, creuser, excaver. Ou mieux encore un dérivé de άγχω, serrer, rétrécir. C'est un lieu étroit, rétréci, un défilé. Dans le dialecte catalan, *congost*; en latin, *angustus*.

Αγκυλος, tordu, recourbé. Si ce mot n'appartient pas à la famille dont αγω, briser, est le chef, et ne vient pas aussi de l'adj. verbal αγκτος, il vient naturellement de ανα, κυλιω, mot à mot *retourner, recourber*.

Αγκυλη, qui signifie une foule de choses, toutes courbes ou contournées, n'est que le féminin du précédent.

Άγκυρα, ancre, est mis pour άγκυλα devant son nom à la forme branchue, crochue, que doit avoir cet instrument naval, αγκη, bras.

Αγκων, coude, bras, courbure. Voy. αγκαι, qui a la même origine. C'est toujours αγω, rompre, briser.

Αγλαός, clair, brillant, éclatant, de αίγλη, splendeur, éclat, bril, pour αιγλαος.

Αγλις, gousse d'ail. Voy. αγελη, rassemblement, réunion de αγελλω. C'est la forme du fruit de cette plante; une gousse ou tête d'ail est une *réunion*.

'Αγνός, chaste, pur, de άζω, vénérer, respecter : intact, chaste, pur. Cet adjectif est un dérivé de άγος. Ou bien syncope de άγονος, composé de α négatif, et de γονος, race, lignée, génération. C'est le jeune animal qui *n'engendre pas*, qui *ne porte pas*, qui *ne produit pas encore*. L'âge qui ne peut engendrer est nécessairement l'âge pur et chaste.

Άγνός, *gattilier ou agnus castus*, est ainsi nommé parce que les anciens attribuaient aux feuilles et fleurs de cette plante la vertu d'apaiser les ardeurs de la chair.

'Αγνυθες, sortes de pierres trouées que les tisserands suspendaient aux fils de leurs chaînes, sur la lisière de leur tissu. Ce mot, dont on aperçoit parfaitement l'étymologie mais qu'on ne peut expliquer avec autant de facilité, parce que nous manquons de données sur les détails de l'industrie des Grecs, paraît être un participe passif de l'aor. de ἄγνυμί, rompre : par conséquent ce sont mot à mot des pierres rompues, brisées, et en cet état plus faciles à être liées pour servir de contre-poids, par les angles et sinuosités qu'elles devaient présenter, que les cailloux ronds et roulés ; d'où *les brisées*, αγνυθες.

'Αγορά, marché, place publique. Ce mot qui a donné lieu à une foule de dérivés, vient de αγω, mener, conduire ; lieu où l'on conduit toute espèce d'objets pour les exposer au public. Ou si l'on aime mieux faire venir αγορά de l'intermédiaire αγειρω, assembler, réunir, qui vient lui-même de αγω, comme nous l'avons vu ; ce serait alors le lieu de réunion et d'assemblée générale, ce qui en effet est l'usage de tous les temps et de tous les peuples, surtout chez ceux dont le climat est plus doux et le ciel toujours serein.

Un marché sera toujours un lieu où l'on *apporte* et où l'on *se rassemble*.

Ἄγος, saint, chose, objet sacré ; et par opposition, objet exécrable, impur, souillé ; comme en latin *sacer*, sacré et exécrable : *auri, sacra fames ;* et en hébreu *qodesch*, qui a aussi les deux sens opposés ce qui s'explique en considérant que tout objet souillé, impur, criminel a besoin, ou est un cas de la purification, d'expiation. Ou si l'on aimait mieux ce sera un objet de *crainte*, de *terreur*, de *vénération craintive*, significations que possède le verbe ἄζω qui est la racine de ce mot.

Αγοστος paume de la main, coude, bras. Mot à mot *fraction, rupture* de αγω, rompre, briser, par conséquent de la même famille que αγκαι et αγκων, que nous avons vu plus haut ; c'est proprement la partie métacarpienne de la main, celle qui suit le carpe ou jointure de l'avant-bras, ou comme les Grecs paraissent l'avoir considéré, sa *brisure*, sa *disjonction*.

'Αγρα, chasse, objet pris à la chasse, proie, de αγω, pousser, *chasser*. Cet exercice ne consiste en effet qu'à *pousser* devant soi l'objet ou l'animal que l'on poursuit, que l'on *agite, mène* et *pousse* ainsi devant soi, ἄγω, jusqu'à ce qu'on puisse l'atteindre.

Ou bien de αγειρω, ramasser, recueillir, prendre, rassembler.

Ἀγριππος, olivier sauvage, stérile, de ἀpriv. et γρίπος, gain, revenu, profit.

Ἀγρίφη, râteau, de ἀγρός, champ et ἵπτω, battre, tourmenter, percer, trouer, qui bat et raye les champs.

Αγρός, champ, mot à mot terrain labouré, *campus* de κάμνω ou κάπτω, creuser, fouir. Αρoος de αροω, labourer, sonne à l'oreille de même que αγρος ; αρουρα, arpent, en espagnol, *obrada*. Ou peut-être pour αγερος, champ, mot à mot, *productif*, άγω, porter, produire, en latin *pro ducere*, en français qui *rapporte*, ou άγω, mener, gouverner, traiter, administrer, *travailler, agiter, remuer* ; terre agitée, remuée, administrée, maniée.

Αγρυπνος, qui ne dort pas, qui veille, pour άργυπνος, de άργός, inutile, oisif, manqué, qui n'a pas lieu, et ὕπνός, sommeil. Ou bien de άργός, blanc et ὕπνός, mot à mot *sommeil blanc*, comme nous disons : passer la nuit en blanc, et en espagnol : *pasar la noche en blanco*, pour passer la nuit sans dormir.

Αγυιά, rue, de αγω, mener, conduire. Nous disons, en effet, ce chemin *conduit* à la vie, ce chemin *mène* au bonheur. Ce mot est le féminin du parf. 2. ἡγίως ou ἑαγώς.

Αγυρις, assemblée, réunion, troupe. *Voy.* αγειρω.

Ἀγχι, auprès, proche, pour αναχι, de ἀνα, εχω, qui tient à, qui touche à, qui est *aux environs*; en latin *circum*, autour. C'est toujours l'idée d'entourer, d'étreindre, de serrer, de retenir. Et comme εχω signifie aussi être, ανα, εχω répond à παραεινναι, être près.

Ἀγχω, serrer, étreindre, étouffer, ἀνα, εχω, tenir par, retenir, serrer, presser. Remarquez l'analogie phonique et idéale à la fois qui existe entre le français *près* et *presser*, et le grec άγχι et άγχω. Le latin *premo* n'est lui-même que παραειμι, je suis auprès, à côté, proche. Ou ὑπερ εἰμι, être sur.

Ἄγω, pousser, mouvoir, agiter, rompre. Mener, conduire, c'est-à-dire *pousser* en avant comme les troupeaux. Προβατον, προβαινω, aller devant. Rompre est presque la même idée que pousser, heurter, frapper, battre.

Ce verbe est le sémitique, נגה, הגה, גה', נגח, pousser, chasser, mener.

Αγων, combat, jeu, lutte, et une foule d'autres sens qui tous se rapportent aux diverses acceptions du verbe Ἀγω, mener, pousser, chasser, pourchasser, provoquer, rompre, briser, battre, combattre. Nous disons encore *action* pour combat, soit militaire, soit judiciaire, intenter *une action* contre quelqu'un. Un combat est d'ailleurs une *rupture* et un *choc*, άγω.

Ἀδάρκιον, espèce de conferve, pour ἀρδάκιον, de ἄρδω, abreuver, et arroser, salir, souiller. Les deux significations lui conviennent parfaitement. Elle souille les eaux dont elle est abreuvée.

Ἀδελφός, frère, égal, semblable, vient de α copulatif, mis probablement pour ἅμα, et δελφύς, matrice; peut-être ce que nous appelons frères *utérins*, nés de la même mère, du même *utérus*.

Ἀδημονέω, formé de ἀδήμων, abattu, dégoûté, désespéré, qui lui-même vient de ἀδέω, être rassasié, fatigué, dégoûté : c'est le participe passif ἠδημένος.

Ἀδήν, glande, tumeur; mot à mot, *plénitude, engorgement* : de Ἄδω, remplir, rassasier, être de trop.

Ἄδην, abondamment, vient aussi de ἄδω.

Ἀδινός, dru, épaissi, fréquent, vient aussi de ce verbe.

Ἀδρέω, mûrir, pour ἡδρέω, de ἡδύς, doux; c'est donc proprement : *adoucir, rendre doux, s'adoucir, devenir doux*. La douceur, le goût sucré est en effet le symptôme qui accompagne la maturité des fruits : le sucre prend la place des acides à mesure qu'ils mûrissent.

Ἀδρός, gros, robuste, développé, mûr, pour Ἀρδός, de ἄρδω, abreuver, arroser, inonder, remplir, comme le latin *abundans*, de *unda*, onde, flot, arrosement; ou simplement de Ἀδήν, abondamment, ἀδέω, être plein, rassasié. On trouve ἀδρέω, mûrir. Pour ἡδρός, de ἡδύς, doux; c'est donc, peut être, *doux* : la douceur, la suavité est le caractère de tout ce qui parvient à la maturité, à sa plus *forte grosseur*, à son développement. Je ne cache pas cependant que ἀδρός et même ἀδρέω qui précède pourraient être rapportés au verbe suivant ἄδω.

Ἄδω, rassasier, remplir, n'est autre chose qu'un dérivé de ἄω, rassasier, dont une des formes, ἔαδα ou ἦδον, parf. et aor. 2, aura pu former ἄδω. Ou mieux encore, composé de α négatif et δέω, avoir besoin; mot à mot, *ne pas avoir besoin*, être satisfait. Quant à ἄδω, plaire, il vient de ἡδύς, doux, agréable, que nous verrons plus tard, ou du moins appartient à la même étymologie, comme en latin *placere* et *placare*, plaire et apaiser.

Ἄθλος, combat, du verbe θλάω, rompre, meurtrir, battre ; de son aor. ἔθλησα, ἔθλος, et, avec l'α poétique augmentatif ou expressif ἄεθλος. Remarquez l'analogie entre ἀγών, que nous avons déjà vu, signifiant combat, travail, souffrance, venant de ἄγω, rompre, briser, et notre ἄθλος actuel, combat, travail, misère, formé de θλάω, rompre, briser et nous pourrions ajouter encore comme troisième terme de comparaison πάλη, lutte, et πόλεμος, guerre, combat, de παλλω, battre, secouer, lancer. C'est qu'en effet un combat n'est qu'une rupture, un choc, un heurtement, comme son opposé la paix n'est qu'un rajustement, une recomposition, un recollement, de πήγνυμι, pax.

Ἀεί, toujours, sans fin. Cet adverbe est formé de α privatif et de ἔω, laisser, omettre ; c'est donc, mot à mot, *sans cesse*, *sans relâche*, *sans relai*. Le latin *finis*, souche du français *infini*, *sans fin*, n'est autre que le grec ἀφεῖναι, lâcher, laisser, omettre.

Ἀείδω, chanter, célébrer, est formé de α expressif et de εἴδω, savoir. C'est donc proprement *être savant*, *être instruit*. C'est ainsi que les Grecs appelaient aussi les historiens ἵστορες, qui, dans ces temps reculés, faisaient avec les poëtes une seule et même chose. Les poëtes étaient en effet les savants, les sages des peuples primitifs ; c'étaient eux qui, comme dépositaires des annales historiques et mythologiques, répandaient l'instruction au moyen de leurs poëmes, dans des temps où les livres n'existaient pas ; et c'est pour cela que la musique était chez ces mêmes peuples la science par excellence, et que les Grecs donnaient à leur mot μουσικη une étendue de signification que nous avons aujourd'hui peine à comprendre, mais que l'étymologie de ce mot que nous verrons plus tard nous expliquera facilement. De nos jours même, nous voyons les aveugles, et en général tous les chanteurs de légendes et de romans, exercer sur l'imagination vierge et impressionnable des campagnards, et surtout dans les pays méridionaux, un effet et une influence étonnants.

Ἀείρω, élever, enlever, emporter. Tout ce qu'on élève ou enlève est détaché de la terre ou de la partie solide sur laquelle il doit nécessairement reposer, et mis en *l'air* dans l'atmosphère ; c'est donc, si je pouvais créer un mot nouveau, aériser, et tire par conséquent son origine de Ἀὴρ, air. C'est proprement *mettre en l'air*.

Ἄελλα, tempête, ouragan ; en espagnol *ventisca* : de ἄεω, souffler.

Ἀέξω, augmenter, développer. Ce verbe n'est peut-être qu'un dérivé de ἄξιος, digne, et signifie proprement *rendre digne*, important, donner de la valeur, de l'estime, et par conséquent augmenter. A moins que l'on ne préfère le faire venir de ἄγω, pousser, avancer faire avancer : nous disons en français la plante *pousse* pour la plante augmente ; l'affaire *avance*, pour augmente. Dans presque toutes les langues, pousser, avancer, marcher, sont synonymes d'augmenter.

Ἀετός, aigle, est formé de l'adverbe ἀεί, toujours; mot à mot, l'*éternel*. A cause de sa longévité, les anciens croyaient que cet oiseau ne mourait jamais.

Αεω, souffler, venter. Belle onomatopée, c'est le son même du vent, du souffle, de la respiration, la douce et imperceptible haleine du zéphyr. Voyez ἀω.

Ἄζω, sécher, dessécher, pour ἀεζω, de ἀεω, souffler. C'est tout simplement *aérer*, exposer à l'air : l'air, surtout en mouvement, est un des principaux agents de la dessiccation.

Αζω, honorer, révérer, craindre. Ce verbe est un fréquentatif de ἀδω, plaire, et signifie proprement être ou faire le *complaisant*, l'agréable, l'obséquieux ou, si l'on veut, au moyen ἄζομαι, où il est plus usité, se rendre quelqu'un agréable, complaisant, gracieux, favorable, propice. Remarquez l'analogie que présente ici la langue latine avec ses mots *veneror*, qui répond à ἄζω, et *venustus*, agréable, *venia*, grâce, bon gré, bon plaisir, permission, agrément.

Ἀήρ, air, vapeur, de ἀεω; mot à mot, le souffleur.

Ἀθέλγω, traire, téter, sucer, formé de κατα et ἕλκω, tirer; mot à mot *soutirer;* ce qui constitue l'action de traire, *trahere*, et de téter, c'est *tirer*, *traîner* en bas, *soutirer*. L'aspirée θ est mise à cause de l'esprit rude de ἕλκω : καθελκω, en abrégeant, θελκω et ἀθελγω.

Ἀθῆναι, la ville d'Athènes. C'était la ville fondée et particulièrement protégée par Minerve, qui lui donna son nom.

Les Thébains appelaient Minerve ὄγκα, de ὄγκος, poids, charge, enflure, tumeur, douleur : ce qui confirme l'étymologie ἄχθος.

Ἀθήνη, Minerve, peut-être pour αχθήνη, de αχθος, poids, charge, douleur. Elle naquit d'une douleur, d'une pesanteur de tête de Jupiter. Ce fut comme un poids, une charge, une pesanteur de la tête de son père qui cessa en la mettant au jour.

Ἀθρέω, voir, considérer, probablement formé de θεαω, voir, considérer, contempler, participe parfait passif θεαθεις, d'où θεαθερος, et, en supprimant la première syllabe, ἀθρεω; ou bien de αιθηρ, αιορεω, l'éther, le fluide lumineux, la lumière; *être éclairé*, voir.

Ou bien encore, du composé καθοραω, voir κατα et ὁρῶ, voir : en supprimant le χ initial et avec une contraction et une transposition de lettres.

Ἀθήρ, épi ou barbe du blé, paraît être mis pour ἀκθήρ et appartenir, par suite, à la famille ἀκή, ἀκτίν, ἄκων, pointes, rayons, piquants. *Spica*, épis, ou bien αἴθερ ou αεθερ de ἀεω souffler, éventer.

Ἀθρόος, serré, pressé, dru, mis pour ἀρθόος, de ἄρω, ajuster, rallier, rassembler, réunir; ou bien ακθρός, de ἄγω, pousser, fouler.

Ἀθύρω, jouer, s'amuser. Ce mot, dont l'origine nous a fait beaucoup méditer, et qui paraît se rapporter surtout aux jeux exécutés par les enfants en ramassant du sable ou des graviers sur les bords de la mer, pourrait se rattacher à l'adjectif Ψατυρός, friable, frêle, léger, sans consistance, propriété particulière à tous les jeux de l'enfance. Ψιά signifie aussi petit caillou, et jeu, amusement, et pourrait aussi être l'origine du mot en question ψιαθύρω; mot à mot jouer aux petits cailloux : les Espagnols disent *jugar a las chinas*; et il est à remarquer que ce dut être dans les temps reculés les jeux les plus ordinaires des enfants (d'où ψιά, caillou et jeu), dépourvus alors des curieux et innombrables joujoux que les progrès de l'industrie présentent aujourd'hui aux nôtres, qui voient encore les enfants pauvres s'amuser, comme chez les anciens, avec des cailloux ou des bâtons.

Ce verbe pourrait encore être considéré comme étant le même que αιθύρω ou αιθύσσω, ou αιθυω, qui signifient *se jeter*, s'élancer, mot à mot *s'ébattre*, comme nous disons en français.

Αἴ, interjection de tous les temps et de tous les pays a formé le verbe suivant.

Αἰάζω, crier aï, d'où gémir, se plaindre, se lamenter, aï interjection de toutes les langues.

Αἴγειρος, peuplier noir, vient de ἀΐσσω, s'élancer, s'élever, cet arbre est en effet remarquable pour la hauteur pyramidale à laquelle il s'élève.

Αἰγιαλός, bord ou rivage de la mer, de ἀΐσσω, s'élancer, bondir, et ἅλς, mer, ou si l'on aime mieux, de ἄγω, briser et ἅλς, comme nous disons en français, *brisants*; la mer vient en effet se briser contre le rivage, c'est pour cela que les Latins l'appelaient *ripa*, du grec ῥίπτω, jeter, lancer, pousser, ou pour *rupa rupta*, de *rumpo* briser.

Αἴγιθος, linotte. Cet oiseau était ainsi nommé probablement à cause de sa manière de voler par bonds ou élans, de ἀΐσσω.

Αἴγλη, splendeur, éclat, vient encore de ἀίσσω. C'est en effet un *élan*, ou plus rigoureusement traduit, ce que nous appelons un *jet* de lumière, un *trait* de lumière. *Jactus, tractus,* répondent parfaitement à ἀίσσω. Le latin *fulgor* n'est lui-même que flugor, une émanation, un flux, de *fluo*.

Ou bien de ἀεί et γελάω, mot à mot, *toujours riant, toujours découvert, clair. Un ciel riant.*

Ἀΐδης, Enfer, Pluton, est formé de ἀ priv. et. εἴδω, voir. C'est toujours un lieu de ténèbres, d'obscurité, d'horreur.

Αἰδώς, honte, pudeur. Ce mot vient aussi de εἴδω, voir et ἀ privatif. C'est donc, mot à mot, *ne pas regarder, détourner les yeux*; c'est là en effet, ce qui caractérise plus spécialement cette disposition de l'âme, qui nous oblige à baisser les yeux, pour ne pas rencontrer ceux des autres.

Αἰζηός, jeune homme, ἀεί ζέω, mot à mot, *toujours bouillant, impétueux*, principale qualité de la jeunesse, ou bien encore de ἀ priv. et du verbe εἴδω, savoir; on sait que cet âge se distingue aussi par son ignorance et son inexpérience.

Αἰθήρ, air pur, air serein, pour αηθήρ, est tout simplement un dérivé de ἄεω, souffler, faire vent. C'est donc l'air proprement dit, ou ce fluide à l'état de pureté et de transparence, soit de jour, soit de nuit; le siège, l'élément, la matière du *souffle*, du *vent*, c'est-à-dire, de l'air en mouvement. De là, αἴθρος, gelée blanche, phénomène qui n'a lieu que lorsque le ciel est serein et sans nuages et constitue ce que les Espagnols appellent *el sereno, tomar el sereno, guardarse del sereno*, parce que le rayonnement du calorique terrestre qui produit cet effet, est alors dans toute sa force. Remarquez que le η, se prononce encore aujourd'hui comme ι, par les Grecs.

Αἴθω, qui appartient à la même racine que le précédent, est formé du participe aoriste de ἄεω αηθεις, d'où αηθω, αιθω, mot à mot, *être soufflé*, d'où s'enflammer, la flamme du latin *flao*, souffler, est le résultat du souffle du vent; souffler le feu est synonyme de enflammer, *flare in*. Il signifie brûler et noircir, est tout simplement ce que nous appelons hâler. On sait que le hâle n'est que l'effet de l'exposition au grand air, à l'air pur et éclatant; de là, la couleur plus brune et jusqu'à noire des habitants des pays méridionaux où l'air est toujours pur, et en général des personnes qui sont habituellement exposées à l'air, sous un ciel pur. Αἴθω est donc proprement *être séché, desséché, hâlé par l'air,* ou *être soufflé, venté, allumé par le vent,* en un mot *enflammé, flao.*

Αἴθυια, Plongeon : oiseau ainsi nommé probablement à cause de son impétuosité, αἰθύσσω, s'élancer, se ruer, il plonge en effet avec une telle rapidité, qu'il est très-difficile de le chasser au tir, de là, le nom de mange-plomb qu'on lui donne.

Αἰκάλλω, flatter, séduire, délecter, réjouir, est formé de ἀεί et κάλλος, καλλύνω, κάλλω, embellir, orner, être beau, agréable, ou rendre beau, agréable. On séduit, on flatte avec de *belles* paroles. Voyez aussi le verbe εἰκάζω, simuler, faire semblant, feindre, tromper, αἰκάλλω, serait alors pour εικαλλω, de εέκως.

Αἰκία, blessure honteuse, injure, outrage, est formé de ἀ priv. et de εἰκός, convenable, décent ; c'est donc une *inconvenance,* une *indécence.*

Αἴκλον, repas du soir à Lacédémone. Pour δαῖκλον, de δαίζω, distribuer, partager, donner un repas. C'est proprement la *distribution* du soir. Un passage d'Athénée, *Symp.* liv. IV, vient le confirmer, car il y est question de μοίρας νέμειν.

Αἴλουρος, minon, chat ; composé de αἰολέω et de οὐρά. Il agite la queue, ou mot à mot *la roule,* εἰλέω, l'enroule.

Αἷμα, sang, pour ιαμα, vient de ἵημι, envoyer, émettre. C'est une *émission,* ce fluide *s'envoit, s'émet, se pousse, se lance* au travers des artères et des veines, par le cœur ; son principal caractère est d'être toujours en mouvement ; de circuler par tout le corps, de là, le système de la circulation inséparable de l'existence. Ce liquide *s'émet, se lance,* de toute blessure, *se répand, se verse.* Le *cruor* des Latins vient lui-même de ἐκ ῥύω, couler. Sous quelque rapport qu'on le considère le sang est donc toujours une véritable *émission,* αἷμα.

Αἷμος, buisson, épine, c'est proprement *l'espèce Ronce,* ainsi appelée à cause de la couleur de sang, αἷμα, de ses fruits et de ses feuilles, ou à cause de ses piquants qui *ensanglantent* ceux qui en approchent. Les Latins eux-mêmes l'appelaient *rubus,* le rouge.

Αἱμύλος, beau, flatteur, doux, trompeur. Je soupçonne que ce mot n'est autre que ἁλμυρός, mot à mot, salé, plein de sel, synon. de gracieux, facétieux, piquant, de là, sel attique, mot piquant.

Αἶνος, fable, proverbe, sentence, vient de ἀίω entendre, sentir, connaître. C'est simplement ce que nous appelons un axiome, une sentence, un sentiment, de *sentio*, une manière d'entendre et de voir une affaire, de *la sentir*.

Αἰνέω, formé du précédent, signifie louer, c'est-à-dire donner son assentiment, *assentior*, consentir, approuver; il signifie aussi exhorter, qui n'est autre chose que donner son avis, son sentiment, son opinion, son conseil. Conseiller est synon. de exhorter.

Αἰνός, pour αἰανός de αἰάζω, mot à mot, *déplorable*, *affligeant*, *triste*, *fâcheux*, *terrible*.

Αἴνυμαι, prendre, paraît être le même que δαίνυμαι, diviser, partager, c'est mot à mot *avoir part*, *se distribuer*, *se partager*, *participer*, de δαίω, *prendre part*; ou bien n'est-il autre que ἄρνυμαι, prendre, enlever.

Prendre une chose c'est *en participer*, prendre *à part soi*, ou en prendre *sa part*.

Αἴξ, chèvre, de ἀΐσσω, bondir, sauter, animal remarquable par ses bonds et ses sauts, à tel point qu'il a formé proverbe en plusieurs langues.

Αἰόλος, divers, différent, variable, pour ἀεόλος, de ἀέω souffler; c'est donc proprement *exposé au vent*, *jouet du vent*, *tournant au gré des vents*. La girouette est le symbole de la versatilité. A moins que ce ne soit εἰόλος ou εἴλοος, mot à mot, *tournant*, *changeant*, *versatile*, *divers* (*verto*) du verbe εἴλεω tourner, retourner.

Αἰονάω, mouiller, arroser, asperger, est le même que ἰαίνω, qui signifie proprement *amollir*, *adoucir*, *apaiser*. L'arrosement produit précisément ces effets. Notre *mouiller* vient lui-même de *mollir*, *amollir*, en espagnol *mullir*.

Αἰπύς, haut, grand, difficile. C'est le même que ἄπιος, avec le ι transposé; de ἀπό et εἶναι; mot à mot *lointain*, *éloigné*, *séparé*; d'où difficile à atteindre, inaccessible, de difficile accès.

Αἱρέω, prendre, saisir, enlever. Ce verbe, qui, malgré son esprit rude, n'est autre que αἴρω, élever, que nous verrons plus bas, a une foule d'acceptions qui toutes viennent se résumer en la signification primordiale de *lever*. Pour prendre un objet, il est en effet indispensable de l'*élever* de l'endroit où il est *posé*, *déposé*, *gisant*. De là notre français *enlever*, synonyme de prendre, et les corrélatifs *prendre* et *lâcher*, synonymes de *enlever* et *poser*. Le latin nous offre *sumere*, prendre, enlever, et *summum*, haut, *summitas*, élévation, hauteur.

Les acceptions de *perdre* et de *tuer* répondent à celles de *consumer*, *enlever*, *emporter*. Nous disons « consumer sa vie » pour *perdre* sa vie, la *détruire*, la *ruiner*. Être enlevé à la fleur de l'âge, pour être *tué* à la fleur de l'âge.

Convaincre quelqu'un est de même le *prendre*, le *surprendre*, le *saisir*, le *lier*; *cum vincio*, lier, enchaîner.

Gagner un procès, obtenir une victoire, c'est l'*enlever*, l'*emporter*, la *remporter*.

Choisir, c'est *prendre*, *enlever* parmi, entre plusieurs. En latin *e-lego*, *præ-fero*.

Αἶρα, marteau, vient de αἴρω, élever. Cet instrument ne produit son effet qu'au moyen de l'*élévation* de laquelle on le laisse tomber; ou si l'on veut de αἴρω, dans le sens de prendre, saisir : on le prend, on le saisit par son manche, dont la longueur contribue à ses effets plus énergiques. En latin, *malleus* est pour *manileus*, qu'on prend *en main*, qu'on saisit avec *la main*.

Αἶρα, ivraie, de αἴρω, élever, à cause de la propriété qu'a cette plante, surtout l'espèce appelée vivace, de *s'élever*, de croître d'autant plus qu'elle est plus broutée.

Αἰσάλων, émérillon. Voyez αἴσυλος, méchant, cruel : c'est là son naturel; ou bien de εἰς ἄλλομαι, se ruer, se lancer sur, pour εἰσαλων. Ce petit faucon est effectivement doué d'une hardiesse extraordinaire. Ou enfin de ἀίσσω s'élancer; rappelons-nous la chasse au faucon.

Αἴρω, élever, hausser, pour ἀείρω, formé de ἀήρ, l'air; c'est, mot à mot, *mettre en l'air*, *élever en l'air*. La terre est le *bas*, l'air est le *haut*. On pourrait dire *aérer* pour élever, avec autant de logique que nous disons *terrasser* pour abattre.

Αἶσα, Parque, sort, destin, fatalité. Ce mot remarquable a pour étymologie ἀ privatif et ἴσα, égale; mot à mot *l'inégale*, *l'inconstante*. C'est là en effet son essence, à tel point qu'elle est devenue proverbiale. Qui n'a pas éprouvé plus ou moins les *vicissitudes* du sort? Qui ne connaît la fameuse *roue* de la Fortune, symbole expressif de ses alternatives? Sur ce point, les poëtes et les philosophes de tous les pays et de tous les temps sont parfaitement d'accord.

Quant au sens de juste, permis, convenable, qu'on attribue à αἶσα et à quelques-uns de ses dérivés, ils le doivent peut-être au verbe ἐάω ἵημι, permettre, laisser, εἴασα, ἔασα, ἵεισα, εἶσα, αἶσα. Ou bien, ce qui est plus naturel, doit-on le ramener au premier, de sort, destin, παρά αἶσαν, contre le destin, κατά αἶσαν, suivant le destin. C'est agir conformément ou contrairement aux desseins des Parques, de ce qui est notre destinée, des arrêts du sort, des desseins de la Providence.

Αἰσθάνομαι, sentir, comprendre, penser, est un dérivé de la forme moyenne ou passive du verbe ἀίω, qui a des acceptions identiques.

Αἰσιμόω, dépenser, disperser, dissiper, pour δαίσιμοω, de δάσιμος, adjectif verbal de δαίω, diviser, partager, distribuer, disperser; ou si l'on aime mieux, de son dérivé δαίνυμαι, manger, consumer. Manger, consumer sa fortune, c'est la dépenser, la dissiper.

A moins que ce ne soit un dérivé de αἴσιμος, fatal, ruineux.

Αἴσσω, lancer, jeter, se lancer, se jeter, bondir, pour ἰάσσω ou εἰάσσω, de ἴω ou ἐάω, lâcher, laisser, laisser aller, se lâcher, se laisser aller, s'émettre, s'élancer, se jeter.

Αἴσυλος, méchant, scélérat, criminel. Ce mot, s'il ne dérive pas de αἶσα, c'est-à-dire d'un homme sous les coups du destin, poursuivi par le sort, victime de la fatalité à cause de ses crimes, de ses forfaits, pourrait être aussi un composé de ἀ privatif et ἄσυλος, asile, proprement sans asile, indigne d'asile; et cette étymologie est d'autant plus vraisemblable qu'on écrit aussi ἀήσυλος pour αἴσυλος.

Αἰσυμνός, chef, prince, roi, pour αἰσιμνος, du verbe αἰσιμνάω, de αἴσιμος. Ce serait proprement le dispensateur, distributeur, arbitre, ou bien celui qui est établi, constitué par le destin, le sort pour gouverner et régner sur les peuples. Dans l'antiquité, les rois et les chefs des nations avaient un caractère sacré, inviolable, qu'ils étaient censés tenir d'en haut.

Enfin, on pourrait encore voir dans ce mot la négation ἀ et ἰσόω, égaler. Αἰσουμενος, mot à mot, celui qui n'est pas égalé, qui n'a pas d'égal, par conséquent supérieur à tous.

Αἶσχος, honte, opprobre, infamie, vient de ἀ privatif et de ἴσχω, tenir, soutenir, mot à mot, ne pas tenir, ne pas soutenir, sous-entendu ὄψιν, ou πρόσωπον, la vue, la face, le regard. C'est là, en effet, le caractère distinctif et l'attitude de la honte; et nous avons déjà vu αἰδώς, son synonyme, composé de α privatif et εἴδω, regarder. La honte n'ose, en effet, ni fixer ses regards, ni soutenir ceux des autres.

Αἰτέω, demander, interroger, est originairement ακτεω, de ἀκτός ou ἀκτέος, adjectifs verbaux de ἄγω, pousser, mener, provoquer, citer en justice. C'est ainsi que les Latins disaient, d'une manière analogue, *pello*, pousser; *compello*, exciter, pousser, et *appello*, *interpello*, appeler, demander, interroger; *excitare*, exciter, pousser, et *citare*, citer, appeler; *ciere*, émouvoir, exciter, pousser, et *accire* pour *acciere*, appeler, citer et, comme nous disons en français, mander. *Peto*, demander, et *peto*, comme ἄγω, aller, marcher vers; parce qu'en effet « s'adresser, se diriger à quelqu'un » est synonyme de l'*appeler*, l'*interroger*, le *provoquer*. Le *mandare* des Latins et notre *demander* ne sont probablement autre chose que la phrase abrégée *manu* ou *de manu dare*, donner de la main, c'est-à-dire toucher, pousser, ou faire signe de la main. C'est qu'en effet, chez l'homme primitif muni d'un langage rudimentaire, comme encore de nos jours chez l'homme sauvage, ou même rustique de nos champs et de nos montagnes, l'interpellation par gestes, par choc, par impulsion matérielle de la main, a dû toujours accompagner l'interpellation par la voix et la parole. Les Grecs disaient aussi κέλω, κελεύω, *appellare*, *compellare*, et κέλλω, heurter, choquer, aborder, ainsi qu'en français, où l'on dit *aborder quelqu'un*, pour le saluer, l'interpeller; c'est donc toujours et partout l'idée de *pousser*, ἄγω, qui domine.

Αἰτία, cause, n'est donc autre chose que ἄκτια de ἄγω, et par conséquent l'*actrice*, l'*agent*, le *mobile*, le *motif* (*moveo*, synonyme de ἄγω et de *pello*) des choses; et c'est pour cela que nous lui donnons l'épithète d'*efficiente*, de *productrice*, d'*agissante*, et à son résultat le nom d'*effet* (*facio*), synonyme de *fait* (*actus*), de ἄγω, produire; ἄγω, pousser; ἄγω, mouvoir, émouvoir, mettre en action. Les idées d'*action* et de *mouvement* sont inséparables. Ἄκτια, demande, ou plutôt poursuite, donne raison de l'*action* en justice; intenter une *action*, une *demande*, une *poursuite*. C'est qu'en effet, pour obtenir justice, il faut la demander. Toute la nomenclature judiciaire tient au verbe ἄγω : *action*, *citation*, *poursuite*; *mener*, *conduire*, *poursuivre*, *appeler* devant les tribunaux.

Αἰχμή, trait, pique, javelot, lance. De αἴσσω, lancer; c'est donc une arme offensive qu'on lançait sur l'ennemi, et qui devait son nom à cette manière particulière de s'en servir. Ce mot est l'opposé de ἔγχος, épée, lance qui ne se lançait pas, qui se tenait à la main, formé de ἐν ἔχω, tenir en, retenir.

Αἶψα, promptement, rapidement, pour ἰαψα de ἰάπτω, jeter, lancer, s'élancer, c'est donc, m. à m., *d'un jet, d'un bond*.

Voyez aussi ἴπταμαι, voler.

Αἴω, entendre, et par extension sentir, s'apercevoir, n'est autre chose que οὐάιω, de οὖας, oreille. En latin *audio* pour *aurio* de *auris*, oreille. En français entendre signifie à la fois *ouïr* et *comprendre*.

Αἰών, éternité, continuité, durée de la vie, est formé de ἀεί que nous avons vu plus haut, ἀειών.

Αἰωρεῖν, élever, suspendre, pour αιρόω. Voy. ἀείρω.

Ἀκαλήφη, ortie, paraît formé de ἀκή, piquant, pointe et λείπω, laisser. Cette plante, de même que les zoophytes auxquels on applique ce nom, laisse ses piquants dans la blessure; de là la démangeaison qui en est la suite.

Ἀκαλανθίς, chardonneret, inversion de ακανθαλις, de ἄκανθα, chardon. C'est l'analogue de l'étymologie française.

Ἄκανθα, ronce, épine, chardon, de ἀκή, pointe, et ἄνθος, fleur.

Ἄκατος, vaisseau, brigantin, de ἄγω, mener, conduire, porter; mot à mot *vaisseau de transport*, pour ακταος, comme βᾶρις, barque, de l'égyptien *bara*, porter, transporter. Ou, si l'on aime mieux, métathèse de ακταος, de ἀκτή, rivage, mot à mot *vaisseau de rivage*, ce que nous appelons aujourd'hui bateau de cabotage, bateau côtier, pilote côtier, par opposition à ceux qui naviguent en pleine mer.

Ἀκέω, guérir. Ce verbe signifie proprement *coudre*, de ἀκή, pointe, aiguille, instrument de la couture. La médecine, dans l'origine, a dû se borner à la chirurgie, parce que dans des temps où la physiologie et l'anatomie étaient dans l'enfance, ou même n'existaient pas du tout, la médecine n'était tout simplement que l'art de guérir, de rejoindre, de *recoudre* les plaies, et les lésions et les blessures extérieures que l'homme recevait soit accidentellement, soit dans les combats. De même qu'en français nous disons *point* d'aiguille, *faire des points*, pour *coudre*. Et, en espagnol *puntear*, *pespuntear*, *punto*, ἀκή. Ce qui paraît confirmer cette origine, c'est que les Hébreux se servaient de leur verbe *Rapha* pour désigner les actes de *coudre* et de *guérir*.

Guérir, fermer une blessure, n'est en effet autre chose que *coudre*, *recoudre* les lèvres béantes de la plaie.

On pourrait aussi supposer ce verbe formé du parfait ἔακα de ἐάω, laisser, lâcher, relâcher, cesser; ou de ἰάω, guérir, lâcher, laisser, calmer, relâcher; après la douleur, la souffrance, l'agonie, le combat, vient le calme, relâche, repos.

Le sens de silence vient du parf. ἔακα, de ἐάω, mot à mot *omis, laissé de côté, négligé*, ou bien *relâche, repos, calme* (de la parole).

Ἀκή, pointe, est un dérivé de ἄγω, pousser, exciter, inciter, pénétrer, provoquer. La pointe sert à tout cela. Les Latins disaient *acuo*, exciter, piquer, de *acus*, aiguille; comme en français *piquer* et *piquant, aiguillonner* et *aiguille*. La piqûre *excite*, incite en effet notre système nerveux d'une manière infiniment plus intense que le coup ou la contusion, quelque violents qu'ils soient.

Ἀκιδνός, chétif, malingre, pour κακιδνος, de κακός et εἴδω, mot à mot *de méchante vue, de mal aspect, mauvaise mine*. Ce mot peut être encore un composé de ἀ privatif et de κεδνόν, estimable, glorieux, vénérable.

Ἀκινάκης, glaive des Persans. Ce mot, malgré sa physionomie barbare, laisse cependant entrevoir l'origine de ἀκή, pointe, répété pour ἀκηνακής, ou bien ακτιναχής, lame en forme de rayon, ondulée, flamberge, imitant la flamme comme celle d'Élie et de l'ange exterminateur, ἀκτίν rayon.

Ἄκιρός pour ἀ καιρός, hors de temps, hors de saison, inutile, imparfait, incomplet.

Ἀκκώ, épouvantail, fantôme, grimacier, est mis pour ἀεική, de ἀεικος, mot à mot, *inconvenant, laid, honteux, vilain, indécent*.

Ou bien métathèse de κακω, de κακος laid, vilain, horrible.

Ἀκκισμός, ἀκκίζομαι. Ces mots ont la même origine que le précédent.

Ἀκοστή, orge, de ἀκή, pointe. Cette céréale se distingue par ses longues barbes ou piquants; comme κριθή son synonyme, pour ακριθη, de ἀκή. Les Latins l'appelaient *hordeum*, de *horrere*, être hérissé.

Ἀκμή, pointe, vigueur, fleur de l'âge, a la même origine que ἀκή et appartient, par conséquent, à la grande famille des dérivés du verbe ἄγω, pousser, exciter, croître, avancer.

Ἀκολουθος, suivant, valet, serviteur, est formé de ἀ priv., et de κολούω,

couper, séparer. C'est donc, mot à mot, *inséparable, attaché à quelqu'un, ou aux pas de quelqu'un.*

Ἀκόνη, pierre à aiguiser ; excitation, vivacité. De ἀκή, pointe, dire une
pointe, esprit *pénétrant, ingenium acutum.* En espagnol *agudo, agu-
deza.* La pierre à aiguiser rend aigus les instruments qu'on y frotte.

Ἀκούω, entendre, ouïr, paraît n'être autre que ακοω ou ακοεω de ἀκή,
pointe, mot à mot pointer (sous-entendu) l'oreille. Nous disons
prêter l'oreille; entendre n'est que *in tendere*, tendre vers (sous-entendu) l'oreille. Cette expression est une image fidèle de l'acte
qu'exécutent tous les animaux qui dirigent, tendent, *pointent* le pavillon de leur oreille, par parenthèse ordinairement *pointue*, pour
recueillir les sons, c'est-à-dire pour *entendre*. Ou bien simplement
pour εκ et ουω de οὖς oreille : comme en latin, *exaudio* pour *exaurio*
de *auris* oreille, et en français *ouïr* et *ouï*.

Ἀκριβής, exact, parfait, est formé de ἄκρις, sommet, et βαω, aller, mot
à mot qui arrive au sommet, au comble, consommé, fini, en latin
consummatus. C'est toujours l'idée d'arriver, d'aller au *sommet*,
au *comble*, au *bout*, à *l'extrémité*, ce qui a lieu pour tout ce qui est
fini, achevé, exact, parfait.

Ἀκρίς, sauterelle, est ainsi nommée parce qu'elle habite les lieux élevés, pierreux et incultes, c'est-à-dire les pointes et sommets des
montagnes, d'où elle ne descend, en troupes immenses, que pour
ravager les plaines cultivées. C'est pour cela qu'en Espagne, où
cet insecte est très-abondant, on l'appelle (*Salta-montes*), saute-
montagne. Ἀκρίς, hauteur, sommet. Remarquez, en hébreu, *gab,
goba,* hauteur, éminence et *gob*, sauterelle.

Ἀκροάω, entendre, écouter. Encore ici l'image de *pointer* l'oreille, tendre, diriger la pointe, le pavillon de l'oreille, que nous avons vu
plus haut, en analysant le verbe ἀκούω. Ici au lieu de ακή, c'est
ακρος, qui revient au même.

Ἄκρος, final, extrême, dérivé de ακή, pointe, bout ; ακηρος.

Ἀκτή, rivage, est tout simplement l'adjectif verbal de ἄγω, rompre,
briser, pousser, heurter. C'est donc, mot à mot, la *choquée*, la *heurtée*
par les flots. Les Latins disent *ripa* de *rupa, rumpere*, ou, si l'on aime
mieux, du grec ῥιπτω. Nous nommons en français *brisants* les rocs,
qui sont toujours sur les côtes et contribuent à les former. Ἀκτική a
fait Ἀττική, l'Attique, pays de rivage, pays maritime, péninsule.

Ἀκτίς, rayon, de l'adjectif verbal ἀκτός, mot à mot le *poussé*, le *chassé*, l'*envoyé*. C'est une *émission*, un *jet*, une *vibration*, une *impulsion*.

Ἄκυλος, gland comestible du hêtre, faîne. Ce fruit est anguleux et épineux, ακη, pour αγκυλος. Ou bien contraction de ακαυλος, de α privatif, et καυλὸς, tige, pédoncule, mot à mot *sans tige*, *sans queue*. On sait en effet que l'espèce comestible a son fruit *sessile*, contrairement à d'autres espèces de chênes qui les ont pédonculés.

Ἄκων, dard, javelot, appartient à ακη, pointe.

Ἀλάβης, espèce de poisson du Nil, de ἀ et λάβω, mot à mot *qu'on ne prend pas ou qu'on ne peut prendre*. C'est évidemment le malaptérure électrique qui donne de fortes secousses à la main qui le touche, et que les Arabes appellent *raasch*, le tonnerre.

Ἀλαζών, vain, fanfaron, charlatan, n'est que le fréquentatif de αλάω, errer, s'égarer, divaguer; c'est donc faire *errer*, *tromper*, *séduire*, en imposer, mentir.

Ἀλαζών, peut aussi être mis pour λαλαζων, de λαλεω, babiller, ou encore de αλαλή, cri, clameur guerrière. Les fanfarons haussent la voix, parlent haut, font du bruit pour en imposer, et toutes ces expressions sont dans presque toutes les langues synonymes de *être fanfaron*.

Ἀλαλή, est une interjection naturelle; nous disons en français *oh la*, *oh la la*. Remarquez aussi l'analogie entre αλαλή et ἀλαζών et le français *fanfare* et *fanfaron*; la fanfare est le cri, la voix des clairons. En latin c'est *ululatus*.

Ἀλάομαι, errer, s'égarer, de α priv. et λαω, voir, ne pas voir est la cause de l'égarement soit matériel, soit moral. Celui qui ne voit point a besoin d'un guide, pour ne pas s'égarer. Ténèbres, obscurité, sont synon. d'erreur, d'égarement,

Ἀλαός, aveugle, à priv. λαω, voir.

Ἄλγος, peine, douleur, affliction, appartient à la même origine que ελεγος, deuil, plainte, tristesse. C'est tout simplement *crier* ou *dire* a! ou e!, ah! ou eh! λεγω, dire. Nous avons déjà vu αιανος, αιρος triste, lamentable de *aï*, interjection, hélas! ελελευ, interject., hélas! A moins que ce ne soit un composé de α négat., et γελάω, rire, αγελος, αγλος, et par métathèse ἄλγος, tristesse. On pourrait aussi le confondre avec αλεγος, de αλεγω, avoir soin, peine, souci, inquiétude.

Ἀλδέω, accroître, augmenter, mot poétique pour ἀδδέω, rassasier, saturer, rendre robuste, αδδην, abondamment. *Croissance, augmentation* sont synon. de abondance; ou bien de ἅλις, beaucoup, assez, abondamment, ἁλιδέω. Ou enfin corruption de ἀδρέω croître, mûrir, ou de ἀδω, remplir, accumuler.

Ἀλέα et attiquement, ἅλεα pour ἠλέα, chaleur du soleil, ἥλιος; l'esprit rude se changeait en doux, suivant les dialectes, surtout chez l'Éolien. *Voy.* ἕλη, même signification; ἕλεα.

Ἀλέγω, prendre soin, s'occuper, se soucier. Ce verbe peut être expliqué de deux façons. Ou bien c'est tout simplement ἀλγέω, avoir peine, être inquiet, affligé, soucieux; comme nous disons : ne vous inquiétez pas, ne vous souciez pas, pour ne vous occupez pas, ne prenez pas soin. En espagnol *nose inquiete, no se cuide* Vᵈ, *no se afflija* Vᵈ, *no pase* Vᵈ *pena por eso*. Ou bien peut-être ce verbe n'est-il autre que λέγω, compter, faire cas, et α augmentatif. En français *tenir compte de*, synon. de soigner, s'occuper de.

Ἄλεισον, pour ἔλαισον, de ἔλαιον. Mot à mot *huilier, vase à huile.*

Ἀλείφω, frotter, oindre, pour ἐλαίφω; de ἔλαιον, huile, ἀφάω, toucher, palper, frotter. C'est mot à mot *huiler, frotter d'huile*. Ou bien pour ἀνάλειδω, mot à mot *arroser, couler, faire couler par, sur, perfundo*.
Le sens de inciter, pousser, est proprement *apprêter, disposer, préparer* au combat, par les frictions d'huile; ce qui avait réellement lieu, surtout dans la gymnastique. A moins que ce ne soit le sens de notre verbe *frotter*; la friction excite, irrite.

Ἀλέξω, défendre, protéger, aider, repousser. C'est, proprement, fortifier, donner de la force, de ἀλξις, fortification, action de fortifier, devenu, par euphonie, αλεξις, ἀλέξω. *Voy.* αλκή. Ou mieux encore dérivé de ἀλέγω, prendre soin, s'occuper, se soucier, protéger.

Ἀλέω, moudre, est le même que ἀλίω, rouler, tourner. C'est là en effet ce qui constitue cette opération, dans laquelle il faut faire rouler et tourner la pièce triturante, soit horizontalement, soit verticalement. Τρίβω, triturer, fouler, qui pourrait passer pour synonyme de ἀλέω, n'est autre que τρέπω, tourner. Le sens d'éviter n'est proprement que *se détourner*, ou *détourner*, comme en latin *avertere, deflectere*, pour éloigner repousser, éviter, fuir.

Ἀληθής, vrai, certain, est formé de ἀ priv., et ληθω, cacher. Proprement *non caché*, c'est-à-dire clair, évident.

Ἄλθω, guérir n'est autre chose que ἄρθω, forme de l'aor. passif de ἄρω, ἤρθην, ajuster, arranger, recomposer. C'est la même idée que nous avons déjà vue dans ἄκεω, son synonyme, recoudre, ravauder. En français, *remis, rétabli*; en espagnol *compuesto, repuesto*, sont synon. de guéri, vigoureux. Ou bien un dérivé de l'aor. 2, de ἀλκῶ, fortifier, affermir. Aussi ἄλθω ne se trouve-t-il employé que dans le sens passif être guéri, ἀλκθήν.

Ce verbe peut être aussi pour ἄλκθω, de ἀλκη, force. Ce qui constitue la santé, c'est la vigueur et la force; la maladie au contraire est le manque de force, *in-firmus* : non fort.

Ἀλίγκιος, semblable de ἡλίκος, aussi grand, du même âge, tel que, pareil, semblable. Ce mot, comme poétique, a pu changer l'esprit rude en esprit doux.

Ἀλινδέω, se rouler, se vautrer dans la poussière; du verbe ἀλέω, moudre; ou bien de αλη, farine, et de ἰδνέω, rouler, se rouler dans une poussière fine analogue à celle de la farine, comme font encore de nos jours les paillasses et histrions de nos foires.

Ἄλιος, inutile, vain; cet adjectif est un dérivé de ἅλς, sel; c'est proprement un terrain stérile et improductif, c'est-à-dire salé; semé de sel, comme les steppes. On sait que les terrains salins ou salifères sont impropres à la production : on connaît l'usage de semer du sel sur une terre pour la rendre maudite, stérile, improductive, ruinée.

Ἅλις, assez, suffisamment, est le même que le neutre, ἅλες, en foule, en abondance, du primitif ἅλω, réunir, ramasser, accumuler. Et comme ἅλω signifie principalement prendre, comprendre, ἅλις répondrait mieux encore au *capax* des Latins, *capable*, qui est synonyme de *suffisant*, formé de *capio*, prendre, comprendre.

Ἀλισγῶ, souiller, profaner, s'il ne tient pas à ἀλέξω, repousser, écarter, éviter, ou mieux encore à ἁλίσκω, convaincre, condamner, être coupable, justiciable, convaincu, paraît être d'origine barbare, ou du grec corrompu d'Alexandrie.

Ἁλίσκω, prendre, convaincre, condamner. C'est un dérivé de ἅλω, prendre, saisir. En latin *prehendo, reprehendo*: en français réprimer, réprimander, *repris de justice*. Ou *prendre* sur le fait, en flagrant délit.

Ἀλιτέω, pécher, errer, vient de ἀλείτης, égaré, coupable, qui lui-même est dérivé de ἀλέω ou ἀλίω, tourner, avoir *tort*, s'infléchir, se pervertir, pervers, *per verto*, s'égarer, s'écarter, se détourner, par opposition au *droit*, à la *droiture*, à la *rectitude*, synonymes de justice, équité, honnêteté, sainteté.

Ἀλίω, rouler, tourner, est le même que ἀλέω, et appartient comme lui à la famille de εἰλέω, qui, sous l'une ou l'autre forme, a une origine difficile à expliquer, et doit, par conséquent, être rangé parmi les mots primitifs ou souches.

Ἀλκή, force, mis pour αρκή, de αἴρω, lever, soulever, porter, prendre. Parfait ἦρκα, αρκα, αρκή. D'où le sens de aider, secourir, donner orce : comme prêter *main forte*. Ou mieux lever, soulever, soutenir, soulager; comme le latin *levare, sublevare, relevare;* aider, secourir.

Remarquez l'analogie de *fortis*, dérivé de *fero*, enlever, porter; ainsi que du grec ἰσχυς, de ἴσχω, comme αἴρω, prendre, saisir, αρκεω, même ἀσήγω, que nous verrons plus tard, n'ont pas d'autre étymologie. Le moyen de mesurer la force a été de tout temps et surtout chez l'homme primitif, *soulever* et *porter* un poids. La force n'a donc dû être dans le langage que la capacité, la faculté de *porter*.

Ἀλκή, pourrait encore venir de ἀλλω, saillir, s'élancer, sauter. Mot à mot *élan*, mot qui en français même est synonyme de force.

Ἀλκή, élan, espèce de cerf, vient de ἀλκή, force, élan, impétuosité, à cause de la vigueur et de la force de cette espèce.

Ce nom du cerf élan, pourrait encore avoir pour étymologie *elch* ou *elk*, que lui donnaient les Celtes, dont cet animal habitait le pays, et que Jules César indiqua le premier sous le nom de *alce*.

Ἁλκυών, alcyon, oiseau de mer, qui se pose, qui se couche sur la mer : de ἅλς, mer, κεω, κευω, et puis κυω, de κεῖμαι, poser, reposer, coucher. Ce devait être nos pétrels d'aujourd'hui, oiseaux remarquables par cette propriété, qui les fait nommer par nos marins *Petits Pierres*, faisant allusion au miracle dont saint Pierre fut l'acteur. Les Latins disaient *Alcedo*, de *cedo*, marcher, aller et αλς, mer.

Ἀλλᾶς, saucisse, boudin. Ce mot peut avoir plusieurs étymologies. Ou bien c'est simplement un dérivé de ἅλς, sel, avec l'esprit rude remplacé par le redoublement du λ, et répond parfaitement alors à notre *saucisse, saucisson*, primitivement *salcisse, salcisson, salaison*. Ou bien est-il mis pour ἀλλαος, de l'adjectif ἄλλος, autre, divers; c'est mot à mot un *mélange* un *gâchis* de choses *diverses*, mêlées et confondues ensemble.

Ἀλλά, mais. Cette conjonction vient de ἄλλος et signifie, par conséquent, mot à mot *autrement, différemment :* elle vient presque toujours après une négation ou bien dans un sens restrictif, négatif, d'opposition, de contraste, par conséquent ἄλλα : marquant clairement que la proposition ou période qui suit cette conjonction est *différente, diverse* ou contraire à celle qui la précède. Ceci peut se comprendre par cette formule générale. Telle chose devait avoir lieu ou devait se passer de cette manière; il en fut cependant *différemment*, ἀλλά pourrait donc être remplacé par ἀλλῶς.

Ἀλλάσσω, changer, de ἄλλος.

Ἅλλομαι, sauter, s'élancer, vient de ἴαλλω, jeter, lancer; en retranchant ι; c'est, mot à mot, *se jeter, se lancer, bondir*. Nous préférerions cependant voir dans ce mot une véritable racine élémentaire.

Ἄλλος, autre, divers, différent, pour αιλος, αιολος, que nous avons déjà vu tirer son origine de αεω, souffler, faire du vent. Tourner à *tout vent*, faire la girouette, sont synonymes d'être variable, versatile, inconstant.

Ἅλμων, saumon, vient de ἅλλω ou ἅλμα, saut, bond. Ce poisson, en sautant et bondissant sur les cataractes, remonte les rivières à des hauteurs extraordinaires; c'est un poisson *sauteur*.

Ἀλοάω, battre sur l'aire. Voyez ἅλως.

Ἀλόη, plante, mot oriental.

Ἄλοξ, sillon, labour, race, lignée, ligne, trace, rayure. Ce mot est un composé de ἀ priv. et λόξος, oblique, de travers. C'est mot à mot *non oblique, non de travers*, et par conséquent tout ce qui est en ligne droite, en ligne directe, une *droite* quelconque.

Ἀλπνός, doux, agréable. De ἀ privatif et λυπηνος, triste, fâcheux, douloureux. On a supprimé deux voyelles.

Ἅλς, sel, la mer. Ce mot important, chef d'une immense famille, doit son origine au verbe ἅλω, se prendre, coaguler, ou réunir, rassembler. Le sel n'a point d'autre manière de se former que par coagulation; il *se ramasse, se concrète* au fond des marais ou aux bords de la mer. C'est la *concrétion* par excellence, la plus utile à l'humanité.

Dans un autre ordre idées, ἅλς peut être rapporté au verbe ἅλλω, ἄλλομαι, sauter, bondir. Le sel marin, comme presque tous les sels, a la propriété de *sauter*, de pétiller sur le feu, et l'invention de la poudre n'a pas d'autre origine ; *sal*, en latin, appartient à la même souche que *salio*, sauter; ἅλμη signifierait donc à la fois *saut* et *saumure, salaison*. C'est l'analogue de l'hébreu *neter*, nitre, de *natar*, sauter, bondir.

Comme la mer et le sel sont deux choses inséparables, on les appela de la même manière. A moins cependant que l'on ne préfère s'en tenir à la Genèse, qui appelle *iam*, mer, la réunion des eaux, de *im*, ensemble, avec; *ouma*, assemblage, liaison, pour עים, עם,עמה. Le latin *mare* vient lui-même de ὁμαρης, réuni, rassemblé, ou de ἅμα αρω, réunir, rassembler; et de même notre ἅλς viendrait de ἁλω, et serait à son tour le réuni, le ramassé, l'ensemble de toutes les eaux. La mer est en effet le receptacle universel des eaux. Les Espagnols ont un proverbe qui dit : *donde vas agua? al mar*, de la propriété dont nous parlons.

Ἄλσος, bois sacré, bois obscur, pour λάσος, de λάσιος, serré, touffu, fourré, d'où provenait l'obscurité, le mystère dont ces bois religieux avaient besoin. Les premiers temples ont été les forêts.

Peut-être aussi, métathèse de ἄσλος contraction de ἄσυλος, asile, refuge.

Ἀλύω, être inquiet, agité, chagrin; pour ἀλεύω, errer, s'agiter, ou bien de ἀλέω, moudre, mot à mot *moulu, tourmenté*, analogue à τρίβω, écraser, tourmenter, affliger, de τρέπω; comme le latin *tristis, attritus, contritus*, vient de *tero*, écraser, briser, triturer. C'est toujours l'alliance des deux idées moudre, écraser et tourner, parce que les deux actes ou opérations marchent ensemble.

Ἀλφάνω, trouver, inventer, de ἄλφα, première lettre de l'alphabet; c'est proprement être le premier (α), *être l'alpha* d'une chose ou d'une action, invention, etc., son commencement. On pourrait voir aussi le composé ἀναφαίνω, ανφαινω, avec le changement du ν en λ, et qui signifie également montrer, faire voir, faire paraître, inventer, trouver.

Ἄλφιτον, farine, est tout bonnement αλευιτον, de ἀλευω, moudre, d'où ἄλευρον, synonyme du mot en question. Mais comme ce mot était difficile à prononcer, l'euphonie en fit ἄλφιτον, qui sonne de même et qui signifie simplement *moulu*, produit de la mouture.

Ἀλφός, dartre farineuse, de ἀλφός, blanc. Voy. ἀλφάω.

Ἁλω, prendre, enlever, saisir. Voy. εἰλω ou ἕλω.

Ἀλώπηξ, renard. Ce mot est mis pour κλώπηξ, de κλωπεύω, voler, dérober; répondant parfaitement au français renard (prenard), et à l'espagnol *raposa* (*rapio*, rober); ou bien encore pour ἀπωλής, du parfait απωλεκα, de απόλλυμι, détruire, ravager, perdre. Il n'y a pas, en effet, d'animal plus destructeur et plus nuisible que le renard.

Ἅλως, aire, mot à mot *espace compris*; de ἅλω, être pris, compris, contenu. L'aire, soit géométrique, soit agricole, n'est pas autre chose, et tire son nom de αἴρω, prendre, comprendre, contenir.

Ἅμα, ensemble, en même temps, pour ἅμμα, nœud lien, attache, de ἅπτω, lier, nouer, joindre. Être ensemble, c'est être joint, réuni, lié. Les Espagnols disent *fueron juntos*, ils furent ensemble. Peut-être aussi cet adverbe vient-il de ἁμός, aspiré attiquement, un, et serait, mot à mot, *una* des Latins; à *l'unisson*, ne formant qu'un, en espagnol, *a una*.

Ἀμαλός, faible, délicat, abattu, corrompu, de ἀμάω. C'est donc, proprement, *moissonné, coupé, tranché, abattu*. Le verbe moissonner est employé aussi en français en mauvaise part. La mort moissonne les guerriers; le vice moissonne la jeunesse; moissonné par la peste, etc., etc. Ou bien de ἅμα et ἀλέω, moudre ensemble, broyer (*conterere*), amollir; en latin, *mollio* et *molio*; en français, mou, moudre. C'est qu'en effet moudre, broyer, c'est amollir. On peut aussi confondre ce mot avec ὁμαλός, uni, aplani, rabaissé, aplati, adouci, affaibli, émoussé. Voyez aussi ἥμερος, doux, paisible, ἄμαλος, pour ἤμαλος, rassis, tranquille, doux, débile.

Ἅμαξα, char, charrette; de ἅμα αγω, conduire ensemble, en masse, en bloc. Cet appareil n'a pas d'autre usage. Ou bien, mot à mot, accouplement de chevaux ou bœufs, ἅμα ἄγω, mener ensemble, comme en latin *bigæ*, synonyme de *currus*. Ἅρμα, chariot, de ἄρω, accoupler, ajuster, joindre.

Ἀμάρα, canal, rigole, sillon; ce mot vient de ἅμα, ensemble, et si l'on veut ῥέω, couler; d'où le verbe ἀμαρεύω. C'est donc un fossé, un canal où vont se rassembler les eaux surabondantes, comme cela a lieu dans les fossés qui entourent les propriétés; où bien pour servir de dépôt d'où l'on les distribue pour l'arrosement. C'est dans les sillons que les eaux se rassemblent naturellement, ἅμα, soit dans les champs, soit sur les toits, soit dans les égouts ou les ruisseaux des rues. L'idée de réunion est la principale.

Ἀμάρακος, marjolaine; de ἀμάρα, canal, sillon, ruisseau, probablement parce que cette plante croît sur leur bord : marjolaine vient également de *margine*, bord.

Ἀμαρτάνω, errer, manquer, pécher. Ce verbe, qui doit peut-être son esprit rude au dialecte attique, est composé de α privatif, et μειρω, parfait passif, troisième personne, εἱμαρται, d'où μαρτανω, mot à mot *ne pas participer*, *ne pas avoir part*, *ne pas obtenir*, *ne pas atteindre*, par conséquent manquer, faillir, être en défaut. Les Latins disaient *fallor*, je me trompe, j'erre; *delinquo*, je laisse, je manque, je suis en faute. Le verbe μάρπτω, prendre, obtenir, atteindre, que nous verrons en son lieu, a la même étymologie.

Ἀμαρύσσω, briller avec éclat, éblouir. Ce verbe est formé de ἀμαυρός, obscur, sombre; pour ἀμαυρυσσω, mot à mot *rendre obscur, ténébreux, aveugle, priver de sa vue par un éclat trop grand*. C'est donc proprement éblouir. Les Espagnols disent très-bien *deslumbrar*, priver de la lumière. Ou bien, dorien, ἀμαρ, pour ἡμαρ, jour, *faire jour, briller, éclairer*.

Ἀμαυρός, obscur, sombre, pâle. Ce mot paraît une altération de αμειρω, mot à mot *privé* (sous entendu) *des yeux*. Les Latins disent *orbus*, *oculis* ou *lumine*, aveugle. En français, nous sous-entendons au contraire le mot (*privé*), car aveugle n'est autre que le latin *ab oculis*, privé des yeux.

Ἀμάω, moissonner, de ἅμα, adouci, mot à mot *rassembler, réunir, amonceler, recueillir*; ἁμός, un.

Ἀμβλύς, obtus, lâche, hébété, pour αμλος, de ἀμαλός, même signification, αμβλύνω, pour αμλύνω, ἀμαλύνω.

Ἄμβων, bord, élévation, cime, chaire. Toutes les significations variées de ce mot dérivent de ἀνα βάω, ἄνβων; aller en haut, s'élever, monter sur. Tout bord *s'élève* pour contenir ce qu'il renferme. Une estrade, une chaire, une cime, n'est qu'une élévation, une hauteur qui *va en haut*, se dirige en haut. Au lieu de αναβω, on pourrait supposer καμβων, dérivé de κάμπτω, courber, recourber. Ce serait alors un *bord recourbé*, une *courbure*, un rond, ou circonférence, un balcon, tribune, chaire de forme *arrondie*, *circulaire*.

Ἀμείβω, changer, alterner; le même que ἀμεύω, passer. Changer et passer sont synoymes. Tout ce qui passe est rechangeant. Changer de lieu c'est passer d'un lieu à un autre. Échanger un objet c'est le passer ou faire passer à une autre personne, ou pour un autre objet. Échanger des paroles est synonyme de répondre, les Espagnols disent, *cambiaron algunas palabras*, ils se répondirent mutuellement. Répondre c'est se faire passer les paroles de l'un à l'autre. Dialogue, qu'on pourrait assigner pour synonyme à réponse, fait entrer dans sa formation διά, qui marque passage, transport, traversée.

Ἀμέλγω ou ἀμέργω, sucer, traire, pressurer. De ἅμα εἴργω, serrer, presser, restreindre, comprimer ensemble. C'est précisément ce que nous faisons, soit en suçant, soit en trayant. On pourrait aussi mettre ἕλκω ἀμελκω et alors ce serait la traduction de *traire*, qui vient de *traho*, tirer, traîner. La première syllabe αμ, pourrait avoir été mise pour αν, ἀνά, ανελγω, ανειργω, *retraho, pertraho, detraho*.

Ἀμεύω, passer. Ce verbe paraît n'être autre que ανεω, ανα εω, mot à mot, *aller par, au travers; s'en aller*. Marcher et passer sont synonymes parce que le changement est inséparable du mouvement: quand nous faisons un pas, nous ne faisons qu'un changement de lieu, par conséquent un passage. Notre verbe *passer* est dérivé de *pas* qui n'est que l'action de marcher. Ou bien est-ce tout simplement une corruption de ἀμείβω qui a les mêmes acceptions et que nous avons vu plus haut.

Ἀμία, sorte de thon, vient de ἅμα, ensemble. Ce poisson vit et voyage réuni en troupes nombreuses. Ou bien pour λαμια, à cause de sa voracité. C'était peut-être la fameuse Lamie, gros poisson de mer.

Ἅμιλλα, combat de ἅμα εἴλεω, mot à mot, *tournoyer ensemble*, c'est proprement ce qu'en français nous appelons *mêlée*, engagement, rencontre, choc. Μάχη, son synonyme, vient aussi de ἅμα ἄγω ou ἔχω, se rencontrer, se choquer. Ce pourrait être aussi un composé de εἴλω, rassembler, réunir, rencontrer, choquer, se mêler, se confondre. Combattre, c'est battre, frapper, choquer, heurter *avec quelqu'un, ensemble*.

Ἀμίς, vase de nuit est le même que ἄμη, seau, vase à puiser l'eau probablement le même que ἀμνίς, vase à recevoir le sang, et par extension, vase quelconque, pot.

Si ces mots ne sont pas les mêmes que ἀμνις, on pourrait les regarder comme composés de ἅμα, ensemble. Ce sont en effet des vases probablement de bois, et par conséquent, composés de pièces rapportées, adaptées, rassemblées, unies, telles que ais, planches, merrains, et maintenues au moyen de cercles de bois ou de fer.

Le latin *urceus*, seau, vient lui aussi de *urgeo*, serrer, presser, comprimer, ce qui répond à la première idée. En hébreu nous avons *cad* ou *gad*, c'est-à-dire, *division, pièce, fraction, compartiment*, ce qui s'y rapporte aussi, puisque l'assemblage ne peut exister sans parties ou divisions qu'il suppose nécessairement.

Ἀμνίς, vase à recevoir le sang des victimes, de αἷμα, sang, ἄιμνις. Les Attiques y mettent l'esprit rude.

Ἄμμιον, vermillon, couleur rouge, pour ἄιμιον, de αἷμα, sang, couleur de sang. En français nous appelons *sanguine* un minéral rouge dont on fait des crayons.

Ἀμνίον, membrane qui enveloppe le fœtus. Vase qui reçoit le sang des victimes. Tout cela vient de αἷμα, sang, ἄιμνον. La membrane de l'amnios est *ensanglantée* et contient des sérosités *sanguinolentes*.

Ἀμνός, agneau, vient de ἀμενηνός et ἀμενός, faible, tendre, sans consistance, α priv., μενω, durer. Ou bien α priv. et μένος, courage, ardeur, vigueur ou μῆνις, colère, rancune. L'agneau animal complétement inoffensif, a toujours été le symbole de la faiblesse, de la douceur et de la mansuétude.

Ἀμορβός, obscur, pour ἀμαυρός, c'est le même mot écrit différemment.

La signification de compagnon et de pasteur, berger, peut venir de ἅμα ὀρεύω ou ὠρεύω, garder, veiller, surveiller, ἀμορεύς ou ἀμορβός, sonne à l'oreille de la même manière que ἀμορβός, et par suite a été écrit de la même manière.

Ἀμόρα, pâte miellée, probablement de α priv. et μείρω, diviser, qui se mangeait d'une bouchée, d'un coup; quelque chose d'analogue à nos beignets, et nos petites friandises. Ou bien proprement *privé, manquant* de quelque ingrédient commun aux autres pâtes, peut-être du levain. Ou enfin métathèse de ἄρωμα, arome, épice.

Ἄμοτος, excessif, démesuré, insatiable, pour ἄκμοτος, mot à mot *infatigable, indomptable*, de ἀκμόω, comme l'adjectif ἄκμητος qui a la même signification.

Ἄμπελος, vigne, cep de vigne, pour κάμπελος de κάμπτω, courber, fléchir. Cette plante jouit éminemment de cette propriété; elle s'attache et enserre dans ses replis tout ce qui l'entoure; et chez les anciens surtout elle avait pour soutien, au lieu d'échalas, des arbres fruitiers. En hébreu *cérém*, vigne, est formé de *cour*, tourner, entourer, enrouler, parce que chez eux la vigne se cultivait de la même manière. Un caractère essentiel de cette plante sont ses *vrilles* (*verto*) courbées en hélice. Au lieu de κάμπτω, on pourrait supposer αμφι ειλεω, *enrouler autour*.

Ἄμπρον, longe, trait, licou, collier de cheval de κάμπτω, entourer, enrouler.

Ἄμπυξ, bandeau qui entoure, enserre, les cheveux. C'est toujours le même κάμπτω. Je ne dissimulerai pas que les trois mots qui précèdent pourraient être rapportés à ἀμπί, pour ἀμφί, autour.

Ἀμυγδάλη, amande, vient de ἀμύσσω, piquer. Ce fruit est en effet de forme pointue et piquante à une de ses extrémités. Ce qui le distingue des noix, noisettes et autres fruits analogues, qui sont ronds et globuleux.

Ἀμυδρός, de α privatif et μύδρος fer incandescent. *Non incandescent, qui s'éteint.* Sombre, obscur, imperceptible, le même que ἀμαυρός. Ou mieux, pour faible, insensible, imperceptible. Nous disons en français *un regard éteint, un pouls éteint*, pour un pouls faible, etc.

Ἀμύμων, irrépréhensible, honorable, distingué; de α privatif et μῶμος, opprobre, reproche. Sans reproche. Ou αμιμων, inimitable.

Ἀμύνω, proprement *écarter, détourner, repousser, éloigner*, et par extension, Secourir, défendre, est formé de ἅμα, ensemble. C'est, proprement, *accompagner, assister*; en latin *adesse alicui*, secourir quelqu'un, *sistere ad*, assister, être auprès, avec, ensemble. Dans la guerre, *allié, compagnon*, camarade, en latin, *socius*, sont synonymes de auxiliaires, défenseurs. De là la maxime : *qui non est mecum est contra me*. Si malgré ces aperçus très-naturels, l'esprit doux de ἀμύνω nous faisait douter de cette origine, on pourrait voir ici le verbe ἀμεύω, ἠμέυω, passer, changer, écarter, éloigner, repousser; ou ἠμυω, incliner, décliner, écarter (un danger).

Ἀμύσσω, piquer, égratigner; ce verbe peut avoir deux étymologies : ou bien c'est ἀμύσσω de αἷμα, sang, avec l'aspiration adoucie, proprement *ensanglanter*, blesser de manière à ce que le sang ne fasse que paraître à la surface. Ou bien, ayant égard au sens d'effleurer, raser, toucher superficiellement; il dériverait de α privatif et μυχός, fond, profondeur; blesser sans profondeur, superficiellement, *ne pas approfondir*.

Ἀμφαυξίς, tronc d'arbre étêté, pour ἀναφοξίς, de ἀν et φοξός, pointu, mot à mot *non pointu, non aigu*. Ou mieux encore transposition de ἀφαμυξίς, composé de ἀπό et ἀμύσσω, *non piquant, non aigu*.

Ἀμφί, autour, aux environs; pour καμφί, de κάμπτω, courber, fléchir, entourer.

Ἀμφορεύς, amphore, de ἀναφέρω, transporter; *vase qu'on transporte*, par opposition aux vases, à demeure fixe et peut-être encastrés dans le mur ou le sol comme les grandes outres d'argile que les Espagnols appellent *tinajas*.

Ἄμφω, les deux, tous les deux. Vient évidemment de ἅμα ou ἅπτω, toucher, lier, unir, ἀφώ du part. ἡφα, αφως, mot à mot, liés, attachés, unis, a fait ἄμφω. C'est, mot à mot, *l'assemblage, la réunion (la paire)* (de παρά, auprès, joint à, avec). Pierre s'en fut uni à, avec Paul; pour Pierre et Paul s'en furent tous deux, Pierre et Paul s'en furent *ensemble*, ἅμα, *joints, unis, attachés*.

Ἄμωμον, plante aromatique, d'une odeur excellente, exquise, supérieure. Voy. ἀμύμων : α priv., μῶμος.

Ἄμωτα ou μῶτα, châtaignes. Ce mot est un abrégé de ακμωτα, mot à mot *piquantes, munies de pointes, de piquants*, de ἀκμόω, à cause de l'enveloppe garnie de piquants qui enveloppe ce fruit.

Ἄν, si. Cette particule conditionnelle n'est autre chose que la 3ᵉ personne de l'imparfait ἦν ou du subjonctif ᾖ, du verbe substantif εἰμί, mot à mot, *soit, était, s'il était que*; le latin *si* n'est lui-même autre chose que *sit*, soit. En français même, soit est synonyme de si. « Soit que je lise, soit que j'écrive » pour « si j'écris, si je lis. »

Ἀνά, préposition qu'on regarde comme racine, pourrait bien n'être que la préposition ἐν devenue ἐνά, puis ἀνά : car toutes les deux ont une signification analogue, sinon semblable, *dans, par, parmi, à travers, sur, dessus*. Ou mieux un abrégé de la conjonction Ἐάν, qui signifie *tant que, comme si*, ou ἔιαν, *soit, serait*, d'où ἄν ἀνά avec la terminaison adverbiale α, ou enfin de ἔω, aller, ou ἔαω, envoyer, *allant, envoyant*.

Ἀνάγκη, nécessité, force, est formé de ἀνά ἄγχω, serrer, opprimer, forcer, comme obliger de *ob ligare*, lier, étreindre, contraindre, ou bien de ἀνά ἄγω, mot à mot *réduire à*, comme le latin *cogo, adigo*, de *co ago, ad ago*. Il fut *réduit à* est synonyme de : il fut *forcé à*. Ἀνά ἄγω est donc, mot à mot, *re-duco* ou *ad duco*, réduire, amener.

Ἄναξ, prince, de ἀνά ἄγω, mot à mot *chef, conducteur*.

Ἀναίνομαι, nier, refuser, de α priv. et αἰνέω, approuver, accepter, permettre, consentir à.

Ἀνδάνω. Voy. ἅδω, plaire.

Ἀνδηρόν, carreau, bande, plate-bande, terrasse, levée. Toutes ces significations peuvent se rapporter à ἀνά δηρόν, en long, le long de, qui va, qui court en long, en suivant, en s'étendant : les planches des jardins sont longues et étroites.

Ἄνεμος, le vent. Ce mot, s'il n'est pas une simple transposition de ἀέμενος, du verbe ἀέω, souffler, ce qui paraît l'origine la plus naturelle, vient de ἄνειμι, venir, parvenir, revenir, répondant exactement au latin *ventus, de venio*; nous disons : un vent *vient* de tel côté. Les Espagnols disent de même : *del lado que viene el viento*. Et il est à remarquer que dans l'état de mobilité de l'atmosphère c'est le vent qui *va*, qui *vient*, qui *survient* de tous les côtés de l'horizon, qui nous *arrive* et même revient à des heures et des époques réglées. Dans un autre ordre d'idées ἄνεμος pourrait venir de α priv. et νέμω, diriger, régler. On sait que le vent est le symbole de l'inconstance, du caprice, du déréglement, de la versatilité. Ce dernier sens est l'opposé de celui de périodicité cité plus haut.

Ἄνευ, sans, hormis, excepté, pour ἀνέου, ἄνεο, impératif de ἀνίημι, lâcher, laisser; nous avons déjà vu la négation α pour ἐα, laisse, en latin *sine*, de *sinere*, laisse, manque.

Ἀνεψιός, cousin germain. Paraît formé de ἀνέπω, suivre, approcher à, être près, être proche. C'est le second degré de parenté, par conséquent celui qui suit le principal, le primordial, qui renferme le père, la mère et les frères. Second, *secundus*, de *sequor*. Ce qui suit est toujours le second par rapport à ce qui précède, qui est le premier.

Ἄνηθον, anis, plante ou graine qui fait *lâcher* les flatuosités de l'estomac, de ἀνίημι, lâcher.

Ἀνήρ est proprement le mari, l'époux, et par extension l'homme, le mâle. Ce mot vient de ἀνά et ἄρω, mot à mot le *réuni*, le joint, le conjoint. *Maritus* vient de ἀμά, ἄρω. Si l'on observe qu'en grec le cas absolu est le génitif ἀνδρός, on pourrait le rapprocher de ἁδρός, dru, fort, épais, robuste. Le sexe fort opposé au sexe mou, *molier, mulier.*

Ἄνθος, fleur, est dérivé de l'aor. premier passif du verbe ἀνίημι, pousser en haut, faire jaillir, faire naître, produire. La fleur est en effet *le produit le plus exquis, le produit par excellence* de la plante. Elle est le siège de toutes les jouissances : de la vue, de l'odorat et du goût : par ses couleurs, ses odeurs et son fruit.

Ἄνθραξ, charbon, de ἀνά θέρω, re allumer, re brûler, brûler de nouveau. Le charbon subit en effet deux fois cette opération : d'abord lorsqu'on le fabrique, et ensuite dans le foyer, lorsqu'on en fait usage. Ou bien dans le sens opposé de α négatif avec ν euphonique, et θέρω, mot à mot *non brûlé*. Pour la combustion, il faut l'air libre qui ne laisse que les cendres. La carbonisation a lieu à vases clos et n'est qu'une dessiccation.

Ἀνθρηδών et ἀνθρήνη, frelon ou bourdon, paraissent formés de ἀναθρέω, ἀναθρῆνος, crier, gémir, murmurer, bourdonner. Cet insecte est en effet remarquable par son bourdonnement monotone et plaintif.

Ou bien de ἀνα τερέω, percer, piquer : contracté en θρέω.

Ἄνθρωπος, l'homme. Ce mot remarquable vient de ἀντωπέω ἀντί ὠπή, mot à mot *regarder en avant, en face*, d'où ἀντώπερος et, par transposition du ρ, ἄνθρωπος, τ devient θ par son contact avec ρ. C'est en effet la position qui le distingue de tous les autres animaux qui sont tournés penchés vers la terre. Ou bien encore de ἀνα et τρέπω tourner, m. a. m. tourné en haut.

Ἀνία, tristesse, affliction, n'est autre que αἰνή, adjectif féminin de αἰνός, terrible, fâcheux, affligeant, lamentable. Ou ἀνά ἵημι, mot à mot relâchement, abattement, faiblesse.

Ἀντί, en face, vis-à-vis, devant. Cette préposition est un abrégé de ἄνωτι ou de ἄνεστι, *en haut*, en latin *sursum*. C'est proprement l'*élévation*, le *lever* du soleil, le levant. Le point de l'horizon où commence à apparaître ce roi de la lumière a été chez l'homme primitif, et est encore chez beaucoup de peuples le point cardinal par excellence, le devant; comme le point opposé où le derrière était le couchant; en latin *post*, de *posito*, le soleil posé, abaissé. En grec ὀπίσω, derrière, pour ἀποίσω, de ἄπειμι ou ἀπό ἴζω, ἕζω ou ἀπό εἶναι, *demittere*, s'en aller ou s'asseoir, se coucher. Se poser, en espagnol *ponerse el sol.* En français même nous disons : devant pour *de levant*, avant pour *à levant.*

Ἄντλος, sentine, égout, vient de ἀνά τλάω, porter en haut, élever, puiser. C'est donc proprement le lieu creux où se ramassent les eaux ; mot à mot *puisard* d'où on les *puise*, les *élève.*

Ἄντρον, antre, caverne, vient de ἀνά et τερέω, pour ἄντερον, proprement *percé, transpercé, traversé* de part en part. Une caverne est en effet un *percement*, une *perforation* ; probablement la caverne double ou plutôt à deux issues qui servit de tombeau à Abraham. Les cavernes à double issue que choisissent de préférence les bêtes féroces.

Ἄντυξ, cercle, orbite, jante de roue ; est formé de ἀνά et πτύσσω, plier ; c'est donc, mot à mot, *repli, recourbure, cercle, orbite*, pour ἀνπτυξ, ou bien de ἀνά et τύχω, mot à mot *qui se rencontre, se retouche, se retrouve par ses deux bouts*, qui se réunit comme fait tout cercle.

Ἀνύω, accomplir, achever, obtenir, détruire. Les diverses acceptions de ce verbe peuvent se rapporter à deux principales, savoir *aller à, arriver, parvenir à*, et n'est autre que ἀνέω, ἀνά ἔω, aller par. Prendre, obtenir, atteindre, et revient à ἀινύω ou αἰνύμαι, prendre, saisir, et par extension tuer, détruire, disparaître, faire périr. En latin même, *pereo*, périr, vient aussi de *per eo*, aller par ; errer, s'en aller, disparaître ; comme ἀνά ἔω. C'est en français, *arriver à, parvenir à*, synonymes d'accomplir et obtenir.

Ἀνώγω, pousser, exhorter, de ἀνώ ἄγω, pousser en haut, exciter, soulever, faire surgir, susciter. Le latin *exhortari* vient de ἐξ ὄρω ὄρνυμι, exciter, pousser, soulever.

Ἀξίνη, hache, doloire, de ἄγω, rompre, briser, diviser.

Ἄξιος, digne, illustre, est formé de ἄγω dans son acception d'estimer, apprécier, faire cas, avoir en honneur. C'est donc, proprement, l'adjectif *honorable, estimable.*

Ἄξων, essieu, pôle, axe, de ἄγω, conduire, mener. L'axe, le pivot est le conducteur de ce qui est attaché autour de lui ; c'est par lui que la masse se meut, en gardant la direction qu'il lui imprime ; c'est donc proprement un *conducteur.*

Ἄοζος, serviteur, subalterne, acolyte dans les sacrifices, pour ἀ ὄζος, *sans rameau*, parce qu'il n'en portait pas dans la main, ou bien pour ἄζοος, du verbe ἄζω, révérer, respecter, adorer, vénérer, honorer, faire honneur en accompagnant, en suivant les sacrificateurs.

Ἀολλής, pressé, serré, dru, pour ἠολλής ou ἐολλής, d'un parf. 2 inusité, ἔολα, de εἰλέω, rassembler, amonceler, presser.

Ἄορ, épée, sabre, tout instrument *suspendu* par un lien ordinairement sur le côté, de ἀείρω.

Ἀορτή, l'aorte, la grande artère; mot à mot, *l'élevée*, de ἀείρω; parce qu'elle se dirige vers le haut pour élever le sang du cœur et le distribuer dans toutes les ramifications du système circulatoire.

Ἀοσσέω, secourir, défendre. Ce mot est une métathèse de σαοσέω, forme fréquentative de σάω, sauver, délivrer.

Ἀπαλός, délicat, tendre, mou. Si cet adjectif n'est pas le même que ἁμαλός, il pourrait appartenir à ἠπάω, adoucir, soulager, affaiblir, apaiser, de ἀπίος, ἤπιος doux.

Ἅπαξ, une fois, n'est autre que ἅπας, tout. Nous disons en français *tout* d'une fois, en réunissant les deux idées de totalité et réunion, qui sont analogues. *Tous* les hommes équivaut à la *réunion* des hommes, d'où l'expression réunir en un *tout*. Le latin *semel* n'est autre que *simul*, ensemble, réunis.

Ἀπαρίνη, gratteron. Le nom de cette plante vient de ἀπό αἴρω, prendre, saisir, s'adhérer, s'attacher; elle s'attache en effet aux corps par ses piquants crochus, surtout aux vêtements.

Ἀπατάω, *faire paraître* tromper, induire en erreur : ἀπό et ἄτη, erreur, faute, égarement.

Ἀπειλέω, menacer, vient de ἀπό εἰλέω, envelopper, resserrer, environner, circuler. *Periculum*, en latin, vient du grec περί κυλίω, circuler autour, environner; κίνδυνος, danger, de ἐκ ἰδνόω, rouler, circuler, tournoyer, envelopper. L'essence du danger est en effet la proximité : un danger éloigné n'est pas un véritable danger; de là l'épithète de *pressant, imminent*, qui est celle qui lui convient presque exclusivement. L'ennemi est proche, aux *environs*, équivaut à l'*ennemi menace*.

Ἄπελος, ulcère, pour ἄφελος, de ἀφαιρέω, enlever, dépouiller. L'ulcère n'est en effet qu'un dépouillement de la peau, qui laisse à nu la chair vive.

Ἀπήνη, chariot pour l'usage des femmes, pour ἀφήνη, de ἀπό ἡνία ; mot à mot, *sans rênes, sans brides;* qu'on faisait mener à la main, en lesse, par un domestique. Ou αἰπήνη, de αἰπύς, haut, élevé.

Ἀπηνής, cruel, farouche, est formé de α privatif et πόνος, πένομαι ; mot à mot, *sans peine, sans douleur, sans compassion, qui ne compatit pas* ; ou bien de ἀφηνής, sans frein, effréné, rebelle, farouche ; ἀπ' ἡνία, bride, d'où le verbe ἀφηνιάζω, qui a toutes ces significations. Voyez aussi ἐνηής, doux, ἀπό ἐνηής, non doux.

Ἄπιον, poire, de ἤπιος, doux. Ce fruit est essentiellement sucré, et se distingue de la plupart des autres par son absence d'acidité.

Ἄπιον, poire, et persil, ache ou fenouil, pour ἤπιον, de l'adjectif ἤπιος, *doux*. C'est un fruit et une famille de plantes herbacées remarquables par leur goût sucré et dont font partie le fenouil et l'angélique. Ce sont deux étymologies qui se confirment mutuellement.

Ἁπλοῦς, simple. Ce mot est tout simplement α privatif et πολύς ; mot à mot, *non nombreux, non multiple*, avec l'esprit rude, dû probablement au dialecte attique ; ou bien encore n'est-il autre que l'ionien ἄπελος, pour ἀφελος, de ἀφαιρέω, enlever, ôter, dépouiller, dénuder. Nu, dépouillé, pelé, sont synonymes de simple. L'aspiration de la seconde syllabe serait rejetée sur la première.

Ἀπό, de, à partir de, depuis, loin de, hors de. Cette préposition importante a une foule de significations qui toutes peuvent se rapporter à celle de *loin de*, et vient naturellement de ἰάπτω, jeter, lancer, éloigner de ; en latin *longe a, loin de*, synonyme de ἐκ, *ab*, ἀπό. Un objet ou personne qui vient de, est la même chose que s'*éloigne* de, se *jette* de, se *lance* de, se *sépare* de ou du lieu d'où elle vient ; ἰάπω ἀπό. Son synonyme ἐκ vient de εἶκα, parfait de ἔω, s'en aller, séparer, quitter, venir, arriver, aller, procéder ; « le fruit de l'arbre, » le fruit *venant de* ; ou εκα, de ἵημι, envoyer, lancer, jeter.

Ἀπάφω, tromper par des caresses, de ἀπό ἀφάω, toucher, palper, ce qui constitue les caresses ; ou bien ἀπό φαω, éblouir, séduire par les *apparences* trompeuses, simuler.

Ἅπτω, toucher, attacher, allumer. Ce mot racine, auquel nous ne pouvons assigner aucune étymologie grecque, signifie proprement *attacher, approcher, appliquer à*. De là le sens de toucher, qui n'est autre que approcher à, appliquer à, et celui d'allumer, qui n'est autre que approcher et appliquer le feu à : nous disons le feu *prend*, le feu *s'attache*. En latin, *accendo, incendo*, pour *accedo, incedo*, j'approche le feu à; en espagnol, *pegar fuego*, approcher, appliquer le feu à, allumer. C'est l'hébreu *aphah* et *aphaph*.

Ἀπόω, crier, pour ἀπό ἀύω, même signification αὖ, αὖ, αὖ. C'est proprement le cri du chien, le hurlement du loup; ἀύω, crier, hurler, qui est une simple onomatopée.

Ἀρά, vœu, imprécation; mot à mot, *élévation* (des mains). C'est là en effet l'attitude de la prière, du vœu, de l'imprécation, de tout acte où l'on invoque le ciel; αἴρω, élever.

Ἄρα, donc, certes, assurément. Cet adverbe, et conjonction à la fois, peut avoir pour étymologie ἄραι, impératif aor. 1 moy. de αἴρω; mot à mot, *tiens!* en espagnol, *toma!* mots qui, dans ces deux langues, servent d'interjections; ou bien enfin dériver du verbe ἄρω, ajuster, accommoder, concerter, *fixer, affermir, arrêter*, comme en français *certes, certainement, justement, réellement, sûrement, assurément*; en latin, *certe, vero*, qui sont formés d'une manière analogue. Remarquez l'analogie française: *concerter* et *certes! ajuster* et *juste!*

Ἄραβος, son, bruit, fracas, pour ἄραυος, de ἀράυω, ἀράσσω. Ou bien de la racine sémitique ערב qui signifie mélange, confusion, tumulte.

Ἀραιός, rare, raréfié, vide, poreux, sans consistance, vient de ἀήρ, ἀεραῖος; mot à mot, aérien, rempli d'air, flasque, rempli de vent. Voyez aussi ἀείρω, s'élever, comme le latin *levis*, de *levare*.

Ἄρακος, gesse ou pois chiche. Ce mot vient probablement de ἄρω, s'appliquer, adhérer, à cause de l'adhérence de ses vrilles aux corps qui l'avoisinent. C'est une légumineuse grimpante.

Ἀρακτόν, teinture noire, cirage pour le cuir, probablement de ἄρω, ajuster, appliquer. C'est une composition colorante qui *adhère* au cuir, qui s'y *attache*. Le cuir a besoin en effet pour sa dureté de matières très-adhérentes.

Ἀράσσω, briser, choquer, le même que ῥάσσω.

Ἀράχνης, araignée, est formé de ἄρω, ajuster, préparer, et de ἄχνη, duvet, fétu, fil léger, la toile que fabrique cet animal.

Ἄρβηλος, instrument de cordonnier, peut-être alêne, pour ῥαβηλος, de ῥάπτω, coudre: l'alêne sert à percer les points de la couture chez ces artisans.

Ἀρβύλη, sorte de chaussure où la *couture* entrait pour beaucoup, pour ῥαβύλη, de ῥάπτω; soulier cousu de plusieurs pièces, pour la distinguer de celles plus simples réduites à une semelle et quelques liens.

Ἄργιλος, argile, terre éminemment propre à être façonnée, de ἔργω, façonner, inusité; ἔργον, objet façonné; ou bien de ἀργός blanc, à cause de sa couleur; peut-être était-ce le plâtre, matière principale de la plastique, et qui est une terre remarquable par sa blancheur.

Ἀργός, blanc. Cet adjectif dérive du parfait 2 ἠργός, de ἄρχω, commencer. C'est le commencement du jour, la première heure du matin, πρωΐ, le point du jour, le moment où la couleur du ciel est blanche; c'est, en un mot, l'aube, en latin *alba*, la blanche; c'est aussi la *première* des couleurs qui paraît après leur complète absence durant la nuit; en grec πρωΐ, le grand matin; et c'est ce phénomène qui a donné à l'homme la première connaissance de cette couleur. Blanc est donc ici synonyme de *premier, commençant*; l'aurore, avec son jaune et son rose, vient après.

Ἀργός peut aussi être simplement pour ῥαγός; mot à mot, *brisure, rupture, percement, pointement, éclat*; κλαω, rompre; point du jour.

Les Grecs disent aussi λύκη crépuscule du matin, l'aube, de λευκός, blanc, λεύσσω, voir. Argus aux cent yeux, le voyant par excellence, de ἀργός, clair, éclatant, clairvoyant.

Ἄρδις, pointe de javelot, dard, flèche, pour ἄραδις, de ἄραδος, agitation, mouvement, vibration, comme le latin *sagitta* de *agitare*. Dans πάλλω, secouer, agiter, et παλτόν, dard, flèche, javelot, nous voyons le même rapport d'idées. C'est qu'en effet toutes ces armes offensives se brandissent, se secouent, avant de se lancer.

Ἄρδω, arroser, abreuver, nourrir, entretenir. Ces deux dernières acceptions font voir que ce verbe doit se rapporter à ἀδρός, ἀδρόω, épaissir, fortifier, mûrir, rendre en un mot *succulent*, abondant, gros, épais, fourni; c'est ce que l'on fait surtout à l'égard des plantes en les arrosant.

Ἀρέσκω, plaire, être agréable, n'est que le fréquentatif de ἄρω, être d'accord, de concert, s'*adapter*, convenir, s'avenir, contenter, complaire.

Ἀρετή, vertu, force, courage, bonne qualité quelconque. C'est un simple dérivé de Ἄρης, le fort, et signifie par conséquent la force, comme le latin *virtus* de *vir*. Ou bien directement du verbe ἄρω, concerter, ajuster, rendre solide, ferme, fort. Ce serait alors la force et la justice, qualités qui constituent principalement la vertu, le *justum et tenacem* d'Horace. Et voilà pourquoi l'*ajustement*, autrement dit la justice, est toujours, dans l'Écriture sainte, synonyme de la vertu en général. De même que force et courage, en latin *virtus*. Ceci nous explique pourquoi l'idée opposée à vertu implique celle de *lâcheté*, *relâchement*, *libido*, de λείβω, écoulement, ou relâchement; *luxe*, son synonyme, de *fluxus*, écoulement, relâchement, *dissolu*, dissolution, lubricité. Et cela est évident, car tous les moralistes nous enseignent que l'homme est naturellement porté au mal, par conséquent la vertu n'est autre chose que la *force* de résistance, le *combat*, l'*effort* continuel, la solidité, la fermeté (ἄρω), pour ne pas nous laisser aller, λείβω ou λείπω. La *continence*, la *retenue*, synonymes aussi de vertu. Les idées de force, de courage, de vertu, sont corrélatives de celles de faiblesse, lâcheté, relâchement.

Ἀρήγω, aider, protéger; vient de ἀρέσκω. Mot à mot *complaire, favoriser*, parf. 2. ἄρηγα. Faveur est synonyme de secours, assistance, « à la faveur des ténèbres, » pour « à l'aide des ténèbres. » En espagnol on dit : *favor a el Rey, a la justicia,* pour « aide au roi, à la justice. » Par la grâce de, est synonyme de, *par le secours* de. C'est toujours l'idée de gracieux, complaisant, favorable, ἀρέσκω. On peut aussi le composer de ἄρη, et ἄγω, mot à mot *porter force à*.

Ἄρης, Mars, combat, courage. Ce mot remarquable, qui signifie tant de choses, peut se traduire par un seul, qui est : le *fort*, le *robuste*, et par extension *le violent*; et est formé, par conséquent, du verbe ἄρω, concerter, adapter, rendre ferme, solide, fort. Le dieu de la guerre, c'est le dieu de la force et de la violence. Le Mars des Latins vient de ἅμα, ἄρω, adapté, uni ensemble. Le *maritus*, le *conjux*, le conjoint, en un mot le mâle, le fort, opposé à *molier* ou *molior*, la molle, la femme. Si l'on préférait donner pour origine à ce mot les verbes αἴρω ou ἀείρω, élever, porter, ce serait le même ordre d'idées, analogue au *fortis*, fort, *de fero*, porter. Car nous avons déjà vu que la force est toujours et naturellement appréciée et mesurée par la faculté de porter un poids plus ou moins grand.

Ἄρθρον, article, jointure. Voy. ἄρω, ajuster, adapter.

Ἄρι, particule augmentative pour ἀέρι, mot à mot *hautement, d'une manière élevée* : *hautement* est synonyme de *beaucoup, très, grandement*. Ou bien de ἄρω, mot à mot *fortement, fermement*.

Ἀρία, chêne à liége, yeuse, de αἴρω, enlever, dépouiller. Cet arbre est *dépouillé* de son écorce (αἶρα, la dépouille), qui constitue le liège. Le français *chêne* tient à chenu, blanc, blanchâtre, couleur des troncs dépouillés de leur écorce : ou de son feuillage gris blanc.

Ἀριθμός, nombre, n'est autre chose que l'adjectif ἄρθμιος, uni, réuni, rassemblé. L'arithmétique nous enseigne qu'un nombre n'est qu'une *collection* d'objets, ou de parties d'un objet. Une somme.

Ἀρίς, sorte d'archet, ou d'arc de tourneur, αἴρω, ἀείρω. On le suspend au plafond.

Sorte d'écluse ou de vanne, qui *s'élève* pour laisser sortir l'eau. ἀείρω. Plante aroïde, qui *s'élève* très-haut au moyen de sa tige droite ou sarmenteuse.

Ἄριστος, le meilleur, de la particule αρι, ou de αἴρω, mot à mot *l'élite*, *le plus haut, le supérieur, éminent*. Supérieur, synonyme de meilleur. Les aristocrates, mot à mot, *les classes élevées*, opposés à χοινος, de χεῖναι, *basses* classes, *classes gisantes*.

Ἀρεια, menace, pour αιρεια, de αιρω ou αειρω. Mot à mot *élévation* (sous-entendu) de la main. C'est l'attitude naturelle de la menace. Tout ce qui menace est ordinairement plus haut, plus élevé, domine l'objet menacé, est *suspendu sur* lui. Le latin *minare* est un abrégé de *dominare*.

Ἀρίστερος, gauche. Mot à mot le *meilleur*. Le côté du cœur.

Ἄριστον, dîner, principal repas, le *meilleur*. Ou bien peut-être pour ἀόριστον. Mot à mot *l'indéterminé*, *l'illimité*, soit quant à l'heure, soit quant à la nature des plats que l'on y servait, et qui probablement dans les autres repas était fixe et invariable. Aujourd'hui même le repas que nous appelons dîner est le plus varié de tous, le déjeuner et le souper étant ordinairement de substances toujours les mêmes, soit café, thé, chocolat ou soupe, d'où notre français *souper*. Si on voulait faire dériver ce mot du superlatif ἄριστος, ce serait le meilleur, le principal repas de la journée ; le dîner.

Ἀρκέω, aider, défendre, suffire, se contenter de, n'est autre chose que ἀλκέω, usité chez les grammairiens, ce qui fait voir qu'il a pu l'être avant eux, et venu de ἀλκη, secours, défense, force. La signification de suffire dérive de celle de *être fort* pour, *valoir* pour, *servir* pour. Suffire est synonyme de *valoir*, servir à un objet quelconque. De même se *contenter de* équivaut à *s'aider de*, se suffire, se satisfaire de, ou avec.

Ἀρκηλος, jeune ours ou jeune panthère. Ce mot peut être pour ἀρκτηλος, diminutif de ἄρκτος, ours, comme ἀρκτύλος.

Ou bien dérivé du verbe ἀρκέω, défendre, aider, se suffire. Mot à mot *le protégé*, *l'aidé*, par sa mère, à cause de son jeune âge. Ou bien celui qui est en état de *se suffire*, qui est déjà adolescent, et par conséquent *se suffisant* à soi-même; et n'ayant plus besoin d'assistance.

Ἀρκευθος, genièvre; graine et boisson, fortifiante et réparatrice, de ἀρκέω.

Ἀρκάλη, pièce de bois en usage chez les tisserands. Ce mot est le résultat d'une métathèse de ἀκράλη, de ἄκρα, *extrême*, *qui est au bout*, *à l'extrémité*.

Ἀρκτος, ours. Cet animal est surtout remarquable par la propriété de se lever, de se tenir droit, de αἴρω, lever, part. ἦρκα, adjectif ἦρκτος, le levé, le dressé. Le latin *ursus* est mis pour *orsus*, élevé, redressé. Ou bien de εἴργω, serrer, presser. Cet animal serre et comprime ses victimes au moyen de ses redoutables étreintes. Ou bien de ἀρκέω. On sait que cet animal se *suffit* à lui-même pendant une grande partie de l'année qu'il reste sans manger.

Ἀρκυς, rets, filets, a aussi pour origine le parf. de αἴρω, prendre, ἦρκως, participe parf. C'est, mot à mot, *le prenant*. Notre mot *rest* est le même que *arrest*.

Ἀρμα, char, chariot, de ἄρω avec esprit rude, origine de ἄρμος et ἁρμάζω, ajuster, adapter, unir; soit l'appareil qui constitue le véhicule, soit les animaux qui le traînent, comme nous l'avons vu dans ἄμαξα. En latin aussi *bigæ*, *quadrigæ*, sont synonymes de *currus*. Ἀρμα peut donc être ou l'appareil traîné, ou l'accouplement des animaux qui le traînent; car chez les anciens le chariot était en quelque sorte l'accessoire, et ne servait guère que de siège pour celui qui conduisait les chevaux, loin d'avoir le développement et le volume de nos voitures actuelles. C'est dans les deux cas une *adaptation* un *ajustement*, une jonction.

Ἀρνέομαι, refuser, nier, est pour ανρέομαι, de α négatif avec le ν euphonique, αν et ῥέω ou εἴρω, dire, parler; c'est, mot à mot, *dire non*; le latin *nego* pour *ne ago*.

Ἀρνυμαι, prendre, se saisir de, dérivé de αἴρω, prendre, enlever.

Ἀρόω, labourer, vient de ἄρω, préparer, adapter. Labourer une terre n'est autre chose que la *préparer*, la *disposer* à recevoir la semence. L'objet principal du laboureur, c'est la meilleure *préparation* possible de la terre ; c'est ce qui décide de la qualité et de l'abondance de la récolte.

Ἄρον, *arum*, espèce de plante, vient de ἄρω, s'adapter, s'unir, s'ajuster, à cause de la propriété qu'ont certaines espèces de s'attacher au tronc des autres plantes qui les avoisinent.

Ἅρπη, faux, faucille, instrument crochu, qui a formé ἁρπάζω, ne peut être expliqué d'une manière bien facile ; mais avant de lui assigner une place parmi les véritables racines, nous allons hasarder quelques observations que nous abandonnons à la méditation du lecteur. Ce mot pourrait bien n'être autre que τράπη, du verbe τρέπω, tourner, et, en éliminant τ, ῥαπη, devenu enfin par métathèse ἅρπη ; mot à mot, la *tordue*, la *contournée*, la *courbée*. Telle, en un mot, qu'est la faux, la faucille, le croc, le crochet, etc., etc. Δρέπανον, son synonyme, pour τρέπανον, de τρέπω, tourner, courber. Le latin *falx* n'est lui-même que *flax*, pour *flex*, de *flexa*, la *courbée*, la *fléchie*. Ce mot pourrait aussi venir de ἕρπω, ramper, comme l'hébreu *charmesch*, mot à mot la *rampante*, et le français *serpe*. Elle rampe en effet à la racine de la moisson qu'elle coupe, et son long manche est disposé de façon à la faire ramper.

Ἀῤῥαβών, arrhes, gages, est formé de ἀνά ῥάπτω, attacher, lier ; *obligare, ligare*.

Ἄρρην, mâle, de ἄρω ; mot à mot, *le mari, le conjoint, l'uni, l'associé, conjux*. Dans quelques langues, les femmes disent encore aujourd'hui mon homme, pour mon mari. Le latin *mare, marito*, vient de ἅμα ἄρω, conjoint, uni.

Ἄρς, agneau, est formé de αἴρω, ἀείρω, sauter, bondir. C'est le propre de cet animal, à tel point qu'il forme proverbe dans plusieurs endroits de l'Écriture sainte, et qu'il est la souche du verbe ἀρνεύω, sauter à la manière des agneaux. A moins que ce ne soit l'agneau *mâle*, αρης, αρρην.

Ἀρτάω, élever, suspendre, pour ἀορτάω, de ἀείρω.

Ἄρτι, dernièrement, au moment, précisément, justement, pourrait venir de ἄρτιος, ajusté, adapté, juste, précis, qui lui-même dérive de ἄρω ; Ou bien, si l'on veut suivre l'analogie que présente le latin *nuper*, de ἐν ὑπέρ, mot à mot, *supérieurement* ; en français *plus haut,* synonyme de ci-devant, dernièrement; en espagnol *ultimamente*, de *ultimus*, pour *altimus*, le plus haut : l'étymologie de cet adverbe serait ἀείρω, élever, hausser.

Ἄρτιος, arrangé, adapté, ajusté, prêt à, parfait, complet, pair, adjectif de ἄρω.

Ἄρτος, pain; mot à mot, le *préparé*, le *façonné*. Le pain n'est qu'une préparation, un apprêt de la farine, qui sans cela serait un aliment incomplet et répugnant. De ἄρω, préparer, disposer.

Ἀρτύω, apprêter, orner, n'est qu'une variante de ἄρω.

Ἀρύω, puiser; mot à mot, élever (l'eau], ἀείρω, ἄιρω, ἀερυω, ou bien sécher, dessécher, ἀύω, αὔρω, ἀέω, αὐστερος, sec, aride (métathèse).

Ἀρχή, principe, commencement, primauté, commandement. Ce mot important, origine de tant de dérivés, n'est probablement autre que ῥάχη, du verbe ῥάσσω ; c'est donc, mot à mot, *rupture*, *éclat*, jaillissement, pointement : nous disons le jour *pointe* pour le jour commence; c'est qu'en effet la pointe d'une chose est son commencement; Ou bien pour αχρη, de ἀκή, pointe, extrémité, qui vient d'une manière analogue de ἄγω, guider, mener, pousser, choquer et rompre. Nous avons donc ῥασσω, rompre, et ῥχή, pointe, comme ἄγω, rompre et ἀκή, pointe. En latin, c'est *origo*, *orsus*, *initium*; c'est toujours jaillissement, éclat, κλάω, rompre. Les Espagnols disent *romper la marcha*, pour commencer à marcher; *romper el alba*, pour le jour commençant. Ou bien de αἴρω, lever. élever, soulever et prendre. Une chose *qui prend* qui *se lève*, comme en latin *orsus*, *origo*, de ὄρω, se lever; et *incipio*, *principio*, de *capio*, synon. de αἴρω, prendre. L'idée de *prendre*, *entreprendre* se confond avec celle de *commencer*.

Ἄρω, ajuster, adapter, unir, serrer. Nous soupçonnons que ce verbe tient à αἴρω, prendre, saisir, tenir, serrer; car tenir à quelque chose, c'est y être collé, pressé, adapté, et conséquemment, l'idée contraire, c'est être lâche, lâché, laissé, négligé. Ἄρω serait donc *se prendre*, se coaguler, se figer, opposé à ἐάω, laisser, lâcher, relâcher.

Ἄρωμα, parfum, pour ἀέρωμα, qui s'élève, exhalaison, vapeur, fumée aérienne, parfum, de *per fumus*, fumée, fumigation ; ἀείρω, s'élever; ἀήρ, air, vapeur, exhalaison : les parfums sont des exhalaisons qui s'élèvent.

Ἀρωνία, néflier, pour ἀνωρία; mot à mot, qui vient hors de saison, qui ne mûrit pas; en espagnol, no esta en sazon; le latin mespilhus, de μή ἔψω, qui ne cuit pas, ne mûrit pas.

Ἀσάμινθος, cuve, baignoire. Ce mot singulier pourrait venir de μίνθος, ordure, ἐάω, laisser (εασα). C'est dans la baignoire qu'on laisse en effet les ordures du corps. Ou de αδω ααμαί, se rassasier, se remplir et μίνθος, ordure.

Ἄσαρον, asarum, vient de ἄση, dégoût, répugnance. Cette plante a une odeur nauséabonde particulière.

Ἀσάω, être dégoûté, perdre l'appétit, éprouver de la répugnance, est un dérivé du verbe ἄδω, rassasier, saturer. Le dégoût, l'inappétence sont l'effet, le résultat du rassasiement, de la saturation, du trop plein.

Ἀσβόλη, suie, fumée, pour ἀψόλη, vient de ἅπτω, qui signifie s'attacher à, adhérer, et brûler. L'une et l'autre signification, surtout la première, conviennent parfaitement à la suie, produit de la combustion, qui s'attache aux parois.

Ἀσελγής, libertin, déréglé, insolent, paraît formé de ἄσσα et λέγω; mot à mot, parleur à satiété, bavard, fanfaron; ou bien ἄσα ἐργής, qui fait des choses répugnantes, indécentes, qui agit sans frein et sans mesure, effréné, débauché, qui comble la mesure du libertinage.

Ἄσθμα, souffle, respiration, vient naturellement de ἀάζω.

Ἀσία, l'Asie, vient, comme l'abbé Bergier l'a très-bien dit, du sémitique asa, ou hasa, lever. C'est le côté du lever du soleil, l'ἀνατολή des Grecs; Oriens, de ὀρω, s'élever, des Latins.

Ἄσκαρος et ἀσκέρα, sorte de chaussures. C'étaient probablement des chaussures en cuir, de ασκός, peau, cuir.

Ἀσκάντης, grabat, bière, brancard; peut-être pour ἀξάντης, de ἄγω, porter, conduire, mener; mot à mot, véhicule; veho, porter. Ou peut être mot exotique.

Ἀσκέω, exercer, dresser, instruire, paraît tout simplement un abrégé de διδάσκω, enseigner.

Ἀσκηθής et ἀσκεθής, sain, pur, intact, viennent de ἀσκέω, polir, arranger, dresser, apprêter, orner, disposer. Les ascètes étaient des hommes purs, saints, dont la vie était une préparation et un exercice continuels.

Ἀσκός, outre, peau, sac de peau, pour σάκος ou σάκκος, sac de peau, bouclier de peau. Les peaux des animaux servaient, chez les anciens, à enfermer le vin, l'huile, etc., comme encore aujourd'hui cela a lieu en Espagne. Peut-être aussi ce mot signifie proprement le *préparé, apprêté, disposé, dressé,* c'est-à-dire tanné, corroyé. Le tannage des peaux s'appelle encore aujourd'hui *préparation, apprêt,* indispensable pour qu'il soit employé aux nombreux usages que l'industrie lui assigne; et c'est dans ce dernier état que les peaux sont exposées en vente. On devrait donc voir ici ἀσκέω, dresser, préparer. Nous préférons la dernière étymologie.

Ἄσμενος, gai, content, satisfait, vient de ἄδω, ἄσω, plaire, être agréable, ou bien est-ce tout simplement *enchanté*, charmé, de ἀείδω, ᾄδω, chanter, parfait passif ᾖσμαι, ᾔσμενος. Le chant, la mélodie, ont toujours été une source de plaisir et de fascination.

Ἀσπάζομαι, embrasser, saluer, chérir, n'est probablement que ἀψάζομαι, de ἅπτομαι, fut. ἅψομαι, aor. ἡψάμην, mot à mot *s'attacher, se suspendre* (au cou) au visage, se coller à; embrasser, *amplecti*, n'est pas en effet autre chose. Si on veut que ce soit un dérivé de σπάω, attirer, s'attirer, ce sera simplement attirer à soi, vers soi; ou *s'étirer, étirer* les bras, *allonger* les bras, le corps, *tendre, se tendre* vers, etc.

Ἀσπαλιεύω, pêcher à la ligne, pour ἀψαλιευω, composé de ἅπτω, suspendre, et ἁλιεύω, pêcher. La pêche à la ligne est effectivement une pêche *suspendue, pendante* de la ficelle : c'est une pêche à *suspension*. Les filets font la pêche à *arrêt*, rest, arrest.

Ἀσπάραγος, asperge, tige. Ce mot, qui signifie proprement *non déchiré, non arraché*, de α nég. σπαράσσω, déchirer, arracher, a probablement été donné à ce légume parce qu'il se compose essentiellement d'une tige sans feuilles ni branches; c'est la plante-tige par excellence. La tige, en effet, est la seule partie des plantes, en général, *qui ne s'arrache pas*, qui reste en terre, sous peine de sa perte totale; de là sa dénomination. Ou bien métathèse de ἀσπάργαω, de α augmentatif et σπάργαω être gonflé, succulent, plein de séve; et même *excitant, irritant*, à cause de ses propriétés stimulantes.

Ἀσπίς, aspic, écu, bouclier; pour ἅψις, de ἅπτω, mot à mot *qui est attaché, suspendu* (au bras gauche), ou simplement attache, nœud, lien, suspension. Notre mot *bouclier*, vient lui-même de *boucle*, en latin *annulus orbis*, en grec ἅψις, nœud, arc, cercle; l'idée qui domine ici est donc celle de *attache au moyen d'un arc, d'une boucle, d'une anse*, qui n'est autre chose qu'un arc ou anneau. Quant au serpent qui porte ce nom, il le doit à une espèce de bouclier que forment ses côtes pectorales.

Ἀστακός, homard, écrevisse; pour ὀστακός, comme on écrit en attique, de ὀστέον, os. C'est un animal osseux, encroûté, caparacé. Ce mot est une variété de ὄστρακος, ὄστρεον, etc., etc.

Ἀστήρ, astre, vient de ἵστημι ou στάω, être fixe, ou στερεός, fixe, immobile. C'est donc proprement l'*étoile fixe*, en latin *stella*, *sto*, l'opposé de la planète; πλανάω, astre errant, mobile; cette différence caractéristique des astres a dû tout d'abord être remarquée, et a servi à les nommer.

Ἀστράγαλος, vertèbre, osselet, ornement, terme d'architecture. Ce mot paraît tenir au verbe στραγγάω, serrer, comprimer, exprimer, presser, tordre et tourner, exprimer en tournant. Soit que l'on ait en vue le rôle du talon, qui consiste à presser, comprimer et fouler, soit que l'on ait égard au rôle de la vertèbre (*verto*) et de tout os qui *tourne* dans une fossette, στραγγεύω, ou qui a une forme ou des surfaces arrondies, convexes, comme son voisin στρόγγυλος, rond, arrondi, qui est de la même famille. L'α initial paraît être ici une simple addition poétique ou de dialecte. Si on rapproche στραγαλος de τροχαλος, caillou roulé, et de la famille latine *calculus*, *calcaneus*, talon, *calcar*, éperon, on aura des deux côtés une parfaite analogie. C'est qu'en effet rien de plus ressemblant aux petits cailloux blancs des ruisseaux que les osselets blancs, durs et arrondis du pied de certains animaux; aussi étoient-ils employés indifféremment dans l'antiquité à plusieurs espèces de jeux.

On pourrait aussi lire ὀστράγαλος ou ὀστράκαλος et y voir un dérivé de ὄστρακον, coquillage, huître. Une vertèbre, si on les recueillait, surtout sur les bords de la mer, pourrait être facilement assimilée à certains coquillages par sa blancheur et sa concavité et son poli.

Ou enfin et eu égard à sa signification primordiale de osselet, supposer un composé de ὄστερον, ὄστριον, petit os, et ἀγάλλω, orner, embellir; car c'était justement une espèce de chapelet de *petits os*, dont on ornait les chapiteaux des colonnes. Probablement composés des vertèbres et autres menus ossements des victimes sacrifiées dans les temples.

Ἀστράπτω, briller, étinceler, lancer des éclairs, ἀστήρ, ἰάπτω.

Ἄστυ, ville, vient du primitif στάω. C'est proprement un établissement fixe, demeure fixe, par opposition à ce que nous appelons nomade, errant; c'est l'état *status*, synonyme chez nous de pays, nation. Ἄστυ, avec cette étymologie, serait donc tout le contraire de σκηνή, tente, qui se lève et se transporte où on veut, et qui sert de demeure aux peuples barbares, tandis que les établissements fixes sont l'apanage des peuples civilisés, et de là la signification de *politesse* que l'on donne au mot ἄστυ, comme poli, de πόλις, et *urbanus* de *urbs*.

Ἄσφαλτος, asphalte, bitume, est formé de α privatif, et σφάλλω, mot à mot *qui ne tombe pas, qui ne manque pas, solide, fort, durable*. On connaît l'emploi de cet ingrédient dans une foule de constructions, où l'on cherche surtout la solidité et la durée que ne peuvent offrir les mortiers de chaux.

Ἀσφόδελος, asphodèle; plante liliacée. Peut être de ἀφοδεύω, aller à la selle. Ou bien est-il un mot exotique.

Ἀσχάλλω, s'affliger, s'attrister, se fâcher, pourrait bien n'être que ἀισχάλλω de αἶσχος, mot à mot *avoir honte* ou *répugnance*, ou bien de α privatif, et σχολή pour ἀσχολάω, mot à mot *occuper, donner de l'occupation, du soin, du souci*. On sait que soin, souci, en latin *cura*, sont synonymes de peine, affliction, tristesse. Ou enfin, mieux que tout cela, de ἐς et χαλάω, lâcher, εσχαλάω, mot à mot *lâcher, lasser, abattre; las, abattu*, synonyme de triste, affligé.

Ἀτάλλω, sauter, bondir, saillir; croître, grandir; nourrir, élever avec soin; Probablement abrégé du composé κατάλλω de κατά et ἄλλω sauter, bondir, s'élancer, s'élever, d'où le sens de croître, grandir, pousser, profiter; ou de ἀτάλος, tendre, délicat, jeune; élever avec tendresse, délicatesse, être dans l'âge tendre; ou enfin dérivé de ἴτης, et le même que ἰταλός. Voy. ce mot.

Ἀταλός, tendre, délicat, jeune, de α privatif, et τλάω, supporter, pour ἀτλαός, qui ne peut supporter, faible, délicat. On trouve dans le même sens ἄτλας, ἀτλησία, ἀτλητέω. Voyez aussi ἄττα, mot des enfants à la nourrice qui ne parlent pas encore; ἄτταλος, mot à mot *enfantin, balbutiant*.

Ἀτάρμυκτος, mot à mot *qui ne craint pas;* α privatif ταρύζω, τραμύζω, τρέμω. Ταρμύζω, pour τραμύζω, formé de l'*aor.* 2, du verbe τρέμω, trembler, craindre, ἐτράμον.

Ἀτάω, affliger, perdre, et ἄτη, perte, malheur, misère, ne sont probablement autre chose que des dérivés de ἐάω, laisser, abandonner, faire défaut, manquer, ἐάτη, manque, besoin, misère. Ou bien pour ἀκτάω de α privatif et κτάω posséder, acquérir. Ou encore ἀκτη de ἄγω rompre, briser, détruire.

Ἀτάσθαλος, méchant, funeste, ruineux; ἄτη, θάλλω, germe de ruine qui engendre le malheur.

Ἀτέμβιος, malheureux, indigent; ἄτη βίος, vie de privation, de dénûment.

Ἄτερ, sans, hors de; cet adverbe a la même origine que α privatif, dont il a la signification, et ἄτη, manque, besoin, misère.

Ἀτμήν, esclave, domestique, serviteur, mot à mot homme vil, vilain, méprisable; de α privatif, et τιμή, honneur, prix; τίω, honorer, ἀτιμένος contracté en ἀτμένος.

Ἀτμός, vapeur, exhalaison, haleine; de ἀάζω, ou de ἀύω, pour ἀυτμός.

Ἄτρακτος, fuseau, flèche, antenne. Ce mot est une transposition pour ἄρτακτος, du verbe ἀρτάω, suspendre, pendre de. Le fuseau et l'antenne sont en effet suspendus, le premier à la main droite, le second aux mâts du navire.

Ἀτρεκής, vrai, certain, précis, de α privatif, et τρέω, τρέχω, ou τρέπω; π et κ se mettent quelquefois l'un pour l'autre. Cet adverbe peut donc signifier proprement: sans crainte, sans ébranlement, sans broncher, sans changement, d'où fixe, immobile, sûr, certain. Nous disons c'est sûr, pour c'est vrai; sûrement, pour vraiment. Le latin certus vient lui-même de καρτύς, fort, solide.

Ἀτταγᾶς, francolin; probablement de ἄττω, s'élancer, sauter, bondir, et ἄγω, j'avance, je marche, ou de γῆ, la terre: bondissant à terre; marchant par bonds, par sauts. C'est un gallinacé voisin des perdrix, et ayant par conséquent plus d'aptitude pour la course que pour le vol.

Ἀτταχεύς, saumon; de ἄττω, bondir. Ce poisson franchit les cascades en bondissant; salmo, de salio, ou du grec ἄλλω, bondir, d'où ἅλμων, saumon.

Ἀττάκης, espèce de sauterelle, vient de ἄττω, sauter, bondir, comme ἀτταχεύς, saumon. C'est l'insecte essentiellement sauteur.

Ἀτταράχος, bulle du pain. Nous formerons ce mot de ἄττω, bondir, saillir, et ῥαγῶ, fendre, ouvrir, crever. C'est à la fois une bulle et une crevasse.

Ἀττέλαβος, escarbot, est un composé de ἀκτη, rivage, bord de la mer et de λόβος lobe, pelote, globe. Ce sont les escarbots de la famille appelée *arénicole*, qui habitent les bords de la mer.

Ἄττηγος, en phrygien, bouc; de ᾄττω, comme αἴξ de ἀίσσω; c'est un animal sauteur, bondissant, surtout lorsqu'il attaque. Ou bien pour κατάτηγος de κατάτασσω, régir, conduire, gouverner.

Ἄττω, ἀίττω, le même que ἀίσσω.

Ἀτύζω, effrayer, troubler; peut être de α négatif et τύχω, τύξω, τύζω, rencontrer, réussir, parvenir à, qui *ne se retrouve pas, hors de lui*, hors de soi.

Αὖ, αὖτε, de nouveau, derechef, une autre fois. Cet adverbe vient de αὐτός, même; agir *de même, de la même manière*, c'est précisément refaire, faire de nouveau, répéter l'action, faire, en un mot, la *même* action, αὐτός.

Αὖα, l'aurore, en dialecte éolien. Ce mot vient confirmer l'étymologie que j'assigne à ἕως, c'est-à-dire le verbe ἀεω, souffler, faire vent, de même que αὐήρ, du même dialecte, pour ἀήρ, vient du verbe αὔω, souffler, faire du vent. Comme le latin *aurora* de *aura*, vent, souffle. C'est le moment ou le vent commence.

Αὐγή, éclat, splendeur, vient de αὔξω, et signifie proprement *augmentation*, *accroissement* (du jour, de la lumière) : le *grand* jour, le *plein* jour, comme nous disons en français. Le latin *splendeo* n'est lui-même que *est plenus dies*, le plein jour.

Αὐδή, voix, cri, clameur, est formé de αὔω, crier, vociférer, parf. 2 ηὖδα, aor. 2 ηὖδον, d'où ηὐδή, αὐδή.

Αὐθέντης, qui agit de soi-même, a sa volonté, par suite *autorité, authentique*, est formé de αὐτός et de ἱεμαί, moyen de ἵημι, qui signifie vouloir, désirer, αὐτ... ἕντης. Nous avons aussi ἕκων, ἕκητι, volontaire, par la volonté de, qui appartiennent aussi à ἱέναι, vouloir, laisser, permettre, se permettre, en latin *libenter*, de λείβω, couler, lâcher, se laisser couler, comme ἱέναι. Celui qui a l'autorité est celui qui agit par son propre gré, selon son désir, sa volonté propre.

ὖλαξ, silion pour εὖλαξ, do rien, d'où ἐυλάζω, labourer. Ce mot est formé de εὖ et de λάζω, ou λάσκω, déchirer. Mot à mot *déchirure bien faite*, bien réglée, bien arrangée. Or, le sillon du labour n'est point autre chose. Ou bien tout simplement dérivé de αὐλός tuyau, canal, creux, rigole.

Nous pourrions encore regarder εὖλκξ comme dérivé de εἰλέω, tournoyer, retourner, aller en zigzag, c'est-à-dire en boustrophedon, comme fait le laboureur avec la charrue.

Αὐλή, cour, place, tout endroit clos et exposé à l'air, vient de αὔω, souffler, faire vent, sécher, respirer. En latin *atrium*, pour *aitrium*, de αἰθήρ, air. C'était le lieu des grandes réunions populaires ou royales, et par conséquent exposées au grand air, pour pouvoir y respirer à l'aise. Bergerie, étable, primitivement enclos, parc au grand air des troupeaux, surtout dans les doux climats des pays méridionaux. Lieu où l'on *éventait* les moissons, aire, place.

Αὐλός, flûte, vient de αὔω. souffler. Flûte, pour flaute, de *flao*, souffler.

Αὔρα, vent doux, vent. De αὔω, souffler, faire du vent.

Αὖρον. Ce mot, que quelques lexiques portent comme signifiant or, est évidemment, comme le latin, issu de αὔω, sécher : c'est la couleur de la végétation sèche; ou bien de *aurora* : c'est la couleur de l'aurore, le jaune, comme l'argent est la couleur de l'aube, ἀργός blanc.

Αὐστηρός, austère, grave, sévère, de αὔω, sécher, mot à mot *sec, dur*. Tout ce qui est sec est dur; comme tout ce qui est mouillé est mou, doux. Mouiller et amollir sont une même chose et ont la même souche, le latin *mollis*.

Αὐτός, pronom de la troisième personne, lui, et, par extension, lui-même; celui-là même; le même. C'est qu'en effet, lui, celui, icelui objet, revient à dire, le même objet (dont il est question).... Celui qui frappe du glaive, périra par le glaive.... pour.... le même qui frappe du glaive. J'accepte le cadeau que vous m'offrez..., le *même* cadeau, celui-là *même* que vous m'offrez. Il est inutile de multiplier les exemples pour prouver que le, ce, celui, icelui, sont synonymes de *même*, et peuvent le remplacer. Quant à son étymologie, je soupçonne que primitivement ce mot était ἀλτός, car dans les langues, *u* et *l* se substituent fréquemment, et en le faisant dériver de ἄλλος, ce serait simplement *l'autre, un autre*. En latin *alter, alius, tertius*; autre troisième; *ille, illa* pour *allie, allia, allius*. Ἐγώ, σύ, αὐτός, moi, toi, l'autre. En effet, après le moi et le toi, il n'y a plus qu'*un autre*, un *différent*. L'extension que l'on donne au pronom va jusqu'à lui donner une signification opposée, quoique par une gradation naturelle.

Αὐχή, jactance, vanité, de αὔξω, augmenter. L'exagération est le propre de ce défaut. Peut-être aussi de αὔω, élever la voix, crier, parler haut. En latin *jactatio*; en espagnol *echarla de. Voy.* Εὔχομαι. *Jactatio, jactantia*, peut venir lui-même de ἰάχω, crier, élever la voix.

Αὐχήν, cou, gorge, vient de αὔω, souffler, respirer. C'est l'organe de la respiration et du cri, de la voix. Ce qui paraît confirmer que αὐχήν dérive de αὔω, c'est qu'on trouve aussi αὐχμός, sécheresse, avec le χ, dérivé de ce même verbe.

Αὔω, souffler, allumer, sécher, crier. Ce mot, qui n'est qu'une onomatopée et par conséquent essentiellement radical comme tous ceux de ce genre, est la reproduction exacte du bruit du vent, αυ, ου, αουυυ, ου ου ου. C'est la sensation que reçoit notre oreille lorsqu'elle est frappée par un vent tant soit peu fort, et parfaitement imité par l'instrument vocal. La signification d'allumer et de sécher est toute naturelle, car le vent est le principal agent de la combustion et de la dessiccation. Le cri n'est autre chose qu'un son inarticulé tel, par exemple, que l'aboiement du chien, aou, aou, aou, premier cri, ou du moins cri le mieux caractérisé qui a dû parvenir à l'oreille de l'homme, dont cet animal a été le premier compagnon.

Ἄφαρ, soudain, subitement, est peut-être formé de α privatif; et φάω, paraître, se montrer, comme αἴφνης, son synonyme, ce qui arrive sans être vu, aperçu d'avance. Nous le ferions cependant dériver volontiers de ἀφαιρῶ, enlever, ravir, comme notre rapide de *rapio*, enlever. En effet tout ce qui est prompt, soudain, *rapide*, est fort, violent, emporté, ἀφαιρῶ, et en même temps important, enlevant, détruisant. Il est remarquable que ce mot accompagne souvent le comparatif, de la même manière qu'en français *l'emporter sur*, qui répond parfaitement à ἄφαρ et ἀφαιρῶ, et qui est synonyme du comparatif plus; ἄφαρ, σοφώτερος, *l'important comme plus sage*.

Ἀφαυρός, faible, débile; mot à mot *consumé, desséché*, ἀφαύω, sécher, ou de ἀφυω; mot à mot *épuisé*.

Ἀφελής, simple, dépouillé, dénudé, de ἀπό, ἕλω, enlever, prendre, dépouiller : ἀφέλειν, aor. de ἀφαιρέω.

Ἄφενος, richesse, revenu, produit, de ἀπό, εἶναι, émettre, pousser, produire, c'est proprement *le produit*.

Ἀφία, sorte de plante, tussilage; pour ἀπια, mot à mot *la douce*. Elle adoucit la toux.

Ἀφρός, écume; vient de ἀπό, ῥεω, découler, répandre. C'est une sécrétion que la bouche répand et laisse couler; et que les Latins appelèrent pour cela *spuma*, de *spuo*, cracher. Ou si l'on aime mieux de ἀπό et ὄρω, s'élever, surgir. L'écume tient toujours le haut du liquide; elle s'élève à sa surface.

Ἀφύω, puiser, vient de ἀπό et de αὔω, pour ἀφαύω; mot à mot *dessécher*. C'est précisément ce que l'on fait en enlevant l'eau d'un lieu quelconque. Le latin *haurire* paraît provenir aussi de la même origine, pour *faurire*. De là, la relation naturelle entre les acceptions de puiser, épuiser, consumer, dessécher.

Ἀφύω, être blanc, pâlir, pour ἀλψυω de ἀλφός, blanc. Ou bien *sec desséché* en parlant principalement des terrains, ἀπὸ αὔω. Ou enfin méthathèse de φαυω, φαω, luire, briller, être clair.

Ἀφύη, aphie loche, dérivé du précédent, est le nom d'une espèce de poisson voisin des ables (albes), c'est-à-dire les *blanches*.

Ἀχάτης, agate, probablement formé de α priv., et χαζῶ, céder, mot à mot *qui ne cède pas*. Cette pierre est en effet remarquable par son extrême dureté.

Ἄχθος, poids, fardeau, douleur : de ἄγω, porter, supporter, mener, conduire. La douleur est un poids qui accable; souffrance, son synonyme, vient aussi de *subfero*.

Ἀχλύς brouillard, obscurité, ciel sombre, chagrin, est formé de α privatif et de χλεύη, ris. C'est donc, mot à mot, *non riant*, par conséquent sombre et triste. Riant est une épithète que nous employons souvent en français en parlant du ciel.

Ἄχος, ennui, affliction, douleur, a la même origine que ἄχθος dont il est synonyme. Les acceptions du verbe ἄγω, porter, supporter, pousser, heurter, briser peuvent être appliquées à ἄχος. L'affliction est une corvée ou un brisement, ἄγω, porter et briser; en latin *fligo*, et *tero*, *afflictus* et *tristis*.

Ἀχράς et ἀχερδος, poirier sauvage, épine, ronce, de α priv., χράω, servir, être utile; *inutile, stérile* pour la nourriture; ou ἄχος ἔρδω, *causer de la douleur*. Le poirier sauvage est aussi épineux; ἀκή, pointe, ἄχερος, ἀχράς.

Ἄχρι, jusque. Cet adverbe peut venir de ἄκρος, final, extrême, c'est la fin, le bout de la direction, de la marche; ou bien de ἔχω, ἔχρι répondant au latin tenùs, de teneo; ou bien encore de ἔρχω, aller, arriver, ἔρχι, ἔχρι, ἄχρι, mot à mot allant, venant à, parvenant à. Les locutions : « il but *jusqu'à* se soûler » et « en buvant il *parvint* à se soûler, » sont une seule et même chose. Il *alla* jusqu'à se soûler, en espagnol *llego a*.......

Ἄχυρον, ἄχνη, paille, fétu. Nous soupçonnons que ces mots ont été primitivement πάχυρον et πάχνη et qu'ils ne signifient proprement que *épaississement, bourrée, bourre, fourrage, remplissage*, et où précisément la paille joue le premier rôle. La gelée, l'efflorescence, les fétus salins, minéraux et végétaux, qui ne sont que des coagulations, des concrétions, πηγνυω. Ou, si l'on veut, ce sera ἀκή, pointe, ἄχος, ἀχη, qui viennent de ἄγω, pousser, sortir ou chasser, battre; *palea* de πάλλω; bâle, de βάλλω, jeter, pousser, chasser.

Ἄψ, en arrière, à rebours, n'est peut-être autre chose que ἄφ pour ἀπό. Φ et ψ peuvent très-bien s'être remplacés, car, outre la figure qui est presque la même, elles se ressemblent encore par le son. Le premier emploi écrit que cet adverbe a eu probablement devant une voyelle aspirée a déterminé sa forme de ἄφ ou ἄψ, qu'on a cru dans la suite un mot particulier. On peut aussi supposer que ἄψ est le même que ὄψ, ὄψε, mot à mot le côté du soir, du coucher du soleil, le derrière, comme en latin *post* et *pone*, de *pono*, poser, reposer, coucher; en espagnol on dit *el sol se pone*. On sait que le devant était le côté du levant (voy. ἀντι), l'arrière, par conséquent celui du couchant.

Ἀψινθος, absinthe, est formé de α priv. et de ψίναμαι, perdre ses feuilles. Cette plante est en effet remarquable parce qu'elle conserve son feuillage vert pendant l'hiver, servant ainsi à établir un contraste dans les jardins.

Ἄω, souffler, sécher; nuire, blesser; rassasier, n'est qu'une variante de l'onomatopée ἀέω, αὔω, c'est le son de la légère haleine du vent matinal, du soufle de l'aurore, son inarticulé, à peine perceptible à l'oreille, qui est un *a* sourd et prolongé *aaaaa*, le son que rend le souffle du vent ou de la respiration qui parcourt l'espace lentement et sans obstacle qui vienne en modifier le son. Quant au sens de nuire, blesser, que quelques-uns lui attribuent, il ne peut venir que de ἐάω, laisser, envoyer, lâcher contre, abandonner, manquer, priver de, ou bien de ἰαω, ἵημι, jeter, envoyer, lancer, frapper : ainsi que βάλλω et πάλλω signifient d'une manière analogue les mêmes idées de lancer, jeter, et de frapper, blesser.

Quant au sens de *rassasier*, il le doit évidemment à ἔαω, laisser, lâcher, abandonner, on laisse, on abandonne ce dont on n'a plus que faire, ce qui nous fatigue, ce dont on a *assez*. Le latin *satis, satiatus* est probablement l'abrégé de *cesatis, cesatio*, de *cedo*, céder, lâcher, d'où *cesso* son dérivé.

Ἄωτον, fleur, excellence, toison de brebis, corde de fronde, paraît nir de ἄαω, souffler, respirer, exhaler. Ce serait alors une émanation, une *exhalaison*, une vapeur, une essence, la quintessence des choses, ce qu'il y a de meilleur, la fleur, un *esprit* (*spirare*, synonyme de ἄω), comme l'*esprit* de vin, l'*esprit* de sel et tous les esprits des anciens chimistes, dénomination qu'ils donnaient à la partie la plus pure, la plus subtile des corps, aux *exhalations* de l'alambic, à ses vapeurs, à ses *expirations*. Ἄωτος, *spirabilis, exhalabilis*. Peut-être aussi le verbe ἔαω, laisser, lâcher, émettre, envoyer est-il l'origine de ce mot, sous l'acception de toison, efflorescence, et de corde de fronde, ce qui expliquerait très-bien la corde de la fronde qu'on lâche d'un côté pour lancer la pierre. Souvenons nous que ἄνθος, fleur vient aussi de ἀνά εἶναι, émettre, pousser, produire ἀνεθος, ce qui qui paraît confirmer notre dernière opinion. Or, la *toison* est une *émission*, une *production* de l'animal, c'est une *efflorescence* velue. La première étymologie pourrait encore très-bien rendre compte de ἄωτον, adjectif verbal de ἄω où ἄαω, mot à mot *soufflable*, que le souffle emporte comme une efflorescence, un duvet, un fétu, en un mot tout ce qui est délicat, léger, volatil.

B

Βάδην, βαδίζω, βάδος, et même le primitif βάω et βάζω, qui signifient marcher, sont peut-être encore un abrégé de στιβαδην, στιβάζω, στιβαδος, et στιβαω, στιβεω, στιβεύω, qui signifient *fouler*, marcher, aller à pied.

Βάζω, parler; βαβάζω. Belle onomatopée tirée de la labiale β. Son que rendent les lèvres, partie principale de l'instrument vocal, au point que dans presque toutes les langues le mot lèvre est synonyme de voix, parole, discours. C'est la première touche que fait jouer l'enfant à la mamelle : *baba, papa, bobo*. C'est l'organe qui *bave*, qui *balbutie*, qui *boit*, qui *bégaye*.

Βαθμίς et βαθμός, degré, échelon, grade, marche, sont probablement aussi des abrégés de στιβαθμις, στιβαθμος, du verbe στιβαω, qui signifie fouler, marcher. C'est exactement notre français *marche*, que nous appliquons aux escaliers. Voy. Βάω et Βαδίζω.

Βάθος, fond, de βάω, marcher, fouler; mot à mot, *sol*. On trouve βάθρον, sol, base, fondement; le fond est le lieu où s'appuient les pieds, le *marchepied*. On peut aussi, en suivant l'analogie latine qui a fait *fundus* de *fundo*, verser, assigner à βάθος le verbe είβω, ou λείβω, verser, pour είβαθος. C'est le lieu où vont se réunir les matières liquides *versées, répandues;* λίβηθρον a fait βάθρον. Pour verser quelque chose sans le perdre, comme faisaient les Danaïdes, il faut nécessairement un fond. Λιβάζω, verser, couler, a pu former λιβάθος, versoir, lieu où l'on verse, coule; *fundus*. Enfin on peut y voir un dérivé de βάπτω, plonger, enfoncer, pour βάπτρον, βάπθρον, lieu où l'on plonge, où l'on enfonce.

Βαίνω, ou mieux βάω, marcher, est encore une autre onomatopée tirée du son que fait le pied en marchant : *ba, ba, ba*, s'il est nu; *pa, pa*, d'où πατέω, promener, marcher, s'il est garni d'une semelle. Notre *pas* et l'espagnol *pasear, paso*, viennent de πατέω.

Βαιός, petit, faible, pour ἡβαιός, jeune, adolescent, tendre, ou, si l'on aime mieux, de βάω, marcher, qui marche à pied, piéton, pion, comme βαίτων, homme du peuple, bas, petit, par opposition aux cavaliers, chevaliers, en espagnol *caballeros*. Le sens de *seul* peut s'expliquer par *n'être pas conduit, n'être pas fait aller, n'être pas accompagné, escorté;* α privatif, βάω, à l'aor. 1, *faire aller*.

Βαίς et βαίον, branche ou feuille de palmier, est probablement un abrégé de στιβαις, στιβαιον, de στιβέω, marcher, fouler. On avait l'habitude, surtout en Orient, de les parsemer sous les pas des triomphateurs ou des personnes que l'on voulait recevoir avec éclat et distinction. On en faisait aussi des nattes et des tapis, comme aujourd'hui encore. On peut donc, d'après cela, fort bien appeler les feuilles de palmier une *matière à fouler, à être foulée*. Remarquons, en outre, que le verbe στιβάζω signifie garnir de feuillage, faire des matelas avec du feuillage ; στιβάς, lit de feuilles.

Ou bien de βαίος, m. a. m. le *petit, jeune,* tendre, surgeon.

Βαίτη, vêtement de peau, probablement de peau de bœuf, pour βοαίτη, de βοῦς, bœuf, ou bien de βαίνω, robe de marche, habit de voyage Ou pour προβαίτη, faite de peau de brebis, πρόβατος.

Βαίτων, homme du peuple, de βάω, marcher; mot à mot, *piéton, qui va à pied*, opposé au chevalier, *eques*, qui va à cheval.

A moins que l'on ne préfère y voir l'adjectif βαίος, petit, ou bien un abrégé de προβαιτων; mot à mot, *de troupeau, de berger, pâtre*.

Βαιών, goujon, est évidemment l'abrégé de κωβαίων, dérivé de κωβιός, qui signifie la même chose. Ou βαίος petit, c'est le plus petit poisson.

Βάκηλος, eunuque, efféminé, imbécile; peut-être de la même famille que φάκελος, paquet, *fagot*, massif. L'on sait aussi que dans notre langue on appelle, paquet, fagot un homme imbécile, inutile, impotent. Ce pourrait encore être un dérivé de βαβάζω, bégayer, baver; βάβαξ, babillard, bavard, d'où βαβάκηλος, bambin; ou bien pour ἡβακηλος, de ἡβάζω, être adolescent, impubère, jeune, tendre. Les eunuques sont impubères et adolescents, quoique par artifice.

Βάκτρον, bâton, de βάω ou βάζω, marcher. C'est un instrument dont on se sert pour s'aider à marcher en s'appuyant. Les voyageurs piétons en sont toujours munis; et, dans les pays de montagnes, il est indispensable.

Βάκχος, Bacchus. Nous hasarderons sur le nom de ce Dieu fameux l'opinion qu'il a été primitivement Βάσχος, de βασκαίνω, fasciner, rendre fou, ivre. Le vin n'a pas d'autre effet sur l'homme lorsqu'il en use avec excès. On sait que Bacchus a toujours été le dieu de l'ivresse et de la folie. Enivrement, fascination, ivresse, sont synonymes.

Βαλανεῖον, baignoire. Ce mot paraît être un abrégé de κυμβαλανεῖον, de κύμβαλος, κύμβη. Une baignoire est en effet une tasse, une espèce de nacelle adaptée à la forme allongée du corps humain qui doit y être contenu.

Βάλανος, gland. Ce fruit du chêne est remarquable par la petite tasse ou coupelle qui est à sa base; par conséquent, κύμβαλον, κύμβη, tasse, coupe, est encore son générateur. La signification de fermoir, verrou, procède de βάλλω, jeter, mettre dans, introduire : on disait en grec : τὴν βάλανον ἐμβάλλειν εἰς μοχλόν (Aristoph. *Vesp.*). Ou bien de la forme de gland qu'affectait quelqu'une des pièces des serrures chez les anciens; peut-être les poignées, qui, aujourd'hui encore, n'ont pas d'autre forme.

Βαλάντιον, sac, besace, de βάλανος; mot à mot, *sac à glands*, qui servait à leur récolte et à leur conservation; sac qui servait aux pauvres qui allaient *glaner*, c'est-à-dire cueillir les glands négligés par le propriétaire.

Βαλβίς, barrière, bord, pour βλάβις, du verbe βλάπτω, qui très-souvent signifie paralyser, empêcher. Or, une barrière n'a jamais été autre chose qu'un empêchement, un obstacle. Lice vient probablement du latin *licet*, il est permis; c'est le lieu ou le moment où l'obstacle étant levé, les combattants entrent dans la carrière, entrent dans la lice. Lice confirme donc βλάβις. Voyez aussi βέβηλα ou βέβολα, parfait de βάλλω; mot à mot, *qui rejette, repousse, empêche*. A cette famille appartient βεβήλος, profane, *rejeté, mis hors de*.

Βάλλω, jeter, lancer, est le sémitique בלל, verser, répandre, jeter; à moins que ce ne soit qu'une forme causative impulsive de βάω, aller, proprement *faire aller, diriger vers, faire marcher* vers, comme le latin *iacio*, jeter, lancer, de *io; ictus*, pour *iactus*, jet, coup lancé, formes impulsives de *io*, faire aller, porter, diriger.

Βαλός, rapide, tacheté, saupoudré, aveugle. Cet adjectif, qui a des acceptions si diverses, les tire toutes cependant du verbe βάλλω. Celle de rapide revient à celle d'*emporté, lancé, précipité; se jetant, s'élançant* dans une direction, vers un but, *se précipitant* vers, à. Celle de tacheté, moucheté, rentre dans celle de *jeter, lancer, semer, répandre, parsemer*. C'est un objet *parsemé* de taches. Enfin, l'acception d'aveugle rentre dans celle de *frappé* d'aveuglement, comme τυφλός, son synonyme, qui vient précisément de τύπτω, frapper, et κοφος, sourd, qui vient de κόπτω, frapper. Un aveugle est un homme *frappé* aux yeux; un sourd est un homme *frappé* des oreilles.

Βαμβαίνω, bégayer, n'est qu'une onomatopée, variante de βαβάζω.

Βάναυσος, forgeron, fondeur. Voyez Βαῦνος, four, forge. Métathèse de βαυνάσος.

Βάπτω, plonger, teindre. Ce mot, s'il n'est pas un simple abrégé de κολυμβάπτω, comme je le crois, peut se former de κύβη, tête, et πέτω, tomber, se précipiter; ou simplement avec la terminaison verbale πτω, de κυβάπτω, tomber de tête, sur la tête. C'est en effet ce qu'exécute le plongeur, mot qui fut d'abord *prongeur*, de *pronus ago*; κολυμβάω lui-même n'est autre que κορυμβαω, de κορύπτω, heurter de tête, diriger la tête, y aller de tête, κόρυς, κόρη, tête. On pourrait enfin supposer un verbe λιβάπτω, qui, comme λιβάζω, aurait signifié verser, arroser, couler, comme en latin *libamen*, *libamentum*.

Le sens de teindre dérive de celui de plonger. Dans le baptême, on plongeait ou aspergeait la tête, le sommet, κύβη, κορυφή, κορύμβη. Ou bien est-il un composé de ἅπτω, toucher, adapter à, analogue au latin *Tango*, *toucher* et *Tingo*, *teindre*, c'est-à-dire, *toucher*, *frotter*, de couleur, l'y *appliquer*, ἅπτω.

Βάραθρον, fosse, abîme, pour βάθραρον, de βαθύς, profond.

Βάρβαρος, étranger. Nous croyons que ce mot remarquable a été primitivement βάμβαρος, de βαμβαίνω, βαβάζω, balbutier, bégayer. Le caractère principal auquel on a toujours reconnu un étranger, c'est son langage, ou plutôt sa prononciation; son costume, ses manières, tout son extérieur change en effet promptement et s'assimile à celui de ses nouveaux hôtes; mais la nouvelle langue, et surtout la manière de la prononcer, présente une difficulté extrême, insurmontable même pour les personnes adultes. Aujourd'hui encore, dans nos rues, un étranger passe à vos côtés sans qu'il vous laisse apercevoir sa qualité de tel; mais qu'il ouvre la bouche, qu'il vous adresse un salut de quelques syllabes, et vous l'avez sur-le-champ reconnu. C'est ainsi que chez les Grecs, peuple si remarquable par la délicatesse de son oreille et son organisation privilégiée, c'était la manière de prononcer qui servait à reconnaître un étranger, un βάμβαρος, un balbutiant. Tout le monde connaît l'histoire de la fruitière athénienne.

Βάρβιτος, luth, instrument de musique fait comme χέλυς, d'une écaille de tortue qui servait de caisse, est formé de βαρύς, lourd, βῆμι, marcher, animal à marche pesante : c'est proprement *la tortue;* ou, si l'on veut, pour βαρυιτος, βαρυ, ἰω, aller, *marcher lourdement*.

Βᾶρις, navire égyptien, grand édifice. Ce mot, que l'on croit égyptien, peut fort bien aussi s'expliquer en grec par l'adjectif βαρύς, lourd ; c'est un vaisseau lourd, soit par sa construction, soit par son usage, un vaisseau *de transport*, comme ἄκατος, de ἄγω, conduire, transporter. Un grand édifice est aussi un édifice lourd, pesant, massif; en latin *moles*; en espagnol *mole*, masse de pierres. Voyez aussi στιβαρός, épais, robuste, massif, dont βαρίς pourrait être un abrégé Si l'on s'en tient à l'origine orientale, on doit y voir ברא porter.

Βάρος, poids, charge, n'est autre chose qu'un abrégé de ὁλίβαρός, comprimant, écrasant, foulant; ou bien στιβαρός, dru, serré, pressé, qui presse, foule, opprime : la densité est corrélative de la pesanteur ; l'étymologie s'explique donc d'elle-même. Ou, si l'on veut, le sémitique *bará*, porter, supporter.

Βάσανος, épreuve, essai, tourment. Le principal objet des *épreuves* et des *essais* a été de tous temps l'aloi des métaux précieux, de l'or et de l'argent; or, cet *essai* se faisait dans l'antiquité par la voie que les chimistes appellent de nos jours la voie sèche, c'est-à-dire la fusion dans un four, dans un creuset, κλίβανος, formé lui-même de ἐκ λείβω, mot à mot, *couler, fondre*, par conséquent lieu, four, ou vase à fondre ; de là la synonymie qu'on remarque dans presque toutes les langues entre creuset et épreuve. Chez nous même, l'*éprouvette* est un vase à fondre ou à dissoudre. C'est qu'en effet, pour essayer une matière quelconque, il faut l'*analyser*, c'est-à-dire la dissoudre, la fondre, ἀνὰ λύω. Tout cela nous fait voir que le mot en question est le même que βάνασος, βάναυσος, κλιβαναυσός.

Βασιλεύς ou βασιλεία, roi, royauté, est formé de βόσις, pâturage, et de λεώς, peuple, βοσιλεία. Les rois, comme Homère les appelle, étaient les *pasteurs des peuples*. Le berger est la primitive image du roi. Et ceci nous rappelle les rois pasteurs dont parle l'Écriture, et qui ne sont peut-être qu'une image poétique mal comprise ; car il est à remarquer qu'en hébreu *roë* signifie berger et roi. Si au lieu de βόσις on laisse βάσις, de βάω, aller, marcher, ce sera la marche, la conduction, ou les meneurs, les faisant aller, les *conducteurs* des peuples, comme en latin *dux*, chef, prince, roi, de *duco*, mener ; *rex*, de *rego*, diriger, mener.

Βασκαίνω, fasciner, ensorceler, pour φασκαίνω, que l'on trouve aussi écrit de cette manière, de φάω, paraître ou briller, éblouir, avec la terminaison fréquentative σκω. La fascination n'est en effet qu'un éblouissement par trop de lumière, une lumière trop vive, ou une *apparence*, une *apparition* de ce qui n'est pas réel.

Βάσσαρος, Bacchus. Ce nom vient probablement de βῆσσα, qui signifie pot, vase, bouteille. Βησσαρος ou Βάσσαρος serait donc proprement le dieu des bouteilles, le dieu des tonneaux et des cuves. C'est pour cela qu'on le représentait quelquefois monté ou assis sur un tonneau.

Βαστάζω, porter, transporter, vient de βάω, marcher, ou βατήρ, marcheur ; c'est proprement *faire aller, faire passer, faire marcher*, par conséquent conduire, transporter, porter.

Βατάνη, plat, assiette ; le même que πατάνη, d'où patène.

Βάτος, buisson, ronce : le propre des buissons et des ronces c'est d'embarrasser la marche, de fermer le passage, pour αβάτος ; mot à mot, *inaccessible*. C'est pour cela qu'on l'emploie pour former des haies et des enclos.

Βάτραχος, grenouille, reptile remarquable par la force et l'âpreté de sa voix, de βοή, cri, τρχύς, dur, âpre, βοατραχυς.

Ou bien de βαθρά ἔχω, m. à. m. qui habite *tient le fond* (de l'eau).

Βάττος, bègue, pour βαβάττος ou βαβακτος, de βαβάζω, bégayer. On trouve comme dérivé βαβάκτης.

Βαΰζω, aboyer, crier ; onomatopée imitant probablement le cri du chien : βαΰ, βαΰ, βυαυ, βαΰ, ou bien une variante, de βοάω, crier.

Βαυκάλιον, sorte de vase à gorge étroite. Ce mot est pour βυκαλιον, et appartient à la même souche que βυτις, βυτινη et βυστρον, c'est-à-dire au verbe βυω, qui signifie boucher, étrangler, resserrer, comprimer.

Βαυκός, délicat, voluptueux, pour ἡβαυκος, de ἡβάω, être adolescent, dans l'âge de la débauche, de la pétulance et de la délicatesse : le jeune âge réunit éminemment ces trois qualités ; ou bien pour βακικος, βακκος ; mot à mot, *bachique, buveur, intempérant*.

Βαῦνος, forge, foyer, fournaise, est l'abrégé de κλίβανος, four, proprement *fonderie, appareil pour fondre*, de ἐκ λειβω, couler, fondre.

Βδάλλω, sucer, pour ροιβδαλλω, de ροιβδέω, siffler, avaler en sifflant. La succion ne peut avoir lieu sans ce sifflement.

Βδέω, βδελυσσω, détester, répugner, de ροιβδέω, péter, lâcher des vents, puer. La puanteur répugne. Le pet n'est qu'un *sifflement*, un son aigu ou ronflant. Chez nous aussi, un *péteux*, un *puant* est un homme répugnant et détestable. Ou bien du verbe βδέω qui suit.

Βδέω, vesser ; βδόλος, puanteur, saleté, dégoûtant, odieux, repoussant. *Voy.* κιβδελος et κιβδης.

Βέβαιος, fixe, ferme, solide, est formé du parfait 2 ou poétique βεβάα, de βάω, marcher ; c'est mot à mot *ce sur quoi on peut marcher, ce qui peut supporter*. Ferme, solide, viennent eux-mêmes de *fero*, porter, et *solum*, sol, base. Voyez aussi βεβήκα, parfait de βάω. Ce serait alors celui *qui va, se tient debout, ferme, basé sur,* [planté sur ; en latin *sistens, persistens, consistens.* En français, *va bien, se porte* bien, équivaut à être fort, ferme, solide, sain.

Βέβηλος, profane ; mot à mot, *rejeté, expulsé,* parfait de βάλλω, rejeter, chasser, expulser.

Βέμβρας, espèce de sardine, poisson ; peut-être le mollusque troque, sabot, toupie, de βεμβέω, pirouetter, tourner. Ou de βομβέω, bourdonner, du bruit que font entendre les bancs immenses de sardines dans leur marche. Les toupies ronflent d'ailleurs aussi.

Βέλτερος, meilleur, pour μελτερος ou μελιτερος ; mot à mot, *plus miellé, plus doux,* de μέλι, miel, symbole de la douceur et du plaisir. Les Latins disent *melior,* ayant conservé le μ de la racine ; et le positif *bonus* tient aussi à l'idée de douceur, car il est un simple abrégé de πέπον, doux ; πέπονυς, πόνυς, βονυς. La douceur, dans toutes les langues, est synonyme de la bonté.

Βέμβηξ, sabot, tourbillon de vent, pour βόμβηξ, de βομβέω, bourdonner, gronder, frémir. On connaît le *bourdonnement* du sabot et le frémissement, mugissement de la tempête et des ouragans, et des gouffres.

Βεῦδος, βεῦθος, peau sur laquelle on s'étendait pour dormir, probablement peau de bœuf, βοεῦδος. Nous avons déjà vu βαίτη, pour βοαίτη. Ces deux mots, qui semblent signifier quelquefois habit à l'usage des femmes, est probablement quelque pièce de leur habillement faite de peau de bœuf, soit chaussure, ceinture, ou quelque pièce analogue.

Βηλός, seuil, entrée, peut très-bien n'être qu'un dérivé de στίβεω, fouler, pour στιβηλος : le foulé, ce sur quoi l'on marche, comme seuil, de *solum,* le sol, le pavé : c'est ordinairement un grand pavé, une dalle que l'on met à la porte de la maison. Ou bien, un simple abrégé de βέβηλος, mot à mot, le *chassé,* mis dehors, qui est en dehors de l'habitation, à la porte, à l'*extérieur* de.

Βέβηλος, profane, est simplement le parfait de βάλλω ; mot à mot, le *jeté,* le *chassé, l'expulsé.*

Βήξ, toux ; βῆγμα, crachat, paraissent n'être autre chose que πήξ, πῆγμα, de πήγνυμι ; mot à mot, *coagulation, épaississement* des sécrétions de la muqueuse et des voies respiratoires. C'est en effet cette coagulation qui cause la toux et qui est cause de l'expectoration. Ou bien n'est-ce qu'une belle onomatopée : dans la toux, ce sont les touches gutturale et labiale qui sont en jeu : *pq, px ; pouax, pouach.*

Βηράνθεμον, narcisse, composé de ομβρος, pluie, et ανθεμον, floraison, pour ομβρανθεμον ou ομβρηανθεμον; mot à mot, *fleur de pluie* ou *fleur d'hiver*. L'espèce commune, appelée par les botanistes *narcisse Tazzia*, fait l'ornement de nos salons lorsque nous sommes encore en plein hiver.

Βήρυλλος, béryl, pierre précieuse; plante, mot exotique, du chaldéen *belur, bel or*, mot à mot, *roi de la lumière*, ou bien de l'arabe *bar*, mer; cette pierre en a la couleur : c'est l'aigue marine.

Βῆσσα et βήσσιον, bouteille, carafe, abrégé de ειβησσα ou λιβησσα, de ειβω, λειβω, verser, répandre, ou de αμβησσα, comme αμβιξ.

Βῆσσα, vallon, ou mieux encore hallier, fourré, pour πῆσσα, de πῆσσω ou πήγνυω, épaissir, rendre compacte, serrer. Les vallons sont en effet les lieux le plus boisés, à cause de l'humidité et des eaux qui les arrosent ; les vallons et les vallées sont par excellence des lieux de végétation naturelle, surtout dans les climats secs comme ceux du midi. Ou, si l'on veut encore, de ειβω, λειβω, couler, verser. Ειβησσα, λιβησσα, c'est le *versant* des eaux, les *fonds* où elles versent, *fundunt, fundus*.

Βία, force, violence, élan, impétuosité. Ce mot vient de βίος vie, et signifierait proprement *vivacité*. On sait que dans presque toutes les langues, *vif* est synonyme de *fort, violent, actif*. Nous disons une douleur vive, un feu vif, un caractère vif, pour une *forte* douleur, un feu *violent*, un caractère *violent*, etc., etc.... parce qu'en effet, la vie est le principe de la force ; βία comme βίος viennent d'un verbe βέω, qui comme βάω et βῆμι signifiait *aller, marcher* et dont les formes ioniques βείω, βεόμαι, βείομαι, contractés en βίω, βίομαι, ont donné les mots βίος et βία, *vie* et *force* synonymes et corrélatifs.

Βίβλος, livre, papier. Voyez Βύβλος.

Βικος, vase, urne, cruche; abrégé de άμβικος et άμβιξ. Ou abrégé de ειβίκος.

Βῖκος, urne, cruche, vase à vin, pour βοϊκός, fait *de bœuf*, de peau de bœuf, outre de peau. L'accent circonflexe paraît confirmer l'élision de l'omicron. Ou bien, abrégé de ειβίκος, qui *coule, écoule, verse*.

Βίος, vie, même origine que βία, force, vigueur. La force accompagne toujours la vie, et la constitue en quelque sorte, à tel point que le manque de force est la maladie, *infirmitas*, la faiblesse, la débilité ; c'est le chemin de la mort, qui n'est autre chose que la faiblesse absolue, complète, universelle des organes : et voilà pourquoi *vigueur* est synonyme de vie. « Un homme plein de *force* et de *vigueur* est un homme plein de *vie*. » La langue latine nous le donne bien à entendre dans sa parfaite analogie sur ce point avec la grecque : *vis*, force, *vita*, vie, comme βία, force, βίος, vie ; *valeo*, en latin, être fort, et vivre, exister. La mort, répétons-le, n'est autre chose qu'une perte totale des forces, une *défaillance* absolue, et les physiologistes savent fort bien pourquoi ils emploient l'expression de *forces vitales*.

Mais, sous les deux aspects, le mot βίος, comme βία, vient de βεω ou βάω, marcher, aller, passer : βειος, βαιος seraient devenus βίος. La vie, en effet, va, marche, passe. Nous disons : comment *allez*-vous ? pour : comment *vivez*-vous, *existez*-vous, *êtes* vous ? Le latin *vita* est aussi tiré de *vio*, aller, marcher.

Enfin remarquons, pour terminer, que la vie est un passage, c'est un véritable voyage, un pèlerinage au travers du temps suivant tous les moralistes et poëtes.

Et ce qui confirme cette étymologie c'est que nous avons encore dans la langue grecque le verbe εἰμί, qui signifie à la fois *être, exister* et *aller, marcher*, comme en latin *vio* et *vita*, aller et vie : et en français, *fut*, en espagnol, *fué*, qui signifient à la fois, *être* et *aller*.

Βιος, arc, corps ou centre de l'arc, c'est-à-dire sa *force*, son *effort*, sa violence : c'est sa partie *forte*, la base de sa force.

Βλαισός, pied-bot, boiteux, paralytique. Si ce mot ne tient pas à ἀμβλύς, faible, émoussé, il est pour βλασιος, de βάλλω, proprement, *frappé* de quelque accident ou infirmité qui produit le boitement, la paralysie surtout. Les Catalans disent encore aujourd'hui *ferit*, c'est-à-dire *frappé*, pour désigner un paralytique.

Βλάξ, lâche, mou, pour μάλαξ, de μαλακός, mou, ou bien abrégé de αμβλαξ, pour ἀμβλύς, ou enfin de la même souche que βληχρός, qui peut passer pour son synonyme.

Βλάπτω, blesser, frapper, nuire, pour βολαπτω ou βελαπτω, que l'on peut décomposer en βολή ou βελή et ἰάπτω, jeter, frapper, blesser d'un trait, flèche ou coup. Le latin *noceo* vient probablement de νύσσω, piquer, blesser, ou de ἐν et οχυς, ἀκή, pointe, piquant ; car l'idée de nuire tient toujours à celle de blesser. Ce verbe pourrait être encore l'abrégé de ἀμβλαπτω, variante inusitée du verbe ἀμβλύνω, émousser, affaiblir, battre. Ou, mieux que cela, βλάπτω n'est-il qu'un simple dérivé du substantif βλάβη, métathèse de βαβλη, βηβλη, βηβηλη, formés du parf. 2 du verbe βάλλω, qui signifie jeter, lancer, battre, frapper; exactement comme les Latins ont fait *jactura*, perte, dommage, détriment, du verbe *jacio*, jeter, lancer, pousser, battre, frapper. Le dommage est un *coup* reçu, une *blessure*; βάλλω.

Βλαστάνω, germer, pousser, vient de βάλλω, jeter, pousser, verbes dont nous nous servons en français, de même qu'en beaucoup d'autres langues, pour exprimer l'acte de la germination et de la croissance des plantes. Nous disons un *jet*, un *rejeton*, une *pousse*. « Une plante pousse. »

Βλαύτη, pantoufle. Ce mot peut être un abrégé de αμβλαύτη, αμβλυτη chaussure molle, émoussée, aplatie, battue par l'usage prolongé comme une *savate*; et sous ce rapport on pourrait voir encore ici βλαπτη, du verbe βλάπτω, que nous venons de voir.

On pourrait également rapporter ce mot à βάλλω, jeter, lancer, étymologie qui conviendrait à cette espèce de chaussure, ordinairement dépourvue de talon, et qui se rejette et détache du pied à la moindre secousse; βαλυτη.

Ou bien enfin à βλάξ βλακός, chaussure molle, efféminée, μαλαξ, μαλαύτη.

Βλέννα, morve, n'est autre que l'abrégé de βεβλέμενα, participe parf. passif de βάλλω; mot à mot, la *rejetée*, la *chassée*: c'est une secrétion que l'on rejette. La *chassie*, en français, est une matière analogue quant à sa nature et quant à son étymologie.

Βλέπω, voir, regarder. Dans presque toutes les langues on se sert de la périphrase *jeter les yeux*, *lancer ses regards*, pour *regarder*; les Grecs paraissent en avoir fait de même un mot composé de βάλλω, jeter, et de ὄψ, ὀπή, la vue, l'œil, ou simplement de βάλλω ἐπί, jeter sur (sous-entendu la vue, l'œil), de la même manière qu'ils disent σκόπτομαι, regarder, considérer, de ἐς κεπτω ou κηπτω, s'appuyer, se poser sur, inversion du primitif πηκτω, d'où le latin tira son *specto*, regarder, qui tous reviennent à dire *fixer*, *ficher*, *appuyer* les yeux, la vue sur un objet.

Βλέφαρος, paupière, de βλέπω et ἄρω, ajuster, concerter, accompagner. C'est en effet la porte, le rideau, le voile, le protecteur de la vue, la conservatrice et la dispensatrice de la vision.

Βλῆτρον, clou, cheville, de βάλλω, frapper, battre, pousser, comme son synonyme γόμφος, pour κομφος, de κόπτω, battre, frapper.

Βλῆχασθαι, bêler, onomatopée, tirée du bêlement du mouton, en latin *balare*, d'où le français *bélier*, pour *bêleur*.

Βληχρός, faible, mou, hébété. Cet adjectif appartient à la même famille que βλάξ ; A moins qu'on ne préfère y voir un dérivé du verbe précédent βληχᾶσθαι ; car le mouton, le *bêleur* est le plus faible et le plus stupide de tous les animaux familiers à l'homme ; son nom, le *bêleur*, aura fort bien pu être synonyme de faible, mou, hébété, inoffensif : l'agneau est bien le type universel de toutes ces qualités.

On peut en outre voir ici la parfaite analogie de nos mots français *mou* et *mouton*, en catalan *mol* et *moltó*, du latin *mollis*.

Βλιμάζω, tâter, palper, pétrir, amollir, désirer. Ce verbe est une syncope de βολιμαζω, de βολιμα, qui, comme le verbe βολιζω, signifie sonder ; βολις, sonde. La signification de désirer procède de βουλιμαζω, de βουλομαι, vouloir, désirer, souhaiter.

Βλίτον, blette, plante potagère, pour βόλιτον ou βολητον, champignon, de βάλλω, jeter, pousser ; c'est proprement un *jet*, une *pousse* qui surgit d'elle-même, qui croît spontanément.

Ou mieux encore du verbe ci-après, car c'est tout à la fois une plante *suceuse* et *succulente*, aqueuse ; Ou bien encore pour αμβλιτον, de ἀμβλύς, plante fade, maussade, sans goût.

Βλίττω, sucer, faire sortir en pressant, en pesant sur, n'est autre que le verbe βδελιττω, βδελισσω, βδάλλω, sucer, exprimer en suçant.

Βλύζω, pour Βρύζω, sourdre, couler, faire couler. Voyez Βρύω.

A moins que l'on ne prétère y voir une altération de βδελυζω.

Βλοσυρός, cruel, terrible, imposant. Cet adjectif vient de βδελύσσω, être dégoûtant, horrible, répugnant, ou, si l'on aime mieux, de μολοσυρός, μλοσυρός, tirés du naturel féroce des chiens *molosses*. Le chien dogue est le type de la férocité.

Ce peut encore être un abrégé de στρεβλοσυρος, de στρεβλόω, torturer, tourmenter, martyriser ; ou enfin composé de στρεβλός et ὁράω, voir, regarder de travers, en latin *torvus*, regard dur, terrible, farouche.

Βλωμός, morceau, bouchée, pour βωλιμος, de βῶλος, motte, masse, pelote ; ou mieux encore le même que βρῶμος, de βρώσκω, manger, avaler.

Βλώσκω, aller, venir, pour μωλωσκω, fréquentatif de μολέω, aller, venir.

Βοάω, crier, est une onomatopée analogue à βαύω, βαύξω, aboyer, que nous avons déjà vu, et probablement tirée du cri du chien βοαῦ, βοαῦ, βοαῦ, animal éminemment criard.

Βοηθέω, secourir, aider, est tout simplement le participe aor. passif de βοάω; c'est, mot à mot, *le crié, l'appelé, l'invoqué, invocatus, advocatus*. On crie *au secours*, on *appelle au secours*. Βοηδρομέω, que l'on trouve aussi comme synonyme de βοηθέω, donne à entendre que l'on a cru ce verbe composé de βοή et de θέω; mot à mot, *courir à la voix, au cri:* l'une et l'autre de ces deux étymologies sont très-naturelles.

Βόθρος, trou, fosse, variante de βαθύς, fond, creux, et par conséquent même étymologie. Ou corruption de βορβορόθος, boueux, fangeux, limoneux.

Βολβός, bulbe, oignon. Ce mot pourrait bien tenir à βόρβορος, boue, limon, fange, si l'on observe que ce genre de plante aime les lieux humides et par conséquent boueux, fangeux.

Βόμβος, bruit, bourdonnement, est une onomatopée.

Βόμβυξ, ver à soie, ainsi nommé à cause du bruit remarquable qu'il fait en rongeant les feuilles dont il se nourrit.

Βόνασος, bœuf sauvage, est formé de βουνός, montagne ; mot à mot, *bœuf de montagne :* c'est l'urus, en grec οὖρος, de οὖρος, montagne, pour le distinguer du bœuf domestique. Les animaux sauvages vivent ordinairement au milieu des montagnes, comme étant des lieux peu accessibles ; de là l'espagnol *montaraz*, synonyme de sauvage.

Βορά, nourriture. Voyez Βόω, nourrir, paître.

Βόρβορος, boue, bourbier, peut être une abréviation redoublée de στρεβόρος, στραβορος, de στρεβόω, tourner, troubler, mêler, comme ἰλυς, boue, de εἰλέω, tourner, troubler : la boue, le limon, *troublent* l'eau, ou se ramassent, s'assemblent au fond : ειλη, ειλεω, ramasser. Ou de βομβορος, bruit sourd, confus (βόμβος) des matières molles dans un endroit clos.

Βόστρυχος, boucle de cheveux, de poils. Ce mot est composé de βοῦς, bœuf, et τρίξ, poil, cheveu : c'est proprement la touffe de poils bouclés que les taureaux portent sur le sommet du front, et par analogie cheveux bouclés quelconques.

Βορέας, vent du nord, Borée, vent qui consume, dévore; βορεύς, βορέης, la végétation, de βοω, βορά, manger et nourriture; ou bien pour απο et ορος; mot à mot, *des montagnes* d'où les vents du nord viennent ordinairement; des montagnes qui sont couvertes de neige.

Βότρυς, raisin. Si ce mot n'est pas le même que l'hébreu *batsir*, vendange, il est probablement formé de ἀπό τρύω, briser, fouler, écraser, ἀποτρύς : c'est le fruit éminemment destiné à subir cette opération; et, ce qui prouve cette étymologie, c'est le verbe ἀποτρυγάω, vendanger, écraser le raisin ; τρύγη, de τρύω, écrasement, vendange.

Βουβών, tumeur, bubon, de βοῦς, peut être propre à l'espèce bovine, ou qui lui est plus particulière; ou bien de βου, particule augmentative, et βάω, aller, marcher, pousser, croître; à cause de son volume ou de la rapidité de sa croissance.

Βουλή, conseil, opinion, volonté. Ce mot remarquable n'est autre que βολή, jet, action de *se jeter, s'élancer*, de βάλλω; mot à mot, *projet, conjecture*, qui viennent, d'une manière analogue, du latin *jacio, jeter, lancer :* or, *projet* est synonyme de *dessein, volonté,* et *conjecture* de *pensée, opinion* ; et ce qui confirme cette origine, c'est que le verbe moyen ἱέναι, *s'envoyer, se lancer, se jeter,* signifie aussi *désirer* et *vouloir*, comme βούλομαι, pour βολέομαι ou βάλλομαι, *se jeter, se lancer,* et en même temps *désirer, vouloir;* de même le latin nous offre *peto, appeto, désirer, vouloir,* et en même temps *se porter, aller, se diriger vers*. Les mots *penchant, inclination,* synonymes de *désir, volonté,* nous offrent quelque chose d'analogue. C'est que, en effet, on *se jette, s'élance, se porte, se précipite* sur l'objet qu'on *désire,* qu'on *veut,* tandis qu'au contraire on *s'éloigne,* on *se retire,* on fuit, on évite l'objet qu'on déteste. L'antithèse est complète dans l'idée, dans l'image et dans l'expression. Βούλομαι ou βολόμαι est donc, proprement, *se jeter.*

Βουνός, hauteur, colline ; mamelle ; autel. Ce mot, qui présente un air de famille avec βωμός, autel et auteur, vient de εἴβω, couler, verser, épancher. Or, le principal usage des autels c'étaient *les libations,* soit de sang, soit de quelque autre liquide ; de là l'espèce de creux ou d'écuelle qui forme le sommet de tous les autels de l'antiquité, et la patère et la jatte ou vase qui y sont toujours sculptés des deux côtés, et qui ne sont que les instruments de la libation et son symbole. Cette étymologie nous explique en même temps la signification de hauteur, colline, ou plutôt penchant et *versant* de colline, είβω, et celui de mamelle ; mot à mot, la *versante*, la *coulante*, comme en hébreu *schad*, mamelle, et *schada*, verser, couler ; la mamelle a d'ailleurs la forme d'une hauteur ou d'une colline. On pourrait aussi considérer βουνός comme l'abrégé de βουνόμος, pâturage des bœufs, ou bien pour βοομενος, βουμενος, de βοω, βοομαι, paître, nourrir ; mot à mot, *lieu de pâturage*, c'est-à-dire versant ou flanc des collines, où l'herbe croît plus abondante. La mamelle serait alors la *nourricière*; on sait qu'elle en est le symbole.

Βοῦς, bœuf, peut venir de βόω, nourrir. Cet animal est en effet la base de la nourriture de l'homme de tous les temps et de tous les pays. Il peut venir aussi de θλίβω ou τρίβω, fouler, triturer, ou κοβους, de κόπτω, couper, tailler, et par métaphore châtrer, probablement détruire par la *trituration* ou la *taille* l'organe objet de cette opération. Or, c'est précisément le cas des animaux que l'on destine à la nourriture, et particulièrement des bœufs, destinés au labour ou à la boucherie : ils engraissent plus vite et ont un goût plus délicat, en même temps qu'ils deviennent plus traitables. On peut aussi supposer βοῦς venant de βόω, paître, nourrir, et alors ce serait le *nourri*, l'*élevé*, l'engraissé pour la boucherie. L'élève des bestiaux, et particulièrement des bœufs, a été l'industrie prédilecte et presque exclusive des peuples primitifs. On peut enfin le rapporter à ροάω, crier, mugir, à cause de la voix puissante de cet animal, qui, dans le jeune âge, est même passée en proverbe : « crier comme un veau. »

Βουπρηστις, bupreste, espèce d'insecte, pour βουπριστις, de βου, particule augmentative qui signifie grand, très-fort, et πριστις, scie ; mot à mot, *forte scie*. C'est probablement le lime-bois, insecte de la famille des buprestes, qui ronge les bois des forêts et des chantiers de construction.

Βόω, faire paître, nourrir, est un abrégé de φερβοω, φέρβω.

Βραβεύς, arbitre, juge, maître, est formé de βάρυ et de βάω ; mot à mot, qui a une marche pesante, lourde : c'est proprement *le vieillard*, *le sénateur* ; *senex*, *le vénérable*. Chez les anciens, c'était toujours l'âge qui avait le privilége de juger et de décider dans toutes les questions. Les anciens du peuple hébreu, les sénateurs de Rome, les seigneurs, *seniores*, c'est-à-dire les plus vieux. C'est qu'en effet la sagesse, la science des peuples primitifs surtout, dépourvus de livres, consistait exclusivement dans l'expérience d'une longue vie. On pourrait encore voir ici le *rabbi* hébreu converti en βραϐί par l'euphonie grecque.

Βράϐυλος, prunier sauvage, pour βλάϐυλος, de βλάπτω, fruit nuisible à manger, malfaisant.

Βράγχος, enrouement, voix rauque et cassée. Voyez Βράχω.

Βραδύς, tardif, lourd, pesant, est formé de βαρύς, lourd, et ὁδεύω, cheminer, marcher. Βαροδευς, βαρδευς, βαρδύς, qui marche lourdement.

Βράζω, bouillir, rejeter en bouillonnant, agiter, rompre. Toutes les acceptions tant soit peu vagues de ce verbe font penser qu'il n'est autre que βρυάζω, jaillir, sourdre, bouillonner. Le sens de *rompre* est pour φράζω, φράσσω, diviser, rompre.

Βράθυ, sabine, genévrier, de βραζω, bruire, petiller, parce qu'il petille fortement lorsqu'il s'enflamme. Il constitue le bois de chauffage dans les pays méridionaux et dégarnis de hautes futaies.

Βρακαι, caleçons, culottes, pour βραχαι; mot à mot, *les courtes, culottes courtes*, par opposition aux longues ou pantalons, qui vont jusqu'à la cheville du pied.

Βραχίων, bras, avant-bras : c'est le comparatif de βραχύς, court. L'avant-bras est en effet plus court que l'humérus ou la partie supérieure du membre appelé bras, surtout dans les os qui les forment. Signifiant mot à mot *plus court*, le bras ou membre antérieur, comparé avec la jambe ou membre postérieur, est réellement aussi plus court.

Βραχύς, court, écourté, pour ραχυς; mot à mot, *le rompu, le coupé, le diminué;* ραγω. Pour raccourcir quelque chose, il faut couper et trancher. En espagnol, *corto*, court, *cortar*, couper. Ou bien pour φράχυς, de φράσσω, diviser, couper, trancher.

Βράχω, craquer, pour ραχω; mot à mot, *rompre, se rompre, éclater, crever;* le craquement est inséparable de la rupture. Dans tous ces mots, le β initial n'est qu'une euphonie. Ou bien onomatopée.

Βρέμω, frémir, vient de βάρεω, βαρήμα, βρεω. C'est en effet rendre un son grave et profond comme le tonnerre, βροντή, βαροντή.

Βρένθος, espèce d'oiseau; orgueil, arrogance, est mis pour βρέμεθος, βρέμθος, βρένθος : c'est mot à mot un *frémissement*, celui de la colère, de l'orgueil, du dépit, de toutes les passions violentes dont le frémissement est le symptôme.

Βρέτας, image, idole. Ce mot, qui paraît de structure exotique, peut venir de ἁβρός, beau, orné, embelli, de la même manière que ἄγαλμα son synonyme vient de ἀγάλλω, orner, parer, embellir.

Βρέφος, nourrisson, nouveau-né, pour φέρβος, de φέρβω, nourrir; par inversion de syllabes βεφρος. Ou, si l'on veut encore, de βλέπω, parf. βέβλεφα: c'est celui qui a vu la lumière, qui vient au jour, qui vient de naître, le petit qui a déjà ouvert les yeux. *Voir la lumière, ouvrir les yeux*, sont synonymes de naître.

Βρέχω, arroser, pleuvoir, mouiller, est formé de ὄμβρος, pluie, ὀμβρέω, arroser, pleuvoir; ὄμβρημα, pluie, ομβρέχω.

Βρι, particule augmentative, pour περί, πρι, βρι. Elle répond parfaitement au français souverainement, éminemment, *par-dessus tout, surtout*; περί, sur, dessus. Ou, si l'on aime mieux, de βαρός, mot à mot, *gravement, fortement*; βαρι, βρι, grave, lourd, fort.

Βριάω, être fort, est mot à mot *être au-dessus, l'emporter sur, être supérieur à*, ou être grave, robuste, solide, fort, violent, et derivé de la particule βρι, ou de βαρύς, grave, lourd.

Βρίζω, dormir, dormir après dîner, pour βαριζω, être lourd, être appesanti, chargé, fatigué, circonstances qui amènent toujours le sommeil; βαρύς, lourd.

Βρίθω, même origine, et presque même signification que βρίζω.

Βρόγχος, gosier, gorge, la trachée artère, vient de βράχω, crier, sonner, retentir. C'est en effet le siége de la voix, du cri, du son.

Βροντή, tonnerre, de βρέμω, frémir, rugir, retentir d'une manière grave et profonde, βαρύς.

Βροτός, mortel, pour μοροτός ou μοτρός; mot à mot, *soumis à la fatalité, au sort et à tous ses accidents, à la mort*. L'homme est en effet un être accidentel, passager, éventuel, μόρον, sort, destin.

Βρότος, boue, fange sanglante, pour μόροτος, de μόρον, mûre; mot à mot, *couleur de mûre*, c'est-à-dire violacée, pourprée: c'est en effet la couleur qui résulte de ce mélange exposé quelque temps à l'air. En espagnol, on dit *morado*, violet, de *mora*, mûre, le suc de ce fruit étant en effet un type commun de la couleur violette. On peut aussi regarder ce mot comme un abrégé de βορβοροτος, βορβροτος, de βόρβορος, boue, fange en général.

Βρόχος, maille de filet, lacet, nœud coulant, pour βρόγχος, gosier. C'est le nœud que l'on jette au cou, soit pour assujettir, soit pour étrangler ; c'est la maille à laquelle se prend le cou, la gorge des poissons qu'on pêche et des oiseaux qu'on chasse ; c'est une sorte de col, de collier, de licou. Par le même tour métaphorique, nous appelons aujourd'hui col l'ornement qui revêt cette partie du corps, partie qui est précisément celle qui reste embarrassée dans les mailles et dans les lacets. Nous avons en français coup de collier.

Βρύκω, manger, ronger, dévorer, consumer, est peut-être une simple onomatopée, ou bien de βόρα, nourriture : βορυκω, βορυττω, ou encore pour βρυω, βρυχω, grincer des dents, rompre, briser, user avec les dents, triturer, mâcher ; ou enfin abrégé de λάβρυσσω, λάβρυχω, dévorer.

Βρύσσος, hérisson de mer, ou espèce de fucus d'algue, de mousse marine, de βρύω, pousser, jaillir, pulluler, croître, comme βρύον, mousse. Le nom de hérisson de mer, ou oursin, vient de βρύττω, bruire, grincer des dents, à cause du grincement que cet animal fait entendre avec les grosses dents dont sa bouche est armée.

Βρύον, herbe menue, mousse, de βρύω, pousser, pulluler, jaillir abondamment. Nous avons en français mousse et mousser (bruire).

Βρύτον, bière, cidre, boisson mousseuse, de βρύω, mousser, jaillir. En français, nous disons mousse, mousseux, exactement comme en grec βρύον et βρύτον.

Βρύχω, grincer les dents, rugir, n'est autre chose que ρύγχω, ρύζω, ῥέγχω, grogner, rugir, frémir, ronfler ; adouci par le β initial ; peut-être aussi est-il un composé de βαρύ, grave, et de ἠχῶ, sonner, résonner : le rugissement n'est précisément qu'un son *grave et profond*.

Βρύω, jaillir, sourdre, pulluler, mousser, foisonner. Ce verbe paraît être un abrégé de βορβορύω, bruire, grouiller, jaillir avec bruissement, mousser. C'est le bruit que font entendre les gaz et les liquides mêlés et agités ensemble dans un espace réduit, ou poussés en dehors : par exemple les *borborygmes* des intestins ; c'est notre *bruit, bruissement*. Ou, mieux peut-être, un abrégé de ομβρευω, ομβρυω, pleuvoir, mouiller, arroser, soit que la mousse croisse avec la pluie et en soit le résultat, soit qu'on ait voulu donner à ομβρεύω l'acception qu'il a dans beaucoup de langues : *abundare, redundare,* croître en *abondance, abonder,* comme la pluie, inonder, remplir, couvrir.

Βρῶμος, odeur puante, pour βορβορωμος, de βορβορόω, rendre boueux, fangeux ; βόρβορος, fange, boue, ordure : c'est la source de la puanteur.

Βρώσκω, manger, pour βορωσκω, de βορά, nourriture, mangeaille, ou bien abrégé de λαβρωσκω, de λάβρος, dévorer, engloutir, avaler.

Βύας, hibou, chouette, comme βύζα, proviennent de βαύζω, βαύω, crier, hurler. Cet oiseau se distingue par son hurlement. En français, chat-huant, pour chat hurlant.

Βύβλος, papyrus, papier fait de son écorce. Si ce mot n'est pas égyptien, comme le veulent quelques-uns, on peut le rapporter à βοβλός, bulbe, oignon. Le papyrus est une plante bulbeuse ; c'était, pour les Égyptiens, le *bulbe* par excellence, à cause du nombre et de l'importance de ses usages. Il n'y a que transposition de lettres.

Βυθός, βύσσος, fond, profondeur, vient de βύω, fermer, boucher, fouler, remplir, enfoncer. Le fond d'une cavité, d'une capacité, est précisément ce qui la ferme, la bouche, et permet qu'elle soit bouchée, remplie, fourrée, enfoncée. Le fameux tonneau des Danaïdes se trouvait dans le cas contraire, précisément par le manque de fond : c'était réellement un abîme, ἄβυσσος, une cavité sans fond et par conséquent sans fin.

Βυκάνη, trompette, clairon, pour βαυκάνη, de βαύζω, crier, retentir, aboyer, résonner, ou de μυκαω, mugir, μυκανη, la mugissante : β et μ se remplacent mutuellement comme lettre de la même touche.

Βύνη, orge, germe pour la bière, de βύω, fermer, serrer, boucher. On la *bouche* avec un soin spécial à cause de ses gaz. Ou de είβω, mouiller, arroser ; ειβυνη, l'*arrosée*, la *mouillée*, la *trempée d'eau.* C'est l'opération indispensable pour sa fabrication.

Βύρσα, peau, cuir, peut-être le même que βύστρα, de βύω, remplir, bourrer, fourrer dans. Les peaux et les cuirs servent à cela surtout dans les pays où la tonnellerie est à peine connue.

Βύσσος, lin, byssus, n'est autre que l'oriental *bouts* ; בוץ lin.

Βύω, bourrer, remplir, boucher, fermer, entasser. Toutes ces significations se rapportent à στιβεύω, στιβυω, fouler, presser, comprimer, dont βύω n'est que l'abrégé.

Βῶλος, motte, glèbe, lingot, peut-être le même que μῶλος, travail, labeur, labour. La *motte* ou la *glèbe* sont le résultat du travail, du labour, à tel point que labour et glèbe peuvent passer pour synonymes. En français, ils le sont en effet.

Βωμός, base, piédestal, autel, vient naturellement de βάω, marcher : c'est ce qui sert de *marche-pied*, ce qui soutient, ce qu'on foule.

Γ

Γαγγαλίζω et Γιγγλίζω. Ces verbes peuvent venir d'un composé de γενῶ et de γελαιζω (de γελάω, rire); mot à mot, *produire, devenir, faire rire, procurer le rire*, ce qui est essentiellement l'effet des chatouillements. Ou mieux encore pour γαργαλίζω. Voy. ce mot.

Γάγγαμον, râteau et filet pour pêcher les huitres, pour γαγαμον, de ἄγω, amener, ramener, entraîner, αγηγα, γηγα, γηγαμον. Ou bien pour γαργαμον, de γαργαίρω, regorger, rejeter, dégorger, vider.

Γάγγλιον, ganglion, tumeur. Ce mot peut appartenir à la même famille que γάγγαμον, si l'on fait attention à la forme de *réseau* ou *filet* qu'affectent les ganglions nerveux.

Γάγγραινα, gangrène, de γραίνω, γράω, ronger, dévorer.

Γάζα, biens, trésors, richesses. Ce mot, que l'on croit d'origine persane, peut fort bien n'être qu'un dérivé, de ἀγάω, ἀγάζω, admirer, envier : αγάζα, choses éminemment dignes d'admiration, ou bien de ἐργάζω, travailler, gagner, profiter, s'enrichir ; εργαζα, produit du travail, de l'industrie, chefs-d'œuvre, ouvrages artistiques.

Γαῖα, terre, la terre, est un abrégé de εργαια, la *travaillée*, la *labourée*, la *façonnée*, la terre *labourable* : c'est une de ses propriétés les plus remarquables et la plus précieuse pour l'homme. En le supposant aussi un abrégé du verbe τρύχω, pour τρυγαια, τρύγη, nous ferions remarquer l'analogie parfaite entre le grec τρύχω, τρυγαια, τρύγη, et le latin *tero, terra, triticum*, qui sont la traduction des premiers.

Γαισός, lance en usage chez les Gaulois. Voyez Γαυσός, courbe, à cause de la courbure de sa pointe; espèce de faux; ou bien est-ce un abrégé de ἐργασιος, ou de γαῖα, terre, champ ; mot à mot, *instrument de travail* ou *champêtre, hoyau, pique, hache, doloire.*

Γαίω, s'enorgueillir, se glorifier, pour ἀγάω, ἀγάλλω, ou bien ὀργάω, ὀργή, orgueil, colère, fierté, ou bien encore de μέγα, μεγαιω, se grandir, se donner de grands airs, faire le grand.

Γάλα, ait, peut venir de γλάα, pour αγλάα ; mot à mot, *la belle, l'éclatante, la brillante, la blanche,* couleur en effet la plus éclatante ; ou bien est-ce αργάλα, de ἀργός, proprement la blanche : les Hébreux disent aussi *chalab*, lait, de *laban*, blanc.

Ou bien est-ce un abrégé de μεγαλακτος, de μεγαλασσω, verbe qui a pu signifier faire grandir, faire croître, élever, nourrir, ce qui est effectivement le rôle essentiel du lait.

On trouve le verbe μεγαλίζω, qui a pu fort bien exister avec le verbe μεγαλασσω, son synonyme.

Γαλέη, chat, belette, est un abrégé de εργαλέος, actif, leste, vif, rusé, ou de αργάλεος, nuisible, fâcheux, terrible : ce sont des animaux destructeurs autant que lestes et rusés.

Γαλήνη, sérénité, temps calme, de ἀγλάος, beau, éclatant ; mot à mot, *beau temps, temps clair*, γλαένη, ou de γελάω, rire. Nous disons en français ciel riant pour ciel serein.

Γάλλος, prêtre de Cybèle, est formé de ἀγάλλω, orner, parer, embellir, ou de ἀγαλλιάω, se réjouir, sauter, *exultare*, à cause des danses et des jeux particuliers à ces prêtres.

La signification d'eunuque, castré, vient aussi de ἀγάλλω : les individus qui subissent cette opération acquièrent généralement une beauté remarquable, en devenant un autre beau sexe. Le nom de Gaulois pourrait bien être synonyme de *beau*, à cause de la beauté physique de cette race.

Γάλοως, belle-sœur, peut-être de εργαλεω ou αργαλοω, être fâcheux, pénible, querelleur. La mauvaise humeur des belles-sœurs a formé un proverbe. Ou bien de αγαλλω, mot à mot, *la belle*; terme galant.

Γαμβρός, gendre, beau-père, beau-frère, pour γαμερος ; mot à mot, *celui qui se marie* ou bien *celui qui donne en mariage.* Dans le premier cas, c'est le gendre ; dans les deux autres, ce peut être le père ou le frère de la jeune épouse.

Γαμέω, se marier, vient de ἄγημα, conduite, action de mener, d'emmener en mariage ; en latin, *ducere uxorem*, se marier ; en français, prendre femme. Celui qui se marie prend, conduit, emmène sa femme, soit devant l'autel, soit dans sa maison. Peut-être aussi ce verbe est-il formé de ζυγήμα ou ζυγαμα, ζυγαμεω; mot à mot, être joint, accouplé, uni, comme maritus, de αμα αρω.

Γάνος, joie, éclat, blancheur, pour αργανος, de ἀργαίνω, blanchir. C'est proprement *blancheur, éclat, clarté,* joie, opposés à *sombre, noir, ténébreux,* synonymes de triste. A moins que l'on ne préfère y voir un abrégé de ραγανος, du verbe ῥαγῶ, rompre, *éclater;* mot à mot, *éclat, rupture :* la joie *éclate;* on *crève* de joie.

Γάρ, car, en effet, pour γε ἄρα.

Γαργαίρω, être plein, regorger, onomatopée tirée du bruit d'un gosier, qui est plein, engorgé. Quant au sens de lancer, vibrer, il dérive du premier, et s'est dit principalement de l'action de dégorger, vomir, émettre du gosier; celui de briller, que ce verbe affecte aussi, peut venir de γοργός, vif, brillant; Ou mieux de ἐκ et ἀργος, blanc, clair, ἐκαργαίρω.

Γαργαλίζω, chatouiller, paraît être une onomatopée tirée principalement du chatouillement du gosier, de la luette, du *gargarisme,* qui est une espèce de chatouillement.

Γάρον, saumure, sauce, assaisonnement, abrégé de μαγαρον, du verbe μάσσω, pétrir, hacher : c'est proprement un hachis ou farcis, et appartient à la même famille que μάγειρος, μακτήρ, μάγμα, etc.; peut-être aussi était-ce une sauce de Mégare, μεγαρον.

Γαστήρ, ventre, abrégé de εργαστηρ. Le ventre, ou plutôt l'estomac, est le *laboratoire* où se façonnent toutes les substances qui servent d'aliment au corps de l'animal; c'est donc l'*ouvrier* par excellence, εργαστήρ. L'épithète γαστερόχειρ, qu'on donne aux cyclopes, ne signifie autre chose que « aux mains ouvrières. »

Γαυλος, terrine, vase à traire, pour γυαλός, creux, capacité quelconque; γαῦλος, vaisseau marchand, sentine de navire, et γαυλίς, panier, corbeille, ont la même origine : ce sont des creux, des cavités; à moins que la première acception ne provienne de γάλα, lait, pour γαλαους; mot à mot, *laitière, vase à lait.*

Γαῦρος, superbe, altier, fier, est le même que ἀγαυρός, fier, superbe, du verbe αγάω pris en mauvaise part; ou peut-être aussi du verbe ὀργάω, ὀργή, colère, exaltation, emportement, orgueil, humeur irascible et hautaine; ou enfin μεγαυρος, *grands airs.*

Γαυσός, courbe, tortu, pour γυασός, de γυή, creux, cavité, courbure, ou concavité.

Γε, certes, du moins, donc. Cette particule est l'abrégé de ἄγε, impératif de ἄγω ; mot à mot, *va, va donc, allez donc, allons donc ;* en espagnol, *ea, vaya, vamos.*

Γεγωνέω, crier, élever la voix. Voyez Γοάω, crier, se lamenter ; au parf. γεγῶως, γεγῶνως.

Γείνομαι, être, naître, devenir. Ce verbe important est composé de la préposition ἐκ, ἐγ, devant εἶναι, être ou aller, venir ; ἐγεῖναι ; mot à mot, *devenir, être, venir de, provenir, naître, exister, ex isto* ou *ex sto, Venir au monde,* synonyme de naître. Cette plante *vient* dans les marais, pour naît dans les marais.

Γεῖσον, bord du toit, corniche, entablement, est un abrégé de τέγεσιον, de τεγός, ou de στέγος ; mot à mot, *couverture, toiture,* ou ληγείσον, de λήγω, finir, terminer : le bord, l'extrémité. Ou encore ζυγεσιον, de ζυγῶ, joindre, unir : l'entablement unit les colonnes.

Γείτων, voisin, probablement abrégé de ζυγειτων ou ζυγετιων ; mot à mot, joint, uni, de ζευγῶ, joindre.

Γελάω, rire, se réjouir, pour γαλέω, ou pour γλαέω, appartient à la même famille que γαλήνη, et ἀγλαός, sérénité, air *riant,* ciel *riant,* ciel serein, ciel beau, *gai, joyeux,* tout cela est synonyme. La beauté, le ris, la grâce et la joie vont toujours ensemble. Le ris peut être encore considéré comme un frémissement, un frissonnement du gosier, des muscles, de la poitrine et de la gorge. Rappelons que ceux qui meurent de froid meurent en riant. Frisson convulsif : la joie fait aussi frissonner, et alors ce verbe peut être un abrégé de ριγελάω, d'où le sens de *rides, ondulations.* Enfin γελάω peut appartenir à la même souche que γελλω, déployer, dérouler, révéler, dont on trouve des traces dans le composé ἀγγέλλω (ἀνα γελω), souche qui n'est autre que le sémitique גלה נלל, rouler, dérouler, déployer, découvrir (le gosier, la bouche, les lèvres), pour rire *à gorge déployée,* opposé à μύζω, rire du nez, sourire avec la bouche fermée.

Γέλγος, broutilles, marchandises de peu de valeur. On trouve γεργίθιος et γεργέριμος, avec des significations assez analogues, pour γέργος, du parf. 2 ἤγεργα, de ἀγείρω ; mot à mot, *tas, assemblage confus, ramassis,* ce qu'on ramasse à terre, ou de ἐκ λέγω, ramasser, cueillir : εγλεγος, γλεγος, γελγος, par métathèse.

Γάλγις, gousse d'ail, tête d'ail, ce qui *est ramassé, aggloméré, liasse,* corde d'aulx; réuni, ἀγείρω, ou ἐγλέγω, γλεγις, ηγεργις.

Γέμεω, être plein, contenir, porter, pour ἡγέμεω, formé de ἀγεμα ou ἡγεμα, *ce qu'on porte, port, transport ;* ἡγεμων, porteur, conducteur, par conséquent chargé. Ou bien ἐγ ἔμεω, vomir, rejeter, être plein, regorger, *dégorger,* de trop.

Γένυς, menton, mâchoire; tranchant, hache. Ce mot paraît n'être autre que γόνος, γῶνος, angle, coin : l'articulation des mâchoires forme un coin; le tranchant d'un instrument est précisément un coin plus ou moins aigu; la hache fait aussi un coin ou angle avec son manche, en hébreu *qof,* hache et courbe. Si l'on observe de plus que la mâchoire est une véritable articulation de l'inférieure avec les os du crâne, on pourrait lui assigner pour origine le verbe ζεύγνυω, *joindre,* abrégé. Ce serait alors, mot à mot, *la jonction* ou *jointure.* La *mâchoire* est encore la *génératrice,* γενω, de la barbe, et nous pourrions ajouter encore des dents ; les gencives, qui en font partie, reconnaissent aussi la même étymologie. Gingiva, de *gignere,* γένω.

Plusieurs mots peuvent être considérés aussi comme des abrégés de ζευγενυς, ζευγνυς, ζυγόνος, ζευγυνη, ζυγυνη, ζυγωνια, du verbe ζευγῶ, qui signifie *joindre, unir, réunir, conjoindre.*

1° Car la mâchoire est une véritable *jointure,* une *articulation* de l'inférieure avec la supérieure;

2° Le genou est encore une articulation ou jointure de la jambe avec la cuisse;

3° La femme est encore la *jointe* (*uxor, juxor, jungo*), la *conjointe,* la *réunie,* la *compagne* de l'homme;

4° Et enfin l'angle est formé par la *jonction,* la *réunion* de deux lignes qui se croisent.

Γέρανος, grue, vient du verbe ἀγείρω, rassembler. Cet oiseau est remarquable par l'habitude de voyager en troupes nombreuses et bien ordonnées.

Γέρας, prix, récompense, honneur, formé de ἀγείρω, ramasser, recueillir; *réunir* les votes, les suffrages, c'est remporter le prix ; car les juges ou arbitres étant ordinairement nombreux, il fallait *réunir* la majorité ou l'unanimité, faire en quelque sorte une quête des votes; ἀγείρω. A moins qu'on ne préfère rapporter ce mot à γέρων, vieillard, les honneurs, la vénération étant l'apanage de la vieillesse.

Γέρρον signifie une foule d'objets fabriqués avec de l'osier, et n'est par conséquent autre que l'abrégé de λυγέρερος, ou λυγ' αραρως, de λύγος, osier, ἄρω, ajuster, adapter. La vannerie est un *ajustement d'osier*. Voy. γυργαθος.

Γέρων, vieillard, sénateur, pour ἀγείρων; mot à mot, *celui qui rassemble réunit, convoque le peuple aux assemblées*. C'était le rôle des vieillards, des anciens, des sénateurs (*senes*), chez tous les peuples de l'antiquité. Ils rassemblaient le peuple, et se rassemblaient eux-mêmes en sénat, en synode, en tribunal, en conseil : dans leur rôle actif ou passif, leur étymologie est toujours ἀγείρω. Voyez aussi le mot γήρας. Ou bien c'est l'abrégé de λυγήρος; mot à mot, *semblable à l'osier*, c'est à dire *plié, courbé* comme lui; ou λογερων, mot à mot, *plus sage, plus raisonnable*. La vieillesse est l'âge de la sagesse.

Γεύω, goûter et faire goûter, éprouver, aprouver, variante du verbe ἡγέω ou ἡγέομαι, conduire, être le premier, commencer à, s'initier ou initier quelqu'un à.... Celui qui goûte une chose ne l'a pas encore éprouvée, et l'*aborde*, la connaît pour la première fois; de là le latin *probare*, et ses dérivés espagnol et français *probar* et *éprouver*, de προ βαω, *aller d'abord* ou *aller le premier*, traduction parfaite de ἡγέομαι, conduire, marcher le premier, *initier* ou *s'initier* à quelque chose. Ou de ἄγω, ἄγευω, estimer, apprécier, priser, évaluer, faire cas, avoir du plaisir, de l'agrément pour, à. Ou bien abrégé de λιγευω, dérivant de λίζω, ou bien de λείχω, qui signifient *effleurer* et *lécher*; et c'est effectivement ce qu'exécute la langue pour goûter et savourer.

Γέφυρα, pont, est un abrégé de ζυγήφορα, ou ζυγόφορα, et en retranchant la première syllabe, γοφυρα; porter un joug, ζυγός et φέρω. Un pont n'est en effet qu'un *joug* ou une *jonction* des deux bords opposés (car ζυγός signifie les deux choses), que l'on jette, que l'on impose à un fleuve. De cette dénomination si pittoresque sont venues les expressions grecques et latines, ζευγεῖν γέφυραν et *pontem jungere*, jeter un pont, qui confirment notre étymologie. C'était, chez les Grecs, les piles ou piliers qui soutenaient et portaient les planchers, les poutres, ζυγός, qui composaient le véritable pont, et qui n'étaient probablement pas fixes, comme cela eut lieu plus tard chez les Romains, qui, ayant inventé l'arc, purent construire des ponts en maçonnerie.

Il est remarquable que les Grecs n'aient laissé parmi leurs belles et nombreuses ruines aucune trace de pont, ce qui suppose qu'ils étaient en bois, et pour ainsi dire des ponts volants. L'exiguité des cours d'eau qui arrosaient leurs pays leur permettant d'ailleurs de les passer à gué. Γέφυρα était donc proprement chez eux un *porte-joug*, un *porte-plancher*, un *porte-poutre*, en un mot une pile.

Γηθέω, se réjouir, a la même origine que γάνος, joie, éclat, c'est-à-dire ἀργάω, être blanc, clair, joyeux, brillant, ou bien ῥαγῶ, ῥαγηθεις, briser, rompre, éclater, être rompu, brisé,. Nous disons en français *éclater* de joie, la joie *éclate*, *expansion* de joie.

Γῆρας, vieillesse. Si ce mot n'est pas de la même souche que γέρων, il doit venir de ἀγάω, admirer, vénérer, respecter ; ce serait alors αγῆρας, mot à mot, *la vénérable*, *l'auguste*, comme le latin *senectus*, de σεμνός, vénérable : c'est l'âge digne de respect et de vénération Ou bien est-ce un abrégé de λυγηρας, de λυγερος, triste, fâcheux, impertinent ? la vieillesse l'est en effet ; ou bien enfin abrégé de λυγηρός, courbé, plié (comme l'osier) sous le poids des années. Voy. γερων.

Γῆρυς, voix, son mélodieux, abrégé de λιγῆρυς ou λιγάρος, de λιγύς, clair, doux, mélodieux.

Γίγαρτον, pepin de raisin. Ce mot dérive probablement du parfait ou de l'aoriste attique du verbe ἀγείρω, ramasser ἀγήγεργα, ἠγήγαρον, d'où l'abrégé γήγαρτον, mot à mot, *le ramassé*, *l'amoncelé*, analogue à μάγμα, en latin *magma*, marc du raisin ou marc quelconque, formé de ἅμα ἄγω, ramasser, ou μάσσω, qui revient au même. On voit par tout cela que γίγαρτον signifie proprement marc de raisin, composé principalement des pepins de ce fruit.

Γίγας, géant, pour γῆ γας, du primitif γαω, naître ; mot à mot, *né de la terre* ; ou bien ce mot est-il une dénomination des premiers et plus anciens habitants d'un pays, des aborigènes, des autochtones, mot à mot, *fils du pays*, opposés aux colons, aux nouveaux venus ?

Ou bien de μεγιζω, grandir, être grand, parf. 2 μεγιγα, je suis accru, grandi, ou de μεγαζω, μεγαγας, puis μεγιγας, plus euphonique.

Γίγγρα, petite flûte, fifre, abrégé de λιγιγγρα, de λιγίζω, rendre un son aigre, aigu, λιγύς, aigu, aigre, perçant. Ou bien est-ce simplement une onomatopée tirée d'un son nasillard et guttural à la fois. Ou bien encore du verbe λύζω, sangloter ? C'était un son aigre et triste.

Γιγνώσκω, connaître, penser, juger, n'est qu'une forme allongée de εγνοεω, de ἐκ et νοέω, penser, juger, s'apercevoir, connaître. Voyez Νόος, esprit, intelligence.

Γλαυκός, azuré, bleu, pour γελαυκος, de γελάω, rire. C'est, proprement, *être riant*, être de la couleur d'un *ciel riant*, d'un ciel serein, c'est-à-dire bleu.

Γλάφω, creuser, tailler, ciseler, paraît être une simple variante de γνάπτω, γνάφω, en remplaçant ν par λ (lettres appartenant à la même touche), verbes qui signifient gratter, racler, carder. La gravure et la ciselure ne sont en effet que de véritables grattages sur des matières dures. Les Latins le comprenaient bien quand ils disaient *scalpo*, gratter, et *sculpo*, graver, verbes qui ne sont qu'une seule et même chose.

Γλεῦκος, moût, vin doux. Voyez Γλυκύς.

Γλήνη, prunelle de l'œil; rayon de miel; jeune fille; vient de γαλήνη, éclat, bril, ou γελάω : c'est la partie *brillante* de l'œil; c'est l'âge et le sexe *brillant, riant* et *beau*; la jeune fille légère, riante et folâtre.

Γλήχων, pouliot, herbe douce, pour γλεύχων. On en faisait une espèce de vin doux.

Γλῖνος, espèce d'orme ou d'érable, de γλία, glu.

Γλία, glu, pour ἕλια ou ἅλια, de ἅλω, qui *se prend*, ou de ἐκ ἕλω, qui *s'attache*, ou abrégé de ἐγ ou ἐκ et de λεία, prise, préhension; elle unit, colle, *prend, se prend*; γλεία, γλία.

Γλίσχρος, visqueux, gluant, pour ἁλισχρός, de ἁλισχώ; mot à mot, *qui se prend, qui s'attache à*. Le latin *viscum* vient de ἴσχω, tenir, adhérer à. Ou, mieux et plus directement, de γλια glu.

Γλίχομαι, désirer ardemment, a la même origine que γλίσχρος, et signifie, proprement, *s'attacher à, être épris de*. Le sens de s'engraisser dérive naturellement de celui d'être visqueux et gluant, comme tout ce qui suinte la graisse.

Γλοιός, visqueux, gluant, sale, pour γλιοός, de γλία, glu, viscosité, suint.

Γλουτός, fesse, cul, derrière. Ce mot paraît être une corruption de γυροτος, du verbe γυρόω, arrondir, devenu γορύτος, puis γρουτος; mot à mot, *l'arrondi*. C'est en effet la forme qu'affecte cette partie du corps.

Γλυκύς, doux, agréable; γλεῦκος. Cet adjectif paraît provenir de γαλουχος, qui a du lait, qui allaite, et contracté de γλουχος, γλυκυς; mot à mot, *laiteux, semblable au lait*. On sait que le lait est le symbole de tout ce qui est doux, suave, agréable.

Γλῶσσα, langue, pour γελάοσσα, vient du verbe γελάω, qui, outre la signification de rire, a aussi celle de onduler, vibrer : or, cet organe est précisément remarquable par cette propriété, à laquelle est due la formation de la parole, qui provient de la *vibration, agitation, ondulation*. Ou bien métathèse de λόγοσσα, de λόγος, parole ; mot à mot, *la parlante ;* ou bien λιγωσσα, dérivé de λείχω, lécher, aor. 2 ἔλιγον : c'est son rôle, en effet ; par métathèse γίλωσσα, puis γλώσσα.

Γλωχίς, pointe de flèche, pointe en général, paraît être une variante de γλῶσσα. La pointe des dards et des flèches, comme celle des piques et des lances, a toujours eu la forme d'une *langue*. C'est ainsi que nous disons encore *langue* de feu, *langue* de terre, pour exprimer la forme de ces objets, analogue à celle d'une langue, comme nous appelons *dents* les pointes alignées d'une scie ou celles d'une roue mécanique.

Γνάθος, joue, mâchoire. J'assignerais volontiers à ce mot la même origine qu'à γένυς, que nous avons vu plus haut, et qui a une acception analogue, mais je trouve sur la route le verbe γανάω, qui signifie briller, réjouir, charmer, embellir, qui a dû former le substantif γανάθος, de la même manière que notre français *joue* l'a été par les verbes jouer, jouir. Cette partie de la face est effectivement le siége de la joie, de l'agrément, de l'enjouement, de la beauté, de la jouissance ; c'est sur elle que l'on dépose les doux baisers, origine de tant de *jouissances*.

Γνάφος, ténèbres, obscurité. Voyez Κνέφας et Νέφος. C'est le ciel obscurci par les *nuages*.

Γοάω, gémir, pleurer, est un abrégé de λοιγοάω ou λυγοάω, être triste, affligé, où de λίγοαω, de λιγύς, rendre un son aigu, faible, mince comme le gémissement, ou bien dérivé de λύζω, gémir, sangloter, ou enfin abrégé de ραγοαω, ῥαγόεις, proprement se rompre, *éclater*, crever ; en latin et en espagnol, *prorumpo, éclater,* se *rompre* en cris ou en larmes.

Γόγγρος, congre, pour γόγγυλος, rond, à cause de sa forme cylindrique. Ou bien de γογγύζω, à cause de certain bruit qu'il rend.

Γογγύζω, gronder, murmurer, paraît être une onomatopée tirée du son du gosier.

Γόης, enchanteur, séducteur, abrégé de μαγόης, de μάγος, mage, magicien, ou bien de γοάω, gémir, se lamenter, à cause du ton plaintif et larmoyant des Pythonisses sibylles et ventriloques.

Γόμφος, clou, cheville, peut être un composé de ζύγω, joindre, unir, et ἅπτω, attacher, suspendre : le clou et la cheville servent à ces deux usages, ou bien de κόπτω, battre, frapper : ils n'entrent qu'à force de coups.

Remarquez que γόμφος a pour synonyme βλῆτρον, de βάλλω, frapper, battre.

Γόνυ, genou, articulation, courbure, pour γωνυ, génitif, γώνατος ; mot à mot, *angle, anguleux ;* ou peut-être de ζεύγνυω, joindre : jointure, nœud, articulation, comme celles des tiges des plantes, pour ζευγόνυ.

Γοργός, prompt, vif, actif, de εγ ἔργω, agir, travailler, être actif, parfait ἔοργα, ou bien de εγ εἴργω, presser, pousser, γεργός, pressé, hâtif, devenu γοργός ; car on trouve aussi γεργέριμος, olive qui tombe à terre par sa maturité précoce, c'est-à-dire olive, *hâtive, pressée.*

Γοργύρα, aqueduc, prison, cachot, pour γεργύρα, de εἴργω, enfermer, emprisonner, avec l'addition de ἐκ εγ, ou le γ au lieu de l'esprit rude.

Γραῖα, vieille femme, pour γεραια, de γέρων.

Γραικός, ancien nom des Grecs, remis en usage dans les temps modernes. Ce nom n'est qu'une syncope de αγεραικός, du verbe ἀγείρω, réunir, rassembler ; c'est un synonyme de Ἕλληνες, Hellènes ; mot à mot, *les rassemblés, les réunis, les fédérés,* de ἕλω, prendre, comprendre, unir, réunir. On sait que les Grecs formaient une association, une confédération, une ligue, sous le nom d'Amphictyons.

Γραικός pourrait cependant être aussi un simple adjectif, signifiant les anciens, les vieux, les primitifs, de γραῖος, vieux, ancien, faisant allusion aux peuples primitifs de la Grèce, soit avant l'arrivée des Pélasges, soit avant la confédération.

Γράσος, odeur de bouc ou des aisselles, pour γεράτος, de γεραιός, γεράζω, ou γεραω, vieillir, odeur *vieille,* odeur à *rance.* Rance et *vieux* sont synonymes : c'est l'odeur des *vieux* boucs.

Γράφω, écrire, dessiner, peindre, est le même que γλάφω, graver, creuser. L'écriture, dans son origine, n'était que la gravure, au moyen d'un poinçon, sur l'argile, le bois, les métaux, la pierre, sur la cire ou quelque autre matière ; le papier ne fut employé que plus tard. Γνάπτω ou κνάπτω est la souche de l'un et de l'autre, ou plutôt tous ne sont que le même verbe différemment prononcé.

Γράω, γραίνω, manger, ronger, dévorer, vient peut-être de ἄγρα, chasse, proie, butin. C'est proprement *chasser, butiner, dévorer une proie,* ou bien est-ce γυραω, *rouler*, *retourner*, *ruminer*, comme certains animaux, la nourriture de l'estomac à la bouche?

Γρίπος, rets, filets, vient de ἐκ ῥίπτω, jeter, lancer. C'est la manière de se servir de ces appareils, qu'on *jette*, qu'on *lance*. En français même nous ne disons pas mettre, poser, placer les filets, mais bien *jeter* les filets. C'est par la même raison que δίκτυον, synonyme du mot que nous analysons, vient de δίκω, qui signifie aussi *jeter*, *lancer*.

Γρόνθος, poing fermé, bouffissure, enflure, pour γυρόνθος ou γυρόθος, de γυρόω, arrondir : c'est, mot à mot, *poing arrondi*, tout objet qui affecte plus ou moins cette forme sphérique, comme le bout saillant d'une poutre, d'une pierre, une tumeur, un bouton.

Γρόσφος, sorte de javelot pour la chasse, de ἄγρα, chasse, αγρόσφος.

Γρύ, onomatopée tirée du grognement du cochon; par extension, *rien*, *mot*, surtout dans le sens de parler, comme qui dirait : « Il ne m'a répondu ni un *grognement*, ni un γρύ, ni un son, ni un mot. » On peut aussi penser que ce monosyllabe n'est que le mot γῆρυς, son, voix, qui a formé γερύω, rendre un son; ce qui ferait rentrer ce mot dans le cercle des locutions ordinaires et naturelles.

Γρύλλος, grillon, de γηρύω, γηρυλλος; mot à mot, *chanteur*, *retentissant*, *sonore*. D'où peut être le latin *garrulus*.

Γρυπός, nez courbé, crochu, pour γυπρός, de γύψ, vautour. Nez semblable au bec du vautour, comme *aquilin* semblable au bec de l'aigle.

Γρῶνος, creux, de γυρόω; mot à mot, *arrondi*, *courbe*.

Γυία, champ, arpent, abrégé de εργυία, travaillée, labourée, façonnée (sous-entendu terre). Mais arpent est la même chose que *extension*, *étendue* (de terre), et sous ce rapport ce peut être un abrégé de ορεγυια, de ὀρέγω, s'étendre, étendre.

Γυῖον, membre, partie proéminente, qui *s'étend*, qui *s'allonge* du tronc, pour ορεγυῖον, de ὀρέγω, s'étendre, s'allonger, de la même famille que ὀργυιά, brasse, c'est-à-dire *extension* des bras. Les membres servent aussi à l'action et à la locomotion, et par conséquent γυῖον pourrait bien aussi devoir sa formation aux verbes ἔργω et ἄγω, faire, conduire, agir, travailler, manier, pousser, mener, mouvoir, abrégés de εργυιον, αγυιον.

Γυμνός, nu, découvert. Ce mot doit probablement être un abrégé de οιγνυμενος, participe de οἴγνυμι, ouvrir, devenu γνύμενος, et par transposition de lettres γύμενός, γυμνός, mot à mot, *ouvert, découvert, mis au jour, à la vue, à l'air*, et par conséquent nu. Remarquez l'analogie de son et de signification du français ouvrir, découvrir, et celle du latin *aperio* et *operio*. Peut être aussi du parf. passif de ἐρύκω, ou ἔρυω, ἠρυγμενος, et en retranchant la première syllabe, υγμενος, puis γυμενός; mot à mot, *tiré, retiré, sorti de*, comme l'idée contraire, habillé, ἐνδύω, mis dans, dedans.

L'habit, surtout dans l'antiquité, où il consistait principalement dans la tunique ou d'autres pièces d'une ampleur égale, ne se mettait pas; c'était plutôt lui qui recevait le corps, qui s'y mettait, s'y *introduisait*, s'y *induisait*; ἐνδύω, revêtir, c'est-à-dire *introduire*, d'où son opposé ερυγμενος, le nu, c'est-à-dire *le retiré*, le sorti, *l'extrait*.

Γυνή, femme, pour γονή, la productrice, celle qui enfante et met au monde, principal agent et instrument de la génération. Peut-être aussi pour γυμνή, *la nue*, à cause de l'absence chez elle des poils qui couvrent chez l'homme plusieurs parties du corps.

La forme extraordinaire du génitif γυναικός paraît être l'adjectif γοναικος ou γονακιος, dérivé de γονή, génération, procréation, enfantement; mot à mot, *la procréante, génératrice, productrice*, ce qui est le rôle essentiel de la femme.

Γύργαθος, corbeille d'osier, formé de λύγω ἐργαθεις; mot à mot, *fabriqué d'osier*.

Γῦρις, fleur de farine, pour αγύρις. Elle se rassemble et s'amoncelle sous le tamis, ou sur les poutres et le plafond des moulins. Peut-être aussi pour ἀργυρίς, à cause de sa blancheur de l'argent mat.

Γῦρος, rond, cercle, pour αγύρος, du verbe αγυρέω, ramasser, rassembler. La forme *ramassée, englobée*, sphérique, est en effet la forme *ronde*, qui est aussi la plus simple, la plus abrégée, la plus réduite, que prend la matière. Quand nous voulons ramasser et réduire à son plus petit volume une matière susceptible de l'être, nous la roulons entre les deux mains, nous en faisons une masse parfaitement ronde, une boule; de là la synonymie entre englober et ramasser : une forme ramassée est une forme qui tend à la forme d'un globe, d'une boule; le mot *globus* vient de εκλαβω, prendre, ramasser. A moins que l'on ne préfère voir dans ce mot grec le sémitique גור, circuler, tourner.

Γύψ, vautour, oiseau remarquable par les grands cercles qu'il décrit en volant, tient au verbe κύπτω, courber, tourner, comme le latin *vultur* ou *voltur*, de *volvo*; l'oiseau *tournoyant*.

Γύψος, gypse, plâtre, vient de κύπτω, courber, s'arrondir. Le sulfate de chaux anhydre a la propriété de se *gonfler* en se *courbant* par l'absorption de l'eau; or, pour se gonfler, il faut nécessairement se rendre *courbe*, *s'arrondir*. La chaux a la même propriété.

Γωνία, coin, angle, pour αγωνία, de ἄγω, rompre, briser : un angle est une ligne *brisée*, une véritable *brisure*. Ou bien encore abrégé de πλεγωνια, de πέπλεγως, parf. 2 de πλέκω, plier ; mot à mot, *plie, pli, plissement, pliement*.

Γωρυτός, carquois, pour γυρωτός, de γυρόω, arrondir. Le carquois était *cylindrique*, ou plutôt un véritable *cylindre*; c'était aussi un rassemblement, une collection, un amas de flèches; αγυρωτός, ramassis, rassemblement; ἀγείρω.

Δ

Δα, particule augmentative qui s'ajoute aux adjectifs, vient du verbe ἄδω, rassasier, comme l'adverbe ἀδῆν, abondamment, beaucoup. Elle signifie donc proprement assez, en latin *satis*, d'où *satiare*. On sait que *satis* et *assez* sont très-souvent synonymes de *très, beaucoup, fortement, grandement*. « Les affaires vont assez mal » pour « vont fort mal; » « le cas est assez extraordinaire » pour « fort extraordinaire. »

Δαγύς, poupée de cire, ornement de femme, peut-être pour λαγύς, de λαγνύς, λαγνής, λάγαρος, mou, flasque, vide, ou, mieux encore, ornement de cristal, gypse ou corail, de ὑδ, eau, et αγω, produire, amener : toutes ces matières sont en effet un produit de l'eau, ou par son moyen. L'ornement de cire imita plus tard assez bien ces produits pierreux, dont l'aspect rappelle effectivement celui de la cire, lorsqu'ils sont blancs et opaques.

Δᾷδιξ, mesure de six chénices, ou huitième partie du médimne, peut être l'abrégé de ογδαδιξ : ὄγδους, huitième, de la même manière que τριτεύς, ἑκτεύς, *troisième* et *sixième* partie de la médimne.

Δαήρ, beau-frère, abrégé de κηδαηρ, de κηδάω, ou κηδεύω, s'allier par mariage d'un parent, devenir parent.

Δαίδαλος, artiste, habile, savant, vient de δαίω, savoir, apprendre, être instruit.

Δαίμων, esprit, divinité, génie, sort, de δαίω, apprendre, enseigner, instruire, inspirer. C'est le rôle des génies et des divinités. Ce mot peut aussi être le même que δαήμων, habile, savant : c'était des esprits, les anges de la religion païenne. Le sens de sort, destin, provient de δαίω, partager, distribuer.

Δαίω, apprendre, brûler, diviser, donner un festin. Ce verbe, qui présente des acceptions en apparence si diverses, est peut-être une simple transposition de διαω, δια εω, ou δι δις, deux, deux fois; mot à mot, *dualiser, biner, faire deux*: quiconque divise fait deux objets d'un. Le latin *divido* est aussi une métathèse de δυίδω ou bien *dia vado*, aller au travers, pénétrer, et par conséquent trancher, couper, diviser. Or, on connaît le rapport intime qu'ont dans un grand nombre de langues l'idée de pénétrer et celle d'apprendre. Un esprit *pénétrant*, en latin *acutus*, en espagnol *agudo*, est un esprit éminemment propre à apprendre, à comprendre, et c'est pour cela que l'idée contraire s'exprime par l'adjectif *obtus*, ἀμβλύς, antithèse de pénétrant, perçant. Mais δαίω, diviser, pourrait aussi être tout simplement un abrégé de σχιδαω, σχιδαιω, fendre, de σχίζω, fendre, diviser, partager, séparer.

Le sens de brûler revient à celui de pénétrer; car le caractère principal du feu est de *pénétrer* toutes les matières, le calorique est le fluide *pénétrant* par excellence.

Donner un festin n'est proprement que *distribuer, partager, diviser* la nourriture entre plusieurs.

Si l'on n'est point satisfait des explications qui précèdent, on peut assigner une étymologie distincte à chacune des trois significations.

Δαίω, apprendre, sera ιδαιω ou ειδαιω, voir, avoir l'idée de quelque chose (ἰδέα), la connaître, la savoir.

Δαίω, brûler, sera ἐδαιω, de ἔδω, manger, consumer : c'est le rôle principal du feu.

Δαίω, donner à manger, sera aussi ἐδαιω, manger, faire manger, donner à manger.

Δάκνω, mordre, pour οδακνω, de ὀδών, dent, instrument de la morsure, ou simplement de δαίζω, δάζω, couper, diviser, trancher. Δάκνω et δαίζω ont leurs autres temps presque identiques, ce qui paraît confirmer qu'ils sont de la même famille. Mordre n'est d'ailleurs que *diviser, couper*.

Δάκρυ, larmes, vient de δάκνω, peut-être primitivement δάκνυ, et par euphonie δάκρυ. La larme est un liquide mordant et corrosif.

Δάκτυλος, doigt, vient de δαίω, δάζω, diviser, partager; mot à mot, *petite division*: δακτός, divisé. Les doigts sont des divisions des mains et des pieds, subdivisées elles-mêmes en phalanges. Nous appelons ces membres *bifides*, *trifides*, etc., selon qu'ils ont deux, trois ou plusieurs doigts, chez quelques animaux.

Δάκτυλος, pied de vers, composé de trois syllabes, parties ou phalanges, *comme le doigt*.

Δαμάω, dompter, subjuguer. Ce verbe, qui a pu être dans l'origine δούμαω, ou bien δωμάω, est formé probablement de ἕδος, sol, terre, base, bas. C'est proprement *jeter à terre*, *terrasser*; *jeter à bas*, *abattre*.

Δάνος, prêt à intérêt, profit, usure. Ce mot est évidemment un abrégé de κερδανος, du verbe κερδαίνω, qui signifie *profiter*, *utiliser*, *gagner*. J'appelle toute l'attention du lecteur sur cet exemple si évident de l'apocope ou retranchement initial d'une syllabe, que nous verrons si souvent employée.

Δαπανάω, dépenser, prodiguer, est un dérivé de δάπτω, manger, consumer. En francais aussi, *manger* sa fortune est synonyme de *dépenser* sa fortune; *dévorer* son patrimoine, consumer ses biens.

Δάπεδον, sol, aire, plancher, pour ἑδαπεδον, de ἕδος, terre, sol, et πέδον, même signification, de la même famille que ἑδαφός, sol, plancher. Peut-être ce mot fut-il dans l'origine ἑδόπεδον, δόπεδον. On pourrait aussi le supposer une abréviation de κατάπεδον, τάπεδον, de la même famille que τάπης, et même δάπις, tapis que l'on étend sur le sol; κατὰ πέδον, mot à mot, *par terre*.

Δάπτω, manger, dévorer. Ce verbe, qui paraît radical au premier abord, n'est peut-être que ἑδαπτω, variante de ἕδω, manger, ou ὁδαπτω, de ὁδούς, dent, ἅπτω, saisir, prendre entre ses dents, mordre, mâcher, ou bien πτω, comme simple terminaison verbale très-usitée en grec.

Δαρθάνω, sommeiller, dormir, vient de ἕδραω, être assis, couché, asseoir, coucher. *Aller se coucher*, c'est *aller dormir* : c'est la position naturelle pour dormir. Son synonyme κοιμάω vient aussi de κεῖμαι, se coucher, s'étendre

Δασπλῆς ou δυσπλής, terrible, affreux, de δα πλήσσω et δυς πελάζω, ou πλήσσω; mot à mot, *frappant, foudroyant,* ou qui est dur, pénible, fâcheux, ou bien δεος πλεος, *rempli de crainte.* Ou enfin abrégé de ειδα πλησσω, *qui frappe la vue.*

Δασύς, dru, épais, velu, pour λασύς, de λάσιος, même signification.

Δάφνη, laurier, vient de ὀδωδή, odeur, et ἀφείναι, envoyer, émettre, exhaler; οδωδάφνεη, δαφενη. Le camélia, le camphrier, le benjoin et même le laurier commun, qui tous forment cette famille de plantes si remarquable, justifient parfaitement cette dénomination.

Δαψιλής, prodigue, dépensier, de δάπτω, δαπανάω, dépenser, prodiguer.

Δέ, mais, or, cependant, n'est autre chose que l'impératif ἴδε, vois, regarde : c'est notre français vois ci, vois là, voilà que; en latin, *ecce,* voici, voilà.

Δείδω, craindre, redouter. Ce verbe peut venir de εἴδω, avec le redoublement attique ιδειδω, voir, considérer, révérer, craindre, comme *respect* vient de *respicio; égard,* son synonyme, pour *regard,* attention : avoir mille *attentions* pour quelqu'un; admirer, c'est *mirer,* c'est-à-dire regarder. Nous disons en français « y regarder à deux fois, » pour redouter, craindre; en espagnol, *mirarse mucho* a la même signification. La *circonspection* est encore un *regard autour* (*circum spicio*). On voit donc que les idées de crainte et de regard ont entre elles un rapport intime.

Mais par une antithèse remarquable, l'idée contraire, c'est-à-dire *ne pas regarder,* est aussi un synonyme de craindre. La crainte, le respect, refusent de lever les yeux, n'osent soutenir les regards; et alors δειδω peut aussi n'être autre que ούδ εἴδω, ne pas regarder. On sait d'ailleurs combien le trouble et la confusion qui accompagnent la crainte nous ôtent la faculté de voir.

Dans un autre ordre d'idées, on pourrait regarder δείδω comme dérivé de δέω, manquer, faillir, défaillir. La crainte est une *défaillance* du cœur. La crainte nous fait *défaillir*. La *constance,* la *persistance,* la *résistance* constituent les vertus contraires, le courage, la valeur : ἰσχύς, ἰσχυρός, courage, courageux; ἴσχω, résister, tenir, rester.

Δεικνύω, montrer, faire voir, pour ιδεικω, de εἴδω, voir.

Δείλη, soir, l'après-dîner, pour διέλη, διά ἕλη; mot à mot, pendant la chaleur, parce que c'est l'heure de la plus forte chaleur, ou, si l'on aime mieux, de l'aor. 2 de διαιρεω; mot à mot, *la division du jour, la moitié du jour;* en un mot, le *midi : media dies, meridies.* Nous disons faire la *méridienne*, en espagnol, *dormir* la *sieste* : c'est proprement la *partie* du jour qui commence à midi ; la seconde *moitié*, le soir. Si l'on veut que ειλη soit le tour du soleil, ειλέω, tourner, ce sera la *moitié du tour*, δί-ειλέω.

Δειλός, craintif, timide. Voyez Δέω, craindre.

Δεινά, un, quelqu'un, un tel, peut-être pour διά ἕνα, *par un, par unités*, un *individu*, un particulier ; ou bien encore du verbe διεῖναι, passer, traverser ; mot à mot, un *passant*, le premier *venu*.

Δεινός, grand, terrible, habile ; mot à mot, *redoutable*, de δέω craindre, redouter. La signification de habile peut venir de εἴδω, savoir.

Δεῖπνον, souper, festin, repas quelconque. Ce mot peut être une altération de ἐδειμένον, participe de ἔδομαι, devenu δειμνόν, et prononcé δεῖπνον ; mot à mot, *le manger, le repas* ; en espagnol, *comida*, mangeaille, et signifie à la fois aussi repas.

Ou bien de δαίνυμαι, participe δαίνυμενον, ou δαιμενον, δαιμνον, δεῖπνον ; mot à mot, *division, partage, distribution*, d'où festin, repas de plusieurs personnes. Ou enfin, pour εδεπινον, εδω πίνω, boire et manger.

Δεῖσα, fumier, ordure, peut venir de ἄδω, rassasier, dégoûter, répugner : rien de plus dégoûtant que l'ordure, ou bien encore être une simple abréviation de ὁδωδεῖσα, mot à mot, *puante*, masse *puante* ; ὁδωδα, de ὄζω.

Δέκα, dix, n'est probablement autre que δίκα, de δίχα, deux fois, ou de δισσός, double. C'est la réunion des doigts des *deux mains*, ou la dizaine, ou la main mise *deux fois* en jeu, ou *deux fois* cinq : l'homme primitif n'a eu que ces deux moyens de compter dix ; ou bien encore pour δακα, de δαίω, δάω, diviser : c'est le nombre que la nature nous a fourni comme type de la division, le générateur du système décimal ; δάκτυλος, doigt, petite division, partie intégrante de la dizaine ; Ou enfin pour δεικα, de δείκω, montrer, enseigner. C'est par l'union des deux mains qu'on *démontra*, qu'on *montra*, qu'on *enseigna* l'art de compter, dont la base et l'instrument était le nombre des dix doigts, résultant de la réunion des deux mains, en un mot le système *décimal*.

Δέλεαρ, amorce, appâts, abrégé de ἐιδελεαρ, du verbe εἰδάλλω, εἰδάλλομαι, *ressembler à*, avoir l'*apparence de*. L'amorce est en général un objet *figuré*, une ressemblance, une représentation de choses qui ne sont pas ou qui sont de différente manière. Ou bien de κίβδηλος, faux et de ἄρω, *disposer, préparer* une *fausseté*, un *mensonge;* ou ψεῦδος, ψευδελεαρ. Ce mot pourrait bien aussi avoir été δόλοαρ, composé de δόλος, et de ἄρω, ἀιρῶ, prendre, ou ἄρω, disposer, et signifierait rigoureusement *prenant par ruse,* qui *prend par ruse,* ou préparer un dol, une ruse. En latin *deceptio,* de *capio,* prendre, *attraper,* comme nous disons même en français.

Δέλφαξ, cochon de lait, qui sort à peine de la *matrice,* du mot δελφύς, matrice, ou qui est contenu dans la matrice.

Δελφίν, dauphin, cétacé, mammifère; pourvu en effet d'une matrice, δελφύς, et presque le seul cétacé que connurent les Grecs dans les mers de leur pays.

Δελφύς, matrice. Nous croyons voir dans ce mot un composé de ὑδος, eau, et λείβω, verser, au parfait λέλειφα, ὑδελειφος, en abrégeant δελφος ou δελφύς, ou, si l'on aime mieux, du parfait de λαβω, contenir, recevoir. Ce serait donc proprement un *verse-eau* (verseau), ou un *contient-eau,* une *outre,* comme en latin *uterus,* de ὑδερυς, une outre, et la matrice, l'utérus.

Δέμας, corps, de δέμω, construire, composer : le corps est une composition, une organisation, une construction; ou de δέω, lier, assembler, unir, ce qui revient à peu près au même. Une corporation, un corps d'armée, ne sont que des unions, *assemblages,* ou bien des *compositions,* idées qui sont au fond les mêmes, car *cum-ponere,* poser ensemble, avec, n'est autre chose que assembler, réunir, faire un corps.

On peut aussi faire venir ce mot de εἴδεμα, mot à mot, *figure, forme, ressemblance;* d'où le sens de *comme, suivant, selon,* qu'il a quelquefois.

Δέμνιον, lit, pour ἐδέμνιον, de ἕζω, asseoir, coucher; c'est, mot à mot, une couche, un reposoir, un *lit de repos,* où les anciens s'asseyaient ou se couchaient. Ou si l'on aime mieux un abrégé de κρηδεμνιον, proprement *les bandes, les sangles,* sur lesquelles on les suspendait, un lit de sangle, suspendu sur des bandes de cuir ou autre matière, comme nos lits de sangles et nos voitures.

Δέμω, bâtir, construire, n'est autre chose qu'un dérivé de ἕζω ou ἵζω, asseoir, poser, établir, baser, bâtir, ἕδεμα. Le latin *struo* vient de στέρευω, poser, fixer, établir solidement.

Δένδρον, arbre. Je suppose que ce mot n'est autre chose qu'un vieil adjectif, inusité comme tel, et tiré de δην, longtemps, δήνερον, δένρον, par euphonie δένδρον, comme ανδρός, pour ανέρος. C'est précisément leur longue durée qui caractérise les arbres, et qui les distingue des autres végétaux plus ou moins herbacés, dont l'existence est éphémère.

Peut être aussi est-ce un abrégé de λεπιδενδυρον, revêtu d'écorce, ἐνδύω et λέπις. Les arbres se distinguent aussi par leur écorce épaisse et raboteuse, que n'ont pas les herbacés.

Δέννος, injure, insulte, pour δεινος ; mot à mot, *atrocité, énormité, violence*. On dit en grec δεινά πάσχειν, souffrir des indignités ; δεινά ποιεῖν, traiter indignement, atrocement, violemment.

Δεξιά, main droite, vient de δείκω, δείκνυμι, montrer, ou bien de δέχομαι, prendre. Ces deux fonctions, surtout la première, appartiennent à la main droite. Les Latins appellent *index*, qui montre, indicateur, un des doigts qui sert aussi à cet usage.

Ou bien δεξιά est-il le côté où se *montre*, où *paraît* le jour, le Levant? Δείκω, montrer ; où paraît la lumière.

Δέπας, vase, tasse, écuelle, est le même que λεπάς, patelle, espèce de coquillage univalve qui est une véritable tasse, et qui a dû être en usage comme tel dès la plus haute antiquité.

Δέρας, cuir, peau, du suivant.

Δέρω, écorcher. Ce verbe n'est qu'un abrégé de λεπιδαείρω, composé de λεπίς, écorce, et ἀείρω, enlever. Comme le français *écorcher* n'est autre que *écorcer*, de écorce, et *peler* du latin *pellis*, l'attique δαίρω vient à l'appui de cette étymologie. A moins que ce ne soit ὑδέρω, mot à mot, *mouiller, tremper dans l'eau, échauder*, pour détacher la peau. On sait que les peaux se tannent au moyen de la macération prolongée, de la trempe. Ou λεπιδαίρω, variante de λεπίζω, comme en français de *peau, peler, d'écorce, écorcher*.

Δέρη ou δειρα, cou, colline, vient de ὁδερη, ὁδειρα, chemin, voie, conduit, passage, de ὁδέω ou ὁδεύω. Le cou n'est en effet qu'un *passage*, une *voie*, de la nourriture chez les animaux ; des liquides dans les vases qui en sont pourvus, et des voyageurs dans les montagnes qui se traversent par les *cols* et par les *gorges* ; d'où le nom de cols que l'on donne encore à ces passages. Le *collum* des Latins vient peut-être aussi de *colare*, passer, faire passer.

Δέρκω, regarder, avoir le regard vif, reconnaît pour matrice εἴδω, voir, ou εἶδος, vue, et ἐρείκω, battre, heurter; ou ἐρείκως, parfait de ἐρείδω, appuyer, soutenir, fixer. Ou bien εἶδος ἀργός, vue claire, vive, perçante.

Δεσπόζω, dominer, subjuguer, n'est autre chose que δεσμόζω, lier, enchaîner, subjuguer, se rendre maître, obliger, de *obligare*. Les liens, les chaînes ont toujours été l'instrument du despotisme et de l'esclavage, qui en est la conséquence.

Le maître est celui *qui lie;* l'esclave celui qui *est lié*, δοῦλος, pour δέολος, mot à mot, *lié, attaché;* ou bien est-ce une métathèse de ποδεζω, comme en latin *possideo*, composé de ποδ, pied, et ἕζω, asseoir ? *poser le pied, asseoir le pied;* image de la domination.

Δεῦκος, douceur, moût, pour ἠδευκος, de ἠδέυω; mot à mot, adouci, adoucissant, doux, comme le moût des raisins.

Δεῦκος, doux, pourrait encore être regardé comme le participe parfait du verbe δεύω, mouiller, détremper, arroser, ce qui nous donnerait la signification propre de *détrempant, mouillant, humectant*. L'eau, en effet, est un des principaux agents du *ramollissement*, et par conséquent de l'*adoucissement*. C'est par l'eau que la terre à labourer et une infinité de matières, sans en excepter les rochers eux-mêmes, se *mouillent, amollissent* (remarquez l'homophonie française de ces deux verbes, qui n'en font réellement qu'un seul), adoucissent, sont rendus suaves, maniables, tendres, mous.

La qualité contraire, c'est-à-dire le *sec*, l'aride, l'austère, est *dur*, raide, âpre, rude, résistant, tenace.

Δεῦτε, ici, en ce lieu, jusqu'ici. Cet adverbe difficile, s'il n'est pas une abréviation de σχεδευτε, venant du verbe σχεδευω, être proche, approcher, mot à mot, *approchez ci-près, ci-proche*, pourrait appartenir au verbe ὁδεύω, marcher; ὁδευτε, venez, marchez, cheminez; ὁδεῦρω ou ὁδεῦρι, mot à mot, *chemin de, direction de*. Nous disons « marche, viens, » pour *ici*. Δεῦρο serait aussi une simple abréviation de σχεδευρος, comparatif de σχεδον, près, proche, signifiant, mot à mot, *plus près, plus proche*.

Δεύτερος, second, vient naturellement de δύο, deux.

Δεύω, mouiller, tremper, arroser, pour ὑδευω, rendre aqueux, verser de l'eau, ὕδωρ. Voyez aussi son synonyme Ἀρδεύω. Ou bien encore de ἠδευω, adoucir, amollir. Le français amollir est le même que mouiller, car mouiller fait amollir, rendre mou, tendre, au moyen de l'eau.

Δέρω ou δεψέω, corroyer, tanner, est formé de λεπιδ, λεπ'ς, écorce, peau, et ἕψω, cuire, ou ὑδ, eau, ὑδεψω, cuire à l'eau, macérer dans l'eau. Les anciens employaient probablement la cuisson comme moyen de tannage. Aujourd'hui même le tannage est précédé, dans nos manufactures, d'une espèce de cuisson par la chaux vive, ou par les acides. On connaît aussi les nombreux usages du cuir bouilli. Si l'on remarque en outre que δέψω se prononce de la même manière que δεύω, mouiller, tremper, on pourra croire que ces deux verbes ne sont qu'une seule et même chose, de même que les opérations de tremper, de macérer dans l'eau et de tanner.

Δέχομαι, recevoir, attendre, soutenir, tenir. Il est probable que ce verbe a été primitivement διέχομαι, mot à mot, *tenir par, tenir de*; et de là les significations de *recevoir*, c'est-à-dire *tenir de* quelqu'un ou *par* quelqu'un; *prendre*, c'est-à-dire *tenir par, tenir entre, retenir*; *attendre*, c'est-à-dire *tenir pendant, durant, tenir bon, tenir ferme*, en latin *sustinere*.

Ou mieux encore δεχομαι pour λεχομαι (on sait que *l* et *d* se substituent mutuellement dans presque toutes les langues), de λέγω. prendre, se saisir, cueillir, tenir, parf. εἴλεχα, d'où λεχω, qui n'est lui-même que le sémitique *laqach*.

Δέω, lier, manquer, prier. Dans sa première acception, ce verbe n'est qu'une abréviation de πεδέω, entraver les pieds, et plus généralement empêcher, lier, attacher; πεδή, entrave, empêchement, lien.

Le sens de manquer vient évidemment de οὐδέ, rien, non, sans, manque, absence, défaut; et de cette même acception découle naturellement celle de prier; car le *manque*, le *besoin*, la *misère* sont la source et la cause de la *demande*, de la *prière*, de la *pétition*. On ne *demande* que les choses dont on *manque*, dont on a *besoin*.

Δή, certes, donc, or, enfin, déjà, n'est que l'abréviation de ἴδη, seconde personne du subjonctif moyen de εἴδω, voir, regarder; mot à mot, *vois, voyez, voici, voilà, voilà que, vu que*, expressions usitées même en français, et qui reviennent à celles de or, donc, certes, puisque. « Il arrive déjà » peut parfaitement se rendre par « voici qu'il arrive. »

Δηλέω, être fourbe, tromper, corrompre, pervertir. Ce verbe est un abrégé de κιβδηλέω, de κίβδηλος, faux, fourbe. *Fausser* est en effet synonyme de tromper, de corrompre, de pervertir, de détruire.

Ou mieux encore de ψευδηλεω, ou ψευδαλεω, formés de ψευδηλος, fourbe.

Δῆλος, clair, évident, pour εἰδηλος, de εἴδω, voir; mot à mot, *visible*.

Δῆμος, peuple, ou plutôt bas peuple. Ce mot paraît venir de δαμάω, dompter, subjuguer, fouler, asservir. C'est la partie *domptée*, *subjuguée*, *conquise*, *vaincue*; en un mot, la foule *taillable* et *corvéable*.

On pourrait encore voir ici le verbe πεδάω, entraver, lier, enchaîner, d'où πηδαμα, et puis δαμα, δημα, δαμάω. C'est le peuple vaincu, composé de serfs et d'esclaves. Nous avons vu que le maître, le seigneur n'était qu'un *lieur*, un *enchaîneur*, δεσμοτης, devenu δεσπότης. Rien de plus naturel et de plus logique que le bas peuple, les sujets soient les *liés*, les *enchaînés*, les *entravés*, les subjugués, les vaincus. Dans les premiers âges, c'était la règle générale. La Grèce elle-même les appelait δοῦλοι, les *liés*, les *enchaînés*, les *attachés*, montrant par là quelle fut dans l'origine la situation des prisonniers, des vaincus, quoique par la suite des temps les progrès de la civilisation eussent modifié cet usage inhumain.

On doit remarquer en outre que les Grecs reçurent presque toutes leurs institutions de l'Orient, où l'on n'a jamais connu que des maîtres et des esclaves, c'est-à-dire des *dompteurs* et des *domptés*, des *conquérants* et des *conquis*.

L'Europe du moyen âge n'a pas été autre chose; et aujourd'hui même la Russie et la Turquie peuvent nous donner une idée de ce qu'était le δῆμος, non pas précisément des siècles de Démosthène ni même d'Horace, mais de ceux qui virent l'origine des sociétés et de leurs langages.

Δημός, graisse, suif qui couvre les intestins, pourrait venir de δάω, brûler. C'est un excellent combustible qu'on brûlait dans les sacrifices.

Δημετηρ, Cérès. Le nom de cette divinité importante est composé de ἔδος, nourriture, ἔδω, manger, et μετηρ, mère. C'est la mère de la nourriture par excellence, du blé. Il était donc impossible de la mieux appeler; car on ne peut pas dire avec raison que ce soit la mère de la terre, γημετηρ, comme le voudraient quelques-uns.

Δήν, longtemps, souvent. La première signification de cet adverbe vient de δή, ἤδη, déjà, enfin, depuis longtemps, après longtemps, tous synonymes, ou bien de βραδύς, tardif, long, traînant; βραδην, mot à mot, *longuement*, *lourdement*, *tardivement*: tout ce qui est lourd est *tardif* et *long* (à arriver). Ou bien abrégé de αγδην, de ἄγω, en traînant, qui *traîne* en longueur. L'acception de *souvent* doit se rapporter à ἄδην, abondamment, fréquemment.

Δῆνος, conseil, finesse, pour δάενος, de δαίω, apprendre, savoir, être instruit, être habile : ce sont les savants et les habiles qui donnent les conseils. Ou bien ἕδος, ἕζω, siége ; ὅδος, synode ; συνοδος, conseil, *consilium ; considero, consedeo, consiéger*, siéger ensemble.

Δῆρις, débat, querelle, pour δαέρις, de δαίω, diviser ; c'est, mot à mot, une *division* d'opinions et d'intérêts. Notre français dispute vient de δις *putare*, penser différemment. Un *différend* est synonyme de une dispute, une querelle.

Διά, par, à travers, au moyen de, à cause de. Cette préposition vient de la particule primitive δι, δις, marquant l'idée de division, et signifie, par conséquent, en *divisant*, en *coupant en deux*. On ne peut en effet concevoir l'idée de traverser, de passer, de percer, sans celle de diviser, de couper en deux le corps traversé. La préposition μετά, qui a une signification analogue à διά, est formée, comme nous verrons plus tard, d'une manière analogue aussi, quant à l'ordre d'idées. Faire par *le moyen de*, c'est faire par l'intermédiaire de, par quelque être ou objet qui est au milieu de l'être agissant et de l'être subissant l'action, par conséquent, qui *divise* ces deux êtres δι, διά, et, comme disent les Espagnols, *por medio de*, par le milieu, par le moyen de.

Nous ne voulons cependant pas omettre une idée qui nous paraît importante. Si l'on remarque que les Grecs appellent μέσος milieu, le milieu, et μεσίδιος moyen, qui tient le milieu ; que les Latins, dont la langue n'est qu'un dialecte de la grecque, ont leur *medius*, *media*, il serait permis de supposer que les Grecs ont eu aussi dans l'origine l'adjectif μεδιος, et que διά n'est que l'abrégé de μεδια, mot à mot, *par la moitié*, *par le milieu*, par le moyen de, ou au moins de l'adjectif μεσίδιος, μεσίδια, que nous avons cité.

Nous proposerons enfin, comme troisième étymologie de cette importante préposition, l'abrégé de σχιδια ou de σκεδια, fente, fissure, séparation, division, dispersion, écartement, venant respectivement de σχίζω, fendre, et σκεδάω, disperser.

Διαζομαι, ourdir, tisser, de διά ; mot à mot, *étendre par, au travers ; traverser, passer par, au milieu*.

Διαίνω, humecter, arroser, appartient à la même souche que διερός, humide, et δεύω, mouiller, c'est-à-dire ὕδωρ.

Δίαιτα, vie, régime de vie, conduite, vient de διαω ou διαειμι, être, exister, passer sa vie, aller par, au travers ; aller durant, pendant ;

subsister, se conduire. Nous disons « comment allez-vous ? », pour « comment vivez-vous ? » En espagnol, *como lo pasa v*ᵈ veut dire « comment le passez-vous ? (sous-ent. le temps, la vie.)

Διαπρύσιος, sonore, perçant, pénétrant, fameux, illustre. Du verbe composé διαπορεύω, passer, traverser, percer ; διαπορεύσιος.

Διδάσκω, montrer, enseigner. C'est δάω, δαίω avec le redoublement attique ou poétique. Ou provenant du parf. δεδαά, δεδάσκω.

Δίδυμος, jumeau. De δι et δύω, double, deux.

Δίδωμι ou δόω, donner. Ce verbe est formé de εἴδοω, mot à mot, faire voir, montrer, offrir, présenter, porter devant les yeux ; en lat. *ostendo* (*obstendo*), tendre devant, tendre à la vue, c'est-à-dire *montrer*. *Offrande* et *présent* sont, en français, synonymes de *don*. Δῶρον, don, c'est-à-dire présent et offrande ; εἴδωρον, objet qu'on montre.

Δίζω, chercher, délibérer, douter. De δίς, deux ; être *entre deux* opinions ; ou διάζω, *aller par, au travers*, parcourir, aller de côté et d'autre, *discourir, divaguer*. C'est précisément ce que fait celui qui cherche.

Δίκη, procès, jugement, justice, droit. Ce mot vient de δίζω, chercher. Le jugement, le procès n'est en effet qu'une *recherche*, une information, une enquête, une question ; en latin, *quæstio*, synonyme de *lis*, *causa*. Un jugement n'est autre chose que la *recherche* de la vérité, de la raison.

Si l'on veut encore, δίκη peut provenir de δαίω, δαίκη ou δίς, répartition, division, décision, *decido*. Juger, c'est *trancher* la question, la décider, la couper. La justice, c'est la *division*, la *répartition*, la *distribution* de ce qui appartient à chacun ; c'est pour cela que les plaideurs sont appelés *parties* ; en espagnol, *las partes*.

Δίκταμνον, dictame. De δίκω, jeter, rejeter. Selon Théophraste et Dioscoride, les cerfs mangeaient de cette plante pour rejeter, pour faire tomber les flèches dont ils étaient percés.

Δίκτυον, rêts de pêcheur. Vient de δίκω, jeter. Les filets se *jettent*, se *lancent* dans l'eau. Nous disons *jeter* le filet, parce qu'il ne produit tout son effet qu'en s'étendant le plus possible, ce qui se pratique en le lançant avec force.

7

Δίκω, jeter, lancer. Est peut-être le même que διώκω, poursuivre, pousser, chasser, lancer, et tient à διά, c'est-à-dire à l'idée de *séparer, éloigner, disjoindre, faire partir.*

Δινέω ou δινόω, tournoyer, tourbillonner, tourner. Ce verbe, s'appliquant plus particulièrement au mouvement des flots agités, est le même que ἰδνέω, ἰδνόω, que nous verrons plus tard ; οἰδαίνω, être gonflé.

Διόνυσος, Bacchus. Διός νύσσω ; à cause des circonstances de sa naissance.

Διπλόος, double. Est formé de δι, deux, et πολέω, tourner, plier, ou πλέκω, *retourné en deux, plié en deux.* C'est proprement un objet replié sur lui-même : ce que les Espagnols ont bien saisi quand ils ont formé leur verbe *doblar,* plier, de *doble,* double ; de même que les Latins leur *duplicare, duplex,* proprement *plier en deux.*

Δίς, δίχα, deux fois. Sur ce mot, qui est peut-être une contraction de δαις, du verbe δαίω, diviser (δαίζω, *id.*), nous ferons remarquer qu'il appartient à la même famille que δύω, δία et δαίω, et rappellerons l'analogie qui existerait avec l'hébreu *schen,* dent, *chenaïm,* deux, *scheni,* second. On pourrait aussi supposer que δίς est mis pour ὀδίς, de ὀδούς, dent. Le premier et le plus naturel instrument de division de l'homme a dû être sa propre dent, modèle de tous les instruments tranchants postérieurs.

Ces adverbes pourraient encore être rapportés à μεζος, d'où μεσίδιος, moyen, milieu ; μεδίς, *le milieu,* est la coupure, la division en deux.

Δίσκος, disque, palet, rondelle qu'on lançait. De δίκω, lancer, jeter. Jeu de force et d'adresse.

Διστάζω, douter, être indécis entre deux. De δίς ou δὶ ἱστάω, *se tenir entre deux,* être partagé en deux opinions.

Διφάω, chercher, rechercher, tâter. Vient de διά et ἀφάω, palper, toucher, tâtonner, chercher à tâtons.

Διφθέρα, pour δεφθέρα, de δέφω, δεφθείς, cuir, peau tannée, *cuite, bouillie,* macérée.

Δίψα, soif. Est formé de δεῖ πόσις, mot à mot, *besoin de boisson,* devenu δειψις, διπσις, διπσα, διψα. Jamais mot n'a été formé d'une manière plus logique.

Δίω, poursuivre, craindre, fuir. Toutes les significations de ce verbe se rapportent à διαω, δια-έω, aller, passer au travers, parcourir, poursuivre ; ou, si c'est έω avec esprit rude, renvoyer, pousser, chasser, expulser ; et quant au sens de craindre, éviter, fuir, à δέω, δέομαι, craindre.

Δῖος, divin, grand, auguste. Provient de δίω, craindre, révérer, respecter ; mot à mot, *terrible, redoutable, vénérable*.

Διώκω, poursuivre, chasser. Paraît appartenir à la même famille que δίκω, jeter, lancer, et est probablement le même que διήκω. Ou bien formé de l'aoriste διήκα, de δια ἵημι, envoyer, renvoyer, expulser, chasser. A moins de le rapporter à διοικω, de διά οἶκος ; mot à mot, *changer, transporter la maison, le domicile*, être expatrié.

Δνοπαλιζω, secouer. Les formatifs δονέω et πάλλω sont ici évidents.

Δνόφος, ténèbres, pour γνόφος et κνέφας, variété de prononciation. A moins que ce ne soit δύνω et φῶς ; mot à mot, *coucher de la lumière*.

Δοκάζω, observer, juger. Voyez δοκέω.

Δοθιήν, clou, tumeur. De διδηθεις ou διδωθεις, de οἰδόω, οἰδάω, gonfler. Ou bien pour ἐδοθεις, de ἔδω, manger, ronger, consumer, comme certaines tumeurs cancéreuses.

Δοίδυξ, cuiller, pilon, ou plutôt espèce de fourchette à deux dents. De δι, deux, et ὀδούς, dent.

Δοκός, poutre, solive. Peut venir de δέχομαι, soutenir, recevoir, comme le latin *vectis*, de *veho*, porter, et le français *poutre*, pour *pourte* ou *portue*, *portée* ou *porteuse*.

Ou mieux peut-être de λοχος, de λέγω, coucher. La poutre est toujours couchée, inclinée, de travers, λογμος, λέχριος, *oblique*, ou *porteuse*. C'est leur principal rôle dans les édifices.

Ou bien de ἕζω, asseoir, ἕδος, sol, base, plancher, car δοκόω signifie *faire un plancher*.

Δόλιχος, long, allongé. N'est autre chose que διολχος, comme le latin *protractus*, de *protraho*, qui en est la traduction rigoureuse. Ce mot vient donc de διά ἕλκω, traîner par, à travers de. L'allongement n'est en effet qu'un *étirement* : s'étirer, c'est s'allonger.

Δόλος, ruse, fourberie. N'est qu'une abréviation de ψεύδολος, faux, trompeur, de ψεῦδος.

Ou, si l'on aime mieux, de δαίδολος ou δαίδαλος, fin, rusé, artificieux,

Δόναξ, roseau, plante proverbialement mobile et agitée, du verbe δονέω.

Δονέω, secouer, agiter. Est un abrégé de κλυδόνεω, agiter; κλύδον, agitation, tumulte, flot.

Δόρξ, chevreuil, daim; ruminant remarquable soit par sa vue perçante, de δέρκομαι; soit par la rapidité de sa course, de sa fuite : δράω, fuir, δρέμω, courir.

Δόρπον, souper. Ce mot pourrait fort bien avoir été d'abord δρόπον, et être un composé de ὕδωρ, eau, et ὀπτῶ, cuire; mot à mot, *cuit à l'eau, bouilli*, par conséquent soupe faite avec le bouillon. La soupe étant la base du repas du soir, lui a donné son nom de souper. La viande a deux façons d'être apprêtée, rôtie ou bouillie. La première a été la seule mise en usage chez l'homme primitif, dépourvu des vases nécessaires; mais, plus tard, les argiles et les métaux ayant fourni les ustensiles creux, l'homme a connu le bouillon, le bouilli, et par conséquent la soupe, qu'il destinait au repas du soir, qui, comme précédant le sommeil et le repos de la nuit, n'avait pas besoin d'être composé, comme ceux de la journée, de viande et d'aliments solides, propres au travail et à la fatigue.

Δόρυ, bois, bois de lance, et, par extension, la lance entière. Comme les Espagnols, qui, dans leur nomenclature tauromachique, appellent la lance, *palo, vara*, bois, bâton. Ce mot n'est autre que δρύος, avec une transposition de quelques lettres, de δρῦς, chêne, et, en général, bois dur et serré, formé de ἀδρύνω, rendre fort, serré, épaissir. Ou, si l'on veut encore, δόρυ, en transposant le ρ, deviendra δρόυ, abrégé de δένδρου, génitif de δένδρον, arbre; mot à mot, *de l'arbre* (sous-entendant branche, morceau, pièce, planche, bâton, ou quelque autre partie que ce soit). Tout bois provient de l'arbre. En français même, nous appelons *bois* une réunion d'*arbres*.

Δοῦλος, esclave. De δέω, lier, enchaîner : comme esclave, de *claudo*, enfermer; serf, de *servus, servare*, garder, appartenant à la même famille que *sero*, lier, unir, *series*, chaîne, enchaînement, *sera*, serrure, fermoir, et le grec σειρά, chaîne. C'est toujours l'idée de lier, serrer, enfermer.

Δοῦπος, bruit d'une chute, bruit d'un corps contre terre, chute. Peut être formé de πέδον, sol, et πταίω, πτω, heurter, choquer. C'est donc proprement un choc contre terre; ou bien une chute à terre, de ἕδος, sol, terre, pavé, et πεω, πεσω, tomber, un abrégé de πεδοῦπτος, ou ἑδοῦπτος.

Δοχμός, oblique, courbé. C'est le même que λοχμός, de λέγω; mot à mot, couché, couché de travers, incliné, oblique, penché. Δ est pour Λ.

Δόω, donner. Voyez δίδωμι.

Δράκων, dragon; serpent d'eau, ὑδράκων, comme ὕδρα, hydre, monstre *aquatique*. C'est en effet *l'eau* qui fournit les monstres dont la figure est le plus analogue à la peinture que les anciens ont laissée de cet animal, tels que les crocodiles, les requins, les marsouins, les murènes, les congres, les serpents d'eau, etc. A moins que l'on ne suppose ce mot dérivé de δέρκω, voir, ou même de δράσσω, saisir, enlacer, serrer.

Δράσσω, saisir, empoigner, prendre. Peut-être pour ἑδράσσω, *asseoir*, poser, mettre (sous-ent. *la main* ou la patte), comme font les animaux : c'est ainsi que de *garra*, patte, les Espagnols ont fait *agarrar*, saisir, prendre.
Ou mieux encore de l'adjectif ἁδρός, dru, serré, compacte, restreint; ἁδράσσω, serrer, presser, comprimer. Les mots *poignée*, *pugnus*, viennent de πήγνυω, serrer, presser, épaissir.

Δραχμή, drachme, poids et monnaie d'Athènes. Vient du verbe précédent. C'est proprement une *poignée* (πήγνυω) d'oboles, autant d'oboles que la main en pouvait saisir, empoigner, prendre.

Δράω, agir, servir, fuir. On doit rapporter ce verbe à la famille de ἔρδω, faire, agir; et comme servir quelqu'un, c'est lui *faire* les choses, c'est *agir* pour lui, de là le sens de servir. Quant à la signification de fuir qu'il paraît avoir aussi, on peut la rapporter à δρέμω ou δρέω, courir.

Δραπέτης, esclave, fugitif, déserteur, pour δραμετης, de δρέμω, courir. Fuir et courir sont synonymes.

Δρέπω, faucher, cueillir. Ce verbe paraît être le même que ῥέπω, ramper. La faux, en effet, *rampe*, rase la terre pour couper les moissons par le pied. La *serpe* et la *serpette*, instruments analogues, viennent du latin *serpo*, ramper. Ou bien ἕδος et ῥέπω; mot à mot, *ramper à terre, sur le sol* : ἑδρεπω.

Ce verbe pourrait encore avoir la même étymologie que δρύπτω ; mot à mot, *tomber de l'arbre*, δενδροπετω, et, par conséquent, cueillir, ramasser : on secoue pour cela l'arbre.

Δρῖλος, lombric, pour ὑδρ ειλεω, ὑδριλος. Ces annélides vivent dans l'eau, la vase et les terres humides, où ils aiment à se *rouler*.

Δριμύς, aigre, piquant, aigu, actif. Peut venir de ἁδρός, épais, serré, fort : fort est synonyme de piquant, vif, acide. Ce qui est aigre est *astringent, serrant, constipant ;* l'écorce du chêne, δρῦς, a cette propriété, et pourrait aussi avoir contribué à former cet adjectif δρυμος.

Ou bien du verbe δέρω, écorcher, peler ; δεριμυς, mot à mot, qui *écorche, égratigne, pèle,* par conséquent, perce, pique, est vif, violent : les acides piquent, écorchent.

Δρόσος, rosée, larmes, pour ὑδρόσος, aqueux, ou ἐδ ροσος, de ῥέω, verser, et ἐδος, sol, terre ; mot à mot, *couler à terre, sur le sol*.

Δρύπτω, déchirer, écorcher, écorcer. Ce verbe est un composé de δέρας, peau, écorce, cuir, et πέτω, tomber ; *faire tomber l'écorce,* la peau des arbres. Ou, si l'on aime mieux, de δρύς, chêne, et πέτω. C'est proprement la désunion et la chute de l'écorce du chêne, qui fournit le liége et même le tannin, d'un usage si ancien et si général. Si l'on veut voir ici le dépouillement, la dénudation des arbres, quels que soient leur genre et leur espèce, on supposera que δρύπτω est l'abrégé de δενδρυπτω, composé de δένδρος et πέτω, mot à mot, *tomber* ou *faire tomber de l'arbre ;* et ce verbe aura signifié dans le principe *écorcer les arbres,* et, par extension, écorcer ou écorcher quoi que ce soit.

Δρῦς, chêne. Tire son origine de ἁδρός, épais, serré, *fort,* de la même manière que le latin *robur,* chêne, et *force,* épaisseur, solidité, et tout cela à cause de la dureté particulière de son bois.

Ou bien de δέρω, écorcher, peler ; car plusieurs espèces de cet arbre jouissent de la propriété remarquable de se dépouiller de leur écorce, qui nous fournit le liége et le tannin. Son nom grec signifierait alors *le pelé, l'écorché*. On n'a qu'à entrer dans une forêt de chênes-liéges pour se convaincre de la justesse de cette dénomination.

On pourrait enfin voir, dans le mot en question, un dérivé de δηρός, longtemps, vieux, ancien, devenu δρος, δρυς ; mot à mot, *le vieux, l'ancien, le durable,* à cause de la longue durée de son bois : comme en franç. chêne, et chenu, synonyme de vieux ; et en espag. *encina,* corruption, de *anciana,* la vieille.

Ἀρώπαξ, espèce d'onguent épilatoire : de δρύπτω, ou de δρέπω. C'est une opération analogue à celle d'ôter l'écorce, de racler la peau et de *faucher* les poils dont elle est couverte.

Δύη, peine, malheur. Voyez Δυς.

Δύναμαι, pouvoir, être fort. Ce verbe remarquable paraît formé de ἀδινός, fort, ferme, puissant, robuste, épais, serré, compacte, gros, pour ἀδίνομαι; mot à mot, *être épaissi, grossi, rendu compacte, robuste*. La force est l'attribut de la *masse*, de la *compacité*, de l'*épaisseur*; en français même, *puissant* est synonyme de *robuste, gros, massif*.

Ou bien de δεινός, *terrible, à craindre, redoutable*. Un homme puissant est toujours un homme redoutable; le faible, au contraire, est à dédaigner et à mépriser. On peut très-bien voir aussi dans ce verbe le sémitique דין, juger, régir, gouverner, régner, d'où *mdina*, province, juridiction, autorité, gouvernement, et *adon*, seigneur, roi, maître.

Δύω, plonger, entrer, se revêtir, pour ἐνδύνω, de ἔνδον, dedans. C'est proprement se *mettre dans*, *s'introduire*, *entrer*, soit dans un lieu, soit dans un habit, tunique, manteau, etc. L'habit (*habeo*) *contient* et *renferme* le corps, surtout chez les anciens, qui *s'enfonçaient* dans leur ampleur, s'y *mettaient*. Nous faisons aujourd'hui de même avec les nôtres, quoique plus courts et plus légers; nous *mettons* nos pieds dans nos bas et nos bottes, nos jambes dans nos pantalons, nos bras dans les manches, notre corps dans nos redingotes, habits ou paletots. Puisque les *habits* nous *tiennent*, nous *contiennent* (*habeo*), nous sommes nécessairement le *contenu*.

Δυσμή, coucher du soleil. Vient naturellement du précédent. C'est l'*entrée*, le *plongeon*, l'immersion de cet astre à l'horizon.

Δυς, particule qui marque la difficulté, la peine, le malheur et la privation. Si elle n'est pas tout simplement un abrégé de ὀδύς, appartenant à la même famille que ὀδύνη, peine, douleur, et ὀδύσσω, être fâcheux et pénible, cette particule viendrait de δευς, δευω, de δέω, manquer; et dans la plupart des composés dont elle forme partie, elle peut être remplacée par les négatifs α, μη, νη. C'est qu'en effet une chose *difficile*, *pénible* à faire, est bien près d'être *impossible*, *impraticable*; en latin, *non facilis*. Quand nous disons « c'est une chose impos» sible », nous voulons dire, dans la plupart des cas, « c'est une » chose *difficile*, *très-pénible* ».

Le sens de malheur, peine, est, dans une infinité de cas, synonyme de *sans fortune, infortune, dénûment,* où l'on voit les mots *sans, in, de,* qui répondent parfaitement à δεις, δευς, δυς, *manque, absence, privation*; de la même manière, δυστυχής, malheureux, pour δεις ou δευς τύχης, qui *manque* de fortune. Δυσφεγγής, obscur, sombre, pour δεις ou δευς, φέγγος, *manque* d'éclat.

Δύο, deux. Appartient à la famille δι, δις, διά, et pourrait tenir à μεζος, μέσος, milieu, *medius, dius, dio, duo,* demi, en deux. Le milieu d'un objet est précisément le résultat, le point de la division en deux. Voyez δις, διχα.

E

Ἐάν, si. Pour ἐην, εἴην, conditionnel de εἰμί. Mot à mot, *serait, il serait.*

Ἔαρ, printemps, fleur, prémices, séve, sang, suc quelconque. Ce mot remarquable est formé du verbe ἐάω, émettre, lâcher, pousser, produire. Le printemps a toujours, et chez tous les peuples, été l'époque des émissions, des produits ; c'est le temps où la séve monte dans les plantes, *envoie, émet* ces pousses, bourgeons, feuilles et fleurs, et produit cette végétation, ce premier vert qui marque le réveil, la vigueur du règne végétal ; c'est l'époque où les séves, les sucs, le sang, qui ne sont que de véritables *émissions*, circulent avec plus de force et d'abondance.

Ἔαρ vient donc du verbe ἐάω, lâcher, émettre, produire. Le printemps étant la saison de la fécondité, justifierait pleinement cette étymologie.

Ἐάω, permettre, laisser, omettre. Pour ἱεαω ; n'est autre que ἵημι, en retranchant le iota.

Ἔβενος, ébène, ébénier. Abrégé de ἐρεβενος, noir, sombre ; de la couleur particulière à ce bois.

Ἐβίσκος, guimauve. Vient de εἴβω, plante éminemment *laxative*.

Ἐγγύη, promesse, caution, fiançaille. Vient de ἐγγύς. C'est proprement un *rapprochement*, une convention, une *union*, une jonction, *conjux* en latin, de *conjungo*. Un gage, un engagement, une obligation, mots qui tous viennent de *ligare,* car *gage* est l'abrégé de *ligage,* répondent très-bien à ἐγγύς et ἐγγύη, dont l'étymologie présente une parfaite analogie d'idées. Voyez aussi les observations qui terminent l'article suivant.

Ἐγγύς, proche de, près de. — Cet adverbe n'est autre chose que ζεύγνυς, du verbe ζεύγνυμι, joindre, devenu, par transposition du γ, ζευγγύς, et en retranchant le ζ, ευγγύς ou εγγύς, proprement *joint à.* En espagnol *junto á* est synonyme de près de, proche, uni à. Et voilà pourquoi son dérivé ἐγγύη signifie fiançailles, mariage, parce que le mariage n'est qu'une union, une jonction, *conjuges.* Nous avons déjà vu γαμέω venant de ζυγαμα ou ζυγημα. Remarquons aussi que l'acte de joindre, de se donner la main, accompagne ordinairement les mariages et tout engagement quelconque. Nous disons « donner sa main » pour « se marier », et celui qui s'engage met les mains entre celles de celui qui reçoit la foi, le serment.

Ἐγείρω, éveiller, exciter. Ce verbe est formé de ἐκ et ἀείρω, élever, relever, faire lever.

Ἐγκάς (adverbe), au fond, en bas, formé de ἐν et κατά, mot à mot en bas. ἔγκατα, intestins les *plus bas, bas-ventre.*

Ἐγκρίς, gâteau de millet. Voyez κέγχρος, *millet.*

Ἐγκώμιον, éloge, panégyrique, louange, qui se prononçait par les rues, bourgs et villages : ἐν κώμῃ, rue, bourg. Ou bien dans les festins ou fêtes publiques, de κῶμος, festin, régal, réjouissance, fête. Ces sortes de louanges, qui avaient une certaine teinte d'ironie et de licence, comme celles des triomphateurs romains, pourraient tenir au verbe σκώπτω, railler, ou κόπτω, couper, inciser, blesser.

Ἐγρηγορέω, veiller. Est formé du parf. 2 de ἐγείρω; mot à mot, *être éveillé.*

Ἔγχελις, anguille. Est formé de ἐκ ἑλίζω, se contourner, se rouler. Ce poisson a la figure et les allures des serpents. Ou bien de ἐκ et ἰλύς, mot à mot *du bourbier,* du limon, qui est son habitation ordinaire.

Ἔγχος, lance, épée. De ἐν ἔχω, tenir, retenir. C'est une arme qui *se tient, retient* en main, et qui ne se lance pas comme le trait, la pique, la javeline, ὀϊστός, ἰός, βέλος, αἰχμή, qui, comme le marque leur étymologie, ἰέναι, βάλλω et ἀΐσσω, se *jetaient* contre l'ennemi, se *lançaient* sur lui.

Ἐγώ, moi, je. Ce pronom remarquable est une déclaration, une affirmation d'existence que nous faisons quand nous commençons à agir. Il est formé du verbe substantif ἔω, je suis, et de la préposition ἐκ, adoucie en ἐγ. C'est donc mot à mot ἐγεω, en latin *ex isto, ex sum*: j'existe, je suis. Les divers cas de sa déclinaison viennent à l'appui de cette opinion, car ἐμοῦ, ἐμοί, ἐμε, etc., dérivent évidemment de la forme εἰμι, je suis. De sorte que lorsque l'on dit ἐγω δρέμω, je cours, on dit réellement *je suis cours* (sous-entendant celui qui), en latin *sum qui curro. Je porte*, n'est autre chose que *je suis portant, existo, ferens*. La terminaison verbale ω et celle peut-être plus ancienne μι n'est autre chose que le verbe ἔω, εἰμι, je suis. Dans φέρω, par exemple, nous verrons simplement le radical φερ, joint au verbe substantif ἔω, mot à mot *portant suis*; λέγω, λεγ ἔω, mot à mot *disant suis*.

Ἑδανός, agréable. Vient de ἄδω ou ἥδομαι, plaire. Ou ἡδύς, doux, où ἔδομαι, asseoir; mot à mot, *assis*, rassis, posé, calmé, reposé, doux.

Ἔδνα, présents de noces, dot de la mariée. Ce mot peut tenir à ἑδανός, agréable, complaisant. Le but des présents, surtout ceux de noces, est de se rendre *agréable*, de *plaire* à la fiancée.

Ἔδος, sol, terre, base, pavé. De ἔζομαι. C'est le lieu où l'on s'*asseoit*. Le composé ἔνεδρον, embûche, traduit littéralement par le latin *insidia*, signifie proprement un *siége*, une *session*, une *assise*. On s'asseoit à terre pour attendre l'ennemi et n'en être pas découvert de loin, ce qui rendrait l'embûche inutile.

Ἔδω, manger. Paraît formé de ἔνδω ou ἔνδοω, mettre dans, introduire, de ἔνδον, dedans. C'est précisément ce que nous faisons en mangeant, c'est-à-dire *introduire* dans notre estomac, dans notre *intérieur*, dans nos *entrailles*, dans nos *intestins*. C'est toujours *intus*, l'idée d'*intérieur*, ενδον, qui accompage les principaux organes de la nutrition.

Ou mieux encore, ce verbe tient-il à ἄδω, rassasier, apaiser la faim, calmer l'appétit.

Ou εδω, asseoir; c'est proprement faire asseoir, *sedare*, *sedere* en latin, apaiser, poser, reposer la faim, l'estomac, l'appétit. Rassasier vient de rassis, rasseoir; ou du lat. *satis* pour *statis*, de *sto*.

Ἔζομαι, s'asseoir. Est formé de ἔσθαι, infinitif aor. 2 de ἵεμαι; c'est proprement se *relâcher*, se *laisser*, s'*émettre*; d'où se *mettre*, se *poser*, déposer, reposer ; en latin, *dimittere se*. S'asseoir, c'est se laisser tomber, s'étendre, se mettre sur, se poser à terre, siége naturel de l'homme primitif et de l'homme sauvage. Voyez nos observations au verbe ἴστημι.

Ἔθειρα, chevelure, crinière. Ce mot vient probablement de ἔθος, coutume, habitude. La chevelure, en effet, surtout dans le beau sexe, se dresse, se forme, s'habitue à prendre une direction, une forme, une manière d'être (*habitudo*), une disposition qui est signalée par la coutume ou mode reçue.

La chevelure a été de tout temps l'objet principal de la toilette et de soins *habituels* et *quotidiens*, même chez les peuples sauvages dont nous tenons aujourd'hui une foule de cosmétiques qu'ils emploient à l'entretien de leur chevelure. Et cela était si vrai, surtout chez les Grecs, que le mot dont il est question dans cet article et κομη, son synonyme, ont formé les verbes ἐθείρω et κόμεω, qui signifient soigner, dresser, ajuster en général.

Si l'on préferait voir ici le composé μεθειρα, de μετά, et ἀείρω, élever, prendre, ou même εἴρω, nouer, attacher, ce serait proprement la *prise*, l'*élevée* ou la *nouée* soit au dessus, soit *derrière* la tête surtout, comme c'est l'usage des femmes dans tous les pays et dans tous les temps. Le μ initial aurait été supprimé par euphonie.

Ἐθέλω, vouloir. Mot à mot, *préférer, choisir* : de μέθ ἕλω, *prendre parmi, choisir entre* plusieurs choses, en un mot *préférer*.

Ἔθνος, nation, race, peuple. Vient de ἔθος, mœurs, coutume, habitude ; car c'est là ce qui distingue plus particulièrement les peuples les uns des autres, comme le reconnut le poète qui dit : *Qui mores hominum multorum vidit*.

Ἔθος, coutume, habitude. Vient du verbe substantif ἔιμι, et signifie proprement *manière d'être, état*, méthode de *vie*, mode d'*existence*, c'est-à-dire ce qui constitue les mœurs et les coutumes.

Ou, si l'on aime mieux, ce sera une abréviation de τιθετος ; mot à mot, une *institution*, une chose *établie*, comme le latin *mores*, qui peut être un abrégé du grec νόμος, loi, usage, règle ; ou bien, être rapporté à *morare*, habiter, demeurer, se tenir. En français même, *habitude, tenue, maintien* sont synonymes de mœurs, coutumes.

Εἰ, si. Cette conjonction n'est que la 3ᵉ personne du verbe substantif ἔω, être, soit au présent, soit ἔιη au conditionnel, et signifie proprement *est*, ou *il est*, ou *serait*. — Ou, si l'on aime mieux, de ἔω, arriver, venir ; mot à mot, il *arrive que*, il *advient* : comme le *si* des Latins n'est que le subjonctif *sit ;* de sorte que la locution « *si* Petrus venit » est la même que « *sit* Petrus veniens », ou « *sit* quod Petrus veniat », soit Pierre venant, soit Pierre qui vient.

Εἶα, allons, va donc. Cette interjection provient du verbe εἰμί, aller. C'est une espèce d'optatif εἴη, εἶα, qui répond très-bien à notre français *allons! allez! va donc!* et à l'espagnol *vaya!*

Ou bien de ἐάω, εἰάω, laisser, permettre, accorder. Laissez donc ! permettez !

Εἰδύλλιον, idylle. Vient de ἀείδω, chanter. C'est mot à mot *petit chant*, *chansonnette*, chant léger ; abrégé de ἀειδύλιον.

Εἴδω, voir, savoir. Je soupçonne que ce verbe remarquable, et père d'une immense famille de mots, est le même que ἕζω, ἕδω, ἕδουμαι, mot à mot, *asseoir, poser, reposer* (ses yeux, sa vue, ses regards sur). Le latin *video*, dont le v initial n'est que l'esprit rude de ἵζω, vient à l'appui de cette origine. *Considerare*, son synonyme, tient également à *sedere*, asseoir, poser (la vue). *Aspicio*, autre synonyme, tient à πήγνυμι, fixer, figer, appuyer (les regards), ce qui présente une image analogue. Toutes ces locutions sont familières à la langue française et presque à toutes les langues. Les Espagnols disent *poner la vista, poner los ojos*, pour voir, regarder.

Εἰκῆ, par hasard, fortuitement. Cet adverbe dérive du parfait εἶκα, de εἶμι, venir, arriver ; mot à mot, *arrivant*, advenant, venant de soi-même. Les expressions synonymes *aventure, à l'aventure*, dérivent de *venio*. C'est proprement ce qui arrive, vient, survient, advient de soi-même, sans savoir comment, sans être attendu, préparé, ou *amené ;* un *événement*, un *accident* (*accedo*, venir, survenir, approcher). C'est ce qui nous paraît *venir*, contrairement à ce qui est *amené, entraîné* par une cause connue, ou qui en est la *conséquence* et le résultat naturel.

On pourrait aussi voir dans ce mot un abrégé de ἀεικη, composé de α priv. et εἰκος ; m. à m., *invraisemblablement*. Ce qui est inattendu fortuit, extraordinaire, est en même temps *invraisemblable*.

Εἴκοσι, vingt. On voit clairement que ce mot appartient à la même famille que δέκα, dix, dont il exprime la duplication : ce n'est que δεικοσι, forme un peu altérée du pluriel inusité δεκασοι, dixaines. Ou bien pour δικοσι, de δίς δι, *deux fois* (la dixaine).

Εἴκω, ressembler à, être convenable et juste, céder. Ce verbe est formé du parfait εἶκα, de εἶμι, aller, venir, et signifie proprement *venir* bien, *aller* bien, *convenir* à ou avec. Nous disons en français même « cela me *va*, pour « cela me *convient* »; « cet habit me *va* bien, me *vient* très-bien », pour « s'ajuste, s'adapte très-bien ». Or, ressembler n'est autre chose que *convenir* avec l'original, avec un objet ou personne que l'on copie; c'est-à-dire *venir* avec, *aller* avec, à l'unisson du modèle. Les Espagnols disent aussi *convenir, avenirse, ir bien, venir bien ó mal*, comme synonymes de ressembler, s'adapter, s'ajuster.

Le sens de céder pourrait très-logiquement être tiré de celui de convenir avec, traiter, capituler, s'unir, faire la paix, faire un pacte, être traitable, amiable, se réconcilier. A moins que l'on ne préfère voir encore dans cette acception le parfait du verbe εἶμι, s'en aller, car *céder* n'est autre chose que s'en aller, se retirer de, s'éloigner de, partir de, se séparer de; et nous verrons ici un des cas assez nombreux dans beaucoup de langues, où un même verbe signifie deux idées diamétralement opposées, qui, en français, sont rendues par « ça me *va* » et par « il s'en *va* »

Disons, pour terminer cet article, que εἴκω pourrait encore être le verbe composé εκ ιω', m. à m. *s'en aller de*, partir de, *ex eo* en latin, devenu par transposition ειχω. Cette étymologie serait encore aussi simple et naturelle que la première.

Εἰλαπίνη, festin de buveurs. Composé de εἴλη, troupe, et πίνη, boisson. Ou bien pour δειλαπινη, de δείλη, soir, mot à mot *boisson du soir*, goûter ou souper, et, en général, repas qui avait lieu dans l'après-midi.

Ἐιλεός et Ἐιλυθμός, tanière de bêtes féroces ou de reptiles. Vient évidemment de εἰλέω, tourner, courber, à cause des sinuosités et des courbes qu'elles décrivent dans l'intérieur de la terre.

Εἰλέω ou εἱλέω, serrer, amasser, presser, envelopper, rouler, tourner. Ce verbe, dont toutes les significations se réduisent à celle de prendre, puisque pour prendre, comprendre, amasser, serrer un objet, il faut nécessairement le *presser tout autour*, l'*envelopper* de tous les côtés, sans laisser aucun point de sa *circonférence* libre, puisque sans cela la *pression*, la *prise* ne saurait avoir lieu, et que l'objet pourrait échapper par cette lacune ; ce verbe, disons-nous, qui a donné le dérivé εἴλη, troupe, comme son synonyme τρέπω notre mot français *troupe*, n'est autre que le verbe ἕλω ou ἄλω, prendre, saisir, vieux verbe qui a prêté ses temps à αἴρω, emprunté du sémitique עַל ou עָלָה qui signifie lever, enlever, hausser, exhausser. Prendre n'est effectivement que *lever, enlever* ce qui est *posé, reposé, déposé* dans un lieu plus bas.

Εἴλως, ilote, esclave ainsi nommé de εἴλω, prendre. C'étaient des *prisonniers*, des hommes *pris* à la guerre.

Εἰνάτηρ, belle-sœur, sœur du mari. Pour εὐνάτηρ, de εὐνή, lit. Celle qui *faisait le lit, la chambre*, qui aidait la nouvelle mariée dans les cérémonies du premier coucher ou même des suivants. Elle remplissait les fonctions de femme de *chambre*, en espag. *camarera*, de *camara*, chambre à coucher, chambre à lit *(cama)*. A moins que ce mot ne soit pour ἐδνάτηρ, de ἐδνάω, faire des cadeaux de noces ; de même que ἐδνώτης, beau-père, qui dérive du même verbe et par la même raison.

Εἴργω, enfermer, emprisonner, empêcher, lier. Ce verbe est formé du parf. 2 εἴργα, qui, quoique inusité, se forme naturellement du verbe εἴρω, lier, nouer, attacher. Ou, si l'on aime mieux, de ἀείρω, prendre, enlever, saisir. *Prehendo, prisonnier, prison*, nous présentent exactement le même enchaînement d'idées. Remarquons que le verbe εἴργω porte tantôt l'esprit doux, tantôt le rude, suivant les dialectes.

Εἰρήνη, paix, trève. Vient de εἴρω, nouer, lier, et signifie proprement *alliance, union, liaison*.

Ou bien de ἀείρω, élever, suspendre : car la paix n'est qu'une *suspension* des hostilités.

Nous préférons cependant de beaucoup la première étymologie.

Εἶρος, laine. Ce mot est un abrégé de ὄειρος, de ὄις, brebis. Le latin *vellus* pourrait aussi être l'abrégé de *ovellus*, de *ovis*, brebis, comme *ovillus* étable à brebis : en espag. *vellon*, laine. C'est donc un adjectif.

Mais la laine est encore une *dépouille* qu'on enlève annuellement, et, sous ce point de vue, on pourrait rapporter ce mot à ἀείρω, ôter, enlever. En lat. nous avons *vellus* et *avello*.

Εἴρω, parler, interroger ; lier. Ces diverses significations paraissent toutes se rapporter au verbe ἀείρω, élever (sous-ent. la voix) : c'est justement ce que fait celui surtout qui interroge, et de là la synonymie de *interrogare* et *interpelare, compellare, appelare*. Le ton de l'interrogateur est toujours plus élevé que celui de la personne qui répond, surtout si l'interrogation est accompagnée, comme cela a lieu le plus souvent, de quelque interjection. Remarquez de plus que ἀείρω signifie aussi prendre; or, nous disons en français « prendre la parole », pour « parler ».

Quant au sens de lier, nouer, c'est proprement prendre, saisir, attacher, suspendre : ἀείρω.

Le sens de dire, parler, peut tenir à celui de lier, unir, amasser, rassembler. Parler est en effet lier, assembler les mots et les idées : λέγω, son synonyme, signifie également *dire* et *amasser, cueillir;* d'où le mot λόγος, *discours*, et *compte*, proportion, *somme*, rapport, relation, union.

Εἴρων, moqueur, ironique. C'est le participe du verbe précédent. On sait que l'ironie prend la plupart du temps la forme *interrogatoire*.

Εἷς, un, un seul. Est un dérivé de ἕω, envoyer, émettre, lâcher, laisser, par opposition à deux ou plusieurs, c'est-à-dire à ce qui est lié, joint, amassé à d'autres, rattaché à d'autres. Ce qui est seul est lâché, laissé, délaissé, abandonné, séparé de la masse, de la totalité. Comme le latin *solus*, qui vient de *solutus*, de *solvo*, détaché, séparé, lâché, abandonné.

Εἰς, ἐς, ἐν, dans, en, parmi. Cette préposition paraît venir du verbe εἰμί, être, exister, en même temps que venir, aller, car elle marque toujours l'existence, la présence des objets ou des personnes en certains rapports ou circonstances. Par exemple : « peint en rouge », pour « peint *est* ou venu rouge »; « Pierre vint en France », pour « Pierre venu *est* ou allé France »; « Paul mourut dans Paris », pour « Paul mort *est* ou venu à Paris », comme diraient les Latins : « Pictus *est* rubro; Paulus mortuus *est* Parisiis »; locutions où l'on voit que *est* tient la place du εἰς grec, qui n'est qu'une 3ᵉ personne ἐςί ou ἐισι inusitée du verbe εἰμί, ou le participe aoriste εἰς étant venu.

Εἶτα, ensuite, après. Est formé de ἀεί, toujours, successivement, et de l'article τά, ces. Proprement *à la suite de ces choses, successivement à cela*, continu *à cela;* en espag. *á continuacion de esto*.

A moins que ce ne soit un simple abrégé de ἔπειτα, après que, après cela, que nous verrons plus bas; ou plus simplement encore, ἐι τά (sous-ent. εισι); mot à mot, *si ces choses sont*, les choses étant ainsi.

Ἐx, de, hors de, depuis. Cette préposition a été probablement tirée du parfait ἕιϰα ou εϰα, de ειμι ἑω, qui, suivant l'esprit rude ou doux qui accompagne sa première syllabe, signifie renvoyer ou s'en aller, idées qui toutes deux conviennent parfaitement aux diverses acceptions de cette préposition. « De Paris jusqu'à Rome » équivaut à « *venant, partant* de Paris, *allant, arrivant* à Rome. » « Le fruit de l'arbre » est en effet la même chose que « le fruit *venu* de l'arbre, qui en *provient*, ou qui en est *jeté, émis*. »

Le *de* des Latins vient peut-être de *cedo, incedo, procedo*, aller, marcher, venir, céder, abandonner, lâcher; ou de *cædo*, diviser, couper, séparer.

C'est qu'en effet, *tirer de, séparer de*, c'est faire aller, s'en aller, s'éloigner du lieu ou de l'objet, ou en être jeté, lancé, envoyé.

Si l'on aime mieux, on pourra rapporter la préposition qui nous occupe au verbe ἔχω, tenir, retenir, contenir. « Le fruit de l'arbre » est le fruit *tenu* ou qui *tient* à l'arbre. « Le livre de Pierre » est le livre *tenu, retenu, possédé* par Pierre. « L'eau de puits », c'est l'eau *tenue, contenue* dans le puits. « Venir de Rome », c'est venir du *contenant*, du *contenu*, de *dedans* de Rome, de la capacité, de l'espace qu'occupe Rome.

Nous préférons cependant la première étymologie.

Ἑϰάς, loin, loin de. Ce mot est évidemment tiré de ἵημι, envoyer, émettre, lancer, *longe, lancea*; en franç. *lancer, loin, éloigner*. C'est le parf. εἷϰα. Éloigner, lancer, jeter, sont une seule et même idée.

Ἕϰαστος, chacun. Vient de ἑϰάς, et signifie proprement *éloigné, séparé, disjoint*, en *particulier*; par opposition à *rapproché, rassemblé, réuni*. Chacun, ϰατα ἕνα, *un par un*, est le contraire de *ensemble, en foule, en union*.

Ἑϰάτερος, chacun des deux : ἑϰάς et ἕτερος. Ne s'emploie qu'en parlant de deux.

Ἑϰατόν, cent. Ce nom de nombre paraît avoir été dans l'origine δεϰατόν, mot à mot *le dixainaire, le dixainé, le dixainible* (qu'on nous permette ces deux derniers mots), de δέϰα, dix, en sous-entendant peut-être ce même mot pour ne pas le répéter. Le latin *centum* paraît une abréviation de *decentum*, de *decem*, dix.

C'est le nombre dixainaire, dix fois dix.

Ἐκεῖ, là, là-bas. De ἐκ, hors de, loin de ; opposé à l'adverbe *ici, auprès, ci-près*, par rapport à celui qui parle. C'est pour cela que le premier s'emploie généralement avec le verbe *aller*, et le second avec le verbe *venir*. Venez ici ; allez là, là-bas.

De ἐκεῖ est venu ἐκεῖνος, celui-là, celui plus éloigné, celui de là-bas.

Ἔκηλος, paisible, tranquille. Peut venir de ἑκάς, et signifie proprement à l'écart, séparé, isolé. Ou bien du parf. εἶκα de ἵημι ἕω ou ἕζω, asseoir ; mot à mot, *rassis*, assis, en repos : *repos* vient lui-même de poser, asseoir, placer, en latin *placare*, *placatus*.

Ou bien encore du même verbe, dans le sens de *laisser, lâcher*. Un objet en repos est en effet un objet *laissé, lâché, abandonné* à lui-même, que personne ne touche ni agite. « Laissez-moi » est la même chose que « laissez-moi tranquille, en repos ». *Relâche* est synonyme de *repos*. On peut donc choisir entre l'idée d'*asseoir* et l'idée de *laisser*, que renferme le verbe ἱέναι ou ἕω.

Ἕκητι, par, à cause, en vertu de, par la volonté de. Ce mot est comme ἑκών, volontiers, volontaire, dérivé du parfait εἶκα, du verbe ἵημι, qui signifie envoyer, émettre, lâcher, laisser. C'est le latin *permitto, mitto*, permettre, laisser faire. C'est proprement par *émanation*, par *permission* de, par *entremise* de.

Ἑκυρός, beau-père, père du mari. Serait-il εἰκυρός, du parf. εἶκα de ἵημαι, lâcher, laisser, permettre, accorder de bon gré, comme ἑκούσιος, volontaire, qui est presque le même mot ? Voy. son synon. πενθερός, de πείθω : le beau-père *lâche* sa fille, la *remet* au gendre qui la demande.

Ce mot peut encore être une inversion de ἔρυκος, du verbe ἐρύκω ou du verbe ἐρύω, empêcher, retenir, réserver, garder, retirer. C'était surtout la volonté du père ou du beau-père que le prétendant avait à combattre ; il devait le capter, dans l'antiquité, pour obtenir sa prétendue, puisque nous avons vu ailleurs que les filles se *vendaient* plutôt qu'elles ne se donnaient en mariage. Voy. le mot παρθενος.

Ἑκών, volontaire, de bon gré. De εἶκα ou ἧκα, parf. et aoriste de ἱέναι, désirer, vouloir, consentir ; laisser, lâcher, concéder, céder ; en se *laissant aller*, en lâchant, concédant, en *se relâchant*.

Ἐλαία, olivier, olive. Le suc produit par le fruit de cet arbre, c'est-à-dire ἔλαιον, l'huile, est la souche de cette famille, et doit lui-même son origine au verbe ἐλάω, étendre. L'huile jouit en effet de la propriété de

8

s'*étendre* sur les surfaces et dans l'intérieur des corps, et de les pénétrer à un degré supérieur à tous les autres liquides. Tout le monde connaît l'*étendue* et la ténacité d'une tache d'huile. Remarquez aussi que ce liquide sert aux frictions, aux onctions, aux consécrations, aux cosmétiques; opérations qui consistent toutes à *étendre* l'huile sur les différents corps qui en sont l'objet : ἐλάω.

A moins que l'on ne préfère voir dans ce mot un dérivé de εἰλέω, tourner, contourner. Cet arbre est en effet remarquable par son tronc et ses rameaux *tortueux*, ἐιλαια.

Ou bien εἰλέω, presser, serrer, préserver : on *presse* l'olive pour en extraire l'huile. L'huile est donc la *pression* ou *pressure* du fruit.

Ἐλάτη, sapin. Vient aussi de ἐλάω. Tout le monde connaît la disposition étendue et horizontale de ses branches.

Ἐλάω, pousser, étendre, allonger. Ce mot est le sémitique אל vers, אלה étendre, élever la main, jurer, אלון plaine, étendue, אילון arbre, אויל fou (ἐλάω, errer), mots qui tous marquent la tension, l'étendue, l'action de tendre, s'étendre.

Ἔλαφος, cerf. De ἐλάω. Cet animal est en effet remarquable par la longueur de ses pattes ou jambes.

Ou bien pour ἐλάυος qui se prononce comme ἔλαφος; mot à mot, qu s'*étend*, qui s'élance, qui court. Un animal de cette famille porte encore le nom d'*élan*.

Ou enfin pour εἴληφος, εἰλήφος, du parf. de λαμβάνω, prendre; mot à mot, le *pris*, la *proie*, en espag. *presa*, c'est-à-dire le gibier, la proie par excellence; comme *lepus* et λαγοος, de λαμβάνω et λαγχάνω; le cerf étant en effet l'animal objet principal de la chasse au courre, de la véritable et haute chasse.

Ἐλαχύς, petit, mince. De ἐλάω, ἐλασσῶ. Mot à mot, *étendu, aminci*. Tout corps qui gagne en *étendue*, perd nécessairement en épaisseur et en consistance.

Ἔλδομαι, désirer, souhaiter. Est une abréviation de μελεδαίνω ou μελέδομαι, avoir souci de, regretter, désirer.

Ou bien de εἰλήδον, εἰλήδομαι; mot à mot, se *rouler, entourer*. Remarquez l'analogie avec *ambire, ambition, ambitionner*, ἀμφὶ ἐω.

Ἐλεᾶς, sorte d'oiseau, pour ἐιλεᾶς. Vient du verbe εἰλέω, tourner, ou, si l'on veut encore, de εἰλᾶς ou εἴλη, troupe, bande. C'est un oiseau analogue au vautour, *vultur*, de *volvo*, tourner, ou quelqu'une des espèces qui voyagent en bandes, en troupes nombreuses. Ou bien encore la cigogne, de ἔλεος, compassion, pitié, à cause des mœurs de cet oiseau.

Ἔλεγος, deuil, chant lugubre. Est formé de l'interjection ἒ et du verbe λέγω; mot à mot, dire *eh!* soupirer, gémir. Voyez aussi l'interjection ἐλελεῦ qui a pu former le verbe ἔλεσσω et ἔλεγος, comme il a formé ἐλελίζω, hurler, crier, gémir.

Ἐλέγχω, convaincre, démontrer, prouver, reprendre, blâmer. Significations qui peuvent toutes se résumer en celle de se plaindre, et qui lui assignent par conséquent pour origine le mot ἔλεγος, qui précède. Un blâme, un reproche, une accusation ne sont en effet autre chose qu'une *plainte*, en latin *querela*. Notre français *plaider* n'est probablement que le verbe *plaindre* devenu *plaidre*, puis plaider. *Réclamation*, synonyme de plainte, vient de *clamare*, jeter les hauts cris, ἔλεγος, ἐλελίζω.

On conviendra que ces explications sont simples, naturelles, et par conséquent probables. Si l'on a égard cependant à la signification de « raisonner, argumenter, démontrer, prouver, » que ce verbe présente dans un si grand nombre de cas, on pourrait, avec juste raison, le rapporter au verbe λέγω dont le dérivé λόγος signifie « discours, argument, raisonnement, raison »; et dont les formes εἴλεχα et ἐλέχθην, ont pu donner naissance à ἐλέγχω.

Ἐλεδώνη, poulpe; pour εἰλεδώνη de εἰλέω, rouler, entortiller, presser, serrer. Cet animal est dangereux aux baigneurs par cette propriété : εἰληδόν, en s'entortillant.

Ἑλένη, flambeau. De ἕλω, prendre, ramasser, presser. C'est, m. à m., un *faisceau* de matières combustibles. Les Latins disaient *faces*, flambeaux, et *fasces*, faisceaux. Composés de bois résineux, sarments, spart, etc., etc., comme cela a encore lieu chez les classes pauvres, dans beaucoup de pays.

Ἑλένη, corbeille d'osier. Pour εἱλένη, de εἰλέω, tourner, courber, c'est en *courbant*, *fléchissant* l'osier que l'on fait les *corbeilles*, *corbis* en latin, de *curvus*.

Ἔλεος, compassion, pitié. Ce mot nous paraît tenir aux interjections ἒ, ἐλελεῦ ou ἔλεγος, et peut avoir été primitivement ἔλελεος, de même que l'interjection αἴ a produit αἰανός, lamentable, déplorable; la compassion se produit à l'extérieur par un cri d'hélas! par un gémissement. Intérieurement aussi, la compassion n'est autre chose qu'un gémissement, un soupir que nous arrache le malheur d'autrui.

Les Hébreux disent אלה s'affliger, pleurer sur le malheur d'autrui. C'est un cri de douleur que nous poussons pour un autre.

A moins que l'on ne veuille rapporter ce mot à ἵλαος, ἵλεος, bienveillant, favorable, propice, car la pitié n'est pas autre chose que ces sentiments.

Ἐλεός ou Εἰλεός, loir, écureuil; espèce d'épervier. Tous ces divers noms viennent de εἰλέω, tourner, tournoyer. Ce sont, en effet, des animaux tourneurs, chacun à sa manière.

Ἐλεύθερος, libre. Cet adjectif peut venir de ἐλευθώ, venir, arriver, dans le sens d'un prisonnier, d'un captif qui *revient* (dans sa patrie). M. à m., un *revenu*, un *retourné* (de la captivité), *redux*.

Ou qui *va* et *vient* librement où il lui plaît.

A moins que ce ne soit ἐκλύθερος de ἐκλύω. M. à m., *délié, solutus*, délivré, relâché, lâché.

Ἐλεύθω, qui s'emploie dans les mêmes sens et circonstances que ἔρχομαι, vient à l'appui des observations précédentes, n'étant probablement lui-même autre chose que τελεύθω; m. à m., *finir par, aboutir à, en venir à*, et par conséquent, aller, arriver jusqu'à. Arriver à, aboutir à (bout) n'est en effet que *finir, terminer* le chemin, la marche, accomplir, mener à bout le voyage, la route.

A moins, cependant, qu'on ne doive le rapporter à la même souche que ἔλθω. C'est-à-dire à ἐλάω, ἐλάθω; m. à m., s'étendre, arriver à, jusqu'à, parvenir, aller à, jusqu'à. Ἐλάθεις, étendu, allongé, s'étendant à, jusqu'à. Ce serait une transposition de ἐλθεύω.

Ἐλεφαίρομαι, tromper par de vaines espérances, irriter, nuire, dévaster. De ἔλπω, faire espérer, ἐλπαίρω, ἐλπωρή, espoir, ou de ἐλπίς et αἴρω, *prendre par l'espoir* de. Ou enlever l'espérance, frustrer. Ou bien de ἐλέφας, éléphant, et αἴρω, lever, s'élever, se soulever; à cause des ravages que cause cet animal quand il est trompé, frustré ou irrité.

Ἐλέφας, éléphant. Mot exotique comme l'animal qu'il désigne.

Ἕλη, chaleur du soleil. Vient du verbe ἕλω, prendre, et signifie, m. à m., *la prise* (sous-ent. du soleil). Nous disons, en effet, *prendre* le soleil;

en espagnol *tomar el sol;* pour s'exposer ou se chauffer au soleil, comme l'on dit d'une manière analogue *prendre* l'air. Être hâlé par le soleil, répond à l'espagnol *tomado del sol*, pris du soleil. C'est qu'en effet le calorique, dont le soleil est la principale source, *prend, saisit, pénètre* les corps qui y sont exposés.

Ἐλινύω, cesser, différer, chômer une fête, temporiser. Ce verbe est un dérivé de ἑιλέω, tourner, tournoyer. C'est proprement *tournoyer autour* d'une chose avant de l'entreprendre, *la tourner* de tous les côtés ; en espagnol, *darle mil vueltas,* chercher *des détours*, par opposition à celui qui *va droit* au but. La ligne droite est le plus court chemin ; la *circonférence*, la *circonspection*, en un mot, la *courbure*, le plus long. Un chômage, une fête s'appelle une *diversion* (*diverto*, tourner), c'est se *détourner* du travail, y faire *diversion*.

Ἕλκος, ulcère. Du verbe suivant. M. à m., *traînée, rayure,* déchirure.

Ἕλκω, Traîner, rouler, entraîner, tirer, attirer, pour ἑλίκω de ἑλίσσω, rouler, faire rouler. Ou traîner en roulant ou en faisant des sinuosités, des courbures, des zigzags. Ὅλκος, sillon, traînée, se faisaient en zigzag, en une sorte d'hélice plane, *boustrophédon.* C'est qu'en effet traîner est la même chose que *rouler* par terre, faire *rouler*, et que pour *tirer* et *retirer* avec plus de force, on fait subir à l'objet tiré une *torsion*, on le roule en *hélice*, on le retord sur lui-même. Le latin *elido*, tirer, arracher, tient à la même origine. C'est pour cela que les mots *extorquer, extorsion*, sont synonymes d'*arracher*.

Ἑλλέβορος, hellébore. Le nom de cette plante, s'il n'est pas oriental, peut tenir à βόρβορος, bourbier, à cause de l'odeur fétide d'une de ces espèces, et peut être ἕλος, marais ; certaines espèces aiment les lieux humides. Ou enfin de ἐν λείβω, ἐλλείβω, couler, écouler, de ses qualités éminemment purgatives.

Ἕλλος, faon, petit du cerf. Pour εἷλος; m. à m., le *pris*, le *saisi*, la *proie* la plus facile comme plus faible et moins rapide à cause de son jeune âge. Ou mieux, du sémit. איל, אילה, *cervus, cerva.*

Ou bien contraction de ἐλελος, de ἐλελεῦ, cri, gémissement, à cause des cris plaintifs de ces animaux qui font retentir les forêts, surtout à l'époque du rut.

Ou, mieux que tout cela, un abrégé de ἀελλος; m. à m., *rapide, impétueux*, propriété caractéristique de ces animaux.

Ou enfin, pour ἔλλοψ, privé de la voix (dans leur jeunesse), de εἴλω, prendre, enlever, ôter, et ὄπη, voix. Ou de ἐλλείπω, manquer, parfait, ἐλλελοίπα, d'où, par contraction, εἴλοψ, ou ἔλλοψ.

Ἕλλην, grec. Le nom de ce peuple célèbre vient de ἕλην du verbe εἰλέω, envelopper, serrer, presser, ramasser, réunir. C'est le nom que prirent les habitants de la Grèce après leur *confédération*, leur *union amphictyonique*, pour se distinguer des pélasges ou des peuples étrangers à la ligue, ou bien à cause de leur fameuse confédération pour la guerre de Troye. Un grec signifiait donc un *confédéré*, un *allié*. Et remarquez que la dénomination de pélasges est probablement tirée du sémitique *phalag*, disperser, disséminer : précisément le contraire de ἕλλην, le réuni, l'allié. Remarquez que Γραικός, synonyme de Ἕλλην, vient probablement de ἀγείρω, réunir, rassembler, ἀγεραικός, ἀγεραιός.

Ἕλμινς, ver, lombric, pour ἔλιμνς, ἐλίμενος, de εἰλέω. M. à m., le roulé, entortillé, recourbé, sinueux. Comme *vermis*, de *verto*, tourner.

Ἕλος, marais, lieux fangeux, bourbeux. De εἰλέω, prendre, comprendre, tenir uni, ou tourner, tournoyer, troubler. C'est un *amas* d'eaux *troubles*, et par conséquent prises, comprises, arrêtées, saisies, contenues, retenues. Ou, si l'on veut, *tournées, bouleversées*. Ce mot tient à la même famille que ἰλύς, limon, fange, qui vient aussi de εἰλέω. On sait que les eaux en repos sont claires et limpides.

Mer, mare et *marais*, viennent du lat. *mare*, qui, lui-même, n'est que ἅμα, ἁρω, réunir, ensemble.

Ἐλπίς, espoir, attente. Ce mot a été, dans l'origine, βλέπις, puis λέπις, et par transposition ἐλπίς. Nous avons de même, en latin, *spes, spectatio, spectare* et *aspectus, spectaculum*, où les idées de regarder et espérer sont confondues ensemble; et Xénophon a employé le verbe βλέπω pour ἔλπω, ce qui confirme notre opinion. Notre français *attendre, attente* et *attention, attentif*, présentent dans leurs significations de espérer et de regarder, une analogie parfaite avec le grec et le latin. C'est qu'en effet l'attitude de celui qui espère, qui attend, c'est d'avoir les yeux tournés et fixés vers le lieu ou la personne qui doivent accomplir son espérance.

Ἕλω, prendre, saisir, n'est autre que le sémitique על, עלה, lever, élever, *enlever* ce qui est posé, déposé, laissé, bas, à terre. Pour prendre un objet, il faut le lever, l'enlever.

Ἐμοῦ, ἐμέ, moi, me, de moi. Ce pronom personnel paraît tenir à μία (μιος), un, comme σύ à δύς, et trois à ἕτερος. M. à m., un, le numéro un, le deux, l'autre ou le troisième.

Ἐμέω, vomir. Vient de ἵεμαι, émettre, lâcher, envoyer; le vomissement n'est pas autre chose.

Ἐμπάζομαι, Soigner. Ce verbe est formé de ἐν et de παῖς, enfant, et peut avoir été dérivé de ἔμπαις, femme enceinte, *femme en enfant*, soit que ces soins délicats se rapportent à la mère enceinte ou au nourrisson, qui est en effet l'être qui, entre tous, en a le plus besoin, et qui, par cela même, en est l'objet principal pour tous ceux qui l'entourent. *Allaiter, nourrir, élever, éduquer*, sont synonymes de soigner.

Ἐμπίς, Cousin. De ἐν πίνω. Ces insectes boivent notre sang, et, en outre, notre vin, car ils affluent dans nos pressoirs et dans nos caves.

Ἔμπουσα, spectre, fantôme envoyé par Hécate pour suivre et *accompagner* les voyageurs. Pour πέμπουσα. M. à m., l'*accompagnante*, de πέμπω, escorter, accompagner.

Ou bien de ἐν et ποῶ, boire. On croyait qu'il buvait le sang de ses victimes endormies.

Ἐν, préposition : en, dans, sur. Provient du verbe εἶναι, être, exister, comme εἰς ou ἐς, que nous avons déjà vu. Elle marque toujours l'*existence*, la *présence* des objets dans certains lieux ou circonstances.

Ἐναιρεῖν, perdre, tuer, dépouiller. De ἐν αἰρῶ. M. à m., enlever, emporter.

Ἐναργής, clair, évident. De ἐν ἀργός, blanc, clair, lucide.

Ἕνεκα, à cause de, en faveur de, afin de. Vient du verbe εἶναι, laisser, lâcher, accorder, concéder, favoriser. Le latin *venia*, faveur, paraît aussi tenir à εἶναι, par le son et par l'idée.

Ἔνιοι, quelques-uns. Ἐνίοτεν, quelquefois. Sont formés de ἐνί pour ἐστί ou ἐντί, 3ᵉˢ personnes sing. et plur. du verbe εἰμί et de ὅι, les, lesquels, qui, et ὅτε, lorsque, quand; en latin, *sunt qui, est cum*; en français, il en est qui, il en est quelquefois.

Ἐννέα, neuf. Ce nom de nombre paraît n'être qu'une altération de γεννεά, ou γεινεα, de γενομαι; m. à m., génération, naissance; à cause de la gestation de neuf mois après laquelle l'homme vient au monde. Ou de νέος, et εν, nouveau-né, le nouveau venu, le nombre du *nouveau-né*.

Ἐννεός et Ἐνεός, muet, niais, stupide. Ce mot est composé de ἐν, et de νεός, jeune, enfant; c'est l'analogue du latin *infans*, de *in fans*, qui ne parle pas, qui ne peut et ne sait encore parler; la parole ne s'apprend qu'avec l'âge. Voyez aussi νεννός, sot, niais, pour νεᾶνος, jeune.

Ἕννυμι, vêtir, revêtir. Vient de εἶναι, se mettre, s'introduire. Voy. ἐσθής.

Ἔνος, ἐνιαυτός, année. Ce mot paraît formé du verbe εἶναι, aller, marcher. L'année n'est autre chose que la *marche*, l'*allure* du soleil autour du ciel. La période (περί, ὁδός), c'est-à-dire le *voyage*, la *route* de l'astre qui préside et forme l'année. Le latin *annus* vient également de ανα εἶναι, *parcourir*, marcher. Ἐνιαυτός signifie proprement dans la même année, ἐνι, αὐτῷ (sous-ent. ἐνῷ). Avec l'esprit rude ἑνός signifie d'*un an de l'année*; ce n'est alors que le génitif de εἷς, un (sous-ent. ἔτος), année.

Ἐντός, dans, dedans. Cet adverbe a la même racine que la préposition ἐν, dont il est formé, et peut être simplement le génitif absolu de ἔων ou de ὤν, participe de εἰμί, être. M. à m., étant, existant. « L'eau dans le verre » pour « l'eau *étant, existant* au verre. »

Ἔντεα, armes, équipements, ustensiles, vient de ἐντός. C'est probablement les objets, les meubles de l'*intérieur* de la maison. Ou bien de εἰμί, participe ὄντος, pour ὀντέα. M. à m., choses, objets, effets, *existences, réalités*; ὄντως, réellement; ἐντέα, *res* en latin, choses, objets, effets, ce *qui est*, ce *qui existe*, ce qui se trouve, ce qui est présent. *Res*, chose, vient de παρά εἶναι, être en présence, être devant; *pares*, objet, vient aussi de *ob jactum*, jeté devant, étant en présence, en vue.

Ἐνυώ, Bellone, ou quelque autre divinité qui présidait à la guerre. Peut-être de ἀνύω, achever, ruiner, perdre, détruire, tuer. Rien n'est plus destructif que la guerre. Ou bien de ἐνίω, probablement de ἐν ἱέναι, lancer, frapper, battre; comme le latin *bellum*, *Bellona*, de βάλλω, battre, lancer, frapper, et πόλεμος de πάλλω, même signification. Combattre n'est, en effet, que *battre*, frapper, choquer avec ou contre quelqu'un.

Ἕξ, six. Ce nom de nombre tient évidemment au sémitique schesch שׁשׁ.

Ἑορτή, jour de fête. Paraît être le même que ἐροτή, charme, amour, plaisir, délices, car on trouve la locution ὀφθαλμῶν ἑορτή, le charme des yeux. C'est qu'en effet une fête n'est autre chose qu'une réjouissance, un délassement, un plaisir, et, par cela même, toujours accompagnée de la danse, des chants et de la musique. A moins, toutefois, que ce ne soit une *suspension* du travail, des occupations ordinaires, ἀείρω, lever, suspendre, alléger, soulager.

Ἐπεί, puisque, vu que, après que. Cette conjonction vient de ἐπί; m. à m., *sur ce, sur ce que, sur cela.*

Ἐπείγω, pousser, presser. De ἐπί et ἄγω, pousser sur.

Ἐπηγκενίδες, ais, planches qui s'étendent sur le vaisseau. Ce mot un peu obscur est peut-être un composé de ἐπί ἀνά et κένος, vide; m. à m., les *entrevides* ou les espaces vides entre les bancs ou traverses de bâtiments antiques, qui étaient semblables à nos grandes barques. Ce serait donc un synonyme de σελίς et σέλμα; ou bien de ἐπενέγκα, parfait de ἐπιφέρω, porter.

Ἐπήρεια, insulte, offense, tort, surtout par paroles. De ἐπί εἴρω, *parler sur, contre*, c'est-à-dire médire, diffamer. Ou bien de ἔπη ῥέω, dire des mots, parler. Ou encore ἐπί ἀράω, faire des vœux, des imprécations sur quelqu'un.

Ἐπί, sur, au-dessus, est peut-être un abrégé de σκεπί, du verbe σκεπῶ, couvrir, abriter; car tout ce qui couvre et abrite est nécessairement au-dessus, plus haut que l'objet couvert et abrité. Ou bien de σκεπί; m. à m., s'appuyant, pesant; σκήπτω, *s'appuyer, peser sur;* σκῆπτρον, appui, bâton.

Si l'on n'est point satisfait par ces observations, il faudra regarder la préposition ἐπί comme un radical tiré du cri ep, hep, hup, que l'on fait involontairement entendre en faisant un effort pour élever ou soulever un objet de bas en haut.

Ἐπίβδα, lendemain d'une fête. Syncope de ἐπιβαδα; m. à m., *qui va après*, qui vient après, qui suit.

Ἐπίκουρος, défenseur, secoureur. De ἐπί et κούρος, pour κῦρος, qui signifie assurance, sûreté, garantie, appui, autorité, sanction.

Ἐπίπλοον, nom d'une membrane qui recouvre les intestins, et qui vient probablement de l'adjectif ἐπίπλοος, qui signifie en général *propre à la navigation* : car l'épiploon a, en effet, la forme d'une voile et même d'un filet de pêcheur; c'est en espagnol le mot *redaño*, composé de *rede* et *agnus*; m. à m., rets d'agneau, et qu'on emploie comme emplâtre dans beaucoup de maladies. Le nom de ἐπίπλοον signifie donc proprement une *voile*.

Ἐπιπολῆς, qui est à la surface, qui surnage. Ce mot est formé de ἐπί et πλέω, voguer, flotter, pour ἐπιπλοής. C'est flotter sur. Ou bien ἐπὶ πολέω, tourner sur. Ou Ἐπι πέλω, être sur.

Ἐπιτηδής, propre, commode, actif, occupé. C'est une simple transposition de ἐπιδητής de ἐπί εἴδω. M. à m., qui *a la vue sur*, qui *regarde*, est *attentif*, studieux; qui est habile, qui sait, qui accomode, dispose, s'applique à quelque chose. Remarquons que le latin *idoneus* vient aussi de εἴδω, et *proprius* de προ ὄπη, devant les yeux, en vue.

Ἑπτά, sept. Ce nom de nombre vient évidemment du sémitique *schabat*, prononcé de différentes manières.

Ἕπω, suivre, aller après, accompagner. Ce verbe, malgré son esprit rude, que nous regardons comme une simple licence poétique ou de dialecte, n'est autre chose qu'un composé de ἐπί, sur, et ἔω, aller. Suivre quelqu'un, c'est *marcher sur* ses traces. Nous observons, cependant, que la signification de s'occuper de, soigner, nous fait soupçonner que ce verbe pourait bien tenir à σκεπῶ ou à σκέπτομαι. A moins, toutefois, qu'on ne doive voir ici ἅπτω, attacher, joindre. *S'attacher à quelqu'un*, c'est le *suivre*; s'attacher à quelque objet, c'est s'y *appliquer*, s'en occuper; *assister* (*sisto ad*), s'y tenir collé, soigner.

Ἔπω, dire, parler. Vient de ἐπί ἔω, aller sur, après, proprement *répondre*, répliquer, *suivre* quelqu'un (dans la parole). Ou bien est-ce un dérivé de ὄπη, voix, venant de ἰάπτω, pousser, jeter, lancer, émettre.

Ἔρα, Terre, sol. Ce vieux mot peut venir du sémitique *aréts* ou de τείρω, pour τέρα, comme le latin *terra* de *tero*, écraser, triturer. La terre est le résultat de la trituration des roches qui composent la croûte du globe. Ou bien encore pour ἱέρα de ἵω, envoyer, émettre, produire; m. à m., la *productrice*, la féconde. Ou enfin ἀέρω de ἀέω, sécher, dessécher; m. à m., la *sèche*, la *desséchée*, l'aride, comme en hébreu *iabascha*.

Ἔρανος, festin par écot, quête, aumône. Du verbe ἐράω, festin d'*amis*, festin d'*amour*, festin de charité. Ou bien de εἴρω, nouer, unir, allier, festin de personnes liées par quelque circonstance, réunies, assemblées. Voy. aussi ἀείρω, prendre, cueillir, recueillir, quêter; festin par collecte. C'est peut-être la collation, *cum fero, cum latus*.

Ἐράω, aimer, chérir. De εἴρω, nouer. L'amour est un *lien*, une *chaîne*. Liaison, attachement, sont synonymes d'amour. Ou de ἄρω, convenir, ajuster, unir, allier. *Aimer* est précisément toutes ces choses.

Ἔργω, faire, travailler, façonner. Si l'on considère que le travail le plus important, le travail par excellence, celui qui procure à l'homme toutes les richesses est le labourage, c'est-à-dire la rupture, la brisure de la terre, d'où notre *roturier* laboureur, paysan, en espag. *rotura*, labour, on devra regarder ce verbe comme étant, sauf une transposition de lettre, le même que ῥέγω ou ῥάγω, briser, rompre; car nous avons κόπος, travail formé d'une manière analogue de κόπτω, battre, rompre, briser; d'où le latin *opus*, travail : par extension, ce verbe s'appliqua plus tard à toute espèce de travail, au travail en général.

Mais nous avons vu plus haut le verbe εἴργω, poétique, ἔργω, serrer, étreindre, presser, pétrir, qui peut fort bien être le même que ἔργω, faire, façonner, pétrir entre les mains une matière molle pour lui donner une forme, une façon. C'est ainsi que l'homme, c'est ainsi que l'artiste, ce second créateur, donne la forme à la matière, surtout à la matière qui, la première, a eu le privilége de prendre toutes les formes sous la main du créateur et même sous celles de l'homme, c'est-à-dire l'argile ou le limon. C'est ainsi qu'en français *pétri de* est synonyme de *fait de, fabriqué de*. Les verbes πλάσσω et πράσσω, qui signifient comme ἔργω, faire, façonner, agir, ne sont eux-mêmes autre chose que πελάσσω, rapprocher, serrer, amasser, presser, ou παρὰ ἄγω qui a une signification analogue. Le latin *facio* vient de πάγω, πήγνυω, serrer, presser, pétrir. Les verbes construire, composer, synonymes de faire, nous présentent toujours l'idée de synthèse, réunion, serrement, rassemblement, compacité.

Ἔρεβος, Érèbe, enfer, ténèbres. Est le sémitique *ereb*, soir, couchant, coucher du soleil, occident. Point de l'horizon où l'astre du jour cesse d'être vu.

Ἐρέβινθος, pois chiche. Cette plante a les fleurs noirâtres et sombres, ἔρεβος et ἄνθος. Plus tard, nous verrons ὄροβος, autre plante analogue.

Ἐρέθω, irriter, exciter. Est le même que le verbe poétique ἀερέθω, de ἀείρω. C'est proprement *soulever, exciter, faire lever*. La colère, la fureur *se soulèvent, s'excitent, s'exaltent*. Le latin *ira* vient de ἄιρα, soulèvement, exaltation. *Irritare* est formé de *in* et *ira, iratus.* En espagnol *airado,* irrite, *aire,* air.

Ἐρείδω, appuyer, soutenir. Pour ἀερείδω, de ἀείρω; m. à m., élever, soulever, dresser. Tenir élevé, droit en l'air un objet quelconque, ne peut se faire sans le soutenir, sans l'appuyer. L'appui a précisément lieu pour tenir un objet droit, dressé, élevé.

Ἐρείκω, rompre, briser. Ce verbe tient probablement à ῥηγνύω, qui a la même signification, ῥάγω.

Ἐρείπω, battre, renverser, démolir. De ῥίπτω, jeter, renverser, abattre.

Ἐρέπτω, brouter, manger. Du précédent ou de ἐρείκω, proprement broyer, mâcher, triturer, briser : π pour κ.

Ἐρέσσω, mouvoir l'eau, ramer. Pour ἀερέσσω; m. à m., *soulever, élever, exciter, mouvoir les flots,* ἀείρω. Ou, si l'on aime mieux, de ἐρείκω, que nous venons de voir signifier rompre, briser. Le rameur rompt, fend, brise les flots. Le latin *remus* est pour *regmus,* de ῥήγνυμι, briser.

Ἐρεσχελέω, railler, badiner, disputer. C'est un composé de ἔρις, débat, dispute, et χλεύη, ris, raillerie, moquerie.

Ἐρεύγω, roter, éprouver des retours d'estomac. Vient de ἐρύω, tirer, retirer (de l'estomac), ἐρύκτος. *Ruminer* est une opération analogue, et vient également de ἐρύω, retirer, tirer de.

Ἐρυθρός, rouge, couleur rouge. Cet adjectif est pour ἀερυθρός ou ἀεριθρός, d'un verbe qu'on doit supposer avoir été ἀερύζω ou ἀερίζω, exposer à l'air, aérer, et désigne proprement le *rouge de mars,* c'est-à-dire la *rouille* ou oxide de fer qui se forme sur ce métal *exposé à l'air*. Notre français *rouille* tient à roux, rouge. C'est l'oxide de fer qui a dû fournir à l'homme la première matière pour peindre en rouge; c'est aussi la plus commune de toutes, surtout dans l'ocre.

Ἔρευνη, recherche, enquête. Vient de εἴρω, interroger, s'enquérir, ou bien de εὗρον, aor, de εὑρίσκω, trouver en cherchant, ou cherchant à trouver. Ces deux idées sont corrélatives.

Ἐρέφω, couvrir, ou ἐρέπτω. Peut être composé de ἀείρω, et de ἐπί; m. à m., élever sur, au-dessus, surmonter. C'est, en effet, ce que l'on fait quand on couvre un objet. Le latin *operio* n'est autre chose que ὑπερίω, je surmonte, je pose sur. Si l'on observe cependant la signification de ἐρέπτω, brouter, on pourrait supposer que ὀροφή signifie proprement ce qui est brouté par les animaux, c'est-à-dire herbe, paille, *chaume*, principale matière qui sert à couvrir les *chaumières* et les cabanes qui ont dû abriter d'abord l'homme sans civilisation.

Ἔρημος, désert, solitaire. Vient de ἀείρω; m. à m., *enlevé*, *dépouillé*, dévasté, dépourvu.

Ἐρητύω, arrêter, préserver. Voy. ἐρύω ou ἀείρω, ἀερτάω. C'est proprement tirer, retirer, lever, enlever.

Ἔρι, très, beaucoup, fortement. De ἀείρω, élever; m. à m., *hautement*, *supérieurement*, *surtout*. C'est un synonyme de ὑπερ, super.

Ἐρινεός, figuier sauvage. Est formé de ἔριον, laine, à cause de ses feuilles *cotonneuses*, *laineuses*; ou bien est-ce un abrégé de χειμερινεός, m. à m., d'hiver. Figue tardive, qui ne mûrit que dans la saison d'hiver ou des pluies, χέω.

Ἐριννύς, furie, colère. De ἔρις, querelle, rixe, dispute.

Ἔρις, querelle, débat, discorde. Vient de εἴρω, interroger, demander, questionner. C'est, m. à m., une *demande*; en espag., *una question*, synonyme de querelle, de *quæro*, demander, questionner. La cause des rixes et des disputes est toujours une demande, une question, une exigence. Ou bien, si l'on aime mieux, ce sera un nœud, une complication, de εἴρω, nouer, lier, qu'il faut *décider* (cœdo), trancher, couper. Le latin *lite* vient du grec λιτή, demande, instance.

A moins qu'il ne soit pour ἄερις, un *soulèvement*, un tumulte.

Ἔριφος, chevreau, chevrotin. Vient de ῥίπτω, se jeter, s'élancer, se précipiter. Tout le monde connaît la légèreté et les bonds de cet animal, et la facilité avec laquelle il se joue au milieu des précipices et des abîmes; le *saut de chèvre* est devenu une locution proverbiale chez beaucoup de peuples.

Ἐριώλη, ouragan. Mot composé de ἄερι, air, et de ἀολλής, dru, pressé, serré; l'ouragan est, en effet, de l'air serré, pressé, comprimé, amassé, amoncelé, qui se répand avec violence par suite de cette même compression.

Ou bien ἐρί, très, beaucoup, fort, ἔωλος, vent, ἀεώλη. Ou de ἀέρω et ἰλεῶ, tournoyer.

Ἕρμα, appui, soutien. Pour ἔργμα, de εἴργω, empêcher, retenir, arrêter. C'est, en général, le rôle des appuis et des soutiens, c'est-à-dire d'*empêcher* de tomber, d'*arrêter* la chute, de *retenir*, ἔργμα, obstacle. Ou bien est-ce un dérivé de αἴρω, ἀείρω, élever, dresser, ériger; m. à m., élévation. Un appui, est ce qui soulève et tient un objet *élevé, droit, soulevé, en l'air*.

Ἑρμάς, banc de sable, ou rocher caché sous l'eau. Peut venir de εἴργω, C'est un *obstacle*, un *empêchement*. Ou de ἕρπω, parce qu'ils *rampent* pour ainsi dire sous le niveau de l'eau, à fleur d'eau. Ou bien encore de ἀείρω, qui se lève, se dresse sous l'eau ou au-dessus d'elle.

Ἑρμῆς, Mercure. Pour ῥεμῆς, de ῥέω, dire, parler. C'était, en effet, le dieu de la *parole* et de l'*éloquence*. Deus loquax, eloquens. Le messager, l'orateur, le héraut, le nonce, le porteur des nouvelles et des ordres de l'Olympe. Il était en même temps le dieu des affaires et du négoce, du gain, parce que ces opérations ne sont que des trouvailles, de bonnes fortunes, ἕρμαιον, gain, profit, et, sous ce rapport, l'origine de ce mot se trouve dans εὕρεμα du verbe εὕρω, inventer, trouver, rencontrer, le sort, la fortune, le commerce. Ou bien encore de ἔργω, faire, traiter, *affaire*, négoce. Pour ἐργμῆς, de ἔργω ou ῥέγω, ῥέζω, dieu des *affaires*, négociations, *traites, opérations*.

Mais Mercure était aussi la divinité qui présidait aux arts, aux sciences, aux inventions de toute espèce, et, en Égypte et en Grèce, il était regardé comme le dieu inventeur par excellence; son nom Ἑρμῆς pourrait être une simple abréviation de εὐρεμῆς. De εὕρω, inventer, trouver; εὕρεμα, invention, il présidait encore à l'hermeneutique, aux interprétations qui ne sont autre chose que la *recherche*, l'*investigation*, la *découverte* de la vérité cachée dans l'oracle, l'énigme ou le songe.

Ἑρμηνεύς, interprète, inventeur. Pour εὑρέμενος, ou de Ἑρμῆς, ce qui revient au même, comme on vient de voir.

Ἕρμαιον, gain, profit, trouvaille. Tient aux mêmes origines que les deux précédents.

Ἔρνος, rejeton, pousse, surgeon. Peut-être formé de ἐαρινός, du printemps, jeune, qui n'a qu'un *printemps*, c'est l'époque des jeunes pousses. Ou bien de ἀείρω, surgir, s'élever. *Surgeon*, de *surgere*, s'élever. En latin *surculus*, du même verbe.

Ἕρπω, ramper, qui n'est autre chose qu'une métathèse de ῥέπω (voy. ce mot), paraît aussi être une belle onomatopée du bruit que fait un corps qui se traîne par terre, rrap... rrrab... Ou bien tenir à, ἐρείπω, jeter par terre, renverser, abattre. Ramper, c'est être *abattu, à terre, bas, renversé, jeté à terre*. De ῥίπτω, jeter, renverser.

Ἔρρω, tomber, déchoir, périr. Est composé de la préposition ἐν ou ἐκ, et de ῥέω, couler, s'écouler, se dissoudre, comme le latin *confundo*, de *fundere*, couler, verser; *diffundo, dissolvo*.

Ἔρραος, bélier. Voy. ἄρρην. De ἐν ῥέω, écouler, arroser, verser. C'est le rôle du mâle chez tous les animaux.

Ἔρση, rosée. Pour ῥέση, de ῥέω, verser, arroser. Ou bien pour ἀέρση, car c'est l'eau *suspendue, élevée en l'air*, l'humidité *de l'air*, le serein de la nuit, autrement dit αἰθρία, de αἰθήρ.

Ἐρύκω, empêcher, retarder, arrêter. Le même que ἐρύω, m. à m., retirer, tirer en arrière.

Ἐρύω, traîner, retirer, délivrer, sauver. Est le même que ῥύω, et peut être un abrégé de ἀερύω, de ἀείρω, élever, enlever à; ou de tirer, de retirer, d'où le sens de sauver. En latin, *salus* est bien près de *saltus*, élévation, saut, action d'élever. C'est qu'en effet, sauver quelqu'un, le délivrer, c'est le *tirer de* quelque danger, l'en faire sortir, l'*élever*, l'*enlever à*, en latin *eripere* (e rapio), enlever.

Ἔρχομαι, aller, arriver. Peut-être pour ἐρύχομαι, de ἐρύω. M. à m., *se traîner, s'étendre, se diriger vers*. Ou bien du verbe ὀρέγω, s'étendre, parvenir à, jusque, s'allonger, arriver à, aller jusque, dont le parf. ὤρεχα, ρεχα a fait ῥέχεσθαι, et par métathèse ἔρχεσθαι, s'étendre, parvenir à, arriver à, aller jusqu'à.

Ce verbe, dans un grand nombre de cas, peut très-bien aussi être considéré comme le même que ἄρχομαι, commencer à, aborder. Ἔρχομαι λέγων, je vais dire, pour ἄρχομαι λέγων, je commence à dire. *Aborder* une chose, c'est, en effet, *aller, arriver* jusqu'à elle, et, par conséquent, être à son *bord*, à son *origine*, à son *commencement*, l'entamer, l'initier.

Ἐρωδιός, héron. Pour ἀέροδιος; m. à m., aérien, élevé. Cet oiseau a, en effet, le vol si élevé, qu'il disparaît aux regards de ceux qui l'observent, et se sert même de ce moyen pour échapper à ses ennemis, en planant toujours au-dessus d'eux.

Ἐρωῶ, couler impétueusement. Reculer, se retirer, cesser. Toutes les significations de ce verbe peuvent se résumer en une seule, celle de *se soulever, s'élever, suspendre,* et viennent, par conséquent, de ἀερωῶ ou ἀείρω; élever, lever, suspendre, soulever, couler impétueusement, se dit d'un fleuve dont les flots sont *soulevés, élevés, irrités, courroucés. Reculer, se retirer,* se dit aussi particulièrement du cours d'un fleuve qui, pour reculer ou s'arrêter, doit nécessairement *amonceler* ses flots, c'est-à-dire les *élever.* Le sens de *cesser* n'est autre que celui de *suspendre,* en latin *suspendere, sustinere,* c'est-à-dire *élever;* et c'est probablement de là que vient notre mot *halte,* en espag. *alto,* suspension, arrêt, cessation. Pour *haute, hausse,* suspension, élévation.

Ἐρωτάω, demander, interroger, questionner. Vient évidemment de ἔρομαι ou εἴρω, interroger.

Ἐσθλός, bon, brave, vaillant. Composé de la préposition ἐς et de ἄεθλος ἆθλός, combat. M. à m., propre aux combats, belliqueux, guerrier.

Ἐσθίω, manger. Est un dérivé de ἔδω qui, conjugué régulièrement, a dû avoir les formes ἔσθαι, ἔσθην, ἔσθεος, d'où le verbe en question ἐσθίω. A moins que, suivant l'ordre des idées que nous avons déjà vu dans ἔδω, on ne préfère voir ici le moyen ἵεσθαι, de ἵεμαι. M. à m., s'envoyer, se mettre, s'introduire, s'ingérer (dans l'estomac). C'est l'analogue de *prendre* la nourriture, son chocolat, son bouillon. En espag. *tomar algo,* synonymes de manger.

Ou mieux encore, *asseoir, faire asseoir, apaiser* la faim, l'appétit; le satisfaire, apaiser l'estomac. Voy. Ἔδω.

Ἐσθής, habit. De ἔσθαι, aor, de ἵημαι, se mettre, s'introduire; m. à m., *mise.* Nous disons *mise* décente, proprement *mise, mettre* un habit. En espag. *puesta, ponerse, bien puesto.* C'est qu'en effet nous *mettons, introduisons* nos membres, notre corps dans les vêtements qui les renferment. Le mot *habit* vient lui-même de *habere,* tenir, contenir.

L'esprit doux est une licence, ou bien indiquerait que ce mot a dû être ἰεσθής, et qu'on a retranché l'iota initial.

Ἑσμός, essaim d'abeilles. Pour εἰσμος, de εἷς, un ; m. à m., *union, réunion,* assemblage, foule. Notre français *essaim* vient de l'italien *insiéme,* ensemble.

Ἐσχάρα, foyer, gril, réchaud. Peut-être de ἴσχω, contenir, arrêter. C'est précisément le rôle des grils, des grilles et des grillages. Le sens de escarre est tiré de la *brûlure sur le gril,* qui forme une espèce de croûte. C'est, m. à m., une grillade.

Ἔσχατος, dernier, terminal. Pour ἴσχατος, de ἴσχω, arrêter, cesser ; m. à m., qui *s'arrête, cesse, finit, termine.*

Ἕσπερος, étoile du soir, la planète Vénus. De ἔσπον, aor. 2 de ἕπω, suivre. Cet astre marche et se couche *après* le soleil, qu'il *suit* constamment comme un acolyte fidèle. Ou bien parce que le couchant étant l'opposé de l'orient, qui est le *devant,* est le côté qui *suit,* qui vient *après.* Ἕσπω, le derrière, le postérieur.

Ἐσσήν, roi des abeilles, roi, chef ; prêtre de Diane à Ephèse. Mot probablement exotique d'un des dialectes de l'Asie occidentale.

Ἑστία, foyer, banquet. Vient de ἕζομαι, s'asseoir. On *s'asseoit* au foyer, on *s'asseoit* au festin : *festus, festivus* viennent aussi de ἕσθαι, s'asseoir (au banquet), et remarquez en passant notre mot *banquet,* diminutif de *banc,* siége, meuble pour s'asseoir. La signification de maison, domicile, dérive de celle de siége, lieu, place, demeure où on s'asseoit, pose, repose ; en espag., *sitio, aposento.*

Ἐτάζω, rechercher, examiner. Formé de ἐτεός, vrai. C'est proprement *vérifier.*

Ἑταῖρος, ami, compagnon, camarade. Malgré son esprit rude, qu'il doit probablement au dialecte attique, ce mot paraît n'être qu'un dérivé de ἔτης.

Ἐτεός, vrai, véritable. Vient de εἰμί ; m. à m., qui *est,* qui *existe, réel.* En français, « cela est, cela n'est pas » sont synonymes de *cela est* ou *n'est pas vrai.*

Ἔτης, ami, compagnon, camarade. Vient de ἔτος, an, année. C'est proprement un camarade d'âge, de la même *année,* ou des mêmes *années,* un condisciple. L'identité d'âge est pour beaucoup dans l'amitié.

Ἕτερος, autre, un autre, différent. Vient peut-être de ἐτός, *qu'on envoie, qu'on jette, qu'on lance,* qu'on repousse, qu'on éloigne, qu'on sépare, du verbe εἶναι, ἰέναι. *Éloigné, étranger, lointain, séparé,* sont synonymes de différent, autre, divers. Peut-être aussi ἕτερος est-il pour ἑκάτερος, de ἕκας, loin, séparément, d'où ἕκαστος, éloigné, séparé, en particulier, isolément, que nous avons vu en son lieu venir aussi de εἶναι. Voy. également ἑκάτερος, chacun des deux, c'est-à-dire les deux, mais *séparément,* en leur particulier, individuellement considérés.

Ἕτερος a formé le comparatif grec : c'est *l'autre,* l'un des deux termes que l'on compare, ἁγιοτερος pour ἅγιος ἕτερος, saint (vis-à-vis) l'autre.

Ἔτι, encore, de plus. Pour ἐστι; m. à m., il est, il existe, il subsiste.

Ou bien, pour ἀετι, de ἀεί, *toujours, continuellement.*

Ἕτοιμος, prompt, prêt, disposé. Paraît formé du verbe ἰέναι, dans son acception de désirer, vouloir. C'est proprement celui qui est *volontaire, volontiers,* de *bon gré.* Nous avons déjà vu ἑκών, son synonyme, ayant la même origine.

Ou peut-être ce mot n'est-il qu'une corruption de ἐκτομιος, adjectif, venant du composé ἐκτέμνω, et dans lequel l'esprit rude de la première syllabe aurait remplacé le κ de la préposition ἐκ. Ce serait l'équivalent rigoureux de l'adjectif français *décidé,* qui, venant du lat. *decido,* signifie aussi, m. à m., *coupé, tranché,* c'est-à-dire, *décidé,* décisif, synon. de *prêt à, disposé à.*

Ἔτνος, purée de légumes secs. Vient probablement de ἔτος, année. C'est proprement le légume d'*un an,* qui a déjà *un an.* Le légume *sec,* par opposition aux légumes *verts,* que l'on mange comme primeurs.

Ἔτος, année. Ce mot vient de εἶμι, aller, marcher ; c'est la *marche,* le *voyage* du soleil. La période (περί ὁδός) voyage, marche la plus remarquable que nous fournit la nature, la règle du temps.

Ἔτυμος, vrai. Paraît appartenir à la même souche que ἐτεός, vrai, c'est-à-dire au verbe εἶμι; m. à m., *ce qui est, ce qui existe, ce qui est réel,* par opposition à ce qui n'est qu'apparent.

Εὐδία, serein, calme, beau temps. Ce mot peut être un composé de εὖ et de εἴδω, pour εὐίδια; m. à m., *qui se voit bien,* diaphane, transparent, clair. Ou bien, malgré l'esprit rude, de εὕδω, dormir, reposer, être calme, tranquille : le calme, la tranquillité de l'air.

Εὕδω, dormir, reposer. Vient de ἕζομαι, ἕζω, ἑδοῦμαι, ἕδος. C'est proprement être *assis, rassis, reposé, couché.* C'est l'attitude de celui qui dort. Allez coucher, allez reposer, synon. de allez dormir.

Εὐθηνής, sain, fort, vigoureux, bien constitué, abondant. Syncope de εὐτιθηνής, de εὖ, bon, et τιθηνή, nourrice. C'est, mot à mot, le français *nourri, bien nourri*. Un « feu nourri » est un feu violent, vigoureux, fort. Ou bien de εὖ, bien, et τιθέναι, τίθημι, poser, établir, constituer.

Εὐθύς, droit, direct. Pour εὐιθύς; m. à m., *bien droit, bien dirigé ;* de ἰθύς, dirigé, direct. Ἰθύνω, diriger, rendre droit, dresser.

Εὐλή, ver, lombric. Pour εἴλη, de εἰλέω; m. à m., l'entortillé, tortueux.

Εὔληρα, rênes, brides. Pour εἴληρα, de εἰλέω, serrer, entortiller, enlacer, envelopper. Ou bien, métathèse de ἐλάνω, étendre, allonger (allonges) ἐλαύρα.

Εὐλάζω, labourer. Pour εἰλάζω, de εἰλέω, tournoyer, aller en zig zag ; c'est le *boustrophédon*. Ou bien *imiter les vers en sillonnant* la terre, faire comme les vers. Εὐλή, ver, lombric. Ou enfin ἐλάυω, étendre, prolonger.

Εὐνή, lit. Pour εὐδνή, de εὕδω, dormir ; m. à m., *dormeuse,* comme nous disons encore aujourd'hui de certain meuble analogue à un lit, qui se trouve dans nos salons.

Εὖνις, veuf, orphelin, privé de. Cet adjectif poétique nous offre un des exemples de la signification diamétralement opposée que quelques mots présentent dans beaucoup de langues, et qui est due en général au retranchement de la négation primitive. Ici, ἔυνις est pour ἀέυνις, de α priv. et εὖνις, épouse, femme, ou εὐνή, lit nuptial ou maternel. C'est un tour analogue à notre mot *valétudinaire* pour *invalétudinaire,* de *in valeo,* ne pas se bien porter.

Εὔριπος, flux, reflux, agitation : de εὐ ῥιπή, ou mieux encore de αὖ, de nouveau, de rechef, au rebours, en arrière, et ῥιπή, impulsion, cours, choc, rejet ; flux qui va et *revient de nouveau*.

Εὑρίσκω ou Εὑρέω, trouver, rencontrer, découvrir. Peut-être pour ἐρύω, tirer, tirer dehors, retirer, faire sortir. D'où le *sort,* synonyme de trouvaille, acquisition. C'est ce qui *sort* à la lumière, au jour, de caché, enfoncé qu'il était. Ce qu'on *tire, retire* de l'obscurité, de l'inconnu et de ses profondeurs. L'esprit rude signifie ici peu de chose.

Εὖρος, vent d'est. Vient de εὔροος, propice, heureux, favorable, comme en latin *favonius,* vent d'est, de *faveo,* être favorable, propice, prospère, à cause des circonstances favorables de ce vent, soit pour l'agriculture, soit pour la navigation, soit à cause du côté d'où il souffle, qui est l'orient, point cardinal regardé comme privilégié et de bon augure.

Εὐρωπή, l'Europe. Comme l'abbé Bergier l'a très-bien vu, vient du sémitique ערב *ereb,* le couchant, le coucher du soleil; l'occident, par rapport à l'Asie, berceau d'où sortit l'espèce humaine.

Εὐρύς, large, ample, aisé. Vient de εὐ et de ῥύω, couler, passer; m. à m., qui *coule,* qui *passe aisément;* par conséquent, qui est au large, qui jouit d'ampleur et d'espace.

Εὐρώς, relent, moisi. Peut venir de εὐ et ῥέω; m. à m., facile à couler, à se dissoudre, qui tombe en dissolution ; ou bien pour αὐρώς, de αὐρόω, αὔρα, vent, air, exhalaison, odeur. Ce qui est rance se distingue surtout par l'odeur particulière qu'il exhale.

Ἐΰς, bon, brave, doux, agréable. Poétique ἠΰς. Cet adjectif, remarquable par le rôle qu'il joue en composition, vient du verbe εὔω, qui, étant le même que αὔω, signifie proprement chauffer, exposer à la chaleur, cuire, dessécher. Ἐΰς signifie proprement chauffé, cuit, mûr, desséché, et, par une antithèse singulière au premier abord, mais très-naturelle, le verbe αὔω nous fournit dans αὐστηρός, l'image de la dureté, de l'âpreté, et dans ἐΰς, celle de la douceur, de la bonté. C'est qu'en effet, la source, le dépôt du principe sucré, doux, agréable, du sucre, en un mot, se trouve dans les fruits *secs, chauffés, cuits* ou *desséchés,* soit au soleil, soit au feu, témoins les raisins, figues, prunes, dattes, dont les anciens faisaient, comme aujourd'hui encore les peuples du Midi et de l'Orient, une des branches principales de leur système alimentaire, et où leur civilisation arriérée trouvait le dépôt du principe saccaroïde, c'est-à-dire du *bon,* du *doux,* de l'agréable. La chaleur est l'agent principal de la dessiccation et de la maturation des fruits, c'est-à-dire de leur *douceur.* Le latin *autumnus,* automne, saison de la maturité, vient également de αὔω, sécher, chauffer, cuire, mûrir, comme le grec ὀπώρα vient de ὀπτάω, cuire. Le latin *bonus* est une abréviation du grec πέπον, doux, cuit, mûr, de πέπτω, cuire, synon. de ἐΰς, et a dû être *peponus, ponus, bonus.*

Εὖτε, quand, lorsque. Pour αὖτε, de αὐτός; m. à m., *en même* (temps). Le latin *quando, quum,* quand, lorsque, viennent de *equando, equum;* m. à m., égal, pareil, même (temps), *en même temps,* de *æquus,* égal, pareil, même, comme, αὐτός.

Εὔχομαι, prier, faire vœu, se vanter. Ce verbe, dans son acception de vouer, faire des vœux, vient de αὔω, souffler, respirer, aspirer, soupirer. En français même, *aspirer à, soupirer après*, sont synonymes de désirer, faire des vœux pour, prier, demander ; parce que la prière, le besoin, le désir sont inséparables des soupirs, des gémissements, des sanglots. La poitrine se gonfle, la respiration augmente en force et rapidité, αὔω. Le latin *anhelare* est évidemment lui-même pour *en halare*, souffler, respirer, synon. de αὔω.

La signification de se vanter vient de αὐχέω, que l'on peut voir en son lieu devenu ici εὔχω. Ajoutons seulement qu'aux deux étymologies assignées à αὐχέω (voy. αὔχη) se joint le même verbe αὔω, souffler, respirer, aspirer. On sait que l'orgueil, la vanité, gonfle, bouffit, remplit de vent, rend ampoulé. *Vanus, vanitas, ventus*, de αὔανος, αὐανιτας, αὔαντος, de αὔω. C'est toujours le vent. Les Espagnols disent « *meter el resuello* » (refouler la respiration à quelqu'un), pour humilier quelqu'un, faire taire un fanfaron.

Εὔω, chauffer, sécher au feu, au soleil. Le même que αὔω, dessécher, sécher au vent ; souffler le feu, l'allumer. Sec et chaud sont des idées inséparables, comme froid et humide, qui sont l'état opposé.

Εὐωχία, festin, banquet, régal, fête, amusement. Formé de εὖ ἔχω, en latin *bene habeo*; m. à m., traiter quelqu'un, le fêter, le festoyer, le bien traiter, le *tenir bien*, l'accueillir bien, εὖ ἔχω.

Ἔχθος, haine ; pour ἄχθος, indignation, fâcherie, chagrin. Ce que l'on hait nous devient à *charge*, ἄχθος, nous indigne, nous fâche, nous pousse, nous excite, nous soulève, ἄχθομαι, ἄγω, ἀχθείς ; en espagnol, *me carga* est synonyme de m'est odieux.

Ἔχις, vipère. Vient de ἐκ εἶναι, lâcher, émettre (le venin, ἴον), de εἶναι, lui aussi. C'est l'émission du reptile, qu'il *émet, laisse* dans la morsure ; pour les distinguer des couleuvres qui n'émettent rien, puisqu'elles sont dépourvues de venin. Le mot générique ὄφις, serpent, pourrait également être composé de ἄπο ou ἔπι et εἶναι, lâcher, émettre ; pour ἄφις ou ἔφις, ἄφεις ou ἔφεις, en généralisant pour toute la classe ce qui n'est vrai que pour quelques espèces.

Ἐχῖνος, hérisson. Pour ἀχῖνος, de ἄχος, douleur ; ses piquants sont très-douloureux. Ou mieux encore de ἐκ εἶναι, lâcher, émettre, envoyer, à cause de la faculté attribuée à cet animal de lancer ses piquants, qui ne font que se détacher naturellement avec plus ou moins de force, lorsqu'il les secoue.

Ἐχυρός, sûr, bien sûr, fortifié, préservé. Pour ἐκ ῥύω, ἐχρυός, par euphonie ἐχυρός. Ῥύω signifie préserver, sauver, garder, délivrer.

Ou bien de ἔχω, tenir; m. à m., *qui tient, qui tient bien*.

Ἐχθές. Voy. χθές.

Ἔχω, avoir, tenir. S'il n'est pas primitif, tient évidemment au verbe λέγω, par son parf. εἴλεχα, en supprimant εἴλ, prendre, cueillir, tenir. Ou bien à δέχω, δέχομαι, en tant, qu'il serait, pour λέχω, λέχομαι, de λέγω. Observons aussi que ἴσχω, σχῶ, qui passent pour synonymes de ἔχω, pourraient aussi n'être que des abréviations de ἑλίσκω, prendre, tenir, avoir, retenir, saisir.

Ἕψω, rôtir, cuire. Paraît formé du futur ou aoriste de εὕω, cuire, chauffer. Εὕσω, avec l'esprit rude du dialecte attique, sonne à l'oreille comme ἕψω, et a dû s'écrire avec l'une ou l'autre orthographe. Ou mieux encore de ἅπτω, suspendre et brûler : les deux opérations que subit précisément le rôti, qu'on *suspend* sur le *feu* pour lui faire subir une légère combustion.

Ἔω, aller. Verbe qui, en français, confond ses temps avec ceux du substantif *être*, équivaut à être ou devoir être. Voy. ἔω. Aller, dans beaucoup de cas, sinon dans tous, paraît n'être autre que ἔω, être. « Il *fut* à Rome, » revient à « il *a été* à Rome. » En espag., *fue* signifie *fut* et *alla*. C'est, en réalité, *chercher à être quelque part*.

Ἕω, envoyer, faire aller. Paraît être le même que le précédent, dont il ne se distingue que par l'aspiration initiale, aspiration qui est ici une espèce d'onomatopée, à cause de l'effort nécessaire pour donner l'impulsion, pour pousser, pour mettre en mouvement, pour envoyer, pour émettre. C'est la forme impulsive ou causative de ἔω, *aller*. Remarquez ici la parfaite analogie avec le génie de la langue hébraïque. Ἕω, avec esprit rude, répond à la conjugaison hiqtil : *faire aller*; avec l'esprit doux, c'est le simple qatal : *aller*.

Ἕψια, jeu, amusement. De ἕπω; m. à m., *occupation*; en espagnol, *entretenimiento*.

Ἕωλος, rance, vieilli, moisi, réchauffé, en parlant d'un repas. Vient probablement de ἕως, aurore. C'est le repas de l'aurore, par conséquent préparé la veille et réchauffé de bon matin, heure à laquelle aucun repas ne peut être disposé encore, à moins qu'il ne l'ait été la veille. Voy. aussi le mot εὐρώς, son synonyme.

Ἕως, aurore. Est formé de ἕω, envoyer, émettre. C'est le moment de l'*émission* de la lumière, ou peut-être du vent, de la légère brise du matin, qui se lève avec le soleil, et qui a produit en latin le nom *aurora*, de αὔρα, αὔω, souffler, faire du vent. Cette étymologie serait encore plus simple et plus directe, si l'on supposait que l'esprit rude de ἕως n'appartient qu'au dialecte attique, comme cela a lieu dans une infinité d'autres cas : car, dans cette hypothèse, ἕως serait pour ἄεως, de ἄω, ἀέω, souffler, et nous aurions une analogie parfaite avec *aura* et *aurora*.

Si l'on voulait voir ici le verbe ἕω, venir, arriver, ἕως serait tout bonnement *la venue, l'arrivée*, l'apparition (du soleil).

Ἕως, Pendant, durant, jusques. Je soupçonne que nous nous trouvons ici dans le même cas que le précédent, c'est-à-dire qu'en supprimant l'aspiration, il nous reste le verbe substantif εἰμί ἕω, être, exister, durer. C'est proprement, cela *étant, existant, durant*. A moins que l'on ne veuille voir ici que la conjonction ὥς, *que, comme, autant, selon que, tant que, tandis que, tant que dura*, équivaut à *pendant la durée*. De la même manière que notre français *comme* et le latin *cum* ou *quum*, qui signifient *semblablement, pareillement*, et *pendant que, tandis que*, ἕως dériverait alors du pronom relatif ὅς, ἥ, ὅ.

Ἔω, être, exister. Est (selon que l'abbé Bergier l'avait déjà soupçonné), le même que ἀέω, souffler, respirer, car la respiration est, en effet, le symptôme et le phénomène principal de la vie. *Anima, animus* (ἄνεμος), *spiritus*, sont synonymes de *vita*. Le souffle, c'est l'existence ; le dernier souffle, c'est la mort.

Et comme le verbe est ce qui marque la qualité, la *manière d'être* des objets créés, le verbe par excellence, le véritable verbe, le seul verbe, c'est le substantif être, ἕω, dont nous nous occupons, qui marque la qualité d'*être*, d'*exister*, de *subsister*. Il est inséparable de la racine, et lui donne en quelque sorte la vie, la subsistance. Pierre mange, est la même chose que Pierre *est* mangeant. Nous voyons, revient à nous *sommes* voyants. Ou plutôt Pierre *est* mange. Nous *sommes* voi ; mang, voi, sont les racines qui caractérisent ici le *verbe* par excellence. Être, ἕω (ἀέω), est ici la vie, le *souffle* de vie, l'âme ; mang, voi, sont le corps, la matière de la parole.

Le verbe, *verbum*, mot mystique qui a tant donné à penser aux théologiens et aux philosophes, n'est donc autre chose que l'existence unique, l'Être par excellence, l'Être éternel, car tout le reste n'est doué que d'une existence accidentelle et précaire qu'il tient de celui qui seul en est la source. C'est le *ego sum qui sum;* le iehouah (*haia*), c'est-à-dire encore la vie, l'existence unique, la substance indépendante, la source de la vie, Dieu, en un mot, ou son Verbe, qui est une seule et même chose.

Nous devons encore ajouter une observation remarquable sur le verbe substantif. C'est que dans beaucoup de langues il se confond avec le verbe aller, marcher. Ἔω, en grec, être et aller. En français, nous disons comment *allez*-vous, pour comment *êtes*-vous ; il *va* bien, il *est* bien, il *se porte* bien. Se *porter*, c'est *aller* vers. En espagnol, como *va*, como lo *pasa*, pour comment *est*-il ; or, *pasar, passer,* c'est encore aller, marcher, se porter vers.

C'est qu'en effet le symptôme le plus inséparable de la vie, après la respiration, c'est le mouvement, la locomotion. Ou bien encore, c'est que la vie est un voyage, un passage au travers du temps, dont le terme est ce qui ne passe plus, c'est-à-dire l'éternité.

Z

Ζάω, vivre, exister, ou ζόω. Ce verbe remarquable dérive de ἄζω, ἀάζω, ἀαζάω, exhaler, respirer, souffler. C'est le soufle, la respiration qui est la fonction et le signe principal de la vie. C'est pour cela que *respirer* est, dans presque toutes les langues, synonyme de *vivre, exister*. Rendre le *dernier soupir* ou *souffle,* c'est cesser de *vivre*. Le latin *animal,* être animé, ζῶον, vient de ἄνεμος, vent, souffle, respiration. C'est l'être qui respire et, par conséquent, qui vit. Nous avons déjà vu que le substantif ἔω, εἰμι, n'est autre que ἀέω, ἀείμι, souffler, respirer.

Ζά, particule augmentative. Voy. δά, qui a la même signification. A moins que nous n'ayons ici un abrégé de ἄζα; m. à m., *terriblement,* d'une *manière formidable, imposante*. De ἄζω, craindre, avoir peur, être effrayé. En français et dans beaucoup de langues, *terrible, imposant,* est aussi synonyme de fort, violent, excessif, très, beaucoup.

Ou bien de ζάω, vivre, être vif, vivace ; m. à m., *vivement*.

Ζάγκλη, faux, serpe. De ἀγκύλος, courbe, tordu.

Ζάλη, tempête, tourbillon. De ζέω, bouillonner. C'est le bouillonnement des flots.

Ζειά, épeautre. De ζέω, bouillir. C'est une céréale en bouillie que les Romains appelaient *alica*, c'est-à-dire l'*alimentaire*, la *nourrice*; qui est employée pour faire la bière et d'autres liqueurs fermentées. Bouillir et fermenter sont synonymes. Le latin *spelta* vient du grec ἐς παλλω, battre. Ce grain a besoin d'être très-battu. Voy. ζύθος.

Ζειρά, espèce de robe longue. Paraît un abrégé de μαζειρά, de μαζος, mamelle. Espèce de surtout, de jaquette, qui arrivait aux mamelles, à la ceinture, ou qui s'y repliait. De là, la signification de χιθών ἀνακεκολπωμένος, tunique relevée, attachée sur le sein : κόλπος.

Ζεύγνυμι ou Ζεύγω, joindre, unir, et, plus probablement, accoupler, unir deux à deux, unir par paires. Ce verbe peut être un composé de σύν et ἄγω; m. à m., *conduire, mener* avec ou ensemble. Συνάγω, σύγω, et, par transposition, σύγνω, que les Doriens et les Eoliens prononçaient ζύγνω, ζεύγνω. On peut supposer aussi que les composants de ce verbe sont les trois mots ἐς, δύο et ἄγω; m. à m., *conduire, amener* en deux, ou par deux. Ἐσδυάγω, devenu, par abréviation et euphonie, σδύγω, d'où δσύγω, ζύγω, accoupler, unir *deux à deux, par paires*, significations propres du verbe que nous analysons.

Ζεύς, Jupiter. Le maître, le roi, le premier des dieux. Ce mot, que quelques dialectes transforment en δεύς, d'où le *Deus* des Latins, doit probablement son origine à ἄζω et δέω, verbes qui signifient tous les deux vénérer, révérer, respecter, craindre, redouter. C'est le *terrible*, le *respectable*, le *redoutable* par excellence. C'était presque déjà le Dieu unique, le θεός, mot qui lui-même est un abrégé de τιθέος, adjectif verbal de τίω, vénérer, respecter, honorer. C'est encore le vénérable, honorable, respectable par excellence; sa déclinaison διός, δια, etc., dérive de δίω, craindre, redouter, vénérer, et confirme nos observations.

Ζέφυρος, zéphyr, vent d'ouest, vent du couchant, vent frais et humide. Est une métathèse de ζόφερος, de ζόφος, obscurité, ténèbres, et, par extension, l'occident, le couchant. C'est le côté de l'horizon où sont les ténèbres, où commence la nuit. Le vent d'ouest a, en outre, la propriété d'amener la pluie, les nuages, l'obscurité, d'*assombrir* le ciel : ζόφος.

Ζέω, bouillonner, bouillir. Est un abrégé de σίζεω, ou bien de ῥοιζέω, qui tous deux signifient siffler. Le sifflement est, en effet, caractéristique du bouillonnement de tout liquide.

Ζῆλος, zèle, émulation, jalousie. Vient de ζέω. C'est, m. à m., une *ardeur*, une *ferveur*, un *bouillonnement* de l'âme. C'est le frémissement que fait entendre l'envieux, le jaloux ; quelque chose d'analogue au sifflement du serpent.

ζημία, perte, détriment, amende, punition. Ce mot peut être un dérivé de λάζω, λαζημία, prendre, reprendre, convaincre, punir, injurier, offenser, causer du tort, du dommage, que nous verrons en son lieu. Ou bien pour δήμια ; m. à m., *publique, populaire*. C'est la peine imposée au nom, par l'ordre ou au profit du peuple. Une *peine publique*. Remarquons que δημόω signifie confisquer, ce qui paraît confirmer cette seconde étymologie. C'est tout simplement saisir au *profit du peuple*, au profit du public. Voy. aussi οἴζω, gémir, être peiné, affligé : οἰζημία, peine.

Ζητέω, chercher, rechercher. Ce verbe est probablement un abrégé de διζητέω de δίζω, chercher, rechercher. Ou bien de ὀζητέω, de ὄζω, sentir, flairer, chercher à la piste, comme font les chiens et, en général, tous les animaux qui se nourrissent de proie vivante. L'odorat est, en effet, un des principaux instruments de *recherche* et d'*investigation*, mot qui est composé de *in* et *vestigium*, trace des pas ; *piste,* de l'espagnol *pisar*, fouler, *pisada*, trace, empreinte du pied, vestige. C'est ce qui guide l'odorat du chien.

Ζιγγίβερις, gingembre. Mot exotique.

Ζιζανίον, ivraie. Pour σιζάνιον, de σίζω, siffler, fermenter, ou de ζέω, bouillir. On en faisait une liqueur fermentée. Notre mot *ivraie* tient à *ivre, enivrant*, soulant, propriété qu'avait cette liqueur.

Ζίζυφον, jujube, jujubier. A la même étymologie que le précédent. On en fabriquait aussi une liqueur fermentée, *sifflante*.

Ζόφος, obscurité, ténèbres, soir, coucher du soleil. Ce mot est un composé de ἕζω, asseoir, poser, coucher, et φῶς, lumière ; m. à m., *coucher de la lumière*, coucher du soleil ; en espagnol, *ponerse* el sol.

Ζῦθος, bière, De ζεύω, bouillir, fermenter, ou σίζω, siffler. Tout le monde connaît les effets bruyants du gaz qui s'en dégage. La bière n'est d'ailleurs que de l'orge *fermentée*, ζέω, liqueur *fermentée*.

Ζύμη, levain, ferment. Vient de ζεύω, ζύω, comme ζέω. C'est le résultat d'une *fermentation* de la pâte.

Ζωμός, potage, jus, bouillon. De ζέω, bouillir, bouillonner. C'est le résultat de la cuisson dans l'eau.

Ζωννύω, ceindre, lier, entourer la ceinture. Ce verbe, qui a dû être primitivement μαζοννύω, doit son origine à μαζός, mamelle, sein, ceinture ; parties du corps qui se touchent et se confondent. C'est la place de la ceinture, surtout chez la femme, qui est le sexe qui en a le plus besoin, et qui en usait de préférence, surtout à l'âge où le développement du sein, μαζός, la lui rendait indispensable pour l'ajuster et le soutenir.

Ζωρός, vin pur, vin sans eau. Ce mot vient de ζέω, bouillir, fermenter, et signifie proprement vin cuit, et, par conséquent, plus fort que celui qui n'a pas subi cette préparation. Ou bien encore, ζωρός n'est-il simplement que le vin qui a subi la fermentation ordinaire, qui est devenu vin, par opposition au simple moût, qui est loin d'avoir la même énergie.

H

Ἥβη, jeunesse, âge de la puberté. Ce mot vient du verbe ἅπτω, allumer, enflammer. C'est, en effet, l'âge de l'ardeur, de la pétulance ; l'âge dans lequel les passions s'enflamment, s'allument ; surtout, la plus brûlante de toutes, l'amour, qui est un véritable incendie. L'analogie de ἠΐθεος, jeune, adolescent, qui vient de αἴθω, brûler, enflammer, semble confirmer cette étymologie, tirée de ἅπτω, allumer, enflammer, brûler. Si l'on veut voir ici, malgré l'esprit rude, le verbe εἴβω, couler, verser, répandre, l'étymologie conviendrait encore très-bien, car la puberté est le signal des premiers écoulements prolifiques.

Ἡγέομαι, conduire, être chef. Est simplement le moyen de ἄγω, conduire, mener ; l'esprit rude, qui apparaît ici, est probablement dû au dialecte attique.

Ἠδέ, conjonction *ou*, *soit*. Est un composé de ἤ, subjonctif, 3ᵉ pers. de εἰμί; m. à m., *soit*, *soit que*, et de δέ, autre conjonction que nous avons déjà vue plus haut.

Ἤδη, déjà. Cet adverbe est un composé de ἤ, soit, était, fut, et de δή, que nous avons vu en son lieu. *Soit donc, soit, fut donc, hé bien donc.*

Ἡδύς, doux agréable. Cet adjectif vient de ἕζω, asseoir, s'asseoir, et signifie, par conséquent, *rassis, posé, paisible, tranquille ;* en latin, *placidus, placere*, tranquille, paisible, agréable ; de *placare*, apaiser, *placer, poser*, d'où notre français *plaisir, plaire*, synon. de douceur, être doux. Pour se persuader entièrement de la vérité de cette étymologie, il suffit de voir plus bas quelle est la formation de ἥμερος, synon. de ἡδύς.

Le plaisir et le repos se confondent, de même que la douleur et le travail.

Ἦθος, mœurs, habitude, caractère. Voy. ἔθος, même signification. Tous deux proviennent du verbe εἰμί, être. C'est la manière d'*être*, d'*exister*, de vivre, de se tenir, la tenue, l'état ; en latin, *habitudo*, l'habitude, la manière de vivre, qui constitue ce que nous appelons les mœurs, du latin *mores*, mot qui tient lui aussi à *morari*, demeurer, être, exister, vivre, significations qui sont toutes celles de εἰμί. Les sens de lieu, maison, s'expliquent d'eux-mêmes : c'est la place où l'on *est*, où l'on *habite*, où l'on *existe*, où l'on *vit*.

Ἤθω ou Ἤθεω, passer, filtrer, clarifier. Tient probablement au verbe εἰμί ou θέω, τίθημι, en tant qu'ils expriment l'idée de demeurer, rester, et de poser, reposer. La *demeure*, le *repos* est, en effet, le principal et le plus simple moyen de purifier et clarifier les liquides pour les décanter. Le repos précède toujours la décantation et lui est indispensable. Ἤθω est donc simplement reposer, faire reposer : et si l'on ne fait pas attention à l'esprit doux, on pourra le dériver aussi de ἧμαι, s'asseoir, se poser.

A moins que l'on ne veuille voir ici tout simplement le verbe νήθω, filer. C'est alors *passer par le fil, par le filtre, filière*, tamis qui est formé de fil, chausse, ou autre disposition quelconque, ou en *filet* mince, *filant* en quelque sorte le liquide.

Ἤϊα, balles, cosses, écorces du grain et des légumes. Ce mot est un abrégé de ἰηΐα, du verbe ἵημι, envoyer, lancer, laisser, jeter. C'est, en effet, la partie de rebut, de rejet que l'on rejette. Le mot français *balle* vient évidemment lui-même du grec βάλλω, jeter, lancer, rejeter.

Ἡΐθεος, jeune, adolescent. De αἴθω, allumer, enflammer. C'est l'âge des passions, l'âge où elles *s'allument, s'enflamment*; l'âge de l'ardeur, de l'impétuosité. Si l'on veut voir ici le verbe ἵεμαι, désirer, ηΐθεος sera l'âge du *désir*, de la *concupiscence*, de l'*amour*, la plus brûlante des passions, le plus violent des *désirs*.

Ἠϊών, bord, rivage élevé. Ce mot est formé de *a* négatif et ἰω, aller, marcher, parvenir, par conséquent, *inabordable*. Ce qui a lieu, en effet, sur les côtes abruptes, escarpées; par opposition aux *plages* dont l'abord est facile. Les Latins disent *inaccessus, impervius*, inaccessible, qu'on ne peut approcher. Cela nous explique pourquoi le simple adjectif ἠϊόεις se rend par : qui a des bords élevés, un rivage escarpé.

Ἦκα, tout bas, sans bruit, doucement. Cet adverbe vient évidemment de ἦκα, aor. 1 de ἵημαι, dans le sens d'asseoir, poser, reposer, abaisser; c'est, m. à m., *tout bas, posément, paisiblement*, ce que les Latins ont traduit littéralement par *submisse, demisse*, formés aussi de leur verbe *mittere, demittere*, ἱέναι.

Ἥκω ou ἵκω, venir, parvenir, aller, arriver. Ce verbe dérive du parf. εἶκα, ou de l'aor. ἦκα, de ἵημαι, envoyer, émettre, rendre. C'est proprement *s'envoyer, s'émettre*, et, comme nous disons en français, *se rendre, s'en venir, s'en aller, se porter* vers ou à. En espag., *irse, venirse*. Remarquez cet usage général de la voix moyenne ou réfléchie dans les verbes aller et venir. Le latin *venio* lui-même paraît formé du grec εἶναι, ἔναι, prononcé *venai*, c'est-à-dire s'envoyer, se rendre, se porter vers.

Ἠλακάτη, flèche, roseau, quenouille. Ce mot vient de ἤλακα, parf. de ἐλάω, étendre, allonger. Cet instrument des fileuses sert pour étendre *dessus, à l'entour*, la matière à filer ; et, en même temps, pour en étendre, étirer, tirer, allonger le fil qui en provient. On pourrait voir encore ici le parfait ἤλακα, de ἐλαύνω, chasser, pousser, lancer, ayant d'abord signifié flèche, trait, primitivement construits avec des roseaux.

Ἠλάσκω, errer, s'égarer, s'écarter de. Voy. ἀλάω, ἀλάομαι. Ou bien ἐλάω, s'étendre, divaguer, s'éloigner.

Ἠλεός, fou, insensé, égaré ; même étymologie que le précédent.

Ἠλίθιος, même signification et même origine que ἠλεός.

Ἤλεκτρον, sorte de métal ; ambre jaune. Vient de ἀλέκτωρ, surnom que les Grecs donnaient au soleil, parce qu'ils croyaient que cette gomme fossile était le suc de la terre concrété, coagulé par les rayons de cet astre. Ou bien parce que la couleur jaune de l'ambre, de même que celle de l'alliage métallique qui portait ce nom, rappellent la couleur des rayons solaires.

Ἡλίκος, combien grand, aussi grand que. Doit son origine au verbe ἄλω, prendre, comprendre, contenir, avoir capacité. Ἡλίκος est donc proprement *capable de*, et, par conséquent, aussi grand que, de la même ampleur que, de la même étendue ou capacité, de la même taille que, des mêmes dimensions que, et, par extension, du même âge que.

Ἥλιος, le soleil. Dans la langue grecque, l'astre du jour tire son nom du verbe εἰλέω, tourner. C'est (en apparence) l'astre *tourneur*, l'astre aux révolutions par excellence. Il paraît tourner pendant le jour autour de la terre, et, pendant l'année, autour du zodiaque. Le latin *sol* vient peut-être du grec σόλος, qui signifie disque ou masse sphérique.

Ἧλος, clou, vient du verbe ἄλω, prendre, saisir, assujettir, tenir, retenir. C'est là précisément le rôle des clous, des chevilles, etc.....

Ἠλύσιον, Élysée. Ce fameux séjour de la mythologie grecque doit son nom à ἤλυσις, qui signifie tout simplement *allée et venue, promenade, allée, avenue*. C'étaient donc tout bonnement des *allées*, des *avenues*, des *promenades* où se promenaient les bienheureux dans une douce oisiveté. Ne nous étonnons donc point que ἠλύσιον signifie aussi un parc, un jardin, un enclos, un parterre quelconque.

Ἧμαι, s'asseoir, se poser. Voy. εἶναι, s'envoyer, se lâcher ; en latin, *dimittere* ou *dimittere se* : c'est-à-dire, *s'envoyer*, lâcher, se laisser choir, tomber, poser.

Ἡμαίθος, demi-obole, monnaie. Pour ἡμίαθος, de ἡμί, moitié, ou pour ἡμάθιος.

Ἡμεῖς, nous. Ce pronom pluriel paraît tenir à ἁμά, ensemble, avec. C'est proprement les *rassemblés, adjoints, compagnons, associés, unis* à celui qui parle, opposés à *un autre*, qui est en dehors de l'union.

Ἠμεκτέω, supporter avec peine, répugner. Ce verbe peut venir du parfait ἤμεκα, de ἐμέω, vomir, rejeter, avoir des envies de vomir, des nausées, éprouver de la répugnance, très-bien exprimé par le latin *stomachari*, être affecté à l'estomac, soulever l'estomac, soulever la bile, l'indignation, la répugnance. La répugnance physique se ressent dans l'estomac.

Ou bien ce pourrait être une corruption de ἀκμετέω, de ἀκμή, pointe, douleur, impulsion, choc, violence : ἠκμετέω.

Ἡμέρα, jour, journée. Ce mot est un dérivé de ἧμαι, s'asseoir, se poser, se coucher. C'est, m. à m., le coucher du soleil ; et cette étymologie, qui paraît paradoxale au premier abord, s'explique tout naturellement lorsqu'on remarque que les Grecs comptaient les jours par les couchers du soleil. L'instant où le soleil et avec lui le jour, la lumière, disparaissaient à l'horizon, était pour eux le jour complet, le jour parfait, accompli, l'espace d'un jour ; en un mot, un jour, une journée. On comprend, en effet, parfaitement qu'en disant : un objet a vu ou duré cinq couchers (du soleil), nous voulons dire cinq jours.

Ἥμερος, doux, paisible, apprivoisé. Cet adjectif est dérivé de ἧμαι, je suis assis. C'est donc tout bonnement qui est assis, rassis, apaisé, reposé, paisible, tranquille, en repos.

Ἥμισυς, demi, moitié. Ce mot vient probablement de ἅμα, ensemble, ou de ὁμίζω, égaliser, égaler, rendre égal, parce qu'en effet la moitié d'un objet est *égale* à l'autre moitié, et, quand on le divise en moitiés, on ne fait que faire deux parties parfaitement *égales* entre elles, ce qui n'a lieu que dans ce cas, car la division par trois, quatre, etc., ne nous donne plus une seule des parties égale à l'ensemble des autres, ne nous donne plus l'égalisation, l'équation, la parification ; en un mot, la *paire*. De là, le *par* des Latins, signifiant deux et égal, et notre *paire* et *pareil*. C'est qu'en effet, une *paire* est une réunion de deux choses *égales*, de deux moitiés.

Faisons remarquer aussi que ἁμάω signifie couper, et que ἥμισυς pourrait bien être aussi une dérivation de ce verbe. Ce serait, m. à m., une *coupe, coupure, division*.

Ἦμος, quand, lorsque. Cette conjonction vient de ἅμα, ou ὁμός, ensemble, même, comme. De la même manière que les Latins disaient *cum*, qui signifie ensemble et lorsque, et *quum*, *quando*, pour *equum*, *equando*, égal, même, semblable ; en français, nous avons *comme*, synon. de *semblablement*, qui a les mêmes acceptions que *cum* et *quum*, et ἅμα ou ἅμος. Nous disons aussi « être à *même* de », pour « *quand*, lorsque, *comme* nous étions.* » Ὡς, *comme*, signifie aussi *quand, lorsque*.

Ἡμύω, pencher, incliner, tomber. Peut venir de ἀμεύω, changer, altérer, passer, s'écarter, se déplacer. L'inclinaison est, en effet, une *altération*, un *changement* de direction, un *écart* de la voie, de la ligne droite ; un *passage* d'une position à une autre.

Ἦν, conjonction *si*. C'est la 3ᵉ pers. singul. du subj. ou de l'imparf. du verbe εἶναι ; m. à m., *soit*. Ἦ, *soit*, a la même origine. Le latin *si*, vient également de *sit*, soit.

Ἤν, ἠνί, voici, voilà, est peut-être le même que le précédent *soit*, bien, soit ; bon, soit. Ou bien pour ἀνά, ἀνάει, de ἀνά, εἰμί, il est, il arrive, il survient. Ou bien une simple exclamation hé ! ha ! holà ! hé là ! Ou, enfin, pour ἐάν, de ἐάω, *laissez* ; en espag., *vaya*.

Ἠνεκής, grand, long, continu. De ἐν ἔχω, contenir en, par conséquent, qui a de la *capacité*, de l'*ampleur*, grand. Ou qui tient, retient, se tient, contient ; par conséquent, *continu, continuel*. Ce pourrait être encore un composé de ἀν, négatif, εἴκω céder, ἀνεκής ; m. à m., qui ne *cède pas*, qui ne *cesse pas*, incessant, continu, continuel.

Ἡνία, bride, frein, courroie. Vient de εἶναι, laisser, lâcher, rendre. C'est exactement notre français *rênes*, qui, comme l'espagnol *rienda*, viennent aussi de *rendre, rendir*, lâcher, émettre, remettre. C'étaient les longues brides, les *allonges* qu'on laisse ordinairement *flottantes*.

Ἡνίκα, quand, lorsque. En ôtant de cette forme la terminaison adverbiale ικα, il nous reste ἥν, accus. du pronom ὅς, ἥ, ὅ ; en latin *qua* (hora), à l'heure que, *in quam* (horam). Notre français *lorsque* est une altération de *à l'heure que*, analogue au grec ἥν, ἡνίκα, auquel il faut aussi sous-entendre ὥραν,

Ἧπαρ, le foie. Vient de ἅπτω, allumer, enflammer. Ce viscère, qui, par parenthèse, est sujet à de fréquentes *inflammations*, était, pour les anciens, le siège de toutes les passions *ardentes, bilieuses, brûlantes*, comme la colère, la haine, l'envie. Et cela s'explique facilement lorsqu'on se rappelle que c'est l'organe où s'élabore la bile, sécrétion qui est le symbole et le synonyme de la colère, de l'irritation et de toutes les affections violentes. Nous finirons en observant que ἕψω peut aussi avoir été la souche du mot que nous analysons, car on sait que la *cuisson*, la *digestion* des aliments est une des fonctions auxquelles contribue le foie. Si l'on voulait rapporter ce mot au verbe ἠπάω, adoucir, alléger, rétablir, ce serait, m. à m., l'*adoucissant* la digestion, l'aidant, le secondant ; ou bien le doux, suave, léger, à cause de la mollesse et de la finesse de son tissu.

Ἤπειρος, continent. N'est autre chose que *à* privatif et πέρας, ou περαῖος, fin, extrémité ; m. à m., *sans fin* : par conséquent continuel, continu, continent, pour ἄπεριος, ἤπεριος.

Ἠπητής, couseur, ravaudeur. Vient probablement de ἠπάομαι, dérivé lui-même de ἅπτω, attacher, rattacher ; en d'autres termes, recoudre, raccommoder. Ou bien ce mot tient-il à la même souche que l'ionien ὄπεας, alène de ravaudeur, de cordonnier, de ὀπή, trou ; c'est précisément ce que font les ravaudeurs soit avec l'alène, soit avec l'aiguille, car ce sont les outils indispensables pour percer le cuir et faire les *points* de la couture, du ravaudage et du raccommodage.

Ἠπίαλος, fièvre continue. De ἤπιος, doux, lent ; m. à m., fièvre lente ; par opposition aux fièvres de caractère *aigu*.

Ἤπιος, doux, lent, modéré, facile. Je soupçonne que cet adjectif a été primitivement ὄπιος, venant de ὀπτῶ, cuire. Tout ce qui est cuit est rendu doux, suave. C'est pour cela que les idées de cuisson, de maturité, ὀπώρα, automne (c'est-à-dire cuisson, maturité des fruits), et celles de douceur, sont inséparables, de même que les idées contraires, *cruauté, crudité, dureté* ; *crudelis, crudus, rudus*.

Ἥρα, Junon, l'air, ἀέρα, la *haute*, l'*élevée*, l'atmosphère ; ou bien de ἄρω, c'est-à-dire l'alliée, la conjointe, l'épouse (de Jupiter). Le latin *Juno* a un air de famille avec le verbe *jungo*, joindre, unir, et, par conséquent, avec *conjux* (*jovis et soror et conjux*).

Ἤρεμος, doux, paisible, tranquille. Est le même que ἥμερος, que nous avons vu plus haut, prononcé par métathèse de différente manière, ou altéré par les poètes.

Ἠρίον, tombeau, sépulcre. Pour ἀέριον, c'est proprement un tas de terre, une *élévation*, un monceau, un *tumulus*. Tel enfin que le faisaient les anciens soit en terres, soit en pierres. D'où notre français *tombeau*.

Tumulus, de *tumeo*, se gonfler, s'élever, se soulever. C'est une véritable *tuméfaction* de la terre, du sol.

Ἥρως, héros, demi-dieu, élevé au rang des dieux. Ce mot remarquable de la langue grecque doit vraisemblablement son origine au verbe αἴρω ou ἀείρω, élever, exalter, hausser. Les héros ou, comme nous disons en français, les hommes *élevés*, les *grands* hommes, les hommes *supérieurs* étaient *élevés* au rang des dieux, étaient *élevés* sur les autels. Toujours l'idée d'élévation sous un point de vue ou sous l'autre. C'étaient les *géants* de l'Écriture, les élevés, les grands, les hauts.

Ἥσσων ou Ἥττων, moindre, inférieur, bas. Formé de ἧσται, εἶναι, être assis. C'est proprement le latin *demissus, submissus*, de *mittere*, assis, posé, déposé, bas, inférieur, abattu.

Ἥσυχος, paisible, tranquille, a la même étymologie que le mot précédent ἧσται, ἔζω, εἶναι ; c'est, m. à m., celui qui est *assis, rassis, reposé*, tranquille. Peut-être aussi est-il pour ἥδυχος, ἡδύς, ἔχω, doux, agréable, calme, paisible.

Ἦτορ, cœur, courage. Formé du verbe ἀέω, souffler, respirer. C'est exactement *animus, spiritus* des Latins, qui viennent de ἄνεμος, vent, souffle et *spirare*, et qui sont synonymes de courage, cœur, valeur : comme en espag. *animo, espiritu, aliento*. La respiration est le signe de la vie, de la force, de la vigueur.

Ou bien pour ἵητορ, de ἵημαι, envoyer, émettre, pousser. Cet organe a pour principal rôle d'émettre le sang dans tous les vaisseaux du système circulatoire.

Ἦτρον, ventre, vient aussi de ἄω, souffler. Le ventre est, en effet, un véritable soufflet, et voilà pourquoi les Latins l'appelaient *venter*, de *ventus*, vent : ce qu'en français nous appelons les *flancs*, de *flao*, souffler ; en grec, κένεον, le vide, le *vain*, le *venteux*, le ventre.

Ἤτριον, fil, tissu, trame. En transposant le ρ, nous avons ἤρτιον, ἄρτιον, de ἄρω, ajuster, concerter, tramer, arranger, unir. Le tissage n'est qu'un *ajustement*, un *arrangement*, un *serrement*, une *jonction* de fils les uns contre les autres. Remarquez à cette occasion l'analogie qui existe entre les mots ἄρτιος et ἄρτος et le latin *pannus* et *panis*, signifiant drap, tissu et pain, et qui doivent leur origine au verbe grec πήγνυω, *pagnus* et *pagnis*. C'est que ces deux objets ne sont, en effet, que le produit d'un arrangement, d'un ajustement, d'un adaptement, d'une préparation, d'une pression, d'un serrement, d'une compression.

Ἦὐτε, comme, selon que. Pour αὖτε, de αὐτός, *semblablement*, de la *même* manière.

Ἥφαιστος, Vulcain; le feu. Ce mot tient évidemment au verbe ἅπτω, allumer, enflammer, brûler; parf. ἧφα, joint peut-être à ἵσημι, savoir. Dieu habile au feu.

Ἦχος, écho, son retentissant, vient de ἄγω, heurter, frapper. C'est la *répercussion* d'un son, le *choc*, le *heurtement* de la voix, du parf. ἦχα; m. à m., le *heurtant*, le *choquant*. Ou, si l'on aime mieux, du verbe ἰάχω, résonner, retentir, pour ἰήχος.

Ἠώς, l'aube, l'aurore. Vient du verbe ἤεω, souffler. C'est l'heure du jour où le vent commence à souffler, où se lève la *légère brise* du matin, poussée des régions orientales par la dilatation des couches de l'air que le soleil échauffe successivement. Les Latins appelaient aussi cette période de la journée *aurora*, de *aura*, vent, du verbe grec αὔω, *souffler*.

Θαιρός, essieu, gond. De μετά, ἀείρω, enlever, soulever, suspendre en l'air. Pièce qui sert de support et de pivot aux portes, soulève, suspend, μεθαίρος, qui lève, relève, porte, axe qui sert de support à une charrette ou charriot. C'est peut-être encore un abrégé de ἀχθάριος; m. à m., *qui porte, mène, supporte, conduit*, du verbe ἄγω, d'où dérive aussi ἄξις, ἄξων, axe, essieu. Ou bien de μοχθάριος, de μόχθος, support, soutien, fatigue, travail, levier, gond.

Θάλαμος, lit, chambre, alcôve, couche. Formé de θάλλω, verdir, fleurir, être verdoyant, fleuri. C'est, plus particulièrement, le lit nuptial, à cause des fleurs et des feuillages dont les anciens, et même les modernes, avaient et ont coutume de l'orner, surtout le jour de la première couche.

A moins que l'on ne préfère l'attribuer à θλάω, porter, élever, car, chez les Grecs, les chambres à coucher étaient dans les étages élevés de la maison ; de là, l'expression de *monter*, toujours employée lorsqu'il est question de chambre à coucher. Le lit, d'ailleurs, supporte et soutient celui qui s'y couche, et c'est encore Θλάω.

Θάλασσα, la mer. Mot composé de κατά et de ἅλς, pour καθάλασσα ; m. à m., la salée. La salure est ce qui distingue ses eaux de celles des fleuves et des fontaines. Les Latins ont formé l'adjectif *amarus*, probablement de *mare*, la mer.

Θάλλω, verdir, fleurir. Ce verbe n'est qu'une abréviation de ἀνθάλλω, augmentatif fréquentatif de ἀνθέω, fleurir ; ἄνθος, fleur, car on trouve ἀνθήλη et ἀνθήλιον, fleur.

Ou bien est-il un composé de κατά et ἄλλω, s'élancer, s'élever, pousser. Καθάλλω, et, par abréviation, θάλλω. Nous disons aussi en français, en parlant des plantes : un *jet*, une *pousse*, un *surgeon*, un *rejeton*. Mais si l'on observe que reverdir, fleurir, n'est autre chose que briser, rompre le bouton qui contient la feuille ou la fleur, en latin *erumpere*, sortir, éclore, faire *éruption*, de *rumpere*, briser, éclater, *éclore*, de κλάω, briser. Le latin *flos*, qui n'a été probablement que κλώς, m. à m. l'*éclose*, la *rompante*, la *brisante*, l'*éclatante*. Si l'on observe toutes ces analogies, disons-nous, on pourra supposer aussi que θάλλω, procède de θλάω, rompre, briser, n'est que le même mot prononcé de différente manière.

Θάλπω, chauffer, couver, soigner, entretenir. Ce verbe tient évidemment à τρέφω, nourrir, élever, faire croître, qui, dans un grand nombre de ses formes conjugatoires, prend θ au lieu de τ. C'est donc θάρπω, de l'aor. ou parf. 2ᵈˢ, de τρέφω, élever, nourrir, couver au moyen de la chaleur maternelle ; d'où, par extension, échauffer, chauffer, réchauffer, parce que la couvée des oiseaux ne vient à terme que par la *chaleur* que lui procure la sollicitude de la mère.

Θαμά, fréquemment. Est un abrégé de καθάμα, κατά, ἅμα ; m. à m., ensemble, en foule ; d'une manière serrée, pressée, drue.

Θάμϐος, Θάπος et Θάφος, épouvante, crainte, étonnement. Sont un composé de κατά ou μετά et de ἅπτω, suspendre ; m. à m., *suspension*. L'étonnement, la frayeur tiennent l'esprit, l'âme en *suspens ;* c'est une *suspension* de toutes les facultés, une stupeur, un étourdissement. Si l'on préfère prendre le verbe ἅπτω dans son acception de toucher, saisir, émouvoir, frapper, l'origine de θάμβος, s'explique encore parfaitement. Voy. καθάπτω, toucher, saisir, émouvoir.

Θάμνος, lieu fourré, bois épais. Pour θαμινός, de θαμά, fréquent, nombreux, abondant, serré, dru.

Θάπτω, enterrer, ensevelir. Vient de κατά et ἅπτω, καθάπτω, qui signifie mettre le feu, allumer, brûler. Plutarque et Philostrate disent θάπτειν πυρί, expression qui explique l'origine de ce verbe. C'est que les anciens avaient la coutume de brûler les cadavres, dont ils gardaient les cendres dans les urnes *cinéraires*.

Θαργήλιος, surnom d'Apollon et de Diane, fêtes en l'honneur de ces dieux. Ce mot est une abrévation de οὐθαργήλιος, mot composé de οὖθαρ, mamelle, fécondité, et γή, la terre ; c'étaient des fêtes où l'on offrait les prémices des fruits de la terre aux divinités qu'on supposait en être les auteurs.

Θάρσος, courage, audace, fermeté d'âme. Vient de θράω, être assis, reposer sur, confier, se fier. Proprement confiance, en latin *fiducia*, qui n'est lui-même qu'un composé de ἐπί, ἕζω ; s'asseoir, se reposer sur. Ἐφίζω, ἐφίζω, ἐφίδυς, d'où le latin *fides, fiducia*. Le courage et l'audace ne sont qu'une *confiance en soi-même*.

Θάσσω ou Θαάσσω, s'asseoir. Tient évidemment au verbe τίθημι, primitivement τίθαω. C'est proprement se poser, se reposer.

Θαῦμα, admiration, merveille. Pour θεάομα, de θεάω, contempler, regarder. L'admiration n'est qu'une *contemplation*, un regard *fixe* et prolongé, un spectacle. En espagnol, on dit *mirar*, regarder, et *admirar*, admirer. Nous avons en français quelque chose d'analogue dans nos verbes *admirer, mirer, se mirer*. L'admiration nous fait tourner nos *regards*, attire nos *regards* sur ce qui en est l'objet.

Θαψία, plante employée en teinture et en médecine. Est un abrégé du composé καθαψία, de κατά et ἅπτω, brûler ; son suc est, en effet, extrêmement âcre et corrosif.

Θάω, nourrir, élever. Abrégé de τιθάω, nourrir, allaiter, comme τιθαίνω.

Θεάομαι, contempler, regarder, considérer. Ce verbe tient à τίθημι, θέω, ou θάω, θάσσω, poser, asseoir, reposer, fixer (la vue, les yeux, les regards) sur quelque objet. Le latin *spectaculum* et *considerare*, qui rendent la même idée que θεάομαι, sont formés de πήγνυω, fixer, ficher, et *con sedere,* asseoir, poser (la vue). Nous avons déjà vu que le verbe εἴδω, lui-même, tient à ἕδω, ἕζω, asseoir, poser (la vue).

Θειλόπεδη, lieu, local, pour faire sécher au soleil; abrégé de καθειλόπεδη, de καθαιρέω, aor. 2, καθεῖλον, abattre, renverser, étendre, et πεδον, sol, pavé, terrasse.

Θείνω, frapper, battre. N'est autre que l'abrégé de καθείνω, de κατά, et de εἶναι; m. à m., *envoyer, jeter, lancer contre.*

Θεῖον, soufre. Peut être un abrégé de ἀφθεῖον, du verbe ἅπτω; m. à m., *inflammable.* Ce corps se distingue précisément par cette propriété. Le latin *sulfur* (*suflur*) vient de *suflare,* gonfler, boursouffler, ce qui a lieu effectivement quand on l'enflamme, et c'est le plus ordinairement sous la forme de *boursoufflures* que l'on le rencontre comme provenant et accompagnant toujours les éruptions volcaniques.

Ou bien pour αἰθεῖον, de αἴθω, brûler, enflammer, ce qui revient au même que ἀφθεῖον, de ἅπτω, allumer, brûler, enflammer; m. à m., *inflammable.* Peut-être aussi est-ce un abrégé de ἀνθεῖον, de ἀνθός, fleur; m. à m., *fleuri, en fleurs.* Nous disons *fleurs de soufre,* soufre en *fleurs,* parce qu'en effet il se présente très-souvent sous la forme *efflorescente.* La première étymologie nous paraît plus naturelle.

Θέλγω, charmer, enchanter, toucher, persuader, adoucir, apaiser. Ce verbe est composé de κατά, et de ἕλκω, et n'est que l'abrégé de καθέλγω; m. à m., *entraîner,* séduire, *seducere,* attirer. Charme, enchantement, *attrait, entraînement, séduction,* persuasion, sont synonymes.

Θεμερός, grave, respectable. Vient de θέμις, loi, justice; ou de τίθημι, dans son acception de croire, juger, estimer, considérer, supposer. Rien n'est respectable comme la loi, la légalité, la justice, l'autorité, la règle, le droit. Un *homme respectable* est aussi un homme que l'on *estime,* que l'on *considère,* ou bien un homme de *position* et de *supposition.*

Θέμηλον, fondement, base. Vient de τίθημι, poser, établir, fonder, baser.

Θέμις, loi, justice, droit. Vient de τίθημι, poser, établir, fixer. C'est, m. à m., ce que nous appelons en français un *statut,* un *institut,* une *institution,* une *constitution,* un arrêt, un arrêté. La loi *s'établit, se pose, se fixe,* comme une règle constante, invariable, à laquelle tout doit s'adapter. Le latin *statuo*, souche des mots français que nous avons cités, et qui paraît tenir au verbe ἵστημι, répond très-bien à l'idée de τίθημι.

Θέναρ, paume de la main, plante du pied. Vient de θείνω, frapper; c'est avec elles que l'on frappe soit de la main, soit du pied. Le français *paume* vient de *palma* et de παλάμη, dont la souche est πάλλω, qui signifie battre, frapper, comme θείνω. On *frappe* du pied, on *bat* des mains, soit pour applaudir, soit pour châtier.

Θεός, dieu, divinité. Ce mot remarquable paraît n'être autre chose qu'un abrégé de τιθεός, adjectif formé de l'aor. passif du verbe τίω, honorer, respecter, révérer. Ce serait donc tout bonnement l'être *vénérable*, *respectable* par excellence, et l'on conviendra que jamais épithète ne fut mieux appliquée. Le verbe ἀγάω, admirer, révérer, peut jouer ici le même rôle que τίω, ἀγαθέος, l'admirable, le vénérable, aura pu aussi être l'origine de l'abrégé θεός. Le latin *deus* est le même que θεός, où vient peut-être de δέω, craindre, respecter.

Θεραπεύω, servir, traiter, soigner, guérir. Ce verbe, dont on ne peut méconnaître la physionomie orientale, vient du sémitique *térouphah*, guérison, coin, traitement, du verbe *rapha*, qui a produit le grec ῥάπτω, καταράπτω, μεταράπτω, θαραπεύω, arranger, recoudre, raccommoder, guérir. Le serviteur soigne, arrange, cultive, dispose, traite, administre. D'où le latin *minister* et *ministrans*, synonyme de *serviens*, *servus*. Je soupçonne que le latin *colere*, cultiver, soigner, arranger, pourrait venir du grec εὔκολος, doux, complaisant; ou de κονέω, être assidu, servir, suivre.

A moins cependant que θεραπεύω ne soit le même que θρέφω ou τρέφω, nourir, soigner.

Θέρος, été, temps de la moisson. Voy. θέρω, chauffer et consumer. C'est l'époque du chaud, de la chaleur, de la *consomption*, du *dessèchement*, de la *sécheresse*; en latin, *œstas*, *œstus*, de ἀέω, souffler, sécher, dessécher.

Θέρος pourrait être encore un abrégé de l'adjectif σταθερός, qui signifie ferme, fixe, arrêté. Ce serait proprement la *station*, l'*arrêt* du soleil; en un mot, son *solstice* (*statio*), l'époque où il semble *s'arrêter* pour commencer à reculer de nouveau, et, en même temps, l'époque de la moisson et où commencent les fortes chaleurs.

Θέρω, chauffer. Ce verbe paraît être un composé de κατά ou μετά et ἀείρω, prendre, saisir. Καθείρω, μεθαείρω, *consumer*, dessécher, et, par abréviation, θείρω, θέρω. La chaleur ou, comme nous l'appelons aujourd'hui, le fluide calorique, est, en effet, ce qu'il y a dans la nature de plus *pénétrant*, de *plus saisissant*, de plus communicatif, tendant toujours à s'équilibrer dans tous les corps dont nul n'échappe à son action, et le plus *consumant (con sumo)*, synon. de μετά αἴρω.

En nous transportant sur le terrain de la physique ancienne, nous voyons que des quatre éléments admis par elle dans la construction de l'univers, le *feu* (calorique) est le seul qui jouisse de la propriété de pénétrer, de *saisir*, de *s'emparer* de tous les corps de la nature. Le latin *calor*, s'il ne vient pas du verbe ἅλω, prendre, saisir, pénétrer, vient de χαλάω, lâcher, relâcher, caractère principal de ce fluide qui relâche, lâche, laxe les corps qu'il pénètre, et va jusqu'à fondre les plus durs, d'où le vieux latin *chalare;* en français, *caler;* en espagnol, *calar*, lâcher, relâcher, laxer, et, par extension, se couler, se glisser, s'introduire, descendre dans, pénétrer dans.

La chaleur possède, en effet, les deux propriétés opposées de *relâcher* et de consumer.

La signification de panser, guérir, qui revient à celle de soigner, n'est qu'une extension de l'acception de chauffer, réchauffer, couver, comme fait la poule avec ses poussins; en latin, *fovere,* soigner et chauffer.

Mais la propriété de chauffer est analogue à celle de *consumer, consumo*, précisément la traduction de μεθ αἴρω. La chaleur dessèche, évapore et, par conséquent, *consume* les corps, les liquides. Θέρος pourrait donc très-bien venir de φθέρω, consumer, dessécher. En latin, *œstus, œstas*, de ἀέω, sécher, dessécher.

Ajoutons enfin que ce verbe peut encore être un abrégé de αἰθερόω, venant de αἰθήρ, et signifierait proprement exposer à l'air, au ciel ouvert, au soleil, à la chaleur, hâler, ou faire hâler, sécher, dessécher, et même de σταθέρω, analogue à σταθέυω, qui signifie *chauffer*, c'est-à-dire *exposer, placer, établir, fixer* (au soleil ou au feu), comme cela a lieu pour le linge, fruits, céréales, viande que l'on expose au soleil sur des terrasses construites à cet effet, dans beaucoup de pays. Nous disons « mettez sur le feu, placez sur le feu, exposer au feu, » etc....

Θεσμός, loi, statut, institution. Formé du τίθημι, de la même manière que θέμις.

Θέσπις, prophétie, oracle. Peut être formé de θεῖος, ἔπος ; m. à m., *parole divine*, θεόσπις, puis θέσπις ; ou bien encore pour θεόψις, θέψις, puis θέσπις, c'est-à-dire *vue* divine, qui *voit* l'avenir. On peut encore voir ici un composé de μετά et ἕσπον, devenu μεθέσπισ, suivre après, venir après, par conséquent, le futur, l'avenir, principal objet des prophéties.

Θέω, courir. Ce verbe est un composé de κατά et ἕω (εἶναι, ἰῆναι), καθέω, et, par abréviation, θέω ; m. à m., envoyer, jeter, lancer en bas ; et, par suite, descendre, précipiter. C'est proprement le mouvement rapide de tout objet qui se dirige de haut en bas. On n'a jamais vu l'eau d'un fleuve courir vers sa source plus élevée que son lit, ni un rocher courir vers le sommet de la montagne d'où il tombe. La course, dans son acception absolue, c'est-à-dire telle que nous la présente la nature, la loi universelle de la gravité, est nécessairement un mouvement de haut en bas. Le mouvement rapide, accéléré, c'est-à-dire *course* de bas en haut, est contre nature.

Le latin *curro* n'est lui-même qu'une corruption de *corruo*, tomber, se jeter, se porter en bas, se précipiter. Tout cela nous explique pourquoi les verbes s'élancer, se jeter, s'emporter, entraîner, se précipiter, tomber sur, sont synonymes de courir.

Si les observations précédentes ne satisfont point, on pourra regarder le verbe θέω comme l'abrégé de ἄχθεω, venant de ἄγω par son participe aor. passif ἄχθεις. Ce serait alors proprement être poussé, agité, excité, lancé, entraîné.

Θώς, loup-cervier. De θοός, animal remarquable par sa vélocité.
Ou bien de θεάω, à cause du bril et vivacité de son regard.

Θεωρός, contemplateur, qui médite. Paraît composé de κατά ou μετά et de ὁράω, voir, considérer, contempler. Ou du verbe θεάω, que nous avons déjà vu.

Θήγεω, inciter, exciter, aiguiser. Ce verbe paraît composé de κατά ou ἀντί et du verbe ἡγέομαι ou ἡγέω, conduire, mener, pousser. Ce sera donc un abrégé de καθήγεω, ανθήγεω, ou bien encore de μεθήγεω, *pousser, mener, conduire contre* ou *par derrière* ; or, c'est précisément là ce que fait celui qui excite, incite, anime, et, notamment, le bouvier, le laboureur qui aiguillonne ses bœufs en les *poussant, piquant* par *derrière*, μετά, et les *conduit*, ἡγέομαι, de cette façon. Aiguiser n'est autre chose que *exciter*, rendre *vif, actif, agissant, efficace* un

154   ANALYSE ÉTYMOLOGIQUE DES RACINES GRECQUES.

tranchant, une pointe; ou bien, la *pousser*, l'*exciter*, la *frotter*, la *toucher* contre (la pierre), et alors ce mot revient à θίγω, toucher, tancer, frotter, passer légèrement (sur la pierre).

Θηλή, bout du sein, mamelle. Peut être un abrégé de τιθήνη, nourrice, de τιθηνέω, nourrir, allaiter : λ pour ν, lettres de la même touche, et, par conséquent, faciles à confondre dans la prononciation.

Si l'on veut attribuer l'étymologie de ce mot au verbe θάλλω, fleurir, ce sera alors un autre ordre d'idées, où la *grâce*, la *fraîcheur*, les *appas* jouent le rôle que chacun connaît.

Θῆλυς, femme, femelle. Reconnaît les mêmes souches que le précédent. C'est le sexe *nourricier*, ou bien le sexe *gracieux*, *fleuri*, et, comme nous disons, le *beau sexe*.

Θήρ, bête féroce, sauvage. Si ce mot n'est pas le même que l'éolien φήρ, dont nous parlons plus bas, c'est un composé de κατά et ἀείρω, enlever, ravir : un abrégé de καθάερ, θάερ, θήρ. Ce sont proprement tous les animaux *ravisseurs*; et de là, son application plus particulière au lion, animal ravisseur par excellence, comme l'indique son nom qui vient de λεία, proie. Le latin *fera* répond parfaitement à son étymologie, car il vient de *fero*, emporter, enlever, ravir, et s'applique également à tous les animaux qui vivent de *proie*, de *rapine*. Les Éoliens disaient φήρ, de φέρω, emporter.

Ou enfin un abrégé de πενθήρ, πενθήρος, bête *nuisible, fâcheuse, fera pessima*, comme le sont toutes celles qu'on appelle féroces.

Θηρῶ, chasser. A la même étymologie que le précédent, car chasser n'est autre chose que *prendre, saisir, attraper* en poursuivant. On peut voir aussi dans ces deux mots un abrégé de ἀχθήρ, de l'aor. passif de ἄγω, pousser, chasser, poursuivre, comme ἄγρα, chasse, ἀγρέω, chasser, qui dérivent également de ce verbe, ainsi que ἄγριος, sauvage, synon. de θήρ, parce que tous les animaux sauvages, féroces, forment l'objet de la chasse, exercice qui ne consiste qu'à *pousser, mener, chasser* devant soi : ἄγω. Le latin *bellua*, qu'on donne aussi pour traduction de θήρ, vient de βάλλω, lancer, pousser, chasser, frapper.

Θής, serviteur, mercenaire. N'est qu'un abrégé de μισθής, provenant de μισθέω, récompenser, rétribuer, solder. C'est proprement un serviteur à *gages*, à *solde*, à *rétribution*.

Ou, si l'on veut, de τιθής; m. à m., le *nourri*, l'*élevé* dans la maison du maître, et, comme disent les Espagnols, *criado*, du verbe *criar*, nourrir, élever; *nourri*, domestique, τιτάω.

Θησαυρός, trésor. Est un composé de θήσις et de ὀρύω, creuser. C'est, m. à m., un *dépôt enfoui*. De là, l'idée de *richesses enfouies*, inséparable du mot trésor.

Θίασος, chœur de danseurs, troupe joyeuse. Pour θείασος, de θεῖος, divin, qui a rapport à un dieu. C'était un chœur, une danse, une fête en l'honneur de quelque divinité. Peut-être plus particulièrement en l'honneur d'Apollon, et alors ce serait une abréviation de πυθίασος, danse en l'honneur du Pythien.

Θίβη, corbeille d'osier. Peut être pour στίβη, car στ, τς, sonnent à l'oreille d'une manière analogue à θ, et ont pu, par conséquent, se remplacer dans l'écriture. Ou tout simplement de θλίβω. Ce serait, dans cette hypothèse, un panier à *presser, pressurer* le laitage, le caillé, le beurre et le fromage, qui ne sont que de véritables *pressures* : στείβω; une clisse, un égouttoir, tels qu'on les fait encore aujourd'hui pour cet usage, et, dans ce sens, on pourrait aussi faire venir ce mot plus naturellement de καθείβω, κατά εἴβω, écouler, égoutter, opération essentielle pour la fabrication du fromage et d'autres laitages.

Θίγω, toucher, tancer, piquer, réprimander. Ce verbe est peut-être le même que στίγω, στίζω, piquer, effleurer, par les mêmes considérations orthographiques que nous venons d'exposer à l'article qui précède. C'est proprement toucher de la manière la plus légère, la plus subtile possible; par conséquent, par une pointe, par un point (*puncto, pungo*), par une surface infiniment petite. Quant on veut manier légèrement un objet, on le fait au moyen d'une *pointe, pince*, d'une aiguille fine. Sous ce point de vue, toucher et piquer ont dû nécessairement se confondre. Les Espagnols disent encore aujourd'hui *picar de una cosa*, pour la toucher, la goûter, l'effleurer légèrement. L'acception de tancer, châtier, aiguillonner, qu'on attribue aussi à θίγω, paraît confirmer notre étymologie. Piquer au vif et toucher au vif sont synonymes, et, en termes mystiques, être touché c'est être *piqué,* car la *componction* (*compungere, compunctio*) n'est qu'une piqûre. Si l'on veut encore, θίγω pourra être l'abrégé de καθίγω, de κατά et ἵκω, venir à, parvenir, atteindre, καθίκω, καθίγω. On trouve καθικνέομαι, signifiant *attingo, tango, percutio*.

Θίγω pourrait enfin être un abrégé du composé καθίγω, parf. 2, de καθίζω, qui signifient *asseoir, poser, mettre* (sous-ent. la main ou le doigt sur un un objet). C'est *mettre la main sur, porter la main à,* ou *mettre, poser le doigt*. Ou bien le même que θήγω, pousser, exciter, animer, car le toucher est presque toujours une excitation, un avis, une citation, une provocation, un aiguillonnement.

Θίς et Θίν, vase, amas de sable, et, par extension, rivage. Ce mot n'est autre chose qu'une abbréviation de τίθεις, θείς; m. à m., ce qui *se dépose* des eaux, soit marines, soit fluviales. Un *dépôt* de vase ou de sable. En espag., *poso*, lie, limon.

Θλάω, rompre, briser. Paraît être le même que θράυω; ou bien c'est une véritable et belle onomatopée. Θλάς, θράς, τράς, est encore aujourd'hui une particule imitative du bruit que fait un brisement, une rupture, une fracture.

Θλίβω, presser, comprimer, étreindre. Ce verbe paraît n'être qu'une variante de τρίβω, qui a la même signification, ou bien de κατά λείβω, ταλείβω, puis, enfin, θλίβω, couler, faire couler en pressant : *exprimer* un liquide.

Θνήσκω, mourir. Ce verbe, que nous aurions dû examiner déjà au mot θάνατος, est pour θανήσκω, et n'est qu'un composé de κατά et de ἁνύω, aspiré chez les Attiques, ou ἄνω, poétique et ionien, et qui signifie finir, achever, accomplir. Ce qui nous donne καθάνυω, ou καθάνω; en supprimant la première syllabe, θάνω et θάνω. La mort n'est précisément que la *fin,* le *terme* de la vie, mais la fin et le terme naturels, par opposition à la fin violente et prématurée, que nous désignons par le verbe *tuer*. C'est ce que les Latins appelaient *defunctus*, c'est-à-dire qui a rempli, achevé, fini la route naturelle de la vie, qui a accompli ses conditions naturelles, que le Destin seul ou les Parques décident. *Fungor* paraît, par sa physionomie, appartenir au composé *finis* et *ago, fin ago, fingo* ou *fungo,* achever, finir, accomplir. Les Espagnols disent *finado, fini,* pour *mort, décédé*. Le latin *mors* n'est que le grec μόρος, sort, mort causée par le Destin, les Parques, le *sort*. C'est une échéance, un *lot* que nous sommes obligés de subir.

Θοίνη, festin, régal, mangeaille. Ce mot peut venir de θεοίνη, θεῖονη; m. à m., banquet en l'honneur des dieux. Comme *festin,* de *feste,* fête en général, synonyme de *solennité religieuse.* La religion, le culte des dieux, a toujours été l'occasion principale des festins et banquets publics.

Θολος; coupole, faîte, toit sphérique. Ce mot est composé de κατά et de ὅλος, tout, κατόλος; m. à m., le *tout*, la *somme*, le *sommet*, la *sommité*. En latin, *summa, summitas, summum*. C'est, en effet, la *réunion* de toutes les poutres du toit d'un édifice circulaire, au point central. Par conséquent, la *somme*, la totalité, l'*assemblage*, le sommet, la sommité. Le sommet de la tête est le point de *réunion* des cheveux. C'est le comble de l'édifice, *cumulus*, de *cum*, assemblage, réunion. Dans les édifices circulaires, les parties du toit doivent nécessairement concourir pour *se réunir* au point central et former la *somme* ou le sommet, *le tout* : ὅλος.

Θολός, bourbe, limon, fange. Paraît provenir de θόω, agiter, exciter, car il ne s'applique qu'au limon en état de suspension dans l'eau, c'est-à-dire en état d'*agitation* et de *mouvement*, et, par conséquent, de trouble, par opposition à θίν, qui s'applique à son état de dépôt, de repos. A moins que l'on ne veuille voir aussi ici l'étymologie précédente καθόλος, *amas, ramassis, assemblage,* qui se dépose des eaux.

Ou bien, enfin, φθορός, φθολός, corruption, consomption.

Θοός, agile, rapide. De θέω, courir.

Θόρυβος, tumulte, fracas, trouble. Paraît composé de θόρω et de βοάω, exciter, élever, soulever la voix ; θροέω, crier, vociférer; θόρω, sauter, saillir, s'élever. C'est proprement un *soulèvement*, une *insurrection*. Le latin *tumultus* tient aussi à *tumeo*, se gonfler, se soulever, *tumulus*, élévation, gonflement du terrain, tertre, hauteur. Θρέω, crier.

Θόρω, sauter, bondir, saillir. Je soupçonne que ce verbe est un composé de μετά, et de ὅρω, ὅρνυμι, aspiré à la première syllabe suivant l'usage attique, ce qui nous donne μεθόρω, et puis θόρω, exciter, soulever, élever, sauter, bondir, s'élever en l'air comme le *météore*, qui a précisément cette même étymologie : μεθ, ἄιρω, ou μετ, ὁρῶ.

Θρανίς, espadon. De θραύω, θράω, briser, broyer, détruire ; ou bien de τιτραίνω, percer, perforer, trouer ; τράνις, la perçante, la perforante.

Θράυπις, petit oiseau, chardonneret. Pour τράνοπις, composé de l'adjectif τρανός, clair, perçant, et ὀπή, voix. C'est un petit oiseau à voix claire, aiguë, perçante. Ou mieux encore, tout autre oiseau à voix gémissante et plaintive, de θρῆνος, lamentation, et ὀπή, voix.

Θραύω, rompre, fracasser, broyer. Paraît tenir à στράω, στράυω, renverser, étendre, abattre. Ou mieux encore n'est qu'une simple onomatopée, comme θλάω, *trâs, trâs, thrâs*; θράς est le monosyllabe qui exprime le mieux le brisement, la rupture.

Θράω, asseoir, placer, siéger. Paraît être le même que στράω, primitif de στρώννυμι, asseoir, poser, étendre, coucher. Le θ équivaut à στ, et se confond dans la prononciation, ou est exigé par le ρ.

Θρέω, crier, vociférer, se lamenter. Ce verbe tient probablement à τερέω, percer. C'est proprement le cri *perçant, aigu*, comme nous disons en français, une voix *pénétrante*. En supprimant le premier ε, τερέω est devenu θρέω.

Θρῆνος, pleurs, cris, lamentations. Du verbe précédent. Cris *aigus, perçants, prénétrants*, ou de τέρην, cris tendres, touchants, qui attendrissent.

Θρῇξ, Θρήκη, Θράκη, la Thrace. Le nom de cette contrée âpre et montueuse paraît être une syncope de θηράκη; m. à m., de *chasse*, pays de *chasse*; de θήρα ou de θήρ, pays de bêtes féroces. Ou bien de θραώ, θραυω, briser, rompre. C'est proprement un pays *abrupte*.

Θρῆσκος, religieux, pieux, dévot, superstitieux. Ce mot vient de τηρέω, garder, observer; τηρέσκω, θρῆσκω. C'est le fidèle et rigoureux *observateur* des cérémonies et des rites pieux.

Ou plutôt, de θρηξ, Thrace, à cause des fameuses cérémonies importées par les Thraces dans l'île de Samothrace, et du culte si ancien et si révéré des Cabyres. Ce peuple était éminemment cérémonieux et superstitieux.

Θριαί, nymphes ou devineresses qui se servaient d'un pot de terre pour tirer leurs sorts. Ce nom est un abrégé de l'ionien χυθρίαι, pour χυτρίαι, diminutif de χύτρα, pot de terre, vase d'argile, urne d'argile. C'étaient donc proprement des *potières*. Θριάσιον, urne où l'on jetait les petits cailloux pour tirer le sort, est un simple abrégé de χυθρίασον.

Ou bien, abrégé de κεύθριαι, de κεύθω, cacher; les *cacheuses*, les *mystérieuses*.

Θρίαμβος, était, dans l'origine, une procession en l'honneur de Bacchus où le feuillage de diverses espèces faisait les frais de la pompe religieuse. C'est un composé de θρίον, feuillage, et βεύω, marcher, aller, faire aller, conduire, βάω, βῆμι. Et, comme le feuillage a toujours été l'ornement principal et naturel de toutes les pompes religieuses ou civiles, on appliqua plus tard ce mot à la procession qui conduisait le guerrier vainqueur.

Θρίαμβος, hymne et procession en l'honneur de Bacchus, et chez les Romains, procession et cortége d'un général vainqueur. Pourrait encore être un abrégé du composé χυθρίαμβος, de χύθρα; pot, cruche, et ἴαμβος, iambe, vers, chanson satirique et bouffonne. Le triomphe ne fut donc, dans l'origine, qu'une chanson en l'honneur du dieu des pots et des bouteilles, c'est-à-dire de Bacchus, dont les inspirations sont en général bouffonnes, gaies et satiriques. Des chansons de buveurs.

Θρίδαξ, laitue. Pour θίδραξ, θύδραξ, variantes que l'on trouve dans quelques auteurs, est l'abrégé de καθ' ἴδραξ ou καθ' ὕδραξ, m. à m., aqueux, succulent. C'est une plante éminemment aqueuse, dont on extrait une *eau* très en usage dans la pharmacie. Cette plante sue, par les moindres incisions, le suc laiteux qui donne la fameuse thridace, si connue en médecine, et c'est peut-être aussi à cette propriété qu'elle doit son nom : de ἰδρώς, sueur, ἰδρόω, suer. Les Latins l'appelaient *lactuca*, la *laiteuse*, du suc laiteux dont nous parlons.

Θρίξ, cheveu, poil. Vient de θερίζω, couper, tailler. C'est le *cæsaries* des Latins qui vient pareillement de *cædo*, couper. De même que κόμη, chevelure, cheveux, de κόπτω, couper ; θρίξ pourrait être encore pour τήριξ, de τηρέω, τηρίζω, garder, conserver, soigner, entretenir, τ devenant θ par son contact avec ρ. De la même manière se sont formés leurs synonymes κόμη, cheveux, et κομέω, soigner, entretenir, conserver. La chevelure est, en effet, l'objet des soins particuliers de tous les âges et de tous les peuples, même les moins civilisés, tels que ceux de l'Amérique et de l'Afrique.

Θριγκός, chaperon, corniche, couronnement, mantelet d'un mur. Mot qui vient évidemment du précédent, car toutes ces choses ne sont, en quelque façon, que la chevelure, la perruque, la coiffure des murs et des édifices, d'autant plus ressemblante à cet ornement de la tête humaine, que, dans l'origine, elle a dû être principalement composée de chaume et de branchages.

Θρίοι, câbles de la proue d'un vaisseau. Abrégé de ῥυθρίοι, dérivé du verbe ῥύω ou ἐρύω, tirer, traîner et garder, assurer ; c'est par leur moyen que l'on tire, retire et garde et assure les navires à terre. Ou bien, de τηρεῖν, garder, conserver, devenu, par contraction, θρέω, θίρω.

Θρίον, feuille de figuier; feuille en général. Ce mot ne nous offre pas une étymologie bien nette. Nous le rapporterions volontiers à ὄρθριος, de ὄρω, pousser, sortir, élever, croître, comme *feuille* de φύω, pousser, croître, produire, φύλλον. Ou mieux encore, à une simple abréviation de φυτήριον, devenu τήριον, puis θρίον, de φυτέω, produire; m. à m., *petite production*, léger produit. Remarquez que φύλλον est aussi un diminutif. La feuille est, en effet, le symbole de tout ce qu'il y a de léger, de mobile, d'éphémère.

Ou enfin à ἀνθέριον, ἄνθριον; m. à m., fleur, fleurissant, floraison, de ἄνθος. C'est la première feuille, germe de la fleur et du fruit, la *gemme*.

Θρόμβος, grumeau, caillé, coagulé. Ce mot est le même que στρόμβος, tournoiement, trouble, confusion. Le caillé est le résultat du trouble, du bouleversement, soit du lait, soit du sang, ou de tout autre liquide qui est susceptible de subir cette opération. C'est ce que nous rendons parfaitement en français quand nous disons : « Le lait a *tourné*, est *tourné* », c'est-à-dire « a été *troublé, tournoyé* », et, par conséquent, pris en *grumeaux*.

Θρόνον, fleurs, simples. Abrégé de ἀνθέρονον, ἀνθρόνον, de ἀνθέω, fleurir, être florissant, pousser des fleurs.

Θρυγανάω, gratter, frotter, heurter à une porte. Ce verbe tient à τρύζω, στρύζω, gronder, murmurer, grouiller; τρυγών, tourterelle, la roucouleuse; c'est faire contre une porte un bruit analogue à celui qu'on fait en grattant, frottant, grinçant, roucoulant, grouillant. Voy. aussi le verbe τρύχω, frotter, user, fatiguer, tourmenter en frottant.

Θρύλλος, murmure, bruit, rumeur. Pour στρύλλος, de la préposition ἐς, et de τρυλλίζω ou τρύλλω, faire un bruit analogue à celui de la caille ou de la tourterelle. Nous verrons à la lettre T ce que sont tous ces verbes.

Θρύον, jonc. Paraît formé de ἀθρύος, serré, pressé. Comme *juncus*, de *jungo*. C'est la manière de croître de ce végétal toujours en masse serrée. Ou bien, abrégé de ὀρθός, droit, raide, dressé : ορθός.

Θρύπτω, rompre, briser, broyer. Tient à τρύω, τρύχω, θραύω, ou, mieux encore, à τρίβω, verbes qui ont tous trois la même signification. Au moyen *s'amollir*, être *corrompu, rompu, broyé* par la débauche; *corruptus*, de *rumpo*, briser. On peut encore voir dans ce verbe ῥίπτω et ἐρείπω, renverser, abattre, ruiner, détruire, précédés de κατά.

Θρώσκω, sauter, bondir. Est une simple variante de θόρω.

Θύαρος, ivraie. Vient de θύω, immoler, tuer, être furieux par l'ivresse, enivrer, rendre ivre, à cause des qualités narcotiques de cette plante.

Θυγάτηρ, fille. Ce mot singulier, dont l'étymologie nous a donné beaucoup à méditer, peut très-bien être pour ζυγάτηρ, de ζεύγεω, qui signifie accoupler, réunir, marier. C'est proprement la fille nubile, parvenue à l'âge de subir le joug ou l'ayant déjà subi, ζυγόν, étymologie d'autant plus probable que l'on trouve aussi δάμαλις, jeune fille, fille, venant de δαμάω, m. à m., la domptée, la soumise, et δάμαρ, épouse, mariée. Παρθένος, ἀδμής, vierge, non encore mariée, domptée, pour la distinguer de παῖς, petite fillette encore enfant, non adulte.

Si l'on préfère l'idée contraire, on peut le regarder comme l'abrégé de αθυγατηρ, composé de θυγω ou θίγω et a privatif, m. à m., l'*intacte*, la pure, la vierge, en latin *intacta, integra*.

Θύελλα, tempête, orage, ouragan. Vient de θύω, se ruer, se précipiter, s'emporter. Ou bien encore de κατά et ὕω, pleuvoir; en abrégé, καθύω, θύω, m. à m., *orage* accompagné de pluie, grande averse, pluie torrentielle.

Θύλακος, sac. Ce mot paraît être un abrégé de καθάυλαξ ou καθάυλακος. Κατά et αὐλός, flûte, tuyau, sillon. Le sac est effectivement une espèce de flûte, de tuyau. Et, ce qui confirme notre opinion, c'est que ce mot signifie aussi, chez quelques auteurs, culottes, pantalons, coussins, oreillers, objets qui ont précisément tous la forme allongée d'un tuyau, d'une flûte. Si, malgré cet aperçu, on veut voir simplement ici le φ remplacé par le θ, on aura φύλακος. Le sac est, en effet, destiné à *garder, conserver, serrer*.

Θῦμα et Θυμίαμα, parfum, victime, encens, offrande. Voy. θύω.

Θύμβρα, plante aromatique, sarriette. Syncope de θύμερα, de θῦμα, parfum.

Θυμός, cœur, âme, courage, colère, irritation. Vient évidemment de θύω, se précipiter, s'emporter, se ruer. La colère est un *emportement*; le *furor* des Latins vient de *feror*, être emporté, s'emporter. Le courage est un élan; en espag., *arrojo, arrojarse a*, se jeter.

Θύννος, thon. Ce poisson doit son nom à ἰθύνω ou εὐθύνω, diriger, se diriger, marcher droit et en ordre. Car il est remarquable par ses voyages toujours en longues troupes régulières et bien ordonnées. Ou, si l'on aime mieux, à θύω ou θύνω, immoler, se ruer sur. On sait, en effet, comment ces gros poissons sont *assommés* et matériellement *immolés* à coups de croc, de masse, de rames, lorsqu'on en fait la pêche. Θυμένος serait, m. à m., l'*immolé* : θυομένος, θυμνος.

Θύρα, porte. Nous hasardons sur ce mot difficile l'étymologie de ἰθύρα, de ἴω, aller, passer ; c'est proprement un *passage*, une *avenue*, un *pas*, une *entrée*, ἰθύς, ἰθύνω, Ou bien εὐθύς, εὐθύνω, qui dirige, mène, conduit, fait passer. Nous disons en français le *pas* de la porte, pour le seuil, l'entrée, la porte même. Un mauvais *pas* est un mauvais *passage*. Le latin *ingressus*, entrée, porte, passage, tient aussi à *gressus*, pas, démarche, marche. On peut aussi supposer ce mot un abrégé de κλειθύρα, de κλείω, fermer, comme κλειθρία et κλεῖθρον, synonymes de θύρα, et dérivés de κλείω. C'est, m. à m., un *fermoir*, ce qui ferme, étymologie plus simple, et, par conséquent, plus belle.

Θυρεός, espèce de bouclier en carré long, qui ressemblait à une porte.

Θύρσος, Thyrse, baguette ornée de bandelettes qu'on *agitait* et *secouait* dans certaines cérémonies du culte de Bacchus, du verbe θύσσω, secouer, agiter, brandir.

Θύσανος, frange, bordure. Vient de θυσία, victime, car on en ornait principalement les victimes dans les sacrifices où elles figuraient peut-être les liens et les cordes, comme le donne à penser le latin *victima*, de *vincio*, lier ; m. à m., la *liée*. C'étaient des liens dorés et fleuris analogues au caractère de la fête, de la cérémonie. Ou bien encore de θύσσω, secouer, branler ; car on trouve θύσσανος, proprement pendants, pendeloque qui composent les franges et qui sont toujours en branle.

Θύω, immoler, sacrifier, offrir à la divinité de l'encens ou des victimes. Ce verbe peut avoir une des étymologies suivantes : τίθημι, τιθεύω, θεύω, poser, déposer, placer devant, offrir, *offerre ;* rappelons-nous ἀνάθημα, de τίθημι, offrande, consécration. Les pains de *proposition*, les pains *posés* devant, offerts, consacrés, des Hébreux ; m. à m., les pains de *l'offrande*, de *l'oblation*, du sacrifice.

Ou bien, ce verbe vient de θεύς, pour θεός, Dieu ; m. à m., déifier, diviniser, sacrer, consacrer à Dieu : θεύω, θύω.

Ou enfin, si l'on observe la fréquente acception de *brûler des parfums*, de *l'encens, encenser*, que l'on attribue à ce verbe, ce sera un dérivé de αἴθω, αἰθύω, brûler, allumer, enflammer, comme le latin *incensum*, de *incendo*, m. à m., *le brûlé*, et nous aurons l'analogie de θύω et *incendo*, et celle de θῦμα, θυμίαμα et θυῖον, *incensum*.

Quant à la signification de se ruer, se précipiter, voy. ἰθύω, qui a la même signification.

Ou bien un abrégé de μηθύω, être ivre, enivré (enivrement est synonyme d'*enthousiasme*).

Θῶ, pour Θάω, sucer, traire la mamelle, nourrir. De τιθαίνω, τιθάω, nourrir, allaiter. Ce verbe est, de plus, le primitif de τίθημι, poser, imposer, placer, par θέω.

Θωή, amende, punition, surtout celle qui consiste en un tribut ou rétribution. Vient du primitif θάω, θέω, poser, imposer, et signifie proprement *impôt, imposition*, en lat. *in ponere*, charge, tribut, peine pécuniaire qu'on *impose* sur quelqu'un.

Ou, si l'on aime mieux, pour τιθωή, de τιθάω, téter, sucer, traire, ce qui nous donnerait une parfaite analogie avec le latin *mulcta*, de *mulgeo*, traire la mamelle, τίθη; extraire le suc, la substance de la mamelle, et, par extension, *tirer, soutirer* de l'argent.

Θωμός, tas de blés ou d'autres matières, monceau. Composé de καθ' ou μεθ' et ὁμόω, réunir, amasser. Καθώμος, θωμός, θομός, proprement *amas, amoncellement*. D'où le sens de corde et de ficelle *amassée, amoncelée, pelotonnée*; peloton de fil, tel, par exemple, que celui des parques. Θωμίζω, lier, καθωμίζω, μεθωμίζω, réunir, unir.

Θώψ, flatteur, admirateur, adulateur. Paraît composé de μεθ' ou καθ' et de ἕπω, suivre, accompagner, s'occuper, servir. C'est là proprement le rôle du flatteur, μεθώψ ou καθώψ. C'est en être avec quelqu'un aux petits *soins*, aux bons *offices*. Le flatteur est servile, est officieux, est le *suivant*, *l'acolyte* inséparable de l'objet de son culte.

Si l'on veut, malgré l'esprit doux, voir ici ὤψ, ὠπή, vue, regard, c'est celui qui a le regard humble, bas, rampant, καθώψ; ou bien, fixé, attaché sur la personne flattée, son *admirateur*, celui qui *se mire*, en quelque sorte, dans ses regards, qui les *contemple* et les étudie pour deviner ses désirs. Peinture non moins fidèle du flatteur.

Θώραξ, poitrine. Ce mot est composé de καθ' et ὁράω, regarder, καθώραξ; m. à m., *aspect, face, devant* du corps; partie qui se présente à la vue le plus naturellement quand nous abordons, quand nous parlons à notre semblable; opposée, par conséquent, au dos, que nous ne voyons pas. Les Latins ont bien senti cela, car ils appellent la poitrine *pectus*, abrégé de *aspectus*, aspect, face, regard, présence.

Θῶς, loup, chacal, loup-cervier. De θοός, rapide, léger. La dernière espèce surtout est remarquable par la légèreté de sa course.

Θωΰσσω, crier, hurler comme les loups. Du précédent θῶς. Le cri du loup est caractéristique.

I

Ἰα, voix, cri, clameur; onomatopée. C'est le cri lui-même usité par nos charretiers, matelots, ouvriers, enfants, par tout le monde. Ou, si l'on veut, de ἴω, ἔω, εἴω, la voix, le cri *va*, *marche, se dirige* vers quelqu'un, s'adresse à quelqu'un. Ou encore de εἴω, esprit rude, ἵω, envoyer, émettre; ou bien εἰάω, ἐάω, lâcher, émettre, laisser aller. Le cri, la voix, se *jettent,* se *poussent, s'émettent,* se *lancent*. Rappelons-nous encore le verbe αἰάζω, crier, gémir, que nous avons déjà vu venir du cri αἶ, si naturel, si commun à tous les peuples et à tous les temps; ce cri si propre de notre triste humanité. Ἰα serait donc pour αἴα.

Ἰαίνω, chauffer, amollir, liquéfier, abrégé de εὐαίνω, de εὕω, qui a une acception identique; ou, mieux encore, de εἰάω, lâcher, laisser, exaler, relâcher, laisser aller; ou bien de διαίνω, arroser, humecter, dissoudre. Ou, enfin, un abrégé de λειαίνω, qui a des acceptions très-analogues.

Ἴακχος, surnom de Bacchus, divinité au culte *bruyant* et *criard*, de ἰάχω. Ou bien, le même que εὐϊακός, εὔιος, du cri εὐοῖ, ou du dieu de la *douceur,* du *moût,* ἕυς, doux. Le moût est le symbole de la douceur : εὖ, ἔχω.

Ἰάλεμος, chant lugubre, gémissement, cri plaintif, est dérivé du suivant. Le cri, la plainte, se *poussent,* se *jettent,* se *lancent,* et, même, frappent, percent; le cri, la voix est une *émission,* un *jet* de la respiration, de l'haleine, qui accompagne toujours le son.

Ἰάλλω, jeter, envoyer, lancer, s'élancer, courir. Ce verbe est une forme impulsive causative du primitif ἴω, aller. C'est proprement *faire aller*, *se faire aller, faire arriver à* ou *sur, se laisser aller*, porter ou se porter sur ou contre, diriger ou se diriger vers; envoyer, émettre, c'est faire aller, faire passer, faire marcher, faire mouvoir. La terminaison ἄλλω a toujours, en grec, une force impulsive, causative.

Ou bien de εἰάω, laisser, lâcher, émettre, envoyer, ἐιάλλω, en retranchant ε, ἰάλλω.

Ἴαμϐος, iambe, vers mordant et satirique. De ἰάπτω, frapper, lancer, blesser, offenser. Ou bien, ce mot tient-il à ἰαϐοῖ, exclamation usitée dans quelques cérémonies religieuses, dans celles de Bacchus surtout.

On sait combien l'insulte et l'injure est le propre des gens adonnés à l'ivrognerie.

Ἰάπτω, jeter, lancer, frapper, assaillir. Paraît être pour διάπτω, de διά ἅπτω, *toucher, atteindre par, à travers, à distance*, c'est-à-dire, lancer, jeter, frapper. Ἅπτομαι, s'*attacher*, s'*attaquer* (attaquer est une corruption d'attacher) à quelqu'un, le *toucher*, l'*atteindre*, l'*assaillir*, tancer. En français même, *atteindre, atteinte*, sont synonymes de *frapper* et de *coup*.

Ἴαπυξ, vent du nord. Est pour διάπυξ, de διά πήγω, qui gèle, qui congèle, qui coagule, qui fige.

Ἴασπις, jaspe. Le nom de cette roche, remarquable par son extrême dureté, paraît venir de ἰάπτω, blesser, nuire, frapper. Les peuples primitifs, avant de connaître l'emploi des métaux, ont fabriqué leurs premières armes avec cette pierre, susceptible de recevoir un tranchant assez fin. Les Celtes n'en usaient point d'autres.

Ou bien, pour διασπις, de διά et σπίζω, étendre, répandre, disperser, lancer, jeter (sous-ent. des *étincelles*), σπίνθηρ qui est encore un dérivé de σπίζω. Le jaspe donne des *étincelles* au briquet.

Ἰαύω, séjourner, passer le temps, reposer, faire cesser. Pour διάυω; de διά et αὔω, ἄω, respirer, vivre, passer le temps, la vie. *Respirer* est synonyme de reposer, cesser, délasser. Αὔω a fait παύω, cesser, se reposer, ἐπί et αὔω. Séjourner, s'arrêter, c'est être en *repos*, en *demeure*, c'est demeurer (*morari*), passer le temps, et, par conséquent, s'amuser, lambiner, tarder, s'endormir, se reposer, être nonchalant.

Ou, peut-être mieux encore, pour εἰάω, laisser, lâcher, relâcher, reposer, poser; le séjour est, m. à m., relâche, pose, repos.

Ἰάχω, crier. Voy. le cri αἴ, αἰάζω, crier, αἰάκος, lamentable, criard, plaintif. Ou bien de εἰάω, εἴασσω, εἰάσκω, laisser, émettre, jeter, laisser aller, comme le donnent à entendre les mots αὐδήν, φωνήν, βοήν, qui accompagnent très-souvent ce verbe, et qui doivent se sous-entendre toujours.

Ἰάω, guérir, panser, traiter, soigner. Ce verbe est peut-être le même que ἰαίνω ou un abrégé de λειαίνω, adoucir, amollir, rendre doux, poli, égal, calmer. Ou mieux encore un abrégé de διάω (de διά, entre, au milieu), répondant exactement au latin *medere*, de *medium*, d'où *remedium*, remède, *medicina* : le mot δίαιτα, diète, régime, traitement, semble justifier cette étymologie. La véritable signification de ἰάω serait donc celle de traiter, soigner, remédier, être *médiateur*, *médecin*, modérateur, appliquer les *moyens*, les expédients. Ne perdons pas de vue que l'enfance de la médecine a dû principalement consister dans la chirurgie, c'est-à-dire dans l'art de raccommoder, de rajuster, de rejoindre les blessures ; par conséquent, de rétablir *leur milieu*, car une blessure n'est réellement qu'une séparation, un espace, un *milieu* (*medium*) qu'il faut remplir entre deux parties désunies. Les maladies intérieures, *infirmitates* (débilitations, faiblesses), ont dû, dans les temps primitifs, être abandonnées au repos et aux ressources naturelles de l'organisation de l'individu malade, comme cela a encore lieu chez les peuples sauvages. Une blessure, au contraire, ne pouvait être abandonnée à un régime semblable, et exigeait un *moyen* quelconque mécanique pour arrêter le sang.

On peut enfin voir dans le verbe en question une variante des verbes ἰαίνω ou ἰάω, dérivés de εἰάω, lâcher, laisser, reposer, adoucir, *endormir*, *apaiser*, car la douleur, la maladie, la souffrance s'*apaise*, s'*endort*, s'*adoucit* ou s'*asseoit*, se *rasseoit*, se *relâche*, *lâche*, *laisse*, nous *laisse*, *lâche*, *relâche* : εἰάω, laisser, lâcher. La guérison est un *relâchement*, une *remise* à la douleur.

Ἰβάνη et Ἴβανος, seau, cruche, tonneau. Pour εἰβάνη, du verbe εἴβω, verser, faire couler, répandre.

Ἴβδη, bonde de la sentine des vaisseaux pour faire écouler les eaux. De εἴβω, verser, écouler.

Ἴβηρος, l'Èbre. Le nom de ce fleuve d'Espagne vient du verbe εἴβω, couler, soit à cause de la rapidité de son cours semé de sauts et de cataractes, soit parce qu'il coule en toute saison, ce qui, en Espagne, comme en général dans tous les pays méridionaux, n'a lieu que pour les fleuves de premier ordre. Ἴβηρος est donc proprement le *coulant*, ou, si l'on veut, le *rapide*.

Ἴβις, ibis. Le nom de cet oiseau est égyptien.

Ἰβισκός, guimauve, de εἴβω, couler, faire couler, laxer. Plante éminemment coulante et laxative.

Ἴγδη, mortier; sorte de danse. Vient de ἀΐγδην, du verbe ἀΐσσω, sauter, bondir; le pilon saute et bondit sur la matière moulue.

Ἰγνύη, jarret. Pour ἀϊγνύη, du verbe ἀΐσσω, sauter, bondir. Le jarret est, en effet, l'organe du saut et de l'élan, ainsi qu'un ressort de la jambe.

Ἴδιος, propre, spécial, à soi, particulier. Cet adjectif dérive de εἴδω, voir, comme le latin *specialis* de *species*, forme, aspect, de *aspicio*, voir, regarder, et *propius* de προόπη; m. à m., devant les yeux, en vue, en regard. L'idée qu'exprime cet adjectif serait donc celle de l'aspect, de la forme, de la figure qui sert à distinguer l'individu, la famille, l'espèce du genre, de la généralité. Ou bien encore, comme semblerait l'indiquer l'analogie latine de *prope*, près, proche et *proprius*, propre, et même *idoneus*, de εἴδω; cette idée serait simplement celle de la *proximité*, de la *contiguïté* de ce qui nous *touche*, de ce qui nous *regarde*, de ce qui est devant nous, à notre vue, en notre présence, près de nous. Nous disons, en français, « cela vous *regarde*, » pour « cela vous est *propre, particulier, spécial*. » « Vous n'y avez rien à *voir*, » c'est-à-dire « cela n'est pas propre, spécial, particulier à vous. » En espagnol, *a ti no te toca*; m. à m., cela ne te touche pas. Propre est donc ce qui est sous nos yeux, ce qui nous environne, nous touche, par opposition à ce qui est loin, extérieur, étranger, séparé, qui est le général, le public, le reste de la masse totale dont nous formons une *partie* ou *particule, particularis*.

Ἰδνόω, courber, tordre. Ce verbe n'est qu'une inversion de ἰνδόω, abréviation de κυλινδόω, tourner, tordre, courber.

Ἰδρύω, établir, poser, affermir. Voy. ἴζω, ἕζω, asseoir, poser.

Ἱδρώς, sueur. De ὕδωρ. La sueur n'est que de l'eau.

Ἱερός, sacré, saint, consacré. Ce mot peut venir de αἱρέω ou αἴρω, *pris, choisi, préféré* (pour le culte de la divinité), séparé, éliminé, élu, ἀείρος, puis εἴρεος, et, par une légère métathèse, ἱερεός, ἱερός, mis à part. Le latin *sacer* vient pareillement de *secerno*, séparer, distinguer, choisir, élire. Αἵρεσις, choix, séparation, élection. Ce qui était consacré avait pour principal caractère d'être soigneusement séparé, séquestré, *choisi,* éliminé, pris, élu, des objets *profanes,* βέβηλος, de βάλλω, les *rejetés,* les *repoussés* (antithèse de choisis, élus). Les prêtres, chez tous les peuples, sont, en effet, le *choix,* l'*élite* des citoyens destinés comme tels, aux fonctions les plus augustes de l'État, à celles du culte. Les familles sacerdotales étaient choisies parmi toutes les autres.

Ἱέραξ, épervier. Du précédent; parce que cet oiseau était sacré chez les Égyptiens, peuple dont la Grèce avait reçu en grande partie le culte religieux.

Ἴζω, faire asseoir, établir. Voy. ἕζω, ἕζομαι,

Ἰθύς, droit, direct. Du primitif ἴω, aller, d'où ἴθεις, étant dirigé, étant fait aller. La ligne droite est le plus court *chemin,* la plus courte *marche, allée, direction.* De là, la synonymie entre *aller* et *se diriger.* Aller droit à un objet, c'est s'y porter avec vigueur et vitesse, d'où la signification de s'élancer, se jeter, se précipiter sur, qu'a le verbe ἰθύω, qui en dérive.

Ἱκανός, propre, capable. De ἵκω, venir, approcher de, arriver à. Nous avons déjà vu quelque chose d'analogue dans le latin *prope* et *proprius.* Être propre, suffisant, capable de, n'est autre chose que *parvenir, arriver, aller, approcher* d'un certain point, d'une certaine limite, d'un certain but exigé, désigné, marqué d'avance.

Ἱκέτης, suppliant. Vient de ἵκω, aller, se diriger vers, s'adresser à, aborder quelqu'un. Celui qui supplie *vient* chercher le supplié, *va* le trouver, *se dirige, s'adresse* à lui; et, comme nous le rendons parfaitement en français, *accourt* à lui, a *recours* à lui; en latin *aufugere, confugere, refugere ad. Obsequi,* être obséquieux, suivre, être assidu, *presser,* faire instance, de *instare,* être sur, auprès, a quelque chose d'analogue. Et comme chez les Grecs c'était la grâce de l'hospitalité qui était le principal objet des supplications, un suppliant était synonyme d'un étranger, c'est-à-dire d'un *arrivant,* d'un *venant,* d'un *nouveau venu,* ἱκέτης, qui demandait et suppliait l'hospitalité. C'est parfaitement analogue au latin *peto,* venir, aller, et demander, prier.

Ἰκμάς, humeur, humidité, vapeur d'eau. Ce mot est formé du parfait passif de ἵημι, envoyer, lâcher. Εἶμαι, ἵκμαι, m. à m., ce qui est lâché, émis, laissé aller ; comme le latin *liquor*, de *linquo*, lâcher, laisser, émettre. Les objets liquides ont, en effet, le caractère du mouvement, de l'impulsion, de l'émission, contrairement aux corps solides toujours fixes et immobiles. Si l'esprit doux de ἰκμάς nous faisait douter, nous pouvons le supposer venu de εἶκμαι, parf. passif, de εἶναι, aller, s'en aller, s'écouler. Les vapeurs sont des émanations légères qui *s'en vont, disparaissent, s'enfuient*. Les liquides *s'en vont et s'écoulent* de même.

Peut-être devons-nous voir ici un dérivé de ἀίσσω, s'élancer, s'élever, ᾖκμα, ἴκμα ; c'est précisément le propre des vapeurs, *vapor*, de ἅπτω, suspendre, élever.

Ἴκριον, plancher, estrade, échafaud. Paraît aussi formé du parf. εἶκα, de ἔω, aller, marcher ; m. à m., *sol construit* où l'on *marche*, que l'on *foule*, sur lequel *on va et vient*. Pour εἰκερίον, mot qui, sous quelques rapports, est rigoureusement rendu par le français *marche* (d'un escalier, par exemple).

Ἴκτερος, jaunisse. Pour μελίκτερος ou μειλίκτερος, de μειλίζω, μειλίσσω, emmieller, colorer comme le miel. C'est exactement la couleur de la jaunisse.

Ἰκτίν, milan. Le nom de cet oiseau est une abréviation de μελίκτιν, génitif, μελίκτινος, couleur de miel, et c'est précisément ce qui distingue cet oiseau, et qui lui a valu le nom latin *milvus*, de μέλι, miel, et le nom français de *milan*. Du verbe μελίσσω ou μειλίσσω.

On pourrait encore voir dans ce mot un abrégé de ἀίκτιν, du verbe ἀίσσω, s'élancer, se précipiter, fondre sur, ce qui est le propre de cet oiseau de proie. Ou de οἴκτιν, de οἰκτίζω, gémir, à cause de son cri plaintif.

Ἰκτίς, fouine, belette. Nous pouvons en dire autant de ce mot, car ces petits carnassiers sont remarquables par la couleur miellée du dessous de leurs corps.

Ἴκω, comme Ἥκω, venir, aller, approcher. Ces verbes sont tirés du parf. εἶκα, ἴκα, ᾖκα, de εἶναι, envoyer, émettre, laisser aller, rendre. C'est proprement *s'envoyer, s'émettre, se porter* à ou vers ; et, comme nous disons parfaitement en français, *s'en venir, s'en aller, se rendre* à ou vers. Pour venir, parvenir, arriver à un endroit, il est indispensable de s'être auparavant *envoyé, jeté, émis, lancé, porté,* ce qu'exprime précisément le parf. εἶκα ou ἧκα.

Ἰλάω, être propice, favorable. Vient ou est le même que εἰλῶ, tourner, changer. C'est *tourner, changer* la disposition d'esprit à l'égard de quelqu'un ; ou bien *tourner* les yeux (ὄπην, ὀφθαλμούς, sous-ent. les regards vers quelqu'un). Nous disons à la mère de Dieu : « *illos tuos misericordes oculos ad nos converte* » : par opposition à *détourner les yeux,* qui est toujours le signal de la haine, de la fureur, du dégoût, du mépris et de tous les sentiments malveillants.

Ἴλιον, Ilion, nom primitif de la ville de Troie. N'est que la traduction de πόλις, la ville ; car il vient de εἰλέω, tourner, environner, envelopper (*urbis orbis*), comme πολέω a fait πόλις.

Ἴλλος, œil. Est un vieux mot qui s'est appliqué probablement aux yeux louches, de travers, au *strabisme*, Εἰλέω, tourner, détourner, Ou bien n'est-ce qu'une corruption de ἴδηλος, ἴδλος, ἴλλος, de εἴδω ; m. à m., le *voyant*, organe de la vue, qui voit, ou qui fait voir.

Ἰλύς, lie, boue, fange. Vient évidemment de εἰλύω, rouler, traîner, entraîner, presser, ramasser. La fange, et tout dépôt boueux des matières terreuses, est le résultat de l'entraînement et de l'accumulation, que *roulent* les eaux et qu'elles *amassent*.

Ἱμάς, courroie. N'est autre chose qu'un dérivé de εἶμαι, parf. de ἵεμαι ; je suis vêtu, revêtu, enveloppé. C'est donc proprement un *vêtement,* un *revêtement,* comme ses congénères εἶμα et ἱμάτιον, et, par conséquent, le revêtement du corps, son *habit,* son *enveloppe.* Le *cuir,* en un mot, *habit* de l'animal, et première matière dont se fabriquent les *courroies, fouets,* etc., etc. Le latin *scutum,* corruption de *exutum,* n'est aussi qu'un habit, mais qu'on ôte, qu'on enlève, une *dépouille, spolium,* mots qui tiennent tous les deux à *pellis,* peau, synonyme de *scutum,* de *pello,* chasser, renvoyer, délaisser, abandonner. Image tirée des reptiles, oiseaux et quelques autres classes d'animaux qui abandonnent périodiquement leur peau, leur plumage, leurs écailles. Ἱμάς signifie donc proprement cuir, peau, habit ou dépouille, et, par extension et par métaphore, les divers objets qui en étaient fabriqués. L'acception de courroie pourrait encore se rapporter à ἵημαι ; lâcher, laisser, laisser aller, parce que les rênes (*reddo*), en espag. *riendas,* qu'on *laisse flotter* (*flottantes*), sont fabriquées de cuir, et qu'on les laisse ordinairement lâches et flottantes, en liberté.

Ἱμείρω, désirer, souhaiter, être en proie aux désirs, à l'amour. Vient évidemment de ἵεμαι, désirer, appéter, souhaiter.

Ἵνα, afin que, pour, afin de; ou, quand, comme. Cette conjonction est probablement une corruption de οἱόνα, devenu ἱόνα, puis ἵνα, m. à m., *que*. Nous disons en français « laissez-le, *qu'*il s'en aille », pour « afin qu'il s'en aille »; « donnez-leur, *qu'*ils mangent », pour « afin qu'ils mangent ». Les Latins ont très-bien senti cela, lorsqu'ils ont confondu dans leur conjonction *ut*, le sens de *comme* et *afin que*, et les Grecs eux-mêmes le confirment avec leur synonyme de ἵνα, ὡς, qui signifie *comme* et *afin que*, et même *lorsque*.

Les dernières acceptions de ἵνα, ou, quand, comme, s'expliquent d'elles-mêmes avec cette étymologie; en quel (sous-ent. endroit), en latin *quo* (ou temps), *quo tempore, quando*. « *Comme* il sortait », pour « *quand* il sortait ».

On trouve la conjonction οἱονεί ayant la signification analogue *comme si, commo,* et qui aurait pu aussi être contractée en ἱονεί, ἱνεί, très-voisin de ἵνα.

Ἰνδία, l'Inde. De ἐνδιάω, être exposé au ciel ouvert, à un soleil ardent, comme l'étaient ces peuples, et d'où résulte leur teint brûlé et celui des Éthiopiens, αἰθήρ, αἴθω, brûler. Les Éthiopiens étaient aussi des Indiens, *des brûlés*.

Ἰνέω, purger, faire évacuer. Est le même que κινέω, dont on a retranché le κ, ou l'abrégé de ἀγινέω, mouvoir, ramener, rapporter. C'est un *rapport*. C'est, m. à m., *mouvoir, émouvoir* l'estomac; en espag., *mover el vientre*. C'est précisément ce que font les purgatifs. Ou tout simplement εἰνέω, de εἶναι, lâcher, laisser aller, relâcher, chasser, renvoyer de (le ventre, l'estomac).

Ἴξ, espèce d'insecte qui ronge la vigne. C'est le même que ἴψ, que nous verrons plus bas.

Ἰξός, glu, gui, matière visqueuse. De ἴσχω, tenir, retenir. C'est précisément ce qui caractérise toute viscosité.

Ἰξύς, rein, hanche. A la même étymologie que ἰσχίς, qui viendra plus bas.

Ἰον, violette. Paraît n'être autre chose que l'abrégé de ἡυίον, bon, suave, doux, agréable, ἐΰς, ἐϋΐον. La *douce* et humble violette est remarquable par la douceur de son parfum. Ou bien de αὔω, *exhalare, spirare,* exhaler, expirer, respirer, émettre, sentir à.

Ἴονθος, racine des cheveux, duvet, poil follet; bouton, bourgeon sur la peau. Toutes ces acceptions, surtout les dernières, peuvent très-bien provenir du verbe διανθέω, fleurir, pousser, bourgeonner. Le bouton ou bourgeon purulent de la peau pousse d'une manière analogue au bourgeon végétal. Ou simplement de ἴω, aller, venir, sortir; le poil pousse, vient.

Ἴορκος, chevreuil, chamois. Composé de ἴω, aller, et ὀρικός, montueux. C'est un animal qui ne vit que sur les sommets les plus abruptes des montagnes. Ou proprement, *chevreau;* cet animal servait aux serments et aux traites et pactes; δία et ὅρκος, serment.

Ἴος, venin, poison. Ce mot vient évidemment de ἴω, aller, marcher, car le propre des venins c'est précisément d'*aller,* de *circuler,* de *pénétrer,* s'*étendre, circuler* rapidement dans tout le système veineux dont il décompose et coagule le sang. Sans cette faculté remarquable de *circulation,* le venin ne causerait plus que l'effet d'une blessure ordinaire, c'est-à-dire une inflammation locale plus ou moins intense. Les Latins voyaient la chose de la même manière lorsqu'ils l'appelaient *venenum,* de *venio,* aller, marcher, parvenir, arriver. Ou peut-être de *vena,* veine, car c'est dans le système veineux que les poisons causent leurs ravages et leur effet mortel.

Ce mot, cependant, peut aussi être rapporté à εἶναι, pour ἐιός, car le venin est une *émission,* un *jet,* un *envoi* que le reptile *laisse, lâche, laisse aller.*

Ἰός, rouille. Si c'est la rouille qu'acquièrent les métaux en général, par leur exposition à l'air, ce mot vient de ἰός, venin, car la plupart de ces rouilles, composées d'oxydes ou de carbonates, sont, en effet, des poisons. Si ce mot ne s'applique qu'à la véritable rouille, à celle du fer, qui est précisément celle qui n'est pas venimeuse, il faudra chercher la raison de cette expression dans ἴον, violette. Chacun peut avoir remarqué la couleur et les reflets violacés que prend le fer exposé à l'air, dans une foule de circonstances, de même que l'acier fondu ou damasquiné.

Ἴουλος, scolopendre, millepieds. Composé de ἰός, venin, et ὀλόος, pernicieux, destructeur.

Ἴουλος, duvet, poil follet. Vient de ἴω, venir, pousser; ou mieux, de αἰόλος, qui change, varie, passe pour faire place au véritable poil. Ou bien de εἰλέω, entortillé, frisé, crépu, contourné.

Ἶνις, enfant. Vient de εἶναι, émettre, lâcher. C'est proprement *la mise bas*, l'émission, le dépôt. La portée, la ventrée, dont la mère se délivre. En latin, *fetura* ou *fœtura* viennent aussi de ἀφεῖναι, lâcher, déposer. *Pario, partus*, de παρά ἴω, renvoyer, émettre, lâcher.

Ἰπνός, four, fournaise, cheminée. Ce mot est une corruption de κάπνιος, de κάπνος, fumée, le *fumant*, le *fumeur*, ou du participe καιομένος, de καίω, brûler, devenu καιμένος, puis καίμνος, et, en ôtant la syllabe κα, il nous reste ἰμνός, ἰπνός. Son synonyme κάμινος, que nous verrons plus bas, paraît confirmer cette étymologie. Un four est un brasier enflammé, brûlant, en combustion. Si l'on voulait voir ici le verbe πνέω, souffler, ce serait toujours le résultat identique d'un feu ou brasier allumé, enflammé, activé par le souffle, principal agent de la combustion. Ce serait l'abrégé du composé ἐπιπνός; ἐπί πνέω.

Ἶπος, ratière, presse, fardeau. Ce mot appartient probablement à ἵπτω, jeter, frapper, heurter, battre, ἰάπος. C'était, en général, tout appareil qui tombait d'aplomb sur, frappait, battait : soit trappe, piége; en latin, *plaga*, de πλήσσω, battre, frapper : soit presse à foulon, martinet, ou autres semblables.

Ἵππος, cheval. Le nom de cet animal, remarquable surtout par la rapidité de sa course, que le cerf seul égale, et qui lui a valu dans beaucoup de langues le nom de *coureur*, comme en français et en anglais, *coursier* et *horse* (qui ne sont que le même mot prononcé de différente manière), ce nom, croyons-nous, tient à ἵπταμαι, ἵπταω, voler, être *véloce*, rapide; *velox* pour *volax*, volant, volatile, rapide.

Ἵπταμαι, voler, s'envoler. Ce verbe tient évidemment à la même famille que ὑπέρ, ὕπατος, ὕψος, ὕψι, mots qui tous représentent l'idée de hauteur, élévation, s'élever, hausser, exalter; c'est précisément ce qui a lieu en volant. Ὕπταμαι n'est donc proprement que *s'élever*, *s'enlever* dans les airs. Les langues sémitiques ont aussi la racine *ouph*, voler, volatile, qui revient à ὕπ, et d'où les Grecs l'ont tiré.

Ἴπτω, blesser, nuire, presser, fouler. Ce verbe est le même que ἰάπτω, qui a été vu plus haut : proprement, *frapper, blesser, heurter;* à moins que ce ne soit une altération de πίπτω, tomber, tomber sur, fouler, presser, et toutes les autres acceptions qui sont analogues.

Ἴριγγες, artères. Pour ἀείριγγες, de ἀείριζω, élever, suspendre, comme le mot ἀρτηρία vient de ἀρτάω, élever, suspendre, parce que c'est par les artères que le sang s'élève du cœur dans le sens vertical. A moins qu'il ne soit une corruption de σύριγγες, flûtes, tuyaux, canaux.

Ἶρις, arc-en-ciel; nom d'un oiseau, d'une plante. Ce mot vient de ἀείρω, pour ἀείρις. L'arc-en-ciel est une élévation, une espèce de voûte dont les piliers ou *montants* s'emblent s'élever de la terre dans les airs. Par extension, on a appliqué ce nom à une foule d'objets qui présentent les couleurs de l'arc-en-ciel. Ce mot peut avoir été aussi primitivement ἤρις, pour ἀήρις; m. à m., l'aérienne. C'est un météore éminemment aérien. La qualité de messagère des dieux est une idée secondaire qui provient probablement de la tradition biblique, où il est, en effet, le signal du salut et de la bienveillance de Dieu après le déluge.

Ἴς, fibre, nerf; force, vigueur. Peut être pour εἷς, un, unité, union; les fibres et tendons servent à unir les diverses parties de la charpente du corps; ou bien parce que les fibres musculaires sont un faisceau, une réunion dont l'ensemble forme le muscle, μύον, de ὁμόω, rassembler, réunir, jusqu'à ce qu'il vienne se confondre et se terminer avec le tendon. L'acception de force, vigueur, vient de ἴω, aller, ou ἴω, envoyer, lancer, ἴος, trait. Ce serait, m. à m., *élan, impétuosité, impulsion, entraînement.* En espagnol, *arrojo, empuje*, sont synonymes de force, vigueur, violence. Le latin *vis* vient de ἴω, envoyer, lancer, ou, mieux encore, de εἷς, union, assemblage, compacité. L'union fait la force.

Voy. aussi la fin de nos observations au mot κράτος.

Ἴσημι, savoir, connaître. De εἴδω, même signification.

Ἰσθμός, isthme, langue de terre. Pour δίσθημος, de δίσθημι, ou διάστημι, m. à m., *séparation* (entre deux mers).

Ἴσος, égal, pareil. De ἴος, un, ou εἷς. Ou, mieux que cela, de εἶμι ἴω, aller, venir. Une chose qui *va bien*, qui *convient* avec une autre, lui ressemble, est pareille à elle, s'en *rapproche*, s'y *rapporte*, s'y *réfère*.

Le latin *par* n'est autre que παρα, auprès, proche de. *Par est*, il est, ou va auprès de : *simul, simiiis*. En espag., on dit : « *Va bien, viene bien, se aviene* », pour « est égal, *analogue, semblable* en mesure, en conditions, en propriétés. »

Ἱστάω, Ἵστημι, poser, établir, mettre. Ce verbe, qui joue un si grand rôle dans toutes les langues par son fréquent usage et l'étendue de ses significations, n'est, en grec, qu'une émanation du verbe ἴω, ἰέω, envoyer, émettre, lâcher, laisser ; parce qu'en effet, poser, déposer, mettre, ne sont autre chose que *laisser, délaisser, lâcher, relâcher, remettre* un objet que l'on *tient, retient, contient, lève, enlève, prend*. Le verbe ἵστημι doit donc son origine à l'adjectif verbal εἶςτος, ἴστος ; m. à m., *laissé, lâché, remis*, d'où εἰστάω, poser, mettre, placer, de même que le français *mettre* n'est autre que le *mittere*, envoyer, lâcher, des Latins.

Par extension, ce verbe a signifié plus tard se tenir debout, droit, dressé, c'est-à-dire être *posé* sur, *mis* sur, *installé*, dernier mot venant précisément d'un synonyme de ἵημι (στέλλω, envoyer, émettre, et confirmant pleinement nos observations.

Ἵστωρ, savant, historien, juge, témoin. Il est possible que ce mot provienne de ἴσημι, savoir ; mais si l'on a égard à l'aspiration initiale, on pourrait aussi le rapporter à ἵστημι, poser, établir, arrêter, fixer, déterminer, *constater, attester*. C'est précisément ce que fait l'historien ; il donne de la *fixité*, de la *stabilité* aux récits et traditions orales, fugitives et passagères de leur nature. Il les *constate* et les *atteste*.

Ἰσχις, Ἰσχίον, cuisse, hanche, reins. De ἴσχω, pouvoir, tenir, être fort, robuste, consistant. Ces parties du corps sont, en effet, le siège de la force, car elles le soutiennent dans sa position verticale. C'est la partie la plus solide de la charpente osseuse formée par les gros os du bassin et du sacrum. Les reins étaient ainsi appelés à cause du voisinage. De là, l'expression vulgaire « casser les reins », c'est-à-dire casser les os du sacrum, et, par là, ôter toute la force à un animal quelconque, qui ne peut plus se tenir droit.

Ἰσχνός, maigre, décharné. Peut être de ἴσχω, arrêter, retenir, empêcher. La grosseur et l'empoinpoint sont une augmentation, un progrès, une croissance. La maigreur est nécessairement l'idée contraire, c'est-à-dire l'*arrêt*, l'*obstacle*, la *paralysation* : Ἴσχω, retenir, contenir, arrêter.

Peut-être aussi de αἶσχος, αἰσχύνος; m. à m., *laid, hideux, honteux*. La maigreur produit la laideur.

Ἴσχω, pouvoir, tenir, être fort. Paraît être le même que σχῶ, tenir; le iota initial est probablement euphonique. Ou bien de ἴς, nerf, fibre, tendon, substances remarquables par leur force et leur ténacité. Le latin *valeo*, qui a les mêmes acceptions que Ἴσχω, et qui vient du grec ἅλω, prendre, tenir, contenir, pouvant, par conséquent, être regardé comme son synonyme, paraît confirmer la première étymologie. *Pouvoir* est la même chose que, être *capable*, avoir *capacité* de, par conséquent, *contenir, comprendre, tenir*. Nous disons « une livre *vaut* seize onces », pour « *contient, comprend* seize onces ».

Ἰταλός, jeune taureau. Vient de ἴτης, hardi, qui va droit, qui attaque, qui assaille. L'audace, la bravoure, l'arrogante impétuosité forment, en effet, le caractère de ce bel animal, parvenu à l'âge de un ou deux ans. C'est à cet âge que les Espagnols commencent à le courir sous le nom de *novillo*, parce qu'il commence déjà à donner du jeu, à assaillir.

Ce mot peut encore être le même que ἀταλός, jeune, tendre. C'est l'âge auquel on le mange *tendre*. Les Espagnols disent encore aujourd'hui *ternero*, veau, de *tierno*, tendre.

Ἰταλός, veau, taureau. Vient de ἴτης, hardi, brave, qui va de front, qui attaque de front, qui n'emploie jamais la ruse comme les bêtes fauves et féroces. Je l'ai vu se battre avec des lions, des ours, des panthères, et même des éléphants dix fois plus corpulents que lui, sans qu'il ait manqué d'assaillir le premier.

Ἰτέα, saule. Cet arbre croît, *vient* très-promptement, de ἴω, venir, aller, pousser, croître, parvenir. Remarquons cependant qu'une des espèces est consacrée au deuil, à l'ornement des tombeaux; c'est le saule pleureur. Ἰτέα pourrait donc bien être οἰτεα, de οἶτος, mort, affliction, deuil, tristesse. Ou enfin ἴτυς, tour, cercle; c'est une plante éminemment *pliante*.

Ἴτης, hardi, téméraire. De ἴω, aller, avancer, marcher. La hardiesse *va*, *marche* en avant, droit devant soi : ἴθυς. La peur, au contraire, *s'arrête, recule, hésite, doute.*

Ἴτριον, sorte de gâteau, de ἴτρια, intestins, entrailles, tripes. C'était une pâte frite en forme de cordons allongés telle qu'on en use encore en certains pays, et très-analogue aux intestins par ses circonvolutions.

Ἴτυς, circonférence, bord, contour. De ἴω, aller. Un bord, un repli, une bordure *va autour, parcourt, suit* la ligne qui termine l'objet circonscrit. Le bord est encore l'*entrée*, l'*abord* par où l'on *va, entre, pénètre* dans un espace : ἴω. Ce mot s'est probablement appliqué d'abord à un espace qu'on *parcourait* tout autour ; plus tard, aux objets ou à la circonférence d'objets plus petits.

Ἶφι, fortement, courageusement. Pour ιαφι, de ἰάπτω, ou bien ἵπτω ; m. à m., en *lançant, s'élançant, assaillant, heurtant, battant,* frappant, comme fait la force, la violence, l'impétuosité. En français, *élan, entraînement, emportement, impulsion ;* en espagnol, *arrojo, empuje,* sont synonymes de force, de violence, de vigueur.

Ἴφυον, lavande. Est un abrégé du composé ὀρείφυον, m. à m., qui naît sur les montagnes, ce qui est le propre de cette plante. Ou de διφυον.

Ἰύζω, crier, siffler. Doit être un verbe onomatopique, de ἰή, ἰού, interjections qui ne sont que des cris aigus et sifflants.

Ἰχθύς, poisson. Nous avons déjà vu que δίκτυον, filet, vient de δίκω, jeter, lancer. *Jecerunt rete*, ils lancèrent le filet ; c'est la manière de s'en servir. Or, l'objet sur lequel *on le jette,* ou qui y tombe, c'est le poisson. Ἰχθύς, pour δίχθυς ; m. à m., le *lancé, jeté, frappé* par le filet. Le latin *piscis* tient à *piscor*, qui lui-même tient à *adipiscor, ipiscor* (ἐπί σχῶ), vieux verbe qui signifie prendre, acquérir, trouver, obtenir, se procurer, ce qui est le résultat et le but essentiel de la pêche et de la chasse, industries qui sont une seule et même chose, quant au fond. Ce qui confirme cette étymologie, c'est que le vieux Plaute, qui se trouvait plus près de l'origine de la langue latine, emploie le mot *jaculator, jaculare, jacere,* pour *piscator*, ce qui est en parfaite analogie avec le grec. Au lieu de δίκω, on peut supposer ἀΐσσω, et nous aurions αἰχθύς.

Dans quelques langues, et notamment en espagnol, *pescado*, poisson, n'est que le participe passif de *pescar ;* m. à m., le *pêché*, le *pris*, l'*attrapé*.

Si l'on voulait voir ici le verbe ἴσχω, tenir, saisir, retenir, arrêter, ἰχθύς serait, m. à m., le *pris, saisi, retenu, arrêté* (dans le filet), qui, en latin, se nomme précisément *rete, reste,* de *restare,* rester, arrester, s'arrester; s'*arrester,* c'est, dans ce cas, se mettre, se fourrer dans un *rets,* c'est-à-dire, dans un filet, dans un appareil fait pour *arrêter* et *retenir.*

Ἴχνος, trace du pied, vestige, pas. Vient de οἰχνέω, aller, marcher; ἰκνέω, ἴκω, id. C'est proprement la *marche*, le *pas*, les *foulées,* l'allure.

Ἰχώρ, sang aqueux, sérosité, sang mêlé de pus ou d'autres humeurs. Ce mot, qui nous a donné beaucoup à penser, n'est vraisemblablement qu'une altération de δίχρω, δίχροος, δίχρομος, c'est-à-dire *de deux couleurs* ou de couleurs variées. C'est un sang mêlé qui ne présente pas la belle couleur pourpre caractéristique de ce liquide, mais le jaune et le violet, comme les taches de sang livide; voilà pourquoi ce mot signifie souvent sang corrompu, sang purulent.

Ἴψ, ver, insecte qui ronge le bois. De ἴπτω, nuire, gâter, détruire. *Blatte,* nom d'un insecte analogue, si ce n'est le même, vient aussi de βλάπτω, nuire, gâter, à cause de ses habitudes destructrices.

Ἴψος, liége, lierre. Pour ὕψος, haut, élevé, supérieur; épithète qui convient très-bien à l'une et l'autre de ces plantes. Le liége surnage sur les liquides; le lierre s'élève vers le haut des murs et les arbres. Tous les deux se portent toujours *en haut.* Ou bien de ἴψ, ver qui ronge le bois; m. à m., le *véreux*, le *vermoulu*, à cause de l'aspect que présente cette écorce.

Ἰωγή. Ce mot, qu'on a souvent traduit par *abri, défense, couvert,* doit se traduire par *impulsion, impétuosité, violence,* car il vient du verbe ἴω, aller, ou encore mieux de ἰώκω, poursuivre, chasser, d'où l'analogue ἰωκή et ἴωξις, poursuite, chasse, comme δίωξις, διωκή et διώκω.

Ἰωγή, impétuosité, choc, poursuite, appartient à la même famille que ἰωκή et ἰωγμός, et provient de ἰάχω, qui, originairement, signifiait jeter, lancer, frapper, comme le *jacio* latin, sens prouvé par l'acception, autrement inexplicable, de vent, souffle, voix, cri, que l'on attribue aussi à ἰωγή, choses qui ne sont toutes que des jets, émissions; pousser, heurter, choquer. Ἰωγή est donc proprement impulsion, choc, violence. Βορέω ὑπ' ἰωγή doit donc se traduire par *dessous,* par dessous le choc, l'impulsion de Borée; exactement de la même manière que *abri,* en français, et *abrigo,* en espagnol, sont formés du latin *ab rigore,* ou, si l'on aime mieux, du grec ἀπό ῥίγως; m. à m., *du froid,* ἀπῤιγ. On sait que le mot abri et la chose elle-même s'emploient surtout contre la rigueur du froid et des saisons. C'est l'image d'un choc, d'un coup qui passe par dessus notre tête sans nous atteindre, à cause de notre position inférieure.

Ἴων, ionien. Est tout bonnement le participe de ἴω, venir, arriver. Les Ioniens peuplèrent la Grèce par leurs colonies. C'étaient donc les *venus*, les *arrivés*, les *arrivants*, les nouveaux *venus*; les *advenæ* des Latins, par opposition aux vieux habitants, sauvages et en petit nombre, nés dans le pays, et appelés pour cela *aborigènes*, c'est-à-dire *naturels* du pays.

Ἰωρός, vieux mot qui signifie portier. Vient de διωρός, de διά et ὦρος, ou οὖρος, gardien, qui a soin de, qui observe, inspectionne, veille à.

K

Κάβειροι, les Cabires. Le nom de ces divinités est tiré probablement du vieux mot κάβη, nourriture, de κάπτω, manger. C'étaient proprement des *nourriciers*, des divinités *nourricières* qui présidaient au culte de Cérès et qui enseignaient ses mystères, c'est-à-dire l'art *nourricier* par excellence, l'agriculture.

Καγχάζω, rire aux éclats. Ce verbe doit être considéré, ou bien comme une onomatopée tirée du bruit guttural que l'on fait quand on rit de cette manière, d'où l'expression *à gorge* déployée, et que les Espagnols appellent *carcajada*, omophone de καγχάζω, ou bien comme un composé de κατά et χάω, χάζω, κατχάζω, et, par euphonie, καγχάζω; m. à m., *ouvrir* largement, entr'ouvrir largement (la bouche). C'est précisément ce que fait celui qui rit aux éclats; pour κατχάζω.

Καγχαίνω, chauffer. Vient de κατά et καίω, καίνω, καύνω, chauffer, passer au feu, brûler, κατκαίνω, par euphonie καγχαίνω.

Κάγχρος, orge torréfiée. Pour κατακαύρος, κατακαερος, κατκάρυς, κάτχρυς, κάγχρυς; vient évidemment du verbe précédent. Les Espagnols disent *tostones*, de *tostar*, rôtir.

Κάδος, baril, seau, cruche. Ce mot peut venir directement de l'oriental *cad*, qui a la même signification; ou bien, si l'on fait attention que *puiser* n'est autre chose que *tirer, retirer, traîner, entraîner,* κάδος ne sera que l'abrégé de ὁλκάδος, de ὁλκάζω, traîner, tirer, entraîner; ce sera, m. à m., le *traînoir* ou le *traîné, tiré, retiré*. Cela paraît d'autant plus probable, que ἀρύω, puiser, n'est autre chose que ῥύω, ἐρύω, tirer, traîner, entraîner, d'où sont venus ἀρυτήρ, ἄρυστις, ἀρύταινα, qui ne sont que des synonymes de κάδος.

Κάζω, orner, embellir, décorer. Je soupçonne que ce verbe n'est que l'abrégé de εἰκάζω, présenter d'une manière convenable, décente, convenante, rendre un objet bienséant, digne, honnête, beau, orné. Voy. εἴκω et εἴκως, convenable, décent, convenant, formés tous du parfait de εἶμι, venir, convenir, aller à, aller bien. Ou bien encore est-ce tout simplement ἐκ et ἄζω, ἐκάζω, honorer, respecter, vénérer.

Καθαίρω, purifier. Est un composé de κατά et αἴρω, enlever, ôter de, extraire de (l'ordure, la tache, la fange). Nous disons, en français, *enlever* une tache, et, en espag., *quitar* una mancha.

Καί, et, même. Cette conjonction remarquable n'est autre chose qu'une abréviation de εἶκαι; m. à m., *semblablement, mêmement,* de la même manière, de même que. « Pierre *et* Paul sont partis », « Pierre *comme* Paul, *ainsi* que Paul, *de même* que Paul est parti ».

Καικίος, vent du nord-est. Peut venir de καίω, brûler, consumer. C'est le propre du vent glacial qui *brûle* la végétation. Ou bien de κακός, mauvais, malfaisant, funeste, destructeur.

Καιέτας, fosse, cave, fossé, profondeur. Pour κείατας. Ce mot lacédémonien vient évidemment de κεῖμαι, être étendu, renversé, en bas. On trouve κείαται, pour κεῖνται, 3ᵉ pers. plur. C'est proprement un *lieu bas,* un *gîte*.

Καινός, nouveau, récent. Ce mot paraît tiré de ἱκάνω (ἵκω), venir, arriver, toucher à, aborder. Une chose récente est, en effet, une chose qui est à peine *arrivée*, qui *vient d'arriver*, qui *aborde*, c'est-à-dire qui est au bord, au seuil, à l'entrée. Une chose vieille est, au contraire, une chose qui *s'en va*, qui *a déjà passé*, parcouru sa route, qui disparaît, qui *part*, qui *est passée. Initium,* commencement, abord, vient de *in ire,* venir, arriver, entrer, aborder. Νέος, synon. de καινός, est composé de ἀνά ou ἐν ἔω, aller, venir, arriver, revenir. Le nouveau est ce qui *vient;* l'ancien est ce qui *a passé, passe,* et *s'en va*.

Cet adjectif pourrait être encore un composé de ἐκ, ἀνά, ἴω, ἐκανιός, κανιός, et, par métathèse, καινός, qui *revient de*.

On pourrait enfin voir dans cet adjectif un dérivé du verbe καίω, brûler, passer par le feu, ce qui était, comme on sait, le moyen de purification employé dans les sacrifices et dans beaucoup d'autres cas.

Καίνυμαι, vaincre, l'emporter sur. Est un abrégé du composé ἐκ αἴνυμαι, qui signifie précisément prendre, saisir, enlever, emporter. Ici, comme dans l'expression française l'*emporter sur*, on doit sous-entendre le mot *prix*. C'est proprement *enlever* et *emporter le prix*. Ou simplement, s'*emparer de*.

Καίνω, tuer. A dû être d'abord κταίνω, de ἐκ ταίνω, τάω; m. à m., *étendre*, faire tomber, renverser. C'est l'attitude naturelle des cadavres. Voilà pourquoi *tomber* est synonyme d'être mort. *Jacere, hic jacet*, pour *hic est mortuus* : κεῖται, *idem*.

Καιρός, temps propre, temps favorable, opportunité. Ce mot pourrait s'expliquer au moyen du composé ἐκ et ἄρω, ἐκαρίος, devenu καιρός; m. à m., *ajusté, convenable, en temps convenable*, alors qu'il *convient, juste au moment que*. Mais en faisant attention aux analogues latins *opportunus* et *favere*, qui nous donnent en français *temps opportun, favorable*, c'est-à-dire *occasion*, et remarquant en eux l'idée dominante de *porter, pousser en avant* (*ob opporto*), et de *souffler* (ἀυέω, devenu *faveo*), je pourrais voir ici l'action et les effets du *vent*, du souffle qui *pousse* un navire, une voile, qui le *porte du côté opposé* (*ob portunus*). Ἀυέω, souffler, a fait *faveo, favonius*, vent, et *favorabilis*, qui souffle bien, à propos, du côté qu'on désire. Et, conséquemment, καιρός serait composé de ἐκ ἀέω, souffler, souffler de, du côté de : ἐκαείρος, καειρός, καιρός. Les premiers navigateurs, dépourvus des moyens que les progrès de l'art et de la science ont fournis aux modernes, étaient obligés, pour traverser les mers, d'attendre dans leurs ports un bon vent, un vent de poupe, qui les poussât au but de leur voyage. Aujourd'hui encore, le *vent favorable* est le principal agent de la navigation, agent que les navires attendent souvent dans le port des semaines entières.

Malgré ces observations, dont on fera le cas qu'elles peuvent mériter, on peut encore croire que ce mot est un simple abrégé de μακαίρος, μακάριος, heureux, fortuné, favorable; ou enfin, pour κηίρος ou κηρίος, de κήρ, sort, destin, cas fortuit, occasion.

182 ANALYSE ÉTYMOLOGIQUE DES RACINES GRECQUES.

Καῖρος, fil de la trame du tisserand. Ce mot peut se rapporter au sens de sort, destin, fatalité, représenté, dans la mythologie, par le fil des Parques, et pris ici dans le sens de fil en général, fil que le tisserand tient dans sa main. Ou bien un abrégé du composé ἐκ αἴρω, prendre, enlacer, car la trame est la partie du tissage qui prend, saisit, enlace, lie, embrasse les fils de la chaîne qui lui sont perpendiculaires, et qui ne prennent de la fixité que par cet enchevêtrement.

Καίω, Κάω, Καέω, Καύω, brûler, enflammer, consumer. Ces verbes sont évidemment formés de la préposition ἐκ et de ἄω, αὔω, souffler. On sait que le principal agent de la combustion, c'est l'oxygène, l'air, et, par conséquent, le *souffle*, soit naturel du vent, soit artificiel de la bouche. Le bois est naturellement le premier combustible que l'homme ait employé, car le charbon est le produit d'une civilisation un peu plus avancée. Or, le bois ne s'allume qu'au moyen du souffle naturel ou artificiel, et la *flamme*, c'est-à-dire la *soufflure*, le produit du *souffle* (*flao*), est ce qui le brûle. De là, enflammer, *inflammare*, synon. de brûler.

Le souffle du vent tout seul produit d'ailleurs le dessèchement, espèce de combustion incomplète qui n'enlève que l'humidité et quelques substances volatiles. Ἀέω, ἄω, αὔω, a dû donc être tout à la fois *souffler*, *dessécher* et *enflammer*, ou *brûler* : αὐστηρ, vent du midi, vent desséchant et brûlant.

Malgré les observations qui précèdent, je soupçonne que καίω, ou καύω, n'est autre que l'hébreu כוה, brûler.

Κακκάβη, espèce de marmite. Peut venir de κατά, κάπτω, κατκάβη ; m. à m., la *creuse*, la *profonde* : de la même famille que σκάφη, barque, creux, écuelle, de σκάπτω, creuser ; κάπη, auge ; κάψα, cassette.

Κακός, mauvais, méchant. Pour ἀκακός, de ἀκή, pointe ; m. à m., *douloureux, perçant, aigu*.

Κάκτος, artichaut, chardon. De ἀκή, ἀκάκτος. Ces plantes sont hérissées d'épines, de piquants.

Κάλαθος, panier, corbeille. Paraît avoir été κάναθος, de κάνης, corbeille ; κάννη, roseau, principale matière des paniers ; κάναστρον, κάναθρον, panier, corbeille, claie, faits de roseaux.

Κάλανδρα, espèce d'alouette. Ce mot paraît être composé de καλέω, appeler, et ἄνδρα, homme ; m. à m., *qui appelle l'homme*, à cause de sa familiarité avec le laboureur, car elle se tient auprès de la charrue qui remue la terre. Ou bien, à cause de son chant provocatif.

Κάλαμος, roseau, cannevelle. Les principaux traits qui caractérisent ce végétal si utile à l'industrie humaine, c'est d'être fragile, et d'être sec, creux et pliant, à tel point que le premier en a fait le symbole de la fragilité, et a formé proverbe dans presque toutes les langues. Κάλαμος sera donc pour κλάμαος ou κλάαμος, de κλάω, rompre, briser; m. à m., le *fragile*. Si l'on veut s'en rapporter aux autres caractères, nous rappellerons σκάω, σκάζω, σκάλλω, creuser, fouir, σκαληνός et σκάλωμα, courbe, courbure, oblique, penché, et, enfin, σκέλλω, sécher, dessécher. Le roseau devient *creux* en se *desséchant*.

Καλαυρῖτις, écume de l'argent, lithargyre. Vient de Καλαυρία, île de la Calabre ou de la Grèce et ville de la Sicile, d'où provenait, ou où l'on fabriquait ce produit.

Καλαῦροψ, bâton courbe, houlette. Probablement mot exotique. Ou bien, parce qu'on en faisait usage, ou étaient fabriqués en Calabre.

Καλέω, appeler. De κλάω, rompre; m. à m., *éclater*, crier. En latin *prorumpere*; en espag., *prorumpir*. Prendre un son *clair et éclatant*, *clarus*, de κλάω. Clameur, clamor, viennent du même verbe et signifient proprement *éclat*, *rupture*. Nous disons en français : « rompre le silence », *éclater* en sanglots, en cris, en vociférations. Mais appeler, crier, n'est autre chose que étendre la voix, lui donner de l'extension, de l'étendue, du prolongement; et, sous ce point de vue, καλέω et κέλω, son synonyme, peuvent être un composé de ἐκ ἐλάω, étendre, comme *son*, *ton*, *intonation* (*tonus*) viennent de τείνω, synon. de ἐλάω.

Καλιά, hutte, chaumière, nid. Fabriqués de bois ou broussailles. De κᾶλον, bois, troncs, branches, menus bois.

Κᾶλον, bois, tronc, bûche. Vient de καίω, καέω, brûler. Le bois est la matière combustible par excellence. Le français bûche tient peut-être à *bustum*; bûcher, *combustum*, le brûlé, le brûlant.

Καλός, bon, beau, brave. La principale signification de ce mot, qui paraît être celle de beau, est due au verbe κλάω, rompre. Mais quel rapport, dirait-on, y a-t-il entre la beauté et la rupture? Le latin, le français, l'anglais et une foule d'autres langues vont nous l'apprendre. *Clarus*, clair, vient de κλάω. Il en est de même de καλέω, que nous avons vu plus haut, et de κλειτός, κλεινός, κλυτός, célèbre, éclatant, glorieux, beau. *Éclatant* est synonyme de *brillant* et de *beau*. Nous disons : « l'*éclat* de sa beauté », « une beauté *éclatante, éblouissante* ». Le français bril, brillant et l'anglais *brigth*, tiennent peut-être à *bris*, fracture, *briser*, rompre, *break*, briser. Ces analogies sont tirées du magnifique spectacle de l'apparition du soleil, après avoir matériellement brisé, rompu, ouvert, séparé le manteau de nuages et de vapeurs qui le cachaient ; *éclat* est donc réellement cette rupture. Nous disons un ciel *ouvert* ; en espag., *despejado*, pour un beau ciel.

Καλπάζω, trotter, aller au trot. Pour καρπάζω, de καρπός, jointure du poignet, carpe. C'est le carpe qui joue principalement dans cette allure du cheval. Rapprochez aussi ce mot de καρπάλιμος, rapide, vite, comme l'est, en effet, l'allure du trot.

Κάλπη, vase, seau, urne. Vient évidemment de καλύπη, καλύπτω ; m. à m., *cachette, cassette* ; ou de κάπτω, creuser, κάπλη, καπήλη, κάψα, *capsa*, boîte, urne, vase. Il y aurait une transposition.

Κάλυξ, rose, bouton de rose, ou de fleur ; calice. Si l'on veut voir dans ce mot le verbe καλύσσω ou καλύπτω (κάλυψ), cacher, ce sera proprement le bouton, la fleur *cachée* encore. Si l'on veut que ce soit κλάω, κλαύω, briser, rompre, ce sera la fleur *s'ouvrant*, ou déjà épanouie, *rompant* le bouton. Dans le second cas, il y aurait métathèse.

Καλύπτω, couvrir, cacher. Il y a tout lieu de croire que la forme originaire de ce verbe a été καλύσσω, et encore mieux κλαύσσω, forme que l'on découvre dans κάλυξ, et dans le latin *clausus* ; κλαύσσω ne serait donc qu'une variante de κλείω, fermer, cacher, couvrir. Faudrait-il cependant voir ici χαλάω, χαλύσσω, χαλόω, ὑπό ; m. à m., *lâcher, relâcher, laisser aller en dessous*. Les portes primitives étaient des portes qui se levaient et se baissaient ou lâchaient, d'où le verbe ἀνοίγω, ouvrir, qui n'est que ἀνά ἄγω, *mener, ramener en haut, lever en haut*.

Κάλχη, coquillage à pourpre, volute, chapiteau de colonne. Pour καλύχη, de κάλυξ, rose, bouton de fleur, calice des fleurs. Les premiers chapitaux égyptiens et syriens étaient des calices de diverses fleurs. Ce mot est peut-être aussi une corruption ou variante du mot κόχλη, qui signifie conque, coquille, coquillage. Κόλχη, puis κάλχη, résultats d'une métathèse.

Κάλχη, coquillage, volute, fleur, bouton de fleur. Probablement pour καλύχη, de κάλυξ ou de καλύσσω. La couleur intérieure du coquillage est, en effet, celle de la rose, ou blanc rosé. Entre la *volute* et le coquillage, il y a grande analogie de formes (l'hélice) ; analogie qui se trouverait aussi aisément entre la coquille et le bouton, si nous faisons attention que le bouton et la coquille servent également à couvrir et cacher la fleur et le mollusque : καλύσσω, couvrir, cacher.

Κάλως, câble. Ce mot est problablement pour χάλως, du verbe χαλάω, lâcher, relâcher, couler bas, en bas, au fond, usages et opérations qui sont précisément celles des câbles qu'on laisse couler au fond de l'eau avec l'ancre. Le latin *rudens* vient de ἐρύω, ou, mieux, de ῥύω, traîner.

Κάμαξ, perche, pieu, échalas, bois, ou même roseau d'une grande dureté. Ce mot n'est autre que ἀκάμας, de ἀ priv. et κάμπτω, courber ; m. à m., *inflexible, raide*. Les pieux, piques, lances, javelots, devaient être, en effet, de bois durs et tenaces comme destinés à la guerre et à la chasse. Dans certains pays, on les passe au feu pour les rendre plus durs, plus droits, plus rigides, ce qui nous suggère l'idée que καίω, καέω, καύω, chauffer, passer au feu, dessécher, pourrait aussi avoir produit καίμαξ, καύμαξ, κάμαξ.

Κάμμαρος et Κάμαρος, écrevisse, crevette. De κάμπτω, courber, à cause de leur queue recourbée en dessous du ventre.

Κάμηλος, chameau. Le nom de cet animal pourrait être regardé comme un des nombreux emprunts faits directement aux langues orientales, où il est appelé *gamal* : mais, sans sortir de notre propre terrain, nous pouvons le rapporter au verbe κάμπτω, courber, fléchir. Tout, en effet, est courbure chez cet animal ; le cou, les bosses, le museau et même les jambes, qu'il *fléchit* pour recevoir la charge. Nous pouvons encore remarquer d'autres analogies. Le chameau *se couche à terre* pour être chargé et monté par son maître (χαμαί, et même χαμηλός, qui est couché à terre). Il est dur et infatigable au travail (κάμνω, travailler). C'est le *travailleur,* de même que ὄνος, son confrère, est l'*utile serviteur* (ὄνημι, servir, aider).

Κάμινος, fourneau, forge, foyer. N'est que le participe de καίω, brûler, καιόμενος, καίμενος, καίμνος, puis enfin κάμινος ; m. à m., *brasier*, brûlant, embrasé.

Κάμνω, travailler, se fatiguer. Ce verbe dérive de κάμπτω, courber, fléchir. On se courbe sur ou sous le travail. On fléchit sous le poids, le travail, la fatigue. Les Latins disent *labori, operi incumbere*, et *occumbere*, tomber, se pencher, se fléchir au travail. Notre français *corvée* vient de *curvo*, courber (sous le poids, le travail).

Κάμπτω, courber. Ce verbe est évidemment le même que κάπτω ou σκάπτω, creuser. En effet, l'idée de *courbure* est inséparable de celle de *creux* et *concavité*. C'est l'oriental *caph*, creux, et *caphaph*, courber, fléchir. Ou bien vient-il du primitif κάμνο, κάμο, abrégé de πλεκάμνω, πλεκαμένος, ou de πλόκαμος, courbure.

Κάναβος, mannequin fait avec des roseaux ou des joncs. Ouvrages de vanniers, tels que nous les voyons encore aujourd'hui dans leurs boutiques, et qui servaient aux sculpteurs comme *canevas*. (Remarquez le rapport français.) Ou bien encore était-ce un mannequin de grosse toile de *chanvre*, ou même de son étoupe, κάνναβις, chanvre, ce que les Espagnols nomment *cañamazo*, de *cañamo*, chanvre.

Καναχέω, faire du bruit, faire retentir. Est un composé de ἐκ ἀνά, ἠχέω, devenu κανηχέω; m. à m., *ré-sonner, ré-tentir, ré-percuter* le son. Ou bien abrégé de βυκαναχέω, de βυκανῆ et ἠχέω; m. à m., *sonner* de la trompette, tiré du bruit, du fracas que font les trompettes, clairons et autres instruments bruyants. Le son de la trompette a toujours été le type des sons éclatants, retentissants.

Κάνδυς, espèce de robe, de tunique ou de surtout. Ce mot, que l'on croit persan, peut cependant être un abrégé du composé ἐκάνδυς, de ἐκ ανα δύω, se revêtir, ou même se dépouiller, à cause qu'on le mettait et laissait à volonté.

Κάνης, Κάνειον, Κάνεον, corbeille, panier. Ce mot vient de κάμπτω, courber, fléchir, et a été, dans l'origine, κάμνης, comme le latin *corbis*, de *curvus*, et le français *corbeille*, de courbe, parce que ces objets se fabriquent avec des végétaux flexibles, roseaux, joncs, osier, et ne constituent, en effet, que le résultat de la courbure. Ou bien encore, est-ce une abréviation de πλεκάνη ou πλόκανος, ouvrage tressé avec l'osier; m. à m., la *pliée, fléchie, tressée, entrelacée*, comme κίστη, son synonyme, pour πλεκίστη. Ou enfin de κάννα, roseau, jonc.

Remarquez le rapport entre κάμνη et κάμνω, corbeille et travailler, et notre français *corbeille* et *corvée*, qui reviennent au même.

Κάνθαρος, escarbot. Pour ἀκάνθαρος; m. à m., l'*épineux* : ἀκανθα, *épine.* La plupart des genres auxquels les Grecs donnaient ce nom, sont, en effet, armés de pointes ou d'épines, comme les bousiers, géotrupes, oryctes, etc.

Κανθος, coin de l'œil, jante de roue. Ce mot vient de κάμπτω, courber; καμφθός, de l'aor. passif, et, par euphonie, καμθός, puis κανθος. C'est la lame de fer courbée autour de la roue. Le coin de l'œil n'est autre chose que le blanc de l'œil, de λευκαίνω, blanchir, être blanc; λευκανθεις, blanchi, par abréviation, κάνθεις. Peut-être aussi doit-on voir ici ἄκανθος, de ἄκη, pointe, tranchant. Un coin est toujours la partie aiguë, tranchante, d'un objet. Coin, de *cuneus;* en espag., *canto,* partie plus ou moins aiguë et étroite d'un corps.

Κάνθις et Κάνθων, ânesse, âne. Ces mots sont pour ξάνθις, ξάνθων, de ξάνθος, roux. C'est donc proprement notre *roussin* et l'hébreu *chamor,* à cause de la couleur rousse de cet animal, dans les pays du midi. Les Espagnols l'appellent *burro,* qui n'est autre que le latin et le grec πυῤῥός, roux, roussâtre.

Κάννα, roseau, jonc. Est une simple abréviation de κεκαμμένα, participe du parf. κεκάμμαι, de κάμπτω, courber, fléchir. En retranchant le redoublement, nous avons καμμένα, puis κάμνα, et, enfin, κάννα. Le roseau est une plante éminemment flexible; c'est le symbole de la flexibilité, à tel point qu'elle est passée dans les fables et les proverbes de tous les peuples. Ce mot peut être aussi un simple abrégé de πλεκαμένη, πλεκάμνη, κάμνη, κάννη. Ou enfin, le sémitique קנה.

Κάνναβις, chanvre. Cette plante est un vrai roseau, du moins quant à son aspect et sa physionomie. Je crois voir ici dans la terminaison βις, le *bouts, byssus,* des langues orientales. Κάνναβις, si on le considère comme importation étrangère, sera donc l'oriental *qane bouts,* c'est-à-dire *roseau de byssus,* de lin, de chanvre, ou, en termes plus généraux, roseau à filasse, à filaments. Nous avons déjà vu cependant que κάννα n'a pas besoin de chercher son origine hors de la langue grecque.

Κανών, règle, canon. On peut voir ici, sans avoir recours à l'oriental *qané,* le mot grec κάννα. Dans les temps primitifs, c'est le roseau qui, comme tige longue, droite et sans branches, a dû servir à la mesure et à la direction des alignements. Aujourd'hui encore, dans le Midi de la France et en Catalogne, on se sert du mot canne pour l'unité de mesure des longueurs. A ces époques peu avancées dans les arts et les sciences, où les mesures et alignements ne devaient point exiger une exactitude mathématique, on conçoit facilement qu'un roseau ou toute autre tige analogue devaient être suffisants.

Κάνωπος, fleur de sureau. Peut être un abrégé de λευκάνωπον; m. à m., d'*aspect blanc* : ὄψ. La blancheur et le volume des fleurs de cet arbuste est effectivement ce qui attire sur lui l'attention. Ou bien de κάνη, κανών, roseau, ὀπή, aspect, vue, et trou. Les jeunes branches de cette plante se vident de leur moelle abondante, et forment des tuyaux, des canons, des sarbacanes, ayant ainsi l'aspect et l'usage du roseau.

Καπάνιη, Καπάνη, mots thessaliens qui signifient siége du cocher, rênes, frein, charriot, peuvent être dérivés de κάπτω, manger; m. à m., *mangeoire, sac* à manger, qu'on suspendait au museau des bêtes de somme, pour qu'elles pussent manger pendant le voyage, comme φίμος, son synonyme, est pour τρόφιμος, de τρέφω, nourrir. Ou bien, pour καμπανη, à cause de sa forme courbe, de κάμπτω, courber. Ou mieux encore, du mot suivant κάπη, à cause de sa forme d'*auge*, de *râtelier*, de *caisse*, qu'avait ce siége ou ce charriot.

Καπέτις, mesure de deux chœnix. De κάπη, creux, écuelle, auge.

Κάπη, auge, creux, cave, caveau. De κάπτω, creuser, fouir, a fait κάπηλος, cabaretier. Les cabarets ou *cavarets* (petites caves), étaient ordinairement creusés sous terre pour conserver la fraîcheur du vin, qui s'aigrit et s'altère au contact de l'air chaud. Par extension, on donna ce nom à tous les marchands qui vendaient dans des boutiques voûtées ou souterraines, où les objets se conservent mieux; aux brocanteurs surtout, qui ont besoin de garantir leurs marchandises des teignes et des mites, ce qui ne peut avoir lieu que dans des endroits frais, comme le sont les caves et caveaux.

Καπνός, fumée. La fumée est le produit et l'indice de la *combustion*, de la *brûlure*. Ce mot n'est donc autre chose que καυνός, de καύω, brûler. Ou bien une altération du participe καιομένος, καιμνός, καμνός, et, enfin, καπνός; m. à m., le *brûlé*, le produit, le résultat de la brûlure. Nous avons déjà vu κάμινος, brasier, fournaise, venant du même verbe καίω. Les idées étant corrélatives, les mots devaient être identiques.

Κάππαρις, câprier. La physionomie exotique de ce mot nous dispense de chercher son origine dans la langue grecque.

Κάπρος, sanglier. De κάπτω, σκάπτω, fouir, creuser. Cet animal se distingue par la faculté qu'il a de creuser et de *fouir,* au moyen de son robuste boutoir, la terre et le pied des arbres, où il trouve ordinairement sa nourriture. Le caractère de *fouisseur* est si propre au genre cochon, que le nom de cet animal, ὕς, a donné son nom en grec au soc de la charrue, qui n'en est qu'une fidèle imitation, surtout quant à ses effets.

Καπτήρ, tuile, tube d'argile. Pour καμπτήρ, de κάμπτω, courber. Ou, si l'on aime mieux, pour σκαπτήρ, de σκάπτω, creuser. La tuile est, en effet, courbe et creuse.

Κάπτω, dévorer, engloutir. Ce verbe, qui est la souche de σκάπτω, signifie proprement fouir, *enfouir* (dans son ventre, dans son estomac), engloutir, engouffrer : *goinfre,* pour *engoufre*. En latin, *ingurgitare,* avaler, engloutir, de *gurges,* gouffre. *Vorago,* gouffre, et *vorare,* dévorer. En espagnol, *sepultar en su estomago,* ensevelir dans son estomac, enfouir dans son ventre. Ce verbe n'est d'ailleurs autre que le sémitique *caf,* creux, *cafa,* creuser ; *caf,* creux de la main.

Καπύρια, friandises, gâteaux. Pour καταπύρια, *passés au feu, cuits au feu.* Καπυρίζω, craquer, pétiller comme le feu, pour καταπυρίζω.

Καπυρός, desséché, sec, arride, brûlant, ardent, vif, violent. Syncope de καταπυρός, m. à m., *enflammé.*

Κάρ, Καρός, rien, un rien, peu de chose. Ce mot n'est autre que l'abrégé de ἀκαρής, ἀκαρ, ἀκαρι, qui signifient des objets infiniment petits, quels qu'ils soient.

Κάραβος, crabe, langouste. Les crustacés ont la propriété de faire *claquer* leur queue en la repliant sous le ventre, et on peut voir ici un composé de ἐκ et ἄραβος, bruit, son, fracas, claquement, καρκῖνος, son synonyme, pour κερκῖνος ; m. à m., *muni de queue.* A moins, pour les distinguer des tourteaux et autres crustacés qui en sont dépourvus, que l'on ne veuille voir ici un dérivé de κρέκω, retentir, claquer, et, par conséquent, κρέκινος, le *claqueur, retentissant, bruyant.*

On doit confondre le mot κάραβος avec σκάραβος, scarabée, qui n'est qu'une métathèse de ἐς κάβαρος, de σκάπτω, fouir, creuser. Σκάβαρος,

m. à m., le *creuseur*. Les scarabées sont des insectes éminemment creuseurs ; ils fouillent la terre, les sables et le fumier, et vivent dans des trous sous le sable. Les crustacés vivent aussi dans des trous.

Καράκαλλον, espèce de capuchon. Composé de κάρα, tête, et κάλλον, ornement, beauté. C'était un certain ornement de tête, une espèce de coiffure.

Κάρανος, chef, souverain, maître. Vient de κάρα, tête. C'est l'analogue du français *chef*, qui signifie aussi les deux choses. La tête est partout la partie principale.

Καρβάζω, parler en barbare. Composé de κάρ, carien, et βάζω, parler. C'est, m. à m., *parler carien*, ou comme les Cariens. Ce peuple était, en effet, regardé par les Grecs avec le plus profond mépris ; il fournissait les esclaves, domestiques et portefaix.

Καρβάτινος, rustique, grossier, vil, barbare. De καρβάζω, ou de κάρ et βατέω ; proprement, *marcher en Carien* ; être chaussé comme eux.

Κάρδαμον, cresson alénois. Cette plante excite certains mouvements convulsifs : κραδάω, agiter. Elle exige de fréquents arrosements : ἐκ ἀρδέω, arroser. Mais elle est aussi remarquable par l'extrême rapidité de sa croissance et de son développement, ce qui nous rapporte à ἄδρος, ἀδρέω, ἀδράω, croître, parvenir, mûrir, se développer, ce qui fait ἐκ ἄδραμον, puis κάδραμον ou κάρδαμον. Le nom de *cresson* vient probablement lui-même de *cresco*, croître, pousser.

Κάρδαξ, soldat mercenaire. Ce mot, prétendu étranger, n'est probablement autre que κέρδαξ, de κέρδος, gain, prix, salaire ; soldat salarié. Ou bien, pour καρίδαξ, de καρίζω, agir vilement, en Carien. Rapprochez ce mot du sobriquet καρίων.

Καρδία, le cœur, pour κραδία. De κραδάω, secouer, agiter. Le trait distinctif de ce viscère, c'est le battement, la secousse, la palpitation, qui est le symptôme de la vie. Mais le cœur est aussi un appareil qui remplit les fonctions d'un arrosoir, en abreuvant et arrosant le corps par l'impulsion du sang, ce qui nous rappelle ἐκ ἀρδέω, abreuver, arroser.

Κάρη, Κάρα, Κρᾶς, Κάρηνον, etc., tête. Tous ces mots viennent de ἄκη, pointe, ou ἄκρα, extrémité, sommet, bout, pointe. La tête est, en effet, le sommet et l'extrémité du corps. C'est pour cela que nous avons, en espagnol, *cabo*, chef, chef de file, et bout, extrémité ; en français, *caporal*, et *cap*, bout, extrémité, pointe de terre qui avance dans la mer ; *capitaine* et chef, et le verbe achever pour *achefer* (chef, de *caput*), tête et fin ; en espagnol, *acabar*, de *cabo* (*caput*), tête et extrémité.

Mais une des propriétés de la tête, c'est d'être tondue, κείρω, aor. 2 ἐκάρην, et, en abrégeant, κάρην, d'où le κάρηνον et le κάρη en question, le *crâne* ou la tête *tondue, taillée*.

Κάρδοπος, huche à pétrir, pétrin. Pour κράδοπος, du verbe κραδάω, agiter, secouer, ποιέω, faire. Pétrir n'est autre chose que secouer et agiter la pâte. Au lieu de ποιέω, on peut supposer ποῦς, pied ; *pétrir avec les pieds*, les secouer, battre des pieds.

Καρίς, crevette. Peut être un abrégé de κέρκαρίσ, de κέρκος ; m. à m., *munie de queue*, ou de καρκαίρω, mouvoir, secouer, faire claquer la queue. Ou si l'on aime mieux, enfin, de ἐκ ἄρω, ἀέρω, prendre, enlever, attraper. Ce petit crustacé servait d'amorce pour la pêche.

Καρκαίρω, vibrer, trembler, secouer, faire retentir. Probablement pour κερκαίρω, de κέρκος et αἴρω ; m. à m., *élever la queue*, s'en battre les flancs, comme font certains animaux et même certains crustacés. Ou bien est-ce tout simplement ce qu'en espagnol on exprime par le verbe *colear*, agiter la queue. Αἴρω pourrait être une terminaison fréquentative ajoutée au mot κέρκος. Ce verbe peut être encore mis pour κρεκαίρω, de κρέκω, retentir, craquer ; καρκάρος, crépu, frisé, enroulé, de κέρκος, κόρκος, rond, courbe, enroulé.

Καρκίνος, crabe, cancre. Pour κερκίνος, de κέρκος ; m. à m., *muni de queue*. Voy. plus haut l'article κάραβος, où il est question de ces deux synonymes. (Il est des crabes, comme les tourteaux, qui n'en ont pas.)

Καρναβάδιον, cumin. Composé de κραναός, dur, âpre, stérile, et de βάζω, aller, fréquenter ; m. à m., *qui va* ou *qui vient* sur les terrains âpres, durs, stériles, secs, ce qui est le propre de cette plante. Ou bien, pour κρηνηβάδιον, *qui fréquente les sources*.

Κάρνον, trompette des gaulois. Ce mot, prétendu celtique, n'est autre que le grec κέρας, le latin *cornu*, et le sémitique *queren*, קרן, c'est-à-dire, une corne de bœuf, qui a été la première trompette de tous les peuples.

Καρπάλιμος, prompt, rapide. Cet adjectif peut se rapporter à καρπός, carpe, jointure de la main, poignet, ou à κάλπη, trot du cheval. C'est proprement, *qui va au trot*, c'est-à-dire, qui joue du carpe, du poignet. Voy. κάλπη.

Κάρον, carvi. Les Grecs la croyaient originaire de la Carie, province qui lui donna son nom. On en faisait aussi une liqueur enivrante, assoupissante. Du suivant, κάρος, pesanteur de tête causée par l'enivrement.

Κάρος, sommeil, assoupissement causés par un mal ou pesanteur de tête. De κάρη, tête.

Κάρπασος, nom d'une gaze très-fine que l'on fabriquait en Espagne, et probablement chez les peuples de ce pays, appelés καρπήσιοι, carpetans.

Καρπός, fruit, produit, jouissance; carpe, poignet. La principale propriété du fruit des végétaux, c'est évidemment d'être *mangeable, comestible*, d'être la partie de la plante propre à la nourriture de l'homme et des animaux, à tel point que fruits, substances, subsistances, aliments sont, dans beaucoup de cas, synonymes. La souche de καρπός, qui a dû être primitivement καπερός, καπρός, est donc le verbe κάπτω, manger, dévorer, avaler.

Le sens de carpe, poignet, vient aussi de la signification primordiale de κάπτω, que nous savons être celle de creuser, fouir, enfouir. Car un des os qui le forment, le principal, porte le nom de scaphoïde à cause de sa forme concave qui sert d'emboîtement au *cubitus*.

Κάρσιος, oblique. Vient de κάρσις, coupure, de κείρω, couper. Une ligne oblique est une ligne qui *coupe, traverse*, une *diagonale*.

Καρύα et Κάρυον, noyer et noix. Ces mots proviennent de κάρη, tête. Soit que l'on ait en vue la propriété remarquable de cet arbre de donner mal de tête quand on respire longtemps ses émanations, et qu'on s'endort à son ombre; soit que l'on ait eu égard à la forme et à la consistance de son fruit qui est analogue à celle d'un petit crâne humain.

Καρύκη, sauce faite avec des noix : κάρυον. En usage encore dans nos cuisines, surtout en Espagne et en Italie.

Κάρφω, sécher, dessécher. Ce verbe est probablement κάφρω, de καφέω, souffler, κάφος, souffle, κάπτω, souffler. Le souffle naturel ou artificiel est le principal agent de la dessication.

Mais ce qui est sec est presque toujours *creux*, ayant été débarrassé des parties molles et humides qu'il contenait, et cette observation nous ramène à κάπτω, fouir, creuser.

Le verbe κάρφω a pu aussi être καύρω, de καύω, chauffer, ou souffler, ἐκ αὔω. Les deux moyens de dessécher, la *chaleur* et le *vent*. Dans la prononciation, καΰρω, κάρϋω, κάρφω, sonnent de la même manière.

Καρχήσιον, hune, mât, poulie, gobelet, tasse. Ce mot, qui paraît exotique, et qui désigne des objets qui appartiennent à l'art de la navigation, pourrait tenir à καρχηδών, nom de Carthage. On sait que les Carthaginois étaient les premiers dans l'art nautique, et c'est d'eux que les Grecs ont pu emprunter ces divers agrès, qu'ils nommèrent simplement καρχήσιοι, les *Carthaginois*, pour désigner leur origine; comme, en français, le mot *espagnolette, persienne, bavaroise,* etc., etc.

Si on veut encore, on peut rapporter ce mot à χαράσσω, graver, tracer, sillonner, fendre, creuser, au parf. κεχάρηκα, κεχάρκα. Une poulie est une pièce creusée et sillonnée en son pourtour, et, ainsi que l'était le bout de l'antenne, taillée, entaillée pour recevoir la poulie. Un mât est un pieux, un piquet : χάραξ. Une équerre (car c'est aussi une des acceptions de ce mot) sert précisément à *tracer* et *graver* des lignes sur la pierre et le bois. Et, enfin, une coupe, étroite en son milieu, est coupe qui ressemble à une poulie, ou pour en donner une idée plus exacte, au jouet connu sous le nom de diable. Les cordages inséparables des mâts et des poulies étaient aussi appelés du même nom.

Κασᾶς ou Κασῆς, tapis, caparaçon, harnais. Est un mot persan.

Κασάλβη et Κασαλβάσ, prostituée, femme publique. Si ces mots ne sont pas exotiques, ils peuvent être l'abrégé du composé ὁλκασάλβη, de ὁλκάζω, entraîner, et λάβω, prendre, car c'est précisément là les occupations de ces êtres funestes et si dangereux pour la jeunesse; de là, les épithètes de louves, de renards; en espag., *zorras,* de syrènes et d'autres animaux ravisseurs, qu'on leur donne dans presque toutes les langues.

Κάσις, frère, sœur, parent, allié, compagnon, ami. Ce mot peut venir de εἰκάζω, ressembler, être semblable, pareil, égal, uni, d'où εἰκάσις, ressemblance, similitude, assimilation, comme le latin *parens,* parent, de παρά εἰμι, être égal, à côté, ensemble, uni avec. *Frater,* de φρατρία, pour παρατερία, de la même origine.

On peut encore voir dans κάσις un abrégé de οἴκασις ou οἴκησις, de οἶκος, maison, famille, parentée : οἴκαδε, à la maison, d'où le verbe κηδέω, être parent, c'est-à-dire *être de la maison*, de la famille. En espag., on a *casa*, maison, *casar se*, se marier, c'est-à-dire fonder, établir une *maison*, une famille.

Κασιγνήτης, sœur, frère, parent. De οἴκασι et γένω; m. à m., *né à la maison*.

Κάσσα, prostituée. Peut être de καίω, καύω, brûler (de concupiscence), κάσσα, pour καύσα. Ou bien, pour κάκσα, κάκισα, de κακίζω, avilir, rendre infâme, faire des vilenies, des infamies. Ou enfin, μοιχάσω, être, agir en adultère : κ pour χ.

Κασία, cannelle. La cannelle est un bâton d'écorce, une tige, un tuyau creux, analogue à un roseau, à *une canne*, analogie qui, dans plusieurs langues occidentales, lui a valu son nom. C'est donc une simple altération de κανσία, κανισία, de κάννα, roseau, tige.

Mais comme cette écorce se brûlait aussi comme parfum, on peut dériver ce mot de καίω, καύω, brûler : καισία, ou καυσία.

Κασσίτερος, étain. Ce métal est entre tous celui qui sert à souder, raccommoder, unir les autres métaux. Et, dans l'antiquité la plus reculée, on a dû l'employer presque exclusivement à cet usage, puisque la fabrication des glaces et des épingles était inconnue, et que celle de la poterie et du bronze, où l'étain est principalement employé, a dû commencer assez tard. Nous devons donc rapporter ce mot au verbe κασσύω, ravauder, raccommoder, recoudre, rattacher : Κασσύτερος.

Κάστανον, châtaigne. Pour ακάστανον, de ἀκή, pointe, à cause des piquants dont l'enveloppe est garnie.

Κάστωρ, castor. Le nom de cet animal peut être l'abrégé de οἰκήστωρ, οἰκάστωρ, d'une forme de verbe, οἰκάζω, qui signifiait probablement bâtir des maisons ou habiter des maisons, ce qui caractérise les mœurs singulières de cet animal. A moins que ce ne soit ὁλκάστωρ, du verbe ὁλκάζω, traîner, car on sait aussi que le castor traîne sur sa queue les matériaux de ses constructions hydrauliques. La terminaison ωρ pourrait être aussi une trace ou reste de οὐρά, queue.

Ou bien, abrégé de σηκάστωρ, du verbe σηκάζω, enclore, enfermer, cloisonner, séparer, palissader. Tout le monde connaît les habitudes de cet animal constructeur de digues, enclos, palissades, dont il fait sa demeure, sur le bord des étangs et des rivières.

Κασσύω, recoudre, ravauder, raccommoder. Ce verbe est un dérivé de ἀκέω, raccommoder, réparer, ravauder, et, ayant retranché α, il reste κασσύω, dorien, pour κεσσύω, car on trouve l'infin. aor. ἀκάσασθαι, pour ἀκέσασθαι, avoir été raccommodé. Le sigma redoublé est une licence poétique ou de dialecte. A moins que ce ne soit καρσύω, de ἐκ et ἄρω, ἄρσω, ajuster, rajuster, réunir.

Κατά. Cette préposition remarquable, si fréquente en composition, peut être une syncope de κεατά, pour κειτά ; m. à m., *étendu, abattu à terre*, ou une abréviation de ἔγκατα, venant de l'adverbe ἐγκάς, au fond de, au bas de, dans l'intérieur de. C'est pour cela que la plupart des verbes composés, et commençant par κατά, se trouvent également dans les dictionnaires commençant par ἐγκατά. Les diverses acceptions de cette préposition peuvent, en effet, se rapporter à celles de *in, inter, intrà ; en, dans, entre, dedans*.

Quant à la signification de *selon, suivant, comme*, on peut l'attribuer à εἰκατά, de εἰκάζω, ressembler, assimiler, imiter ; *semblablement, comme*, équivalent à *selon, suivant*.

Καύαξ, espèce d'oiseau de mer. De ἐκ αὔω, crier, vociférer, d'où l'abrégé καύω. C'était un oiseau criard : peut-être le goëland.

Καυκόν, hippuris ou queue de cheval. Ce mot est une simple syncope de καυλικόν, de καυλίς, tige. C'est une plante qui n'a presque que la tige ; ses feuilles sont des espèces de crins.

Καυλός, tige de plante, ordinairement creuse. C'est un tuyau creux, une espèce de flûte : ἐκ αὐλός. Toutes les tiges des céréales servent, comme celles du roseau, à faire des sifflets, fifres, etc....

Ce mot peut être encore le même que κῶλον, membre, jambe, pied, support. La tige remplit tous ces rôles à l'égard des plantes.

Καῦνος, sort, lot, tirage au sort. Ce mot peut être le résultat d'une transposition, pour κύναος, de κυνέη, qui signifie *casque, chapeau de cuir* où l'on mettait probablement les sorts en guise d'urne.

A moins qu'il ne soit une corruption de κύαμος, fève, qui signifie aussi *sort, suffrage*, parce que ce légume servait à ces opérations.

Καυχᾶσθαι, se glorifier, se vanter. De ἐκ αὐχέω, se vanter de.

Καχλάζω, bruire, bouillir, bouillonner. C'est le verbe χλάζω, bruire, résonner, avec un redoublement à la manière attique, imitant ainsi parfaitement le bruit de l'eau bouillante ou agitée dans un endroit clos ou sur des cailloux, *cl cl cl cle*.

Κάχληξ, caillou. Ainsi nommé du bruit qu'ils font faire à l'eau, en lui servant d'obstacle dans le cours des ruisseaux, bruit qui est exactement κλα, *cla cla cla*.... Ce sont des cailloux *murmurateurs, bruissants, retentissants*.

Κέ, si, peut-être. Particule conditionnelle qui n'est que l'abrégé de εἴκε, il semble, il paraît, il est vraissemblable, probable. Nous disons, par exemple : « Si nous arrivions à temps, tout serait sauvé », c'est-à-dire « tout serait *vraisemblablement, probablement* sauvé ». Ou, si l'on veut encore, on pourra voir ici εἰκῆ, par hasard, fortuit, car une chose conditionnelle, une proposition précédée de *si*, est nécessairement *fortuite, incertaine, accidentelle*, sujette au *hasard*.

Κέαρ, cœur, esprit, âme. Ce mot paraît composé de ἐκ et de ἔαρ, dans son acception de *sang, suc*, qui n'est autre que celui d'*émission*, (αἷμα, ἴαμα, ἵημαι,) de ἐάω, émettre, lâcher, envoyer. Le sang n'est qu'une *émission* du cœur, qui n'est, à son tour, que l'organe *émetteur, impulsif* : ἐκέαρ, puis κέαρ. Mais le cœur a aussi la propriété remarquable de battre, de palpiter, de s'élever. La palpitation n'est qu'une *élévation*, un *soulèvement*, un *soubresaut*, un *saut*, et, par conséquent, on pourrait supposer aussi κέαρ, composé de ἐκ ἀέρω, s'élever, se hausser, sauter, palpiter. Nous disons : le cœur *se soulève*, le cœur *s'abat*. *Sursum corda*, élevons nos cœurs.

Κέγχρος, grain de mil, millet. Nous avons vu plus haut κάγχρος, orge grillée, de καγκαίνω, chauffer, griller. Le millet subissait probablement une préparation semblable, car c'est en cet état qu'on le mange encore aujourd'hui dans beaucoup de pays, et doit être rapporté à la même étymologie.

Κέδματα, espèces de tumeurs des aines ou des hanches. Ce mot est pour σκέδματα, de σκεδάω, disperser, répandre, parce qu'elles proviennent d'un *épanchement*, d'une *fluxion* des humeurs.

Κέδρος, cèdre. Ce mot peut venir de l'oriental *qatar*, être sombre, noir, obscur, ou de la racine כדר, *sombre, obscur*, qui subsiste encore en arabe, car telle est la couleur de son feuillage. Ou de *qathar*, brûler; il servait au feu des autels, à cause du parfum qu'il exhalait, employé comme combustible, et qu'il doit à une huile essentielle que contient son bois.

Si l'on veut chercher son origine dans la langue grecque, il pourra être rapporté à κέδνος, glorieux, grand, étonnant, admirable. Chacun sait que le cèdre est le géant des forêts, le roi de la végétation, le premier entre tous les arbres par sa taille et sa majesté proverbiales. Ou bien à σκέδω, répandre, disperser, éparpiller, d'où σκέδαρος, σκέδρος; m. à m., l'*épandu*, l'*éparpillé* (ses branches le sont, en effet); comme une espèce voisine, le sapin, s'appelle en grec, ἐλάτη, de ἐλάω, étendre (ses branches horizontalement).

Ou enfin, pour κέρδος, gain, profit, utilité, à cause de son utilité dans une infinité d'ouvrages de menuiserie, tabletterie, marqueterie, plafonds, lambris, coffres, cassettes, cercueils, auxquels il était employé.

Κεῖμαι, être couché, être posé. De ἐκ et εἶναι, être assis, se lâcher, se laisser aller, se poser : κ pour χ est une licence. A moins que l'on ne préfère voir ici le verbe εἶναι, être ou aller, et ἐκ; m. à m., *de esse, deesse, desistere* (non sistere), *faillir, défaillir, tomber, déchoir, choir, descendre,* etc....

Κεῖπος, sorte de singe. Peut-être composé de κεῖναι, reposer, et ποῦς, pied, qui se pose sur le pied.

Κειρίαι, bandes, sangles, bandelettes. De κείω, fendre, diviser. Ce sont de véritables *divisions.* Κείρω, couper, tailler, découper; comme, en espag., *cinta*, du lat. *scindo,* couper.

Κείρω, tondre, couper, rogner. N'est qu'un composé de ἐκ et ἀείρω, enlever, ôter, retrancher.

Κέλαδος, bruit, son, paraît tenir à καλέω, crier, appeler à haute voix, crier à quelqu'un. Ou à κλάω, rompre, éclater; en latin, *prorumpere,* comme *clamor, éclat, clameur,* de κλάω. Κέλαδος est donc un cri d'*appel* ou un *éclat* de voix. Voy. aussi κλήδων, cri, clameur : κλάζω, crier.

Κελαρύζω tient à la même souche. Couler avec bruit, murmure, ῥύω, ajouté; ou bien est-ce ἐκ λαρύζω, murmurer, roucouler, bruire, gronder.

Κελέβη, coupe, vase, bassin. C'est la métathèse du composé ἐκλέβη, de ἐκλείβω, verser, répandre, faire couler.

Κελεός, certain oiseau. De κέλλω, courir. C'est quelque oiseau, coureur ou grimpeur.

Κέλευθος, chemin, route, voie. Vient de κέλλω, arriver, aborder. C'est proprement un *abord*, une *avenue*, une *allée*; l'endroit par lequel on va, on arrive, on aborde quelque part.

Si l'on veut encore, ce pourrait être un composé de ἐκ et de ἐλεύθω, aller; et, mieux encore, se *rendre*, pour εἰλεύθω, εἰλεύω, revenir, retourner, aller *vers*; en latin, *reversus, revertor*, revenir; m. à m., *retourné* : parce que celui qui se dirige, va quelque part, *tourne* nécessairement la face de ce côté-là, s'y rend, tourne vers.

Κέλης, vaisseau léger, cheval de course, cheval de selle. Pour ὠκέλης, de ὠκύς, ἐλάω, ou simplement de ἐκ et ἐλάω, s'étendre vite, être poussé, agité, excité, courir, circuler, être rapide. On se rappellera que ἐλάτηρ et ἐλασία sont des mots qui appartiennent aussi à l'art de l'équitation. L'acception de vaisseau léger se rapporte aussi peut-être au verbe κέλλω, que l'on peut mettre à sec; du verbe suivant.

Le nom de κέλτης, celte, tient à cet adjectif. Ils étaient excellents cavaliers et excellents coureurs; ou à κέλης, vaisseau léger; ou à κέλλω, aborder, arriver. Par leurs incursions, les Celtes étaient les Normands des temps primitifs.

Κέλλω, aborder, prendre terre, échouer. Ce verbe, qui paraît être un véritable terme de marine, est probablement le même que σκέλλω, sécher, faire sécher, mettre à sec, tirer à sec. Les vaisseaux des anciens, beaucoup plus petits que les nôtres, étaient retirés à sec sur la plage, lorsqu'ils finissaient leurs voyages. Voy. plus bas nos observations à l'article ὅρμος. Κέλλω peut être encore un abrégé de ὠκέλλω, de ὠκύς, accélérer, se presser, se hâter, se pousser, se porter, se jeter rapidement sur.

Κέλω, commander, exhorter, exciter. Ce verbe paraît tenir à καλέω, appeler, crier; en latin, *appellare, interpellare, compellare*. L'ordre, le commandement, l'excitation, ne sont, en effet, qu'un *cri*, un *appel*, une *interpellation*. Mais ce peut être également une *impulsion*, une *poussée*, un *choc* : ἐκ ἐλάω, pousser. Nous disons : pousser quelqu'un à faire telle ou telle chose; car on ordonne, commande, excite de la voix et de la main, en poussant matériellement, comme ont dû le faire et le font encore aujourd'hui les hommes rudes et peu civilisés. Voy. aussi les dernières observations de l'article καλέω.

Dans cette hypothèse, κέλω peut se rapporter aussi au verbe κέλλω, aborder, toucher, heurter, choquer; comme en latin *appellare*, appeler, *appello*, aborder, et *impello, compello*, pousser, exciter, porter à, ce qui nous présente une analogie complète avec le grec.

Κέλωρ, fils, descendant. Peut être un abrégé du composé εἰκέλωρ, de εἴκελος, semblable, et ὄρω, sortir ; m. à m., de *semblable origine*.

Κεμάς, faon. Peut être de κεῖμαι, *jaceo*. M. à m., qui *gît*, qui est *déposé*. C'est le petit qui vient de naître, la portée qui *gît* sous la mère, l'accouchement, le fruit de l'accouchement : κείμάς. Ou bien pour κνεμάς, κνήμας, de κνήμη, jambe ; m. à m., le *jambé, haut* sur jambes, car c'est la hauteur des jambes qui caractérise ces animaux, surtout dans le jeune âge.

Κέρασος, cerise, cerisier. Fruit remarquable par sa douceur ; peut être un abrégé de δευκέρασος, de δεῦκος, doux ; ou bien de μελίκερος, doux, miellé, ou de κεράω, mêler. Les cerises se mêlent, au moyen de leurs longues queues, de telle manière qu'on ne peut en prendre une sans en entraîner un grand nombre mêlées avec elle, à tel point que cette propriété a formé proverbe dans plusieurs langues. A moins que l'on n'adopte l'opinion qui veut que ce nom lui vienne de Cérasonte, ville où cet arbre était plus particulièrement cultivé.

Κενός, vide, vain. Pour ἐκενός, de ἐκ εἶναι, *deesse*, manquer, faire défaut. Le *vide* est le *manque* absolu. En latin *de est, ab est*, répondent mot pour mot à l'adjectif grec ; nous pouvons en dire autant de *egenus* (ἐκ ἑνός), qui a le même son et la même étymologie. Si l'on préfère voir ici οὐκ, non, au lieu de ἐκ, οὐκενός, οὐκ εἶναι, le résultat est le même, c'est-à-dire le *non-être*, le *manque* absolu, le *vide*.

Κεντέω, piquer, aiguillonner. De ἀκή, pointe, piquant. De la même famille que ἀκμή, ἄκανθα, etc....

Κέντρον, centre. Vient de κεντέω, piquer. C'est le point que l'on *pique*, que l'on *perce* avec le compas pour tracer la circonférence. C'est le point (*pungo*) central, c'est-à-dire le *piqué*, la *piqûre* faite par le pieu, piquet, où l'on attache la corde traçante et que l'on *enfonce, fiche, plante* en un lieu donné.

Κέραμος, terre à potier, argile. De κεράω, ou κεραίνω, ἐκ ῥαίνω, arroser, abreuver. C'est un *mélange* d'eau et de terre, une boue, une pâte qu'on *mêle*, qu'on *pétrit* avec soin avec de l'eau avant de lui donner une forme quelconque. Il répond au latin *lutum* (de λύω), boue, terre délayée, dissoute avec de l'eau.

A moins qu'on ne préfère y voir κέραμος, dérivant de κηρός, cire; m. à m., *analogue à la cire, cireux,* terre *de cire,* ce qui est effectivement vrai.

Il n'y aurait alors qu'une substitution de η par ε.

Κεράω, Κεραννύω, mêler, mixtionner. Pour ἐκ ῥαίνω; m. à m., *arroser, abreuver d'eau, verser* l'eau dans. L'euphonie exigeait la métathèse initiale du κ.

Κέρας, corne. Ce mot peut trouver en grec son étymologie, qui paraît être ἀκή, pointe, ἀκέρος, *pointu, aigu.* La corne n'est précisément qu'une pointe aiguë.

Κεραυνός, foudre. M. à m., *rayon, trait, pointe.* En espag., *rayo.* L'éclair n'est, en effet, qu'un rayon, une *pointe,* un *trait* de lumière qui frappe et éblouit. En hébreu, *qeren* signifie aussi corne et rayon de lumière.

Κέρδος, gain, profit. De ἐκ ἔρδω, travailler, fabriquer, faire. C'est proprement le gain que l'on doit au travail, à l'industrie, au *savoir-faire,* à l'*artifice.* D'où l'acception de *ruse, tromperie,* que l'on donne aussi à ce mot. Les Espagnols ont aussi *ganar,* gagner, et *engañar,* tromper.

Κέρθιος, grimpereau. Pour κέρκθιος, de κέρκος, queue, et θέω, courir. Ou bien de ἐκ ὄρθιος, dressé, redressé, à cause de sa marche.

Κέρκος, queue, anse d'un vase. N'est autre que κίρκος, cercle; il se dit en général des queues courbes et arrondies. Les anses des vases sont des *courbures* de diverses formes.

Κερκίς, navette. Elle ressemble assez à une *queue* par sa forme allongée et pointue : κέρκος. Ou bien de κρέκω, κρέκις, résonner, retentir, à cause du bruit, du frémissement qu'elle fait entendre lorsqu'elle est mise en mouvement, provenant du choc de l'aiguille contre les parois de la navette qui la contient. Κρέκω, que nous verrons plus bas, signifie précisément parcourir avec la navette les fils de la toile sur le métier.

Κέρνος, sorte de vase employé dans les sacrifices. Pour κέρανος, de καράω, mêler, mélanger, comme κρατήρ, cratère.

Κέρχνη, Κέρχνος. Toutes les significations de ces mots rentrent dans celles de κέγχρος, grain, graine, millet, dont ils paraissent des transpositions. A moins qu'ils ne soient formés de κέρκος, queue, à cause de la forme de queue qu'affectent leurs épis, surout celle du mil ou millet.

Κέρχω, rendre rauque. Voy. κρέκω, bruire, retentir.

Κέστρα, sorte de pieu, de pique. Pour ἀκέστρα, de ἀκή, pointe, ἀκεστέρα ; m. à m., l'*aiguë*, la *pointue*. Ou ἀγκέστρα, de ἀγκίστρον.

Κεύθω, être caché, se cacher, cacher. Paraît être un dérivé de l'infinitif κεῖσθαι, être posé, placé, couché dans, de κεῖμαι, car être *placé*, *couché* dans un tombeau ou sous terre, c'est y être *caché*, *enfermé*. Ou bien encore, de κυέω, concevoir, contenir, renfermer. Κυέθω, de κυέθεις, participe passif ; m. à m., *contenu*, *enfermé*, *caché*.

Κεφαλή, tête. Organe qui contient le cerveau, le siége des idées et de toutes les facultés psychologiques, de l'intuition, de la réflexion, de la comparaison, du jugement. C'est un dérivé de σκέπτω, ou σκέπω, comprendre, concevoir, saisir, penser, considérer, réfléchir. En latin, c'est *caput*, de *capio*, contenir, comprendre, saisir, concevoir, penser. Je *comprends*, je *saisis*, est synonyme de j'*entends* (*intelligo*). C'est la tête qui perçoit, conçoit, reçoit, contient, comprend, retient, renferme les idées et les perceptions.

A moins qu'on ne préfère voir ici le verbe σκάπτω, fouir, creuser, dont la forme σκήφα a donné κεφαλή ; m. à m., la *creuse*, la *cavité* par excellence.

Κέω, fendre. Verbe composé de ἐκ et de ἔω, εἶμι ; m. à m., *éloigner*, *séparer* (les parties d'un objet, d'un tout), l'ouvrir, le diviser, le *séparer*. Ou bien, abrégé de διχέω, de δίς, διχά, deux en deux, faire deux.

Κῆδος, soin, souci, deuil, parenté. Ce mot peut venir de ἀκή, pointe. Toute peine, tout souci, toute affliction est une *pointe*, un *aiguillon*, un *poignard* ; une douleur *poignante*, qui *perce*, qui *ouvre* le cœur. La vierge, mère de douleurs, est représentée par les artistes, ayant des poignards enfoncés dans le cœur, comme l'image la plus naturelle et la plus énergique qu'ils aient pu inventer de la souffrance et de l'affliction. L'acception de parent, familier, peut être attribuée à οἶκος, maison, famille, οἰκῆδος, familiarité, domesticité, οἴκαδε, οἴκησις, οἴκηδον. Dans toutes les langues, *maison* est synonyme de famille.

Κηθίς, Κήθιον, urne, couvercle d'un vase, vase à tirer au sort, au scrutin. Peut être pour κευθίς, de κεύθω, cacher, couvrir, renfermer. C'est précisément le rôle des urnes et des couvercles. On peut encore voir ici καθεις, de κατά εἶναι, *mettre dans, poser, déposer, laisser dans*. Ou bien, *renverser, jeter en bas, lancer, émettre*, comme on *jette* les dés du *vase* ou cornet qui les renferme. Nous disons *jeter les sorts*; en espag., *echar suertes*.

Κηκίω, jaillir, sauter, s'élancer. En parlant de l'eau bouillante, vapeur, vraisemblablement de καίω, parf. κήκεα, brûler, échauder. C'est être en *effervescence, bouillonner*.

Κήλας, pélican. De κήλας, κηλίς, tâche noire; à cause de la couleur noire des rémiges de cet oiseau, qui contraste avec le plumage blanc de tout le reste de son corps.

Κηλέω, charmer, attirer, séduire. N'est autre que καλέω; m. à m., *appeler, exhorter*, inciter, persuader, exciter.

Κήλη, tumeur. De κήλεος, brûlant, chaud, enflammé. C'est une *inflammation* : καίω, brûler. Soit qu'elle provienne d'une brûlure ou d'humeurs viciées, elle *cuit* et *brûle*, et cause une douleur analogue à la brûlure, dont elle a d'ailleurs l'aspect.

Κηλίς, tache. Surtout provenant de brûlure, cicatrice, blessure *brûlée, cautérisée* au moyen du feu. Véritable brûlure, καίω.

Κηλόω, brûler, consumer; couvrir, saillir, prostituer. Ce verbe est formé de κῆλον, bois sec, bois à brûler, de καίω, brûler, d'où le dérivé κήλων, étalon, cheval de saillie; homme lascif; espèce de bascule ou machine à tirer de l'eau des puits, ainsi nommée à cause de l'analogie du mouvement d'élévation et d'abaissement alternatif avec celui de la saillie d'un animal. A moins qu'on ne préfère y voir κάλος, cable, corde qui sert à tirer l'eau.

Κημός, panier, filet ou nasse de pêcheur, claie d'osier, muselière d'osier probablement, ou de jonc, ou de quelque matière flexible analogue, peut très-bien être une abréviation de πλόκαμος, courbure, tresse, plissage, ouvrage de vannerie : πλέκημος, de πλέκω, plier, fléchir.

Si l'on aime mieux voir dans ce mot le parfait de κάμπτω, courber, fléchir, κέκημμαι, κέκαμμαι, κεκημμένος, κεμμένος, κεμνός, κημός, l'étymologie (voy. κάμπτω) et la filiation d'idées est la même, la *courbure* : (*corbis*), corbeille, panier, clisse.

Κῆπος, jardin. Ce mot est formé de σκάπτω, creuser, fouir. C'est proprement une terre creusée, labourée avec le hoyau, pelle, etc., ce que les Espagnols appellent *cavar*, creuser, du latin *cavus*, creux. C'est l'opposé des terres non cultivées et labourées, où les fruits sont fournis spontanément par la nature, quoique, en général, de qualité très-inférieure.

Κήρ, sort, destin; malheur, mort; faute, crime. Peut être χρή, χρά, de χράω, χραίνω, pouvoir, être fort, achever, accomplir. Le rôle du destin est d'accomplir, d'achever, d'amener à fin d'une manière inflexible, inexorable, les événements de l'univers et les accidents de la vie humaine. C'était, chez les payens, la divinité essentiellement *forte* et *irrésistible*. Aujourd'hui même, nous disons : la force des choses, l'exigence des événements, l'influence du destin, etc., etc. Un crime, un malheur, la mort, étaient, dans l'antiquité payenne, des choses dépendantes essentiellement du destin, c'est-à-dire de la *force*, de la *puissance* qui ne cède pas (*ne-cessitas*, χράω), et qui accomplit toutes choses.

Κηρός, Cire. Produit éminemment *combustible*. Καερός, de καίω, καέω, κάω, brûler. Mais la cire est une matière inséparable du miel, et peut très-bien être un abrégé de μελίκηρον ou μελικήριον, *dépôt*, *magasin* à miel (ruche), dont on a laissé seulement les deux dernières syllabes.

Ou, mieux encore que tout cela, pour ἐρκηρός, ἐρκαρός, de ἕρκος; m. à m., *qui contient, enferme, enclôt* les abeilles et leur produit; la cire est l'enclos, le mur.

Κῆρυξ, héraut, crieur public. Paraît n'être qu'une dérivation de κράζω, vociférer, pour κρήυξ, comme κραυγή, cri, clameur. Ou bien, le même que appeler, crier, car c'était là leur rôle. Κήλυξ, καλύσσω, de κλάζω, κλάγγη, clameur. Ce sont les mêmes mots prononcés différemment.

Κῆτος, baleine, cétacé. Ce mot peut être rapporté à καέω, brûler. La graisse et le cerveau des cétacés fournissent, comme la cire, d'abondants et excellents combustibles d'éclairage. Tout le monde connaît les belles bougies de *sperma ceti*. Ou bien encore, pour τηκῆτος, de τήκω, fondre, liquéfier. Les cétacés sont coupés en tranches, et fondus pour en extraire l'huile abondante que contient leur chair.

Mais cette famille, que les anciens confondaient avec les poissons, appartient à la classe des mammifères, et, par conséquent, conçoit, *devient grosse*, et *porte* comme eux ; l'on pourrait donc voir ici le verbe κυέω, qui signifie toutes ces choses, et son dérivé κυητος, κῦτος, devenu enfin κῆτος.

Ajoutons, pour terminer, l'abréviation de μῆκητος ; m. à m., la *longue*, le long, le *grand*, l'allongé. L'énormité de la taille est, en effet, ce qui distingue cette famille marine. Ou bien de ὀγκήτος, de ὄγκος, la lourde, la pesante, la massive.

Κηφήν, bourdon. De σκάπτω, fouir, creuser. Ces insectes enfouissent leurs ruches sous terre, dans les trous qu'ils y creusent.

La signification de vieux homme, vieille femme, revient à celle de grogneur, *grondeur, bourdonnant,* qualités qui donnent aux vieillards quelque analogie avec l'insecte en question.

Κίβδηλος, faux, altéré, impur. Vient de κίβδης, boue, scorie, saleté des métaux, formé lui-même de ἐκ εἴβω, couler, verser, écouler : κείβδης. C'est le *fondant* qui fait *fondre*, et constitue en même temps les scories des métaux, ayant ainsi la propriété de *couler* en formant une *boue*, une crasse embrasée, qui forment les scories employées elles-mêmes comme fondant dans la fonte des métaux. On trouve le mot ἴβδης, signifiant bonde, bouchon, couloir, ce qui confirme notre étymologie.

Κιβώριον, fruit d'une plante qui servait, à cause de sa forme et de son volume, à faire des gobelets, des écuelles, etc. Si ce mot n'est pas tout simplement le latin *ciborium*, ciboire, coupe, tasse, il tient probablement à κύβη, tête, κύμβη, κύπτω, courber, arrondir, objets courbes, ronds, gonflés comme les courges, calebasses, etc., etc., qui, aujourd'hui encore, servent aux mêmes usages.

Κιβωτός, coffre, arche, boîte. Pour κυβωτός ; m. à m., *en forme de cube*, dont les côtés sont plats et carrés, ou κυβόω, former en cube. C'est une arche ou coffre sans courbure, cubique, de κύβος. C'est l'antithèse de κάψα, boîte, arche, de κάμπτω, courber, voûter, dont la couverture est concave en dessous, convexe en dessus.

Κίγκλος, hoche-queue. Pour κινηκολος, de κινέω, mouvoir, agiter, et κῶλον, κόλον, membre, queue. Cet oiseau agite continuellement sa queue.

Κιγκλίς, grille, barreau, cage, double porte. Peut être de κινέω et κλείς ; m. à m., *porte, clôture* ou *fermoir mobile*, qui s'ajoute et s'enlève à volonté, tel qu'un tambour, un paravent, une cloison qu'on met devant une porte et qui la *double* en quelque sorte. Ou tout simplement κεκλείς, participe parf. de κλείω ; m. à m., qui est fermée, *close, renfermée :* κεκλίς.

Κίδαρις, tiare. Espèce de bandeau ou de ruban qui ceignait le front des rois, princes et grands personnages. Ce mot, que l'on croit étranger, peut avoir son origine dans la langue grecque, en le rapprochant de κύδαρος, illustre, glorieux, brillant, auguste, de κῦδος, gloire, honneur. La tiare était précisément la marque de l'*honneur,* de la *gloire,* de la *dignité,* du *haut rang.*

Ce mot peut venir, en outre, de σχίζω, fendre. Un ruban n'est, en effet, que la *fente,* la *déchirure* d'une étoffe, comme le donne à entendre l'espagnol *cinta,* de *scindo,* et même le français *ruban,* de *rumpo.*

Κιδάφη, renard, ruse. Pour κιβδάφη, de κίβδης, faux, trompeur, rusé.

Κιθάρα, harpe, cithare, guitare. Peut être de κεύθω, κύθω, être caché. Les cordes de cet instrument de musique étaient renfermées ou posées sur une carapace de tortue ; de là, le nom de χέλυς, que cet instrument porte aussi en grec. Or, κυθάρα a pu très-bien être un des noms de la tortue, c'est-à-dire, la *cachée.*

Ou bien de κεῖσθαι, être posé, déposé, placé, déposé sur terre. La harpe, à cause de son volume et de son poids, est toujours posée à terre quand on en joue.

Κίκιννος, boucle de cheveux, cheveu frisé. Pour κίρκινος ; m. à m., *circulaire, annulaire ;* cercles, anneaux.

Κικκάβη, chat-huant. Onomatopée tirée du son que fait entendre cet oiseau : κι κι κι, qui qui qui. Ou de κίρκος ὀπή, à cause des cercles de plumes qui entourent ses yeux.

Κίκκος, enveloppe, involucre d'un fruit. Pour κίρκος ; m. à m., *cercle, couronne, anneau.*

Κῖκυς, force, énergie, homme fort. Pour ὠκίκυς, de ὠκύς ; m. à m., *actif, énergique, vigoureux, vif.*

Κίλλος, âne. Pour κιῤῥός, jaunâtre, roussâtre. C'est, m. à m., le français *roussin,* grison, et l'espagnol *rocin* et *burro,* du grec πυῤῥός, roux, fauve, jaunâtre. Nom que cet animal doit à sa couleur, surtout dans les pays méridionaux. Les Hébreux eux-mêmes l'appelaient *chamor*, de *chamar*, être roux, roussâtre.

Κιμβέριον, espèce de vêtement de deuil pour les femmes. Pour κυμβέριον, de κύμβη, tête, parce qu'il couvrait la tête. Ou bien de κύμβη, sac, poche.

Κίμβιξ, guêpe. Peut être κύμβις, de κύμβη, κύμβιος, objet creux, échancré, en forme de coupe, de vinaigrier, de burette, de poche, de besace : κίβισις; tel, en un mot, qu'est le corps de cet insecte, extrêmement rétréci en son milieu, et ayant la figure de toutes ces choses par sa division en deux compartiments, deux sacs ou poches; tel qu'est, en effet, le *bissac* ou *besace*. Figure qui, aujourd'hui même, sert à caractériser la taille, la ceinture de nos femmes élégantes. L'acception d'*avare*, *chiche*, revient à celle d'*homme à besace*, besacier, misérable.

Κινάβρα, odeur mauvaise, odeur de bouc, de chien. Peut être un composé de κυνός et βόρβορος, ou βρώμα, boue, puanteur ; m. à m., *puanteur de chien*. Ou bien encore de κινέω et βορός (pour βόρβορος); m. à m., *fange, boue remuée*, ce qui est précisément la source de la puanteur.

Ou, mieux que tout cela encore, pour κυναύρα, écriture que l'on trouve dans quelques auteurs, de κυνός et αὔρα, vent, vapeur, exhalaison, *odeur de chien*.

Κίναδος, renard. Pour κύναδος; m. à m., *de chien*, semblable au chien, de la race du chien, car c'est précisément à ce genre qu'appartient le renard, qui n'est qu'une espèce de petit chien.

Κιναίδος, impudent, débauché, cinique. Composé de κυνός, chien, et αἰδώς, pudeur. Ou bien de κινέω, mouvoir, exciter : αἰδώς, la honte.

Κινάρα, artichaut. Mot formé de ἀκίς, ou ἀκίν, et ἄρω. L'artichaut est composé de pointes, de piquants réunis, ajustés à son sommet.

Κίνδυνος, péril, danger, risque. Ce mot est probablement composé de ἐκ et ἰδνόω, tourner, courber, incliner, circuler, devenu κιδνόω, et, par transposition, κινδόω et κινδύνω. C'est, m. à m., *se courber* vers, s'incliner vers, être près de tomber, menacer de, être suspendu sur, comme l'épée de Damoclès, tournée, penchée, inclinée sur la tête, symbole graphique du danger.

Ou, si l'on veut encore, c'est *tourner* autour, *circuler*, être aux *environs* de, près de. Le danger, en effet, nous *environne, entoure, cerne, circule ; circuit quærens quem devoret.* « Il fut *près* de mourir », équivaut à « il fut en danger de mourir ». « Il s'en fallut peu », locution qui revient à « être *près* de, aux *environs* de », est encore une synonymie de « être en danger de ». Les Latins l'avaient compris de la même manière lorsqu'ils formèrent leur mot *periculum*, qui n'est autre chose que le grec περί κυλίω, tourner, circuler autour.

Κινέω, agiter, mouvoir. Ce verbe est une altération de ὠκυνέω, puis κυνέω, ou κινέω ; m. à m., accélérer, presser, exciter. Ou, si l'on aime mieux, de ἀκίς, pointe, ἀκινέω, aiguillonner, piquer, presser, pousser, mouvoir, émouvoir au moyen d'*une pointe*, qui est le meilleur excitant, *aiguillonner*.

Κιννάβαρι, cinabre, ou drogue de teinture rouge. Ce mot, qui paraît étranger, pourrait cependant assez bien être rapporté à κινάβρα, à cause de la mauvaise odeur qu'exhalent en général, ou qu'exhalait plus particulièrement la plante, le mollusque, ou le minéral surtout, dont les anciens retiraient la couleur rouge, comme on la retire encore de nos jours, tels que le roucou, le sulfure de mercure, le minium ou oxide de plomb, le mollusque pourpre, le sang-dragon, etc., etc.

Κιννάμωμον, cannelle. Nous pouvons sur ce mot observer quelque chose d'analogue à ce qui a été dit sur le précédent, c'est-à-dire que, malgré son air exotique, on peut très-bien le croire un composé du grec κάννη, bâton, baguette, et ἄμωμος, excellent, précieux, à cause de l'odeur exquise et suave de ce bois, et surtout de son écorce qui se transforme en une baguette creuse, en une espèce de *canne* ou *roseau*.

Κινύρομαι, se lamenter, crier en pleurant. Ce verbe est un composé de κινέω, mouvoir, et αὔρα, l'air. Il est impossible, comme on voit, de mieux rendre l'effet physique des lamentations et des clameurs, qui ne consistent, en effet, qu'à mouvoir, émouvoir, *ébranler* l'air de ses cris.

Κινώπετον, bête sauvage, gibier. De κυνός, chien, et ἕπω, suivre, poursuivre. Animaux *que les chiens poursuivent*, chassent; en général, *gibier*.

Κίρβα, besace. Pour κίβρα, comme κίβισις, que nous avons déjà vu.

Κίρκος, cercle, contour. Composé de εἴργω, enfermer, presser, serrer, contenir, clore; ἕρκος, clôture, ἕρκιον, enceinte. Peut-être le κ n'est-il ici que le remplaçant de l'esprit rude : κείρκος, pour εἴρκος, cercle, clôture, enceinte, ou bien un reste de la prépos. ἐκ.

Κιῤῥός, roux, roussâtre. Vient peut-être de καίρερος, de καίω, brûler, brûlant, couleur de feu, comme πυῤῥός, son synonyme, de πῦρ, feu, pour πυρερος, enflammé, brûlant. En espag., *encendido* est synonyme de *rouge*.

Κιρσός, varice. Pour κιῤῥός, rousseur, à cause de sa couleur. Ou bien de καισέρος, καίω, croûte rougeâtre qui se forme aux jambes lorsqu'on les approche trop longtemps du feu. Ou bien encore, de κιρνάω, mêler, comme varice, de *varius*, varié, mêlé. C'est un mélange d'humeurs et de couleurs jaunâtre et rougeâtre.

Κίρων, eunuque, inutile pour la reproduction. De κείρω, couper, amputer, châtrer.

Κίς, ver qui ronge le bois. Ce mot, le même que κνίψ, paraît être un abrégé de δακίς, ἐδακίς, ou τροκίς; m. à m., la *mordante*, la *mangeante*, la *rongeante* ou rongeuse. C'est une terminaison féminine de δάκω, ἔδω, τρόγω.

Κίσσα, pie. Cet oiseau est remarquable par les taches blanches dont son plumage noir est mêlé, et peut très-bien n'être autre chose qu'une abréviation de λευκίσσα; m. à m., la *blanchie*, la *blanchâtre*. Nous croyons même qu'il y en a une espèce entièrement blanche. Ou bien encore de κιρνάω, mêler, mélangée de deux couleurs. La couleur *pie* est, en effet, le type de toute coloration mélangée. Ou bien, pour κνίψα, de κνίπτω, être avare, économe, épargneur. On connaît les mœurs singulières de cet oiseau qui garde et cache.

Κίσσηρις, pierre ponce. De κίς, ver. Cette pierre paraît, en effet, comme percée des vers, *vermoulue*. Ou bien de καίω, καίσσηρις, brûlée; c'est un produit volcanique, et, par conséquent, réellement *brûlé*.

Κισσός, lierre. Peut être une abréviation de πλοκίσσος, πλοκίστος, de πλοκίζω, enlacer, lier, entourer de ses plis. Lierre vient lui-même de lier. Ou bien encore, de λευκίζω, abrégé de λευκίσσος; m. à m., blanc, blanchâtre, car il y en a une espèce entièrement blanche.

Κίστη, panier, corbeille. Abrégé de πλοκίστη, du verbe πλοκίζω, plier, courber, fléchir, entrelacer. Fabriquées avec des matières pliantes et flexibles. Il répond parfaitement au *corbis* des Latins, de *curvo*, courber.

Κίστος, ciste, lédon. Pour καῖστος, de καίω; m. à m., *combustible*. Cette plante, qui croît spontanément dans les terrains incultes de tout le midi de l'Europe, est pour ces contrées presque le seul combustible, le *combustible* par excellence, employé encore de nos jours pour les besoins de l'économie domestique et même pour ceux de l'industrie. En Espagne, il est connu et d'un usage général, sous le nom de *jara*.

Κίτρον, citron. Le nom de ce fruit, remarquable par son extrême acidité, vient de ἀκίς ou ἀκή, pointe. L'acidité est, en effet, quelque chose qui *pique*, qui *pénètre*, qui *perce*. Les Latins disent *acidus*, acide, et *acus*, pointe, piquant, aiguille. Si l'on aime mieux, ce mot peut être rapporté à l'adjectif ὠκύς, vif, perçant, ὠκυτέρον, κυτέρον, κύτρον; m. à m., *plus vif,* plus pénétrant, plus actif, plus acide.

Κιχέω, trouver, rencontrer, atteindre. Ce verbe peut être une altération du composé d'ἐκ et de ἵκω, ou ἵκανω, χίκω, χικάνω, obtenir, arriver, parvenir, atteindre, avec métathèse du κ et du χ. Ou bien tout simplement de ἐκ et ἔχω, εἴχω, κείχω, κίχω, avoir, posséder, tenir, obtenir, atteindre, prendre, comprendre, retenir.

Κίχλη, grive. Ce mot paraît formé de κηλέω ou κηλῶ, parf. κέχηλα, κέχλα, κίχλα; m. à m., être *maillé, tacheté*. Le plumage de cet oiseau est comme une maille ou réseau, à cause de ses petites taches caractéristiques qui, en français, ont formé le verbe *griveler*, synon. de tacheter, moucheter. Le verbe κιχλεύω, se moquer, rire, est proprement imiter le cri des grives, qui ressemble à un rire aigu. Être *grivois*.

Κίχορα, chicorée. Plantes blanchâtres, vert pâle; laitue, escarole. Pour λευκιχροα, de λευκος, blanc, et χροα, couleur, paleur, couleur de ces plantes; m. à m., *couleur blanche*. Ou bien de κιχέω. Elle croît spontanément (la sauvage) et on la *trouve* partout.

Nous ne dissimulerons pas cependant que ce mot a une physionomie étrangère, peut-être même égyptienne.

Κίων, colonne. On peut chercher l'étymologie de ce mot dans le verbe ἵστημι (abrégé de στηκίων, στακύων, pilier, pieu); ou, bien mieux, dans σκιά, ombre, σκίων, qui donne, qui marque l'ombre, c'est-à-dire gnomon, pilier, aiguille, obélisque, colonne. Ou parce que les *colonnades*, les péristyles servent à procurer l'ombre, à garantir du soleil, ou bien encore, dans une abréviation de κίρκιων, κιρκαίων, ou τροχίων, de τροχίος, rond ; m. à m., *circulaire, rond*. Les colonnes sont une série de disques posés les uns sur les autres et donnant un tout de forme circulaire. Voy. le mot στέλεχος, tronc, tige, venant peut-être aussi de στήκω, se tenir droit, dressé, debout.

Κίω, marcher, s'en aller. Est composé de ἐκ et ἴω, s'en aller, venir de, partir de, arriver de.

Κλάδος, rameau, branche. De κλάω, rompre, briser. C'est, m. à m., une *fraction*, une partie de l'arbre qu'on en sépare, partage, brise, fracture. Le français *branche*, de même que le latin *ramus* (*ragmus*), ῥάγμα, ne sont eux aussi que des dérivés de ῥηγνύω, rompre, briser, synon. de κλάω. C'est toujours le même ordre d'idées.

Κλάζω, faire bruit, retentir, crier. C'est un dérivé de κλάω, proprement *éclater*, rompre, frapper ; en latin, *prorumpere*, rendre un son *éclatant, répercutant, aigu, perçant, clair*; *clarus*, de κλάω ; encore, comme *fragor*, de *frango*, rompre. La rupture est toujours accompagnée du bruit ; ce sont deux idées corrélatives. Le bruit *frappe, heurte, choque* l'oreille.

Κλαίω, pleurer. A la même étymologie que le précédent. C'est proprement *éclater*, crier, se lamenter ; *clamare, prorumpere* : κλάω. Comme le latin *planctus*, de πλήσσω, battre, frapper, heurter l'air de ses cris.

Κλάπη, sabot, galoche. Pour κάλπη, d'où καλπάζω. Voy. ce verbe.

Κλάω, briser, rompre. Ce verbe paraît être une belle onomatopée. Dans toutes les langues, en effet, les particules *clas, cras, tras*, ou ϑλας, servent à exprimer le son, le bruit, l'éclat d'une rupture, d'un brisement.

Nous nous rappelons cependant qu'il y a en grec le mot κόλος, qui signifie coupé, amputé, tronqué, rompu, et même le verbe κολάω, ou κολάζω, qui signifie proprement élaguer, séparer, couper, et qui ont pu fort bien donner naissance à κλάω, pour κολάω, rompre, couper, diviser.

Κλείω, fermer, et glorifier. La première signification de ce verbe, ou, si l'on veut, de son formatif κλείς, provient de celle de κυλίω, tourner, ou κύκλος, κυκλείω, κυκλέω, tourner, faire tourner. Κλείς serait donc une abréviation de κύκλεις ; m. à m., la *tournante*. La clef n'est, en effet, autre chose qu'une pièce qu'on fait *tourner* dans l'intérieur de la serrure ; de là, l'expression « *tour de clef, fermer à deux tours* », etc. Le verrou, qui n'est qu'une autre espèce de fermoir ou de clef, vient du latin *verto*, tourner, il tourne dans les anneaux.

Quant à l'acception de glorifier, elle provient de καλέω, καλείω, appeler, nommer, renommer, vanter. C'est proprement *la renommée* : καλέος, κλέος.

Κλέπτω, voler, dérober. Paraît être un composé de ἐκ et de λάβω, ou λαμβάνω, prendre ; m. à m., *enlever, prendre, emporter*. L'action de *voler* est précisément celle de *prendre* : λῆψις, prise. A moins que l'on ne préfère voir ici l'idée du vol fait en *cachette*, à la *dérobée, furtivement* (*fur*), et rapporter ce verbe à καλύπτω, cacher, dérober (aux regards), enlever furtivement, par opposition au vol fait avec violence, de vive force.

Κλῆμα, sarment. Pour σκλῆμα, de σκέλλω, sécher, dessécher. C'est, en général, toute branche séchée, desséchée, et particulièrement celle de la vigne. Le latin *sarmentum* vient du grec ξήρω, sécher, dessécher, ξηρός, sec, ξηράω, sécher, ξήρμα, chose desséchée.

Κλῆρος, sort, partage, héritage ; espèce d'insecte qui gâte les ruches à miel. La première signification provient de κλάω, rompre, séparer, diviser, fractionner. C'est la *part*, la *division*, la *fraction* qui appartient à chacun des copartageants ; le *partage* de chacun. En espag., *parte*, part, et *partir*, partager.

Quant au sens de ver des ruches, il doit être rapporté à σκληρός, dur, à cause de certaines duretés qu'il cause dans les alvéoles des ruches qui les rend inutiles. Voy. Pline, liv. 2 ; chap. 16, de son Hist. nat.

Κλίβανος, four, fournaise. Est formé de ἐκ et λείβω, couler, verser, fondre. C'est, m. à m., un *four* à fondre les métaux ou autres matières, une *fonderie*.

Κλίμαξ, degré. De κλίνω, pencher, incliner. C'est une inclinaison, une déclivité par laquelle on monte et on descend ; l'opposé de toute hauteur abrupte et verticale, inaccessible sans ce moyen.

Κλίνω, pencher, incliner, s'incliner. Ce verbe remarquable paraît n'être autre chose qu'une légère altération de κυλίω, κυλίνδω, κυλίνω, tourner, fléchir. C'est proprement se *courber*, se *tordre*, se *tourner* d'un côté. En laissant la ligne droite ou verticale, il faut nécessairement se *courber*, s'*infléchir*, se *tourner* d'un côté ou de l'autre. Il n'y a que deux sortes de lignes ou de directions, la *droite* et la *courbe*.

Κλοιός, collier, carcan. Abrégé de κυκλοιός; m. à m., *circulaire, rond*, comme le sont tous les colliers. Ou pour κυλοίος, de κυλλόω, courber, retourner.

Κλονέω, agiter, troubler. Abrégé de κυκλονέω, tourner, agiter circulairement, troubler (*turbare, turbo*), *turbiné, tourbillon*. Nous avons déjà vu son synonyme 3όρυβος, de τρέπω, tourner. C'est toujours l'idée de *tournoiement*, trouble, mouvement *circulaire, bouleversement, verto*. Κύκλος, κυκλάω, mêler, confondre, troubler, bouleverser.

Κλύμενος, souci d'eau. De κλύω ou κλύζω, laver, humecter, arroser, inonder, noyer. Il pousse au milieu des eaux.

Κλύζω, laver. N'est autre qu'un composé de ἐκ et λύω, ou λύζω, *dissoudre* dans l'eau. Laver un objet, c'est précisément en *dissoudre* les ordures au moyen de l'eau.

Κλύω, entendre, exaucer, être en renommée bonne ou mauvaise. Ce verbe, dont toutes les acceptions peuvent être rapportées à celles de κλείω, célébrer, et κελεύω, exhorter, persuader, mais qui a cela de remarquable qu'il a passé à la signification moyenne ou passive en conservant la forme active, a été probablement formé après coup de l'adjectif verbal κλυτός, célèbre, renommé, publié, vanté, et, par conséquent, *entendu, ouï, écouté*; κελευτός, exhorté, persuadé, et, par conséquent, *écoutant, exauçant, entendant*. L'adjectif verbal d'un usage continuel a naturellement fait supposer et exigé la formation de ce verbe anomal : κλύω.

Κλωβός, cage. Pour κολοῦβος, de κολούω, arrêter, empêcher, emprisonner, séparer, séquestrer. Tel est le rôle des cages de toute espèce.

Κλώζω, glousser, criailler comme les geais. Peut venir de κολοιός, geai, ou bien être une simple altération de κλάζω, que nous avons vu en son lieu. Ou enfin, une véritable onomatopée tirée du son gutturo-lingual que font entendre les poules, comme notre mot *glousser* l'est lui-même.

Κλώθω, filer, rouler, pelotonner autour du fuseau. De κυκλόω, tourner, rouler; κυκλώθεις, ayant été roulé, tourné, a fait κυκλώθω, et, en abrégeant, κλώθω. Le fil est précisément toute matière textile tournée et roulée, ou tordue, retordue autour du fuseau. *Filum*, fil, en espag., *hilo*, viennent du grec ειλέω, tourner. *Filer* n'est d'ailleurs autre chose que tourner, faire tourner, ou tordre, retordre les brins de filasse.

Κλώμαξ, amas de pierres, roches, lieux escarpés. Du verbe κλάω, rompre, briser. C'est, m. à m., lieu *abrupte*. Rapprochez le latin *rupes*, de *rumpo*, briser.

Κλών, rejeton, jeune pousse, bourgeon. Vient de κλάω, rompre, éclater, sortir, pousser au dehors. C'est le bourgeon qui s'ouvre, *se rompt, éclate*, s'épanouit en donnant naissance au rejeton, à la branche.

Κνάω, gratter, frotter. Ce verbe est un abrégé de ἀκονάω, aiguiser, exciter, aiguillonner, inciter; ἀκόνη, pierre à aiguiser, c'est-à-dire pierre à frotter, à exciter, à donner de la *pointe :* ἀκή. On frotte et on gratte avec des instruments aigus, tranchants, coupants, rognants, usants, aiguisants. Le verbe ὠκυνάω, aiguiser, exciter, piquer, ou δακνάω, δακνάζω, mordiller, ronger en mordant, peut aussi avoir servi de souche à κνάω. Κνάπτω, carder, rogner, gratter les poeaux, n'est qu'une variante de κνάω. *Encuis Scipio*, Scipion *le rasé*, pour le distinguer de *Scipio barbatus*, le barbu.

Κνέφας, ténèbres, obscurité. Peut être de κνάπτω, le produit de la carde, du grattage; en un mot, un *flocon* ou quelque chose de floconneux, un duvet léger, tels, enfin, que sont les nuages, qui sont de véritables flocons, ainsi que la neige. Or, ce sont précisément ces deux météores qui causent l'obscurité, qui voilent la lumière du soleil, et nous donnent le temps *sombre* et *couvert;* en lat., *nubila*.

Κνῆκος, safran. De κνάω. Le safran est précisément aussi un flocon, un duvet formé des brins ou étamines de la fleur, un épilement du calice, un amas de poils : κνάω, épiler; *villicare*, arracher les poils. La forme active du parfait peut faire aussi supposer que κνῆκος est tout simplement le réveillant, *excitant, piquant, chatouillant, démangeant*, le goût, le palais, à cause de sa saveur piquante, stimulante.

Κνήμη, cuisse, jambe. Instrument du mouvement, de la locomotion. Pour κινήμη, κινέω, mouvoir. Ou bien de κνάω, racler, gratter, amincir, rendre grêle et fluet. C'est la partie grêle, mince, sèche, chez presque tous les animaux, d'où son synonyme σκέλη, de σκέλλω, dessécher, la sèche; en lat., *tibia*, de στείβω, presser, serrer, comprimer, fouler, amincir.

Κνημός, hauteur, flanc d'une montagne. C'est proprement la partie moyenne et le bas; en espag., *la falda;* ordinairement couverts de bois, de végétation, de forêts, un *fourré.* C'est, en un mot, la toison, la fourrure de la montagne, par opposition à sa tête, son sommet, κορύφη, ordinairement aride, stérile, rocailleux. Remarquez que κνάω signifie gratter, racler, carder, raser, tondre; κνημός est donc ce qui se rase, tond, coupe; il n'est donc pas étonnant que les Grecs lui aient donné le nom de toison, fourrure, fourré, massif, forêt.

Κνιπός, chassieux, avare, misérable. De κνίπτω, κνίζω, gratter, démanger, piquer (c'est le symptôme de la chassie), rogner, racler, gratter, user (c'est le propre de l'avare, du misérable, du pauvre); qui se présente avec des habits usés, rognés, qui se rogne les ongles, qui ne vit que de rognures, qui recueille et garde les rognures, raclures et miettes. En espag., *roñoso, raydo, ranplon.*

Κνίσσα, odeur de viande rôtie. Abrégé de καινίσσα, de καίω, καίνω, brûler, odeur de chair, ou graisse brûlée.

Κνυζός, sombre, obscur. Cet adjectif est peut-être une métathèse de νυχζός, νυκτζός, de νύχα, de nuit, nocturne, semblable à la *nuit.* Ou bien de κνύω, κνύζω, gratter; proprement, *floconneux, nuageux, duvet de nuages* ou de brouillards. Le brouillard et les nuages forment un duvet de vapeurs qui obscurcit le ciel.

Κνώδαλον, bête, animal carnassier. Ce mot baroque est un composé de κύνω et ὀδόν, m. à m., dent de chien, *dent canine,* et comprend sous cette dénomination tous les animaux pourvus de *canines* ou de quelque chose d'analogue, soit mammifères, reptiles, poissons, et même oiseaux au bec crochu ou dentelé, ainsi que les insectes pourvus de pinces.

Κνώδων, pointe de fer, épée, poignard. Analogue à la dent du chien, ou canine, longue et pointue : κύνω, ὀδόν. Ou bien de κνάω, piquer, gratter, piquant, grattoir, poinçon. Ou de ἀκονάω, aiguiser.

Κνώσσω, dormir, sommeiller. Composé de ἐκ et νεύσσω, νεύω, remuer la tête, hocher la tête; mouvement propre de celui qui sommeille dans une position verticale.

Κνώψ, bête sauvage; aveugle. La première acception vient du composé κυνώψ; m. à m., *semblable au chien*, qui a l'aspect du chien ou le regard du chien ; de κυνός-ὤψ. La seconde acception appartient à κενός et ὤψ; m. à m., *vide, privé de vue,* ou, plus matériellement, qui a l'*œil vidé*, arraché, extrait de sa cavité.

Κοάλεμος, fou, insensé, sot. Mot composé de ἀκόα, oreille, ouïe, entendement, et λείπω, manquer, être abandonné, laissé. C'est donc, m. à m., *privé d'entendement,* de compréhension, de raison. Ou, si l'on aime mieux, pour κελάεμος ou καλάομος, καλαομένος, de ἐκ et ἀλάω, ἀλάομαι, errer, divaguer, être fou : ἐλάω, ἀλέω.

Κάβαλος, moqueur, railleur, flatteur. De κόπτω, couper, blesser. La raillerie, l'ironie du flatteur coupe, pique, mord, blesse au vif, jusqu'au sang. Voy. aussi κόμβος et κόμπος, qui ont du rapport avec lui, et même κόλαβος et κόλαβρος, dont il peut être une métathèse.

Κόγχη, coquille, coquillage. Pour κονική; m. à m., la *conique,* ce qui fait croire que cette dénomination fut dans l'origine appliquée seulement aux coquilles univalves, toutes plus ou moins coniques, ayant été étendue plus tard aux coquilles en général. A moins cependant que l'on ne préfère voir dans κόγχη un composé de ἐκ et ἐγχέω, verser, parce qu'en effet, dans les temps primitifs, les coquilles ont dû naturellement servir à l'homme de verres, d'écuelles et de vases de tous genres, comme aujourd'hui encore chez les peuples sauvages.

Κοδομεύς, Κοδομεῖον, Κοδομεύω. Toute cette famille de mots, qui expriment l'opération de griller de l'orge, est probablement pour κεδομεύς, κεδομεῖον, etc., composé de ἐκ et du verbe ἔδομαι, manger, ἔδομα, nourriture. L'orge était la base de la nourriture de beaucoup de peuples de l'antiquité.

L'étymologie de ces mots pourrait peut-être aussi n'être que l'abrégé de οἰκοδομεύω; m. à m., *construire,* bâtir une maison. Et ce qui, à première vue, paraît étrange, s'explique tout naturellement lorsqu'on observe que cette opération, qui avait lieu pour les céréales et quelques légumes, se pratiquait dans des fours qui ne sont, en effet, que de véritables *constructions,* des *maisons,* des *édifices* appropriés à cet objet.

Κοέω, entendre, comprendre. Est évidemment une variante de ἀκούω, qui a les mêmes acceptions.

Κόθορνος, cothurne. Pour κόρθονος, composé de ἐκ et ὄρθος, ou ὀρθύνω, dresser, ériger, élever, hausser. Cette chaussure, en usage chez les grands personnages, en cérémonie, chez les héros du théâtre, et pour la chasse, comme en portait Diane, était, en effet, une espèce de bottes ou bottines *hautes, élevées, haussées,* qui couvraient une bonne partie de la jambe, comme de nos jours, la botte, la bottine, la guêtre, en usage chez les personnes aisées et comme Diane, chez les chasseurs. Le bas peuple, comme aujourd'hui encore, portait une chaussure *basse* comme des sandales, sabots, ou une simple semelle. Ce mot pourrait encore être rapporté à κοθοῦρη, renard, parce que peut-être ces sortes de chaussures étaient faites de la peau de cet animal.

Ce mot pourrait encore venir de κορθύνω, amonceler, entasser. Il avait plusieurs semelles surajoutées les unes sur les autres pour hausser la taille des personnages.

Ou, enfin, un dérivé de κρούω, résonner, retentir, faire du bruit, ce qui avait lieu, en effet, avec les grosses semelles, comme cela a lieu avec nos bottes d'aujourd'hui. Il y aurait, dans ce cas, une transposition de lettres.

Κοθοῦρη, renard. Composé de κεύθω, cacher, et οὐρή, queue. C'est un trait caractéristique de cet animal, il la cache entre ses jambes.

Κοῖλος, creux, concave. Peut-être de κεῖμαι, parce que c'est dans les creux et les cavités que *reposent* et *gisent* les liquides.

Ou mieux encore, membre de la même famille que σκολιός, courbe, tortu, et appartient à la même souche. L'idée de concavité et de courbure sont corrélatives, inséparables. Toute concavité suppose une courbure, soit au dedans (cavité), soit extérieurement (convexité). Ou mieux encore que tout cela, de ἐκ εἰλέω, tourner, courber, infléchir, voûter, voûte, *volta,* concavité, creux.

Κοιλία, ventre. C'est la partie flasque, creuse, vide du corps. Le *creux* de l'estomac. Son synonyme est κενεών; m. à m., le *vide*.

Κοιμάω, coucher, dormir, se coucher, endormir. Vient de κεῖμαι, être couché, se coucher; c'est la position la plus naturelle pour dormir.

Κοινός, commun, vulgaire, impur. Cet adjectif peut venir : ou bien de κεῖμαι, *jacere,* être gisant à terre, se trouver partout, être bas, se trouver sous les pas; par opposition à ce qui est haut, élevé, supérieur, éminent (les classes élevées), comme le donne à penser son composé παρακεῖναι, se trouver partout, aux yeux de tous, exposé partout, et, par conséquent, être commun. Ou bien ce mot tient-il à εἴκων, εἰκόντος, semblable, uni, pareil, égal, ce qui ressemble à la généralité, à l'universalité, à la masse; *comme a fait commun*. Ou, si l'on veut enfin, à οἶκος, maison, famille, communauté, réunion. Être en commun, c'est être en famille : οικο, εἶναι.

Κοίρανος, prince, chef. Ce mot peut tenir à κῦρος, κύριος, maître, seigneur. Ou bien être une altération de ακροαίνος; m. à m., qu'on *écoute*, qu'on *obéit*, dont on suit les ordres, comme le disciple à l'égard du maître. Ou bien, enfin, une altération de χορονάιος, χροναίος; m. à m., ancien, âgé, vieillard, *senior*, seigneur, sénateur, ordinairement les chefs des peuples. Rappelez-vous γέρας, γέροντες, etc.....

Κόϊξ ou Κόϊς, palmier d'Égypte et ouvrages fabriqués avec ses feuilles : comme nattes, clisses, paniers, etc., etc. Mot égyptien ou abréviation de φοινικόεις, κόεις, κοϊς; m. à m., ressemblant au palmier, ou bien rougeâtre comme le sang, le vin, le suc du palmier. Ou mieux encore est-ce un abrégé de πλεκόεις, πλοκόεις, κοϊς, de πλέκω, tresser, plier, courber, entrelacer; *corbis*, servant aux ouvrages du vannier.

Κόκκος, grain, pepin, baie, kermès. Pour κόνικος, κόνκος, κόκκος, m. à m., conique, pointu; comme le sont, en général, toutes les graines, au moins à l'une de leurs extrémités : ἀκή, ἀκόνη, pointe. Le kermès est un insecte qui a toute l'apparence d'une graine; aussi, en Espagne, est-il encore appelé *grana*, grain, grenaille. *Color grana*, couleur rouge tirée du kermès ou de la cochenille.

A moins que ce ne soit ἐκ ὄγκος; m. à m., l'enflure, la tumeur, la protubérence, la rondeur, comme le sont, en général, les semences et graines, celles surtout de forme sphérique.

Κόκκυς, coucou. Vraie onomatopée du chant de cet oiseau.

Κολάζω, punir, châtier, élaguer, réprimer. Peut se dériver de κόλος, tronqué, coupé, élagué, émondé, corrigé, amendé. Châtier, c'est élaguer, émonder, purifier. Le latin *castigo* vient de *castus*, pur, chaste. Ou bien ce verbe peut n'être qu'une variante de κολάπτω, battre, frapper, et avoir, par conséquent, la même étymologie.

Κόλαξ, flatteur. Ce mot paraît être une corruption de σκύλαξ, petit chien. L'enfance en général, et celle des animaux en particulier, les jeunes chiens surtout, au moindre signe, à un simple regard, vous accablent de leurs caresses, de leurs cajoleries, de leurs flatteries, circonstance que nul autre animal domestique ne possède à un si haut degré que le jeune chien, ce qui le fait regarder, surtout dans le jeune âge, comme le type et le symbole de la flatterie.

Κολάπτω, frapper, inciser, sculpter. Ce verbe vient de κοῖλος, κοιλάω, κοιλάπτω; m. à m., creuser, rendre creux. De là κολάφη, frappement, coup sur le creux des joues bouffies, soufflées (soufflet, en espag., *bofetada*, de *bofo*, creux, *bouffi*), ou avec le *creux* de la main. Coup retentissant et *creux*.

Κολεός, fourreau, gaîne. De κοῖλος, creux, vide, s'explique naturellement.

Κολετράω, fouler aux pieds, battre, opprimer. Ce verbe peut être un composé de ἐκ et ὀλετρόν, ruine, perte, destruction : ἐκολετράω; m. à m., détruire, abîmer, écraser, fouler, triturer ; ὀλετήρ, destructeur, exterminateur. Quand on veut détruire un objet, le moyen le plus naturel, c'est de le fouler, de l'écraser sous ses pieds.

Κόλλα, Colle. Peut-être de κῶλον, gros boyau ; ou de κοιλία, ventre, intestins, tripes. On sait que la colle se fait aussi avec des intestins. Peut-être encore de κοῖλος devenu κόλλος, et même κόλλοψ, c'est-à-dire la partie de peau fongueuse, glanduleuse, *creuse*, soit des fanons, (du cou du bœuf, *collum bos*) ; *collum* est κοῖλον, le creux, le gosier, le tuyau ; soit de certaines protubérances de quelques espèces de bœufs, dont on faisait la colle.

Κολλαβος, boîte ou caisse de la lyre, espèce de gaufre ou de friture, ou beignet. Ce mot est pour κοίλαβος, de κοῖλος, creux. C'est une friture *creuse* et gonflée. La caisse de la lyre est sa partie *creuse*.

Κολλαβίζω, jouer à certain jeu, c'est-à-dire à la main *creuse*.

Κόλλοψ, Κόλλοβος, cuir du cou du bœuf (probablement le fanon) dont on faisait la colle : κοῖλο, βοῦς. Le fanon est comme creux, vide, comme détaché du cou.

Κολλύρα, sorte de gâteau, ou de pain d'orge. De κόλλα ; le pain d'orge est effectivement gluant, collant.

Κόλλιξ, signification analogue, et même étymologie.

Κολλύριον, collyre, onguent pour les yeux. De κόλλα. C'est, m. à m., un onguent, collant, visqueux, gluant ; un emplâtre. Toute matière collante et gluante, comme les onguents, par exemple.

Κόλλυβος, nom d'une monnaie, et d'un poids très-petit, ou du cou de bœuf, κόλλοψ. Peut-être à cause de l'empreinte *creuse* d'un *bœuf* qu'elle portait, κοῖλο, βοῦς, comme le latin *pecunia*, de *pecus*, bœuf, bestiaux. Ou bien étaient-ils fabriqués avec le cuir appelé κόλλοβος, comme les monnaies de cuir en usage chez quelques peuples, notamment chez les Lacédémoniens suivant Nicolas de Damas. Ou enfin ne faut-il voir ici que le verbe κολούω, couper, tronquer, rogner. Ce serait alors proprement *fraction, morceau, découpure, pièce*. Μνᾶ, nom d'une autre monnaie, pourrait fort bien être de même un abrégé de ταμένα, la *coupée*, de τάμω. Le poids des Espagnols *tomin*-a peut-être la même origine. Les pièces de monnaie ne sont, en effet, que des fractions, des fragments, des coupures de la masse du métal ou autre matière que l'on découpe, que l'on rogne pour les ajuster au poids légal. Ce sont des *parties*, des *portions*, des *pièces*, en un mot, comme κολοβός, tronqué, coupé.

Nous dirons, enfin, que ce mot est peut-être un dérivé de κολάπτω, frapper en creux, graver, creuser, inciser, tailler; en lat., *tundo, cavo, excavo*. C'était la monnaie frappée en creux, la véritable monnaie portant une empreinte pour la distinguer du simple poids du métal employé dans l'origine.

Κολοιός, geai, oiseau criard. Voy. κλόζω, κλόω, crier, glousser, onomatopée. Ou bien de καλέω, κελεύω, κέλω, καλόω, crier, appeler, vociférer.

Κολῳός, cri du geai, bruit, clameur, appartient à la même famille. Rapprochez de tout cela κόραξ, κοράζω, car le geai et le corbeau appartiennent au même genre.

Κολόκυνθα, citrouille, coloquinte. Ce mot paraît être un composé de κόλον et κινέω; m. à m., *nourriture* qui *meut, agite*, qui *purge*. Ou bien κῶλον, κινέω, qui *meut, trouble, purge* le ventre. C'est précisément l'effet que cause cette nourriture; elle est éminemment laxative, purgative.

Κόλον, viande, nourriture. De κολούω, couper. C'est, m. à m., un *morceau*, une *bouchée*. Nous disons : « *prendre un morceau* » pour manger. En espag., *tomar un bocado*, une bouchée. Manger sa *ration*, sa *portion*, sa *part*. C'est un synonyme de ψωμός.

L'adjectif εὔκολος, commode; m. à m., qui a bon ventre, bonne bouche, bon estomac : bon, facile, aisé à nourrir, κόλον.

Κόλος, mutilé, coupé, écourté. Ce mot n'est autre que καύλος, tige, tronc, souche privée de ses branches; bois, tige de pique ou de lance privée de sa pointe de fer. C'est par analogie que ce mot s'applique au corps privé de ses membres, qui sont en quelque sorte ses branches, *brachia*, bras. Βραχύς, écourté, court, coupé.

Κολοσσός, colosse, statue plus grande que le naturel. Nous hasardons sur ce mot remarquable et difficile deux explications. La première, c'est que les proportions énormes de ces statues exigeaient qu'elles fussent composées de pièces nombreuses, et, par conséquent, on peut rapporter ce mot à κόλος, troncature, pièce, découpé, mutilé, morceau, pour les distinguer de celles fabriquées ou fondues tout d'une pièce.

La seconde, c'est que les colosses, par les raisons que nous venons de signaler, devaient aussi être *creux*; l'économie du métal et la facilité de la monture l'exigaient également; et, dans cette hypothèse, nous avons κοῖλος, creux, vide, κοῦλοσσός; m. à m., le creux, pour le distinguer du *massif*, distinction qui a toujours lieu lorsqu'il s'agit de sculptures en fonte, c'est-à-dire en métaux.

Κολούω, mutiler, tronquer, écourter. Voy. κόλος.

Κολοφών, haut, sommet, faîte. Paraît être le même que κορυφῶν, de κορυφόω ou κορυφάω, couvrir, terminer en pointe, en tête, en sommet, en comble. De κορυφή, haut, sommet, comble, couverture.

A moins qu'on ne préfère y voir un abrégé du composé οἰκολοφων; m. à m., *pointe, pinacle*, panache, sommet de la maison.

Κόλπος, sein, pli, sinuosité, golfe. Ce mot peut fort bien avoir été dans l'origine κλόπος; m. à m., *dérobé, caché, couvert*; de κλέπτω, c'est le propre du pli, du repli, de la sinuosité qui *dérobe, enlève, cache* à la vue, aux regards.

Mais un pli, une échancrure, un golfe, est en même temps un manque, un défaut, une lacune, un vide, une solution de continuité, et nous allons naturellement tomber sur ἐκ λείπω, qui signifie précisément toutes ces choses, et qui aura pu produire κλόπος ou κόλπος, de la même manière que le *sinus* des Latins l'a été par le verbe *sino*, laisser, manquer, faire défaut.

Κολυμβάω, plonger. Est une altération légère de κορυμβάω, de κόρυς, κορυφή, κόρυμβος, tête, sommet; c'est, m. à m., aller, marcher de tête, sur la tête, la tête la première, κόρυ, βάω; comme font effectivement les plongeurs, *prongeurs*, de *pronus ago*.

Κολωνός, tertre, colline, hauteur. Terre amoncelée d'un tombeau ; place publique, assemblée. Ces deux dernières acceptions nous mettent parfaitement sur la voie pour l'étymologie de ce mot difficile, qui n'est autre que κλόνος, trouble, agitation, mouvement, soulèvement, tumulte.

Ce mot grec n'est donc qu'une corruption de κλονόος, κλονόεος, κλονώος ; m. à m., agitation, soulèvement, remuement de terre, soit naturel (colline, montagne), soit artificiel (tombeau, amoncellement de terre sur un cadavre), comme en latin *tumulus* et *tumultus*, qui ont exactement les mêmes significations que le mot grec en question, c'est-à-dire le premier, tombeau, et le second, assemblée, foule, réunion tumultueuse, de *tumeo*, se gonfler, soulever, remuer, agiter.

En nous rapprochant de l'idée latine, nous pourrions aussi rapporter κολωνός, au verbe κοιλάω ou κοιλόω, se creuser, se voûter, se gonfler, se soulever, former concavité en dessous, et convexité en dessus. Ou bien, supposer que c'est proprement un *creux*, un passage, un *col*, *collum*, entre deux hauteurs, deux montagnes.

Κόμαρος, arbousier. De κομάω, être chevelu, rameux (en parlant des arbres), qualité qui distingue cette plante rameuse et touffue.

Κόμβος, nœud d'un arbre, nœud en général ; bourse, houppe. Ce mot, malgré l'antithèse de signification, doit être rapporté au verbe κόπτω, couper. Le nœud d'un arbre n'est, en effet, autre chose que le résultat de la *coupure* de ses branches, car si on les lui laisse, l'arbre est rameux ; si on les lui coupe, il devient *noueux* ; or, comme une bourse n'est ou n'était dans l'origine qu'une simple toile, ou peau, ou ceinture *nouée*, comme cela a encore lieu dans beaucoup de pays, surtout chez les gens du commun, un *nœud* constituait une véritable *bourse*, et ressemblait d'ailleurs assez par ses circonvolutions à ce qui se présente lorsqu'on coupe une branche d'arbre, c'est-à-dire lorsqu'on y laisse un nœud, une protubérance dure et entortillée sur le tronc.

Κομέω, soigner, entretenir, élever. Verbe qui s'est d'abord appliqué à la chevelure, κόμη, qu'on coupe, qu'on soigne, qu'on entretient, et qui s'est ensuite étendu à toute espèce de soins en général. La chevelure a été de tout temps et chez tous les peuples, même les plus sauvages, l'objet d'un soin tout particulier. Le latin *curo* vient lui-même de κυυρέω, couper, tondre.

La taille, de même que pour les plantes, est pour les animaux le signe et le moyen des soins et de l'entretien. Tailler ses cheveux, sa barbe, ses ongles, est synon. de *les soigner*.

Κομίζω, amener, conduire. Dérivé du précédent, signifie proprement la même chose que le latin *ducere*, conduire, élever, entretenir, cultiver, faire pousser, croître, amener, porter. Ou le grec ἄγω, conduire, amener, estimer, traiter, entretenir, soigner, pousser, cultiver. C'est, en un mot, mettre ses soins, se faire un devoir de conduire, mener et accompagner quelqu'un.

Κόμη, chevelure. De κόπτω, couper, tondre, comme le latin *cœsaries*, de *cœdo*, couper. C'est, ainsi que les ongles, l'excroissance que l'on *coupe* et taille périodiquement.

Κόμμι, gomme. Mot indéclinable, d'origine exotique.

Κομμός, parure, coiffure, fard, toilette soignée, surtout de la chevelure, κόμη, des ongles, et en général de toutes les parties qui se coupent, se taillent, s'émondent, κόπτω. En français même, soigner sa chevelure et ses ongles, est synonyme de les *couper*, les *tailler* en temps opportun et périodiquement.

Κόμπος, discours pompeux, emphatique, ampoulé. Ce mot appartient aussi à la même famille que κόμη, κομέω, κομμός. C'est tout bonnement un discours *soigné, orné, paré, affecté*, un style recherché et trop pompeux.

Κομψός, beau, élégant, fin, poli. Nous nous en rapportons au mot qui précède.

Κόναβος, bruit, clameur. Pour κύναβος, est plus particulièrement le *cri du chien*, son hurlement : κυνός, βοή.

Κόνδυλος, articulation, poing, nœud, tumeur. Peut-être pour κύνδαλος, cheville, clou. Ou σπόνδυλος, clou, tête, bouton, bout grossi des osselets qui forment précisément les nœuds saillants des articulations, surtout celles des doigts. π se change souvent en κ. C'est quelque chose d'analogue à la vertèbre (*verto*), à la rotule (*rota*). Voy. aussi le mot κόνδυ, mesure pour les liquides, et qu'on croit d'origine persanne, ainsi que κάνδυ, qui signifie coffre, boîte, capacité, et qui est peut-être le même.

Ou mieux encore, corruption de κύλινδος; m. à m., pli, flexion, courbure, de κυλίνδω, rouler, tourner, courber.

Κονέω, servir, se hâter. N'est qu'un abrégé de ἀκονέω ou ὠκυνέω; m. à m., être actif, vif, diligent, *empressé*. « Faire l'*empressé* auprès de quelqu'un » est synonyme de lui servir, lui être obséquieux, zélé. Ou mieux encore, ce verbe est-il un composé de ἐκ et ὀνέω, ὄνημαι, servir, aider, être utile. Ce verbe pourrait, cependant, aussi être le même que πονέω, car servir, c'est travailler, et π se change en κ dans quelques dialectes.

Κόνις, poussière, terre, plâtre. Vient de κοίνος, impur, sale, souillé, de la même manière que le latin *pulvis* et *polluo*, *polluit*. C'est le rôle principal de la poussière de *souiller* et de *salir*. Ou, si l'on veut, ce ne sera qu'une abréviation de λευκόνις; m. à m., la blanche, la blanchâtre, la blanchissante. Nous disons « tout blanc de poussière », et c'est effectivement la chaux, le gypse, et en général tous les calcaires, qui fournissent les poussières les plus salissantes et les plus incommodes. Ce mot peut encore être rapporté à κεῖναι, *jacere*, être à terre, être en bas, être étendu. « Rouler à terre » est synonyme de « rouler sur la poussière », renverser, jeter en bas, jeter sur la poussière. *Poussière, terre, sol, bas,* c'est toujours la même idée.

Κονίλη, Sarriette. De κόνις, poussière. Cette plante se rencontre dans les endroits arides et poudreux des terrains calcaires (κόνις, poudre calcaire). En lat., *saturcia*, peut être de ψάω, réduire en poudre, gravier.

Κόνναρος, espèce de plante épineuse. Transposition de κνόαρος, du verbe κνόω, carder, gratter, racler.

Κοννέω, connaître, savoir. Transposition du composé ἐκνοέω, connaître.

Κόννος, barbe, toupet, cheveux terminés en pointe, barbe pointue, *conique,* ἀκόνος, ἀκή, pointe. Ou, si l'on veut, une abréviation de κεκομμένος, κόμενος, κόμνος, de κόπτω, couper, mèche de cheveux, coupée, qu'on coupe; *cæsaries*, copeaux.

Κοντός, perche, pieu, épieu. Pour ἄκοντος, de ἀκονή, ἀκονάω, ἀκή, pointu, rendre pointu, garni d'une pointe. Ou de κέντεω, piquer, ce qui revient presqu'au même.

Κοντα, terminaison des noms de nombre. Pour πλέκοντα; m. à m., *pliant*, de πλέκω, multipliant, en lat., *multiplicans*, πεντέκοντα, pour πεντεπλέκοντα; m. à m., *plié* ou *pliant cinq fois*.

Κοντα, et κοστός, terminaisons numérales, sont probablement des abréviations de δέκοντα et δεκοστός, des verbes δεκάζω, δεκατόω, et peut-être même δεκόω, dîmer, décimer, multiplier par dix, répéter dix fois. En sorte que nous aurions πεντήκοντα pour πεντηδέκοντα, *cinq dîmés* ou *décimés*, c'est-à-dire, multiplié par dix. Εξήκοντα pour ἑξδέκοντα, *six dîmés* ou *décimés*, c'est-à-dire *décuplé*, etc., etc.

Πεντηκοστός, ἑξηκοστός pour πεντεδεκοστός, etc., etc.

Κόπις, Κοπίζω, trompeur et tromper, se moquer, railler. Dérivés de κόπτω, couper, qui coupe au vif, qui blesse, qui pique, insulte.

Κόπρος, fumier, ordures. Vient de κόπτω dans son acception de couper, élaguer, séparer. C'est précisément ce que l'on fait avec les ordures qui ne sont que des *excrétions, excréments*, c'est-à-dire séparations, abandons, éloignements (*secerno*, κρίνω) des matières qui nous sont inutiles. Le latin *scopa*, balai, tient aussi au verbe en question.

Κόπτω, battre, frapper, et probablement, par extension, couper, blesser. Nous croyons voir ici le sémitique *qof*, dont la véritable signification (la primitive, voulons-nous dire) paraît se révéler dans la forme *naqaf* qui pourrait bien n'être que sa forme *niqtal*, et qui signifie battre, couper, comme κόπτω. Ou bien *cafaf*, de *caf*, creux de la main et du pied, principaux instruments de la percussion : on bat des mains, on frappe du pied. Dans la langue grecque, nous ne pouvons assigner à ce verbe remarquable que l'onomatopée. En français, nous avons les mots *coup* et *couper*, parce que le coup suppose presque toujours une blessure, ponction, séparation des chairs ou de la peau, qui se manifeste par l'effusion du sang.

Κουράλλιον, Κοράλλιον, corail. Ce mot vient de κείρω, couper, tondre. Le corail est, en effet, une production marine qui, par ses ramifications capillaires, ressemble à une chevelure, *cæsaries*, qui pousse et est coupée d'une manière analogue.

Κόραξ, corbeau. Pour κρόαξ. C'est l'onomatopée tirée du cri, *croassement*, de cet oiseau.

Κόρδαξ, sorte de danse bouffonne et indécente. De κραδάω, secouer, agiter, branler de certaine manière, ou d'une manière exagérée et ridicule.

Κορδύλη, massue, pilon à bout renflé et noueux, bosse, gonflement. C'est le même que κονδύλη ou κόνδυλος.

Κορέω, nettoyer, rassasier. Pour κουρέω, de κείρω, couper, retrancher, élaguer, séparer. Le latin *scopa*, balai (instrument principal du nettoyage) vient de κόπτω, synon. de κείρω. La signification de rassasier vient aussi de κείρω, couper, *céder, cesser, faire cesser*, qui viennent eux-mêmes du latin *cœdo*, couper. *Satis, saturo, satio* sont des abréviations de *cœsatis, cœsaturo, cœsatio*. Et ce qui vient confirmer cette étymologie, c'est qu'on trouve κοπάζω, cesser, être fatigué, de κόπτω.

Ou bien de κόρος, satiété, dégoût, orgueil, insolence : acceptions qui viennent toutes de ὄρω, exciter, soulever (l'estomac), élever, être hautain, fier ; *altanero* en espagnol. Abrégé de ἐκ ὄρω.

Κόρθυς, tertre, amas. Composé de ἐκ et ὄρθος. C'est proprement une *hauteur*, une *élévation*, ce qui est dressé, haussé, élevé ; ὄρω, élever.

Κόρις, punaise. Tout le monde connaît l'odeur répugnante et nauséabonde de cet insecte incommode, qui est le symbole de tout ce qu'il y a de répugnant, fatigant, désagréable, au point qu'en espag., *chinchoso* est synonyme d'ennuyeux, répugnant, dégoûtant. Du verbe κορέω, rassasier, répugner. C'est, en effet, l'insecte le plus désagréable à l'homme par sa double qualité de puant et de piquant. Le français *punaise* est peut-être une corruption de *puanise*, dérivé du verbe puer ; m. à m., la *puante*.

Κόρος ou Κοῦρος, jeune garçon, jeune adolescent parvenu à l'âge d'être *tondu*, de porter les *cheveux courts* (mœurs particulières des Grecs), et d'être *rasé* (âge où la barbe commence à pousser) ; de κείρω, couper, tondre, raser.

Κορύβας, corybante, prêtre de Cybèle. De κορύπτω, κορυφή ou κορύμβη, tête, ainsi nommés à cause des mouvements extravagants de *tête* qu'ils faisaient dans les cérémonies religieuses de leur culte.

Κόρυζα, morve, rhume de cerveau. De κόρυς, κάρη, tête, c'est elle qui est le siége de cette maladie. Ou abrégé du composé μῦκορυζα, de μῦκος, morve, viscosité, et ῥύω, couler.

Κόρυμβος, sommet, pointe, extrémité, grappe, toupet. De la même famille que κορυφή, κορύπτω. La tête est, en effet, l'extrémité et la partie la plus élevée du corps. Κόρυμβος est donc tout ce qui, comme elle, est terminal et arrondi, globuleux ; corymbes ou gros *boutons* de certaines fleurs composées (*caput*, *cabout*, bout), comme tout ce qui forme groupe, grappe, volume plus ou moins arrondi, pompon.

Κόρυς, casque, et dans l'origine de la langue, tête. Nous avons fait observer que la tête est la partie la plus élevée du corps, son sommet, et, par conséquent, ce mot κόρυς est un composé de ἐκ et de ὅρω, s'élever, se dresser, se hausser; son génitif κόρυθος et κόρθυς, *montceau*, monceau, élévation, nous rappelle ὅρθος, ὅρθυς, haut, élevé, dressé, le *haut* du corps, la tête. Plus tard, on a restreint la signification à celle de casque, armure qui n'est autre chose qu'une *tête*, un sommet, une cime (*testa* en latin et en italien), en fer, bois, cuir, et peut-être, dans l'origine, un crâne humain, une *tête* réelle et véritable posée sur la tête vivante pour la protéger dans les combats. Justement, dans les temps héroïques, les casques étaient des têtes de lion, de loup, d'ours, ou de panthères, et même de chiens, témoin κυνέη, casque de peau de chien, dont on voit coiffés les demi-dieux. Les Espagnols confondent, sous le nom de *casco*, le casque et le crâne qui en est couvert.

Κορύνη, massue, bâton terminé par un gros bout. De κόρυς; m. à m., garni d'une *tête*, d'un bout arrondi, globuleux comme elle.

Κορυφή, le haut, sommet, faîte. Malgré tout l'air de famille que ce mot présente avec κόρυς et κορύμβη, tête, nous soupçonnons qu'il faut y voir un composé de ἐκ et ἐρέφω, couvrir, ὄροφος, couverture, toit, faîte, comble, c'est-à-dire partie terminale et la plus élevée de l'édifice, sa *tête*, pour ainsi dire, son casque, sa coiffe. Le latin *culmen* vient de *culmus*, chaume dont on couvrait les maisons primitives, les cabanes.

Κορώνη, corneille, extrémité recourbée, corniche. La corneille est le synonyme de la longévité, κορώνη, χρονώη, de χρόνος, temps; m. à m., *l'ancienne*, la *vieille*, celle *qui a du temps*, comme disent les Espagnols : *tiene tiempo*, il est âgé.

La signification de corniche, pointe, extrémité recourbée, vient de κέρας, corne ; m. à m., en forme de corne, *corniche*, pointe recourbée : κερώνη, cornue (comme le vase usité en chimie).

Κόσκινον, crible, tableau de calcul; volaille de basse-cour. Ce mot paraît être composé de πλέκος, πλόκος et de κινέω; c'était, en effet, un *entrelacement*, un ouvrage de vannerie, clisse, panier en jonc, paille, sparte, roseau, ou palmier, dans lequel on *remue* et *agite* les grains. En ôtant la première syllabe, il nous reste κόσκινον.

La table à calcul était probablement une planche garnie de petits trous dans lesquels on figeait les petits morceaux de bois qui servaient à former les nombres et faire les opérations de calcul, et, par conséquent, semblable à un véritable *crible*.

Quant à l'acception de volailles, on sait qu'elles se nourissent presque exclusivement du produit du *crible*. Ce sont des oiseaux de *crible*, nourris, élevés, produits par les graines que le crible laisse tomber à terre. La fermière est représentée munie de son crible qui répand aux volailles leur nourriture.

Κόσμος, ordre, ordonnement, ornement, arrangement. Le monde, c'est-à-dire l'*arrangement*, l'*ordre* qui préside dans la nature, dans le temps, les saisons, la marche des astres, les éléments, en un mot, dans tous les phénomènes naturels. Ce mot n'est autre chose que κομψός, rangé, ordonné, orné, beau, κομσός, par une métathèse euphonique devenu κόσμος, et venant, par conséquent, de κόπτω. En suivant la même idée, les Latins ont formé leur *mundus*, c'est-à-dire le propre, le net, le beau, le rangé, l'orné.

Κόσσος, soufflet, coup sur la joue. Pour κόρσος, de κόρση, joue, tempe. Ou bien pour κόψος, de κόπτω, battre, frapper.

Κόσσυφος, merle. En attique, κόψιχος, en béotien, *coq*. Serait-ce ὄψιχος, sombre, noir, obscur comme le soir, la nuit, ὀψέ? Voy. κόψινος, son synonyme. Ou bien qui chante *le soir*. C'est l'habitude de cet oiseau. Le merle, en effet, fait entendre le soir son plus beau ramage. Voy. plus bas κόψινος. Abrégé du composé de ἐκ ὀψέ.

Κόστος, costus. Plante aromatique d'origine indienne.

Κοστός, terminaison des noms de nombre. Peut être abrégé de πλεκοστός, de πλέκω, plier, *multiplicare*.

Κότινος, olivier sauvage. Pour σκότεινος, sombre, obscur. A cause de la couleur de son feuillage plus foncée que celle de l'olivier cultivé.

Κότος, rancune, animosité secrète, cachée. Pour σκότος, ténèbres, obscurité, σκότιος, obscur, sombre. C'est une haine qui ne se déclare pas, qui se *dissimule* jusqu'au moment de pouvoir la satisfaire, l'opposé d'une guerre ou haine *déclarée, ouverte*.

Κότταβος, jeu du cottabe. Mot sicilien composé de κόττα, tête. L'écuelle devait frapper sur la tête d'une figurine qui était sous l'eau dans un grand vase, ou faire submerger de petites écuelles. Ou bien de κυπτάω, κυπτάπτω, courber, incliner, fléchir. Car en laissant tomber le vin de la tasse qu'on tenait en l'air, on courbait et inclinait celle-ci et le poignet de certaine façon particulière. Ou enfin de κόπτω, battre, frapper.

Κόττη, tête. Syncope de κορύτη, de κόρυς, tête, crâne. Ou de κόρτη, κόρση, même signification.

Κοτύλη, tasse, écuelle, creux, cavité. Pour χυτόλη, de χύτος, creux, cavité, de χύω, contenir. A moins que l'on ne veuille voir ici κ au lieu de π. Pour ποτύλη, de πότος, vase à boire; comme κόνδυλος pour σπόνδυλος. Ou bien encore, κοιλύτη, κοιλότη, devenue par corruption κοιτύλη, de κοίλος, creux.

Κοῦρμι, boisson miellée. Mot exotique, ou peut-être de κεράω, κερόω, mêler, mixtionner, κεροῦμι, κροῦμι, mélange, mixtion, ou bien abrégé de μελικροῦμα, de μελίκρος, miellé.

Κοῦφος, léger, vain. Ce mot pourrait venir directement du sémitique עוף, *ouf, gouf, chouf,* voler, s'envoler, s'évanouir, être vain, léger, oiseau, volatile, comme léger et *ligero* (espag.) viennent du latin *aliger*, porteur d'ailes, muni d'ailes, oiseau, volatile.

Si l'on voulait chercher son origine dans la langue grecque, nous ne voyons guère que le composé ὠκύπους, *aux pieds légers,* qui, en retranchant le ὠ initial, nous donnerait κύπους, et, par une facile altération, κοῦφος.

Malgré les observations qui précèdent, κοῦφος pourrait bien n'être que κωφός, vain, faible, inutile, léger.

Κόφινος, panier, corbeille. Pour κύφινος, de κύπτω; m. à m., courbure, *corbis*. Elles se composent de matières *flexibles, repliées* et entrelacées. Voy. ses synonymes κάνη, κίστη, πλέκος, πλεκτός, πλόκη.

Κόχλαξ, caillou roulé des ruisseaux, rivières, mers. Si ce mot, ainsi que les deux suivants, ne tiennent pas à κυκλόω, *rouler*, c'est une simple variante de κάχληξ, κάχλιξ, que nous avons vu en son lieu, de γλάζω, bruire, retentir, murmurer, avec le redoublement initial, énergique. Ils font murmurer, résonner et bruire les ruisseaux.

Κόχλος, coquille, reconnaît la même origine. Rien de plus bruyant que des coquilles vides ballottées par les eaux. De là l'usage des castagnettes, qui ne sont que des coquilles artificielles fabriquées en bois durs, et dans l'origine des coquilles naturelles. Ou bien est-ce l'*hélice,* la *roulée, enroulée,* κυκλόω, comme les coquilles univalves le sont toutes.

Κόχλω, tournoyer, faire des hélices. Être semblable aux contours d'un coquillage, de κόχλος. Ou tournoyer, rouler comme un *caillou roulé,* de κόχλαξ.

Κόψινος, merle. De ἐκ ὀψέ, oiseau qui chante, surtout le soir, *vespertinus.* Ou bien, à cause de sa couleur sombre et obscure comme le *soir,* la *nuit.*

Κοχώνη, hanche, fesses, cul. Du parfait de χόω, verser. C'est donc proprement la partie du squelette que nous appelons bassin : pour κεχώνη. On trouve χώνη, chaudière, creuset, bassin.

Κράββατος, lit, lit suspendu, canapé, lit de repos. Si ce n'est pas κρεμματος, de κρεμάω, suspendre; m. à m., *suspendu.* Ce mot singulier, dont la physionomie est tout à fait étrangère, est probablement le sémétique *rabát,* couche, lit, de *rabá,* coucher, reposer; c'est un meuble que les Grecs ont emprunté des Orientaux, peuples si avancés dans tous les arts de luxe, de mollesse, de nonchalance, si adonnés au repos, au sommeil, à l'oisiveté. Cette invention doit leur appartenir de droit. Voy. aussi κάρβασος, voile, toile ; καρβατίνος signifie aussi de cuir, qui suppose κάρβατος, cuir. Les hamacs et lits suspendus se faisaient précisément de ces matières : toiles, peaux, cuirs.

Κράδη, bâton, branche, pousse du figuier. Le même que κλάδη, branche, rameau en général, κλάδος, rameau, branche.

Κράζω, crier, vociférer. Pour κοράζω, crier à la manière des corbeaux, d'une voix aigre et rauque. Ou bien κλάζω, κλάω, rompre, éclater, crier ; *éclats* de voix, cris *éclatants.* Le bruit est inséparable de la rupture. Ou, mieux encore, de ἐκ ῥάγω, *erumpo.*

Κραίνω, achever, accomplir, commander, être chef. Significations qui peuvent toutes se rapporter à ἄκρα, fin, bout, extrémité ; ç'est *mettre fin, finir,* terminer, amener à bout ; par conséquent, accomplir. Commander, c'est être à la tête, à l'extrémité, à la pointe, au premier bout ; en espag., *cabo,* bout et chef. Cette dernière acception peut aussi être tirée directement de κρᾶς, tête.

Κραιπάλη, crapule, ivresse. Est un composé de κρᾶς et πάλλω; m. à m., *hocher, secouer* la tête appesantie par les vapeurs vineuses.

Κραιπνός, prompt, rapide. Probablement pour κάρπινος, comme καρπάλιμος, de ἁρπάζω, ravir, emporter; emporté, violent, fort, rapide, ou qui emporte, enlève : *rapidus, rapio*. K est un reste de ἐκ prépos.

Κραῖρα, tête. Voy. les mots κρᾶς, κάρη, etc., etc....

Κράμβη, chou. Pour κοράμβη, κορύμβη. C'est une espèce de tête, de masse arrondie, un corymbe, le faîte et sommet arrondi d'une tige assez élevée, comme est, en effet, le chou, tige que les Latins ont eu en vue lorsqu'ils ont nommé cette plante *caulis*, au lieu du corymbe ou tête, comme ont fait les Grecs.

Κράμβος, sec, séché, desséché, brûlé. Peut être pour κράμνος, κεχαρμμένος, de κάρφω, sécher, dessécher, devenu κάρμμος, puis κράμμος; γέλως κράμβος, rire sec, rire simulé ou sans cause. Ou encore, de κορύμβος; c'était une maladie des corymbes, tels que des grappes des raisins et des choux (κράμβη), brûlés par le soleil après la pluie ou la rosée.

Κράνον, cornouille. Vient de κραναός, sec, dur, âpre, difficile à mûrir, tel, en un mot, qu'est le fruit ligneux et coriace du cornouiller, du néflier et autres arbres analogues.

Κραναός, sec, aride, stérile. Composé de ἄκρα et νάω; m. à m., *qui est, qui habite* sur la cîme, le sommet des montagnes, toujours pierreux et stérile. Ou bien, est-ce une corruption du composé abrégé οὐκραίνω, m. à m., *non arrosé, sans arrosement*.

Κράσπεδον, bord, frange. Est un composé de ἄκρας et πέδον; m. à m., *extrémités* qui touchent le *sol*, qui arrivent jusqu'à *terre*. Ou ἄκρας ποδός, jusqu'au *bout des pieds*, ou qui arrivent jusqu'aux pieds.

Κράτος, force, pouvoir. Ce mot remarquable est pour κάρτος, composé de ἐκ ἀέρω, lever, porter, soulever, supporter. La force n'est, en effet, que la faculté de porter, de soulever, plus ou moins développée. Les Latins l'ont ainsi compris en faisant *fortis, fortitudo*, de *fero*, porter. De tous temps, et aujourd'hui même, le symptôme et la mesure de la force consistent à *porter* des poids, à *soulever* des fardeaux plus ou moins considérables. Le latin *vis*, lui-même, et ἴς grec, viennent respectivement de *vieo*, faire aller, conduire, *porter*, et de ἴω ou εἴω, ἔω, envoyer, faire aller, conduire, porter, pousser.

Κραῦρος, sec, friable, aride, poudreux. Composé de ἐκ et ῥέω, couler, dissoudre, décomposer. Ou de ουκ ῥέω, ῥαῦω, ῥαινω, comme son synonyme κραναός. C'est peut-être encore une métathèse de καυρερος, de καῦω, brûler, chauffer, échauffer ; la chaleur est, en effet, la cause principale de la sécheresse. Ou peut-être pour καρυρος, de ἐκ ἀρύω, puiser, épuiser, dessécher. Ou enfin de ἐκ et αὔω, souffler, éventer, dessécher ; le vent, le souffle est l'un des principaux agents de la dessiccation.

Κρέας, chair. Ce mot peut être un composé de ἐκ ῥέω, couler, se dissoudre, tomber en dissolution. C'est précisément ce qui distingue toute chair, par opposition à ὀστέον, ce qui reste, ce qui est solide et durable.

Mais la chair est aussi la meilleure partie d'une victime, d'un fruit, la partie la plus précieuse, la plus recherchée, parce qu'elle sert à la nourriture la plus succulente, la plus délicieuse, la première, la supérieure, ce qui nous ramène à κρείων ou κρείσσων, le meilleur, le supérieur, le préférable, le *recherché*, le plus *cher, caro* et *carus* en latin ; *chair*, ot *cher* en français.

Κρέας pourrait encore fort bien être une altération de κρόας, de κρώς, couleur, peau, chair. En espag., *encarnado*, de *carne*, chair, est synonyme de *colorado*, coloré, rouge. En effet, la chair musculaire se distingue par sa *couleur rouge* (couleur de *chair*) des autres parties du corps, et notamment de la partie blanche ou graisse : ἄλειφαρ peut être pour αλφείαρ, de ἀλφός, blanc.

Κρείων, chef. De κάρη, tête. Le *chef*, la *tête*, le premier, caporal ; en espag., *cabo*, chef, de *caput*. Ou, si l'on veut, le *meilleur*, le *préférable*; ἄριστος, aristocrate, synon. de κρείων, le meilleur.

Κρείσσων. Son comparatif signifie proprement le *premier*, le supérieur, le préférable à un autre : *sa tête* et *son chef*.

Κρέκω, retentir, résonner, faire du bruit, appartient aux mêmes étymologies que κράζω. C'est un composé de ἐκ ῥάγω, rompre, briser, éclater ; le bruit, le son est inséparable de toute rupture. Toucher un instrument de musique, c'est le faire sonner, résonner, retentir.

Κρεμάω, suspendre, élever en l'air. Est composé de ἐκ et de ἕρμα, αέρμα, de ἀείρω, élévation, suspension. Par métathèse, κρέμα, c'est l'élévation, le haussement, l'enlèvement dans l'air, autrement appelé μετεωρισμός, où l'on voit encore le verbe ἀείρω.

Κρέμβαλον, sonnette, clochette, castagnette. Composé de κρεμάω et de βάλλω, précisément les conditions indispensables de ces sortes d'instruments, c'est-à-dire la *suspension* et le *battement*.

Κρήγυος, bon, vrai, sincère. Peut être de κράω, κραίνω, accomplir, et γύον, ἔγγυον, promesse, engagement, caution, parf. κέκρηκα, parf. 2 κηκρήγα, κρήγα. Ou ἄκρα ἄγω, amener à fin, terminer, accomplir.

Ou bien de ἐκ ἔργω; parf. 2 ἦργα, κήργον, κήργυον, ἐκ ἦργουν, fait accompli, vrai, réel.

Κρήδεμνον, voile, ruban, bandeau. Quelques-uns veulent que ce soit un composé de κρᾶς, tête, et δέμενος, lié, attaché, parce que les rubans, bandeaux, créneaux de murailles, entourent, lient, couronnent le sommet du corps et celui des fortifications.

Nous préférons cependant ne trouver ici que le participe moyen de κραδάω, secouer, agiter, flotter au vent, comme cela a lieu en général pour ces sortes d'ornements. D'où les noms français *voile, volant*, du verbe *voler*. Κρήδεμνον serait donc une traduction rigoureuse de πέπλον, qui vient de πάλλω, synon. de κραδάω; de même que de ὄθον, voile, de ὀθέω, agiter, pousser.

Κρῆθμον, pourpier, plante amère et salée qui croît sur le bord de la mer. Probablement c'est une abréviation de πικρῆθμον ou πικρίθμον, des verbes πικράζω, πικρίζω, être amer. Ou de κρέας, chair; m. à m., *charnu*.

Κρηθμός, huître. De κρᾶς, tête, test, tesson, testacé, écaille.

Κρημνός, précipices, lieux escarpés. Participe de κρεμάω. Ce sont proprement des lieux *suspendus, surplombants, élevés en l'air*, abruptes, menaçants, verticaux, comme élevés et suspendus sur nos têtes, et prêts à tomber.

Κρήνη, fontaine, source. Ce mot peut venir de ἐκ ῥέω, ἐκρεήνη, κρεήνη; m. à m., la *coulante*, comme le latin *fons*, de *fundo*, verser, couler. Une source n'est qu'un écoulement, un versement d'eau. Si l'on veut encore, ce pourrait être une transposition de ῥήκνη, de ῥηγνύω; m. à m., une *rupture*, une *crevasse*, une fente (de rocher) d'où l'eau s'écoule, condition de la plupart des sources et fontaines. Mais la source est en même temps le principe, le commencement, la tête des cours d'eau, des rivières, des fleuves, et, par conséquent, κρήνη se rattacherait très-bien à κάρηνον, κράνον, κρανίον, κρᾶς, tête, chef, commencement, principe, origine.

Κρηπίς, sandale, pantoufle, chausson, semelle, socle, base, fondement. Ce mot vient peut-être de κνάπτω, fouler, carder, préparer les cuirs, pour κνηπίς. C'étaient peut-être des ouvrages de foulon. Ou, si l'on veut, des objets destinés à *fouler*, marcher, ou même à *ramper*, ἐκρέπω, ἐκραπίς, κραπίς, comme, en général, toute chaussure, toute semelle. De là, les rapports entre le français *fouler* et *foulon*; le latin *calceus* et *calcare*; le grec κνάπτω et κνηπίς, ἐκρέπω, ou κρηπίς. Ou, si l'on aime mieux, de ἐκ et ῥάπτω, coudre, ἐκρηπίς; m. à m., ouvrage de *couture, ravaudage.* Remarquez que *sutor*, de *suo*, coudre, signifie, en latin, le *savetier*, le cordonnier, le ravaudeur, c'est-à-dire le *couturier* par excellence. C'étaient, en effet, chez les anciens, l'ouvrage où il fallait le mieux et le plus coudre.

Κρησέρα, bluteau, tamis. Peut venir de κρίσις, séparation, distinction (but du tamisage). Ou de κραδάω, secouer, agiter (manière de se servir de cet appareil).

Κρήτη, nom de l'île de Crète. Ce nom paraît être une contraction de κηρήτη, κερήτη, du verbe κεράω, qui signifie *mêler, confondre, unir*, à cause de l'union ou confédération que formaient les divers peuples habitants de cette île, et qui portait précisément le nom de σύγκρητισμός, du verbe συγκεράω, *mêler ensemble,* c'est-à-dire, un véritable mélange.

Le nom d'Hellènes a une étymologie analogue quant à l'idée; c'était aussi une confédération, une *panhellenie*, comme ils l'appelaient, de leur verbe ἕλω, qui signifie *prendre, comprendre, retenir, unir, réunir.*

Κρίβανος, four, creuset, tourtière. Voy. κλίβανος.

Le même, signifiant rocher, rescif. Pour κρύβανος, de κρύπτω, cacher. Ce sont des rochers *cachés* sous l'eau.

Κριθή, orge, grain d'orge. Ce mot dérive de κρίνω, séparer, distinguer (par le van ou le tamis). C'est la forme de l'aor. passif; m. à m., le *séparé, mis à part,* l'orge en graine, ou le grain de l'orge. Mais cette céréale se distingue surtout par ses longues barbes ou pointes dressées. *Hordeum*, de *horreo*, en latin, et, en grec, nous avons ὄκρις, pointe, piquant, qui a pu former ὀκριτή; m. à m., la *pointue*, la garnie de pointes, de barbes, de piquants, *horrida, hordeum*.

Κρίμνον, son, grosse farine. N'est autre chose que le participe κρίμενον, κεκριμμένον, de κρίνω; m. à m., la séparée, la tamisée, celle qui reste sur le tamis.

Κρίνον, lis, fleur de lis; mendiant. Le nom de cette fleur peut se rapporter à ὄκρις, pointe, ὄκρινον, à cause des pointes qui terminent ses pétales et qui en font comme une couronne. Ou de κραίνω, régner, commander, c'est en quelque sorte la reine des fleurs par la beauté et sa forme de couronne qui la termine. Κρίνον peut encore être une altération de l'adjectif κλεῖνος, κλίνος, beau, distingué, illustre, éclatant.

Quant à l'acception de mendiant, pauvre, vil, méprisable, voyez κήρ, sort, destin, calamité, malheur, d'où κηραίνω, κήρινον; ou bien les mots καρίζω, καρίνη, καρίων qui, dans les dictionnaires, se rapportent à l'idée de bassesse, pauvreté, de mépris, de petitesse, attribuées à tout ce qui venait de la Carie, province de l'Asie mineure, peu civilisée sans doute.

Ou enfin à cause de la nudité du lys qui n'a que des sépales rudimentaires. De là le proverbe, *nu comme le lys*, dénué, dépouillé.

Κρίνω, juger, séparer, choisir, distinguer, penser. Nous avons, sur ce verbe remarquable, plusieurs étymologies à présenter. La première, c'est κείρω, couper, trancher, *décider, trancher* une question. Choisir, c'est mettre à part, séparer, retrancher, diviser ce qui est mêlé. Un procès est un *démêlé*, une *complication* qu'il faut séparer. La seconde peut fort bien être κλίνω, incliner, faire pencher (la balance), juger, peser, décider, estimer. Le latin *lis*, procès, jugement, litige, pour κλίς, de κλίνω; en espag., *pendencia*, de *pendere*, être suspendu, être pesé (à la balance), *jus, justus, justitia*, viennent eux-mêmes probablement de ζύγος, balance, instrument d'appréciation, et attribut ordinaire et symbolique de la justice. Nous avons, enfin, le composé ἐκ ῥαίνω, mouiller, arroser, teindre, analogue au latin *distinguo, tingo*, parce que tout ce que l'on sépare et distingue, on le teint ou mouille ou marque à l'aide d'un liquide colorant. Or, juger est synonyme de distinguer, discerner ce qui est mêlé, compliqué, confus, incertain.

On pourrait toutefois voir ici le verbe κραίνω, accomplir, achever, déterminer, décider, commander, définir, exécuter, tous attributs de la justice.

Κριός, bélier. Pour κεριός, ou κεραίος, de κέρας; m. à m., le *cornu*, qui a des cornes, pour le distinguer de la brebis qui n'a que des oreilles, et qui est, par cela même, appelée ὄϊς, de οὖς, ὀάς, oreille.

Κρόκη signifie une foule de choses qui peuvent se rapporter aux verbes κρέκω, retentir, bruire, craquer, comme les cailloux des rivages et des ruisseaux où viennent se briser les eaux écumantes, et la navette du tisserand, κερκίς, bruyante aussi. Ou bien à τρέχω, courir, rouler, τρόχος, τροχάλη, τρόχη, caillou qui court, qui roule, *caillou roulé*, ainsi que la navette qui court et roule sans cesse. κ serait pour τ.

La signification de flocon, feston, frange, peut appartenir à ἄκρος, bout, extrémité, fin, pointe; précisément ce qui constitue les franges qui ne sont que le *bout* des fils du tissu, situés d'ailleurs sur les *bords*, les *extrémités* des habits, et en étant le *terme*, la *fin*. Voy. plus bas κροσσός, frange, bordure. Le bord de la mer, c'est son *extrémité*, sa *fin*.

Κρόκος, safran. Vient de ἄκρος, bout, fin, extrémité. Ce sont les *bouts*, les fils, le fétu, le duvet, κρόκη, de la fleur, ses étamines qui constituent le safran. De là aussi son synonyme κνῆκος, de κνάω, arracher les poils, épiler. *Poils, fils, bouts, filaments, fétus*, c'est à peu près la même chose dans le cas présent.

Κρόμμυον, ognon. Ce mot paraît être une altération de κόρυμβος, tête, gros bout, bout arrondi, tuberculeux, en forme de tête, tel qu'est, en effet, l'ognon, le bulbe, βολβός, rond, *bolide*, balloïde, κορυμβίος, κρόμβιος, κρόμμιος, κρόμμυον. Remarquez que le latin *cepa* tient aussi à *caput*, tête.

Ou bien, abrégé du composé πικρόν et μύω; m. à m., *serrement*, enserrement, amer, piquant, âcre.

Κρόνος, Saturne, temps. Ce mot si riche en dérivés vient de κείρω, couper. Le temps est précisément une coupure, une division, une portion, une séparation, une limitation de l'infini, en durée, de l'éternité, de la durée *illimitée*. Le temps est précisément l'antithèse de l'éternité. Le latin *tempus* n'est peut-être qu'une altération de τεμνός, τέμενος, de τέμνω, couper, diviser, trancher. C'est en quelque sorte une *coupure*, une *portion*, une *partie*, un espace plus ou moins considérable du grand tout, qui est l'éternité.

En considérant aussi que le temps est un tronçon, une partie, une limitation, une fin, une terminaison, un terme, un bout, quelque chose de *borné, limité* par son commencement et sa fin, on pourrait rapporter le mot en question à ἄκρων, de ἄκρος, final, extrême, qui signifie toutes ces choses.

Ne dissimulons pas cependant qu'on croit voir ici le sémitique כור, circuler, entourer, tourner. Le temps est, en effet, un *cercle*, une *période*, un *cycle*, que forme le cours des astres. C'est une *couronne*, un *tour* et *retour* des heures, des saisons, des années. Comme le lat. *tempus* pourrait venir de στέφω ou στέμϐω.

Κροσσός, bord, frange. Vient de ἄκρος, bout, fin, extrémité, soit des fils du tissu (frange, filament, flocons; en espag., *fleco*, filament, pour *fileco*), soit de la robe ou manteau en général. Le bord est la *fin,* le *terme.*

Κρόταφος, tempe; tête de marteau. Ce mot paraît venir d'un vieux verbe κροτάπτω, qui, comme le poétique κροταίνω, dérive de κροτέω, et signifie heurter, frapper, battre. C'est ce que font justement le pouls de la tempe et la tête du marteau. Les Espagnols appellent *pulso,* comme en français *pouls,* de *pulsare,* battre, heurter, pousser.

Κρότος, bruit, son. Vient de ἐκ ὄρω, pour κόρτος; m. à m., l'élevé, le soulevé, l'excité. Élever un cri, exciter un tumulte, pousser des cris, clameur qui s'élève contre, jusques, etc., etc., sont des locutions qui rentrent parfaitement dans l'idée grecque, et nous en rendent compte. Ou bien directement de κρούω, résonner, retentir, ce qui, au fond, revient au même.

Κρουνός, source, fontaine, eau qui saute, saillit. Vient de la même souche, ἐκ et ὄρω, surgir, s'élever, sauter. Son synonyme est πίδαξ, πήδαξ, du verbe πηδάω, sauter, surgir, s'élever. Les sources *jaillissent, saillissent, surgissent* de terre.

A moins que l'on préfère le rapporter au verbe κρούω, *heurter,* frapper, résonner, comme une fontaine qui murmure et tombe en cascades, en bondissant.

Κρούω, toucher un instrument, à cordes surtout, faire sonner, heurter, frapper. Ce verbe paraît formé de ἄκρος, ἀκρόω; m. à m., toucher du *bout* des doigts, de l'extrémité, de la surface des doigts, légèrement effleurer. Ou bien encore, un composé de ἐκ ὄρω, devenu ἐκρόω par métathèse, puis κρόω, κροέω, κρούω, exciter, soulever, élever, faire surgir. Tout bruit est, en effet, le résultat du mouvement, de l'*impulsion,* de l'*excitation,* du *soulèvement.* L'idée contraire, c'est le *rassis, calme, tranquille, relâché, posé, reposé, abaissé.* Nous disons « *le bruit, le son s'élève* », « *la voix, le ton baisse* » pour marquer leur augmentation ou leur diminution.

Κρύος, glace, gelée. Probablement formé de ἐκ ἐρύω, se retirer, se contracter, c'est l'effet du froid et de la gelée, opposé à celui de la chaleur qui relâche, résout, distend.

Κρύπτω, cacher. Paraît être un abrégé de καλύπτω, devenu κλύπτω, puis κρύπτω. On pourrait encore rapporter ce verbe à κορυφή, toit, faîte, sommet, couverture, de ἐκ ἐρέφω, couvrir, cacher, ὄροφος, toit, κορόφος, κρόφος, κρύφος, κρύπω, κρύπτω.

Κρύσταλλος, glace, eau glacée. De κρύος, que nous avons vu plus haut, glace, congélation : cristal, à cause de sa parfaite ressemblance avec l'au glacée, qui n'est elle-même qu'un cristal d'hydrogène oxydé.

Κρῶμαξ, tas, monceau de pierres. N'est qu'un abrégé de νεκρώμα, de νεκρόω, enterrer un mort, en espag., *amortajar, mortaja*, tombe, tombeau, *tumulus*, monceau, tombeau, terre ou pierres amoncelées.
A moins que l'on ne préfère voir ici un composé de ἄκρος, ἀκρόω, ἀκρώμα, terminer en pointe, en pyramide ; monceau pyramidal, pointu.

Κρώβυλος, touffe de cheveux, toupet, crinière d'un casque : κόρυ, βῶλος, βάλλω. Peut être pour κρύβωλος, de κρύπτω, cacher, couvrir ; usage principal des toupets, perruques, etc... Ou bien de ἄκρος et βάλλω, jeté au *sommet*, en *haut*, à l'*extrémité* de la tête, du front, du casque, c'est toujours un ornement qui termine, qui couronne, qui est au bout, ἄκρος. L'adjectif κρύβηλος confirmerait la première étymologie.

Κρωσσός, pot, urne, cratère. Probablement de κεράω, mêler, mixtionner. Vase où l'on faisait le mélange du vin avec de l'eau ou d'autres matières, tel que le *cratère*, qui reconnaît la même étymologie que le mot en question.

Κτάομαι, acquérir, gagner, posséder. Ce verbe paraît avoir été produit par le mot κτῆμα, ou par l'adjectif verbal ἀκτός, qui, tous deux, viennent de ἄγω, verbe qui, au moyen, signifie amener, emporter avec soi, entraîner, s'attirer, se procurer, se gagner, obtenir, et, en un mot, *acquérir*. Une acquisition est ce que l'on a *amené, enlevé, emporté, attiré, conduit* avec soi, pour soi, à soi.

Κτείνω, tuer. N'est autre que ἐκ τείνω, proprement *étendre* par terre, renverser. C'est la position caractéristique et naturelle des cadavres. *Tomber, être étendu, gisant*, sont synonymes d'*être mort*. Au contraire, *sisto, persisto, sto, existo*, signifient être *debout* et être *vivant*.

Κτείς, peigne. Instrument de toilette qui sert à *étendre* et dérouler la chevelure, surtout celle des femmes qui, par sa longueur, a besoin de subir fréquemment cette opération pour la propreté et l'hygiène. Par conséquent, il faut rapporter ce mot à ἐκ et τέω, τάω, *étendre*, dérouler, développer, démêler.

Mais le peigne sert aussi à *se fixer*, à *se planter* sur les cheveux pour les affermir et ajuster la coiffure. On peut donc aussi très-justement voir un abrégé de πήκτεις, de πηγνύω; m. à m., fiché, planté, forme qui s'est conservée dans le latin *pecten*. Cette étymologie est, selon nous, la plus naturelle.

Κτῆνος, bétail. Vient de κτάομαι, acquérir, posséder, obtenir, gagner. Précisément ce que les Espagnols appellent *ganado*, de *ganar*, gagner, acquérir. C'est le bétail qu'on a *acquis* par son industrie et ses soins, l'élève des bestiaux.

Κτέρεα, funérailles, deuil. Pour οἰκτέρεα, de οἶκτος ou ὀϊζύς, plainte, complainte, lamentation, pleurs, par lesquels on honore les morts dans tous les pays et dans tous les temps; οἰκτείρω, avoir pitié, plaindre, gémir sur quelqu'un. Les pleurs et les regrets sont, en effet, les plus éloquents témoignages d'estime pour une personne qui n'est plus.

Κτίζω, bâtir, fonder, établir. Pour κατίζω, de κατά ἴζω; m. à m., *asseoir, poser en bas, sur*, solidement, poser, asseoir sur une base, sur terre, sur le sol.

Κτίλος, bélier; doux, apprivoisé. C'est peut-être le bélier indicateur, démontrant le chemin, guide du troupeau, chef qui marche à sa tête, qui le conduit; ἀκτίλος ou δεικτίλος, de ἄγω ou δείκω, conduire et montrer.

Ou bien l'animal *enseigné, dressé, accoutumé* à jouer le rôle de chef, de guide.

Κύαθος, tasse, vase. Peut venir de κυέω, contenir, avoir de la capacité, ou de ἐκ ὕω, qui verse, répand, ou enfin de χύω, verser, répandre, en adoucissant l'aspirée χ. Car ce vase servait surtout à puiser du cratère pour verser dans les coupes.

Κύαμος, fève. Ce mot peut être formé de ἐκ et αὔω, souffler, produire du vent, καύμα, ἐκ αὔμος. Tout le monde sait combien ce légume excite des vents et des flatuosités dans l'estomac et est échauffant, καύμα, καύω, chauffer. Le latin *faba* appartient peut-être à la même famille que *faveo, favonius* : αὔω, souffler, faire du vent. Mais cette plante est encore remarquable par la couleur noire, ou noire bleuâtre de sa fleur, couleur qui la fit consacrer au culte des morts. D'où le mois *februarius* ou *fabruarius*, mois des fèves, temps consacré au culte des morts, et, sous ce point de vue, κύαμος nous paraît n'être autre que κύανος, noir bleuâtre ou bleu noirâtre, ainsi nommée à cause de la couleur de sa fleur.

Enfin, κύαμος pourrait être rapporté au verbe κύω qui signifie être grosse, enceinte, contenir. Ce légume est le type des fruits à silique, à gaine ; les graines sont contenues dans la gaine comme le fœtus dans la matrice. Le latin *faba* est pour *haba* du verbe *habeo*, tenir, contenir.

Κύανὸς, bleu sombre, noir bleuâtre. Peut être pour ὠκέανος, le bleu de l'Océan, qui, par sa situation au couchant, ou par sa masse, ou sa composition chimique, présente des couleurs plus sombres que les mers du levant.

Ou, si l'on veut encore, ce sera une abréviation de γλαυκύνω, ou γλαυκυνάω, être bleu, bleuâtre, de γλαυκός. Si tout cela ne satisfait point, nous pouvons encore avoir recours à καύω, brûler, passer au feu, où tout devient noirâtre et charbonneux.

Il y aurait, dans tous ces cas, une métathèse de α et υ.

Κύαρ, trou d'une aiguille, de l'oreille. Probablement de la même famille que κύω et κύτος, être cave, cavité, trou, creux.

Κυβερνάω, gouverner, diriger un navire. Est un composé de κύβη, tête, et ναῦς, navire, chef, tête de navire. Ou, si l'on aime mieux, de ναῦς et κύπτω, *courber, tourner, faire tourner*. C'est précisément le rôle du gouvernail qui donne la direction latérale, oblique, courbe, et de celui qui le manie. Ou enfin, composé de ὑπερ et ναῦς, sur, *supérieur du navire*, son chef.

Κύβη, tête. Appartient à la même famille que κύμβος, κύμβη, cavité, creux, capacité en général, et σκάπτω, creuser ; d'où *caput, capio, capacitas* des Latins. La tête est, en effet, une véritable *capacité*, soit intellectuelle, soit matérielle, car elle est une cavité osseuse, qui contient, *capit*, le viscère le plus important de l'organisme.

Κύβηλις, hache. Instrument recourbé, formant un coude, de κύπτω, courber, ou bien de κόπτω, frapper, couper. Outil essentiellement fait pour couper en frappant. En hébreu, on a קוף, hache, et קוף, courber, tourner.

Κύβιτον, coude. Endroit où le bras *se courbe*, *courbure* du bras, de κύπτω.

Κύβος, cube. Qu'est-ce que c'est qu'un cube ? La géométrie nous le dit : c'est une *capacité*, une capacité, un creux. Il appartient donc à la famille κύβη, κύμβη, κάπτω, σκάπτω, *caput, capio, capacitas*, et même à l'hébreu קב et קובה, mesure, capacité, espace, alvéole.

Κυδοιμός, trouble, bruit, tumulte, plus particulièrement de cris ; formé de ἐκ et αὐδή, voix, son, clameur.

Κῦδος, gloire, renommée (bonne ou mauvaise). A la même origine que le précédent. C'est la gloire, l'honneur, la célébrité qui résulte de la parole, de l'acclamation, ou du chant : αὐδή. C'est la voix de la renommée.

Κυθέρεια, cythérée, surnom de Vénus qui peut avoir dû son origine à κύω, être grosse, enceinte, recevoir et porter le fruit de l'amour, ou de καύω, brûler, être en chaleur, embrasé d'amour. Cette passion est toujours comparée à un feu, à une flamme, à une ardeur qui brûle et consume.

Κυκάω, mêler, mixtionner, troubler. Verbe qui est peut-être tiré de κύω, avec le redoublement attique, et qui, par conséquent, se rapporterait surtout au mélange prolifique et fécondant, à la communication des sexes. Peut-être encore est-ce une altération de κυκλάω, tourner, troubler ; on mélange en faisant tourner. Ou bien, enfin, un abrégé de ὠκυκάω, de ὠκύω ; m. à m., *agiter, activer, remuer*. C'est ce que l'on fait pour mélanger, mixtionner et troubler (idées corrélatives, *mêler, tourner, agiter*).

Κύκλος, cercle. Paraît être une métathèse de κυλίκος, κύλκος ; m. à m., le *tournant*, le *rond ;* de κυλίω, tourner.

Κύκνος, cygne. Peut être de κύκων, qui se lamente, qui rend un son doux et mélancolique : κοκύω, κόκκυ. Tout le monde sait la fable du chant des cygnes, lorsqu'ils vont mourir.

Κυλίω, tourner, rouler. N'est qu'un composé de ἐκ et εέλέω, rouler, devenu κιλές, puis κυλίω.

Κυλλός, tortu, courbé, voûté, estropié. Pour κυλίος ou κοῖλος, qui signifient tout cela. C'est la contenance de tous les éclopés et mutilés.

Κῦμα, flot. Vient de κύω, grossir, gonfler, enfler, ou bien de κύπτω, courber, voûter. Le flot est précisément un *gonflement* et une *courbure* des eaux.

Κύμβος et Κύμβη, cavité, creux, barque, nacelle. Viennent aussi de κύπτω, car nous avons déjà fait remarquer que cavité et courbure sont des choses corrélatives.

Κέμινδις, chouette. Probablement abrégé de κωκύμινδις, κικυμίνδις; ou bien de κωκύμα, gémissement, plainte, sanglot, à cause du chant de cet oiseau. Voy. κικυμίς, même signification.

Κύμινον, cumin. Plante dont le fruit a une saveur piquante, et qui est, par cela même, employée dans l'art culinaire; de ὠκύς, vif, actif, piquant, aigu, ὠκύμενος. Ou bien de καύω, καύμενον; m. à m., *ardent, chaud, échauffant*.

Κύνδαλος, pieu, cheville, billot de bois. Pour κίνδαλος, de κινέω, mouvoir, remuer. C'était le jeu du billot qu'on fait sauter de terre pour le relancer au loin.

Κυνέω, baiser, donner un baiser. Métathèse de κνυέω, chatouiller, gratter doucement, effleurer, faire un bruit léger, en frottant et en chatouillant légèrement. C'est là, effectivement, ce qui a lieu dans le baiser.

Κυπάρισσος, cyprès. Arbres que les Grecs ont peut-être connu d'abord dans l'île de Chypre, dont ils lui donnèrent le nom κυπράσσιος.

A moins qu'on ne préfère y voir κύπη ou κυπάρος, tête, cavité, alvéole, à cause des fruits de cet arbre, semblables à des têtes.

Κύπαρος, espèce de vase, coupe, cellule, alvéole. Voy. κύπη et κύπελλον, qui ont les mêmes significations; de κύπτω, courber, rendre courbe et concave, semblable à une tête, de κύπη ou κύβη, tête, d'où κυπάρισσος, cyprès, arbre dont les fruits ressemblent à des têtes.

Κύπειρος, souchet, jonc, jonc triangulaire. Cette plante est terminée par un piquant aigu, de ἀκή, ὀκύ, et πέρας, terme, fin, bout, ou πείρω, percer. Ou bien de κόπτω, blesser, pour κοπείριον. Ou, enfin, de κύπτω, courber : le jonc est essentiellement flexible, et se prête par cela même à tous les ouvrages de vannerie, ainsi que le roseau, κάννη, de κάμπτω. (Remarquez l'analogie de formation.)

Κυπρῖνος, carpe. De κύπτω. Ce poisson se recourbe sur lui-même pour exécuter le saut qui porte son nom, et qui lui est particulier pour remonter les courants et les cascades : c'est le *saut de carpe*.

Κύπρος, troène. Arbrisseau remarquable par la souplesse et la flexibilité de ses rameaux ; de κύπτω, courber, fléchir. Le latin *ligustrum*, de *ligare*, paraît indiquer qu'on l'employait, à cause de cette propriété, comme lien ou ligament des gerbes, bottes, faisceaux, etc... Remarquons encore que, des baies du troène, on extrait une couleur bleuâtre, analogue à celle que l'on obtient du cuivre. Κύπρος, cuivre, pourrait jouer ici son rôle.

Κύπτω, baisser, courber, incliner, fléchir. Ce verbe paraît n'être autre que κόπτω, couper, battre. Dans le langage vulgaire, « coupez la tête », signifie courbez, inclinez, abaissez la tête. Abattre et battre ont, en français, la même analogie que κύπτω et κόπτω. C'est qu'en effet, pour courber un objet, il faut ou le *battre*, comme les métaux, par exemple, et les matières d'une ténacité analogue, ou les *rompre*, comme les bois et matières semblables ; de là le synonyme de κύπτω, πλέκω, qui paraît tenir à πλήσσω, battre, ce qui revient à κόπτω.

On pourrait peut-être voir aussi dans κύπτω une simple variante de κάπτω, creuser (κάμπτω, courber). Nous avons déjà fait remarquer plusieurs fois que les idées de creux et de courbe sont inséparables.

Κύπρος, Chypre. Cette île est ainsi nommée à cause de sa forme courbe, de κύπτω, comme l'Angleterre, de *angulus*; Τρινακρία, Sicile; m. à m., à *trois pointes*.

Κύρβας et Κύρβασις, crête de coq, chapeau pointu, tiare, casque. Ces mots viennent de κύβη, tête, pour κύβρας, κύβηπας; ou bien, si l'on aime mieux, de κρύπτω, cacher, couvrir, pour κύρβας, κρύβασις.

Κύρβεις, colonnes tournantes où étaient inscrites les lois, à Athènes; planches ou tableaux en bois dans lesquels ou sous lesquels le texte de ces lois était gardé, caché, couvert, renfermé, κρύβεις, de κρύπτω; Espèce d'armoire, analogue peut-être à nos lutrins, et tournant comme eux ; pour κύβρεις, de κύπτω; toute colonne est d'ailleurs *ronde, courbe*.

Κύρβις, chicaneur, tricheur, fourbe. Pour κρύβις, de κρύπτω, cacher, dérober, qui joue ou agit en cachette, à la dérobée.

Κυρηβάζω, combattre à coups de cornes. Pour κεραβάζω ou κορυβάζω, comme κορύπτω; m. à m., y *aller de la corne*, y *aller de tête, tête baissée, corne baissée*. Ou bien, pour κυβηράζω, de κύβη, tête, κύβδα, tête baissée.

Κυρήβια, pelures des fruits, des grains, le son. Métathèse de κρυβήια, de κρύπτω; m. à m., enveloppes, couvertures qui les cachent.

Κυρκάνη, trouble, confusion. Ce mot est pour κιρκάνη, de κίρκος, cercle, tour, tournoiement, trouble. Le tournoiement et le trouble sont, au fond, la même idée.

Κῦρος, autorité, garantie, sanction. Ce mot est peut-être une altération de ἐχυρός, fort, ferme, constant, stable, confirmé, sûr, solide, authentique, assuré, garanti.

Ou bien encore, une abréviation de οἰκουρός; m. à m., *qui garde*, surveille la maison. Comme le latin *dominus, dominare*, d'où le français *domaine*, de *domus*, maison : le maître de la maison; le maître en général. Οἶκος, maison, et οὖρος, gardien, surveillant, inspecteur, arbitre, chef.

Ou bien, métathèse de κόρυς, casque, tête, huppe, cimier ; de la même façon qu'en latin, *juba*, de *jubeo*, et en français, *chef* et *chevelure*, κόρυς et κόρση.

Pour terminer, nous dirons que κείρω, couper, trancher, a pu donner κεῖρος, devenu κῖρος ou κῦρος, car l'autorité *décide, tranche, distribue, partage, divise*.

Κύριος, maître. M. à m., *dominus*, chef de maison; *cap de case* en patois *catalan*. Abrégé de οἰκούριος, qui garde, surveille la maison. Voy. le mot précédent.

Κυρτός, courbé, fléchi, bossu. Ce mot est pour γυροτός, de γυρός, rond, courbe, convexe; m. à m., *arrondi;* ou dérive de κείρω, couper, κούρος, coupé, taillé, rompu, comme κύπτω, de κόπτω ; πλέκω, de πλήσσω, plier, casser et battre sont des idées inséparables (voy. κύπτω). Coupez la tête, retranchez la tête, équivaut à courbez, fléchissez-la. Un pli est, dans beaucoup de cas, une *brisure*.

Κυρτός peut, enfin, être une inversion de κύτρος, pour κύπτρος, κύπτερος; venant directement de κύπτω.

Κύρτος, nasse, corbeille, instrument de pêche. Ces objets sont fabriqués de matières *pliantes*, flexibles.

Κύρω, trouver, rencontrer. Composé de ἐκ et εὕρω, qui a la même signification.

Κύστις, vessie. Vient de κύω, être plein, gonflé, contenir. La vessie est un *vase*, une capacité, un creux. A moins que l'on ne veuille voir ici le verbe χύω, verser, malgré son χ au lieu de κ. La vessie est éminemment coulante, versante. Ou bien encore de σκεῦος, κεύστις, vase.

Κύτος, cavité. De κύω, contenir, avoir de la capacité, de l'espace, être vide, composé de ἐκ et αὔω, être vent, vain, vide, air, aérien, c'est-à-dire ne contenant que ce fluide. *Vanus, vacuus*, de αὔω.

Κύτισος, cytise. Nous pouvons répéter ici ce que nous avons dit à l'article κίστος. Le cytise était probablement employé comme combustible : de καύω, brûler, καύτισος.

Κύτταρος, trou, cavité, voûte, alvéole, cellule. Pour κύσταρος, de κύστις, vessie, sac, utricule; m. à m., en *forme de vessie*; ou bien pour κύπταρος, de κύπτω, courber, plier, recourber; concavité, courbure, creux.

Κυψέλη, ruche, cellule, boîte, trou, creux de l'oreille. De κύπτω. Ce sont des concavités ou des courbures, le pavillon de l'oreille surtout.

Κύω, être grosse, enceinte, contenir. Verbe qui n'est probablement qu'une abréviation de ὀγκύω ou ὀγκόω, gonfler, grossir, *devenir grosse*. C'est le symptôme caractéristique de la conception.

On peut aussi voir ici le verbe καύω, brûler, chauffer, être chaud, être en *chaleur*, être *chaleureux*; les physiologues nous comprennent.

Κύων, chien. Le nom de cet animal est évidemment tiré de ὠκύς, vite, prompt, rapide. Il est essentiellement *coureur*, et, eu égard à sa taille, on peut dire qu'il est le plus *rapide* de tous, suivant et atteignant même le cheval et le cerf, qui ont une taille beaucoup plus forte que la sienne. Mais le chien se distingue, en outre, par sa fécondité, sa chaleur prolifique, d'où le type du dévergondage, du cynisme. On peut donc, en outre, voir ici κύω, être enceinte, porter, être grosse, ou καύω, brûler, être chaud, en chaleur.

Et si l'on voulait admettre que le κ a remplacé le χ primitif, on attribuerait κυνός à αἰσχύνος; m. à m., le *honteux*, l'*impudent*, qui *fait honte*. C'est le type de l'*impudeur*, d'où l'épithète *cynique*.

Κοβιός, goujon, petit poisson de mer et d'eau douce. Les premiers ont l'habitude de se construire des espèces de nids ou des maisons pour y attendre les femelles ; οἰκοβιός, m. à m., *vivant en maison*, a pu, par abrégé, faire κοβιός.

Κώδεια, tête de pavot. Ordinairement pendante et ayant la forme de grelots ou de clochettes. De κώδων, cloche.

Κώδων, cloche. La cloche peut être regardée comme un instrument de musique qui a un son clair et timbré, qui sonne, retentit, *chante*, de ἐκ ἀόδη, chant, modulation ; ᾠδή, chant, ᾠδός, chanteur. La cloche est une véritable chanteuse.

Κώθων, espèce de coupe en usage à Lacédémone. Pour κεύθων, cacher, contenir, renfermer. Ou κυώθων, être gros, ample, gonflé comme un pot. Pot de vin, grande mesure. Les ivrognes boivent à plein pot et ne se contentent point de coupes ni de tasses, qui sont trop petites pour eux. Voy. κύω, être gonflé, gros ; κύτος, cavité, capacité, vase.

La signification de goujon qu'a aussi ce mot, vient de κεύθω, cacher. Ce poisson se cache dans la vase, où il passe l'hiver, et dans des nids qu'il se construit lui-même.

Κωκύω, se lamenter, gémir. Ce verbe n'est qu'une onomatopée tirée du cri plaintif du coucou. Ou bien de ἐκ ὠκύω, rendre un son aigu, criard, perçant, vif : ὠκύς.

Rappelez-vous κύκνος et κυκύω.

Κωλιάς, maquereau. Poisson ainsi nommé ; de κῶλον, membre ; m. à m., le *membru, muni de membres*. Il est muni de dix nageoires qui sont comme autant de bras ou membres qui lui servent à la rapidité des mouvements ; étant d'ailleurs dépourvu de vessie natatoire, il avait besoin de cette compensation de moyens de locomotion.

Κῶλον, membre ; gros intestin. Métathèse de κλῶον, de κλάω, rompre, briser, diviser, partager. Comme le latin *membrum*, de μέμερον, μείρω, partager, diviser. Un membre est, en effet, une *partie*, une *portion* de ce *tout* qu'on appelle corps. Un membre se *divise*, se *sépare* du corps sans que l'animal périsse.

Mais un membre est aussi une espèce de tige, une partie grêle et allongée qui se détache du corps, ce qui nous rappelle καυλός, tige, qui pourrait avoir dégénéré en κῶλον.

Quant à la signification de gros intestin, nous croyons devoir la rapporter à κοῖλος, creux, et κοιλία, ventre.

Κωλύω, empêcher. Ce verbe paraît venir de κῶλον, membre. Ce sont, en effet, les membres qu'on lie, qu'on entrave pour empêcher, assujétir, entraver la marche, le mouvement, surtout les pieds; en latin, in *pedio*, in *pedes, compedes,* entraves.

Κωλώτης, lézard. De κῶλον; m. à m., *membré,* muni de membres, pour le distinguer des serpents qui n'en ont pas, et qui, par cela même, sont les reptiles par excellence, les *rampants.* En latin, *lacerta,* de *lacertum,* bras, muni de bras, *lacertata.*

Κῶμα, sommeil, assoupissement. Est un simple abrégé de ῥεγκώμα, ronflement, de ῥέγκω, ronfler. Le ronflement est le signe d'un sommeil profond, surtout de celui qui a lieu après un excès de crapule et d'ivrognerie. Ou bien tout simplement une altération de κοιμάω, être endormi, assoupi.

Ou enfin, abrégé de ὀγκώμα, de ὀγκόω, être lourd, chargé, appesanti par le sommeil ou la crapule.

Κῶμος, débauche, orgie, chansons et fêtes bachiques. Appartient à la même étymologie que le mot précédent. C'est proprement le *sommeil*, l'*assoupissement* qui suit et provient de ces sortes d'orgies et de fêtes bachiques. Ὀγκόω, alourdir, appesantir, rendre ou être *appesanti.* Ὀγκός, faste, orgueil, enflure.

Κῶμαξ, plaisant, et Κωμικός, comique. Paraissent appartenir à la même famille. Le fou rire, la moquerie, la raillerie insultante, le cynisme, accompagnent toujours la *débauche* et l'*ivrognerie.* A moins que l'on ne veuille les rapporter au verbe σκώπτω, railler, se moquer, piquer par plaisanterie. Ou bien encore, de κώμη, bourg, carrefour, faubourg, lieux où on se livre d'ordinaire aux farces et bouffonneries de mauvais goût, à cause du caractère et de l'éducation de ceux qui les habitent, et où la comédie grecque prit, en effet, naissance.

La raillerie fine et de bon goût a, au contraire, toujours été l'apanage des classes élevées, des habitants des grandes villes, *urbani, urbanitas,* des *polis*, πόλις, ville, et de leurs quartiers du centre les plus élégants.

Κώμη, bourg, village. Ce mot est un abrégé de οἰκώμα, proprement, habitation; en latin, *vicus,* de οἶκος, maison, habitation.

Un bourg est un lieu d'habitation, de demeure, une réunion de *maisons,* d'*habitations,* de bâtiments, c'est-à-dire de demeures fixes, bien différentes de la tente vagabonde et de la caverne sauvage, premières habitations de l'homme.

Ou bien, abrégé de σήκωμα; m. à m., *séparation*, *enclos*, quartier, faubourg; de σηκόω, clore, enclore, séparer, renfermer.

Κώμακον, muscade, ou girofle. Pour καύμακον, de καῦμα, les brûlants, les caustiques, ainsi nommés parce qu'ils ont effectivement cette saveur âcre et brûlante.

Κῶνος, cône. Appartient à la même famille que ἀκή, ἄκων, ἀκόνη. C'est une forme *pointue*, terminée en *pointe*, aiguë.

Κώνωψ, mouche, cousin. Insectes remarquables par leur bourdonnement analogue au mugissement. De μυκάω, μύζω, mugir, geindre, et ὄψ, ὄπη, voix, son; m. à m., *voix mugissante*, grondante.

Κώπη, rame, poignée, manche. De κόπτω, couper et battre, deux rôles que remplit parfaitement la rame qui *bat* et *fend* les eaux.

Ce mot peut encore venir du parf. 2 de κόπτω, κέκωπα, et ce serait alors tout simplement la *coupée*, en latin, *remus*, de ῥηγνύω, couper, briser. Une rame, un manche, ne sont, en effet, autre chose qu'une branche coupée, séparée, brisée du tronc; *remus* et *ramus*, branche, rameau d'un arbre, ont aussi la même étymologie.

Κώρυκος, sac de cuir, besace, ballon. On pourrait décomposer ce mot en κώς, peau, et ῥύω, garder, matière et usage de la besace et du sac, comme ceux de nos soldats encore aujourd'hui.

Κορύνη, massue. Ce mot est la véritable étymologie de ces fameux caractères de l'alphabet *runique* qui a été l'objet de tant d'élucubrations. Les *runes* ne sont autre chose que des κορύνη, c'est-à-dire, des *massues*, des figures en *massues*; en latin, *clava* et *clavus*, clou, ce qui nous ramène encore aux *cunéiformes* des Perses et des Assyriens, fort analogues aux *runes*, et probablement leur modèle, leur souche.

Κώς, peau de brebis. Doit être venu de ἐκ et ὄϊος, brebis, ὄεις, ὤας; ὤας tout seul a la même signification. Ou, peut-être, abrégé de οἰκώς; m. à m., *de brebis*.

Κωτίλλω, cajoler, flatter, séduire. N'est évidemment autre chose que σκωπτίλλω, de σκώπτω, railler, amuser, faire le bouffon (tromper, surprendre) par des bouffonneries.

Κωτιλάς, hirondelle. Oiseau essentiellement joueur et moqueur, qui se joue et se moque, en voltigeant, des plus adroits tireurs. Son cri ressemble, d'ailleurs, à un rire moqueur.

Κωφός, sourd, muet, obtus, émoussé, vain, inutile. Du verbe κόπτω, battre, frapper, couper. C'est proprement *frappé* de mutisme, surdité, aveuglement (τύφλος, de τύπτω) ἀποπλήσσω, apoplexie, c'est-à-dire, frappement, coup. En patois catalan, *ferit*, frappé.

Un objet *obtus* et émoussé est aussi un objet *battu, frappé, heurté* à sa partie pointue ou tranchante. *Ob tundo*, frapper, battre par devant, *obtusus*. Un objet, par conséquent, sans action, sans efficacité, sans force, hors de service.

Λ

Λᾶας, pierre, caillou. Pour εἰλᾶας, εἰλῆας, de εἰλέω, εἰλάω, rouler, faire rouler. C'est proprement le caillou *roulé*, ou de λειαίνω, λεαίνω, le caillou *poli, lisse*, comme cela a lieu pour λίθος, caillou, que nous verrons plus bas.

Ou, mieux encore, pour κλᾶας, de κλάω, rompre, briser. C'est un *débris* de rocher, un *fragment*, une *rupture. Rupes*, de *rumpo*.

Λάβρος, gourmand, goulu. De λάπτω, laper, manger, avaler.

Λαβύρινθος, labyrinthe. Je soupçonne que ce mot singulier tient à λαμυρός, creux, profond, vaste, redoutable, abîme sans fin, tels qu'étaient les latomies ou carrières souterraines d'où l'on extrayait la pierre à bâtir, et que l'on voit encore à Rome, Paris et d'autres villes, sous le nom de catacombes, et qui sont de véritables labyrinthes.

Peut-être aussi est-ce un composé de λαός et ὀρύσσω; m. à m., *creusement, fouissement* de pierres : λαοῦρυνθος.

Ou enfin, pour λαφύρινθος, de λάφυρον, butin, dépouilles, proie. Les tanières où les bêtes féroces déposent leur proie sont de véritables labyrinthes par leurs détours sombres et compliqués dans les cavernes ou sous les racines des arbres. Lieu où l'on *déposait* les dépouilles, le butin, la proie. Pour λαφυρόνθης, de τίθημι λάφυρον; m. à m., *dépôt de butin*.

Λαγγάω, être mou, nonchalant, languissant. Abrégé de μαλαγγάω, dérivé de μαλάσσω, amollir.

Λάγηνος, pot, bouteille, vase à gros ventre. De λαγών, flanc, ventre, creux, vide, capacité. C'est proprement le français *flacon*, de *flanc*.

Λάγνης, mou, lâche, relâché, impudique. Métathèse et abrégé de μαλάγγης, de μαλακός, mou, μαλάσσω, amollir.

Λάγανον, sorte de gâteau flasque et léger, analogue à nos beignets. Λαγών, flanc, creux, vide, bouffissure.

Λαγχάνω, obtenir par le sort. Paraît être un dérivé de λάζω, prendre, saisir, tenir, obtenir. C'est proprement *tenir* du sort, *obtenir* par le sort ; en espag., *coger* en suerte.

Λαγών, flanc, creux, vide. Abrégé de μαλαγών, de μαλάσσω, amollir. Tout ce qui est vide est flasque et mou. Λαγαρός, mou et vide, deux choses corrélatives. Ou bien de λάζω, comprendre, tenir, contenir. Tout vide est une capacité (*capio*), qui tient, contient.

Λαγωός, lièvre. Peut venir de λάζω, prendre, saisir, comme le latin *lepus* peut venir de λαμβάνω. Ou bien de ἐλάω, parf. 2 ἤλαγα, chasser. Ce rongeur est, en effet, le principal objet de la chasse au courre, exercice qui consiste à *prendre* et *saisir*, et à pousser, chasser devant soi, poursuivre : ἐλάω.

Ou, mieux que tout cela, de λαγγάω, être lâche, mou, lascif, ou μαλάσσω, à cause des mœurs lascives de cet animal, le plus prolifique de tous, ou de sa lâcheté proverbiale.

Λάζω ou Λάζομαι, se saisir, s'emparer de, prendre. Ce verbe est une contraction de λεάζω, λειάζω, de λεία, proie, prise, objet qu'on prend. C'est proprement, *saisir sa proie*, *faire sa proie*. Ou bien de ἐλάω, étendre, tendre la main pour saisir (*teneo*, τείνω).

Λάθυρος, pois, pois chiche. De λάθω, être caché. Ces légumes sont cachés dans leurs siliques, leurs cosses, comme dans un sac. Le latin *faba*, fève, est pour *haba*, de *habeo*, tenir, contenir.

Λαῖλαψ, tourbillon de vent. Composé de εἴλω, tourner, et λάπτω, laper, raser, vider. Les tourbillons arrachent et enlèvent tout ce qui se trouve sur leur passage.

Λαιμός, gosier ; faim, gloutonnerie. Pour λαμίος, gouffre, abîme ; λάμος, creux, trou, profondeur. Λαμία, monstre qui dévorait et *engouffrait*.

In gurgite, du verbe λάπτω, dévorer, laper, engouffrer dans son gosier. *In gurgite vasto.*

Λαιός, gauche, sinistre. Abrégé de δειλαίος, de δείλη, soir, côté du soir, du couchant, de l'occident; εκαίος, son synonyme, de σκιά, ombre, obscurité, couchant, côté de l'ombre et de la nuit. Le côté triste et fâcheux. *Sinistra*, de *sineo*, laisser, manquer, disparaître (la lumière du soleil). Chez les Hébreux, ce point de l'horizon était le derrière.

Λαῖφος, habit usé, haillon, habillement léger. Ce mot paraît avoir été d'abord λαίφος, ou bien ἐλαίφος, ἐλάφιος; m. à m., *léger*. Il signifie également voile de navire et voile en général, parce qu'en effet, le voile ou la voile est le symbole de tout ce qui est léger, rapide, mobile, subtil. Or, un habit usé est, par cela même, plus mince et léger.

Λακάθη, filaria, plante. Abrégé de ηλακάθη, tige, roseau pour quenouille, et fil qui en provient, matière filée.

Λάκκος, fossé, puits, étang. De λάζω, tenir, contenir, comprendre. C'est proprement un creux, une capacité, une cavité, un lac ou lacet, qui n'était qu'un trou, une fosse, une trappe destinée à prendre le gibier.

Λαλέω, babiller, bavarder. Paraît venir de ἐλάω, avec un redoublement attique; m. à m., *s'étendre, divaguer*, dis*courir*, dis*cours*.

Ou bien est-ce une simple onomatopée tirée du simple mouvement de la langue contre les parois de la cavité buccale.

Λαμβάνω, ou plutôt Λάβω, prendre, recevoir. Ce mot est une dérivation de λάπτω, laper, saisir avec la langue, racine dont nous ne pouvons pas assigner d'étymologie, si ce n'est l'onomatopée.

Λαμία, lamie, monstre fabuleux, voracité. De λάπτω, engloutir, dévorer, avaler, ou de λαιμός, faim, λαιμάω, dévorer, pour λαίμα ou λαιμία; m. à m., l'*affamé*, le *vorace*, le *glouton*.

Λάμος, creux, vide, abîme. De λάπτω, vider, engloutir, avaler, engouffrer, *gouffre*. Ou de λαιμός, gorge, enfoncement, passage étroit.

Λαμπήνη, grand chariot couvert..... A cause, probablement, de quelque circonstance qui avait rapport à l'idée de luire, briller : λάμπω.

Λάμπω, luire, briller, flamboyer. Ce verbe, si riche en dérivés et si remarquable, n'est autre chose que λάμβω, λάβω, prendre, saisir, se prendre à, s'emparer de, envelopper. Le feu *prend*, la flamme *saisit*, *entoure, enveloppe, s'empare*, pénètre toutes les matières. Si l'on préfère voir ici λάπτω, cela revient au même. Le feu, la flamme, lèche (*lambo*), dévore, lape, consume, ronge. C'est l'élément *dévorant* par excellence ; *sumo*, en latin, signifie comme λάβω, *prendre et dévorer*.

Λαμυρίς, fanon du cou des bœufs. Pour λαιμυρίς, de λαιμός, gorge, gosier.

Λαμυρός, éloquent, babillard, beau parleur. Creux, vide, vaste, vorace. Les acceptions si diverses, en apparence, de cet adjectif, peuvent se rapporter néanmoins toutes à λάμος, creux, vide, gouffre, abîme. C'est, m. à m., un diseur de *rien*, un songe-*creux* ; un discours *vide, vain*, une faribole, une puérilité, une plaisanterie. Ou de λαιμός, goulu, glouton, dévorant, *mordant*, déchirant, sarcastique.

Λάξ, du talon, avec le talon. Paraît être un abrégé de πλάξ, du verbe πλήσσω, frapper, battre. C'est une partie du corps éminemment propre à cela (comme la paume de la main, θέναρ, de θείνω, frapper), surtout chez les animaux, dont un grand nombre n'ont pas d'autre moyen de défense que la ruade. Les Espagnols appellent *casco* le pied des solipèdes, et *cascar*, battre, frapper. Le talon est une espèce de marteau qui sert dans beaucoup de cas aux mêmes usages, tels, par exemple, que le brisement des fruits à coques dures, la vendange, l'olive, etc., etc.... Au lieu de πλάξ, on peut supposer κλάξ, dérivant de κλάω, rompre, briser ; le talon sert précisément à rompre, comprimer et briser.

Λαός et Λεώς, peuple. Abrégé de εἰλαός, εἴλεως ; proprement, *foule, assemblée, réunion, multitude, troupe* (τρέπω). Le latin *turba, populus*, de πολέω, synon. de εἰλέω, ainsi que τρέπω. Les idées de multitude et d'englobement, de rondeur, sont inséparables. C'est qu'en effet, pour réunir et ramasser ce qui est épars, il est indispensable de pousser, d'agir de la *circonférence*, des *alentours* vers le centre, d'*environner*, de *circonscrire*.

Ces mots pourraient encore être des abrégés de φυλαός, φυλεώς, de φυλή, tribu, réunion de familles, dérivant de φύω, naître, comme γένος, race, nation, de γένω, naître, et en latin, *natio*, de *nasco*, naître.

Un peuple est une nation, et une nation est une race.

Λάπαθος, fossé, piége. De λαπάζω. C'est, proprement, un lieu *creux, vide*, un trou, une trappe.

Λάπη et Λάμπη, pituite, morve, humeur visqueuse et *luisante*. Λάμπω, luire, à cause du bril et de la blancheur de ces matières. Écoulement, évacuation de la tête. Λάπτω, λαπάζω, vider, écouler, faire couler, évacuer.

Λαπίζω, faire le fanfaron, être insolent. Vient évidemment de λάπτω ou λαπάζω, être vide, *vain*, vaniteux, orgueilleux. L'orgueil, la vanité sont le propre des têtes *vides* et folles.

Λάπτω, laper, avaler, vider, évacuer. Ce verbe se confond avec λάβω, prendre, saisir, laper, gober, attraper.

La signification de vider, évacuer, tient à celle d'*enlever*, *prendre* le contenu d'une capacité, laissant, par conséquent, celle-ci *vide*. En lat., *sumo*, *prendre* et *consumer*, c'est-à-dire, rendre vide, creux, flasque.

Nous voyons ici une magnifique onomatopée, souche d'une immense famille, et qui est tirée du bruit que font entendre la langue et les lèvres lorsqu'on saisit quelque chose avec ces parties de la bouche, lorsqu'on *lape*, en un mot.

Λάρβασον, antimoine. Pour λαβρασον, de λάβρας, fort, violent, ou λαπάζω, vider, évacuer. L'antimoine fournit des composés qui sont des poisons et purgatifs violents.

Λαρινός, gras, engraissé, doux, suave. Peut être pour ἐλαιρινός; m. à m., *huileux*: ἔλαιον. La graisse et l'huile sont des matières presque identiques, ayant la propriété de rendre *doux* et *suave* tout ce qui en est imprégné et frotté.

La dernière acception pourrait cependant être attribuée à ἱλαρός, doux, agréable, propice. On trouve aussi λαρός, doux.

Λάριξ, mélèze. Ce mot vient de l'adjectif λάρος ou λαρινός, gras, doux, agréable, gai. Cet arbre est, en effet, remarquable par l'abondance de son huile et de sa résine, en même temps que par son feuillage plus doux et plus gai que les autres conifères.

Λάρκος, panier à charbon. Pour λάρικος, fait peut-être avec des branches du mélèze : λάριξ. Aujourd'hui encore, les branches de plusieurs espèces de pins servent à empaqueter le charbon qui nous vient des forêts. Peut-être encore est-ce une métathèse de λάκρος, dérivé du verbe λάζω, prendre, contenir, tenir.

Λάρναξ, coffre, arche, cassette. Ce mot, à physionomie tant soit peu exotique, peut cependant tenir à εἶλαρ, abri, rempart, couverture, cachette (*cassette*, espag., *cajeta*). A moins que ce ne soit une métathèse de λάρχανος, de λάρχος, panier, coffre d'osier.

Ce mot pourrait encore être rapporté à λαρινός, gras, ou λάριξ, mélèze, car les anciens employaient préférablement ce bois à l'ébénisterie et la menuiserie.

Λάρυγξ, larynx. Est un abrégé de κελάρυγξ, de κελαρύσσω, crier, résonner, retentir. C'est précisément l'organe de la voix, des cris, du chant, des clameurs.

Λάσανον, réchaud, trépied, pot de chambre. Abrégé de κοιλάσανον, de κοιλαίνω, vider, κοιλία, déposition, selle, κοίλανσις, évacuation, vidange, *vidé*. Vase qui servait à *vider* le ventre, l'arrière-faix des femmes en couche, le sang et les ordures et entrailles des victimes dans les sacrifices. Au lieu de κοιλάω, on peut supposer ἐλάω, qui signifie pousser, chasser, expulser.

Ou bien, est-ce un composé de λᾶς, pierre, à cause de la matière de ces ustensiles, surtout les réchauds et trépieds, chaises percées, etc... Rappelons-nous les deux pierres qui servaient aux accouchements des femmes israélites.

Λάσκω, déchirer. Dans cette acception, ce verbe doit se rapporter à ἐλάσκω, de ἐλάω, dont il paraît être l'abrégé, et qui signifie *étendre*, tirer, étirer, tirailler. La déchirure résulte, en effet, d'un *tiraillement*, d'un *étirement* en sens opposés, d'une *extension* violente sous la griffe ou instrument qui déchire. Son synonyme σπαράσσω n'est lui-même qu'un dérivé de σπάω, tirer, étirer, tirailler.

Λάσκω, crier, résonner, retentir, annoncer, injurier, déchirer. Verbe qui tient à λαλέω, ἐλάω ou ἐλάσκω, parler, crier, bavarder, retentir, *divaguer*, discourir, *s'étendre* sur, étendre, allonger ses discours. Crier n'est, d'ailleurs, autre chose que, *étendre, allonger, prolonger* la voix ou un son quelconque.

On pourrait aussi supposer ce verbe un abrégé de ὑλάσκω; m. à m., *aboyer, crier* comme les chiens : l'aboiement n'est qu'un cri.

Λάσιος, velu, épais, serré, fourré. Adjectif qui s'appliquait surtout aux bois et aux forêts; abréviation de ὑλάσιος, de ὕλη, bois, forêt; m. à m., *boisé, fourré*.

Peut être aussi pour πλάσιος, proche, rapproché. Tout ce qui est rapproché est serré, dru, épais.

Λάτρις, serviteur, salarié, adorateur. Peut être pour ἀλήτρις, ἀλήτης, errant, vagabond. Les mercenaires, les serviteurs à solde, à salaire, serviteurs *errants* qui vont çà et là cherchant de l'ouvrage, et n'ayant ni maître, ni demeure fixe, bien différents des esclaves et serfs *attachés* à la glèbe, au sol qu'ils cultivent, et qui forment partie de la famille, de *la maison ; domesticus*, domestique, *famulus*, de *familia*.

Λαυκανία, gorge, gosier. Peut être de λακέω, λάσκω, crier, résonner, le larynx. C'est proprement la voie de la respiration. Ou, mieux encore, de λαύω, jouir, goûter, avoir *du goût*. Ce serait alors le palais, le pharynx, principaux siéges *du goût* et des sensations délicates, agréables et vives qui en découlent. Le latin *gula* et *guttur* reconnaissent pour origine le verbe γεύω, goûter.

Λαῦρος, grand, large. De ἐλάω, proprement, *étendu*, qui s'étend, qui a de l'extension.

Λαφύσσω, dévorer, engloutir. Vient évidemment de λάπτω.

Λαχαίνω, creuser, fouiller, bêcher. Ce verbe, qui s'applique surtout à la terre, n'est qu'un abrégé de μαλαχαίνω ; m. à m., *amollir* en bêchant, remuant la terre, comme font les laboureurs, au pied des plantes principalement.

Λάχανον, légume, plante potagère. Proprement, plante *molle*, de μαλακός, μαλαχαίνω, telles que sont, en effet, ces sortes de plantes tendres et herbacées, caractère qui les distingue des plantes dures et ligneuses : δένδρος, δρύς. Ou bien, du verbe précédent, à cause de la culture soignée et exquise que l'on donne à ces sortes de plantes, qui exigent une terre toujours molle, spongieuse, au moyen de la bêche.

Λάχνη, duvet, poil follet. Abrégé de μαλάχνη ; m. à m., *molle, douce*, comme le sont, en effet, ces premières efflorescences de la peau. Le français *duvet* paraît lui-même être une altération de *douet, douest*, de l'adjectif *doux*.

Λαρός, doux, gai, joyeux, riant. Est un abrégé de ἱλαρός, gai, joyeux.

Λάρος, mouette, goëland. Le nom de cet oiseau remarquable peut tenir à ἐλάω ou εἰλάω, tourner, tournoyer, planer, errer, s'étendre, voltiger. Tout le monde connaît la force et la rapidité de son vol, analogue à celui de l'hirondelle, mais bien supérieur encore. Ce mot peut encore être un abrégé de χαλαρός, du verbe χαλάω, lâcher, se lâcher, laisser aller, tomber, fondre sur, plonger. Cet oiseau est remarquable par la violence et la rapidité avec lesquelles il tombe sur sa proie.

Λαύω, jouir. Paraît une abréviation de γελαύω, γελάω, rire, se réjouir, jouir de, se plaire à. Rire, jouer, réjouir et jouir, sont des idées corrélatives.

Λάω, voir, regarder, vouloir. La première acception est due à ἐλάω, étendre, allonger (la vue, les yeux), ou εἰλάω, tourner, retourner (les yeux, la vue) : on *étend* ses regards, la vue *s'étend*, on *tourne* ses regards, les regards *atteignent*.

Quant à vouloir, ce n'est autre chose que, avoir du plaisir à, se plaire, complaire à. Faire sa volonté, c'est faire son bon plaisir ; être complaisant, c'est faire la *volonté* de quelqu'un. On peut donc rapporter cette acception à γελάω, rire, jouir, se réjouir, se plaire, agréer, faire son gré.

A moins que l'on ne préfère y voir une abréviation de βουλάω, βουλέω, βουλῶ, devenue λάω, λῶ, ou bien de ἕλω, prendre, choisir, préférer, élire ; ou bien ἐθέλω, même signification.

Λεβηρίς, pelure, écorce, peau. Pour λεπηρίς, de λέπω, peler, écorcer, écorcher.

Λέβης, chaudière, bassin, chaudron. De λείβω, couler, verser, répandre. Grand vase qui sert à tout cela.

Λέγω, parler, dire ; cueillir, choisir ; faire coucher. Ce verbe important, et souche d'une famille immense, paraît appartenir à la même famille que λαλαγέω, λαλάζω, λάσκω, λέσχη, λάλαξ, dérivés de λαλέω, parler, dire, sonner, résonner, bruire. La parole n'est, en effet, autre chose qu'un son, un bruit, une voix. De λαλαγῶ, par apocope de la première syllabe, nous avons λαγῶ ou λέγω. L'acception de cueillir, choisir, provient de λάζω, prendre, saisir.

Quant au sens de coucher, faire coucher, nous croyons devoir le rapporter à πλέκω, πλέγω, d'un parf. 2 πέπλεγα, se courber, se plier, se fléchir, s'incliner, comme le latin *cubo*, de κύπτω, courber, fléchir. Être couché est opposé à se tenir droit, raide, dressé, debout ; par conséquent, c'est *se plier, s'incliner, se pencher, se fléchir*. Κλίνω signifie aussi se coucher. De là, κλίσις, κλίνη, κλιντήρ, κλίσμος, qui tous signifient lit, couche, lit de repos.

Nous ne terminerons pas cet article sans faire remarquer l'analogie qui existe entre εἴπω, parler et nouer, unir (pour ἀείρω, prendre), et le verbe λέγω, parler et prendre, cueillir. De même qu'en latin *loquor*, parler, et *laqueus*, prise, prison, machine qui prend, saisit, enlace, et même *eligere*, choisir, cueillir, *ligo*, lier, unir, et *legere*, lire, c'est-à-dire, dire, répéter, parler, prononcer (ce qui est écrit) à ceux qui ne savent pas lire. Serait-ce parce qu'en effet la parole, le discours, la période (παραβολή, *réunion, rapprochement*, d'où *parole*) n'est que la *réunion*, l'*assemblage* des mots, la *liaison* des *parties* du discours, des syllabes (συν λάβω). La parole est l'art d'articuler (ἄρω), c'est-à-dire, de ramasser, rassembler, recueillir, unir, rapprocher, ajuster, lier, λέγω, *ligo*.

Λόγω, discours, compte, raison, calcul, argument; comme le latin *ratio*, de *oratio*, discours, oraison, raison. La raison se démontre, en effet, par la parole, le discours, l'*oraison*. Raisonner est synonyme de parler, discourir, disserter, démontrer par le langage, par la parole. On dit, *on expose*, on déclare, on annonce ses raisons, c'est-à-dire, ses *oraisons* : λόγους. Demander raison à quelqu'un, c'est lui demander des *explications*, des mots, des discours.

Remarquons l'analogie entre les expressions françaises, *poser ses arguments, exposer ses raisons*, et la signification de *coucher, faire coucher, poser, déposer* qu'a aussi le verbe λέγω, en sorte que λόγος est, sous ce point de vue, une *exposition*, une *proposition*.

Λέγνον, frange, bordure. Peut venir de λήγω, finir, cesser, terminer, rôle qu'elles remplissent dans nos vêtements; ou bien encore, de πλέκω, plier, πλέγνον, une bordure étant, en effet, l'extrémité de l'habillement ou de l'étoffe *repliée* sur elle-même, tout à l'entour ou sur sa longueur; en espag., *dobladillo*, de *doblar*, plier, doubler; en franç., *ourlet*, probablement pour *roulet*, de rouler, synon. de contourner, plier, replier. Si l'on veut encore, ce sera λίγνον, de ἐλίσσω, rouler, entortiller comme les fils dont on fait les franges; en espag.. *fleco*, de *flexus*, plié, roulé, contourné.

Λεία, proie, capture. Pour ἐλεία, de ἕλω, ἄλω, prendre, saisir. Ou bien encore, abrégé de ἀγελεία, attroupement, troupeau. Les troupeaux étaient, en effet, le principal objet du butin, surtout dans les temps anciens, où ils étaient la richesse et l'industrie presque exclusives des peuples. De là les expressions si usitées ἐλαύνειν λείαν, ἀπάγειν λείαν, *pousser, chasser* le butin, qui s'expliquent facilement dans cette hypothèse. On *chasse*, on *pousse* en avant les troupeaux.

Λείβω, verser, répandre, écouler, faire couler. Est un mot dont nous ne pouvons assigner l'étymologie, et que nous considérons, par conséquent, comme racine véritable et primordiale. C'est peut-être une onomatopée tirée des organes de la salivation, de l'écoulement de la salive ; à savoir, la *langue* et les *lèvres*.

Λειμών, prairie, prés. Peut être pour νεῖμών, de νέμω, paître, faire paître. C'est proprement un pâturage, un pacage. Λ et ν sont des consonnes de la même souche qui se remplacent mutuellement. Ou bien, pour λείμενον, de λείβω, couler, arroser, répandre. Les prairies sont des plaines où l'humidité, l'arrosement sont indispensables. Ou, enfin, de la même souche que λίμνη, lac, marais, λείπω, laisser.

Λεῖος, uni, lisse, poli. Cet adjectif peut devoir son origine à εἰλέω ou πολέω, tourner, dont il serait l'abrégé εἰλεῖος, πολεῖος, comme en français, *poli* et *lisse* : ἑλίσσω. C'est, en effet, le mouvement que l'on emploie pour obtenir cet effet ; témoin, la meule, le cylindre, etc., moyen que la nature nous enseigne dans les cailloux *roulés* et polis par les eaux.

Ou bien, du verbe ἐλαιόω, huiler, frotter d'huile. Ce liquide sert, en effet, à rendre les corps lisses et polis, à les adoucir.

A moins, toutefois, que ce ne soit πλεῖος, plein, comme en français, *plaine, plan ;* en latin, *planus, plenus, plainier ;* en espag., *liso y llano, plano, lleno.* Quand les anfractuosités sont *remplies*, la surface est lisse et polie.

Λειπυρία, sorte de fièvre. Contraction de λειποπυρία, *fièvre qui manque*. Ce devait être, par conséquent, une fièvre intermittente, plutôt qu'une fièvre continue. Ou bien de ἀλέω, ἰλάω, errer, fièvre ataxique, errante.

Λείπω, laisser, abandonner, lâcher. Ce verbe remarquable n'est autre que λείβω, verser, répandre, lâcher, laisser aller, couler, et les Latins l'ont vu de la même manière lorsqu'ils ont fait *linquo*, laisser, et *liquare*, liquéfier, couler, *liquidus*, liquide, coulant, mots qui répondent précisément à λείπω et λείβω.

Λείριον, lys. Fleur remarquable par sa blancheur. De ἄλευρον, ἄλειαρ, fleur de farine, couleur blanche. Plante qui se plaît dans les terrains humides et marécageux : ἕλος, marais, ἕλειος, ἑλείριος, de marais. Plante excessivement *odorante,* ὀδείρον, δείριον, ὀλείριον (*oleo,* en latin).

Λείχω, lécher. Belle onomatopée qui reproduit parfaitement le bruit compliqué de la langue et du gosier, instruments de cette opération.

17

La première syllabe appartient à la touche linguale ; la seconde, à la gutturale. Les Grecs l'ont tirée probablement du sémitique לקק, lécher.

Λέκιθος, jaune d'œuf, espèce de bouillie. Peut-être pour λέχθιος, de λέγω, choisir, préférer ; m. à m., le *choisi*, le *préférable*, l'exquis, le meilleur, comme l'est, en effet, le jaune, la gemme de l'œuf, et, en général, celle de tous les fruits, de tous les produits animaux et végétaux.

Si l'on voulait rapporter, néanmoins, ce mot à λέκος, plat, assiette, écuelle, ce serait tout simplement ce que nous appelons une omelette (faite dans un plat), des œufs *au plat, au miroir*. En espag., *tortilla*, omelette ; *tortera,* plat, écuelle.

On peut soupçonner aussi que ce mot a signifié peut-être le blanc de l'œuf, ainsi que l'*albumine ;* de λευκός, λευκίζω, être blanc, et que c'est par abus que, plus tard, on l'a appliqué au jaune, ou par ignorance des traducteurs.

Λέκος, plat, écuelle, assiette. De λέγω, cueillir, recueillir, contenir, ustensiles qui servent à tous ces usages. Remarquez le rapport qu'il y a, même dans notre langue, entre les significations de *cueillir* et *écuelle ;* de *coucher, asseoir ;* et *assiette* et *plat* (aplatir). Λέγω signifie aussi *asseoir, coucher.*

Λέμβος, esquif, chaloupe. Nacelle faite peut-être d'écorce ; λέπος, vaisseau léger, mince, de λεπτός. Nous comparons une nacelle à une *écorce* de melon, à une *coque* de noix.

Λέμφος, morve. De λείβω, la coulante, comme λήμη, chassie, humeur qui coule des yeux.

Λεπρός, rude, âpre. De λέπος ; m. à m., *écailleux,* couvert d'écailles, par conséquent, *rude au toucher.* La maladie de la lèpre consiste en une espèce d'écaille qui se forme sur la peau, qui en devient âpre et rude.

Λεπτός, mince, grêle. De λέπω ; m. à m., *pelé,* dépouillé de son écorce.

Λέπος, écaille, écorce, croûte. Ce mot vient évidemment de λείπω, laisser, abandonner. C'est la dépouille que *laissent, abandonnent* les animaux et les végétaux, dont ils *se dépouillent* périodiquement, surtout les reptiles, mollusques, insectes et crustacés. Le latin *pellis,* peau, vient de *pello,* chasser, renvoyer, rejeter ; c'est la partie qu'*on rejette.*

Λέσχη, causerie, bavardage, rumeur, criaillerie. Voy. λάσχω ou λάσκω, résonner, retentir, crier, ou λαλάζω, λαλαγέω, même signification, crier, bavarder.

A moins que ce ne soit un abrégé du composé αὐλέσχω, αὐλή, cour, vestibule, *atrium*, et σχῶ, se tenir, habiter, être dans. Ces endroits étaient, en effet, destinés à la conversation, ce que nous appelons des *parloirs*; en latin, *locutorium*.

Λευκός, blanc. Cet adjectif pourrait aussi se rapporter à l'ionien γελέω ou γελεύω attique (γελάω, rire), être riant, gai, joyeux, brillant, clair, d'où γελήνη et γαλήνη, air riant, temps riant, gai, clair. Γελευκός, γελαυκός aura été abrégé en λευκός, λαυκός. Observons aussi que ce mot, devenu γλαυκός, signifie le bleu, l'azur, c'est-à-dire le *clair*, le *riant*, le brillant, la transparence de l'air.

Remarquons, enfin, qu'un des types de la couleur blanche, c'est le lait; γάλα, γαλαυκός, γαλευκός, couleur de lait, *laiteux*, blanc, pourraient donc aussi avoir donné λευκός.

La première et la plus naturelle des étymologies de cet adjectif est le verbe λεύσσω, voir et briller. Le blanc est, en effet, la couleur la plus brillante, la plus claire, la plus éclatante. C'est par le blanc que nous commençons à voir (l'aube, *alba*, la blanche); après les ténèbres de la nuit, c'est le blanc qui commence, puis vient le rose, l'orange, le jaune, c'est-à-dire, l'aurore.

Λέχριος, oblique, incliné, penché. De πλέκω, plier (π supprimé); m. à m., *plié, fléchi, incliné*. Ou, mieux encore, de λέγω, coucher; ce serait tout bonnement le *couché, incliné*.

Λεύσσον, cœur du bois, aubier, bois blanc. De λεύσσω, être clair, brillant, blanchâtre. C'est l'*aubier* (*alburnum*, de *albus*, blanc), par opposition aux autres parties du tronc d'une couleur plus foncée.

Λεύσσω, voir, briller. Vient de λάω, voir, regarder, dont il n'est qu'une variété de forme. Ou, mieux encore, du verbe ἐλεύθω, venir, arriver. Ce serait la *venue*, l'*arrivée* de la lumière. Le soleil, et avec lui le jour, la lumière *s'en va, se couche, tombe, disparaît*. Il est donc aussi naturel qu'il *vienne, arrive, reparaisse, apparaisse, revienne, retourne, se lève*.

En français même, rien de plus usité que les locutions : « Le jour vient », « le jour arrive », « le jour étant venu », etc., etc...

Et ce qui vient à l'appui de cette explication, c'est que la divinité que les Grecs nomment ἐλεύθω (arriver, venir), est précisément en latin, *Lucina*, c'est-à-dire la *déesse du jour, de la lumière*.

Λεύσσω fut donc, dans l'origine, ἐλεύσσω ou ἐλεύθω, arriver, venir, ce qui, pour la lumière, est *briller*, paraître et faire paraître, faire voir, faire qu'on voie; en un mot, *voir*.

Enfin, on pourrait y voir un abrégé de εἴλευσσω, εἰλύσσω, fréquentatif de εἰλύω, *tourner, retourner*. Ce sera proprement le *tour*, le *retour* de la lumière, du jour, du soleil. Ou bien, l'acte de *tourner* les yeux, la vue vers un objet, c'est-à-dire le *regarder*, y porter les yeux, *tourner* son attention.

Λέων, lion. De λεά ou λεία, proie, λείων. C'est le type des animaux se nourrissant de proie vivante; le *chasseur* le plus redoutable, l'animal le plus *ravisseur* et le plus carnassier, vivant de proies qu'il poursuit sans cesse, et dédaignant les cadavres.

Λήγω, cesser, finir. Est peut-être une abréviation de τελήγω, composé de τέλος, fin, et ἄγω; proprement, mettre fin, *conduire* à fin, finir, cesser, terminer. Ou bien, un abrégé de μαλάγω, λάγω, λήγω; m. à m., être *ramolli, lâché, relâché*, lâcher, relâcher, laisser, comme *finir*, de ἀφεῖναι. Mais comme la cessation est une solution de continuité, une *séparation*, une *coupure* (cœdo), le verbe dont il est question pourrait bien n'être que πλήγω, frapper, battre, inciser, couper d'un *coup*, couper court, trancher. Κόπτω, couper et battre, a produit le français *coup* et *couper*, comme le latin *cœdo*, *cedo, cessare*, cesser, finir.

Λῆδος, ciste. Arbrisseau qui produit le ladanum, qui est une espèce d'huile. Peut-être un abrégé de ἐλαέδος, de ἔλαον, huile. Le ciste (κίστος pour καίστος, de καίω) est dans les pays méridionaux un combustible presque exclusif que les Espagnols nomment *jara*, et, sous ce point de vue, λῆδος est peut-être un abrégé de ὑλήδος, brousailles, fourrés, taillis, bois, forêts, de ὕλη, bois, forêt, *matière à brûler*, ὑλήμη, *idem*. C'est probablement de *jara* que les Espagnols ont fait *jarana*, mot qui signifie tumulte, mélange, foule, confusion, presse, fourré.

Mais le ciste vient par *troupes*, par *massifs*, par *amas*, et ce pourrait, par conséquent, aussi être l'adverbe εἰλήδον, qui signifie tout cela, qui lui aura servi d'étymologie.

Λῆδος, habit léger, mince. De λειάζω, polir, simplifier, amincir, λειάδος, puis, par contraction, λῆδος. Ou bien de εἰλῆδος; m. à m., *habit de chaleur*, pour la chaleur : εἴλη, ἴλη, chaleur. Ou, enfin, de αὐλέδος; m. à m., *habit des champs*, rustique, grossier, vil; αὐλή, métairie, bergerie.

Λήθω, cacher, oublier. Ce verbe remarquable n'est autre chose que l'aor. de ἀλάομαι, ἀληθείς, ἀλήθω, λήθω, errer, s'égarer, se perdre, s'en aller, disparaître. C'est en cela que consiste l'oubli; tandis que son opposé, la *mémoire*, consiste à *rester, demeurer, persister*; μνήμη, de μένω, rester. Ce qui nous est caché est également ce qui nous échappe à la vue, s'en va, se perd, s'éloigne de notre esprit, ce que nous ne *voyons* pas. Ἀλάω a priv., et λάω, voir, pourrait donc aussi nous donner raison de λήθω, être caché.

Λήϊον, blé, moisson. Abrégé de ἐλήϊον, ἕλω, prendre, cueillir, recueillir. C'est proprement la *récolte*, la *cueillette*. Ou, si l'on veut encore, de ἀλέω, moudre, triturer, comme en latin, *triticum*, de *tero*, triturer, *tritus*, trituré.

Ληκέω, retentir, éclater. Tient à λάσκω, que nous avons vu en son lieu, parf. λέλακα, et a, par conséquent, la même origine; ou, si l'on aime mieux, à κλάω, rompre, éclater, faire un éclat, crever, *crepitus*, bruit. Du parf. κέκληκα est resté κλήκα, puis ληκέω. Ou πλήσσω, frapper, battre, choquer, πέπληκα; m. à m., *répercuter*. Ou bien, enfin, est-ce tout simplement un dérivé de καλέω, crier, appeler, parf. κέκληκα.

Λήκυθος, burette, fiole; ornement affecté, politesse, élégance de la parole. Composé de ἔλαος, huile, et κεύθω ou bien κύω, être plein, contenir, cacher. C'étaient des vases plus particulièrement destinés à renfermer de l'huile et des parfums (huiles essentielles). Le sens de discours recherché, emphatique, est tiré de la forme *gonflée, ampoulée* de ces vases, ou bien de *parfumé, musqué*, épithètes qui toutes appartiennent aussi à la langue française. Ou, mieux encore, est-ce un discours qui sent l'*huilier*, le vase à huile, comme disait Démosthènes, c'est-à-dire, composé pendant la nuit, à la lumière de la lampe, fruit de longues veillées.

Λῆμα, fermeté, volonté, force d'âme. De λάω, vouloir.

Λήμη, chassie, humeur visqueuse et collante qui découle des yeux malades. Peut être abrégé de κολλήμα, *collement* des yeux, effet que cette humeur produit effectivement en collant les cils des paupières. Ou bien de λείβω, couler, λέλημα, écoulement.

Λημνίσκος, ruban, bandelette. Terminaison diminutive de εἰλήμενος, λήμενος; m. à m., *enroulés, entortillés*; ou bien, *ramassés, rassemblés*, formant touffe, suivant la manière de les disposer.

Λῆνος, laine. Vient évidemment de εἰλέω, en abrégeant le parf. pass. λήμνος, puis λῆνος. La laine est, en effet, composée de poils enroulés et entortillés, se distinguant en cela de ceux de la chèvre, qui sont droits et tombants. Peut-être aussi est-ce un abrégé de μελῆνος; m. à m., de *brebis*, de μῆλον, brebis ; de même que le latin *vellus*, pour *ovellus*, de *ovis*, brebis. En espag., *melena*, mèche de cheveux ou poils grossiers, a la même origine.

Ληνός, pressoir. Et, par extension, cuve du pressoir, mât, ainsi qu'autres significations, qui toutes rentrent dans celle du verbe εἰλέω, tourner. Le pressoir se compose, en effet, d'une *vis*, d'une *hélice*, au moyen de laquelle on extrait encore aujourd'hui dans beaucoup de pays le vin et même l'huile ; en latin, *torcular*, de *torqueo*, tourner, tordre. Le mât des vaisseaux est rond, cylindrique et gros comme un tonneau. Ou bien parce que les cuves et tonneaux (tornaux) sont ronds, cylindriques, de même que les mâts des vaisseaux.

Λῆρος, niaiserie, sottise. Abrégé de λαλήρος, de λαλέω ; m. à m., *bavardage, babil*.

Λέτω, Latone. Le nom de cette divinité vient de ἐλάω, errer. Tout le monde connaît la vie errante et vagabonde de cette demi-déesse, mère d'Apollon et de Diane.

Λιάζω. Verbe qui a une foule d'acceptions, toutes assez vagues, mais qui rentrent assez bien dans celle de σκολιάζω ou σχολιάζω, dont il paraît être une mutilation. Ou de λίαν, trop, excès, débordement, déborder, excéder. Ou bien de χλίω, χλιαίνω, χλιάζω.

Ou, enfin, κυλιάζω, κυλίω ou εἰλιάζω, εἰλέω, tourner, circuler.

Λίαν, trop, beaucoup, très-fort. Abrégé de ἅλιαν, de l'adv. ἅλις, qui a des acceptions analogues.

Λίβανος, encens. Ce mot a cela de particulier qu'il peut être rapporté directement au sémitique לבונה, ou être d'origine grecque par λιβάς, goutte, λιβάω, couler, dégoutter. L'encens n'est autre chose qu'une goutte, une larme, un écoulement de l'arbre qui le produit. Nous disons en français, *encens en larmes*.

Λιβύη, Lybie. Ce nom de l'Afrique vient de λείβω, couler, verser, pleuvoir. Le vent d'Afrique porte la pluie, et la pluie *à verse*, torrentielle, dans toutes les contrées du nord de la Méditerranée. C'était donc, pour les Grecs, le pays *de la pluie*. Νότος signifiait, à cause de cela, vent du midi et vent humide. Le latin *afro, afer*, africain, n'est autre que ἀφ' ῥέω, couler, verser, pleuvoir : ἀπο ῥέω.

Λίγγω, rendre un son doux, suave, aigu, vibrant, retentissant. Abrégé de ἐλίγγω, faire tournoyer la voix, un son. Ou bien de ὀλίγος, auquel on a peut-être ajouté ἄγω. C'est proprement, rendre un son *petit*, faible, exigu, peu, mince, aigu, menu. Ou bien de αὐλιζω, siffler, jouer de la flûte, du chalumeau, du fifre, tous instruments à son aigu, mince.

Λίγδος, mortier à piler. Nous pouvons en dire autant de ce mot, car piler, c'est précisément réduire à des dimensions *petites, faibles, minces*, rendre *petit*, en *petits morceaux*, en *menus* morceaux. Ou bien de λεῖος, λείοω, λειαίνω, λείαζω, moudre, pulvériser, broyer, piler, rendre uni, fin.

Ou bien de εἰλίσσω, tournoyer, piler; on pile, on broye en tournant comme la meule.

Λιγνύς, fumée, suie. Vient de εἰλιγγω, tournoyer, tourbillonner ; εἰλιγγω a fait εἰλιγνυς; m. à m., *tourbillon* de fumée. Elle s'élève toujours dans les airs sous cette forme, en traçant une espèce d'*hélice* qui finit insensiblement jusqu'à disparaître dans l'atmosphère. Ce mot a été, dans la suite, étendu à la *suie*, qui n'est qu'une concrétion de la fumée.

Λίζω, effleurer, toucher légèrement, siffler en effleurant, rasant. A la même souche que le précédent ἐλίζω, ou, mieux, abrégé de ἐλελίζω, vibrer, retentir. C'est, m. à m., toucher *un peu*, faiblement, légèrement. Ou bien encore de λεῖος, λείοω, ou λείαζω, qui ont des significations analogues.

Λίθος, pierre. Ce substantif n'est autre chose qu'un adjectif verbal de λείοω, polir, user. C'est, proprement, le caillou *roulé* et *poli* par les eaux : λειοθος, λείθος, λίθος.

Λικριοι, bois ou cornes du cerf. Pour ἐλίκριοι, du verbe ἐλίσσω, tournoyer, contourner, recourber en tous sens. Les bois du cerf sont tortueux, sinueux.

Λιλαίομαι, désirer, vouloir. N'est autre que le verbe λάω, avec le redoublement attique.

Λικμός, van, corbeille. Abrégé de εἰλικμός, de εἴλιγγω, tournoyer, faire tourner. C'est précisément le mouvement que l'on imprime au van. Les ouvrages de vannerie ne sont d'ailleurs que des courbures (*corbis*, corbeille), des entortillements d'osier, joncs ou roseaux.

Λίκνον, van, ou corbeille sacrée. A la même origine que le précédent. C'est toujours l'idée de tournoiement, entortillement, courbure.

Λιμήν, port, station des navires. Je soupçonne fort que ce mot n'est qu'une altération de κλιμήν, du verbe κλίνω, pencher, incliner. Κλιμήν, comme κλίμα, ne serait donc proprement qu'une *pente*, une *inclinaison* douce et naturelle du rivage, une plage où l'on retirait et mettait à sec les navires, réduits, dans l'origine, à de simples barques. Les ports proprement dits n'avaient pas, dans ces temps reculés et avec une marine si imparfaite, l'importance qu'ils ont aujourd'hui.

A moins que l'on ne préfère voir dans ce mot un dérivé de λείπω, λείμενος ; m. à m., *relâche*, lieu de *relâche*, où l'on repose et *laisse* les vaisseaux.

Λίμνη, lac, étang, marais. Ce mot n'est qu'une abréviation de λελείμενη ; m. à m., eau *laissée*, *abandonnée*, soit par les inondations, soit surtout par la mer, d'où les noms français *marais*, *marécage*, et l'espag. *marisma*, qui désignent tous l'origine marine des étangs et des marais que la mer laisse sur ses bords, surtout quand la marée se retire.

Λιμός, faim. Contraction de λαιμός, qui a aussi cette acception. Ou, si l'on aime mieux, abrégé de οὔλιμος ; m. à m., le *pernicieux*, le *fléau*, le terrible, le funeste par excellence.

Λίνον, lin. Plante textile dont on extrait du fil ; εἰλέω, tourner, faire du fil (le fil n'est qu'une torsion). C'est pour cela que ce mot s'applique au fil et aux cordes de toute matière.

L'étoffe de lin est aussi douce et suave : λεῖος, λεῖνος, λίς, linge ordinairement de lin dans l'antiquité, étoffe légère.

Le lin produit aussi de l'huile ; ce pourrait être donc encore ἐλαινον, huileux.

Le lin était presque exclusivement employé comme linge en Égypte, en Asie, et même en Grèce.

Λίνος, chant lugubre, lamentation, complainte. C'est un simple abrégé de l'adjectif αἴλινος, plaintif, lamentable, plutôt qu'un reste de l'historiette sur le poète Linus que racontent ses confrères.

Λιπαρής, persistant, assidu, tenace. Paraît être composé de λείπω, laisser, et de a priv. ἀλίπαρής; m. à m., qui ne *laisse pas*, ne lâche pas, tenace. Plus tard, on a supprimé le a priv., et il est resté un mot qui paraît indiquer le contraire du sens primitif. Nous avons dans toutes les langues des exemples de ces apparentes anomalies, qui s'expliquent néanmoins de la même manière. *Valeo*, être en santé, *valetudinarius*, *infirme*.

Λιπερνής, sans asile, malheureux. Composé de λίπω, manquer, et ἔρα, terre; m. à m., *sans terre*, qui *manque de terre*, de sol, de pays. Les Espagnols disent *desterrar*, c'est-à-dire *déterrer* (chasser de la terre), pour exiler, bannir.

Λίπος, graisse. Le caractère particulier de cette substance, c'est la facilité avec laquelle elle *fond,* elle *coule ;* et, ainsi fondue, contrairement à la chair musculaire et aux os qui ne fondent pas, elle est employée à un grand nombre d'usages. Il faudra donc la rapporter à λείβω, couler, verser, fondre. Mais la graisse est aussi une espèce de dépôt, d'abandon, de délaissement qui est fait par le sang dans tout le corps ou plus particulièrement sur quelques-unes de ses parties, et, sous ce point de vue, λίπος revient au verbe λείπω, laisser, déposer, délaisser.

Λίπτω, désirer, souhaiter. Ce verbe n'est qu'un dérivé de λείπω, manquer de, et ce qui le prouve, c'est qu'il s'emploie avec le génitif. *Manquer*, être *dépourvu*, sont, en effet, corrélatifs de *souhaiter, désirer*.

Λιρός, impudent, effronté. Peut être une abréviation de λαλειρός, de λαλέω, bavarder. Le bavardage, la loquacité, sont le propre des effrontés et des fanfarons. Peut-être aussi pour λιάρος, de λίαν, trop, excès, excessif. Ou de λιάζω, brouiller, troubler, surabonder, déborder.

Λίσπος, uni, rasé, grêle, mince. Paraît tenir au verbe λέπω, d'où λεψις, pelure, action de peler, raser, dépouiller : λίσπος, pour λίψος, λίπσος. Ou bien, à λείπω, laisser, lâcher, abandonner la peau, le poil, la plume, la dépouille.

Λισσάνιος ou Λυσσάνιος, brave, courageux, impétueux. De λυσσα, rage, emportement; en espag., *corage* signifie *rage* et *courage*. Ou mieux encore de λῖς, lion. Nous disons, en effet, c'est un lion, pour un brave, un intrépide, un courageux.

Λίσσομαι, prier, supplier. Pour πλίσσομαι, dérivé inusité de πλέκω, plier. C'est proprement, se plier, se courber, se fléchir, plier, fléchir les genoux, attitudes qui appartiennent toutes à celui qui *supplie, supplex, sub plico*. *Prœcor, plecor, plicor*, prier, qui n'est autre chose que se *plier*, s'incliner, soit qu'on le rapporte à celui qui prie, ou bien à celui qui est prié, *plié*, supplié, fléchi de sa *rigidité*, de sa *dureté*, de sa *raideur*. Tout ce que nous venons de dire pourrait aussi s'appliquer à κλίνω, κλίσισ, κλίσσω. Λιτή, pour κλίτη, n'est que l'*inclinaison* du genou, du corps ou de la tête du suppliant.

On pourrait encore voir dans ce mot, l'adjectif λεῖτος, ou peut-être même l'abrégé de πολίτη; m. à m., *populaire, public*. Ce serait alors la *prière publique*, prière faite en commun, plus en usage dans le paganisme que la prière particulière et secrète, si recommandée dans les cultes chrétiens, et qui était à peine pratiquée avant l'établissement de ces derniers. Aussi, le verbe composé λιτούργεω signifiait remplir une *fonction populaire, publique*, exercer une *charge publique*; et ce ne fut que dans le langage ecclésiastique qu'il reçut plus particulièrement l'acception de *faire des prières, suivre les cérémonies du culte*.

Λισσός, lisse, uni, poli. De λείσσω, λεῖος, ou εἱλίσσω, tourner, à cause du mouvement circulaire qui est le plus ordinaire pour polir. C'est au *tour* que l'on *polit* (πολέω, tourner) les bois, pierres et métaux.

Λίστρον, bêche, hoyau. Pour λείστρον, de λείζω ou λείαζω, unir, aplanir. C'est un instrument qui creuse, unit, aplanit, adoucit le terrain : λεῖος, uni, lisse.

Λίσχροι, herbes, gazons retournés et enfoncés pour féconder un champ. Ce mot est un abrégé de ἁλίσχροι, du verbe ἁλίζω, qui signifie assaisonner, saler, engraisser au moyen du sel ou de quelqu'autre substance qui produise un effet analogue, un engrais.

Λιτός, vil, petit, mesquin. Pour λειτός, adjectif verbal de λείζω (λεῖος); m. à m., *uni, aminci*, pelé, dépouillé, rapetissé, lisse, simple, pauvre, mesquin. On dit en français et en espagnol : un pauvre *pelé, pobre pelado*, pour pauvre et mesquin.

Λίτρα, livre, poids et monnaie. Ce mot paraît être une altération de κλίτρα, du verbe κλίνω, incliner, pencher. C'est, en effet, la livre ou le *poids* en général qui *incline* la balance, qui la fait *pencher* tantôt d'un côté, tantôt de l'autre, jusqu'à ce que l'on ait trouvé le niveau et l'égalité. En latin, *libra*, livre, *poids* type, *poids* par excellence, et *librare*, peser.

Λίτρα est donc l'*inclinatrice*, le *poids* par excellence, le *poids* modèle, l'unité de poids, la livre, en un mot.

Λιχανός, l'index. Le doigt qu'on *lèche* de préférence, parce que c'est avec lui qu'on touche les objets. De λείχω, lécher.

Λίψ, vent d'Afrique, vent du sud. De λείβω, couler, verser. C'est le vent qui amène la pluie, les averses. Vent de Lybie.

Λοβός, lobe; tout ce qui est arrondi et globuleux. De λάβω, prendre, ramasser, recueillir. C'est, proprement, ce qui a une forme *ramassée, amassée*, une masse concentrée, *englobée*. C'est également la partie par laquelle on *prend*, on *saisit* l'oreille ou tout autre objet; m. à m., la *prise :* λοβός.

Λόγχη, lance. De λαγχάνω, atteindre. C'est l'arme qui atteint le plus loin, à cause de sa longueur. C'est l'arme *longue*.

Λοιγός, mal, calamité, perte. Ce mot appartient évidemment à la même famille que λυγρός, λύζω, ὀλολύζω, et même ἐλελεῦ. C'est, m. à m., une chose *lamentable, déplorable*.

Λοίδορος, nuisant, offensant, injuriant, insultant. Syncope de λοιμοδορος ; m. à m., qui donne le *mal*, la *peste*. Ou bien, composé de χολή, bile, et δορός ; m. à m., qui *donne, répand*, excite la bile. Remarquons l'analogie latine dans le verbe *stomachari*, s'indigner, s'irriter, soulever l'estomac, la bile. Λοίδορος serait donc un abrégé de χολίοδορος, λίοδορος, puis, enfin, λοίδορος, par transposition.

Λοιμός, peste, maladie épidémique. Appartient à la même famille que λύμη, qui a la même signification, et qui vient de λύω, dissoudre, se dissoudre, périr. La peste est, en effet, une *dissolution* du corps qui se consume et se *corrompt*. Le latin *lues* vient aussi de λύω.

Λοίσθιος, le dernier. Abréviation de τηλοισθίος, de τέλος, fin ; m. à m., le *final*, le *terminal*, ce qui est au bout, à la fin.

Λοξός, oblique, courbe, tordu. De λέγω, coucher ; m. à m., *couché, penché, incliné*.

Λοπάς, écuelle, poêlon, cercueil, bière. Certaine maladie des arbres qui les écorce. Pour λεπάς, écaille, écorce, coque, coquillage, de λέπω, peler, écorcer. Ce sont des ustensiles et meubles analogues par leurs formes à une écaille ou coque.

Λορδός, courbé, penché, gauche, lourdaud. Abréviation du composé αὐλορδος, ou μολοερδος, travailleur, homme de peine : μόλος ἔρδω : ou αὐλή et ἔρδω; m. à m., *qui travaille aux champs*, rustique, grossier, lourd, lourdaud. En espag., *lerdo*, gauche et gaucher, comme en français, *gauche*, synon. de *maladroit*, lourdaud, par opposition aux habitants des villes, polis, civilisés, urbains, de πόλις, *civitas urbs*.

Λούω, laver. N'est autre chose que λυσω, de λύω, dissoudre, faire dissoudre dans l'eau les taches et les ordures. C'est l'effet que l'on obtient en lavant les objets.

Λόφος, sommet, cimier, huppe, panache. Abrégé de κολοφών, sommet, cime, tête. On pourrait voir encore ici le verbe λείπω, d'un parf. λέλοπα, manquer, finir, terminer. Le sommet d'un objet est aussi son extrémité, le point où il *manque, laisse* d'être : λείπω.

Λόχος, embûche, embuscade, troupe; accouchement. Toutes ces significations se rapportent à λέγω, soit dans son acception de recueillir, rassembler, attrouper, soit, mieux encore, dans celui de coucher, se coucher. Les embuscades sont ordinairement couchées, assises à terre, *insidiæ*, de *sedeo*, attitude excellente pour se dérober aux regards de l'ennemi qu'on veut surprendre, et pour attendre le moment opportun de s'élancer sur lui.

Λύγη, obscurité, ombre. Je soupçonne que ce mot n'est autre chose que le dérivé de καλύσσω, cacher, couvrir, verbe qui est dégénéré plus tard en καλύπτω, mais dont on trouve les traces dans κάλυξ, bouton de rose, fermé, caché, couvert. C'est donc l'abrégé de καλυγή; en lat., *caligo*; proprement, *temps sombre*, couvert, nébuleux.

Λύγδος, pierre, marbre blanc, marbre de Paros, blanc et brillant. De λευκός, blanc, ou λύκη et δόω, qui donne de la lumière, de l'éclat, brillant. Ou de λεύσσω, voir. Ce marbre est transparent, on y *voit* au travers.

Λύγξ, lynx. Animal à vue perçante : λεύσσω, voir.

Λυγρός, triste, sombre, fâcheux. Cet adjectif vient de λύγη, obscurité, ombre, temps nébuleux, couvert, et, par conséquent, triste et sombre, opposé à γαλήνη, temps ouvert, riant, gai. Ou, si l'on aime mieux, on peut le rapporter directement à λύζω, pleurer, sangloter, gémir ; m. à m., *lamentable, déplorable.*

Λύγος, osier, branches qui se plient, entortillent, contournent. Abréviation de εἰλύγος, de εἰλύσσω, qui a toutes ces significations. Le sens de vis ou de presse à vis, qu'a aussi λύγος, vient confirmer complètement cette étymologie. On pourrait voir encore ici l'arbre *triste,* l'arbre *pleureur,* le saule *pleureur* qui donne l'osier, appelé, d'ailleurs, οἰσυα, de οἴζω, c'est-à-dire, la triste, la *pleureuse.* De λύγη, λυγρός.

Λύζω, sangloter, pleurer, se lamenter. Est une simple apocope de ὀλολύζω.

Λύκη, crépuscule du matin. De λευκός, blanc ; en latin, *alba,* l'*aube,* la blanche. C'est le moment du jour où la lumière est, en effet, blanche ; un peu plus tard, à l'aurore, elle devient jaune.

Λύθρον, sang, boue sanglante. Vient évidemment de λύω, dissoudre, délayer, du part. aor. pass. λυθείς ; c'est, m. à m., une *dissolution,* un *délayement* de boue, de poussière dans du sang.

Λύκος, loup. Sur le nom de cet animal on peut présenter plusieurs étymologies, parmi lesquelles les plus naturelles sont ὀλολύκος, par apocope des premières syllabes λύκος ; m. à m., le *hurleur,* de ὀλολύζω, hurler, car c'est là, en effet, un des traits les plus caractéristiques des mœurs de cet animal, dont les bandes affamées font continuellement retentir les forêts et les montagnes de leurs affreux hurlements.

Le nom grec de cet animal, presque le même que celui du loup-cervier, λύγξ, donnerait aussi à penser que c'est toujours ce dernier que les Grecs avaient en vue, et qui était peut-être, dans leur pays, le représentant du loup véritable, comme étant beaucoup plus répandu que ce dernier.

On pourrait enfin, et eu égard à la vivacité du regard et du bril des prunelles du loup, remarquables surtout pendant la nuit, temps ordinaire de ses excursions, rapporter son nom à λεύσσω, voir, avoir la vue perçante, clairvoyante, ou brillante et éblouissante.

Λῦμα, ordure, saleté. De λύω ; m. à m., *solution,* dissolution, résidu, résultat du lavage.

Λύμη, mal, peste, ruine. De λύω ; m. à m., *dissolution,* décomposition, effet naturel de la peste et des maladies. En latin, *lues,* qui a la même étymologie.

Λύπη, chagrin, affliction. Apocope initiale de καλύπη, de καλύπτω. C'est, proprement, une peine *secrète* et *cachée*, qui ne se manifeste pas par les pleurs, les lamentations, les cris et autres signes extérieurs de la douleur.

Λύσσα, rage, fureur. Apocope initiale de ὀλολύσσω. Elles se manifestent par des hurlements, surtout chez les loups affamés, types principaux de la fureur et de la rage : ὀλολύττω, hurler. Ou bien, pour λύκτσα, contraction de λύκοσα, la maladie du loup.

On sait que cette maladie est particulière au genre chien, dont le loup est le type.

Λύρα, lyre. Le nom de cet instrument fameux est un abrégé de χελύρα, de χέλυς, tortue et lyre, parce qu'on la construisait avec la carapace de ce reptile. De même que βάρβιτον, lyre, et probablement tortue, de βαρύ et βάω, *marcher lourdement*, caractère proverbial de cet animal, ou βαρύ ἴω, d'où βάρυιτον, puis βάρβιτον, qui se prononce de la même manière.

Λύρτος, vase, bocal, pot, terrine. Métathèse de λύτρος, de λύω ; m. à m., qui *sert à dissoudre, à fondre, à délayer*.

Λύχνος, lampe, flambeau, torche. Si ce mot ne vient pas directement de λεύσσω, voir et briller, ce qui s'explique de soi-même, ce pourrait être une abréviation de εἰλύχνος, du verbe εἰλύσσω, tordre, contourner. C'est, proprement, la mèche ou les filaments *tordus*, en espag., *torcida*, tordue, qui éclairent en brûlant. D'où le français *torche*, de *torse*, et l'espag. *antorcha*, qui ne sont autre chose que de grosses mèches de chanvre ou de lin, *tordues* en cordes et enduites de poix, résine, soufre, pétrole ou autre liquide ou matière combustible.

Λύω, délier, délivrer. Ce verbe n'est autre chose qu'une abréviation de εἰλύω, tourner, faire tourner. C'est qu'en effet, pour délier un objet, aussi bien que pour le lier, il est nécessaire de l'entourer, de l'envelopper, de le contourner avec un ou plusieurs *tours* (remarquez l'expression) de corde, chaîne, ruban ou lien quelconque. Εἰλέω, εἰλύω, signifient lier et délier, serrer et desserrer ; m. à m., *rouler* et *dérouler*.

Le latin *solvere* appartient vraisemblablement aussi à une vieille famille dont font partie *sol*, soleil, *soleo*, avoir coutume, *solemnis*, dont la signification propre est *habituel, accoutumé*, et qui tous viennent du vieux verbe *soleo*, tourner.

Le soleil *tourne*, l'habitude est un *retour*, la solennité est un *retour* annuel.

Λώβη, injure, insulte. Abrégé de μωλωβη, de μολοψ, trace des coups, *stygmate*, cicatrice ; μωλωπίζω, meurtrir, *stygmatiser*, synon. d'*injurier, offenser, diffamer*.

Λῶμα, bordure, frange, ourlet. Abrégé de εἰλῶμα, de εἰλάω, entourer, contourner, aller autour. C'est précisément le rôle des franges et des bordures. Ou bien est-ce un abrégé de χεῖλωμα, bord, rebord.

Λῶπος, peau, cuir, toison, vêtement, couverture. C'est le même que λοπός, écorce, peau, écaille, cuir. Voy. ce mot.

Λωτίζω, choisir ou cueillir des fleurs, choisir, prendre pour soi. Ce verbe est formé de l'adjectif λωός, meilleur, le-meilleur. En français, nous disons aussi *prendre la fleur* de quelque chose, *être la fleur de*, pour *prendre* ou être *le meilleur*, la partie *la plus exquise de* ; parce qu'en effet, la fleur est la partie la plus belle, la plus brillante, la plus intéressante du végétal.

Λωτός, lotus. Plante de l'Égypte, ainsi nommée par les Grecs, et qui pourrait très-bien n'être que l'abrégé de νείλωτος, de νεῖλος, le Nil. Ce serait proprement la *plante du Nil, propre au Nil*, que les Grecs ne connaissaient qu'aux bords de ce fleuve, et qu'ils regardaient comme sa production toute particulière.

Λωφάω, cesser, respirer, se reposer. Ce verbe paraît être une abréviation de κολοφάω, de κολοφών, faîte, sommet, bout, extrémité. C'est, proprement, le repos, la cessation qui provient de la *termination*, de l'*achèvement* d'un ouvrage, d'une souffrance, d'une chose quelconque. C'est, m. à m., mettre un *terme*, mener *à fin* (chef, achever, caput) ; en espag., *llevar a cabo* (caput), *dar cima*, consommer, *summum, summitas*, sommité, faîte. Un édifice commence par les fondements, la base, et finit par le *sommet*, le *faîte*, après quoi vient le repos, le relâchement, la cessation.

On pourrait aussi soupçonner que ce verbe est une dérivation de λείπω, laisser, lâcher, abandonner, quitter, manquer, et qu'il a été formé de la forme irrégulière λέλοπα, après l'apocope de la première syllabe ou redoublement.

Λώων, meilleur. De λω ou λάω, vouloir, désirer ; m. à m., plus digne d'être *voulu, désiré*, plus désirable, préférable.

M

Μαγάς, chevalet d'un instrument de musique où les cordes viennent s'appuyer ou se réunir. C'est une abréviation de ἑρμάγας, du verbe ἑρμάζω, appuyer, soutenir. Ou ἄμαγας, de ἅμα ἄγω, rassembler.

Μάγγανον, enchantement, fourberie, ruse, machine de guerre, et, en général, toutes espèces d'appareils combinés par l'art, par la ruse et la surprise. Mot qui dérive de μάγος, mage, habile, savant, μάγαγω, μάγον ἄγω, agir, conduire en mage, avec art, artifice. Notre mot *artillerie* vient d'art, et le vieux mot *engin*, de *ingenium*, et le verbe *sophistiquer*, de σοφός, savant, sage. C'est la *sophistication*.

Μάγειρος, cuisinier, et Μαγίς, pâte et pétrin, doivent leur formation à μάσσω, pétrir. C'est l'art des pâtes, hachis, farcis et sauces.

Μάγος, mage, savant, habile. Ce mot, que l'on s'accorde à regarder comme d'origine persane, pourrait aussi la trouver dans la langue grecque. En supposant qu'il est composé de Ἑρμῆς, Mercure, dieu des arts, des sciences, des interprétations, de la magie, et de ἅγος, saint, sacré, consacré, ou ἄγω, faire, exécuter, conduire, traiter, ce qui nous donnerait ἑρμάγος, consacré, sacré, prêtre de Mercure ou qui traite l'art de Mercure, et, par la figure que nous avons déjà habitué le lecteur à voir si fréquemment (l'apocope), et qui joue un rôle si remarquable et si peu soupçonné jusqu'à présent dans la belle langue de Démosthènes, ce mot a été réduit à μάγος.

Remarquez que le mot *hermeneutique*, synon. de magie, n'a pas une autre origine que ce même Ἑρμῆς.

Le mot en question pourrait encore tenir à la même famille que le suivant, μάγνης, si l'on réfléchit au rôle important que l'aimant ou magnétisme a dû jouer dans tous les temps, et dans ceux de l'ignorance surtout, dans les arts magiques.

Μάγνης, aimant. Tout le monde connaît la propriété remarquable de ce minéral, qui consiste à attirer, ramasser, réunir sur lui-même certaines matières, ce qui est parfaitement rendu par les deux mots qui le composent, ἅμα et ἄγω ou γένω, pousser, mener, amener, être ensemble, avec, uni : ἀμάγενης, puis μάγνης.

Μαδός, sans poil, chauve. Paraît être une altération de ὅμαδος, ou ὁμαλός, uni, lisse, tel qu'une tête chauve, tandis que la chevelure forme des flots, des ondulations, des touffes, des amas, des boucles ; elle se frise, se hérisse, ce qui est précisément l'opposé de l'uni, du lisse, du plainier. Ou bien, abrégé de κόμαδος, de κόμα κόπτω ; m. à m., *coupé, rasé, tondu*. Ou τμαδός, de l'adv. τμήδην, en coupant, τμάω, couper.

Μαδάω, être humide, mouillé. N'est qu'une variante de μυδάω, être humide, moite. Ou bien, abrégé de ὑμαδάω, être arrosé, mouillé de pluie, de ὕμα, ὑημα.

Μαζός, mamelle. Il vient de μάσσω, presser, fouler, opération qu'il faut lui faire subir pour en extraire le lait, cette substance précieuse dont elle est le dépôt.

Μαῖα, sage-femme. Est un abrégé de ὁμαῖα, de l'adv. ὁμοῦ, ensemble, ὁμοῶ, unir, ou ἅμα, avec. C'est celle qui *accompagne, assiste* (*ad sistit, — ob stetrix*), qui est *auprès* de l'accouchée, *avec* elle.

Μαίνη, anchois. Abrégé de ὁλμαίνη, salaison, saumure. On les prépare de cette façon. Ou bien de λίμαινω, affamer, exciter l'appétit, donner, ouvrir l'appétit, ce qui convient parfaitement aux anchois.

Μαίνεσθαι, être en fureur, être fou. Ce verbe est une abréviation de πνευμαίνεσθαι ; m. à m., être *soufflé, inspiré*. C'était proprement la fureur *inspirée* par une divinité, un enthousiasme divin, tel que celui des sibylles ; une fureur, une folie inspirée par Némésis. Tout le monde se rappelle ces fureurs grimacières de ceux qui rendaient les oracles, et qui les faisaient regarder comme inspirés du ciel. Ce verbe peut encore fort bien être un abrégé de κυμαίνεσθαι, se gonfler, se soulever, ou ὁρμαίνεσθαι, se lever, se jeter, se précipiter ; en un mot, s'*emporter*.

Ou bien encore, abrégé de λυμαίνεσθαι, être flétri, gâté, ruiné, de λύμη, peste, mal, ruine. Ou enfin, être une métathèse de μιαίνεσθαι, être flétri, corrompu. La folie est, en effet, moralement, intellectuellement, et même physiquement tout cela.

Μακάριος, heureux, bien heureux. Nous proposons sur ce mot deux étymologies. La première, μακρός, d'où μάκραιος, et, par métathèse, μακάριος; m. à m., de *longue* durée, *immortel*, par opposition à βροτός, mortel. Et voilà pourquoi ce mot signifie aussi *défunt*, parce que la mort nous fait passer à la *longue vie*, à l'éternité. Le latin *divus*, qui répond assez bien à μακάριος, vient peut-être de *diu*, longtemps. La seconde, c'est un composé de la négation μή ou μά, et κῆρ ou κάρ, sort, destin, mort, malheur. C'est précisément l'état des bienheureux ou des immortels qui ne sont plus sujets au destin, au malheur, à la mort.

Μάκελλα, pioche, hoyau. Paraît venir de μάσσω, pétrir, fouler, comme le français *truelle*, de τρύω, pétrir, écraser, fouler, soit la terre, chaux, mortiers, ciments, etc...

Μάλα, beaucoup, extrêmement. Pour ὁμαλά, m. à m., en *foule*, en *abondance*, de ὁμοῦ ou de ἅμα, ensemble, en foule. A moins que ce ne soit une abréviation ou syncope de μεγάλα; m. à m., *grandement*.

Μαλάσσω, amollir. Nous regardons ce verbe comme une abréviation de ὁμαλάσσω, *égaliser, unir*, rendre lisse, adoucir, aplanir. Ce qui est uni, aplani, est doux et suave. Ce qui est raboteux, *abrupte*, hérissé, raide (images opposées) est dur, difficile, rude.

On peut aussi rapporter ce verbe à ἁμαλός, mou, faible, délicat, que nous avons vu en son lieu venir de ἧμαι, être assis, rassis, posé, paisible, apaisé, plat.

Ou, si l'on veut encore, à la famille des μόλος, μῶλος, μῶλυς, travail, fatigue, pressoir, foulure, émoussé, hébété, qui ne sont que des moyens d'*amollir*.

Μάλθα, cire. N'est qu'une abréviation ou syncope de μαλάχθα; m. à m., la *ramollie*, la *molle*. C'est la matière type de la mollesse.

Nous ferons sur cet article et sur le précédent, l'observation que tout ce qui est mou *s'égalise, s'assimile, ressemble, s'adapte* à toutes les formes que l'on veut lui donner, prend toutes les *semblances* ou *ressemblances* des autres objets, témoin la cire, les argiles et matières de consistance analogue, ce qui nous expliquerait encore plus directement la dérivation de μαλάσσω, de ὁμαλός ou ἁμαλός, égal, semblable.

Μάλη, aisselle. Est évidemment une syncope de μασχάλη, même signification, de même que μάσσω, pétrir, amollir, l'est de μαλάσσω.

Μάλκη, engourdissement, mollesse, affaiblissement causé par le froid.

Peut être une abréviation de μαλάκη, mollesse. Ou bien un composé de μή, négation, et ἀλκή, force ; m. à m., *non force ;* en latin, *in firmitas.*

Μαλίη, certaine maladie des chevaux. Ce mot peut venir de μάλη, aisselle ; ou de μαλός, tendre, mou ; ou de μαλλός, chevelure, poil. C'est une maladie de *l'aisselle* ou un *ramollissement* de quelque organe ou partie du corps, ou une infirmité relative *au poil* ou *à la crinière.*

Μαλλός, laine, toison. Ce mot est probablement une syncope de μήληλος, de μῆλον, brebis, ce qui répond parfaitement au *vellus* des Latins, qui est un abrégé de *ovellus,* de *ovis,* brebis. C'est la chevelure, le poil de la brebis.

Μαλός, tendre, mou. Abrégé de ἁμαλός, mou, tendre, faible.

Μάμμη, grand'mère, maman. C'est une onomatopée enfantine tirée précisément du premier mouvement des lèvres que l'enfant fait pour téter, c'est le premier organe qu'il met en jeu.

Μανδάκη, marque sur la peau des animaux ou des troupeaux. Ce mot, qui a toute la physionomie exotique, pourrait cependant être l'abréviation du composé de ποιμήν ou ποίμνη et δαίω, d'où μηνδάω ou μανδάω ; m. à m., *brûler les troupeaux* ou *brûlure des bergers* (marque au feu), pour connaître et distinguer les troupeaux, connaissance, distinction du berger. Remarquez que δαίω signifie brûler et connaître. Ou bien est-ce σημανδάκη, de σημάνω, signaler, marquer.

Μάνδαλος, verrou. Ce mot s'appliquerait probablement surtout au fermoir, clôture ou appareil, quel qu'il puisse être, qui était employé pour fermer les étables et bergeries ; peut-être une simple barre ou poutre en bois qui se tirait et retirait sur l'entrée, en guise de verrou, comme cela a encore lieu pour fermer l'entrée des enclos et parcs des troupeaux.

Μάνδρα, parc, étable, bergerie. Apocope initiale de ποιμανερα, devenu μάνρα, et, par euphonie, μάνδρα, on trouve le composé ποιμάνδρα (vase pour recevoir le sang des troupeaux), et ποιμανηρ, berger (homme à troupeau). Ou bien pour μανερα, μανρα, μενερα, μενρα, du verbe μενω, dor. μάνω, rester, demeurer, s'établir, se fixer, comme le latin *stabulum,* de *sto,* s'arrêter. C'est le lieu où s'arrêtent, pour reposer, les troupeaux, la station, *stabulum.*

Μάνδυς et Μανδύλη, peau, cuir, habit de peau. Ces mots ont la même for-

-mation que les précédents. C'est tout bonnement l'*habillement* des *bergers* ; ποιμην, δύω, vêtir. C'est la pelisse, la fourrure de peau de mouton dont s'habillent et se chaussent même les bergers de tous les pays encore aujourd'hui.

Ou bien encore, est-ce l'abrégé de χειμανδυς ou χειμαδυς, composé de χεῖμα, hiver, et δύω, vêtir, habiller ; manteau, *habit d'hiver*. Ou, si l'on aime mieux, du verbe χειμαδεύω, qui signifie *passer l'hiver, être en hiver*.

Μανθάνω, apprendre, étudier, savoir. Ce verbe remarquable n'est autre chose qu'un dérivé du participe aor. passif du verbe σημαίνω, σημανθεις, d'où μανθεις, signaler, montrer, enseigner. Le verbe en question signifie donc proprement avoir été enseigné ; exactement comme le latin *doctus*, savant, *doctrina*, science, viennent de *doceo*, enseigner. Un savant est un homme *enseigné*. La doctrine, la science est le résultat de l'*enseignement*, de la *démonstration*. On *montre*, on *démontre*, on *enseigne*.

Μανιάκης et Μάννος, bracelet. Ce mot, prétendu celtique, n'est qu'un mot de récente époque emprunté au bas latin, et venant de *manus*, main ; c'est un *ornement de la main*.

Μανός, clair, raréfié, clair-semé. Est un abrégé de πνευμανός ; m. à m., *venteux, aérien, subtil, vide,* semblable au vent, à l'air, au souffle. *Vanus, vacuus, ventus*.

A moins que, par la signification de clair, visible, apparent, il ne tienne à σημαίνω, montrer, enseigner, faire voir. Ou bien, enfin, est-ce un abrégé de σπαρμενος, de σπειρω ; m. à m., le *parsemé, disséminé, éparpillé*. Disséminé est synonyme de raréfié, clair *semé*. Remarquez ce dernier.

Μαντεία, devination, prédiction, prophétie. N'est que l'abréviation de πνευμαντεια, de πνευμαινω ; m. à m., *inspiration*. C'est précisément ce qui constitue la devination, la prophétie, l'oracle, l'*inspiration* des dieux, l'*inspiration* surnaturelle. Ou bien, mieux encore, de σημαινω, signaler, montrer, faire voir (ce qui est caché, l'avenir), car on trouve σημαντιζομαι, deviner, conjecturer par les signes.

Μάντις, mante. Espèce d'insecte dont le corps est extrêmement mince et fluet. Pour μανοτις, de μανός, mince, fluet, rare. Si on le rapporte au latin, il faudra y voir un dérivé de *manus* pour *manatus*, à cause de la longueur extraordinaire de ses pattes de devant ou mains, qui donnent à cet insecte une physionomie si remarquable, comme on le voit dans l'espèce surnommée *religieuse*.

Μάραθρον, fenouil. Plante chevelue, de κομαρος, chevelu; en abrégeant μαραθρον, plante émolliente, calmante, adoucissante, ἡμηραω, adoucir, calmer. Plante très-odorante, ὀσμηρός ou ὀδμηρός, on l'employait à parfumer les sauces, les pâtisseries.

Μαραίνω, flétrir, gâter, faner. Vient de λύμαρ, dégât, perte, ruine, dommage; d'où λυμαραίνω, puis, μαραίνω. Ou pour μοραίνω, de μόρον, ruine, perte, mort, dépérissement.

Μάργαρον, perle. De μαίρω, luire, briller, parf. 2 μεμαργα, aor. 2 εμαργον. On pourrait encore voir, dans ce substantif, l'adjectif αργος, blanc; c'est, en général, la couleur de la perle. Voy. l'étymologie du latin *margarita*, qui, dans l'origine, aura pu être commune à μαργαρον.

Μάργος, fou, insensé, qui déraisonne. Abrégé de στομάργος, composé qui a une signification analogue. C'est la folie qui se manifeste surtout par le discours, la parole, στομα, bouche.

Μάρη, main. Composé de ἅμα et ἀρω, αἴρω, prendre, saisir. La main est l'organe de la préhension. Ou bien abrégé de τμαρη, ταμαρη, de τμάω; m. à m., la *coupée*, la *divisée*, subdivisée en cinq doigts ou divisions δακτυλος, δαΐζω. C'est l'organe *bifide, trifide, quinquifide*.....

Μαρίλη, braise, charbon, cendre où brillent quelques braises. Ce mot tient au verbe μαίρω ou μαρμαίρω, briller, luire comme le charbon en flamme ou braise.

Μαρίς, mesure contenant six cotyles, par conséquent la *moitié* du conge, χοῦς. De ἡμι, demi, moitié : ἡμαρις.

Μαρμαίρω, luire, briller. Ce verbe est formé de ἧμαρ, jour, lumière du jour. Peut-être est-ce même un composé de ἧμαρ et de μειρω, partager, diviser; m. à m., le jour divisé, la moitié du jour, le *midi, medius dies*, le plein jour, l'heure de la lumière la plus brillante, la plus éclatante. Le latin *splendeo* est aussi un composé de *plenus dies*; m. à m., le *plein jour*, le *jour complet*, le plus grand jour, c'est-à-dire, l'heure du *midi*.

Μάρναμαι, combattre. Probablement pour μάρνυμαι, de ἅμα et ἄρνυμαι, prendre, se prendre. C'est, m. à m., être aux *prises, se prendre* avec, *s'en prendre* contre quelqu'un. Le combat est un engagement, une mêlée où les mains et les bras s'entrelacent, se mêlent. Si l'on préférait voir ici μάρη, main, ce sera « en venir *aux mains*». En latin, *pugnare*, de *pugnus*, poing.

Μάρπτω, prendre, saisir. Ce verbe paraît composé de ἅμα, ensemble, avec, et ῥάπτω, attacher, unir. C'est proprement *s'attacher à, se saisir, adhérer à.*

Ou bien encore est-ce un composé du vieux mot μάρη, main, et ἅπτω, attacher, toucher; m. à m., *attacher sa main à*, porter, jeter la *main* sur, *toucher, atteindre* avec la *main*. En espag., *agarrar*, saisir, de *garra*, patte, main des animaux. Ou mieux peut-être est-ce un dérivé de l'adjectif verbal εἵμαρτος, de μείρομαι; m. à m., *participer à, avoir part*, obtenir, atteindre. Il ne serait qu'un renfort poétique.

Μάρσυπος, sac, besace de cuir. Peut être pour μάρψυος, μάρπσυος, et, par transposition du π, μάρσυπος du verbe précédent μάρπτω, prendre, comprendre, tenir, contenir, retenir. C'est précisément le rôle de tous les sacs, havres-sacs, besaces, etc.....

Μάρτυρ, témoin. L'étymologie de cet mot remarquable paraît être le composé ὁμαρτέω, être avec, ensemble, d'accord.

Le latin *testis* paraît venir aussi de μέτεστις, de μέτειμι, être avec, ensemble. Les témoins sont, en effet, ceux qui ont assisté, accompagné, été devant, en présence, ensemble du fait qu'on recherche, viennent affirmer, confirmer, ratifier. Ils sont *d'accord*, ils *conviennent* sur le même sujet, sur le même fait, sur le même événement qu'il s'agit de vérifier. Les témoins disent, en général : « Oui, j'ai vu », « oui, telle chose est »: Le témoin qui nie avoir vu ce qu'affirment ses collègues les autres témoins, n'est plus un *témoin*, puisqu'il n'a pas assisté, ni vu, ni accompagné le fait, ou est un *faux témoin*, ce qui revient au même. Il ne marche plus *avec, ensemble, d'accord* avec ses camarades. Rendre témoignage d'un fait n'est autre chose que être *d'accord* avec ou sur ce point; *convenir* avec ou sur ce fait; ὁμαρτέω.

On peut aussi, si l'on veut décomposer le mot μάρτυς en ἅμα, avec ensemble, et ἀρτύω, apprêter, disposer, placer, c'est celui qui est *prêt, dispos* avec, ensemble, *accordé, convenant* avec.

Ou bien encore, de ἅμα et αἴρω, *lever ensemble*, ou ἅμα ἄρω, prendre, unir ensemble, (sous-ent. *la main*), comme font les témoins pour prêter le serment préalable.

Μασάομαι ou Μασσάομαι, manger, mâcher. De μάσσω, pétrir. Mâcher n'est pas autre chose. Ou bien abrégé de στόμασαω, de στόμα, bouche, ou στομωσάω, de στομόω.

Μάσθλη, courroie. Pour ἱμασθλη. Voy. ἱμάσσω, fouetter; ἱμάς, courroie.

Μάσσω, pétrir, presser, frotter, essuyer. Paraît être une syncope de μαλάσσω, amollir, ramollir, ce qui revient au même. Ou bien un abrégé de ἰκμάσσω, ἰκμάζω, humecter, mouiller pour pétrir. Pour essuyer et nettoyer, il faut ramollir et dissoudre d'abord au moyen de l'eau. Ou bien abrégé de πραγμασσω (de πραγμα), traiter, manier, *façonner*, former; pétrir et façonner sont synonymes. Ou bien ἀμάσσω, ὀμάσσω, ou ἅμα ἄγω, *amasser*, rassembler, réunir. En espag., amasar, former une *masse*, un *ensemble*, un *tout*, une *réunion*. C'est précisément ce que l'on fait en pétrissant, pressant, pressurant.

Μάστιξ; fouet. De ἱμάσσω, fouetter avec une courroie, ἱμάς.

Μαστεύω, chercher, rechercher, désirer violemment. Qui paraît une amplification de μάω, désirer. Ce verbe peut venir aussi directement de πνευμάστευω; m. à m., *respirer, aspirer à*; en espag., anhelar, de halitus, haleine. Un désir vif et violent rend la respiration fréquente et précipitée. Ou bien de ὀδμάστευω ou ὀσμάστευω, de ὀσμή, odeur, flairer. C'est précisément le sens de la recherche, qui a bon nez, est bon chercheur.

Ou bien de ὁρμάστευω, pousser, lancer, exciter à, poursuivre avec violence, se porter ou porter avec force vers.

Μαστίχη, mastic, gomme qu'on mâche dans les pays où elle vient. De μαστίζω, mâcher, mastiquer.

Μαστρωπός, corrupteur, qui prostitue, séducteur. Est composé de λύμα, peste, ruine, saleté, ordure, vice, et τρέπω, tourner; m. à m., qui tourne et fait tourner au mal, au vice.

Ou plutôt ne devons-nous voir ici que le verbe δημοστροφεω, se montrer en public, se rendre public; en un mot, être une *fille publique*, une *prostituée*.

Μασχάλη, aisselle, coin, angle, jointure. Toutes significations qui rentrent dans le composé ἁμασχω, μασχω; m. à m., *tenir ensemble, tenir avec, joindre, unir*. L'aisselle est une *jointure*, une *articulation* qui forme un coin, un angle. De là le sens de tronçon que ce mot a quelquefois.

C'est le morceau, le membre coupé à la *jointure*, à l'*articulation*. Ἄρθρον, membre, articulation, jointure, peut, dans ce sens, être considéré comme synonyme de μασχάλη. Les Latins disent *armus*, de ἄρω, ajuster, joindre, unir, comme ἅμα σχῶ.

Μάτη et Μάτιη, faute, défaut, manque. Abrégé de πνευμάτη, de πνευμάτος, vent, ou de πνευμάτόω, remplir de vent, être semblable au vent, réduire à du vent; c'est, m. à m., le latin *vanitas*, vanité, vide (de *ventus*, vent). C'est à la famille qu'appartient l'adverbe μάτην, en vain, inutilement.

On peut aussi voir dans ces mots des dérivés de la négation μή, μά, non, ne, ne pas, manque, défaut, faute, *non existence* : μή ἔω, μά εἶναι.

Μάτην, en vain. Adverbe qui n'est autre chose que l'abréviation de πνευμάτην, de πνεῦμα, vent, comme le latin *vanus*, vain, et *ventus*, vent. Le vent, l'air, l'espace, le vide ont toujours été le symbole de la vanité, du néant de ce qui n'est pas, de ce qui est sans consistance, qui est variable comme lui. Ou, si l'on aime mieux, on peut rapporter cet adverbe à la seconde étymologie du mot précédent, c'est-à-dire, à μή, ou μά ἔω, ne pas être.

Ματτύα, friandise, mets délicat. De μάσσω, pétrir. C'était une pâte analogue aux beignets, rissoles, gâteaux, ou hachis fins, un produit du *pétrin*, μασσύα.

Μαυλία, Μαυλίς, prostituée, concubine. Abrégé de ὁμαυλία, de ὅμαυλος, qui *habite avec*, qui *vit ensemble*, soit avec un homme, soit en collège, comme cela a lieu dans les maisons de prostitution.

Ou bien, du verbe μάω, désirer, appéter, convoiter. Objet et sujet de l'appétit et de la convoitise.

Ou enfin, de αὐλή, place, cour, place publique, qu'elles fréquentent pour obtenir leur but, d'où leur épithète de *publiques*, que ces malheureuses portent dans la plupart des langues.

Μάχλος, lascif, libertin, incontinent. Métathèse de μαλάχος, mou, lâche, relâché. *Lascif* pour laxif, qui se relâche, ramollit, lâche, qui coule, ou fait couler. C'est le trait caractéristique de ce vice, moralement et physiquement considéré.

Μάχομαι, combattre. Verbe composé de ἅμα et de ἔχω; m. à m., *se tenir, se saisir* avec, ensemble; c'est l'*engagement*, la *mêlée*, en venir aux *mains*, une *rencontre*, un *choc*. En espag., *agarrarse*, se saisir, est aussi synonyme de se battre. Il n'y a pas de combat sans *rencontre*, sans *union*, d'où *combattre*, battre *avec; con tendere, con fligere*.

Μάω, se porter avec ardeur vers un objet ; par conséquent, désirer, rechercher. N'est que l'abrégé de ὁρμάω, se jeter, se précipiter avec violence, se porter avec impétuosité. C'est l'allure du désir, de l'amour, de la passion. Voy. μαστεύω.

Μεγαίρω, être jaloux, haïr, supporter avec peine. Verbe composé de μέγα, et αἴρω; m. à m., *s'emporter, se soulever grandement, s'élever, s'exciter contre*. La colère, l'envie, la haine, *soulèvent, excitent, emportent*.

Μέγας, grand, ample, nombreux. Cet adjectif paraît être une altération du composé ἁμάγας, de ἅμα et ἄγω, *réunir ensemble, pousser, conduire avec;* ramasser, rassembler. Ou, si l'on veut, de ἅμα et ἀγέλη, troupe, foule, réunion : μαγελη ou μεγαλη. Le latin *magnus* paraît aussi venir de ἅμα γένω, être avec, être *réuni*. La grandeur, en effet, est le résultat de la *masse* (encore ἅμα ἄγω), de l'*agglomération, réunion* de la matière ; comme la boule de neige qui croît et grandit sans limites en se *réunissant* à de nouvelles quantités.

Μέδιμνος, médimne, mesure qui servait de type pour les grains, et qui se subdivisait et partageait en plusieurs autres plus petites. De μεριμενος, du verbe μείρω, partager, diviser. Δ remplace souvent ρ comme appartenant à une touche très-voisine. Μέδιμνος est donc, m. à m., la *partagée*, la *divisée*, la *subdivisée*. C'est la mesure par excellence, en latin, *modius*; c'est la *divisée* ou la *divisante*, qui sert à la division.

Μέδω, commander, régner, soigner. Toutes les significations de ce verbe peuvent se rapporter au composé ἅμα εἴδω; m. à m., *conspicio, inspicio*, être *inspecteur, surveillant*, principaux attributs du commandement et de la royauté. *Inspecter, surveiller*, c'est *garder, soigner*.

On pourrait encore voir ici le composé ἅμα et ἕδω; m. à m., *être assis avec, ensemble;* c'est-à-dire le conseil, le sénat, le *synode*, le *sanhédrin. Consideo* a fait *consilium*, et *consulere*, être chef, gouverneur, directeur, commandant.

Peut-être encore ce verbe tient-il à κομίδη, κομίζω, κομέω, soigner, dont il serait une abréviation, comme κουρεω et *cura*, de κείρω. Voy. sur ce verbe nos observations au verbe μέλω. Κόπτω et κείρω sont synonymes.

Enfin, une étymologie plus simple et plus naturelle serait une contraction de μελέδω, tiré de μελεδή, soin, souci, inquiétude.

Μέθυ, vin. Ce mot signifie proprement du vin mêlé avec quelqu'autre chose, ordinairement du miel, par opposition à ακράτον, vin pur, *sans mélange*, comme le remarque Plutarque, *sympos.*, liv. 3, quest. 2. C'est un composé de μέτα et εἶναι; μεθεῖναι, mettre, mêler avec, ensemble, parmi. Ou de μεθ' εὖς, édulcoré, bon, doux. Cette manière de mêler le vin nous donne la véritable signification des mots κρατήρ et κεράννυμι, si communs dans les auteurs grecs.

On pourrait voir encore ici un dérivé de τμέω ou τομεύω, couper; τμῆθυς serait alors, m. à m., vin *coupé, mêlé*, d'où le latin *temetum*, vin.

Peut-être encore mieux μέθυ et μεθύω, être ivre, ne sont-ils que de simples abrégés de κοιμεθυ, κοιμεθυω, du verbe κοιμέω ou κοιμάω, assoupir, endormir, être assoupi, endormi; ou κωμάω, κωμέω, qui a la même signification. C'est, en effet, la propriété la plus frappante, la plus caractéristique du jus de la vigne.

Μεῖδος, sourire. Composé de ἅμα et εἴδω, regarder. C'est proprement se regarder mutuellement, faire rencontrer ses regards *avec* ceux d'un autre. C'est le sourire de *connivence*, le signe accompagné du sourire. En latin, *conniveo*, le sourire, suppose mutualité de regard et d'intention. Rappelons-nous ces prêtres païens qui ne pouvaient se regarder sans sourire.

Μειλίσσω, être doux, mielleux. La signification propre et primitive de ce verbe est celle de *voltiger, tournoyer ensemble*, du composé ἅμα et εἰλίσσω. C'est précisément ce que font les abeilles, *voltiger, tournoyer ensemble* (*insième*), d'où *essaim*, c'est-à-dire assemblée, troupe, foule. Cet insecte est remarquable par ses instincts de société. Rappelons-nous ὁμιλέω, se rassembler, se réunir, de ὁμ εἰλέω.

Plus tard, considéré comme dérivé de μέλι, il a signifié adoucir, emmieller.

Μεῖραξ, jeune homme, adolescent. Ce mot est une abréviation de ἱμείραξ, de ἱμείρω. L'adolescence est, en effet, l'âge des désirs de la concupiscence, de l'appétit sexuel, de l'amour.

Ce peut être encore le même que μείδαξ; m. à m., le riant, le joyeux. C'est l'âge des ris et de la joie, comme la vieillesse l'est de la gravité, du sérieux, du sévère, du triste. Du verbe μειδάω.

Μείρω, partager, distribuer, couper. Voy. plus bas μέρος.

Μείων, moindre, plus petit. Est un abrégé de ταμεῖων ou τομεῖων, de τάμω, couper, retrancher ; m. à m., plus *court, écourté*. En espag., *corto*, de *cortar*, couper.

Μέλας, noir. Adjectif qui vient de μέλι, miel. C'est proprement la couleur du miel, s'appliquant surtout à la couleur de la peau jaunâtre, brune des Africains, Indiens et autres peuples, par opposition aux races à peau blanche et cheveux blonds. Aujourd'hui encore on appelle noir, non pas seulement un nègre, mais un homme qui a cette teinte brun-jaunâtre analogue à celle du miel.

Μέλαθρον, plancher, sol, étage. Abrégé de θεμέλαθρον, de θέμελον, fondement, base, sol. On demeure au premier *étage ;* en espag., primer *piso*, de *pisar, fouler*, au premier sol, base ou plancher, c'est-à-dire, à la première *étagère*. Les habitations sont divisées, dans la direction verticale, par les *poutres* et par les *planchers*, qui forment les divers étages (*estages*, stations).

Μέλδω, fondre, cuire. De μέλι, μελίδω, μέλειδω ; m. à m., *adoucir, amollir* (peut-être par le moyen du miel). La cuisson a pour but et résultat le *ramollissement* des matières et la formation du miel ou du sucre dans les fruits. Πέπτω, cuire, a formé aussi πέπον, doux. *Cuire, ramollir, mûrir* et *mieller* ont toujours été des idées corrélatives.

Μελεαγρίς, pintade, poule d'Inde. Composé de μέλος et ἄγριος ; m. à m., *mélodie sauvage, chant sauvage*. Ce gallinacé fait entendre un chant extrêmement aigre et désagréable.

Μέλεος, vain, sot, faible, malheureux. Peut être abrégé de κείμελεος, de κεῖμαι, être bas, abattu, sans force. Ou, encore mieux, de μέλω, avoir souci, peine ; en espag., *cuitado*, chagrin, affligé, malheureux, de *cuidado*, soin, souci, *cuitado de mi!* répond très-bien au μέλεος ἐγώ ! du grec.

Ou enfin, abrégé de ἀμέλεος, composé de α priv. et μέλεος ; m. à m., *sans souci, sans soin*, qui n'a pas de soin, de souci, ou qui n'en est pas digne, *négligent*, ou *négligé*.

C'est un cas analogue au verbe μείρομαι, manquer, avoir besoin, désirer, souhaiter, pour ἀμείρομαι, ne pas avoir part, être frustré, manquer de. Ce sont des significations positives provenant de significations négatives par la simple suppression de la négation.

Μέλω, avoir soin, être soucieux, soigner. Abréviation de τημέλω, qui a la même signification, surtout par rapport au soin de la toilette, de la chevelure, du verbe τάμω, couper, tailler, exactement de la même façon que κομέω, son synonyme, vient de κόμη et κόπτω, *couper*, et que le latin curo, soigner, vient de κείρω, *couper*, autre synonyme de τάμω. La coupe, la taille des cheveux, poils, barbes, ongles, et celle des plantes, surtout des vignes, oliviers et autres arbres à fruits, a toujours été le symbole des soins, de la sollicitude, de l'entretien, de la conservation.

Souvenons-nous cependant aussi du verbe κείμελεω, soigner, prendre soin, avoir souci, apprécier, faire cas, dont μέλω pourrait n'être qu'une abréviation.

Μέλι, miel, produit des abeilles. Du suivant.

Μέλισσα, abeille. C'est, m. à m., celle qui voltige en essaim. Voy. plus haut μείλισσω.

Μελία, frêne; par extension, lance, javelot. Arbre dont on fabriquait ces sortes d'armes, comme encore de nos jours les timons, limons, perches, etc., de μέλι, miel, parce que c'est lui qui fournit cette matière douce et jaunâtre, ce second miel qu'on appelle manne. C'est, en quelque sorte, l'arbre à miel.

Μέλλω, devoir être, devoir venir, différer, tarder. Tient probablement à la même famille que μολέω, venir, arriver. C'est, m. à m., ce qui *vient* ou doit *venir*. Le futur, c'est l'*avenir*, comme nous traduisons parfaitement en français, et en espagnol, *el por venir*. En français même : il *doit* acheter, pour il *va* acheter; nous *sommes* sur le point de partir, pour nous *allons* partir; je *suis* prêt à manger, pour je *vais* manger, etc., etc., etc., où l'on voit que le verbe aller tient la place des verbes devoir, être sur le point de, etc. Ce qui tarde, ce qui est différé, est précisément ce qui est encore *à venir*, ce qui est entrain *de venir*, qui n'est pas encore arrivé.

Μέλος, membre, vers, couplet, chant. C'est le sémitique מול, circuler, tourner, développé dans une des nombreuses séries de ses acceptions. Ce mot est le même que μέρος, portion, partie. C'est, par conséquent, un abrégé de ταμέλος, ou τημέλος, de τάμω, couper, diviser, et, par conséquent aussi, un *membre*, un *fragment*, une *phrase* (*frango*), une *fraction*; en espag., un *trozo*, un *morceau* de discours, de poésie, d'éloquence, de prose, de composition quelconque.

Μέλπω, chanter, surtout des vers, de la poésie. Composé de μέλος, vers, et ἔπω, dire, réciter, prononcer.

Μεμβράς, espèce de poisson. Probablement pour μεμεράς, par syncope μεμράς, et, par euphonie, μεμβράς, tirés du verbe μείρω, diviser, partager : de quelque particularité de la forme de son corps (peut-être était-ce un crustacé), analogue aux formes des *insectes*, εντομος.

Μέμνων, âne, baudet. Ce mot est tiré de la forme μεμενα, du verbe μένω, dans ses acceptions de résister, supporter, endurer, souffrir. Il n'y a pas, en effet, d'être plus patient et plus endurant que cet animal, que les Grecs appelaient aussi l'*utile*, le *serviable* : ὄνος, de ὀνέω, servir.

Μέμφομαι, se plaindre, gronder, reprocher. Ce verbe, dont la physionomie est tant soit peu singulière, paraît être une altération de μωμεύομαι, au participe parfait moyen μεμωμευνος, qui sonne à l'oreille de la même manière, et qui a la même signification comme formé de μῶμος, reproche, blâme, réprimande. Ou, si l'on aime mieux, ce sera un composé de μῶμον᾽ φάω ; m. à m., *dire* ou *montrer*, marquer des plaintes, le reproche, le blâme, l'injure, et, comme nous disons parfaitement en français, *remontrer* ses torts, faire *des remontrances*, μωμονφη, devenu par abréviation μομφή, *remontrance, représentation*. Les torts s'exposent, se font voir, se présentent.

Μέν, certes, à la vérité, certainement. Cet adverbe pourrait fort bien n'être autre que le *amen* hébreu, qui a passé même dans la basse latinité, et qui signifie exactement la même idée de certitude, de réalité, d'affirmation.

Il peut encore être rapporté au verbe μένω, pour μένει, il reste, il subsiste, il demeure, il est certain que..... mais..... cependant..... néanmoins..... et toutes les autres locutions restrictives qui répondent à δέ. Ou bien encore, de l'impératif μένε, reste, arrête, demeure, comme le latin *sed*, de *sede*, assieds-toi, arrête, reste. C'est un terme de restriction, d'arrêt, d'opposition, d'obstacle. Ce pourrait enfin être un abrégé de εἰδῶμεν, ἰῶμεν, voyons, allons, ou quelque autre verbe analogue, locutions adverbiales employées dans toutes les langues.

Μένος, âme, esprit, courage, valeur. Ce verbe est une abréviation de πνευμένος ; m. à m., *inspiration, respiration, haleine* ; en espag., *aliento*, synon. de *courage*, de même que *animo*. La respiration, le souffle, l'haleine, ont toujours été le symbole de l'âme : *animus* (ἀνέμος), *spiritus*, de *spirare*. De là l'expression grecque πνεῖν μένος, respirer du courage.

Μένω, rester, demeurer, attendre. Ce verbe remarquable n'est autre chose qu'une abréviation (toujours la même méthode!) du participe λειπόμενος, ou, si l'on veut, λελείμενος, de λείπομαι, qui a précisément les mêmes acceptions que μένω, c'est-à-dire, *rester, demeurer*, être laissé, délaissé. Ce qui *reste*, est, en effet, l'antithèse de ce qui *s'en va*. Il est *laissé, délaissé, abandonné* par l'objet ou la personne qui s'éloigne. Malgré la vraisemblance et le naturel de cette étymologie, nous pourrions hasarder encore celles de κεῖμαι, *jaceo*, κείμενος, κείμενω, je suis gisant, en repos, ou bien εἵμενος, ἥμενος, du verbe ἵημι, *étant assis*, gisant, rassis, reposé, posé, tranquille.

Ou enfin de ἐμέν, ἐμέναι, infinitif de εἰμί, être, exister, demeurer, rester.

A moins qu'on ne préfère voir ici le sémitique ןמא, *aman*, être *ferme, stable, solide, immobile, à demeure*, c'est-à-dire, *rester*, par opposition à ce qui *s'en va*, et qui, par conséquent, est *mobile, changeant, inconstant, instable*.

Μέρδω, priver, frustrer, faire tort. Est le même que ἀμέρδω, vu en son lieu.

Μέριμνα, soin, souci, inquiétude. De μείρω. C'est proprement un esprit *partagé* (entre la crainte et l'espérance), indécis, flottant, tergiversant, ne sachant que faire, inquiet.

Μερμαίρω, être inquiet, soucieux. Reconnaît la même origine que le précédent.

Μέρμις, corde, ficelle. Vient de ὁμέρεω, pelotonner, ou de ἅμα εἵρω, nouer ensemble, avec; ὁμέρμις, ou ἀμέρμις.

Μέσος, milieu. Pour τμέσος, de τμάω, couper, τμέω, τάμω. Ce qui est au milieu d'une chose la *coupe*, la *divise* : τμῆσις, division, coupure.

A moins que l'on ne préfère voir ici ἥμισυς, demi, moitié, que nous avons déjà vu plus haut.

Μεσπίλη, nèfle. Fruit remarquable, qui ne *cuit*, ne mûrit qu'avec une extrême lenteur. Son nom paraît être un composé de μή et ἕψω, cuire; μεψιλος et, par métathèse, μεσπιλος, qui ne *cuit* pas, ne mûrit pas.

Μεστός, plein, saturé, rassasié, qui regorge. De ἐμέω, vomir : ἐμεστός;

qui vomit, regorge. C'est le résultat de la plénitude d'un estomac repu. Le latin *refertus*, plein, repu, vient également de *refero*, rendre, vomir, rejeter.

Μέσφα et Μέσφι, pendant, cependant, durant. Adverbes qui ne sont autres que μέσυα, et μέσυι, qui sonnent de la même manière que μέσφα et μέσφι dans la prononciation. De μέσος, milieu, au milieu; nous disons : « au milieu de la nuit » pour « *pendant la nuit* », « au milieu du sermon » pour « pendant le sermon ». Le son de υ devant une voyelle se confond avec celle du v, du f, du φ.

Μετά, entre, après, parmi. Préposition qui joue en grec un rôle si important, et qui appartient à la même origine que μέσος, C'est qu'en effet, ce qui est *entre* et *parmi* est *au milieu*, et, par conséquent, *coupe*, *divise* (τμέω), τμετά.

Le sens de *après* peut être attribué à κεῖμαι ou ἧμαι, être assis, comme le latin *post*, de *posito*, c'est la partie du *repos*, du *coucher*, soit du soleil, soit de notre corps; le postérieur, *positorius*. Quoique cependant on puisse le rapporter aussi à τάμω ou τμάω, couper, car ce qui vient *après*, qui suit quelque chose, la *coupe*, la *sépare*, la termine d'avec ce qui suit. Le devant et l'*après* sont les termes, les limites, les *divisions* ou *coupures* de la durée, de l'espace, de tout enchaînement, de toute succession, physique ou métaphysique.

Μάταλλον, métal, minéral. Ce mot est composé de μέτα, avec, et ἄλλος, autre. C'est proprement un *mélange*, une *composition*, un *composé* de deux ou plusieurs matières minérales, un minerai tel que les présente la nature, soit oxides, sulfures ou carbonates, et d'où l'on extrait à force de travail, d'industrie, le corps simple appelé *métal*, en le séparant des autres matières qui sont avec lui chimiquement combinées (μετά ἄλλον). On sait que les métaux, excepté l'or et le platine, se présentent toujours ainsi combinés. Ou bien μέταλλον n'était-il qu'un véritable *alliage*, un métal mêlé *avec un autre*, tels que l'airain, le laiton, l'orichalque, le chrysocale, tels qu'on les employait dans l'origine des arts, ce qui facilitait d'ailleurs leur fusion. Les métaux purs furent le produit d'une métallurgie plus savante.

Μετέωρος, haut, élevé. Composé de μετά ἀείρω, élever, enlever, élever en, au milieu (de l'air).

Μέτρον, mesure, mesure type, mètre. Pour τμέτρον ou ταμέτρον. Toute mesure n'est, en effet, qu'une *division, coupure*, séparation, morceau, partie, qui sert d'unité pour évaluer l'objet mesuré. Une ligne de cent aunes est une ligne de cent parties, ou coupures, ou divisions nommées aunes.

Μέχρι, jusques, jusqu'à. De ἅμα ἔχω, tenir, obtenir, parvenir à, *atteindre*, répondant au latin *tenus*, de *teneo*, ἔχω. Ou bien encore de ἅμα et ἔρχω, aller à, arriver à, parvenir à. C'est, m. à m., en tenant, saisissant, atteignant ; ou en allant, arrivant, parvenant à.

Μή, non, ne, ne pas. Cette négation n'est autre chose qu'un abrégé de λειμη, du verbe λείπω, laisser, manquer, faire défaut. Si l'on en doutait, la langue latine viendrait pleinement le confirmer, car *ne, non* ne sont autre chose que des abréviations de *sine*, sans, *sinon* venant du verbe *sineo*, laisser, manquer, faire défaut, exactement, comme λείπω. « N'allez pas promener », c'est-à-dire *laissez, omettez* d'aller promener ; en espag., « *deja de ir a paseo* »

Μήδομαι, méditer, s'appliquer, avoir soin, être prudent, avisé, consulter, verbe composé de ἅμα et ἕζω, ἕδομαι, proprement *être assis ensemble*. C'est le *conseil (cum sedeo)*, le sénat, le sanhédrin, le synode (συν ἕδρα), où l'on *s'assied avec* ses collègues pour délibérer, méditer, *considérer (cum sedere)*, s'occuper des affaires graves et importantes. L'accent circonflexe de μῆδος, conseil, avis, confirme très-bien cette étymologie, puisqu'il est le résultat de ἁμαεδος, contracté en ἀμῆδος.

Μηκάω, bêler. Belle onomatopée tirée du son que font entendre les brebis et les chèvres : *mééé, mééé*, ainsi bien que *bééé, bééé*, et, si l'on prête soigneusement l'oreille, c'est plutôt le premier que le second que l'on perçoit.

Μῆκος, Μᾶκος, Μάκρος, longueur, étendue ; long, étendu. Ces mots ne sont que l'abréviation du parf. ὁρμῆκα, du verbe ὁρμάω, lancer, s'élancer, tendre vers, s'étendre, se porter vers. Un objet *long* est un objet qui *s'étend, qui atteint*. Le latin *longus* vient du parfait grec λελογγα, du verbe λαγχάνω, arriver à, atteindre. En français même, nous employons l'adjectif *élancée* comme synonyme de long : « une taille *élancée* » pour « taille longue, haute ».

Μήκων, pavot. Fleur, plante qui assoupit et fait dormir, est un simple abrégé de κεκοιμηκος, participe parf. de κοιμάω, verbe qui a précisément la signification d'assoupir, endormir; en espag., il s'appelle *adormidera,* c'est-à-dire *endormeuse.*

Μῆλον, pomme, fruit analogue à la pomme; brebis, mouton. Nous soupçonnons que ce mot est un simple abrégé de κειμήλον, et signifie proprement chose précieuse, ce qu'il y a de précieux, produit, bien, rapport; κειμήλιον, du verbe κεῖμαι, ce qui est, ce qui existe, τὰ ὄντα; les choses, les biens *gisant* devant nous, *déposés* devant nous, à notre disposition, à notre usage. Ou, si l'on aime mieux, qui *gisent et tombent* à terre, comme font les fruits lorsqu'ils sont mûrs, les glands surtout, ainsi que les noix, châtaignes, etc., première nourriture des Grecs. Ou bien qui *gisent,* sont *posés, déposés* dans les greniers comme tous les fruits, toutes les récoltes. Remarquons en passant que le melon, c'est-à-dire, le fruit par excellence, le *gros fruit,* est précisément *gisant, posé* à terre, κειμήλον. Les fruits *gisent* et *se déposent* à terre en battant et secouant les arbres pour la récolte. Le fruit est donc, dans tous ces cas, le *gisant,* le *déposé,* le *tombé,* κειμηλον, surtout dans le dernier cas, qui était la méthode de récolte de l'homme primitif, qui ne se nourrissait que des fruits des arbres.

La signification de brebis peut être tirée, ou bien de κομάω, avoir une longue chevelure (toison), κομηλον, car, dans les pays méridionaux, elle traîne jusqu'à terre; voy. μᾶλλον; ou, si l'on veut, de ταμῆλον, de τάμω; couper, tondre; c'est par excellence l'animal que l'on *tond.* Ou bien, en revenant à la première étymologie, on considèrera cet animal comme constituant un véritable *fruit,* un *revenu,* un *produit,* un *rapport,* un objet précieux, le plus précieux chez les peuples primitifs, qui étaient tous pasteurs, l'unique bien avant la naissance de l'agriculture. Ce que les Espagnols nomment encore aujourd'hui *ganado,* de *ganar,* acquérir, gagner; parce que c'était, dans les premiers âges, l'*acquisition,* le *bien* par excellence, en hébreu aussi *miqne*, acquisition.

Μήλη, sonde de chirurgien; spatule, racloir. Est probablement une abréviation de σμήλη, de σμάω, essuyer, frotter, aplatir, pétrir. Elle servait surtout à frotter, essuyer, nettoyer les plaies, et à pétrir, étendre, étaler les onguents, les emplâtres. De là la forme aplatie d'un de ses bouts. On peut rapprocher ce mot de σμίλη, qui a un sens analogue.

Μηλολόνθη, hanneton, insecte qui détruit les fruits. Composé de μῆλον, fruit, pomme, et ὄλλυμι, détruire. Ces insectes sont un fléau pour les arbres fruitiers.

Μήν, mois. Vient naturellement de μήνη, car c'est le cours de la lune qui réglait les mois. C'est proprement *une lune*. Il voyagea pendant *deux mois*, c'est-à-dire, pendant *deux lunes*.

Μήν, Or, certes, en vérité. Voy. μέν.

Μήνη, la lune. Planète dont le trait le plus remarquable est sans contredit celui que présentent ses phases, qui sont de véritables *coupures* d'un disque, des *segments* (*secare*) d'un cercle, des *quarts* ou *quartiers*. C'est donc encore un abrégé de ταμήνη; m. à m., la *coupée*, celle qui se coupe.

Μήνιγξ, méninge, *membrane* qui enveloppe le cerveau. De ὑμήν, membrane, et probablement d'un verbe ὑμηνίζω, être, devenir, ou rendre membraneux.

Μῆνις, colère, irritation. On peut rapporter ce mot à μαίνομαι, μανία, ou bien à μναομαι, se souvenir, se ressouvenir (d'une offense), garder rancune; le contraire de *l'oubli* des offenses, c'est précisément leur *souvenir*.

Μηνύω, indiquer, enseigner, signaler. Est évidemment une abréviation de σημηνύω, de σημαίνω, signaler, indiquer, montrer.

Μήριγξ, crinière, chevelure dressée, hérissée. Composé de κόμη, chevelure, et ἐρείγω, parf. 2 de ἐρείδω, se dresser, s'élever; en latin, *erigo*, d'où *hérissé*.

Μηρός, cuisse. Ce mot paraît être un dérivé de μείρω, couper, diviser, partager, ou bien une abréviation directe de ταμέω, être coupé; ταμηρος, divisible, qui se coupe. C'est un *membre* (μεμρον), une portion, une coupe, un *quartier*, une division. Ce mot pourrait encore se rapporter à ἧμαι, s'asseoir, ἥμηρος; c'est la partie sur laquelle on s'asseoit. Fesse, vient de αφ ἔζω, s'asseoir, postérieur, de *positus*, assis; en espag., *posaderas*, on y *repose*.

L'étymologie de ce mot peut encore s'expliquer dans un ordre d'idées diamétralement opposé à celui de coupure et division, en le supposant un abrégé de l'adjectif ὁμήρος ou ὁμήρης, qui signifie *uni, adapté, assemblé*, comme le latin *coxa*, de *co ago* (*cum ago*), unir, réunir, presser.

C'est la *réunion*, la *jointure*, l'*articulation* du membre inférieur ou postérieur avec le tronc, avec le bassin, de même que l'épaule; ὦμος, est l'autre *jointure*, l'autre *union* (ὁμόω ou ἁμόω) du membre supérieur ou antérieur.

Μηρύκω, ruminer. De ἅμα ἐρύω ou ἐρύκω, tirer, retirer ensemble, *contraho*, *retraho* (de l'estomac à la bouche), les masses ou *pelotons* de matières à demi-digérées : μηρύω.

Μήρυξ, espèce de poisson muni d'un long fil ou ligne qui lui sert à attraper sa proie. De μηρύω, filer, pelotonner, μήρυγμα, filament, pelotonnement, enroulement.

Μηρύω, pelotonner, enrouler le fil. Composé de ἅμα et ἐρύω, traîner, tirer, étirer ensemble, avec. C'est ce qu'on fait en filant ; on *étire* le fil de la quenouille pour le rouler ensemble sur le fuseau.

Μήτηρ, mère. Ce doux nom nous paraît tenir à la même souche que μαζός, mamelle, et μαστός, de μάσσω, presser, fouler, comprimer comme la mère, μάκτηρ, μάστηρ, fait avec sa mamelle. Pour l'enfant nouveau-né, la *mère*, la *maman*, la *mamelle* qu'il *presse* et qu'il *foule* de ses petites lèvres et ses petites mains, en latin, *mamma*, sont une seule et même chose ; et cela se connaît, puisqu'à cet âge le besoin de nutrition est le plus impérieux parmi les fonctions animales, unique apanage de l'enfant, du *nourrisson*. Les Espagnols ont les beaux verbes onomatopéiques *mamar* et *amamantar*, appartenant à la même famille que *mama*, la maman, la mère, celle qui donne la *mamelle ;* la *amamantante*, en espag. Les sons *ma, mam, maman* sont précisément ceux qu'il prononce les premiers sans le savoir, et forcément, puisque ce sont eux qu'articulent mécaniquement ses lèvres en prenant, en pressant, et même en lâchant la mamelle de sa mère. On peut donc, sous ce rapport, voir dans le nom de *mère* une magnifique onomatopée qui peut nous mettre sur la voie de la formation mécanique du langage, dont la première maîtresse est encore celle qui porte le nom le plus doux, le plus cher au cœur, le plus sublime après celui de Dieu que peut prononcer une bouche humaine, et qui, après sa perte, a encore le privilége de gonfler nos cœurs et nos yeux de douleurs et de larmes éternelles. Voy., d'ailleurs, nos dernières observations sur le mot πατήρ.

Μῆτις, conseil, sagesse, méditation. Ce mot peut être une abréviation de πνευμήτις, de πνευμάτοω, souffler, insuffler, *inspirer*. C'est proprement une *inspiration*. Le souffle, l'acte de souffler est le symbole de la science, de la sagesse (*accipite spiritum sanctum*).

Μηχανή, Μῆχος, moyen, machine, artifice, industrie. Paraît composé de ἅμα et ἔχω, tenir ensemble, ajuster ensemble, construire, arranger. Comme *art, artiste, artifice* viennent de ἄρω, ajuster, arranger, réunir, unir, apprêter. En latin, *parare, preparare*, préparation, de πάρα εἰμί, répondent parfaitement à ἅμα ἔχω, être avec, ensemble, auprès. Μῆχος et μηχανή sont donc proprement une *préparation*, un *ajustement*, un *arrangement* (de pièces, de parties); c'est là l'objet de l'art, qui réunit, concerte, assemble, rajuste, forme un tout, un ensemble.

Μιαίνω, souiller, gâter, abîmer. C'est un abrégé de λυμιαίνω, qui a les mêmes acceptions.

Μίδας, espèce d'insecte qui détruit les moissons. Abrégé de τομίδας, de τομίδος (cas absolu), ciseaux.

Μικρός, petit, court. Cet adjectif paraît se rapporter à la même souche que μείων, moindre, c'est-à-dire, à τάμω ou τομέω, dont serait formé ταμίζω ou τομίζω, puis ταμιχρος, τομιχερος, μικρός; m. à m., *coupé, tranché, écourté*, court, petit.

Μίλτος, vermillon. Nous croirions volontiers que ce nom, dérivé de μέλι, miel, a été, dans le principe, appliqué à l'ocre jaune, qui a précisément la couleur du miel, et qui a dû être un des premiers éléments de la peinture. Par extension, et par sa parfaite analogie de composition et de gisement, on l'appliqua ensuite à l'ocre rouge, et, enfin, au véritable vermillon, qui remplaça ce dernier avec avantage, qui avait d'ailleurs son nom particulier de κιννάβαρι, ou *cinabre*, et qui, importé probablement de l'Espagne, fut connu beaucoup plus tard que l'ocre.

Aujourd'hui encore, nous appelons vermillon le sulfure de mercure, par une simple analogie de couleur, car ce mot, venant de *vermis*, ver, doit s'appliquer exclusivement à la cochenille ou au kermès.

Μίλφη, chute des poils, des sourcils ou paupières. Abrégé du composé ὀφθαλμίλεφη, de ὀφθαλμος, œil, et λείπω, manquer, ou λέπω, peler, dénuder, épiler. Ou, mieux, de ὀμμίλφη, composé de ὄμμα, œil, vue, et λείπω ou λέπω.

Μιμαλλόνες, bacchantes. Mot composé de μιμῶ, imiter, contrefaire, et ἄλλω, sauter, bondir, danser; ce que faisaient, en effet, ces ridicules prêtresses du dieu des ivrognes dans leurs processions.

Μιμέομαι, imiter, contrefaire, ressembler. Formé de ὁμᾶ et de εἰμί, ou ἅμα εἰμί, être avec, ensemble, semblable; en latin, *simul, similis*. Le contraire de distinct, différent, synon. de *éloigné, séparé*. Un objet *semblable* à un autre *se confond* avec lui, forme un seul et même objet avec lui. C'est l'*unité* dans la forme. Qui se *ressemble* s'*assemble* ; ce proverbe explique parfaitement l'étymologie.

Μίνθη, menthe. Abrégé de ὀσμίνθη, d'un verbe ὀσμαίνω ou ὀδμαίνω, sentir, être odorant, inusité : ὀσμαίνθη, μαίνθη, μίνθη. Cette plante est remarquable comme éminemment *odoriférente*.

Μίνθος, excrément, ordure. Ce mot est une antiphrase tirée de μίνθα, menthe, plante d'une odeur aromatique très-agréable. Aussi se trouve-t-il dans l'acception d'ordure, dans le style des comiques.

Μινυός, diminué, décru, petit. Abrégé de τομίνευς. Appartient à la même famille que μικρός, μείων, τομίς, τομίος, τομίκος, etc., etc., qui reconnaissent pour souche τάμω, couper, retrancher, écourter, rendre court.

Μίσγω, mêler, mélanger. Ce verbe est un composé de μείσω, milieu, et ἄγω, mener, pousser, porter, conduire, μεισαγω, μισαγω, μίσγω. Pour mêler une chose avec une autre, il faut nécessairement la mettre dans son *milieu*, dans son intérieur, l'y entremettre, l'y introduire. Être au *milieu* de la foule, c'est être *mêlé* avec elle. En français même, *mêler* et *milieu*, qui appartiennent à une même famille, sont presque le même mot. On pourrait aussi supposer l'existence d'un verbe ὁμίζω, qui, signifiant rassembler, joindre, réunir, aurait formé μίζω et μίγω, μίγνυμι, mêler. Car mêler deux choses (surtout liquides ou triturées), c'est les *joindre*, les *réunir*, les confondre.

Μισέω, haïr, détester. Est un abrégé de νεμισέω, νεμέσεω, νεμεσάω, haïr, s'indigner, s'irriter, abhorrer ; νέμεσις, haine, indignation ; νεμεσητός, haï, abhorré, détesté.

Μισθός, récompense, rétribution. Abrégé de τεμίσθος, justice, ajustement, équitatif.

Μιστύλλω, couper en petits morceaux, en bouchées. Ce verbe singulier peut être formé de μείον, moindre, plus petit, menu, μειστός, superlatif, très-diminué, très-amoindri, d'où μειστύλλω.

Ou bien de τομιστός, coupé, raccourci, diminué, de verbes inusités, mais probables : τομίω, τομίζω.

Ou, enfin, un composé de στόμα, bouche, στόμιον, et στέλλω, mettre, envoyer, introduire ; στομίστελλω, en retranchant la première syllabe, laisse μίστελλω, couper en bouchée, en morceaux qui puissent entrer dans la bouche. Μιστύλη, cuiller de pain, ou plutôt *bouchée* de pain sur laquelle on mettait la viande ou ragoût qui composait le repas, manière de manger encore en usage chez les peuples sauvages ou peu civilisés, et même parmi nos classes pauvres.

Μίσυ, certain produit des mines, ou de leur fonte. Pour μίξυ, de μίγω, μίσγω, mêler, mixtionner ; c'est proprement un *mélange,* un composé qui résulte après la purification ou séparation du métal, peut-être les scories. Ou bien, abrégé de ἥμισυ, moitié, demi ; un mélange *à moitié,* un *demi-mélange,* un composé binaire de parties égales.

Μίσχος, pétiole, pédicule des feuilles et des fruits. Mot composé de ἅμα et de ἴσχω, tenir à, tenir avec, ensemble. C'est précisément par son moyen que les feuilles et fruits *tiennent* à l'arbre, à la branche, y sont *attachés.*

Μίτος, fil, trame de tisserand. Ce mot paraît appartenir à la même famille que θωμίγξ, fil, ficelle, peloton, et n'être, par conséquent, qu'un abrégé de θώμιτος, du verbe θωμίζω, dans sa signification de ramasser, pelotonner, mettre en peloton. Car la trame d'un tissu est précisément le résultat, le produit du *peloton de fil* contenu dans la navette. Peloton qui est *lancé* alternativement de droite à gauche, et dont le mouvement plus ou moins rapide détermine la rapidité plus ou moins grande de l'opération. Μίτος est donc proprement un peloton ou amas de fil.

Ou, mieux encore que tout cela, ce mot est pour μίκτος ; m. à m., le *mêlé,* l'*enchevêtré,* le *confondu*, comme la trame l'est, en effet, avec les fils de la chaîne, mélange, enchevêtrement, d'où résulte le tissu.

Μίτρα, mître, turban, bandeau. Vient du précédent μίτος ; c'était un simple *ruban*, fil, cordon et même une ceinture, un baudrier de matière plus ou moins riche. Peut-être un ouvrage à mailles, et, par conséquent, en fil, en cordons ; ou abrégé de κομίτρα, du verbe κομίζω, soigner, tenir, soutenir, porter, supporter la chevelure : κόμη. Ou bien θωμίτρα, dans sa signification originaire de ramassée, enroulée, pelotonnée, ne serait autre chose que les fils, cordons, les bandeaux, turbans et autres coiffures analogues, qui *s'enroulent, se pelotonnent* autour de la tête ou autour du corps, comme les ceintures, baudriers, etc. La *faja* des Espagnols, le turban, de *turbo,* tourner, contourner, enrouler.

Μίτυς, terre glaise dont les abeilles et guêpes garnissent leurs ruches. Pour μίκτυς, de μίγω, mêler, mixtionner, pétrir : c'est un *mélange*, un *composé* dont elles se servent comme de ciment.

Μνᾶ, mine, poids et monnaie de cent drachmes. Si ce mot n'est pas le même que l'hébreu מנה, ce qui paraît le plus probable, le nom de cette mesure serait un abrégé de τέμνα, τάμενα ou τόμενα; m. à m., la *coupée*, la *divisée*. Le latin *mina* vient le confirmer, car Plaute a dit : *Ovis mina*, pour *brebis tondue*. C'était, en effet, la *division*, la *pièce* type de l'argent, répondant très-bien au mot générique *pièce*, une *pièce*, la *pièce* par excellence (*pièce* et *division* sont synonymes). Les monnaies primitives ne furent que des *morceaux*, des *parties* de métal d'un poids déterminé. En espag., *peseta*, piécette, petite pièce. Si au lieu de τόμενα, on veut voir ici l'abrégé de στάθμενα, de σταθμάω, peser, la mine sera, m. à m., la *pesée*, le poids, le poids type.

Μνήμη, souvenir, mémoire. Pour μενήμη, du verbe μένω, rester, demeurer. La mémoire n'est autre chose que la *demeure*, la *permanence* d'une idée, d'un événement, d'une image dans la tête, dans le cerveau. C'est *ce qui reste* dans la mémoire, précisément l'opposé de ce qui s'en *échappe*, s'en va, s'enfuit, en disparaît (λήθω, ἔλαω, erre, se perd, s'échappe).

Μνηστήρ, qui recherche en mariage, ou fiancé. Ce mot est une simple altération de ὑμενηστήρ, de ὑμενεστεύω. Ὑμήν, hyménée, noces, mariage, fiançailles.

Μνίον, mousse, algue. De μινυός, petit, mince, menu, à cause de la petitesse et finesse de ces plantes. Ou bien, abrégé de αἵμνιον, de αἷμα, sang, à cause de la couleur de certaines algues. Ou de λίμνιον, de λίμνη, étang, marécage.

Μνοία, esclavage. Abrégé de δεμνοία ou δεσμενοία, de δέμα et δεσμός, lien, chaîne. Ou, si l'on aime mieux, de δῆμος, peuple, pour δημνοία, car c'étaient, en effet, des esclaves *publics* qui servaient à la communauté.
Ou, mieux encore, de δαμάω, δάμνημι, dompter, subjuguer, pour δαμνοία, esclavage, asservissement.

Μνόος, duvet, poil fin, poil follet. Syncope de μινόος, de μίνυος, petit, menu, fluet, comme la mousse : μνίον.

Μογγός, qui a la voix sourde, étouffée. Abrégé de στομογγός, formé du parf. 2 de στομόω ou στομόζω, qui signifie fermer la bouche. Στομογγός est donc proprement celui qui crie ou mugit ayant la bouche fermée, et, par conséquent, d'une voix *sourde* et *étouffée*.

Ou bien, est-ce une contraction de μογέγος, parf. 2 de μογέω, avoir de la peine à, se fatiguer, en sous-entendant φωνή, voix, ou λόγω, parole ; m. à m., la *peine*, la *fatigue* dans la *voix*, la *parole*.

Μόγος, travail, affliction, peine. Est une simple abréviation de οἴμογος, du verbe οἰμώζω, gémir, soupirer, crier, *oi*, *hoi!*... exclamation qui accompagne un travail, un effort pénible, interjections qui échappent involontairement à la fatigue, à la peine, à l'effort, au travail : *oi... ai... ouf... ouh...*, et qui sont de tous les temps et de toutes les langues.

Μόδος, bryone. Espèce de plante grimpante. Abrégé du composé ἁμοδος, de ἅμα, ensemble, et ὁδός, chemin : qui *marche ensemble*, qui *chemine avec* ; c'est une plante qui s'étend et rampe très-loin au milieu des haies et des broussailles qu'elle accompagne, d'où son autre nom *couleuvrée*, à cause de sa marche rampante et sinueuse.

Μόθος, travail, effort, combat. Le même que μόχθος.

Μόθων et Μόθαξ, esclave, serf, domestique. Pour μόχθων ; m. à m., *travailleur*, homme de *fatigue*, de *travail*, de *corvée*. Esclave consacré aux travaux pénibles et rudes, pour le distinguer des esclaves consacrés aux *arts libéraux*, aux arts et travaux des hommes *libres*, qui étaient l'apanage des affranchis. Le verbe μοχθεω signifie aussi être méchant, mauvais, misérable, pervers ; d'où l'acception de *libertin*, *insolent*.

Μοιχός, adultère. Est un composé de ἅμα et de ἔχω ; m. à m., *être avec*, habiter ensemble. *Concubitus*, concubinage, de *cum cubo*, reposer avec, ensemble ; en latin, *coit*, *coire* (*cum eo*), c'est une *cohabitation*, un *commerce*, un *contact* illégitime.

Μολγός, sac de cuir, besace. Paraît être une métathèse de μόγλος ou μογέλος. C'est proprement un sac de *travail* destiné aux travailleurs, aux hommes de peine. Ou bien aux pauvres, aux mendiants ; de μόγος, travail, misère. La besace est, en effet, l'apanage des basses classes du peuple, des piétons, des ouvriers. Ce mot pourrait encore se confondre avec ἀμοργος ou ἀμολγός, de ἀμέργω, fouler, presser, extraire le suc (des cuirs), en un mot, corroyer, et signifierait simplement le *foulé*, *corroyé*, le *cuir*, ce qui répond parfaitement à l'espag. *zurron*, besace, du verbe *zurrar*, battre le cuir, corroyer. Remarquez que les peaux subissent deux battages : le premier, pour les séparer du cadavre que l'on écorche ; et le second, pour les corroyer.

Μόλις, à peine, avec peine. Syncope de μογέλις, de μόγος.

Μόλος, et Μῶλος, combat, travail. Viennent peut-être de αἰχμωλος, de αἰχμή, pointe, tranchant, guerre, combat, αἰχμαλοτός, pris à la guerre, à la *pointe de l'épée*. La *pointe,* le *tranchant* sont les instruments de la guerre.

A moins que ce ne soit des syncopes de μογέλος, pénible, laborieux, fatigant. De μόλος, vient le nom de μολόσσος, espèce de gros chiens de l'Épire ou Molossie, dont la taille et la force les rendaient propres à être employés à certains travaux, comme cela a encore lieu dans plusieurs pays. C'étaient des *chiens de travail*.

Μολέω, venir, arriver, pousser, jeter. Ce verbe, s'il n'est pas simplement le sémitique מול, circuler, tourner, devra dériver du parf. 2 de μέλλω, venir, devoir venir, être encore à venir (μεμόλα), *être venu*, et, par conséquent, *arriver, parvenir à;* en latin, *accidit, advenit*. Nous disons, en français, il *arriva*, il *advint* que..., il m'est *arrivé* un malheur. Ce parf. 2, quoique inusité, n'en serait pas moins régulier, et aurait formé, par abréviation, le verbe en question μολέω.

On pourrait encore le regarder comme une altération de βολέω, β et μ se remplaçant mutuellement, dérivant alors de βάλλω, parf. 2 βεβόλα, jeter, lancer, pousser, faire venir, émettre, produire, ce qui expliquerait très-bien pourquoi μολέω reçoit toutes ces acceptions.

Μόλιβδος, plomb. Le nom de ce métal vient de l'Orient. Ce n'est autre chose que le participe sémitique (hébreu, syrien, chaldéen, phénicien, arabe, ou même sicilien) מבדיל, מבדיל ou מובדל, du verbe בדל, séparer, devenu, par métathèse d'une syllabe, μολύβδος, au lieu de μομβδύλος. Ce métal se *sépare*, en effet, dans la métallurgie pour en obtenir l'argent, métal plus précieux et plus recherché, surtout dans l'antiquité, où l'usage du plomb devait être très-borné. Observons cependant la propriété singulière de ce métal de se convertir en sucre ou plutôt en miel, μέλι, en se combinant avec l'acide acétique, propriété qu'on aura dû découvrir de bonne heure à cause des usages culinaires ou autres auxquels le plomb se prête et se met en contact avec les acides ou autres liquides propres à se convertir en tels, ce qui aurait pu le faire appeler le *doux*, le *mielleux* : μελιβός, μελιβδός; μέ pour μό.

On peut, en dernier lieu, considérer ce mot comme un composé de ὁμο, ensemble, et λείβω, fondre ; m. à m., *fondu avec*, soit qu'on le rapporte à la circonstance de se trouver ordinairement uni avec l'argent, soit de l'opération qu'on lui fait subir en *le fondant* pour en extraire ce précieux métal.

Μολοβρός, gourmand. Composé de μέλι et de βόρω ; m. à m., qui *dévore* le miel. Les matières douces et sucrées sont effectivement le principal appât de la gourmandise. Ou, mieux encore, de στόμα, bouche, et λόβρος, gourmand, vorace ; m. à m., *bouche gourmande*, goulue, dévorante, avide de bouche.

Μολύνω, gâter, souiller, cuire à demi. Ce verbe paraît être le même que μορύνω, μορύσσω, qui a la même signification, ou bien une altération de ἀμαλύνω, corrompre, dissoudre, amollir, de ἀμαλός, mou, faible, sans consistance. *Cuire à demi*, c'est tout bonnement *ramollir* par la cuisson : ἀμαλύνω. Ou, enfin, de μόλος, travail, fatigue ; proprement, *travailler, fatiguer, tourmenter, macérer, amortir, émousser*.

Μομφή, reproche, plainte, blâme. Voy. μέμφομαι.

Μόνος, seul. Cet adjectif vient de μένω, rester, demeurer. Celui qui *reste*, qui *demeure*, est abandonné, laissé par ceux qui *s'en vont, partent*, changent de lieu. Remarquez l'antithèse *rester* et *s'en aller*, antithèse qui nous explique parfaitement le sens intime de μόνος. Or, μένω, n'est, comme nous l'avons vu, que λείμενω, *être laissé, abandonné*, du participe parf. pass. de λείπω, λελείμενος.

On pourrait voir encore dans ce mot l'abrégé de ταμονός, ταμενός, de τάμω, couper, séparer, retrancher, comme en latin, *sequestrum* et *secus*, *séparément, seul*, viennent de *seco*, et peut-être même, *solus*, de *cæsolus*, de *cædo*, couper.

Μόργος, voiture, traîneau, charrette rustique. Métathèse de μογρός, de l'adjectif μογερός, pénible, lourd. *Voiture lourde, voiture de travail*.

Μορμύρω, murmurer, gronder, rendre un bruit sourd et continuel. Est une onomatopée tirée du bruit sourd que nous faisons en parlant entre les dents, en articulant des mots avec la bouche presque fermée, et parlant, pour ainsi dire, avec le nez. A moins que l'on ne préfère voir ici le verbe μύρω, couler, avec le redoublement attique, car le verbe en question s'applique plus spécialement au bruit que fait une eau courante, un ruisseau qui *coule* sur des graviers.

Μορμώ, spectre, masque, figure monstrueuse qui ouvrait une énorme bouche. Ce mot peut venir de στομόμερος, et, par métathèse, στομόρμεος, et, par abréviation, μόρμεος, du verbe στόμοω, ouvrir la bouche.

Remarquez que l'on trouve aussi μομβρώ, pour μορμώ.

Peut-être encore doit-on le rapporter au son étouffé, sourd, au *murmure* véritable que l'on fait entendre en parlant sous le masque, et qui effraye si fort les enfants : μορμύρω. Cependant, la forme μομβρώ, que nous avons citée, nous rappelle tout naturellement μίμεω, μίμοω, μῖμος, qui ont pu produire μίμομερω, μομρω. Ou, enfin, ὅμοω, ressembler. Le masque, qu'est-il autre chose qu'une *imitation,* une similitude : ὁμομερω.

Μόρον, mûre, mûrier, ronce, fruit de la ronce. Abrégé de αἱμόρον; m. à m., *sanglant*, couleur du sang : αἷμα, sang. La mûre est rouge avant sa mâturité ; son suc est, d'ailleurs, rouge. En latin, *rubus,* d'où l'adjectif *ruber,* rouge. Rappelons-nous encore αἱμός, buisson, ronce, qui vient confirmer notre étymologie.

Ou, mieux encore, parce que la ronce a la propriété d'*ensanglanter* avec ses épines.

Μόροχθος, sorte d'argile, couleur rouge ou violette, couleur de *mûre*, du verbe μορόσσω, rendre, colorer en violet et en rouge. En espag., *morado,* violet, de *mora,* mûre.

Μορύσσω, souiller, tacher (colorer avec la *mûre*). On sait, en effet, combien la tache de ce fruit est tenace et difficile à enlever. De μόρον, mûre. On pourrait, néanmoins, voir dans ce mot un abrégé de ἀμαυρύσσω, obscurcir, noircir, assombrir, la diphthongue αυ devenue ο.

Μορφή, forme, aspect, figure. Ce mot remarquable est une métathèse de φορμή, mot qui subsiste en latin, ayant subi dans la langue grecque l'altération qui l'a rendu presque méconnaissable. C'est un composé de ἀπο ou ἐπι, et ὁράω, voir, αφ'ὁραόμα, αφ'ορμα, puis, enfin, φορμά; m. à m., *aspect, vision, vue.* La forme consiste, en effet, dans l'aspect d'un objet, dans le domaine de la vue, sa perception au moyen de la *vue;* de là sa synonymie avec εἶδως, de εἶδω, voir ; de l'*aspect, aspicio, species;* de même que son odeur est la perception au moyen de l'*odorat* ou des narines, et son goût au moyen du *palais* de la bouche, sa consistance au moyen du *tact.*

La *vue* d'un paysage, d'une église, d'un édifice, d'un objet quelconque représenté par un artiste, est la même chose que la *forme* de ce même objet, sa figure, son image, son aspect.

Μόσσυν, cabane, tour, estrade, palissade, rempart, construits en planches. Abrégé de ὁμόσσυν, de μόος, ὁμοῦ ou ὁμόσσω; c'est proprement toute *réunion, assemblage, juxtaposition* de planches ou autres pièces de bois. Une *construction*, une *composition* (*cum-ponere*), un ajustage de planches.

Μόσχος, veau, jeune, tendre, rejeton, jeune pousse, marcotte. Ce mot singulier, qui nous a donné beaucoup à méditer, est peut-être l'abrégé du composé νόμοσχος; m. à m., qui *tient*, fréquente les pâturages, par conséquent, qui est déjà sevré. Ou bien le même que βόσχος, de βόσκω, nourrir, élever. C'est, m. à m., un *élevé* (*alumnus,* en latin, de *alere,* nourrir, élever), un *nourrisson*. Les rejetons, les pousses des plantes sont de véritables *nourrissons* que les Espagnols appellent *chupones*, de *chupar*, sucer, traire, téter à la mamelle. Ce peut être encore, et avec plus de vraisemblance, un composé de ὁμοῦ ou ἅμα, et σχώ; m. à m., qui *tient à*, avec, ensemble, comme le veau, et, en général, tout jeune animal *tient* à sa mère, est attaché, suspendu à sa mamelle, ne s'en sépare pas. Et, comme le rejeton, la jeune pousse *tient* au tronc, à la souche, dont il est séparé pour devenir à son tour, par la marcotte, une plante indépendante, une nouvelle souche.

Et ce qui vient confirmer l'exactitude de cette étymologie, c'est qu'il est synonyme de μίσχος, pétiole, pédicule par lequel les fruits et les feuilles *tiennent* à la plante, de ἴσχω, tenir.

Μοτός, charpie. Est une abréviation de θώμοτος, ou bien de ὁμοτος, de θωμόω, ou ὁμόω, rassembler, amonceler, amasser, pelotonner. La charpie est précisément un *amas*, une *masse*, un *amoncellement* de fils, de filasse, de bourre.

Μοῦσα, muse. Personnification des arts, de la science, de la musique. Ce mot fameux, que les Grecs ont fait passer avec leur littérature dans la plupart des langues, est une simple abréviation (toujours la même méthode) de νομοῦσα, de νομόω, νομέω, νεμόω, qu'on peut considérer comme dérivés de νόμος, et qui signifient régler, distribuer, ordonner, diriger, méthodiser.

La muse était précisément celle qui exerçait toutes ces fonctions; c'était, m. à m., la *dirigeante, réglante, distributrice, ordonnante* des arts, des sciences, des vers, du chant, de la musique. Ou, plutôt, c'était la loi, la règle, l'ordre, la méthode personnifiée en une belle et élégante jeune fille.

On pourrait aussi substituer à νομόω le verbe ἁρμόω, harmoniser, arranger, régler; ἁρμοῦσα serait alors la divinité de l'harmonie, de l'ordre, de la musique. La musique, l'harmonie, le chant, le mode, la cadence, le rythme, le nombre; ἀριθμόω, ἀρίθμουσα, la *nombrante,* la *compteuse* (remarquez tous ces rapports) étaient le domaine des muses, qui peuvent, comme nous voyons, avoir été ou des régulatrices (νέμω), ou des harmonisantes (ἁρμόω), ou des compteuses (ἀριθμόω), ou bien toutes ces choses à la fois.

Μουσική. Était l'art, la science des muses par excellence, parce que, en effet, aucun autre n'a autant que lui besoin d'ordre, de méthode, de *mesure,* de *nombre,* de *rythme,* de *cadence,* d'*harmonie.*

Μόχθος, peine, travail, affliction. Voy. μόγος, et surtout οἰμόζω, gémir, soupirer.

Μοχλός, gond, levier, verrou. Ce mot peut venir de μόγος, travail, peine, fatigue, ou de μόλχος, de μόλος, même signification. Le mouvement du levier suppose toujours une lourde masse, une charge pesante à remuer, et, par conséquent, un travail, une peine, une fatigue.

A moins cependant que ce ne soit pour μυχλός, dérivé du verbe μύζω, qui signifie gronder, grogner, à cause du bruit caractéristique que rendent les gonds et les verroux lorsqu'on ouvre ou ferme les portes. Rien de plus commun dans toutes les langues que les expressions : « *le bruit des verroux* », « *les gonds retentissants* », « *les portes gémissent sur leurs gonds* », etc., etc., phrases qui marquent la propriété dont nous parlons.

Μυδάζομαι, avoir en horreur, être aigri, supporter avec peine, au lieu d'être confondu avec μυσάττομαι, doit plutôt l'être avec μυδαόμαι, se moisir, se corrompre, s'*aigrir,* devenir *amer, aigre, acide,* comme tout ce qui est moisi, pourri, corrompu. Les Espagnols disent très-bien : Estoy *corrompido, podrido, amargado,* pour : je suis peiné, je supporte avec peine, je déteste.

Μυδάω, moisir. Composé de ἅμα ou ὅμου et ὕδωρ, ὕδαω, eau. C'est l'eau, l'humidité qui est, en effet, la cause de la moisissure. Ou bien, métathèse de ὕμδαω, ὕμαδαω, ὕημαδαω, être *mouillé de pluie, arrosé de pluie,* de ὕμα, ὕημα, pluie.

Μύδιον, instrument de chirurgien. Abrégé de τομύδιον, pour τομίδιον, du génitif τομίδος, ciseaux ; c'est proprement un *petit ciseau,* un *petit couperet.*

Ou bien de ἄμυδις, ensemble, réuni ; ou, mieux, abrégé de ἀμυγδίον, de ἀμύσσω; m. à m., *petit racloir*.

Μύδρος, masse de fer ou d'acier incandescent. Ce mot, dont la signification est assez obscure, vient du verbe μύζω, ronfler, siffler, à cause du sifflement que fait entendre le fer brûlant lorsqu'il est trempé dans l'eau. Μύδρος est donc proprement un fer qui *siffle, ronfle* (un fer trempé), pour le rendre plus dur.

Si l'on doute de cette étymologie, on n'a qu'à remarquer que le mot σιδέρος, fer dur, trempé, acier, vient précisément, lui aussi, de σίζω, siffler, par les mêmes raisons que μύδρος, de μύζω.

Μυελός, moelle, soit des animaux, soit des végétaux. Vient de μύω, être fermé, renfermé, caché, enfoncé. C'est, en effet, la partie, la substance la plus *intérieure*, la plus *centrale*, la plus *intime*, soit du corps des animaux, soit des végétaux, au point de servir de proverbe « mouillé jusqu'à la moelle, percé jusqu'à la moelle », pour « complètement mouillé, percé à fond, jusqu'au fond ».

Μύζω, sucer, geindre, gémir. Est peut-être une onomatopée tirée du son nasal que l'on fait entendre en fermant la bouche pour exécuter ces deux actes : *mu... mhu...* Ou bien, est-ce tout simplement l'abrégé de στομύζω, qui, comme μύω, a pu signifier fermer la bouche, serrer les lèvres, gémir les lèvres serrées.

Μῦθος, parole, discours, fable, allégorie. Les deux premières acceptions de ce mot peuvent se rapporter à στομόω, ouvrir la bouche, l'organe de la parole, faire agir la bouche, parler, *déboucher*. L'acception de fable, parabole, allusion, peut être plus particulièrement due à μύω, fermer, cacher ; la parabole et la fable n'étant précisément que des *discours cachés, secrets, couverts,* dont il faut deviner ou expliquer le véritable sens.

Μυῖα, mouche. Paraît venir de ὁμοίω, de ὅμου, rassembler, réunir, ὁμουῖα, la *réunie*, la *rassemblée*. Ces insectes, ainsi que les abeilles, vont toujours en *troupes nombreuses*, en *essaims*, ce qui n'a pas lieu pour d'autres insectes, qui vont toujours seuls, comme les coléoptères, lépidoptères, etc.

Μυκάω, mugir, meugler, beugler. Est une de ces belles onomatopées qui jouent un si grand rôle dans la formation du langage humain. Μυ, μου, μουυυυ, est exactement le son nasal que font entendre le taureau et sa compagne la vache. C'est la seule langue de la race bovine.

Μυκής, champignon, lumignon. Ce mot tient à μύζω, sucer. Le champignon est une plante parasite qui vit en suçant les racines des arbres sur lesquelles il pousse. Les lumignons des flambeaux ont précisément la figure de cette plante ; de là, l'identité de nom en grec.

Μύκλος, gourmand. De μύζω. C'est, proprement, un *suceur*, un *lécheur*; comme son synonyme λίχνος, gourmand, λιχνεία, gourmandise, viennent de λείχω, lécher. C'est le propre des gourmands ; ils lèchent et sucent les plats et leurs doigts.

Μῦξος, mucus, morve, viscosité ; sot, niais, imbécile. De μύζω ou μύσσω, verbes onomatopées qui signifient tout bruit, toute voix, tout son nasal ; la morve est un produit nasal dont la présence dans les fosses nasales, ainsi que son extraction, produisent ce son caractéristique. Lorsque le nez est rempli de mucus, la voix devient nasale.

La signification de *sot, niais*, n'est proprement que celle de *morveux* ; en espag., *mocoso*, à qui la morve ou la bave tombe, pend ; ou un enfant, un homme simple comme un enfant.

Μυκτήρ, narine, nez, museau. De μύζω ou de μυκάω. C'est l'organe, l'instrument des sons nasaux de geindre, de mugir. Ou bien de μύξα, morve. C'est par lui qu'elle coule.

Μύλη, meule de moulin, meule à broyer. Ce mot est un composé de ἅμα ou ὁμοῦ et de εἰλέω, tourner ; m. à m., *tourner ensemble, avec :* ἀμείλη, ἀμίλη, ἀμύλη. Une meule ne peut, en effet, moudre toute seule, il faut qu'elle ait une compagne. C'est pour cela qu'en parlant de meule on y associe toujours l'idée de *paire, d'accouplement*. Une meule n'est, en effet, qu'une pierre *tournante avec une autre,* comme le dit son nom grec. (Voy. au mot ἀμαλός, mou, quelques remarques qui ont du rapport au mot μύλη). Ὁμιλέω, qui tient aussi à cette famille de composés, signifie précisément agir, converser *ensemble, avec*. En latin, *conversor*, tourner avec (remarquez l'analogie), de *versor*, et εἰλέω. Ὁμιλή pourrait aussi être devenu μῦλη, puis μύλη ; m. à m., le *couple*, la *paire*, l'*ensemble*.

Μυλλός, louche, grimaçant. Vient de μύω ; m. à m., qui *ferme* les yeux, qui guigne, qui cligne l'œil ou la bouche, qui grimace en serrant, fermant les yeux ou les lèvres.

Μύλλος, mulet ou plutôt muge. Voy. plus bas μυτίλος, moule. Le nom de ce poisson est dérivé de μύω, serrer, presser, parce qu'au printemps, il a l'habitude de remonter les rivières en troupes si nombreuses et si *serrées* qu'elles donnent à leurs eaux une couleur foncée.

Μύνομαι, prétexter, s'excuser. N'est autre que ἀμυνομαι; m. à m., *se défendre de, se protéger* contre une accusation (prétexter, de *prœtego*, voisin, de *protego*). En latin, *vindicatio*, excuse, défense, justification, *vengeance* de soi-même.

Μύξα, morve. Vient de μύζω, sucer, gober, avaler, renifler. C'est précisément ce que l'on fait avec cette excrétion du nez, surtout les personnes grossières, les enfants, chez qui elle abonde, et les peuples anciens qui ne connaissaient point le *mouchoir*.

Μύραινα et Μύρος, murène, lamproie. Vient du verbe μύρω, distiller, écouler, verser ; à cause de la viscosité qui distille de sa peau.

Μυρίκη, tamaris. Voy. ἀλμυρίζω, être salé. C'est justement une plante qui croît sur les bords de la mer, et se distingue par son goût salé ; ses cendres produisent de la soude : ἀλμυρίκη. Son nom français, *tamarix*, paraît formé de *juxta maris*, près de la mer, *tamaris* ou *planta maris*, plante marine.

Μυρίος, innombrable ; dix mille. Ce mot vient peut-être de μύρω, couler, de la même manière que *abundans* vient de *ab undare*, couler, s'écouler ; πλήμμυρω, déborder, surabonder, vient aussi appuyer cette opinion. Nous disons des *flots* de peuple, une *foule* (foule de gens), un *flux* de paroles, pour signifier beaucoup, nombreux, innombrables. Tout cela, de *fluo*, couler ; c'est qu'en effet, ce qui est nombreux, abondant, *s'écoule, se répand, déborde*. On pourrait encore regarder μυρίος comme un composé de ἅμα, ou ὁμοῦ et εἰλέω, rassembler, ramasser, αμίλιος, μυλίος; m. à m., *rassemblement, amas*, réunion, foule, εἴλη, troupe, foule, ὁμιλέω, assembler, réunir. P pour λ.

Μύρμηξ, fourmi. Le nom de cet insecte remarquable est attribué à μυρίος, à cause, dit-on, de ses nombreuses troupes. Nous croyons cependant qu'on pourrait le décomposer en ὁμ ou ἁμ et ῥύω, traîner, ce qui ferait αμρύμηξ, par une métathèse euphonique αμύρμηξ. On sait que le trait caractérisque de la fourmi (*fero micam*) est de *traîner* en troupes nombreuses, de *traîner ensemble* les cadavres d'insectes et matières plus ou moins volumineuses qui leur servent de nourriture.

Μύρον, parfum. De μύρω, couler. Ce sont les *résines* (ῥέω, couler) et les gommes qui *coulent* de diverses plantes qui les produisent. Les *larmes*, les *pleurs* des arbres (encens en *larmes*).

Ou bien abrégé de ἁλμυρὸν, salé (les larmes), amer (c'est le goût des résines), qui sont des *larmes* de l'arbre.

Μυῤῥίνη et Μοῤῥίνη, porcelaine, faïence très-fine. Ce mot vient de μύῤῥα, ou de μύρον, parfum, myrrhe, aromate. C'étaient des *vases à myrrhe*, des *vases à parfum*, c'est-à-dire destinés à conserver ces précieux produits.

Μύρτος, myrte. Plante parfumée ou qui produit un parfum; de μύρον, parfum.

Μύρω, couler, distiller, verser. (En hébreu, בור, מרר). On pourrait encore supposer ce verbe un abrégé de ἁλμύρω, être salé, ou bien formé de ἁλμύρον, mot qui a pu signifier *larme*, c'est-à-dire, salée. D'où le sens de pleurer, larmoyer, qu'a plus particulièrement ce verbe. Les larmes se distinguent par leur salure, leur amertume, d'où δακρύς, de δάκω, *mordantes*, *acides*. L'origine sémitique est plus probable.

Μῦς, souris. Le nom de ce petit mammifère peut venir de μύω, parce qu'il se tient toujours dans des trous, enfoncements, cachettes impénétrables, dans les lieux les plus profonds et les plus secrets de nos habitations.

Ou bien est-il un abrégé de στόμυς, τόμευς; m. à m., le *coupeur*, *perforateur*, rongeur par excellence.

Ou bien, enfin, de δρίμυς, vif, actif, perçant, pénétrant; ce sont aussi là ses traits caractéristiques

Μῦσος, crime, abomination, chose exécrable. Mot tiré de μύω, fermer, rendre secret, mystérieux, mystique. C'était surtout un crime relatif aux mystères ou à leur révélation, un sacrilége. Remarquez que, *execrari*, *abominari*, en latin, sont formés de *ex* et *sacrare*, profaner, rendre profane, et de *ab* et *omen*, *augure*, sainteté, chose auguste, sacrée, ce qui revient encore à profaner. Μῦσος est donc un crime de profanation.

Si l'on se rappelle, cependant, le mot *infandum* des Latins, on pourrait, par analogie, rapporter μῦσος à l'idée de crime secret, occulte, dont on ne peut parler, qu'on ne peut pas nommer, *infandum*, *infâme*.

Μύσσω, moucher. Appartient à la même famille que μύζω et μύξα.

Μύστρον, cuiller de pain, cuiller en général. Ce mot vient de μύζω, sucer. Une cuiller est un instrument qu'on suce, qu'on lèche pour en prendre les matières liquides qu'il contient, et on le suce à plus forte raison lorsqu'il est formé d'une croûte de pain, comme cela a lieu chez les classes pauvres. C'est alors un véritable *suçoir*.

Μυτίλος, moule. Vient probablement de μύω, serrer, et εἰλέω, ramasser, réunir, englober. On sait que ce mollusque vit sur les rochers, en masses *serrées* et *pressées*. Si l'on veut que ce soit μίτυλος, il faudra le rapporter à μίτος, fil, et l'on se souviendra des fils, du byssus, dont ces coquillages sont, en effet, garnis.

Μύτις, entrailles ou poche de la sèche. De μύω; c'est la partie la plus *secrète*, *intérieure*, *profonde* de ce mollusque, aussi bien que de tous les autres animaux; entrailles, *entrañas*, en espag. (ἔντερα). La poche de la sèche a aussi la faculté de se *serrer*, *comprimer* pour lancer l'encre qu'elle contient, et, sous ce point de vue, c'est encore μύω qui lui sert d'étymologie.

Μυττωτός, hachis, farcis. Pour μυλτωτός, de μυλτόω, moudre, broyer, passer sous la meule, de μύλη, meule.

Μυχὸς, le fond, la profondeur, le lieu le plus secret. De μύω, parf. μέμυκα ou μέμυχα; c'est, m. à m., le lieu qui *cache*, qui *serre*, *enserre*, tient *secret*.

Μύω, fermer, clore, cacher, se fermer, être fermé, caché. N'est autre chose que réunir ce qui est *écarté*, *séparé*, *ouvert*, ὁμύω, unir, réunir (les lèvres, les valves, les portes). Ou bien un abrégé de στομόω, fermer la bouche, l'ouverture : précisément comme en français *boucher* et *bouche*, (remarquez la parfaite analogie). Tout cela donne à croire que le verbe en question se rapporte surtout à la clôture de la bouche. D'où les significations dérivées de *mystère*, *secret*, *initiation*, c'est-à-dire, silence, secret, *clôture de la bouche*, condition principale que l'on imposait aux initiés.

Ce verbe serait-il aussi une simple onomatopée formé par le son que l'on fait entendre en ayant la bouche fermée et rendant le son par le nez : *muuuu.....*

Μύωψ, éperon, pointe ; mouche de cheval, taon. Ce mot est composé de μυῖα, mouche, et ὤψ, vue, aspect ; m. à m., *aspect de mouche*, *semblable à la mouche*. L'éperon pique comme la mouche.

Μῶκος, grimace, moquerie. Abréviation de μιμώκος, du verbe μιμόω, imiter, contrefaire. C'est précisément le principal moyen employé par les moqueurs et les plaisants, celui d'*imiter*, de *contrefaire* les manières plus ou moins ridicules des victimes de leurs railleries. Ou, si l'on aime mieux, pour στόμωκος, de στόμοω, agir de la bouche, couper avec la *bouche*, enlever une bouchée, c'est-à-dire, *mordre*, être *mordant*. L'organe principal de la grimace est, d'ailleurs, la bouche.

Μῶλος, tumulte, guerre, travail, trouble. Ce mot vient probablement de ὁμόω, rassembler, réunir, ou de ἀμάω, amasser, accumuler, couper, abattre, moissonner, qui revient à la même idée; ὅμωλος, ἄμωλος, c'est, m. à m., une *foule*, une *mêlée*, un *rassemblement*, un *tumulte*, une *rencontre*. C'est pour cela que l'on trouve ἄμαλλα, gerbe, et ἄμιλλα, combat, comme en français, botte de foin, et botte d'escrime, de combat. Ou, si l'on aime mieux, ce sera le même mot que βῶλος, motte, masse, de βάλλω, jeter, lancer, frapper, *combat, bataille* (de battre), choc.

Μῶλυ, plante, espèce d'ail. Paraît être un mot exotique.

Μῶλυς, sot, lâche, émoussé, fatigué, harassé, faible. Voy. μῶρος. Ou bien μολύνω, gâter, perdre, souiller. Ou, enfin, de μῶλος, travail; ce serait proprement lassé, fatigué, harassé, affaibli; Ou de ὁμάω, égaliser, aplanir, aplatir, adoucir, émousser, unir le tranchant, la pointe; l'apprêté, l'activité.

Μώλωψ, trace de coup, meurtrissure, cicatrice. Ce mot peut être l'abrégé du composé de αἷμα et ὁλόπτω; m. à m., *pincer, piquer* jusqu'au sang. Ou, si l'on veut, σῶμα, corps, ou δέρμα, peau, et le même verbe *pincer, piquer, déchirer* la peau; c'est précisément là ce qui constitue la cicatrice. Ou bien, στομώλοψ, de στόμα, coupure, la trace d'une *coupure* : ἐς ταμῶ.

Ou, enfin, de μολυβός, plomb, et ce serait la trace des fouets garnis de balles de plomb, comme on en usait dans les supplices.

Μῶμος, blâme, injure, reproche, moquerie, raillerie, insulte. Reconnaît la même souche que κῶμος, que nous venons de voir un peu plus haut. A moins que ce ne soit le sémitique מום.

Μῶρος, fat, sot, fade, fou. Est probablement le même que ἀμαυρός, obscur, faible, obtus, fade, aveugle. La sottise, la fatuité, la folie sont un *aveuglement* de l'esprit, une *obscurité* de l'intelligence, qui est la *vue* de l'âme. Aveuglé, en espag., *obcecado*, sont synonymes de *fou*.

Ou bien στομῶρος, de στόμα, bouche; *excité, impétueux de bouche*, bavard : ὄρω, exciter.

N

Ναϐλον, instrument de musique. N'est autre que l'oriental *nebel* dont nous expliquons la forme dans les étymologies hébraïques.

Ναί, oui, assurément. N'est autre chose que ἀναεί; m. à m., *c'est, ça est, cela est;* de ἀνὰ et ἔω, *être selon, ainsi, comme,* il est, il y a, il existe; comme en latin, français, espagnol : *si* pour *sit.*

En anglais, *yés* pour *y est, ça y est;* en allemand, *ya* pour *y a.*

En vieux français, *oc* et *oïl,* signifient oui. *Oc* n'est autre que le latin *hoc,* cela, c'est cela. *Oïl* et *oui* ne sont autres que le prétérit du verbe *ouïr,* c'est-à-dire, m. à m., *entendu, écouté, exaucé.* Répondre à une demande, question ou prière, *oui,* c'est comme répondre *entendu, c'est entendu.*

Ναίω, Νάω, habiter. Est composé de ἀνὰ et εἰμί ἔω, être; m. à m., *être, par, en, dans,* ἀνάεω : « Je *suis à* Rome » est la même chose que « j'*habite* Rome »; « Il *est à* la campagne » pour « il *habite* la campagne ».

Ναίω, Νάω, couler, passer, s'écouler. Est encore composé de ἀνὰ et ἔω, aller : ἀνάεω. Couler n'est effectivement autre chose que *aller par, s'en aller, parcourir.* L'eau *s'en va, s'échappe.* Le temps *s'en va, passe, s'écoule.*

Νάκος, toison, peau garnie de son poil. Ce mot vient de κνάω, gratter, frotter, peigner, carder. C'est donc proprement la partie de la peau qui se carde, se peigne ou se gratte, κνάκος, c'est-à-dire, le *poil,* la *laine,* le flocon, le velu, et non le cuir.

Νάνος, nain, marmouset, petit. Pour νεάνος, qui, comme νεανίσκος, νεανίας, etc., vient de νέος, jeune, enfantin, petit. Le nain a la taille de l'enfant, du petit enfant. Ce mot signifiait aussi des marmots de pâte, des bonshommes de pâtisserie, tels qu'on les vend encore aujourd'hui pour amuser les enfants.

Ναὸς, temple. Vient tout bonnement de νάω, habiter. C'est, proprement, une *demeure*, une *habitation*, un *séjour* de quelque divinité, ce que les Espagnols rendent très-bien par le mot *estancia*. En hébreu, בית, maison, est synonyme de temple, comme און, demeure.

Νάπος, forêt, lieu couvert de bois. Ce mot est une légère abréviation de κνάπος, de κνάπτω; et signifie, comme νάκος, un *fourré*, une *fourrure*, la *toison* des montagnes, image qui peint très-bien l'analogie de rôle et d'aspect que présentent les forêts avec la laine épaisse des troupeaux.

Νάπυ, moutarde. Ce mot, s'il n'est pas exotique et abrégé de σίναπι, doit dériver de κνάπτω, gratter, démanger, piquer. C'est là la sensation que produit cette graine stimulante.

Νάρδος, nard. Plante aromatique, onguent. De l'oriental *nered*.

Νάρθηξ, férule, boîte, étui. Paraît être une métathèse de ναρκῆθη; m. à m., engourdie. La tige de cette plante est, en effet, flasque, creuse, comme engourdie et épuisée; elle ne contient que de la moelle; c'est pourquoi les anciens l'employaient comme étui pour renfermer certains objets. Sa légèreté permettait aussi de l'employer pour châtier les enfants sans inconvénient pour leur santé, d'où le latin *ferula*, de *ferio*, battre.

Νάρκη, engourdissement; torpille. Ce mot n'est autre que ἀνάλκη, composé de ἄν négatif, et ἀλκή, force; m. à m., *sans force*. C'est précisément l'effet de l'engourdissement, d'*ôter les forces*, et l'effet que produit le poisson de ce nom; il laisse *sans force*. Ou, mieux peut-être, est-ce un composé de ἀνὰ et ἀρκέω, repousser, chasser, ce qui est, en effet, la propriété de ce poisson dont le fluide électrique repousse et engourdit la main qui le touche.

Νάρτη, sorte de drogue ou de plante aromatique. Probablement syncope de ναρδίτη, de νάρδος, nard, plante et parfum.

Ou bien, pour νάρκτη, de νάρκη, torpeur, engourdissement que cette plante causait.

Νάσσω, gratter, frotter, raboter, aplanir, fouler. Est le même que κνάσσω ou κνάω, gratter, frotter, carder.

Ναῦς, vaisseau. Vient de νάω, couler, aller sur l'eau, couler avec l'eau, comme fait un navire, ou de νέω, nager et aller. Le vaisseau *nage*, *va sur l'eau*, c'est une habitation (peut-être νάω, habiter), un véhicule *nageant, coulant*, flottant. L'équivoque grecque de ναός, ναῦς, temple et vaisseau a donné lieu à celle de *nef*, qui a les mêmes acceptions. Remarquez, d'ailleurs, qu'un *vaisseau* est un *vase*, c'est-à-dire, une *capacité*, σκάφη (σκάπτω, creuser), un creux ; en espag., *buque* et même *vaso*, capacité et navire. Sous quelque point de vue qu'on le considère, ναῦς est donc un composé de ἀνά ou ἐν et de ἔω, aller ou habiter ; un objet qui *marche* ou *nage*, ou bien, une *habitation*. »

Νάφτα, naphte. Composé de ἀνά et ἅπτω, s'allumer, substance éminemment combustible.

Νεβρός, faon. Pour νέορος, qui se prononce de la même manière, de νέος, jeune. C'est, en général, tout jeune animal, le jeune, le petit, le nouveau, le récent. Ou bien, de νέω et βόρω ; m. à m., *nouveau mangeant*, qui commence à brouter, qui est sevré. Si νε est pour νη, ce sera l'idée opposée, qui ne broute pas encore.

Νεῖκος, dispute, querelle, débat. Composé de ἄν privatif, et εἴκω, céder ; m. à m., qui *ne cède pas*. C'est là précisément ce qui constitue la dispute, la *ténacité* naturelle, *teneo*, antithèse de *cedo*.

Νεῖλος, Nil. Le nom de ce fleuve célèbre est dans la langue grecque un composé de ἐν ou ἀνά et de εἶλυς, boue, limon. C'est le fleuve fameux par son *limon*, source de la fécondité de l'Égypte ; le fleuve *boueux*, en hébreu, *sihor*, c'est-à-dire, le noir, le sombre ; le trouble, ce qui revient au même, comme si l'on disait le *Niger*, autre fleuve d'Afrique également *boueux*, un autre *Nil*.

Νέκταρ, nectar, boisson des immortels. Composé de ἄν négatif, et de κταίρω, ou κτάω, tuer, faire mourir ; c'était la boisson qui entretenait, qui conservait l'immortalité.

Νέκυς et Νεκρός, mort, cadavre. Abrégé de τέθνεκος, participe parfait de θνήσκω, mourir, *mortuus* ; m. à m., *qui est mort*.

A moins que ce ne soit ἄνα εἴκω ; m. à m., décédé ; *cedo*, s'en aller.

Νέμεσις, Némésis ; vengeance, courroux, indignation. Pour μνέμεσις, de μνέμοω ; m. à m., *souvenir*, *mémoire* d'une injure reçue, rancune qui garde dans sa mémoire (en espag., *Te la guardo*, je m'en souviendrai, je te la *garde*). Car le *souvenir* des injures est précisément l'antithèse de l'*oubli* des injures, c'est-à-dire, du pardon. De νέμεσις vient νεμεσάω, se venger, être *indigné*, courroucé d'une offense, garder rancune.

ANALYSE ÉTYMOLOGIQUE DES RACINES GRECQUES. 311

On pourrait encore voir ici le verbe νέμω, distribuer, rétribuer, payer à chacun ce qui est dû. En un mot, la rétribution, la justice, la vengeance sont des paiements : *Tu me la payeras.*

Νέννος, oncle; sot, insensé. La première acception vient de νέγνος, ανέγνος, ou γενενός; m. à m., connu, ami, familier, de la même *race*, de la même *famille;* γνεσιός, parent, γενος, genre, parentée. La seconde vient de νέανος, νάννος, enfant, puéril, enfantin, sans raison, comme on l'est à cet âge.

Νέμω, distribuer, gouverner, faire paître, habiter. Verbe remarquable par la richesse de ses acceptions et de ses dérivés; est un composé de ἐν εἰμί, je *suis* en, j'*habite* en, ou bien de ἀνά εἰμί, je suis par, en, sur (quelque lieu). Le sens de faire paître vient de *être en,* habiter, *s'arrêter, stare,* station, établissement temporel, arrêt dans un lieu où il y a de l'herbe. Ou bien ἀνά ἔω, aller par, parcourir, le *parcours,* idée opposée à la précédente; mais qui peut très-bien se combiner avec elle sous le point de vue des habitudes des peuples pasteurs. La vie *nomade,* la vie de *parcours* a été de tout temps, et surtout dans l'antiquité, celle des pasteurs : l'hiver, c'est la plaine ; l'été, les montagnes. L'agriculture, qui vient avec la civilisation, fixa plus tard la demeure des peuples en leur donnant une nourriture assurée.

L'acception de diriger, gouverner, dérive naturellement de celle de *faire aller,* ἀνά ἔω, conduire, faire paître. D'où la fameuse race des rois pasteurs, expression qui n'est probablement autre chose qu'un pléonasme, car les bergers sont de véritables chefs, rois ou gouverneurs, comme en hébreu, *roë,* qui signifie roi et berger, et en grec, βασιλεύς, pour βοσι λεος; m. à m., pâture des peuples.

Quant à celle de donner, distribuer, rétribuer, il faut la rapporter à ἀνά εἶμαι, αναἴημαι; m. à m., *reddo, re-do,* je rends, je lâche, j'abandonne, je donne, ou, si l'on veut encore, de ἀνά εἰμί, je reviens, *reddo;* Car le verbe latin renferme aussi les deux sens *rendre* et *revenir,* comme en espag., *volver,* rendre et revenir ; et en français, *retourner,* rendre, revenir. Le latin *tribuo,* rendre, vient lui-même de τρέπω, tourner. Toutes ces analogies nous font penser que le verbe grec νέμω a pu se trouver dans le même cas.

Nous rappellerons, en finissant, l'expression française : « Cela me *revient* », pour « cela m'est *dû,* me doit être *donné* ».

Νέος, nouveau, récent, jeune. Si c'est adjectif n'est point un abrégé de καίνεος, καινός, qui a la même signification, c'est peut-être un composé de ἀνά et de ἔω; m. à m., qui *revient*, qui *vient*, qui *arrive*. De là, l'expression : « Il *vient* d'arriver », « il *vient* d'avoir lieu », pour « il est *arrivé* ». Une plante qui *vient* est une plante *jeune, nouvelle ;* un jeune homme est un homme qui vient, croît, pousse *nouvellement, récemment ;* la *nouvelle* lune est la lune qui *revient ;* le jour, l'année *nouvelle* sont le jour ou l'année qui *reviennent ;* ἀνά ἔω; de même que le vieux, l'ancien, est précisément l'opposé, c'est-à-dire ce qui s'en *va*, s'est en *allé, a passé, a disparu,* s'est *éloigné*.

On peut encore supposer ce mot un abrégé de γενεος; m. à m., naissant, qui *naît*, qui *apparaît*. Une chose *naissante* est une chose *nouvelle*.

Νεῦρον, nerf, corde. Est un composé de ἀνά et de ἔρυω, tirer, retirer : ἀνερύον, puis νερύον, C'est effectivement le rôle que jouent les nerfs, qui sont éminemment *contractiles, rétractiles,* et, par cette propriété, agissent sur les muscles et sont les agents de tous les mouvements du corps ; d'où les *tiraillements des nerfs*, maladie qui affecte si douloureusement certaines personnes. Les cordes se faisaient avec des tendons et des nerfs, et servent, d'ailleurs, aussi à *tirer, traîner, entraîner*.

Νεύω, pencher, incliner la tête. Est tout simplement une abréviation de μανύω, μανεύω, faire signe, signifier, indiquer, manifester, ou bien de κινεύω, mouvoir, agiter, branler ; κινέω (la tête).

Νέφος, nuage. Voy. κνέφος. A moins que l'on ne voie ici le verbe νεύω, νέω, nager, flotter, νευος; nageant, flottant, flocon.

Νεφρός, rein. Ce mot paraît être une métathèse du composé ενουρός, devenu νεουρός, puis νεφρός, qui sonne à l'oreille de la même manière; de ἐν et οὖρον, urine, ou, si l'on aime mieux, de ἐν οὐρεω, uriner. On sait, en effet, que les reins sont les sécréteurs, les formateurs de l'urine.

Νέω, nager, aller, venir, filer. Est un composé de ἀνά et ἔω, aller, aller par, en, sur, parcourir. Nager, c'est *aller par, sur* (l'eau), courir, couler *avec* elle ou *sur* elle.

Quant au sens de filer, il paraît tenir à δίνεω, tourner, retourner, car la filature consiste en un double tour, celui de la matière textile en *hélice*. Les Espagnols disent *hilo*, le tordu, retort, d'où *filum*,

ΑΝΑLYSE ÉTYMOLOGIQUE DES RACINES GRECQUES. 313

εἰλέω, tourner ; le fil n'est qu'une matière tordue. Et, de plus, il y a le *tour* du fuseau où il *s'enroule*.

A moins que, quant à cette seconde acception, on ne préfère y voir une abréviation de πονέω, travailler. Car le filage est le travail par excellence de la femme ; la quenouille est son domaine, comme le labourage est celui de l'homme.

Νή, certes, oui, par, particule affirmative employée, surtout dans les serments. N'est autre chose que ἀνά, par. Νὴ Δία, *par* Jupiter ; νὴ Ἀπολλόνα, *par* Apollon, pour ἀνά Δία... ἀνά Ἀπολλόνα.

Νή, négation, ne, non, sans. N'est autre que la négation ἄν, α. Le α ou η final n'est là que pour servir de liaison euphonique avec le mot qui suit lorsqu'il commence par une consonne, ou bien de contraction lorsque c'est par une voyelle. C'est l'abrégé de ἄν ἐά ; m. à m., *laisse*.

Νηδύς, ventre, entrailles. Composé de ἀνά et δύω, entrer, pénétrer, s'introduire, s'enfoncer. C'est, m. à m., l'*intérieur*, la *profondeur*, le *fond*.

Νηνία, chant funèbre, chanson triste. Est un abrégé du composé ἐνάνια, ou ἀνανία, des prépos. ἐν ou ἀνά et de ἄνια, tristesse, affliction ; m. à m., *en affliction*, *par affliction*.

Ou bien, pour νεανία, chant analogue à celui des enfants ou des insensés, et tel qu'il était en usage dans les cérémonies funèbres où l'on s'arrachait les cheveux et faisait mille contorsions et grimaces exagérées de douleur.

Νήπιος, enfant. Composé de la négation νή et ἔπω, parler ; m. à m., qui *ne parle pas*, ce qui répond exactement au latin *infans*, qui vient de φάω, parler, avec la négation *in*.

Νηρω ou Νερω, Néron. Le nom de cet empereur, si célèbre par sa cruauté et sa dépravation, est probablement un abrégé de l'adjectif grec πονηρός qui signifie méchant, pervers, scélérat, dépravé, vil. Son nom, dans ce cas, aurait été véritablement prophétique.

Νῆσος, île. De νάεω, νέω, naviguer, voguer. Une île est un lieu éminemment *navigable*, un lieu vers lequel il est nécessaire de *naviguer* pour s'y rendre. Ou bien de νέω, nager, à cause, peut-être, de l'idée de masses ou terres *nageantes*, *flottantes*, que durent concevoir les premiers hommes qui aperçurent les îles et les îlots, ne concevant pas que ce fussent des terres semblables aux continents.

Νῆσσα, canard. Oiseau éminemment nageur ; de Νέω, nager.

Νῆστις, qui est à jeun. Formé de νή et ἔδω, manger ; ne présente aucune difficulté.

Νήφω, veiller, être sobre. Ce verbe est une abréviation du composé λυχνήφω, de λύχνη, lampe, et ἅπτω, allumer, ou φάω, briller ; m. à m., qui *allume* ou fait *briller* sa lampe, sa *veilleuse,* comme nous disons parfaitement en français ; car la lampe est un appareil indispensable pour les *veillées* de la nuit. De là, l'expression usitée chez les Grecs : « Ouvrage qui sent l'huile », c'est-à-dire, composé pendant les veilles de la nuit, à la lumière de la lampe.

La signification de sobriété, tempérance, découle évidemment de celle de vigilance, pratique incompatible aux hommes soulés, ivres, intempérants à l'endroit de la boisson, qui se trouvent presque toujours endormis, assoupis profondément.

Ou bien est-ce un composé de νή, négatif, et πῶ, πόω, boire ; m. à m., *ne pas* boire. L'abstinence du vin évite à la fois la folie et l'assoupissement, qui sont les deux antithèses de la *sagesse* et de la *veille* ou *vigilance*. De là les dérivés νήπτης, νηπτικός, contractions de νήποτης, νηποτικός, qui marquent clairement leur origine : πόω, boire.

Νίγλαρος, petite flûte, petit fifre. Est probablement une transposition ou corruption de γίγγλαρος, même signification, et dérivé lui-même de γίγγρα, flûte, hautbois.

Νικάω, vaincre, surmonter, l'emporter. Est un composé de ἄν, négatif, et de εἴκω, céder ; m. à m., qui ne cède pas, qui résiste, la résistance constitue, en effet, la victoire ; celui qui résiste, qui *ne cède pas* est le vainqueur, de même que celui qui *cède* est le vaincu. Tout cela est simple et naturel.

Νίπτω, laver. Peut être un composé de ἐν et εἴβω, ou ἀνά εἴβω, verser, arroser, répandre sur, par. C'est la manière de laver, d'asperger, d'arroser avec de l'eau, νίβω ; ou bien *fondre, dissoudre* (les taches, les ordures), car εἴβω signifie tout cela.

Νίζω. Quant à celui-ci, ce peut être une simple variante du précédent, ou bien de κνίζω, *abstergeo* ; m. à m., *essuyer, frotter, nettoyer*.

Νίτρον, nitre. Vient évidemment d'un des deux verbes précédents, car ce sel est le résultat du *lavage* des terres, νίπτρον, un véritable *lavage* ou *lotion*. Il était, en outre, employé à *détacher, laver* et *nettoyer*.

Νίφος, Νίψ, neige. Composé de ἐν ou ἀνά et εἴβω, fondre. Ce météore est remarquable par la propriété de *se fondre* peu après sa chute. C'est, m. à m., la *fondante*.

Son éclatante blancheur, analogue à celle du *nitre*, pourrait aussi faire supposer qu'il faut rapporter ce mot à νίπτω, laver, blanchir.

Et comme la neige forme aussi des flocons, en espag., *copos* (exactement comme la laine), on pourrait voir dans son nom grec la même étymologie que dans κνέφος, νέφος, nuage, et n'y voir qu'une *raclure*, κνάπτω, un fétu, un duvet, un flocon, c'est-à-dire, précisément la forme sous laquelle se présente la neige.

Νόθος, bâtard, illégitime. Pour γνόθος, de γνόω, connaître, reconnaître. C'est, proprement, des enfants *reconnus*, adoptifs, *reconnus* de leur père comme siens, par opposition aux enfants issus du mariage, qui n'ont pas besoin de cette formalité. Les Espagnols se servent encore du mot *reconocido*, dans la même acception que le grec νόθος. Ce peut être encore l'idée contraire, ἄγνωθος, non reconnu, non légitime, qui reste, par conséquent, toujours bâtard, opposé à γνήσιος, de γνόω; m. à m., le *reconnu*, ou, si l'on veut, γενήσιος, de γένος, le *noble*, de *race*, issu de bonne et légitime *race*.

Νόμος, loi, coutume, habitude, règle. Voy. le verbe νέμω, diriger, gouverner, distribuer, régler, arranger, et même habiter (habitude).

Νόος, esprit, intelligence. Pour πνόος; m. à m., *souffle*. De même que le latin *spiritus*, de *spirare*, souffler; *anima*, de ἄνεμος, souffle, vent. L'homme n'a pu rencontrer dans le monde physique un corps plus subtil que le vent, le souffle, l'air, pour exprimer ce qu'il y a de plus subtil aussi dans cet être complexe qui forme l'espèce humaine. Peut-être, en choisissant ce mot, l'homme avait-il en vue un rapport plus direct, plus physique encore contre l'intelligence, l'âme et le souffle, la respiration. Il observait, en effet, que l'on perd *connaissance* et *intelligence*, en cessant de *respirer;* que l'on rendait l'*âme*, l'*esprit*, en rendant le dernier *soupir*, le dernier *souffle*; que la respiration, était, en effet, le symptôme et l'élément indispensable de la vie, c'est-à-dire, de l'*union* de l'âme, de l'intelligence avec le corps. Pour eux, par conséquent, ce souffle, cette respiration, c'était l'esprit.

Νορύη, euphorbe. Le nom de cette plante est l'abrégé du composé de ῥινός, nez, et ῥύω, tirer ou couler. Ses émanations, lorsqu'on la broye dans les pharmacies, produisent des éternuments et même des flux de sang par le nez. Ρινορύη est devenu νυρύη; m. à m., *coule-nez*, ou *tire-nez*.

Νόσος, maladie, infirmité. Paraît être un composé de *a* priv. et de σόος, sain, sauf, et, par une métathèse, ἄνοσος, ἀν ὁσος, non sain, *in* validus, *in* firmus.

Νόστος, retour. Paraît être un adjectif verbal de ἄνεω, ἀναέω, revenir, retourner. C'est, m. à m., la *revenue*; ἀνεστί, il revient, ἀνεστός, revenu.

Νόσφιν, séparément, isolément, à part. Cet adverbe est une abréviation de μονοσφίν, composé de μόνος, seul, isolé, et de la particule explétive φιν.

Νοτίς, humidité. Est une simple abréviation de ὑδοτίς, d'un verbe ὑδαίνω, inusité, être aqueux, humide : ὕδωρ, d'où ὑδνόω, ὑδνός.

Νότος, vent du midi, *notus*. A la même étymologie que νοτίς, humidité, que nous venons de voir. Le vent du midi est effectivement le vent humide par excellence, surtout pour la Grèce et l'Italie, auxquelles il apportait la pluie qu'il recueille à son passage avec les évaporations de la Méditerranée. C'était le vent de Libye, ainsi nommé par le même motif, quoique d'une racine différente (λείβω, verser, arroser), contrée d'où venait l'humidité, la pluie.

Considéré sous un autre aspect, le vent du midi était encore le vent de l'humidité dont il couvre le corps par la sueur qu'il cause, d'où le nom moderne de *sud;* qui n'est autre que le *sudor* des Latins ou le ὕδωρ des Grecs. C'est le *vent de la sueur,* le *vent de l'eau.*

Νύμφη, jeune mariée, épouse nouvelle; chrysalide. Ce mot remarquable paraît être composé de la préposition ἐν et de ὑμήν, membrane. C'est, proprement, la vierge qui garde encore ce signe précieux de son état. D'où le proverbe « *Prima venus cruenta* »; c'est la jeune vierge encore intacte, *integra*.

La nymphe ou chrysalide se trouve dans sa *membrane,* dans sa *coque,* d'où elle ne sort qu'à l'état d'insecte parfait. C'est donc toujours l'état de membrane, membraneux, ἐν ὑμήν. Ou bien encore de ἐν et ὑφάω, tisser, ὑφανσις, tissage : ἐν ὑφαίνω, ἐν ὑφανσις, et, par métathèse du ν, νύνφαω, νυνφασις, νέκψάω, νύμφασις. La membrane des chrysalides est un *tissu* qu'elles se *tissent* elles-mêmes ; l'autre, de nature différente, en a reçu le nom par son analogie de forme, de consistance et d'aspect avec le *tissu*.

Νῦν, maintenant, à présent, à cette heure ; donc, certes, eh bien. Adverbe composé de ἐν et de εἶναι, ou ἔω, être. Pour ἐν οὖν, ἐν ὄν, ou ἐν εἰν ; m. à m., *en étant*, ou *en être*, que l'on peut traduire par *présentement, à présent, à l'instant*, qui sont composés aussi de *præ esse* et de *in stare*, par conséquent, parfaitement analogues à νῦν (ἐν ὄν), ou (ἐν οὖν), ou (ἀνά ὄν), étant en, étant par, existant, subsistant, étant en présence.

Νύξ, la nuit. Vient du verbe ἀνύτω, ou, mieux, de son parf. ἤνυκα, finir, achever. La nuit est précisément la *fin* du jour, l'*achèvement* de la lumière, le *terme* de la journée.

Νύσσω, piquer, égratigner. Le même que κνύω ou κνύσσω, piquer, gratter, égratigner. Ou, si l'on veut, de ὄνυξ, ongle, ὀνύσσω. L'ongle est l'instrument du grattage et de la piqûre.

Νυός, bru, jeune épouse, épouse du fils. Vient de νέος, νεός, jeune, nouveau. C'est, en général, une *jeune* épouse, ou une épouse *nouvelle*, mais surtout par rapport aux beaux-pères, qui la regardent comme *nouveau* membre de la famille.

Νυστάζω, sommeiller. Est un simple fréquentatif du verbe νεύω, pencher, hocher la tête, comme font ceux qui dorment dans une position verticale, et, par conséquent, d'un sommeil léger.

Νώγαλα, friandises, assaisonnements. Pour ἀνώγαλα, du verbe ἀνωγῶ, exciter, ouvrir, ranimer. Ce sont tout bonnement des mets ou des assaisonnements, des sauces qui *ouvrent, excitent* l'appétit. En espag., on dit *abrir el apetito*.

Νωθής, tardif, pesant, stupide, lourd. Est simplement un abrégé de ὀκνωθής, ou, mieux encore, de ὑπνωθής, des verbes ὀκνόω, être lent, lourd, paresseux, de ὄκνος, ou ὑπνόω, être endormi, sommeiller, assoupir. C'est, m. à m., *assoupi*.

Ou, si l'on veut encore, de ἀνά et ὠθέω, pousser ; m. à m., *poussé*, qu'on *pousse*, qu'il faut pousser, exciter, presser.

Νῶκαρ, assoupissement, sommeil profond, léthargie. Abrégé du composé ὑπνῶχαρ, du verbe ὑπνώσσω, être profondément assoupi, et peut-être χάρη, tête.

Ou bien de ὕπνος, sommeil, et χάρ, pour κήρ, mort ; m. à m., *sommeil de mort*, semblable *à la mort, sommeil fatal*.

Νωλεμὴς, constant, assidu, continuel. Cet adjectif poétique peut être un composé de ὀκνός, paresse, lenteur, et λείπω, laisser, abandonner, qui laisse la paresse, qui manque de paresse. Ou bien de νὴ et de λείπω ; m. à m., qui ne laisse pas, qui ne lâche pas, *tenace, qui tient*, qui dure. Ou bien encore de ἐναυλέω, ναύλεω, νωλέω, qui demeure, reste, subsiste.

Νῶτος, dos, échine. Est tout bonnement ἀνῶτος, de l'adverbe ἄνω. C'est, en effet, le *haut*, le *dessus*, la partie supérieure, la surface d'un objet qui regarde le ciel, soit animal ou inanimé ; le latin *tergum*, pour *tegrum*, de *tego*, couvrir, surmonter. Porter sur le dos, c'est porter *sur, dessus, en haut*, sur le *haut* du corps.

Νωχελής, lent, paresseux, lourd. Est un composé de νὴ et de ὀχλέω, mouvoir. C'est, m. à m., qui ne se *remue pas*, difficile à *mouvoir* : νωχλεής. Il y a une transposition.

Ou bien encore ὀκνοέχω, ὑπνοέχω, retenu par la paresse ou le sommeil ; ou ὄκνω et λέχος, *lit* et *paresse*, choses corrélatives. Ce serait, dans ce dernier cas, une transposition de νωλεχης.

Ξ

Ξαίνω, Ξέω et Ξύω, carder, râcler, gratter, égratigner, déchirer, polir, raser, raboter, étriller. Peut fort bien n'être autre chose qu'une belle onomatopée qu'on croit entendre résonner à ses oreilles avec le bruit de la *scie*, de la pierre du rémouleur, du rabot du menuisier, en un mot, de tout ce qui frotte, aiguise, fend (scie, scinde) avec un sifflement plus ou moins marqué.

Si cela ne satisfait point, nous pourrons rappeler ici le verbe ψάω, qui a les mêmes acceptions, et qui est peut-être le même que ξάω. Voy. ψάω.

Et comme l'ongle est le principal instrument du grattage, du râclage, parce que c'est celui que nous fournit la nature, et que c'est sur lui que sont calqués ceux que, plus tard, ont fournis les arts, nous pourrons soupposer que tous les verbes en question ne sont que des abrégés de ὀνύξαω, ὀνύξεω, etc.; m. à m., *agir des ongles, égratigner*.

Rappelons-nous encore l'adjectif ὀξύς, aigu, piquant, qui aura pu fort bien engendrer ὀξαίνω, ὀξέω, ὀξύρω, piquer, égratigner, carder, déchirer, aiguiser, rendre aigu, frotter, râcler, raboter, opérations qui toutes doivent se faire avec un instrument *aigu*, ὀξύς.

Nous pouvons en dire autant de πῆξις, qui a pu former πηξαίνω, πήξεω, πήξυω, ficher, enfoncer, peigner, carder; nous avons déjà vu κτείς, peigne (instrument de la carde et de la raclure), pour πηκτείς, du verbe πάγω, ficher, enfoncer, implanter.

Ξανθός, jaune, roux. Mot à mot, couleur du safran; de ξαίνω, racler, carder, épiler. Le safran, qui donne cette belle teinte, n'est effectivement qu'un *grattage*, un *épilement*, un *cardage* des étamines d'une fleur. D'où son autre nom κνῆκος, qui signifie, proprement, le *gratté, raclé, épilé*.

Nous ferons aussi remarquer, en passant, l'analogie du composé ἔξανθός et la nature du safran, qui est réellement un *défleurement* ou le produit d'une *fleur* (ἐξ ἄνθος), de même que celle que fournit la langue latine dans *carminare*, carder, gratter, et la couleur *carmin* du safran. *Carmin* répond parfaitement à κνῆκος et à ξανθός, les *raclés, grattés*.

Ξαντικός, mois d'avril chez les Macédoniens. Abrégé de ἐξανθικός, de ἐξανθέω, fleurir. C'est le mois de la *floraison*, où paraîssent les premières fleurs. Nous avions aussi jadis notre mois *floréal*.

Ξένος, étranger, hôte. Est composé de ἐξ et de εἶναι, qui est *hors*, de *dehors* : *extraneus*. Rien de plus simple.

Ξηρός, sec, aride. Est un composé de ἐξ et ἀήρ, l'air, le vent, le souffle, ou ἀέω, souffler, principaux agents de la sécheresse, de la dessiccation, de l'aridité, comme nous l'avons vu déjà dans αὐστηρὸς, sec, aride, de αὔω, souffler, faire du vent. Pour sécher un objet, on n'a qu'à l'exposer à l'air libre, au vent.

Ξίφος, épée, poignard. Peut être un composé de ὀξύ, et de ἵπτω; m. à m., *frapper de la pointe*, du côté *aigu*, d'estoc, comme on fait avec les armes qui n'ont que la pointe, comme l'épée, pour les distinguer de celles qui ont du tranchant comme sabres, glaives, haches, qui frappent aussi de *taille*. Ou bien de l'éolien σκίφος, mince, grêle, étroit, et non large comme le glaive. Voy. plus bas σκίφος, épée, poignard.

Ξουθός, jaune, roux. De ξέω, comme ξανούς, de ξαίνω, couleur de safran. Ce mot pourrait encore être composé de ἐξ et ἀέω, sécher, dessécher, comme ἔξαυω, qui a fait *exaustus*, desséché, consumé, ἔξεοθός, ἔξουθός; m. à m., l'exposé au vent, le desséché, comme *flavus*, jaune, de *flao*, souffler.

Ξύλον, bois. Ce mot est un composé de ἐξ et ὕλη, forêt, c'est un produit de la *forêt*; comme, en français, *bois* signifie les deux choses. Ou bien de ὕλη, dans son acception de *matière*; car le bois était, dans les temps primitifs surtout, où les métaux n'étaient point encore connus, la première *matière*, la *matière* par excellence, la matière presque unique que l'homme ait mis en usage pour ses habitations, ses armes, ses meubles, ses temples même, qui, dans l'origine, furent construits en bois. Aujourd'hui encore les Espagnols l'appellent *madera*, qui n'est autre chose que le latin *materia*, et, par conséquent, le grec ὕλη.

Mais le bois est encore la partie *dépouillée* de l'écorce, la partie *raclée, grattée, écorchée, pelée* que nous appelons aubier. Ξύλον vient donc peut-être de ξύω, racler, gratter, dépouiller, ou ἔξύω (antithèse de ἐνδύω, revêtir), dépouiller, déshabiller (comme σκῦλον, dépouille, pelure, qui est le même mot avec une autre orthographe). C'est qu'en effet, l'opération préliminaire que subit le bois pour être employé est l'enlèvement de son écorce, son *dépouillement*.

Ξύν, avec. Est un abrégé de ζευξύν, ou μίξυν, ou εἴξυν, de ζεύγω, μίγω, εἴκω, joindre, ou mêler, ou rassembler.

Ξυνός, commun, uni. Pour συνός, de σύν. A moins que l'on ne veuille voir ici μιξύνος, ζευξύνος, des verbes μίγω, mêler, ζεύγω, réunir, unir. Le latin *cum* est l'abrégé de *juncum, junctum*, ou bien *quum*, de *æquum*, égal.

Ξυστόν, lance, bois de lance. De ὀξύς, aigu. Dans l'origine, ce dut être un échalas *pointu*, rendu *aigu* à l'une de ses extrémités. S'il s'agissait du bois d'une lance armée de son fer, ce serait un dérivé de ξύω, gratter, polir, écorcer, opération indispensable aux bois destinés à cet usage, qui n'admet que l'aubier, c'est-à-dire, la partie ferme et solide du bois.

Ce mot ξυστόν marque aussi le lieu où les athlètes se préparaient à la lutte; c'est-à-dire, où ils se *frottaient*, ou bien, où ils se *dépouillaient* de leurs vêtements; ξύω, frotter, ou ἔξυω (opposé à ἐνδύω, vêtir), dépouiller.

On sait que les athlètes se frottaient le corps avec de l'huile, du sable, ou d'autres ingrédients.

O

Ὄαρ, épouse, compagne. Paraît être une des formes du verbe ἄρω, unir, allier, ajuster, concerter, défigurée par les poètes.

Ou bien du verbe ἔραω, aimer, altéré par les mêmes licences. C'est proprement une *compagne*, une *unie* (la moitié d'un tout); ou bien une *bien-aimée*. Mais ce mot signifie aussi entretien, conversation intime, venant de ὁράω, voir, ὅρα; m..à m., *vue, entrevue, visite* (*video, visere, visitare*).

Ὀβελός, broche, aiguille, pieu, virgule, trait. Paraît tenir à la même famille que ὄπη, trou, ὀπεύς et ὄπεας, alène, aiguille de cordonnier, à cause de l'œil, ὄπη, ὄψ, qui la caractérise; en espag., *ojo*. Les Espagnols disent aussi *aguja*, aiguille, et *agujero*, trou. L'aiguille, en effet, sert à faire des trous, et en porte elle-même un à son extrémité la plus grosse.

Ou bien faudrait-il voir ici un abrégé de στροβελος ; m. à m., *la tournante*, rôle de la broche ; *veru* en latin, de *verto*, tourner.

Ou bien, enfin, est-ce un dérivé de ὀπτάω, rôtir ; m. à m., un *rôtissoir* ; en espag., *asador*, de *asar*, rôtir. La broche, en effet, a toujours servi à cet usage, et plus particulièrement dans les temps primitifs, où faute de bonne poterie, par l'ignorance de l'art céramique et métallurgique, on ne connut guère pour les viandes d'autre assaisonnement que le rôti au feu. Les Grecs des temps héroïques ne mangeaient que des rôtis ; la broche a dû donc y être appelée *rôtissoir*.

Ὀβολός, obole, sorte de monnaie. Pour ὀβελός. Cette monnaie, la première et la plus petite qu'eurent les Grecs, avait la forme de petites baguettes ou aiguilles, ou petits prismes en fer ou en cuivre, coupés d'une plaque ou d'un cylindre de ces métaux. C'étaient nos *barres* et nos *lingots* actuels, reçus encore dans le commerce comme monnaie, et l'unique des peuples primitifs. Ce peut encore être βοολός, de βόος, bœuf, à cause de l'empreinte de cet animal.

Ὄβρια, petits des animaux, progéniture, portée. Ce mot est une altération de ὄμβρια, pour ἔμβρια, du verbe ἐνβριάω, multiplier, augmenter. C'est donc proprement *multiplication*. Ou bien pour ἔμβρυα, de ἔμβρυω, embryon, petit, nouveau-né.

Ὄβριμος, violent, fort, impétueux. Doit se rapporter à la particule βρῖ, fortement, violemment, que nous avons vue en son lieu.

Ou bien à ὕβρις, violence, excès, force, insulte, que nous verrons plus tard. Ce serait alors proprement un *excès, excessif*, qui *surpasse*, de ὑπέρ, sur, dessus, par dessus.

Ou bien pour ὀμβριμός, semblable à la *pluie d'orage*, à l'*averse*, à la *tempête*. Nous disons en français : « un *flux* de paroles, une *averse* d'invectives, un *déluge* de maux », pour « *beaucoup, fort, force* paroles, invectives, » etc., etc.

Ὄβρυζον, or pur. Ce mot nous rappelle involontairement le fameux *Ophir*, pays de l'or, nom qui a passé peut-être dans la langue grecque, de celle des Phéniciens, qui faisaient le commerce de ce métal précieux.

Nous hasarderons, cependant, une autre étymologie, βόρυζον, par métathèse ὄβρυζον, de βόρος, bourbier, boue. C'est du lavage du limon des fleuves que l'on extrait l'or pur ou natif, qui se distingue, par cette circonstance, de celui qui se trouve combiné avec l'argent et le cuivre, et qui n'a pu s'exploiter que beaucoup plus tard, avec le perfectionnement de la métallurgie. Χρυσός, son synonyme, vient de ἐκ ῥύω, entraîner. C'est un métal de *boues*, de *graviers*, de *transports*.

Ὀγκάω, braire. De ὀνικάω, ou ὀνοκάω, *imiter l'âne, agir en âne, faire l'âne*; ὄνος, âne. Ou bien est-ce *gonfler, grossir*, donner du volume à la voix, du mot suivant ὄγκος, enflure, grossissement, gonflement.

Ὄγκος, poids, masse, gravité, fierté, orgueil. Est une syncope de ὄνικος, d'âne. L'âne est, en effet, tenu pour un type de lenteur, de lourdeur et de gravité. C'est un *lourdaud*, à la démarche *grave* et *pesante*, type qui a passé dans les proverbes et les fables. On sait que l'orgueil et la fierté se manifestent à l'extérieur par une démarche semblable. On peut encore y voir simplement le verbe ὀνόω, charger, accabler, d'où ὀνικός, qui charge, accable. Tumeur et enflure ne sont que des acceptions subsidiaires qui découlent naturellement de celles de *masse* et de *grosseur*, comme notre français *gros* et *grossier*, synonymes de *lourd, massif, lourdaud*.

Ce mot peut encore être un dérivé du vieux verbe ἔγκω, porter, qui, dans son composé ἐνέγκω, a prêté ses temps à φέρω, porter. Il répondrait parfaitement alors à son synonyme φόρτος, qui vient également de φέρω.

Ὄγκος, crochet d'une flèche. Syncope de ὄνυχος. C'est, en effet, un *ongle*, un *onglet*, appendice recourbé de la pointe, tel que celui de la gaffe des bateliers.

Ὄγμος, sillon, labourage, ligne, rangée, sentier. Pour οἴγμος, de οἴγω, ouvrir, déployer, découvrir, étendre. C'est une *ouverture*, soit dans la terre, soit pour pénétrer dans un lieu. Nous disons en français : « ouvrir une route », « ouvrir la terre par un sillon », etc.

Ὁδός, voie, route, chemin. N'est autre que ἕδος, terre, sol; car c'est précisément sur elle que l'on marche, que l'on chemine, que l'on foule, que l'on *bat*. C'est pour cela que ce mot en ionien se prend aussi pour *seuil* (sol), pavé, entrée que l'on foule, ou l'on pose, repose, arrête, finit sa marche, d'où les acceptions opposées d'entrée et de sortie, de commencement et fin que l'on donne au mot οὐδός, qui n'est autre chose qu'une légère altération de ὁδός, et qui pourrait passer pour son synonyme. Le *terme* du voyage est le *pavé*, le *sol*, le *seuil* de la maison.

Les Espagnols disent encore aujourd'hui *mal piso*, de *pisar*, fouler, marcher, pour *mal camino*, mauvais chemin.

Ὀδούς, dent. Vient de ἔδω, manger; de là l'éolien ἔδοντες, pour ὄδοντες. Les dents sont, en effet, le principal agent de la *mastication*, de la manducation, qui consistent à *pétrir* (μάσσω, mâcher) les aliments.

Ὀδύνη, douleur. Vient du précédent, ὀδούς. C'est, m. à m., un coup de dent; une morsure, armes offensives des bêtes et même de l'homme sauvage. Nous disons d'une manière analogue que c'est une *pointe*, un *clou*, un *glaive* de douleur.

Peut être encore proprement le *mal aux dents*. C'est, en effet, le type de la douleur aiguë; c'est, d'ailleurs, la première douleur intense et vive que l'humanité ressent dès sa première enfance, occasion de tant d'autres maladies du premier âge, au moment de la dentition, période critique de la vie, qui enlève, sans exagération, la moitié du genre humain dès le berceau.

Ὀδύρομαι et Ὀδύσσομαι, se plaindre, éprouver de la douleur ou de l'indignation. Verbes formés de ὀδούς, ou de ὀδύνη. C'est proprement le latin *dolere, condolere*, ressentir de la douleur, de l'irritation, de l'indignation, supporter avec *peine*. C'est, en un mot, recevoir un *coup de dent*; ou, peut-être mieux encore, *montrer les dents, grincer des dents, agir des dents* contre quelqu'un, expression primitive et naturelle de la colère.

Les Espagnols disent *a rega ña dientes*, en agace dents, à grince-dents, à belles dents. Le latin *odire*, haïr, vient de ὀδούς, dent.

Ὄζος, nœud et branche d'arbre. Ce mot, s'il ne vient pas de οἰδάω, gonfler, tuméfier, comme les nœuds, tumeurs et protubérances des arbres, paraît être une métathèse de ζόος; m. à m., vivace, vivant. C'est le rejeton qui pousse sur le *nœud* qu'a laissé la branche *morte* ou coupée après sa chute; c'est, en quelque sorte, un *vivant*, ζόος, sur un cadavre, ou sur la place d'un *mort*.

Ὄζω, sentir, exhaler une odeur. Verbe qui tire son origine de ἄω, ἀέω, ἀάζω, ἄοζω; m. à m., souffler, exhaler, respirer, aspirer. L'odeur est un air chargé de particules volatiles qui *s'exhale, s'expire* d'un corps, et qui est *flairé* (de *flao*, synon. de ἄω), *humé, aspiré* par les narines.

C'est, des deux cotés, un véritable *souffle*, ἄω, *flao*, d'où *flairer*. Nous disons en français *respirer des odeurs*, pour sentir.

Ὄθομαι, s'inquiéter, avoir souci. Paraît être pour θόομαι, de l'adjectif θοός, prompt. C'est, m. à m., s'empresser, se hâter, être actif, diligent, prompt, vif; le latin *inquietus*, non tranquille, qui se meut, remue, agite. Remarquez que ὄθω, ou ὤθω, signifie aussi pousser, mouvoir, agiter, ce qui vient confirmer notre étymologie, ou nous en fournit même une seconde : se pousser, s'exciter, s'empresser, *être agité*. L'agitation, le mouvement sont, en effet, le caractère principal de la sollicitude et du souci. En français, *se donner du mouvement, s'agiter*, sont synonymes d'*avoir soin*.

Ὀθόνη, voile de vaisseau, linge, toile légère. Pour θοόνη, de θοός, léger, qui rend *léger, rapide;* ou bien qui *pousse*, ὤθω, met en mouvement, comme fait la voile à l'égard du vaisseau; ou est *poussée, agitée*, ὀθομένη, par le vent, comme le sont, en effet, toutes les voiles et les voiles des femmes; ou, enfin, du verbe ἄω, souffler, abrégé de ἀοθείς, ἀοθόνη, la soufflée.

Ὀθρύς, bois, montagne, forêt. Transposition de ὀρθύς, de ὀρθός, élevé, haut. Ou bien composé de ὄρος, montagne, et τίθημι, placer, situer, *placé sur une montagne*, comme le sont ordinairement les forêts.

Οἴαξ, gouvernail, ou simple barre qui servait à cet usage. Ce mot, qui paraît appartenir à la marine, n'est cependant qu'un emprunt que cet art a fait à celui beaucoup plus ancien des bergers. Οἴαξ, en effet, dérive de οἴς, brebis, et ἄγω, conduire, et n'a été, par conséquent, autre chose, dans l'origine, que la *houlette*, le bâton avec lequel on conduit et dirige les troupeaux de brebis. L'analogie de l'emploi et probablement de la forme a amené naturellement l'identité du nom.

Οἴβος, certaine partie du cou du bœuf. Transposition de βοιός; m. à m., *de bœuf*, appartenant au bœuf.

Οἴγω, ouvrir. Ce verbe paraît venir de εἴκω, céder, lâcher, par son parf. 2 ἔοιγα. C'est un *relâchement*, une *cession* de ce qui *tient bon, ferme* (fermé), c'est-à-dire, *affermi*. Le latin *aperio* n'est autre que ἀπό, ἔρυω, *retirer, céder; resero, re sero*, relaisser, relâcher.

Οἰδάω, s'enfler, se gonfler. Ce verbe vient évidemment d'un parf. 2 de ἀέω, ἄεζω (ἤοιδα). C'est, m. à m., être *soufflé, insufflé*, rempli par le *souffle*, par le *vent*. C'est précisément la manière d'enfler et de gonfler ; en latin, *in flao*, souffler dans.

Ὀϊζύς, pleurs, lamentation, tristesse. C'est, m. à m., cri de ὄï, ὄï, ὄï, comme οἰμώζω, que nous verrons plus bas.

Οἶκος, maison, habitation. Ce mot n'est autre chose qu'un dérivé du verbe εἰμί, être, exister, par son parfait ou aoriste ἔοικα ou εἴκα, qui, quoique inusité, a dû cependant laisser des traces dans ses composés et ses dérivés. C'est donc proprement le lieu où l'on *est*, en espag., *estancia*, le lieu où l'on *vit*, où l'on habite, où l'on *existe*, où l'on se trouve, où l'on demeure, où l'on reste. C'est l'analogue de l'hébreu בית, composé de היה et de ב, *être dans*.

Οἶκτος, compassion, pitié. Même racine que ὀïζύς et οἰμώζω ; c'est le cri, la lamentation, les pleurs que nous arrachent les malheurs d'autrui ; l'affliction que nous cause l'affliction que souffre notre prochain. Une chose *piteuse*, digne de *pitié*, est une chose *lamentable*, *déplorable*.

Οἴμη, chemin, voie. De εἶμι, aller ; m. à m., *allée*, allure, marche.

Οἰμάω, qui marque une allure impétueuse, doit probablement se rapporter à ἵεμαι, se jeter, se lâcher, se laisser aller, se lancer, se pousser.

Οἰμώζω, lamenter, crier *oï*, *oï*, *oï*. Cri de tous les temps et de tous les peuples. C'est un des mots du dictionnaire de la nature.

Οἰνάς, pigeon sauvage. De οἶνος, à cause de sa couleur vineuse, comme en hébreu, *iaïn*, vin, et *ione*, pigeon, colombe, par le même motif.

Οἶνος, vin. Le nom grec du jus de la vigne n'est autre chose qu'une métathèse de ὄνιος, ὄνειος, utile, bienfaisant, secourable. Le vin est, en effet, une boisson qui ranime et soutient les forces de l'homme, et l'aide à supporter le travail et la fatigue, en même temps qu'il lui donne la joie et la bonne disposition qui accompagne la vigueur. C'est donc la boisson éminemment *utile*, *aidante*, *confortante*, *confortable*, comme on dit aujourd'hui.

Malgré ce qui précède, on pourrait cependant voir dans le mot en question l'adjectif ἰόνιος, *ionien*, puisque les Grecs, recevant de l'Ionie la culture de la vigne ou le vin déjà fabriqué, ont pu très-bien l'appeler la liqueur *ionienne*, comme aujourd'hui encore nous disons : j'ai bu du porto, du xérès, du médoc, du malaga, etc., etc., pour le vin de ces pays-là. Remarquons, enfin, que les Hébreux l'appellent *iain*, les Arabes *ionan*, d'où le mot a pu passer en Grèce par l'entremise des Ioniens, Asiatiques aussi eux-mêmes.

Ο'ος, seul, isolé. Est un abrégé de ἰοῖος, de ἴος, un, unique, nom de nombre.

Οἷος, quel, lequel, le même que. Dérivé du pronom relatif ὅς, qui, quel, lequel. « Lequel homme, le même homme, sont des locutions synonymes de *l'homme qui.* »

Ὄϊς, brebis, femelle du bélier. Pour οὖϊς, de οὖς, oreille ; οὐῖς, ou οὐῖος, signifie proprement *qui a des oreilles*, *l'oreillée*, la *munie d'oreilles*, pour la distinguer du mâle, du bélier, du *cornu*, κριός, κεριός, corné, dont la tête est munie de cet appendice dont manquent les brebis. Ou, peut-être mieux encore, du verbe οἴω, porter, produire ; m. à m., la *porteuse*, celle qui porte, produit, est pleine, *la pleine*, pour la distinguer de la brebis-agneau. En espag., *de vientre ;* c'est l'analogue du latin *gestans*, et de l'hébreu פרה, vache, de פרא ou פרה, porter.

Ὀϊστός, trait, flèche. Pour ιοστός, de εἷμαι, envoyer, lancer, jeter, *missile ferrum ;* βέολς, son synonyme, de βάλλω, lancer, jeter.

Οἶστρος, fureur, élan, emportement, enthousiasme. Du précédent ; c'est ὀϊστερός ; m. à m., l'*aiguillonneur* ou *aiguillonné, piqué, piqueur, percé* par un trait. Nous disons en français : « Quelle mouche vous *pique?* Quel est le motif de votre colère ? »

La signification de taon s'explique d'elle-même : c'est l'insecte porteur d'un trait, d'un piquant, d'une flèche, et le laissant ordinairement dans la blessure.

Οἰσύα, saule, osier. Vient de ὀΐζω, pleurer. C'est, m. à m., le *saule pleureur*, dont les branches longues et pendantes sont si utiles, à cause de leur flexibilité, et ressemblent fort bien à la chevelure d'une femme désolée et en deuil.

Οἴσυπος, suint, graisse, crasse de la laine des brebis. Pour οἴσοπος, composé de ὄϊς, brebis, et ὀπός, suc, graisse, onguent.

Οἶτος, mort, perte, malheur, deuil. Peut venir de οἳ οἴζω, gémir, pleurer. C'est proprement une chose ou événement *lamentable*, *déplorable*, une affliction, un malheur.

La signification de *mort* peut, en outre, être rapportée au verbe εἰμί, s'en aller, comme le latin *obitus*, de *ob ire*, s'en aller. La mort est, en effet, un *départ*, une *disparition*, une *absence;* un décès, de *cedo*, s'en aller; une perte, *per eo,* un *passage, trépas.*

Οἰφέω, avoir commerce avec une femme. Pour οφιεω, de ὄπη, vue; m. à m., *entrevue.*

Οἴχομαι, s'en aller, disparaître, partir. Ce verbe vient de εἴκω, céder, par son parfait ἐοίχα; en retranchant le ε, il reste οἴχα. C'est proprement le latin *cedo, discedo, recedo,* s'en aller, partir, céder la place; de *cedo,* s'en aller, d'où le sens de *mourir, décéder; recessus,* disparu, absent, caché.

Ὀίω, penser, juger, croire, estimer. Ce verbe n'est autre que οἴω, porter, en latin, *fero*. C'est tout simplement le latin *inferre, colligere,* le français *inférer,* l'espagnol *inferir,* qui tous signifient penser, juger, estimer, croire; de même que les verbes *præsumo,* présumer (de *sumo,* synon. de *fero,* prendre, porter, apporter), et *deduco,* déduire (de *duco,* synon. de *fero,* porter, apporter, conduire, mener).

Οἰωνός, augure, oiseaux qui servaient aux augures. Ce mot vient naturellement de οἴω ou οἴοω, penser, juger, estimer, augurer, présager. C'est précisément l'usage et le but des augures.

Οἴω, porter. Ce verbe n'est autre chose que ἴοιω, de ἴω; m. à m., *faire aller,* amener, conduire, transporter.

Ὀκέλλω, aborder, échouer; faire aborder ou échouer. Pour ὠκέλλω, dérivé de ὠκύς, prompt, vif, rapide. C'est donc proprement *pousser, presser, hâter, précipiter*. De l'abréviation de ὠκέλλω est résulté le verbe κέλλω, qui a les mêmes acceptions, et que nous avons vu en son lieu.

Ou bien de ὀγκέλλω, variante de ὀγκόω, proprement, *amonceler* de la terre ou du sable sous le navire, y enfouir sa carène, ce qui est justement l'état d'un navire *échoué.*

Ὀκλάζω, s'agenouiller, se traîner sur les genoux. Ce verbe n'est autre que ὁλκάζω, traîner, avec une légère métathèse et l'adoucissement de l'aspiration initiale, qui n'est plus nécessaire à cause de κ qui vient la suppléer. C'est proprement *traîner* les genoux, les laisser *traîner* par terre, se *traîner* sur eux. Ce qui le confirme, c'est que ὁλκή, traînée, signifie aussi *train* de derrière, ce qui *traîne* après, membres *traînant* par derrière, arrière-faix, queue, appendice qui *traîne* par derrière, comme font les genoux de celui qui se trouve agenouillé.

Ὁλκή signifie encore penchant, inclinaison, pli, ce qui rentre parfaitement dans l'aspect que présente un homme qui *incline*, qui *fléchit* les genoux.

Serait-ce, enfin, une corruption de πλοκάζω, plier, comme λισσόμαι, supplier, de πλισσόμαι, *se plier*, agenouiller, courber, plier les genoux ?

Ou bien encore de κολάζω, élaguer, retrancher, supprimer, couper, ce que l'on fait en pliant les genoux, en se mettant à genoux ?

Ὄκνος, paresse, lenteur. Est une métathèse de ὄγκος, ὄνκος ; c'est proprement poids, charge, gravité, causes de la lenteur, de la lourdeur, de la *pesanteur*.

Ὀκρίβας, lieu élevé, élévation, estrade ; âne ou bouc sauvages. Est un composé de ὄκρις, pointe, sommet, et βάω, marcher. Les animaux sauvages vivent sur les lieux élevés et escarpés.

Ὄκρις, pointe, bout. Appartient à la même famille que ὀξύς, ὠκύς, aigu, pointu, vif, perçant.

Ὀκτώ, huit. Ce nom de nombre serait-il pour αὔκτω, de αὔξω, grossir, augmenter ? C'est proprement le *gros*, le *gras*, le *robuste*, l'*épais*, le premier cube de la numération, comme l'hébreu *schemone*, le premier solide, de *schaman*, grossir, augmenter, tirés tous deux de l'aspect de la lune qui, le huitième jour, commence à grossir, à avoir une panse du côté creux jusqu'alors.

Ou, mieux encore, de son rôle arithmétique, car il est le résultat de l'*accroissement*, *augmentation*, *accumulation* de la double multiplication de la première racine multiplicable, du nombre *deux*, du premier des nombres, car l'unité n'est pas un nombre, mais plutôt l'antithèse du nombre. Le nombre *huit* est, par conséquent, le nombre gros et *fort*, l'*augmenté*, αὔκτω, comme en hébreu *schemona*, huit, de *schamen*, gras, gros ; l'analogie est complète.

Ὄλβιος, riche, fortuné, heureux, abondant. Abréviation du composé πολύβιος, de πολύ et de βίος, devenu ὀλύβιος, puis ὄλβιος.

Ὀλίγος, peu, en petit nombre. Ce mot peut fort bien être pour ὄριγος, du verbe ὁρίζω, borner, limiter, terminer, séparer, finir, définir. En français aussi, *borné*, *limité* sont synonymes de *petit*, *peu*. C'est l'antithèse de l'*infini* (non fini, *sans bornes*), *illimité* (non limité), synonymes de beaucoup, très-nombreux, multitude, immense. L'esprit rude ne serait point un obstacle à cette étymologie, car c'est, comme on l'a vu ailleurs, une affaire de dialecte.

Ou bien, pour ὀλίγος, du verbe ὑλίζω, qui signifie *clarifier, purifier ;* car, en français, comme dans beaucoup d'autres langues, *clair clairsemé,* sont synonymes de *peu, peu nombreux, rare.* L'aspiration n'est que l'affaire de la variété des dialectes qui mettent ou suppriment l'esprit rude.

ὌΛισθος, glissade, chute, endroit glissant. Pour αὔλισθος, de αὖλις, parc, étable, bergerie. On sait, en effet, combien ces endroits sont rendus glissants par les excréments des animaux qui y logent, au point qu'il faut de l'habitude pour pouvoir y marcher avec sûreté.

Un glissade n'est, d'ailleurs, qu'un *canal,* un *sillon,* une *fente,* une *raie,* une *faille* que l'on fait en *glissant,* ou sur laquelle on fait la chute, on trébuche, on tombe. Ce qui nous ramène à αὖλος et αὖλαξ, qui signifient toutes ces choses.

Rappelons, pour terminer, l'adjectif λισσός, uni, lisse (glisse), qui a un air de famille frappant avec le mot que nous analysons, et qui pourrait fort bien en être la souche, car on glisse (lisse) sur les surfaces lisses. Ou bien encore ἔλαιζω, huiler, frotter d'huile, comme on faisait pour rendre les corps glissants, comme, par exemple, les athlètes. L'huile est un liquide éminemment glissant, au point que les rouages des machines ne sauraient marcher sans son secours.

ὌΛλυμι ou ὈΛέω, perdre, ruiner, faire périr. Est une abréviation de αἰολέω; m. à m., *altérer, varier, changer, pervertir, renverser.* Changer l'état d'une chose, c'est lui ôter sa stabilité, sa permanence, sa persistance, sa durée ; c'est la détruire. C'est la *changer* quant à la forme (la matière étant indestructible).

Ce verbe pourrait être encore pour ἔλλυμι, composé de la préposition ἐν et λύω, dissoudre ; ἐνλύω, ou ἐνλύμι, signifierait donc proprement *dissoudre,* verbe qui, dans la plupart des langues, est synonyme de *détruire,* de *ruiner, perdre, anéantir.* On peut, enfin, voir dans ce mot la racine primitive et générale *al, el, ol,* en sémitique אל, על, הל, qui signifie *lever, enlever ; or, enlever* est, dans toutes les langues, synonyme de *détruire, perdre, tuer.*

ὌΛμος, tronc, cylindre, moyeu, creux, écrou, gond. Pour ὕλιμος, de ὕλη, matière, bois, en espag., *madera,* bois, parce que le bois, surtout de l'orme (*ulmus*), est la matière des constructions.

ANALYSE ÉTYMOLOGIQUE DES RACINES GRECQUES. 331

Ὀλοθούριον, holoturie, zoophyte marin. Composé de ὅλος, tout, et θυρεός, bouclier; m. à m., *tout cuirassé*. Ces animaux sont, en effet, formés d'un tuyau coriace et cylindrique, et quelquefois osseux.

Ὄλολος, sot, niais, imbécile. De ὄλολα, parf. 2 de ὄλλυμι, perdre, ruiner, détruire; m. à m., *perdu, qui a perdu* (sous-entendu) la raison, la la tête, l'esprit, dont la raison *est détruite*.

Ὀλολύζω, crier, gémir, soupirer, sangloter. Ce verbe est une onomatopée qui tient à la même famille que ἔλελευ, ἐλελίζω, crier, hurler : *oh la la ! hola.....*

Ou, si l'on aime mieux, faire *rouler* sa voix, son gosier, de εἰλέω, εἰλελίζω, faire rouler, roucouler. Le roucoulement est un son analogue au *roulement* du tambour ou de tout autre objet; précisément ce que, dans la musique, on appelle *roulades*.

Ὀλόπτω, pincer, égratigner, écorcher. Paraît être un dérivé de λέπω, écorcer, peler. Ou bien pour οὐλόπτω, de οὐλή, cicatrice, ἅπτω, toucher, brûler; m. à m., faire une cicatrice par le coup ou par le feu. Ou, enfin, de μόλυβός, plomb, la cicatrice des plombs dont on armait les fouets, μόλοπτω. Voy. μῶλοψ.

Ὅλος, tout, tout entier. Vient du verbe ἕλω, prendre, saisir, envelopper, comme le latin *cunctus*, de *cingo*, ceindre, environner; *orbis*, cercle, tour, et *totalité* du monde, *universus*, de *verto*. C'est proprement ce que nous appelons en français, l'*ensemble;* en espagnol, *el conjunto*.

Ou bien encore le *contenu*, la *capacité*. « Toute la maison » n'est autre chose que la *capacité*, le *contenu* de la maison (ἕλω). « Tout le champ, » la *capacité*, le *contenu* du champ. Rappelons-nous le mot *somme*, de *sumo*, prendre, synonyme de ἕλω. C'est toujours la même image.

Ὀλοφύρομαι, pleurer, se lamenter. C'est un composé de ὀλοός, triste, funeste, et φύρομαι, arroser, mouiller, tremper (de ses larmes). N'oublions pas qu'il y a aussi des larmes de joie, de colère, etc..... Ou bien de l'interjection ἔλε, ἔλελευ, hé! hélas! ἔλεος, compassion, pleurer d'une manière piteuse, à exciter la pitié.

Ὄλπη, vase à huile, burette. Peut-être pour ὅπλη, de ὅπλος, vase, ustensile de ménage; et même corne et sabot des animaux. Ou bien, du verbe ὀλόπτω, pincer, ὀλοπη; m. à m., vase *pincé, étranglé*, rétréci dans son milieu, comme une calebasse, une courge. Ou bien comme κάλπη ou κόλπη, vase qui a un *sein*, un ventre, un gonflement, tel que celui des burettes, des fioles, des *ampoules*, dont le cou est, au contraire, très-mince, pour qu'on puisse verser avec précaution des liquides qui, comme l'huile, sont très-tachants.

Ὄλυμπος, l'Olympe. Ce mot fameux peut se rapporter à la même souche que κόρυμβος, κορυφή, κόλυμβος, sommet, sommité, cime, pointe ; κολυμβάω, surnager, surpasser, planer sur, surpasser de la tête. L'Olympe était le sommet le plus élevé des montagnes de la Grèce, toujours couvert de neige, le *sommet*, la *cime* par excellence, la plus voisine du ciel. Il n'est donc pas étonnant que les Grecs en aient fait le séjour des dieux, de même que les Orientaux choisissaient les collines et les hauteurs pour y offrir leurs sacrifices, usage que Moïse défend si rigoureusement aux Hébreux.

Ce mot générique nous explique pourquoi un grand nombre de montagnes, situées dans divers pays, portaient aussi le nom d'Olympe, c'est-à-dire, de *sommet*, de *cime*, de *pointe*, de *tête* supérieure à toutes les autres de la même contrée.

Ou bien un dérivé du verbe λάμπω, luire, briller, parce que les cimes élevées brillent, en effet, au lever et au coucher du soleil, et sont, d'ailleurs, brillantes de l'éclat de la neige.

Il serait donc, dans ce cas, pour ὁλαμπος, composé de ὁ, article, et λάμπω, luire, briller ; c'est, m. à m., un *mont brillant, luisant, éclatant*, et cela à cause de la neige qui couvrait ordinairement son sommet, comme le rapporte Hésiode. Le soleil dardant sur ces sommets les fait paraître éblouissants, surtout à son lever et à son coucher. De là la dénomination de beaucoup de montagnes qui se trouvent dans le même cas, comme le *Mont-Blanc*, les *Alpes*, de *albus*, blanc ; m. à m., *les blanches*, et le nombre de montagnes appelées Olympes dans d'autres pays.

Le changement de α en υ, dans Ὄλυμπος, se trouve dans le latin *limpidus*, et dans le français *lampe*, *limpide*, qui appartient à la même souche que λάμπω.

Ὄλυνθος, figue qui ne mûrit pas. De ὄλλυμι ; m. à m., figue *perdue, gâtée*, qui a *péri*. Une figue non mûre ne sert à rien ; il n'en est pas de même de beaucoup d'autres fruits. Ou bien de οὐλή, cicatrice, et ἄνθος, fleur ; m. à m., *fleur cicatrisée, incisée, rayée*, figue tardive qui ne mûrissait qu'à l'aide d'une incision, d'une piqûre ; *ficus* en latin, de *figo*, piquer.

Ὀλύρα, épeautre. Pour οὔλυρα, de οὖλος, touffu, crépu, frisé, velu. L'extrémité de son épi se distingue par sa touffe de barbes, plus abondantes dans cette variété de blé, dont quelques espèces ont les épis couverts de glumes *pubescentes*.

Ὁμαλός, uni, aplani, plat. Voy. ὁμός. C'est, m. à m., *égalisé, uni*.

Ὄμβρος, pluie, averse, ondée, grêle de traits. Ce mot est probablement une abréviation de ὅμερος, puis ὅμρος, du verbe ὁμόω, ὁμόω, réunir, rassembler. C'est proprement une *réunion*, un *amas*, une *masse* d'eau qui tombe très-serrée, très-épaisse, très-abondante; ou bien la pluie périodique de l'automne. C'est, comme on dit en espagnol, *lluvia, de temporal*, pour la distinguer des pluies d'*orage* ou hors de saison, passagères et peu abondantes. Ou bien *normale*, de νόμος, règle, loi, νομερός, devenu ομερός par le retranchement du ν initial.

Ὅμηρος, gage, otage. Composé de ὁμός et ἄρω, *engagés ensemble;* accordé, *ajusté avec,* convenu.

Ὁμίχλη, nuage, vapeur. Pour ὁμιλχη, de ὁμο, ensemble, et εἰλίσσω, tournoyer, voltiger. Ὁμείλιχη est donc proprement un tourbillon de vapeurs et de nuages qui, en se *réunissant*, obscurcissent et couvrent le ciel.

Ὀμίχω, uriner. Pour ἀμιχεω, composé de ἀμίς, vase à uriner, pot de chambre, et χέω, verser : *verser dans le vase, le pot*.

Ὀμόργνυμι, nettoyer, essuyer, frotter, imprimer, empreindre. Ce verbe n'est qu'une variante de ἄμεργω, composé de ἅμα ou ὁμός (l'esprit rude, adouci), et εἵργω, serrer, presser, fouler, frotter. C'est précisément ce que l'on fait pour essuyer et nettoyer un objet, ou bien y *imprimer* (remarquez *in* et *premo*, presser) quelque chose. On le *presse* et *serre ensemble;* on le *com-prime, cum-primo*.

Ὁμός, pareil, semblable. Pour ἁμός, vieux mot qui signifie un. C'est *être un* avec, être *uni*, faire *un* avec, composer l'*unité*. (Voyez ἅμα, ensemble, avec, dont ὁμός n'est qu'une variante.)

Ὁμόω, jurer, conjurer, adjurer. Ce verbe n'est autre qu'une abréviation de ὀνομόω, nommer, invoquer le nom. On jure, en effet, par le *nom* d'une divinité, ou de quelque personnage ou objet imposant. On jure en *nommant, invoquant, appelant, interpellant* les divinités. C'est pour cela que ce verbe gouverne l'accusatif. Ὀμόω τον Δία; m. à m.,

« Je nomme, j'appelle Jupiter », que nous traduisons « Je jure par Jupiter ».

Ὄμπνη, aliment, nourriture, substance. Métathèse de ὄπμνη, ὀπομενη ou ὀπωμενή, soit qu'il provienne de ὄπος, suc, jus (en latin, *opimus*, succulent, substantiel, nutritif). C'est le suc, la substance, la graisse de la terre. Ou de ὀπάω, procurer, fournir, produire, faire naître : d'où ὄμπνη signifierait, m. à m., *produit, production*. Ou bien encore pour ἔμπνη, composé de ἐν et πνέω, souffler, respirer, vivre ; ce qui *fait vivre*, qui soutient la vie, en un mot, les *vivres*, les *subsistances*.

Ὀμφαλός, nombril, ombilic, centre, milieu d'une circonférence. Ce mot, qu'on a cru racine, n'est autre que l'abrégé de μεσόμφαλος, composé lui-même de μέσον, milieu, et de φάλος, cime, cimier, aigrette, sommet, bout. Le nombril est précisément le *sommet*, la *cime*, le *bouton au milieu* du ventre ; ce qui vient encore confirmer d'une manière frappante la méthode que nous suivons (parce que la force de l'évidence nous y oblige) d'expliquer par une troncature ou mutilation la plupart des étymologies de la langue grecque.

Ce mot peut encore être un simple composé de ἐν et φάλος, εμφάλος ; m. à m., *sur le sommet, sur la cime* ; c'est là, en effet, sa place.

Ὄμφαξ, cru, vert, âpre, acide, précoce. Ce mot peut être un composé de ὁμός, pour ὠμός, cru, et φάγω, manger ; m. à m., *mangé cru, mangé vert*. Ou bien de οὐ et φάγω ; m. à m., *non mangeable*, le μ pouvant être une liaison simplement euphonique. Ou bien encore οὐ ἐν φάγω, avec insertion de la préposition ἐν. Ou bien, enfin, pour μ.όφαξ, de μή et ὀπτάω ou ἕψω, cuire ; m. à m., *non cuit, non mûr* ; *præcox* en latin, de *præ*, et *coquo*, avant la cuisson, non cuit.

Ὀμφή, voix, oracle, prophétie, réputation, renommée. Ce mot vient simplement de ἔπω, dire, parler, annoncer, parf. 2ᵈ ou moyen ὄπα, poétique ὄμφα, voisins de ὄψ, ὀπή, voix. Ou bien est-ce une mutilation du composé ὀνομφή, de ὄνομα, nom, et φάω, dire, annoncer : *dire le nom*, nommer, *renommer*, publier, annoncer ; dire le *mot* de l'énigme, de la consultation, de l'oracle. Ou bien encore de στόμφος, *gravisonus, graviloquens*, du ton emphatique et solennel avec lequel on prononçait les oracles. Ou bien μόμφη, plainte, reproche, avertissement, caractère et but ordinaire des prophéties, oracles et manifestations célestes, qui n'ont guère lieu que pour rappeler les hommes de leurs égarements en leur annonçant la vengeance du Ciel.

On pourrait, pour terminer, voir aussi dans le mot en question un simple dérivé du composé ἐν φάω, manifester, déclarer, annoncer, prononcer : ἐμφή devenu ὀμφή.

Ὄναρ ou Ὄνειρος, songe, rêve, sommeil. Dans cette dernière signification, qui est la plus générale et probablement la véritable, ce mot doit être regardé comme une dérivation de ὀνέω, ὄνημι, aider, secourir, être utile, bienfaisant. Le sommeil est réellement le *repos* de nos fatigues, le *beaume* de nos douleurs physiques et morales, le *soutien* et le *restaurateur* de nos forces, presque aussi nécessaire que la nourriture elle-même. Ce mot signifie donc proprement *sommeil*, comme en latin et en espagnol *somnium* et *sueño* signifient également *sommeil* et *songe*, mots qui, en français, ont des acceptions différentes qui ne doivent point être confondues. Rappelons-nous encore, avant de terminer, εὐνή, lit, εὐνάω et εὐνάζω, endormir, assoupir, calmer, reposer, mots qui ont fort bien pu aussi donner lieu à εὔναρ et εὔνειρος.

A moins que l'on ne préfère voir ici un composé de ἐν et εἴρω, parler, interroger, nouer, toutes acceptions qui conviennent aux songes, qui sont regardés comme un langage surnaturel, fermé, secret, mystérieux sur lequel on interroge les interprètes.

Ὄνειδος, reproche, blâme, injure, insulte. Ce mot vient directement de ὄνημι, blâmer, injurier. Ou bien est un composé de ὄνος et εἴδος; m. à m., image, ressemblance de l'âne. Appeler ou *comparer* (εἴδος) quelqu'un à un âne est une injure de tous les temps et de tous les pays.

On peut encore voir dans ce mot une corruption de ἐν᾽ειδος, composé de ἐν et εἴδος, *en vue*, présenter à la vue, mettre sous les yeux, *remontrer, remontrances; objicere*, objecter, représentations, avis, *à visu*.

Ὄνημι, servir, aider, être utile; blâmer, insulter. En analysant ce verbe, nous pouvons présenter deux étymologies : la première, tirée du participe et substantif ὄν; m. à m., ce qui est, existe, chose, objet, bien, possession, existences, avoir; en espag., *haberes;* c'est là, en effet, la source des choses utiles, qui servent, des biens, des ressources, et le caractère des secours, des choses qui *sont* à nous, qui *existent* pour nous, des réalités, *res*, qui *sont* en notre pouvoir, en notre disposition, en un mot τά ὄντα, les biens; car un objet *inutile*, qui ne *sert* pas, est une chose *vaine, nulle*, comme *n'existant* pas. La seconde, c'est ὄνος, l'âne, animal si éminemment utile à l'homme, dont il est, dans le pays du Midi surtout, l'*aide*, et le *serviteur* par excellence; car le chien n'est que son gardien et son courrier, mais l'âne, portant sa charge, soulage et épargne les forces de son maître. Dès la plus haute antiquité, cet humble animal remplit son rôle, car il a dû être dompté et assujéti à l'homme bien avant le robuste et vindicatif chameau et le rapide et orgueilleux coursier. Ὄνημι ou ὄναω serait donc proprement faire l'âne, en remplir le rôle, être utile comme lui, se comporter en *âne* (quant à ses services). On peut voir encore ici les verbes ἄνειμι ou ἀνίημι, lever, soulever, soulager (les poids), aider, relâcher, reposer, faire reposer; en latin, *levare, sublevare, sustinere, levamen, levamentum*. Quant à la signification de blâmer, insulter, voyez ce que nous avons exposé à l'article ὄνειδος : c'est proprement traiter quelqu'un d'âne, ou comme un *âne*, le comparer à l'âne ; ou bien lui remontrer, faire des représentations, objecter, rapprocher, reprocher.

Ὄνθος, excrément, fumier, fiente. Ce mot vient probablement de ἵημι, lâcher, émettre, rejeter, ἴονθος; m. à m., ce qui est renvoyé, lâché, rejeté, poussé dehors, *ordure*, de *fordare, foras*, dehors, *excréments*, *ex*-crétions, *sordes* pour *fordes*, choses *mises dehors*, rejetées, poussées, repoussées du corps. Remarquons que, par cela même, ἴονθος, soit qu'il vienne de εἶναι, lâcher, ou de εἶναι, aller, sortir, pousser, signifie aussi d'autres excrétions, comme les poils, le duvet, les boutons, ou bourgeonnements de la peau, etc., etc.....

Si l'on se rappelle aussi le rôle que joue le fumier dans l'agriculture, on sera tenté de rapporter ὄνθος à ὄνημι, car il est, en effet, l'*aide*, le *secours*, le *soutien*, le *restaurateur* des terres fatiguées et languissantes par la production ; en français même, nous les appelons *amendements*, et en espagnol, *abono*, c'est-à-dire, *bonification* (remarquez l'analogie).

Ὀνθυλεύω, farcir, bourrer, remplir. Ce terme de cuisine est composé de ἐν, dans, et θυλή, sac, poche; c'est, m. à m., *ensacher, empocher;* les boudins et les farcis sont des véritables sacs.

Ὄνομα, nom, dénomination. Ce mot est une altération de νόομα, du verbe νόω, connaître. Le nom est proprement ce qui fait *connaître*, qui donne à *connaître*, qui sert à *reconnaître* et distinguer une chose, comme le latin *nomen, cognomen*, de *noseo, cognoseo*. Le nom est la *reconnaissance*, la *distinction* des choses ; c'est pour cela qu'un nom bien fait est une véritable *définition*.

Ὄνος, âne. Le nom de cet animal, si utile à l'homme, peut venir du verbe ὄνημι, au lieu de lui avoir servi de souche ; ce serait alors proprement l'*utile*, le *serviteur*, l'*aide*. Si l'on voulait laisser subsister nos observations à l'article ὄνημι, on pourrait en chercher l'étymologie dans ὄκνος, lent, tardif, lourd, caractère de cet animal qui le distingue du *coursier*, du *véloce* et *rapide* cheval, que les Anglais appellent *horse*, corruption de *corse*, et les Allemands, *ross*, transposition de *orss*, venant tous de *curro*, courir.

Encore une observation avant de terminer cet article. Le mot ὄννος peut avoir été un simple abrégé de ἴονος ; m. à m., l'*ionien*. L'âne, comme le cheval, est, en effet, originaire de l'Asie ; il n'est donc pas étonnant que les Grecs, important de l'Ionie cet animal, comme ils en importèrent tant d'autres choses, lui aient donné le nom d'*ionien*.

Ὄνυξ, ongle. Paraît être une métathèse de ὀξύν, aigu, pointu ; c'est sa forme ordinaire, surtout chez les animaux.

Ou bien encore pour ἄνυξ, du verbe ἀνύσσω, finir, terminer, car elle est la *fin* des doigts, la *terminaison* des phalanges, l'*extrémité* de la main. Rappelons-nous νύξ, nuit, *fin du jour;* ὄνυξ, ongle, *fin du doigt*, présente le même son et le même sens, parce qu'ils ont la même idée génératrice. Nous avons peut-être un changement de voyelles analogues dans ὄδον, dent, de ἔδω, manger.

Ὀξύς, aigre, aigu, actif. Cet adjectif tient à l'immense famille des ἄγω, ἀκή, ὠκύς, ce qui est aigre, *excite, pousse, éveille, pique, irrite, agite, active*. Les acides chimiques, tous aigres, sont les corps les plus actifs de la nature, altérant et détruisant tout ce qu'ils atteignent.

Ὀπάζω, suivre, accompagner ; faire suivre, accompagner. C'est une variante de ἕπω, suivre, ou de ὀπή, vue ; c'est veiller, surveiller, garder, suivre de la vue.

Ὀπάλιον, opale. Vient de ὀπός, suc. Cette pierre précieuse a l'aspect d'un suc laiteux ou résineux.

Ὀπή, trou, ouverture. Vient du verbe ὄπτομαι, voir. C'est tout simplement ce que nous appelons *jour*, par où l'on *voit, vue ;* en espag., *luz*, lumière, synonyme d'ouverture.

Ὄπις, soin, respect, égard, vengeance ou providence divine. Vient évidemment de ὄπτομαι, voir, ou ὤψ, ὀπή, œil, vue. C'est avoir la vue sur (soigner), pro-*videntia*. Respect et égard, ainsi que leur synonyme attention, viennent eux-mêmes de *respicio, regard*, en latin, *attendo*.

Ὀπίσω, derrière. Cet adverbe vient de ἕπω, suivre avec l'esprit doux ; m. à m., *à la suite*. Ou, mieux encore, du composé ἐπιεζω, ἐπιζω, s'asseoir sur, se reposer sur, comme le latin *post,* de *posito,* posé, assis, reposé, soit que l'on ait en vue le point cardinal où le soleil se *pose,* se couche, et qui est, en effet, le derrière, de même que l'orient est le *devant*, soit que ce soit la partie du corps sur laquelle on s'asseoit, les fesses (ἐφ ἕζω) ; en espag., *posaderas,* de *posar, reposar,* et *trasero,* de *tras.* C'est, en un mot, le *derrière,* le *postérieur.*

Ὅπλον, arme, instrument, vase, ustensile. Ce mot peut être ὑπλον, de ὑπό, et répondrait ainsi très-bien au latin *sup pellex,* qui a les mêmes acceptions. Ou, mieux encore, pour ἅπλον, du verbe ἅπτω, suspendre, attacher, ajuster, répondant parfaitement au latin *arma,* qui vient de ἄρω, ajuster, attacher. C'est l'*ajustement,* l'*apprêt,* l'*équipement* que l'on *suspend* et *attache* autour du corps : ἅπτω.

Ὀπός, suc, gomme, résine. Ce mot vient de ὄπτω, cuire. Les gommes et les résines, les premières surtout, ne sont, en effet, que des concrétions, résultat de l'évaporation de la partie aqueuse dans laquelle elle est dissoute dans les fruits et les arbres, *cuisson* de ces mêmes fruits, dont elles marquent, d'ailleurs, la maturité. Le mot ζύμος, qui est en quelque sorte un synonyme de ὀπός, vient de ζέω, bouillir, cuire.

Ou, si l'on aime mieux, de ὀπή, vue, ou ὄπτομαι, voir, à cause de la transparence des sucs et résines et gommes en général qui leur donne un aspect analogue au cristal.

Ὀπτάω, cuire, faire cuire, rôtir. Serait-ce ἅπτω, *suspendre* et *brûler,* comme on fait exactement avec le rôti ?

Ὄπτομαι, voir, regarder. Ce verbe important n'est autre chose qu'une légère altération de κόπτω, battre, frapper, blesser, ficher, percer ; en latin, *specto,* de πήγω, ficher, fixer. La vue, l'œil se *fixent, se jettent, percent,* sont *perçants, frappent,* ou *sont frappés* (κόπτομαι), sont *blessés, choqués* par les objets. De là l'expression *coup* d'œil ; en espag., *golpe* de *vista.* L'œil *pénètre, traverse.* La vue, ὀπή, ὤψ, n'est donc proprement que le *coup,* le *choc* (de l'œil), qui *heurte, rencontre* les objets, σκοπός, vue, regard, de εσ κόπτω.

Ὀπυίω, avoir commercé avec une femme, l'épouser, être marié. Verbe formé de ὀπή, vue, ὄπτομαι, voir. C'est proprement *voir* une femme, avoir des *entrevues, visiter,* et, par conséquent, avoir des rapports intimes (légitimes ou illégitimes). Rappelons-nous ces mots sortis de la bouche de la mère du Christ : « Quoniam virum non *cognosco*, je ne *vois* aucun homme ». Nous avons déjà vu plus haut le mot ὄαρ, épouse et visite, formé de ὁράω, voir, visiter, connaître, mots et verbes qui présentent une complète synonymie.

Ce peut être aussi un composé de ἐπί et υἱός, fils, *sur ou pour le fils*. La progéniture est le but de l'union.

'Οπώρα, automne. Ce mot peut venir de ὀπός, suc, substance; c'est la saison où les fruits acquièrent tout leur *suc*, toute leur *substance*, et ὥρα, saison; m. à m., *saison des sucs*. Ou de ὅπτω, *cuire;* c'est la saison de la *cuisson*, de la *maturité* des fruits; le latin *automnus*, pour ὀπτομενος, le *cuisseur*. Ou αὐτός, de αὔω, dessécher; après la maturité vient la dessiccation des fruits et des feuilles, qui tombent dans cette saison.

'Οπώρα peut, enfin, être formé de ὀψέ, tard, et ὥρα; m. à m., la saison *tardive*, l'*arrière*-saison, la saison de *derrière*. Le soleil descend, c'est le *soir* de l'année, dont l'hiver est la *nuit*, l'été le *midi*, et le printemps le *matin*.

ʽΟράω, voir, regarder. L'esprit rude que porte ce verbe ne nous empêche pas de le rapporter à ἀείρω, ἀιορεω, ἀορεω, élever, lever (les yeux, la vue, les regards); ce qui rentre parfaitement dans le génie de presque toutes les langues. Ou bien à ὄρω, exciter, pousser, soulever, lancer, jeter, éveiller (les yeux), car, pour voir et regarder un objet, il faut lever, porter les yeux sur lui; les yeux baissés ne voient rien que le pavé qu'on foule. Sans cela, nous ne pouvons qu'avoir recours au sémitique *or*, lumière (élément et source de la vision), ראה, ραα, voir.

ʼΟργανὸν, organe, instrument, outil. De ἔργω, faire, fabriquer; m. à m., le *faiseur*, le *façonneur*.

ʼΟργάω, désirer avec ardeur, appéter. N'est autre que ὀρεγαω, *s'étendre, tendre vers*, se porter vers; en latin, *attendo, intendo, prœtendo*.

ʼΟργή, colère, fureur, emportement. Vient du verbe ὄρω, exciter, soulever. La colère s'*excite*, se *soulève*. C'est une *excitation*, un *soulèvement*, un *éveil*, ὄρω. Rappelons-nous la *colère endormie, calmée, apaisée*, idées corrélatives aux premières. Ce mot est donc formé d'un parf. 2ᵈ ὄργα, du verbe ὄρω.

Ὀργυία, aune, toise, ou empan. N'est autre que ὀρηγυία, de ὀρέγω, s'étendre. C'est, m. à m., *étendue, extension*. La mesure de longueur n'est qu'une *étendue*, soit de la main ou coude, soit d'une pièce de bois, roseau, verge ou autre matière analogue.

Ὀρέγω, tendre, étendre, présenter, offrir. Ce verbe doit son origine à un parf. 2ᵈ de ὄρω, qui a dû être ὄργα ou ὀρέγα; m. à m., pousser, exciter, élever, soulever, lancer, étendre, porter en haut, en avant, d'où offrir, présenter. Nous disons en français : « *Allongez*-moi, *lancez*-moi cela, *poussez*-moi cette chaise », pour « donnez-moi, présentez-moi, etc..... »

Ou bien tout simplement le sémitique ערג, qui a les mêmes significations.

Ὀρθαγορίσκος, petit cochon mâle non castré. Diminutif de ὀρθάγορος, de ὀρθάγη, verge, priape, et peut-être ὄρω, lever, exciter. A moins qu'on ne préfère y voir une transposition de ὀργάθορος, du verbe ὀργάω, ὀργάζω, être excité, être en chaleur, être en désir. C'est l'animal adulte, dont l'organe commence à fonctionner : ὀρέγω, ὀρεγάω, dresser, allonger.

Ὀρθός, droit, direct. N'est autre qu'un dérivé de l'aor. passif de ὄρω, lever, élever, soulever, dresser, redresser, ou participe passif ὄρθεις, *ayant été élevé, dressé*.

Ὄρθρος, point du jour. Reconnaît la même origine que le précédent. C'est, m. à m., le *lever*, l'*élévation* du soleil sur l'horizon, ὄρω.

Ὀρίγανον, origan. Est un composé de ὄρος, montagne et γάνος, joie, plaisir. Cette plante est, en effet, la joie et l'ornement des montagnes, où elle croît de préférence. Si l'on veut que γάνος soit γένος, ce serait, m. à m., *qui vient, naît sur les montagnes*.

Ὅρκος, jurement, serment. Vient du verbe εἴργω, serrer, resserrer, enserrer, enfermer. Le serment (serrement), ἕρκος, est une clôture, une enceinte, une prison, un lien, *lie, oblige, contraint (ob ligat)* celui qui le fait. On est *tenu, retenu*, emprisonné par ses serments. Ou bien pour ὄρεκος, de ὀρέγω, étendre, tendre, donner la main. C'est précisément l'attitude de celui qui jure : il étend sa main, comme, en hébreu, אלה, l'élever, la lever, jurer; en latin, *juro, jus*, du verbe *jungo*. C'est, en effet, ce qui lie, ajuste, joint, *enjoint*, oblige.

Ou, enfin, contraction de l'adjectif ὀρικός, du verbe ὁρίζω, borner, déterminer, définir, arrêter (sous-entendu, peut-être, λόγος). C'est un mot ou propos *arrêté, déterminé, fixé,* ou acte qui *fixe, détermine, définit,* ce qui est le rôle du serment qui sert à fixer, établir, déterminer les faits, la réalité, la vérité.

Ὄρκυνος ou Ὄρκυς, grosse espèce de thon, ou plutôt d'esturgeon. Pour ὀκρίνος, ὄκρις, de ὄκρις, pointe, aspérité, à cause des pointes ou protubérances pierreuses qui garnissent le corps de ce poisson.

On pourrait aussi y voir une contraction de ὀρεκύς, ὀρεκύνος, du verbe ὀρέγω, être excité, être en chaleur, et cela à cause de la prodigieuse vigueur prolifique de cet animal.

Ou, enfin, une métathèse de ὀρυγνός, ὀρυκός, du verbe ὀρύσσω, fouir, creuser ; les esturgeons fouillent, en effet, le fond de l'eau pour y chercher des mollusques et des crustacés dont ils se nourrissent, et cela à l'aide de leur museau ou grouin.

Ὁρμαθός, ordre, suite, *enchaînement.* De ὅρμος, chaîne, serre, σειρά, chaîne ; en latin, *series.*

Ὁρμή, effort, élan, impétuosité. S'il n'est pas une métathèse de ῥομη, force, violence, effort, ce mot paraît, malgré son esprit rude, appartenir au verbe ὄρω, surgir, s'élever, s'élancer, se dresser, se diriger droit. C'est proprement le *saut,* l'*élan,* la *saillie.* Ou bien à ἀείρω, ἀόρεω, s'élever, sauter, saillir. Ce serait alors proprement le français *essor, essort,* qui vient du verbe *sortir ;* en grec, ὄρω.

Ὅρμος, collier, chaîne, *enfilade* de bijoux. Tient, malgré l'esprit rude, à εἴρω, lier, nouer, attacher. Ou, si l'on aime mieux, à ἀορεω, αἰορεω, suspendre. Le collier est un ornement qui se *lie* et se *suspend* au cou. Ou bien encore au verbe αἴρω, prendre, saisir, embrasser, envelopper.

Ou bien, enfin, est-ce une métathèse de ὁμερος, de ὁμοῦ, ensemble, réunion, liaison.

Ὄρνις, volaille, oiseau. Ce mot peut venir de ὄρω, ὄρνυμι, ὄρνυς, ou bien de ἀείρω, ἀόρω, s'élancer, s'élever, s'enlever, se suspendre en l'air, voler. Ce sont des animaux *aériens* (ἀείρω), et même *percheurs,* comme les volailles de basse-cour, c'est-à-dire, *élevés* au haut des perches.

Ὄροβος, ers, vesce noire. Pour ἔρεβος, noir, à cause de sa couleur crépuscule du soir. Rappelons-nous ἐρέβινθος, graine analogue. Il y a, d'ailleurs, une espèce d'orobe appelée *nigra* qui noircit complètement en séchant.

Ὀρόδαμνος, branche, rameau. Ce mot poétique tient évidemment à ὄρω, surgir, s'élever ; c'est, m. à m., un *surgeon*, un rejeton ; ou bien à ὄρω, exciter, mouvoir, agiter. Voy. ραδάμνος, branches.

Ὄρος, mont, montagne. Vient évidemment de ὄρω, surgir, élever, soulever. Une montagne n'est autre chose, en effet, qu'une *hauteur*, un *haussement*, un *exhaussement*, une *élévation*, et, comme disent parfaitement les géologues, un *soulèvement*.

Ὅρος, borne, fin, limite, terme. Appartient peut-être au verbe ὄρω, malgré son esprit rude. Ce serait proprement une *élévation*, une *hauteur* qui coupe, barre, ferme le chemin, la vue. Ou bien de ἀείρω, lever, élever ; la borne est toujours plus élevée que la surface *bornée*.

Ou bien ce mot tient-il à ὁράω, voir. Ce serait alors, m. à m., la *vue*, l'extension, la portée, l'étendue de la vue ; la vue finit, termine, en effet, à l'horizon. Le mot σκοπός, vue, borne, but, qui peut passer pour synonyme de ὅρος, et qui vient de σκέπτω, voir, regarder, paraît confirmer cette étymologie. C'est toujours le *point* où la *vue* va se fixer, s'arrêter, se terminer.

Ὀρπηξ, scion, surgeon, rejeton ; et, par extension, branche, piquet, lance. Est dérivé de ἕρπω, ramper. Les surgeons ou scions croissent au pied du tronc, *rampent* autour de la souche.

Ὀῤῥός, serum, petit-lait. Du verbe ὄρω, exciter, agiter, troubler. Car le petit-lait est précisément le résultat du *trouble* et de l'*agitation* du lait, pour en extraire le caillé, le beurre et le fromage : syncope de ὀρόρος, du parf. 2ᵈ.

Ὄῤῥος, croupion. Vient pareillement de ὄρω. C'est la partie de la colonne vertébrale que l'oiseau agite et met sans cesse en mouvement ; celle qu'il *dresse* et *élève* en haut (la queue), ὄρω, ὀρόρυς, par syncope ὄῤῥος.

Ὀρταλίς, poussin, oiseau nouveau-né. Mot qui appartient à ὄρω. C'est le petit *surgissant*, *sortant*, *jaillissant* de la coque. Il appartient à la même famille que ὄρθρος, le point du jour, la *saillie* du jour. Ici, c'est la saillie, la sortie du poulet.

Ὄρτυξ, caille. Paraît venir de ὄρω. On sait l'habitude qu'a cet oiseau de sauter et bondir sans cesse dans les cages, au point qu'il se brise très-souvent le crâne, si on n'a pas le soin de lui mettre une toile ou filet tendu au-dessus de sa tête.

Ce pourrait encore être une corruption de κρότεω, bruire, claquer, à cause du claquement de leur chant, semblable au bruit des castagnettes, des crotales.

Ὄρυζα, riz. Vient de ὀρύσσω, fouir, creuser. Cette plante est cultivée dans des *creux,* des *fossés,* des lagunes qu'on remplit d'eau ; de là, l'insalubrité ordinaire des rizières.

Ὀρυμαγδός, bruit, fracas, trouble. Pour ὀρυγμαδός, du verbe ὀρύσσω, fouiller, bouleverser, soulever. C'est proprement soulèvement, bouleversement, soulèvement de la terre, ὄρυγμα, expression qui s'est étendue plus tard à toute espèce de trouble.

Ὀρύσσω, fouir, creuser. N'est autre qu'un dérivé de ὄρω, lever, soulever, mouvoir, agiter, troubler (la terre). C'est précisément ce qu'on fait lorsqu'on la creuse.

Ὄρφος, espèce de rouget. Pour ὄροφος, toit. Ce poisson s'abrite en hiver sous les rochers, comme sous un toit, un *couvert.*

Ὀρφανός, orphelin, privé de. Ce mot serait-il une corruption de τροφανός; m. à m., *nourrisson,* d'où les verbes ὀρφανίζω et ὀρφανεύω, être tuteur, curateur, c'est-à-dire, *père nourricier ?* Ce serait le *pupillus* des Latins, si voisin de *puppa* et *pipio,* et de l'espagnol *papilla,* nourriture, liquide des nourrissons.

On peut encore rapporter le mot en question à ὄροφος, toit, abri, soit que l'on veuille y voir ἀορόφανος, un être *sans toit, sans abri,* ou à qui on les donne, les procure, que l'on reçoit sous *son toit,* comme on fait à l'égard des enfants abandonnés, exposés, *sans nourriture* et *sans toit,* ou, si l'on veut, *sans père ni mère,* c'est-à-dire *orphelins.*

Ὀρφνη, ténèbres, temps obscur et sombre. Vient évidemment de ἐρέφω, couvrir. Temps *couvert,* ciel *couvert.*

Ὀρχέομαι, danser, sauter. Ce verbe vient de ὄρω, élever, sauter, s'élever, saillir ; en latin, *saltare, ex altum, exultare.* La danse n'est pas, en effet, autre chose. Ὄρχα est le parfait de ὄρω.

Ou, si l'on aime mieux, ce sera le parfait ὤρεχα, au participe ὀρέχος, de ὀρέγω, s'étendre, s'allonger, sautiller, bondir. Ou, enfin, tout bonnement une métathèse de χορέομαι, danser en chœur. Ce sont précisément les mouvements et les allures propres de la danse.

Ὄρχις, testicule, scrotum. Vient d'un parfait syncopé de ὀρέγω, ὄρεχα, ὄρχα, qui signifie tendre, étendre, allonger, dresser. C'est l'organe éminemment *extensible*, qui s'allonge et se dresse d'une façon caractéristique. Rapprochez ce mot de ὄρεξις, appétit, convoitise, dérivé aussi de ὀρέγω.

Ὄρχος, ligne, rangée, allée d'arbres. Vient également de ὀρέγω, pour ὀρέχος ; m. à m., extension, étendue, allongement, longueur, ligne *étendue*, plantation en longue ligne, *allongée*.

Ou bien, contraction de ὀρύχος, du verbe ὀρύσσω, creuser, fouir ; c'est la partie *creuse*, la ligne *creusée*, *fouillée* d'un jardin ou plantation quelconque, formant un sillon, une rigole, un fossé, significations qu'a aussi ce mot.

Ὄρω, exciter, pousser, émouvoir, agiter, soulever. Ce verbe remarquable, et qui préside à une famille si nombreuse de dérivés, n'est autre chose qu'une légère altération de ἀόρω, αἰωρέω, dérivant de ἀείρω, lever, élever, soulever, faire lever ; verbe que l'on retrouve dans ἄορ, épée, μετέωρον, météore, et une foule d'autres composés et dérivés. De l'abrégé du composé ἀνορτός, qui signifie *élevé, relevé, remonté*, vient le mot *nord*, synonyme de septentrion. C'est le point du ciel, le pôle *élevé* sur nos têtes, surtout pour les pays septentrionaux, ou le point vers lequel le soleil *s'élève, remonte* dans sa course solsticiale. L'autre pôle est le *bas* par rapport à nous et au soleil.

Ὅσιος, juste, réglé, pur, saint. Cet adjectif vient de ὅσος, *tantus*, tant que, aussi grand que, autant que, égal à. Ce qui est *égal* à un objet, lui *vient juste*. C'est exactement le latin *æquus, æquitas, l'équité,* la justice ; ce qui est *équitable, conforme, convenable*, qui n'est ni trop grand, ni trop petit, mais *égal*. C'est toujours l'idée d'*égalité* qui est inséparable de celle de justice et de sainteté. Un homme *juste* est un un homme *équitable*, un homme *égal*, au *niveau* de ses devoirs (contrairement à celui qui *manque*, qui *faillit*), un homme *saint*. *Rendre* les derniers *devoirs*, c'est rendre ce qui est *dû* aux morts, ce qu'il est *juste* et *équitable* de leur *rendre* (remarquez le choix du verbe), leur *payer* le dernier tribut.

Ὅσος, tant, aussi grand. Appartient à la même souche que ὅς, qui, lequel, et οἷος, quel, égal, pareil. C'est proprement *égal à* ; en latin, *qui* pour *æqui* ; *quantus* pour *æquatus*.

Ὄσπριον, légume. Pour ὀψάριον ou ὀψέριον, de ὀπτάω ou ἕψω, cuire ; m. à m., que l'on *cuit*, que l'on *bouillit*, dont on fait les *bouillies*, potages et purées. Ce mot s'applique plus particulièrement aux légumes secs, comme pois, fèves, haricots, etc., etc. ; en espag., *guisantes*, pois, de *guisar*, cuire, assaisonner. Il n'y a qu'une transposition de π et σ.

Ὄσσα, voix. Pour ἴοσσα, de ἴογη, cri, ἰάχω, crier ; ou pour ἄοσσα, ἀοιδή, cri, chant ; ou mieux, pour ὀψά, de ὄψ, ὀπή, voix, cri, ὀμφή, voix, oracle.

Ὄσσε, yeux, Ὄσσομαι, voir, regarder. Évidemment pour ὀψέ, ὄψομαι, de ὄπτω, voir, futur ὄψω, voir. C'est une simple différence de prononciation et d'ortographe.

Ὀστέον, os. Peut venir de στάω, être solide, subsister, persister ; ce serait l'antithèse de κρέας, chair, de ἐκ ῥέω, couler, dissoudre. L'os *persiste, reste ;* la chair tombe, se *consume,* se *dissout.*

Ce mot peut encore être l'adjectif verbal de ἄω, αὕω, sécher, dessécher, ἀόστεον, αὔστεον ; m. à m., *qui doit être desséché :* c'est là sa destinée, *ossa arida,* les ossements arides, secs, qui forment le *squelette,* de σκέλλω, qui signifie précisément aussi sécher, dessécher. Nous préférons la seconde étymologie.

Ὄστλιγξ, vrille ou piquant des plantes, étincelle, enroulement ; frisure, mèche ou boucle de cheveux. Ce mot paraît n'être autre qu'un composé de οἰστός, trait, dard et de ἑλίσσω, rouler, tournoyer, enrouler. Ou bien τρίγξ, τριξ, τριγχός, *poils* ou piquants, enroulements, corniches. Ou bien στελίγξ, du verbe στείλω, envoyer, lancer, d'où στελίζω, στελίσσω, forme fréquentative ; m. à m., un *jet,* un *trait,* une *pousse,* une *mèche,* un *dard.* Le français *vrille* tient à la même racine que l'espagnol *varilla,* petite verge, *virgula,* de *vergo, verto,* tourner, tournoyer.

Ὄστρακον, coquille, coque, écaille, et, par analogie, *vase* en terre cuite, *écuelle ;* ce sont des *coques* ou *coquilles* factices, qui, par le perfectionnement des arts, remplacèrent les naturelles, dont se servirent les premiers hommes. Voy. le mot précédent.

Ὄστρεον, coquille, coquillage, par extension, huître. Ce mot n'est qu'un simple dérivé de ὀστέον. C'est la partie *osseuse* des mollusques, leurs *ossements,* leur squelette. Ou ce qui *reste* de leur corps, ἔστρεον, στέρεον, fixe, stable ; ἵστημι, στάω, rester, persister. Ou bien tout simplement ἔστερεον, fixe, immobile. Les huîtres se tiennent, comme beaucoup d'autres mollusques, fixées sur les rochers.

Ὀσφραίνομαι, sentir une odeur, flairer. Composé de ὄζω, ὄσμα, odeur, senteur, et φραινόμαι, sentir, percevoir, recevoir une sensation (φρήν, sens, sentiment). Ou tout simplement composé de la préposition ἐσ et φραίνομαι, ἐσφραίνομαι.

'Οσφύς, reins, flancs, côtés. Composé de ἐσ et φύσοω, souffler; m. à m., le *souffleur*, le *soufflet*. C'est proprement le *flanc*, de *flao*, souffler, ayant en grec pour synonyme πλεῦρον, qui vient lui-même de πνέω, souffler. C'est, en effet, la partie du corps qui se dilate et se contracte comme un soufflet. En latin, *latus* pour *elatus*, ἐλάω, distendu, ou *flatus*, gonflé, enflé.

A moins que l'on ne préfère voir dans ce mot l'abrégé du composé οὖρος, φύς, de οὖρος, urine, et φύω, produire; m. à m., *produisant l'urine*.

'Οσχεος, bourse des testicules, scrotum. Ce mot a la même origine que celui qui suit immédiatement. Οἴσω, ou σχῶ.

'Οσχος ou Οἴσχος, jeune branche portant des fruits, sarment portant des raisins que l'on portait dans certaines fêtes.

Ces mots proviennent de la forme οἴσω, et probablement οἴσχα, du primitif οἴω, porter, supporter, produire. C'est tout simplement une branche *qui porte*, ou bien que l'*on porte* en procession.

A moins cependant que l'on ne préfère voir ici le verbe σχῶ, tenir, contenir, soutenir, porter. Ou bien même un dérivé de οἶσος, οἰσῦα, osier, vime, d'où οἴσυχος, *semblable à l'osier, analogue à l'osier*, comme l'est, en effet, un sarment de vigne, par sa minceur et sa flexibilité.

'Οτοβέω, faire du bruit, frapper avec bruit. Paraît être une altération de κρότοβεω, composé de κρότος, bruit, son, fracas, et βέω, marcher. Ce serait donc, m. à m., *marcher avec bruit*, en frappant le sol avec les pieds.

'Οτρύνω, pousser, inciter, éveiller, exciter. Pour ὀρτύνω, dérivé de ὄρω, élever, soulever, susciter, exciter; ὀρτός, adjectif verbal, soulevé, excité.

Οὐ, Οὐκ, non, ne, ne pas. Cette particule négative est une abréviation de ἴου, impératif, de ἴω, ἴεναι, laisser, lâcher, omettre. Ou bien de ἐάου, ἔαω, qui a la même signification. C'est comme le négatif ἀ, que nous avons vu en son lieu n'être non plus que l'impératif ἔα, *laisse, lâche* : exactement comme le latin *ne*, abrégé de *sine*. Nous disons en français : « Laissez donc », pour « ne faites pas ». C'est qu'en effet, laisser, omettre, c'est *ne pas* faire ; *ne pas avoir, manquer* de, c'est *laisser* d'avoir. La négation, c'est le *manque*, le *délaissement ; ne pas tenir,* c'est *lâcher.*

Οὖας, Οὖς, ouïe, oreille. Ce mot est pour αὖς, comme le latin *auris, audio*, du verbe αὔω, crier, résonnner, retentir. L'oreille est, en effet, l'organe du bruit, du son, du retentissement ; celui qui fait οὐ οὐ οὐ… αυ αυ αυ αυ…, onomatopées qui rendent parfaitement le bruit confus, le son absolu et inarticulé ; le bruit du vent ou de l'air agité, phénomène qui est précisément la source de tous les sons et de tous les bruits qui viennent choquer contre le tympan de l'oreille, et y faire *ou ou ou ou*. Il n'est donc pas surprenant que l'ouïe porte le même nom que le vent (l'air agité), puisqu'elle est son organe spécial, et ne fonctionne que par son moyen.

Οὐδός, seuil, sol, pavé. Appartient à la même famille que ἕδος, ὅδος, ἕδρα, et ne présente aucune difficulté.

Οὖθαρ, mamelle. Ce mot difficile nous paraît venir de οὐτάω, percer. La tétine est une ouverture, un trou. Eschyle a dit : ἀτρώτον οὖθαρ, *mamelle non percée*, ce qui vient confirmer notre opinion ; μαζός est la mamelle ; οὖθαρ, la tétine, le pis.

Ce mot pourrait encore être rapporté à ὠθέω, pousser, presser, fouler, car c'est effectivement ce que l'on fait avec la mamelle pour en *exprimer* (*premo*) le lait qu'elle contient. Les nourrices elles-mêmes ont coutume de presser, comprimer avec leurs doigts leur propre mamelle pour aider la succion de leurs nourrissons.

Οὐλαμός, troupe, escadron. De οὖλος, serré, pressé, dru. C'est une *masse*, un *gros* de cavalerie.

Οὐλή, cicatrice. Vient évidemment de οὖλος, sain, entier. La cicatrice est, en effet, la *santé*, la *guérison* d'une blessure ; la marque et le sceau de sa guérison ; le corps *remis en entier,* dans son intégrité.

Οὖλον, gencive. Paraît se rapporter à οὖλος dans son acception de moelleux, velouté, délicat. C'est là réellement son aspect et sa consistance. Un rien la blesse et la fait saigner. Ou bien dans celle de serré, épais, dru, solide, car si bien sa chair est délicate, son fondement est dur, osseux, serré.

Οὖλος, sain, entier ; moelleux, tendre ; frisé, crépu. Cet adjectif, dans sa première acception, est probablement une variante de ὅλος, entier, tout entier, intact, intègre, qui n'a perdu aucun de ses membres, aucune de ses parties, et, par conséquent, *sain et sauf.*

Dans celle de moelleux, doux, délicat, en parlant surtout d'un tapis ou de quelque objet analogue, son étymologie doit être ἴουλος, duvet, poil fin et suave, dont étaient couvertes les peaux qui servirent de premiers tapis, comme elles servent encore aujourd'hui dans beaucoup de pays, et plus tard les tapis de divers tissus fabriqués par l'industrie. Οὖλος, ici, est notre *velouté,* de (*vellus,* qui paraît être le même que οὖλος).

Quant à l'acception de frisé, crépu, nous avons vu que c'était là la signification propre de ἴουλος (εἴλους, ἴλουος), c'est-à-dire, roulé, entortillé, annelé.

Οὖν, donc, c'est pourquoi. Cette conjonction n'est autre chose que ἐόν, participe présent neutre du verbe ἔω, εἰμί, être ; m. à m., *étant, cela étant.* Nous disons en français : « Cela étant ainsi », « puisqu'il *en est* ainsi » ; et en espag., *siendo* asi.

Οὐρά, queue. N'est autre que οὐρα ionien pour ὄρα, de οὖρος, terme, fin, extrémité. La queue est, en effet, l'*extrémité* de l'épine dorsale. Le membre qui *termine* le corps des animaux.

A moins que ce ne soit un dérivé de ὄρω, élever, soulever, exciter, agiter ; car la queue est toujours en mouvement comme un fouet, et beaucoup d'animaux s'en servent même pour *s'exciter* au combat, au carnage, ὄρω.

Οὐρανός, le ciel. Vient de l'ionien οὖρος, terme, borne, limite. C'est, en effet, le rôle qu'il joue à l'égard de notre vue, de nos regards, lorsqu'ils s'étendent au loin ; c'est, en un mot, l'horizon, ὁρίζω, borner, limiter, terminer.

Οὖρον, urine. Ce substantif est probablement pour εὖρον, de εὐροέω, couler facilement, abondamment. De εὐροέω, εὐρέω à οὐρέω, il n'y a qu'une seule lettre de différence. Ou bien pour αὖρον, de αὔω, *sécher, brûler ;* m. à m., la *brûlante.*

L'urine est, en effet, l'excrétion la plus naturelle, la plus facile, la plus abondante du corps des animaux. Uriner, c'est *verser de l'eau ; echar aguas* en espag. On peut encore rapporter ce mot à ὄρω, exciter ou jaillir. On est *excité,* on a *envie* d'uriner, c'est un besoin. Il y a même *érection, excitation.* L'urine aussi jaillit, s'élance.

De sorte que οὖρον peut signifier, m. à m., la *coulante*, la *brûlante* ou la *jaune*, la couleur de ce qui est desséché par le soleil, la couleur de l'or, le jaune, *aurum*, et même, en grec, αὖρον, or, c'est-à-dire, le *sec,* le *jaune;* ou bien l'*excitation,* le *jaillissement,* ὄρω, propriétés qui toutes conviennent parfaitement à l'âcreté et à la couleur de l'urine. En latin, nous avons *uro,* brûler.

Οὖρος, vent favorable; gardien, surveillant. La première acception peut venir de αὖρα, vent, souffle. C'est proprement *qui souffle bien,* du bon côté; en latin, *favonius, favor,* de αὔω, souffler, *felices auras*. Ce serait un composé de εὐ, bien, αὖρα, vent.

Ou bien est-ce le composé de εὖρος, εὐ-ῥέω; m. à m., *qui coule bien, aisément, facilement;* en français, *coulant* est synonyme de *facile, aisé, commode, léger;* bon, facile, aisé, favorable, rapide. Comme οὐρά se prend aussi pour la poupe d'un navire (sa queue), οὖρος serait-il proprement *vent de poupe,* et, par conséquent, vent qui pousse le navire du côté qu'il faut? En espag., *viento en popa* est synonyme de *vent favorable.*

L'acception de gardien vient de ὁράω, voir, regarder, comme *gardor,* de *regarder;* inspecteur, de *inspicio.*

Οὐρός, canal ou sillon pour traîner les vaisseaux sur le rivage. J'aurais désiré avoir sous les yeux les passages des auteurs où ce mot est employé, pour voir si, au lieu de οὐρός, on ne pourrait pas lire οὐρεύς, et traduire par *mulet*. Ces animaux étaient, en effet, employés pour ce genre de services, comme aujourd'hui encore le sont, en Asie, les chameaux et les éléphants. Les navires auraient donc été mis à l'eau et mis à sec par des mulets plutôt que par des sillons et des canaux.

Οὖρος, urus, bœuf ou buffle sauvage. De οὖρος, pour ὄρος, montagne; m. à m., *bœuf de montagnes, montagnards,* épithète qui, dans une foule de langues, est synonyme de *rustique, sauvage*.

Rapprochez ce mot de οὐρεύς, mulet, c'est-à-dire, *montagnard,* ou propre aux montagnes, par sa sobriété et sa résistance, ou par sa sûreté et la facilité de sa marche dans les lieux escarpés et montueux.

Οὐτάω, blesser, percer. Ce verbe peut venir de ἰός, trait, flèche, ἰοτάω, percer de flèches. Ou bien de ἴω, lancer, jeter, frapper, ἰωτός, jet, trait, coup envoyé, lancé, *missile ferrum,* lance, lancer. C'est proprement blesser avec une arme qu'on *jette,* qu'on *envoie.*

Ὀφείλω, devoir. Ce verbe est une corruption de ἐπί ou ὑπό et εἴλω, prendre, lier, assujettir par, sous. Le devoir et la dette sont des *obligations, ob ligare.* Je vous suis *obligé* est synonyme de je vous *dois.* Le devoir *enchaîne, lie, attache.* La dette se trouve dans le même cas ; elle entraînait et entraîne même aujourd'hui *l'appréhension,* la *prise* de corps, εἴλω, ἕλω, prendre.

Ὀφέλλω, aider, secourir, faire prospérer, être utile, faire profiter, et, par extension, enrichir, grossir, augmenter. Toutes ces nombreuses acceptions se rapportent au composé ἐφ'εἴλω, ou bien ἐπί, εἴλω; m. à m., ramasser, assembler, recueillir sur (augmenter, amplifier, grossir, n'est pas autre chose).

Ou bien ἀπό, ἕλω, en latin, *extraho, absumo.* C'est, m. à m., *extraire, prendre, recueillir, rapporter, tirer, retirer;* c'est le *produit,* le profit que l'on *retire,* le *rapport.* Et ce qui vient confirmer cette dernière étymologie, c'est la signification de *nettoyer, balayer,* qu'a aussi ὀφέλλω, et qui n'est autre que celle d'*enlever, ôter* (les ordures), ἀπό, εἴλω.

Ὄφις, serpent. Ce mot nous suggère deux étymologies. La première, de ὄψ, ὀπή, vue. Ce serait, m. à m., le *voyant.* Les ophidiens n'ont pas de paupières, et paraissent, par conséquent, toujours vigilants, voyants. De là les nombreuses fables sur les effets surnaturels de la vue des serpents. Le basilic, ce type de la vue perçante, n'est lui-même qu'un serpent.

Mais un grand nombre d'espèces de ces reptiles se distinguent aussi par la redoutable propriété d'*émettre* le *venin,* propriété qui leur est presque exclusive, et, par conséquent, on pourrait encore voir ici le composé ἀφείς ou ἐφείς, de ἀφίημι ou ἐφίημι, laisser, lâcher, émettre. Rappelons-nous ἰός, venin, qui a pu lui aussi faire ἐπί ἰός, ἐφιός; m. à m., *en venimé,* vénéneux, *em-poisonné.* Toujours ἵημι, émettre.

Ὄφρα, afin que. N'est autre chose que ὅπερα, ὅπρα, de ὄψ, ὀπή, vue. C'est, m. à m., *en vue* de, dans le *but* de. Le *but* est le lieu, le point où l'on *fixe* la *vue,* que l'on a *en vue.*

Ὀφρύς, sourcil. Paraît être un composé de ὄψ et de ῥύω; m. à m., qui *garde l'œil;* c'est précisément son rôle. On pourrait encore supposer ici une métathèse de ὄροφυς, toit, couverture, nom qui lui conviendrait encore très-bien.

Ὀχετός, canal, rigole. Du verbe ἔχω, tenir, contenir; c'est là le but des canaux, ruisseaux, digues, chaussées que l'on élève pour contenir et diriger les eaux. Ce sont des *bords*, ὄχθη, mot de la même souche, c'est-à-dire, qui *contiennent*, qui *renferment*. Peut-être aussi est-ce οἰχετός, de οἴχομαι, aller, se rendre, conduire. Ce serait, m. à m., un *conduit*, une *voie* d'eau, une *route* pour l'eau. Ou bien, enfin, ce mot a-t-il la même souche que ὄχος.

Ὀχθέω, se fâcher, s'indigner. Est une simple variante de ἄχθομαι ou ἐχθόμαι, de ἐχθός, haine, dégoût, indignation.

Ὀχθη, bord, rivage. Est un simple dérivé de ἔχω, tenir, contenir; c'est précisément ce que font les rivages à l'égard des mers et des rivières.

Ὄχλος, troupe, foule, tumulte; peine, fatigue, tourment. Toutes les acceptions de ce mot viennent du verbe suivant ὀχλεύω.

Ὀχλεύω, soulever, mouvoir avec peine, avec un levier. Ce verbe paraît être un dérivé d'un parfait 2^d de ἕλκω, traîner, entraîner, ἔολχα, puis ὄλχα, par métathèse ὄχλα. Ὀλχεύω est donc proprement *traîner* sur terre, faire rouler, mouvoir au moyen d'un levier; *entraîner* en roulant. Le sens propre du verbe ἕλκω (voy. ce mot) vient à l'appui de ces observations; car c'est celui de rouler, faire rouler, tourner, *troubler*, comme τρέπω (d'où *troupe*, synon. de foule), multitude qui *tourne* et *retourne*, est *foulée* et *refoulée*, *va* et *revient*. On peut, enfin, rapporter ὄχλος et ὀχλεύω à μόχλος, *levier*, *barre*, qui sert à mouvoir une masse lourde et pesante, ce qui revient au même, car μοχλός est un composé de ὁμοῦ, ensemble, et ἕλκω, tirer, traîner.

Ὄχνη, poirier. Nous croyons qu'il s'agit ici de l'espèce cognassier, *pyrus cydonia*, et qu'il vient de ἄχνη, duvet, à cause de celui qui couvre toutes les parties de cet arbre, surtout son fruit. Aujourd'hui encore, on greffe les poiriers sur le cognassier; c'est l'espèce la plus remarquable du genre par son volume. Ce peut encore être ὄγκονη, ὄγχνη, de ὄγκος, poids, grosseur, enflure, propriétés qui conviennent parfaitement au *coing*, dont la grosseur est remarquable. C'est la plus grosse des poires et même des fruits.

Ὄχος, charriot, voiture, tout moyen de transport. Ce mot n'est autre chose qu'une abréviation du parf. ἄγηοχα, du verbe ἄγω, conduire, mener, transporter. C'est donc, m. à m., un *conducteur*, un *véhicule*; *veho*, conduire, mener, porter. Ce peut aussi être un dérivé de ἔχω, tenir, contenir, une *capacité*.

Ὄψ, voix. Vient de ἔπω, dire, parler, comme ὀπή et ὀμφή. A moins que ce ne soit pour ἴοψ, ἰοπη, du verbe ἰαπτω, jeter, lancer, pousser, de la même manière que ἰόγη, voix, cri, vient de ἰάχω. C'est qu'en effet, on *jette* un cri, on *pousse* un cri, on *lance* un cri, on *émet* une voix, on *rend* un son.

Ὀψέ, tard, soir. Pour ὀπίσε. Voy. ὀπίσω. C'est le coté de *derrière du dos*, opposé au *levant*, au *matin*. qui est le côté du *devant*, de la face.

Ὀψιάνος, obsidienne, pierre volcanique. De ὄψις, vue, vision. C'est, en effet, une pierre *translucide*.

Ὄψον, mets, assaisonnement, plat. Vient de ὀπτάω, cuire, rôtir; c'est une chose *cuite*, apprêtée *au feu*, passée *au feu*, par opposition à toute nourriture crue, comme les fruits, par exemple; aujourd'hui encore, le *bouilli* et le *rôti* forment le principal de nos repas. Les jus et les sauces ne sont eux-mêmes que le résultat de la *cuisson*.

Π

Παιάν, surnom d'Apollon, le guérisseur, παύω, faire cesser, apaiser; guérir. Hymne que l'on chantait en son honneur et en allant au combat, de παίω, battre, frapper. On frappait les boucliers avec les glaives, et ceux-ci les uns contre les autres. Plusieurs peuples ont encore aujourd'hui ces danses ou processions guerrières dans les fêtes publiques.

Παίζω, jouer, faire l'enfant. De παῖς, enfant. Ou bien est-ce un composé des prépositions ἐπί ou ἀπό, et de αἰζέω, être jeune, c'est-à-dire, bouillant, ardent, vigoureux, impétueux, comme l'est la jeunesse; ζέω, bouillonner.

Παῖς, enfant, jeune homme. Ce substantif, qui paraît avoir plutôt la seconde acception que la première, peut se rapporter à la même origine que παίζω. C'est le jeune homme, l'adolescent, ce que les Espagnols appellent *mozo, muchacho*, c'est-à-dire l'âge adulte.

Mais comme l'âge adulte, l'âge de puberté est précisément l'âge de la pudeur, nous pouvons fort bien supposer aussi le composé ἐπί αἰδώς, ce qui nous donne παιδός; m. à m., l'âge où *commence la honte*, la pudeur. Les moralistes physiologues me comprendront fort bien sans plus d'explications. Si l'on veut à tout prix que παῖς soit un enfant non adulte, un jeune enfant, on pourra voir ici παῖς ou παῦς, appartenant à la grande famille des παῦρος, *paucus, parvus*, petit, menu, peu, mince, etc.

Παιπάλη, fleur de farine. De πάλλω, très-*secouée*, très-*agitée* dans le crible. Παί est probablement πάν, très, fort, tout à fait; ou bien ὑπαί pour ὑπό, sous, dessous, par dessous. C'est le mouvement de bas en haut ou de dessous, qui fait venir la fleur à la surface. Ou mieux de παίω, battre, frapper, agiter. La farine est à la fois battue et secouée.

Παίπαλα, lieux escarpés, abruptes, difficiles. Vient de ὑπαί et πάλλω; m. à m., *secoués, agités par dessous*, c'est-à-dire, *soulevés*, accidentés, montueux, volcaniques, *sous-levés*. C'est un pays dont les collines imitent les ondulations des flots de la mer, ou des lieux abruptes, bouleversés par un *soulèvement*.

Παιφάσσω, palpitor, s'agiter, se troubler. Être effaré, regarder çà et là; fondre, s'élancer, sortir; se manifester, paraître, faire paraître. Toutes ces acceptions diverses se rapportent très-bien au composé ὑπαί et φάω; ὑπαιφάσσω, se montrer, paraître, briller, regarder, faire voir, ὑπαί, en dessous, par dessous, de dessous. La palpitation est un mouvement de bas en haut, *de dessous. Regarder en dessous*, c'est précisément le regard effaré.

S'élancer, sortir, surgir, c'est *apparaître de dessous*, de bas en haut.

Παίω, battre, frapper; agiter, agir avec précipitation. Ce verbe paraît n'être autre que πταίω, choquer, heurter, frapper contre, tomber, précipiter. Agir vite, hâter, n'est, en effet, autre chose qu'agir avec *précipitation, précipiter* sa démarche, ses actes, ses paroles; c'est même *tomber sur*, πιπταίω, πίπτω. Parler avec *précipitation*, c'est faire *choquer, heurter* les mots les uns sur les autres. C'est un *cliquetis* de paroles.

A moins que l'on ne voie ici qu'un abrégé de κόπαιω, κόπαω, du verbe κόπτω, battre, frapper.

Παλάθη, cabas de figues, ou plutôt pain de figues. De πάλλω, battre, fouler. C'est une masse ou *pain de figues pressées* et *battues* : friandise fort en usage dans les pays du midi, et ordinairement assaisonnée

23

avec des épices. A moins que ce mot ne vienne de πέλαω ou πελάθω, rapprocher, presser, comprimer, de πέλας, proche, près; ce qui nous présente la même idée.

Πάλαι, autrefois, jadis, anciennement. Cet adverbe paraît n'être autre que la préposition παραί, παρά, c'est-à-dire, devant, avant; ce qui est avant, nos *devanciers*. De même qu'en latin *antiquus*, de *ante*, devant, avant.

Παλαιστή, palme, plan, mesure de la *paume* de la main. D'un verbe inusité, παλαίζω ou παλάσσω, *empaumer*, mesurer au *palme*, ou étendre, ouvrir la *paume*, formés de πάλη, paume, παλάμη.
Ou bien de ἀπό, ἐλάω, étendre; m. à m., l'*étendue*, l'*extension*.

Παλάμη, paume de la main. De πάλλω, battre, frapper. C'est le principal organe de la *percussion*. C'est avec elle que l'on *bat, frappe, soufflète*. Par extension, ce mot signifie machination, expédient, ruse, art, artifice. Car la main est, en effet, l'*organe* ou instrument par excellence, l'*agent* de tout art, de tout artifice, de toute industrie; c'est en quelque sorte une seconde intelligence.

Παλεύω, tromper. Ce verbe peut être un composé de ἀπό et ἀλέω ou ἀλάω, errer, faire errer, induire en erreur; ou ἀλεύω, détourner. Ou bien est-ce une abréviation de τροπάλευω, dérivé de τρέπω. Ce serait proprement tourner, changer. *Donner le change*, jouer *un tour* (remarquez l'analogie française), faire des *détours*, mener par des *détours*. Le verbe *tromper*, lui-même, n'est autre que le grec τρέπω, tourner, changer, altérer, parce qu'en effet, c'est *détourner* de la *ligne droite*, du *droit chemin*, qui est le symbole de la *vérité*, de la *droiture*, comme nous disons en français.

Πάλη, lutte, combat. De πάλλω, battre; c'est une *bataille*, un *combat*, un *choc*. Dans la lutte, on se *bat*, se *choque*, se *heurte*, se *secoue*, se *pousse*, s'*ébranle*; πάλλω a toutes ces acceptions.

Πάλιν, de nouveau, de rechef. Cet adverbe n'est que l'abrégé de τροπάλιν; m. à m., de *retour*. Retournez-y, revenez-y, sont synonymes de « *faites de nouveau, une autre fois* »; en espag., *volver a*, faire de nouveau.

Παλίουρος, arbrisseau épineux. Composé de πάλιν et οὐρά; m. à m., *queue en arrière, queue retroussée*, à cause de la courbure de ses épines en crochet.

Πάλλαξ, jeune homme, adolescent. Vient de ἀπό et ἀλλάσσω, changer. C'est, en effet, l'âge du changement, de la transformation physique et morale, l'âge de puberté : le poil, les traits, la voix, tout se transforme à cet âge, même le caractère. Remarquons l'analogie entre πάλλαξ et ses significations diverses, et le latin *adultus,* adolescent, *adulterare,* changer, *adultera, concubine,* provenant tous de *alterare,* changer, *alter,* autre.

On pourrait, à la rigueur, voir dans ce mot le sémitique פלגש, fille, jeune fille.

Πάλλω, pousser, agiter, lancer, battre. Voy. βάλλω, ou bien παίω.

Πάλμυς, roi, souverain, chef. Pour παλάμευς, du verbe παλαμεύω, comme παλαμάω, administrer, manier, traiter, gouverner ; comme μέδων, roi, vient de μεδέω, avoir soin, soigner, veiller à.

Πανδοῦρα, pandoure. On veut que ce soit un instrument à cordes ; mais en le décomposant en πᾶν, tout, et δορά, peau, nous y voyons un instrument de *peau :* le tambour basque, encore aujourd'hui appelé par les Espagnols *pandero* (remarquez l'analogie), instrument qui est, en effet, en usage dès la plus haute antiquité, et chez presque tous les peuples connus. Ce mot pourrait aussi bien être l'abrégé d'un composé de τύπαν, (τύπτω), δορά, peau, ou τύπ, ἐν δορά ; m. à m., *coup, battement sur peau :* analogue au tambour, τύμπανον.

Ou bien encore de σπάν, étirer, étendre, et δορά, peau, ce qui est la construction de cet instrument.

Πανικός. Cet adjectif, que l'on applique à une crainte, à une terreur excessive que l'on attribue au dieu Pan, pourrait cependant n'être autre que l'abrégé de κοπάνικος, qui signifie précisément *frappant, choquant, heurtant.* Nous disons même en français, *frappé* de crainte, *frappé* de terreur ; en latin, *timore, perculsus :* parce que la terreur *frappe, choque, abat, bat.* En français même, *frappant,* synonyme d'*extraordinaire.*

Παός, Πηός, allié, parent. Ce mot est un abrégé de ὁπαός, du verbe ὁπάω, associer, allier, adjoindre, unir, accompagner, suivre ; d'où vient aussi l'adjectif participe ὀπάων, ami, compagnon, associé, adjoint.

Πάππας, père, papa. Voy. plus bas πατήρ.

Πάππος, aigrette, duvet, coton des végétaux. Ce mot singulier peut venir de πάππος, aïeul, vieillard, à cause de l'analogie avec le poil de la barbe et des cheveux blancs des aïeux ou vieillards. Aujourd'hui encore, dans beaucoup de pays, on appelle *aïeul,* mon *aïeul, grand-père,* toute personne ancienne et chenue, lors même qu'on n'a pas avec elle de degré de parenté. Ou, mieux encore, pour παλπος ou παιπος, de πάλλω ou παίω, agiter, secouer, balloter.

Παπταίνω, tourner les yeux, chercher des yeux. Composé de ἐπί et ὄπτω, voir, ou ὀπή, vue, pour ἐποπταίνω; ou bien ὀπά, τείνω, *étendre la vue.*

Πάπυρος, papyrus, plante. Mot d'origine égyptienne.

Παρά, de, à partir de, auprès de, chez, vers, au delà, à côté, selon. Cette préposition, qui a, comme on voit, les significations de presque toutes les autres, paraît être un composé de ἐπί et ἄρω, et, selon les cas, de ἀπό et ἄρω, ajuster, joindre, rejoindre. Ce qui nous donnerait ἐπαρά et ἀπαρά, puis enfin παρά; m. à m., *d'auprès* (ἀπό, de, ἄρα, auprès); en latin, *juxta,* de *jungo,* joindre, unir, comme ἄρω. Ἐπί ἄρα; m. à m., *sur-auprès,* chez, vers, *pour-rejoindre, pour s'unir, se réunir à.*

Au delà, outre, revient à *loin de, à partir de, hors de, d'auprès de.* Ce pourrait encore être un dérivé de ὀπή, vue, ὄπηρα, ὀπαρά, en vue, auprès, autour, ce qui est en vue.

Παρά pourrait aussi bien être une abréviation de κόπαρά, du verbe κόπτω, couper et choquer, rencontrer. Au delà n'est autre que, *à travers, en coupant.*

Selon, suivant, ne sont autre chose que, *auprès de, d'accord, joint à;* en latin, *juxta,* de *jungo,* joindre; ce qui est auprès, à côté, joint à, uni à quelque objet, le *suit* partout, l'*accompagne.*

Joint à, n'est autre que *heurtant contre, donnant contre, appliqué* contre, et, comme disent les Espagnols, *pegado a,* du verbe *pegar,* qui signifie chez eux, joindre et frapper.

Παρδακός, humide. Composé de ἀπό et ἀρδεύω, arroser; c'est donc proprement *arrosé, humecté.*

Πάρδος, léopard. Le nom de cet animal vient aussi de ἀπό ou ἐπί et ἀρδεύω, parce que la peau en est effectivement comme *arrosée, aspergée* de *taches,* de *gouttes* d'une couleur différente du fond.

On peut encore le supposer dérivé de σπείρω, semer, parsemer.

Παρειά, joue. De παρά, à côté, de côté. C'est, en effet, le côté du visage, comme le nez, la bouche, et surtout le *front,* πρόων, en sont le *devant.*

Παρείας et Παρώας, sorte de serpent. De παρειά, joue, proprement *serpent à joues,* à cause de la propriété de gonfler et dilater démesurément ses joues. Quelques espèces de couleuvres ont, en effet, les maxillaires inférieurs dessoudés, ce qui leur permet de présenter ce phénomène.

Παρθένος, vierge, jeune fille. Ce mot, qui nous rappelle de si belles et si douces images, est loin d'avoir dans la langue grecque une acception et une origine aussi noble et aussi gracieuse. Il est tiré de l'aor. passif du verbe πράω, vendre, dont le participe πραθείς a donné πραθενός, et, par une légère transposition, παρθένος; m. à m., la *vendue, vénale, à vendre.* C'est qu'en effet, chez les Grecs, comme le disent clairement Thucydide et Aristote (Politic. 2), un mariage était une véritable vente de la jeune fille par son père qui en recevait le prix du prétendant, usage qui subsiste encore aujourd'hui chez les Grecs modernes; dont on voit des exemples dans les mariages d'Isaac, de Jacob, de Sichem; qui se pratiquait, suivant Nicolas de Damas, chez les Assyriens, qui vendaient leurs jeunes filles sur la place publique au plus offrant. Il en était de même chez les anciens Espagnols, Germains, Thraces, Indiens, sans en excepter même nos bons ancêtres, si l'on en croit la loi salique et les formules de Marculphe. Aujourd'hui encore, les Chinois, les Tartares, les Tonquinois, les Maures d'Afrique, les Turcs, les Transylvains et presque tous les peuples sauvages ne se marient pas autrement.

Πάρθος, Parthe. Le nom de ce peuple célèbre tire son origine du participe aor. passif σπαρθείς, du verbe σπείρω. C'étaient, en effet, des peuples *parsemés, disséminés,* sur de vaste plaines et forêts, des peuplades nomades et vagabondes, σπάρθοι.

Παρνασός, Parnasse. Le nom de cette montagne célèbre peut être une syncope du composé παρά ναός; m. à m., *près du temple, à côté du temple.* Cette montagne était, en effet, près du temple de Delphes, non moins célèbre qu'elle, et qui a pu lui donner son nom et sa célébrité.

Πάρνοπες, sauterelles, ou plutôt cigales. Composé de παρά, ἐν, ὀπή ou ὄψ; m. à m., *voix outrée, voix exagérée,* c'est-à-dire, *criardes, bruyantes.* Ou bien pour πρανοπες, au lieu de τράνοπες, composé de τρανός, clair, perçant, et ὀπή, voix. Le changement de τ en π est assez commun entre les dialectes.

Παρών, brigantin, sorte de navire. Ce mot vient probablement de πάρειμι, aller auprès, être ou aller à côté ; c'est, comme nous disons en français, un *navire de conserve*, qui accompagne, escorte, *convoie*.

Παρωός, gris, gris brun. De παρειά, joue ; c'est la couleur grise d'une joue fraîchement rasée, entre le rose et le noir de la chair et du poil ; c'est, m. à m., *couleur de joue*. Ou peut-être pour σπάρωος, de σπείρω ; m. à m., *aspergé*, *éparpillé*, c'est-à-dire tacheté, grivelé, gris pommelé.

Πᾶς, tout, tout entier, la totalité. L'accent circonflexe marque que c'est une syncope de παός, abréviation de τρόπαος, du verbe τρέπω, tourner, contourner, envelopper, comme le latin *cunctus*, de *cingo*, ceindre, entourer, envelopper ; *universus*, *verto*, tourner. C'est toujours l'idée de tourner qui domine, parce qu'en effet, le *tout* n'est autre chose que l'ensemble, la réunion, la *troupe* (τρέπω), le *troupeau*, πῶϋ (abrégé de τρόπωυ). Remarquez la ressemblance de πᾶς et πῶϋ. Rappelons-nous aussi les synonymes ὅλος, *tout*, et εἰλέω, *tourner*, εἴλη, troupe.

Πᾶς pourrait encore être πάξ, de πάγω, condenser, consolider, contracter. C'est la *masse*, le *massif*, la *compression*, l'*ensemble*, la *réunion* de ce qui est épars, isolé, divisé.

Πάσσαλος, pieu, pique, échalas. Du verbe πάγω, ficher, planter, implanter.

Πάσσω, saupoudrer, parsemer. Pour πάρσω, σπάρσω, du verbe σπείρω, semer, parsemer.

Πάσχω, souffrir, endurer, supporter. Ce verbe est composé de ὑπό et σχῶ ; m. à m., je suis ou je tiens par dessous, je *sous tiens* ; en latin, *subs tineo*, *sub fero*, je soutiens, je supporte, je souffre. Nous avons vu ailleurs que la souffrance est une *charge*, ἄχθος, un poids.

Πατάνη, plat, assiette. Vient de πατάω, πατάσσω, battre : on les faisait au marteau, au martinet, à la façon des chaudronniers ; c'étaient, par conséquent, des plats en métal.

Ou bien de πατάω, étendre, déployer, aplatir ; c'est, en effet, le résultat de l'aplatissement et de l'extension, soit du métal, soit même de l'argile ; c'est l'analogue de notre *plat* et de notre *aplatir*, membres de la même famille.

Πατάσσω, frapper, battre avec bruit. Se dit plus particulièrement du bruit des pas, du bruit que l'on fait en frappant la terre avec les pieds ; il dérive du suivant, πατέω, marcher, fouler.

Πατέω, marcher, fouler, se promener. Ce verbe paraît être une onomatopée imitant le son, le bruit plus ou moins fort que l'on fait en frappant la terre avec les pieds, c'est-à-dire, en *marchant*, en faisant des *pas* (remarquez la similitude), surtout lorsque le pied est chaussé d'une semelle plus ou moins forte, plus ou moins dure.

C'est le verbe βάω, marcher, renforcé par cette dernière circonstance, car le bruit du pied sans semelle est naturellement plus faible. Ce verbe pourrait encore être ὑπατέω; m. à m., être *sur* ou avoir *dessous*.

Πατήρ, père. Ce mot paraît être une onomatopée. C'est le second mot que l'enfant prononce; c'est la seconde personne qu'il aime, qu'il remarque, dont il reçoit les caresses. Nous avons vu que la première, c'était la *maman* et la *mamelle*. Mais, dans cette seconde personne, ses yeux et son instinct lui font voir quelque chose de plus fort, de plus mâle, de plus énergique, et sa jeune lèvre, la première touche qu'il sait mettre en jeu, vibre pour la nommer avec plus de force aussi : ce n'est plus *ma*; c'est *pa, papa, pat*, la labiale forte.

Ce mot peut encore être un dérivé de πατέω, nourrir, paître. Quand la laitance est finie, quand la maman et la mamelle (*mamma*) a joué son rôle, celui du père commence : c'est lui qui se charge de fournir à notre subsistance. Πατέω est un verbe ionien.

Πατήρ, enfin, pourrait aussi se rapporter au verbe πάσσω, qui signifie semer, parsemer, répandre, d'où παστήρ; m. à m., le *semeur*, le *parsemeur*, celui qui répand la *semence*; ce qui nous rend raison des mots de la même famille παστάς, παστόν, παστός, qui tous se rapportent aux fonctions du mariage et à l'acte qui en est le principal but.

Dans le règne animal comme dans le végétal, le père ou mâle est celui qui *sème, répand, saupoudre* la semence ou le pollen (πάσσω). La mère ou femelle (matrice, ovaire) forme, donne la figure, façonne, *formater*, d'où *mater*, ὀρμάτηρ, ὀριμάταρ, déterminatrice, *formatrix*, d'où *matrix*, la matrice, la forme, la formatrice.

Si, au lieu de semer, on supposait πάσσω, dérivant de πάγω, ficher, percer, enfoncer, planter, presser, comprimer, l'image reste la même; le père serait alors celui qui fiche, enfonce, plante et perce, et celui qui presse et comprime la matière prolifique dans son *moule*, dans sa *forme*.

Παῦρος, petit, en petit nombre, peu. Ce mot paraît formé du verbe ἀπαυράω, ἀπό, αἴρω ou ἀπαυρίσκω, forme poétique qui signifie *ôter, enlever, dérober*. Παῦρος serait donc proprement le *coupé, enlevé, écourté, diminué*, amoindri, rapetissé, le *menu*, le *court*; en espag., *corto*, de *cortar*, couper.

On pourrait encore voir dans ce mot αὔρα, vent, air, d'où ἀπό, αὐράω, ἀπαυράω, souffler, éventer, ventiler, dessécher, et lui appliquer le sens de *sec, desséché*, ou de *aérien, rare, raréfié* (ἀερίος), analogue à l'*air*, au vide, à l'espace aérien, *espacé*, flasque (*fluo*, souffler), contrairement à *undans, abundans*, abondant, à flots, en foule (pour *floue*, de *fluo*, couler), affluence, flux, images toutes tirées de l'*eau*, de l'*arrosement*, de l'inondation ; antithèse du *sec*, de l'*aride*, du *rare*, de l'*aérien*.

A moins que l'on ne préfère voir ici un dérivé de παύω, finir, cesser, terminer. Cesser n'est, en effet, autre chose que couper, *écourter*; en espag., *corto*, de *cortar*, couper. La division rend les parties de plus en plus petites. Elle est la cause efficiente de la petitesse.

Ou bien, enfin, un abrégé de σπαῦρος, métathèse de ἀπαρύος, dérivant de la forme σπάρω, du verbe σπείρω; m. à m., *éparpillé, disséminé, épars, raréfié, rare*, et, par conséquent, *peu, menu, peu nombreux, faible*. Le latin *parvus* est la métathèse de παῦρος.

Παύω, finir, cesser, reposer. Ce verbe n'est autre qu'un composé de ἀπό et αὔω, souffler, respirer. C'est donc proprement *respirer*, prendre *haleine*. Car le propre de la fatigue, du travail, c'est d'être *essoufflé*, sans *haleine, haletant*, de respirer péniblement. Le repos est, au contraire, la respiration facile et normale. Ou bien de ἠπάω, adoucir, alléger, réparer, reposer.

Πάχνη, gelée, glace. De πάγω, πηγνύω, figer, consolider, contracter, rendre ou devenir compact.

Παχύς, épais, gros ; obtus, imbécile ; riche, abondant. Toutes ces significations se rapportent aussi à πάγω, épaissir, grossir, *grossier*, gros, synonyme de rude, esprit épais, comme *fin* l'est de *mince*, esprit *fin*. Gros, épais, est synonyme de riche, abondant, succulent, robuste, gras.

Πάω, goûter; posséder; s'unir, s'allier. Ce verbe parait n'être autre que l'abrégé de ἀγαπάω, aimer. En effet, « aimer la musique », n'est autre chose que « *goûter*, avoir *du goût*, se plaire à la musique », comme disent les Espagnols, *gustar de*. Aimer les bonbons, c'est *goûter* les bonbons, y avoir goût.

La signification de posséder revient à celle de *jouir de*, se plaire, se complaire en ; *goûter* les avantages, la jouissance, le plaisir de.

Quant à celle de s'unir, être allié, c'est tout bonnement *aimer, chérir,* être *cher, ami, aimé, uni, attaché, lié, allié,* c'est-à-dire, toutes les acceptions de ἀγαπάω.

Ce verbe pourrait encore être le même que σπάω, tirer, retirer (la langue), humer, attirer dans la bouche, avaler, et peut-être même *laper* (λαπάω), toucher avec la langue. C'est-à-dire *déguster.*

Πέδη, ceps, entrave des pieds. Pour πόδη.

Πέδιλον, souliers, chausson, talonnière. Peut fort bien être composé de ποδ et εἰλέω; m. à m., qui *entoure, enveloppe, lie* le pied, comme cela avait lieu avec les longs entrelacements des chaussures antiques.

Πέδον, sol, terre, pays. Malgré la différence de l'aspiration, nous ne devons voir dans ce mot que ἕδος, terre, sol, joint à la préposition ἐπί. Ἐπέδον, ou tout bonnement ἔφεδον, puis φέδον ou πέδον, ce sur quoi l'on *asseoit,* l'on *pose, repose.*

Πέζα; plante du pied. De ἐπί, ἕζω. C'est la partie du corps que l'on *asseoit, pose, repose,* ou sur laquelle on pose, repose tout le corps.

Πείθω, persuader, se persuader, croire. Ce verbe est un composé de la préposition ἐπί et de εἰμί, être; m. à m., *être sur, s'appuyer sur,* se *reposer sur.* C'est précisément ce qu'on fait quand on confie, quand on croit, quand on se fie (*fido,* de ἐφίζω, s'asseoir, se reposer). « Reposez-vous sur moi », revient à « confiez en moi, croyez-moi ». En espag., « *descanse* v^d *sobre mi* ». Si l'on veut encore, on peut mettre εἶναι, s'asseoir à la place, de εἶναι, être; πείθω serait alors pour φεῖθω, ἕσθαι, être assis. Πίστις, foi, confiance, ἐπί, ἐστί, ou bien ἐφ'εἴσθαι, être assis, reposer sur.

Πείκω, peigner. De πήγνυω, πάγω. Peigner, n'est autre chose que *ficher, enfoncer, implanter* le peigne dans la chevelure.

Πεῖκος ou Πέκος, toison. Tient aussi au verbe πήγω, figer, épaissir, rendre compacte, serré. C'est précisément le caractère distinctif des toisons laineuses. Ou que l'on *carde,* que l'on *peigne,* pour les employer au tissage. On y *fiche* et *fixe* la carde, le peigne.

Πεῖνα, faim, disette. Composé de ἀπό et εἶναι; m. à m., *absence, manque, dénuement.* En latin, *egestas,* de ἐκ ἐστί, *de est,* ce qui revient au même.

Πεῖρα, épreuve, dessein, tentative, voyage. Mot composé de περί et ἴω, aller. Proprement, *tourner autour*, tourner et retourner un objet, ou autour de lui; et, comme disent très-bien les Espagnols, *darle veultas*, essayer, tenter de. C'est effectivement l'image de l'essai, de la tentative, de l'expérimentation. On *tourne* et *retourne*, on *tâte*, on *tente*, on *manie* en tous sens, on regarde et flaire de tous côtés, tout *à l'entour* l'objet de l'épreuve.

Πείρινς, claie, natte d'osier. Du verbe πείρω, passer, traverser. Elle sert à passer, faire passer, filtrer, tamiser les fromages, beurres, etc., etc. C'est tout bonnement une *passoire*.

Πείρω, transpercer, percer, traverser. Pour περί ἴω; ὑπέρ ἴω; ou bien ὀπείρω, de ὀπή, trou, trouer. Dans les premiers cas, c'est, proprement, aller sur, au-dessus, par dessus, c'est *passer* sur, *sauter* sur. En français aussi, dans une foule de cas, *passer* est synonyme de *traverser*. *Percer*, c'est *passer au travers*.

Πέλαγος, haute mer, pleine mer. Pour πλέαγος, du verbe inusité πλεάζω, être plein, trop plein, regorger de plein. C'est exactement la *pleine mer*, la *haute mer*; en espag., *plea mar*, *alta mar*, la marée, la mer qui regorge, qui reflue, afflue, inonde de sa *plénitude* les lieux bas. *Flux* est synonyme et résultat de plénitude, abondance, écoulement, déversement du trop plein.

Ou la *pleine mer*, la *haute mer*, la mer sans fond, la mer sans rivages, dont le fond ne peut être atteint par l'ancre et par la sonde.

Πέλανος, gâteau de fleur de farine. Ce mot peut être un composé de ἐπί et ἐλαίνος, huilé, πελαίνος. C'était un gâteau pétri avec de l'huile, une tourte à l'huile, ou arrosé avec de l'huile.

Ou bien est-ce un dérivé de πελάω, πελάζω, approcher, de même que l'oblation, l'offrande des Hébreux, s'appelait *qaraban*, *qarba*, de *qarab*, approcher, offrir, présenter, et c'était aussi de la farine et de l'huile.

Πελαργός, cigogne. Est peut-être un composé de πέλας, noir, et ἀργός, blanc. Cet oiseau est, en effet, remarquable par ces deux couleurs exclusives et parfaitement tranchées de son plumage.

Ce peut être encore πελαγρός, c'est-à-dire, le pélagien; cet oiseau traverse régulièrement la mer deux fois par an.

Pour les Grecs, il venait de la mer, πέλαγος, qui sépare l'Afrique de l'Europe.

Πέλας, près, proche. Cet adverbe paraît formé du composé ἐπελάω, *pousser sur, contre,* par conséquent, rapprocher. « Les uns *contre* les autres », est synonyme de « les uns *auprès* des autres ». Ce qui touche, choque, heurte, rencontre un objet, est *rapproché, joint, uni* à cet objet. En français, *près,* tient à *presser, comprimer,* c'est-à-dire, pousser, fouler, serrer contre : ἐλάω, ἐπελάω.

Πέλασγοι, les Pélasges. Sans avoir recours au sémitique *falag* ou *falach,* diviser, séparer, disperser, nous croyons pouvoir rencontrer la vraie signification du nom de ces peuples célèbres dans le composé ἀπό et ἐλάω : ou bien ἐπί et ἐλάω, chasser, pousser, étendre, s'étendre, se répandre. Ces races sont, en effet, celles qui, *chassées, expulsées, poussées,* ou se *poussent, s'étendent, se répandent* d'elles-mêmes de l'Orient vers l'Occident, viennent peupler la Grèce et l'Italie, et se mêler aux *Aborigènes,* c'est-à-dire à ceux qui étaient dans le pays, *ab origine,* aux primitifs habitants du sol.

Si, au lieu de se confondre avec eux, on veut qu'ils les aient *chassés,* les Pélasges seraient alors les *expulseurs,* les *chasseurs* des Aborigènes, plus faibles ou moins nombreux que les venus. Si l'on voulait voir ici πέλαγος, haute mer, ce serait tout simplement les maritimes, les pélagiens, ceux venus, arrivés *par mer, de la mer,* du côté de *la mer* qui sépare la Grèce de l'Asie mineure.

Πέλεια, pigeon ramier, pigeon sauvage. Ce mot peut être un dérivé de πελός, brun, rouge livide, plombé, couleurs qui sont, en effet, celles du pigeon ramier.

On peut encore y voir un abrégé de σπελειά, de σπέλεος ou σπήλαιον, rocher, caverne ; parce que cet oiseau, surtout l'espèce *biset,* souche probable de nos pigeons domestiques, demeure en général dans les cavernes, rochers, ou vieilles masures ; aussi l'appelle-t-on en français *pigeon de roche.*

Πέλεκυς, hache. Ce mot peut venir de πλέκω, plier, recourber, ou de ἐπί, εἰλέω, même signification, ἐπείλεκυς, πέλεκυς. Dans les deux cas, cette formation serait parfaitement analogue à celle de l'hébreu *qof,* hache, venant du verbe *qouf,* tourner, plier. Cet instrument a, en effet, cela de particulier qu'il fait un *pli,* un *coude* avec son manche.

Πελεμίζω, ébranler, agiter, bouleverser. Pour πολεμίζω ; m. à m., *guerroyer, taquiner,* troubler, exciter, irriter, provoquer.

Πέλλα, pierre, caillou ; peau, écorce. Ce mot macédonien vient de πάλλω, jeter, lancer, secouer, rejeter. Les pierres et cailloux sont essentiellement propres à être lancés ; aussi furent-ils le premier élément de la balistique primitive, une des premières armes offensives de l'homme primitif, et ils le sont encore aujourd'hui.

Les peaux et les écorces se *jettent*, se *rejettent*, se *secouent*, se lâchent par les animaux, notamment les reptiles, insectes, mollusques, etc., et par les végétaux, qui *s'en dépouillent* à certain âge et certaines saisons de l'année. Le latin *pellis*, peau, n'est lui aussi qu'un dérivé de *pello*, chasser, jeter, rejeter.

Les deux significations rentrent donc parfaitement dans l'idée de *jeter, chasser, repousser*.

Πέλλα, Πέλιξ, Πέλυξ, Πέλις, vase à traire le lait. Abrégé de κυπέλλα, qui, comme κυπελλίς et κύπελλον, a dû signifier vase, coupe, écuelle.

Πελός et πέλλος, noirâtre, livide, brun, plombé. Cet adjectif paraît n'être autre qu'un abrégé de τυπελός, κοπελός ou πεπελός, des verbes τύπτω, κόπτω ou πάλλω. C'est proprement la couleur noir violacé, rouge livide, rouge noirâtre que laisse sur la chair un *coup*, une *contusion* violente, et que les Espagnols nomment *moradura*, c'est-à-dire, violacée, ou bien *cardenal*, rougeur de *cardeno*, rouge violet, pourpré.

Πέλεια, colombe, pigeon, est ainsi appelé à cause des reflets noirs violacés, couleur lie de vin, que présente son plumage, comme en hébreu יין, vin, et יונה, pigeon, colombe.

Πέλμα, dessous du pied, plante du pied. Du verbe πάλλω, battre, frapper. C'est avec elle que l'on bat, frappe, heurte la terre. De là les expressions, « *frapper du pied* », « *battre la semelle* » ; c'est la *paume* du pied, παλάμη, voisin de πέλμα (*paulme*), qui, avec celle de la main, sont les organes plus particuliers de la *percussion* chez l'homme.

A moins que ce ne soit πλέμα, de πλέω ; m. à m., *plein, plainier*, la partie *pleine, plainière*, unie, plante du pied : ce qui est plein est, par cela même, *plein, uni*.

Πέλτη, lance, pique, javelot ; écu léger. Ce mot vient encore de πάλλω, secouer, brandir, agiter, lancer. On *brandit* la pique avant de la lancer ; on *brandit* le bouclier pour parer les coups. Le bouclier est, d'ailleurs, *battu, frappé, choqué* par les coups.

Πέλω, être, devenir, tourner. Ce verbe, employé par les poètes, pourrait bien n'être autre chose que l'abrégé de τράπελω, τροπέλω, de τρέπω, tourner, et signifier proprement se *changer en*, se *tourner en*, *devenir*; comme les Espagnols disent très-bien *tornarse*, *volverse*, pour *devenir*, *être*. Ou bien encore, ce que les Latins expriment par *versari* (de *verto*, tourner), se trouver en, dans, près, circuler, féquenter, être dans, être. Le verbe πέλομαι marquerait donc un état, une manière d'être, mais qui a été précédée d'un *changement*, d'une *conversion*, d'une altération de l'état antérieur.

Peut-être ce verbe vient-il de πέλας, proche. Ce serait, m. à m., *s'approcher*, *approcher* de ce qui *vient*, *advient*, *survient*, *arrive*, *est*, approche : « Il *est* à Rome », équivaut à « il en est approché »; en espagnol, *acercarse*, venir, arriver.

Πέλωρ, monstre, énormité, prodige. Ce mot est une métathèse de πλέωρ, venant de πλέων, comparatif de πολύς. C'est, m. à m., *plus grand*, *plus nombreux*, *plus gros* que l'ordinaire, le commun, la nature, ce qui surpasse la taille ordinaire ; *énorme*, colossal, monstrueux.

Πέμπω, envoyer, conduire, accompagner. Ce verbe difficile paraît appartenir à la même famille que ὁπάω, suivre, accompagner ; πομπή, accompagnement, cortége, le donne bien à entendre ; c'est un composé de ἀπό et ἕπω, ou ὁπάω, éconduire, reconduire, mener, accompagner, ὁπάων, compagnon. Ἀποπάων ou ἐπί ὁπάων a fait ποπάων, puis, avec un μ emphatique, πομπάων, πομπή, πόμπεω. Les ambassades étaient composées d'un long et brillant cortége de *suivants*, d'*attachés*, comme nous disons aujourd'hui.

Πέμφιξ, pustule, bulle d'air, gonflement, souffle du vent. Ce mot paraît venir de φυσάω ou φύζω, souffler, gonfler, au parfait moyen πέφυγα ; m. à m., qui est *insufflé*, *soufflé*, *gonflé* ; et, en y introduisant le μ euphonique, πέμφυξ. Elle s'échappe, d'ailleurs, en sifflant et soufflant.

A moins que l'on ne préfère voir tout simplement le verbe φεύγω, fuir, échapper, πέφυγα, puis πέμφυγα. La bulle d'air *s'échappe*, *s'enfuit*, *s'élance* du liquide. Ou πέμπω, envoyer, jeter, lancer, pousser, comme le sont les bulles.

Πενθερός, beau-père. Ce mot, de difficile explication, serait-il πειθερός, persuasif ou persuadé (par le gendre, afin d'obtenir la fille), ce qui paraît confirmé par son synonyme ἑκυρός (voy. ce mot).

Ou bien tiendrait-il à πένθος, deuil, tristesse, de même que κηδεστής, parent, allié, cousin, tient à κῆδος, deuil, souci, chagrin ; ces sortes de parents sont, d'ailleurs, et généralement pour les gendres, chagrins et désagréables. La parenté amène d'ailleurs avec elle le soin, le souci, l'intérêt à l'égard de ceux qui sont proches.

Πένθος, deuil, peine, douleur. Pour πένεθος, de πένομαι, souffrir, être en peine, être affligé, *être peiné*.

Πενιχρός, pauvre, indigent. On voit clairement dans ce composé les mots πένης, pauvre, et χρεῖος, nécessiteux, ou χρεία, besoin.

Πένομαι, travailler par nécessité, être nécessiteux, indigent, pauvre. Ce verbe est comme πεῖνα, faim, composé de ἀπό et εἶναι; m. à m., *ne pas être, manquer, ne pas avoir, être dénué,* indigent, dépourvu de; par conséquent, misérable, pauvre. Et comme, en général, le travail a pour cause le besoin, la misère, le dénuement, on a confondu la cause et l'effet dans la dénomination.

Nous pourrions encore supposer ce verbe composé de ὑπό, εἶναι, sub esse, sub ire, subir, supporter, souffrir; sub portare, sub ferre.

Πέντε, cinq. Ce nom de nombre, qui s'écrivait aussi πέμπτε, et même πέμπε, pourrait être rapporté au verbe πέμπω, et cela à cause du rôle que joue le doigt *cinquième*, c'est-à-dire le pouce, à l'égard des quatre autres qu'il *accompagne* dans tous leurs mouvements les plus essentiels, et dont il est le *compagnon* fidèle.

On pourrait encore le rapporter à πάντε, tiré de l'adjectif πάντος, πᾶς, tout : ce serait alors le *tout*, la *totalité* de la main, *toute la main*, par opposition à δάκτυλος, qui, venant de δάζω, δαίζω, signifie précisément *petite division* (de la main).

Ou, enfin, pour πέγντε, πέγνυτε, de πάγω, πήγνυω, serrer, ramasser, contracter; c'est précisément le latin *pugnus*, qui a la même racine, et signifie, proprement, *serrement, contraction,* compression, comme grec πυγμή, poing.

C'est exactement comme en hébreu, חמשׁ, cinq, de חמש, épaissir, condenser, grossir.

Πέος, verge, pénis, membre viril. Abrégé de ὀπέος, de ὀπή, trou, ouverture; m. à m., le *troué*, le *percé*, muni d'une *ouverture*.

Πέπλος, voile, ornement qui couvre la tête des femmes. Ce mot peut venir de πλέω, πλόω, *voguer, flotter, errer;* ou mieux, de πέπηλος, parf. 2ᵈ de πάλλω, signifiant, proprement, ce qui *s'agite,* se remue, flotte çà et là, est *poussé* et *battu.* Le voile est, en effet, la partie de la toilette la plus légère, la plus mobile, la plus flottante. Le latin *velum* et notre *voile*, viennent de *volare*, voler, voltiger. Un *voile* est comme les *volants* des robes de nos femmes élégantes, quelque chose qui *vole*, qui flotte au gré du zéphir. Le mot κρήδεμνον, qui signifie aussi un voile, et qui est tiré du verbe κραδάω, synon. de πάλλω, agiter, secouer, vient confirmer notre étymologie, de même que ὀθόν, voile, de ὀθέω, agiter, pousser.

Πέπερι, poivre. Malgré sa physionomie exotique, on peut faire dériver ce mot, de πέπτω, cuire. Cet épice est essentiellement *cuissant, chaud, brûlant, échauffant*. C'est aussi un digestif, un *cuiseur*, pour la nourriture qui en est assaisonnée.

Πέπτω, cuire, digérer, mûrir. Ce verbe est probablement le même que ὀπτῶ, avec la préposition ἐπί ou ἀπό; ἐπόπτω ou ἀπόπτω; puis πόπτω ou πέπτω. Voyez donc ὀπτάω, cuire.

Πέρ, quoique, du moins, certes, sans doute, outre que. Cet adverbe n'est pas un mot particulier, car, si l'on y fait attention, toutes ses significations peuvent très-bien rentrer dans celles de ὑπέρ ou περί, dont on aurait retranché le (ὑ) et le (ί). Car ces prépositions signifient aussi *malgré, contre, quoique, outre que*. *Outre* et *malgré* ne sont autre chose que, *au-dessus, par dessus* (l'obstacle).

Περαίας, muge. De περάω, passer, traverser, voyager, à cause des passages fréquents de ce poisson de la mer aux rivières et des rivières à la mer.

Πέραν, outre, au delà. De πείρω; m. à m., en *passant*, en *traversant, au travers*.

Πέρας, fin, terme, extrémité. Pour ὑπεράς, *suprême*, synonyme de final. Ou bien περί ἴω, aller autour, *circonférence, limite*, bord, fin. Voy. πείρω, πεῖρα.

Περάω, passer, transporter, colporter. Voy. nos observations à l'article πείρω et πεῖρα. Tout cela appartient à la même famille.

Πέρδιξ, perdrix. Le nom de cet oiseau a quelque rapport avec πάρδος, celui du léopard, parce que son plumage est, en effet, *tacheté, aspergé, semé, parsemé*, comme la peau du second. Il n'est donc pas surprenant qu'ils aient la même étymologie, ἀπό ἀρδέω, arroser, asperger; ou σπείρω, semer, parsemer.

Πέρδω, péter. Ce verbe peut être un composé de ἀπό et de ἔρδω, faire, comme en français : « il a *fait* dans ses culottes »; en espagnol : se ha *hecho* en, *faire* ses besoins. Ἀπερδω, serait donc proprement *faire* un besoin.

On peut encore voir ici ἐπί ou ἀπό et ἔδρα, chaise, selle, c'est-à-dire, *faire sa selle*, aller *à la selle ;* ou bien, pour σπέρδω, dérivé de σπείρω, semer, laisser, lâcher, répandre (puanteur, odeur). Nous disons en français : « *lâcher un vent.* »

Πέρθω, ruiner, ravager, détruire. Syncope de περάθω, de πέρας, fin, terme ; ou de περάω, finir, achever, terminer, détruire. La *fin* d'une chose, c'est sa destruction, sa perte, sa ruine, sa disparition. Ou de σπείρω, σπάρθεις, disséminé, dispersé, éparpillé, détruit.

Περί, sur, autour, et une foule d'autres acceptions qui ne diffèrent que par de légères nuances et qui peuvent toutes se rapporter à la préposition ὑπέρ, dont on a fait ὑπέρι, et en abrégeant περί. En français même, nous disons : « *sur* les huit heures », pour « *environ* huit heures, *autour* de huit heures ». Être sur, être près, être en, être aux environs, sont des locutions synonymiques.

Περισσός, excellent, supérieur. De περί, sur, au-dessus de.

Περιστερά, pigeon. De περί et στάω, poser sur, ou autour. Ces oiseaux vivent au *haut*, au-*dessus* de nos demeures où sont élevés les pigeonniers, dominant au loin la campagne. Ou, si l'on veut encore, *autour* de nos maisons (περί), qui leurs servent de point central, de réunion, ce qui les distingue des pigeons sauvages.

Πέρκος, noirâtre, tacheté de noir. Pour σπέρκος, du verbe σπείρω, semer, parsemer ; *parsemé* de taches noires. Le poisson *perche* doit son nom à cette étymologie.

Πέρνα, jambon, cuisse. Ce mot n'est qu'une simple contraction de περόνη, l'os péroné de la jambe, qui a, en effet, la forme d'une aiguille, d'une épine περόνη, et qui, en espag., s'appelle *espinilla,* petite épine.

Περόνη, agrafe, pointe de l'agrafe, os mince de la jambe. De πείρω, περάω, percer ; c'est là son rôle. L'os péroné a la forme d'une aiguille.

Πέρπερος, léger, téméraire, fou, insolent, bavard. Cet adjectif est peut-être une corruption de ἀπρεπερός ; m. à m., *inconvenant, indécent,* de α privatif, et puis πρέπω, convenir, être décent, convenable. Ou bien de ὑπέρπυρος, qui signifie très-ardent, très-bouillant, violent, emporté, inconsidéré, téméraire. La témérité n'est qu'un excès d'*ardeur*, de *feu*.

Ce peut être encore la préposition ὑπέρ, avec redoublement de la seconde syllabe, ὑπέρπερ ος; m. à m., qui *surpasse*, qui *excède, excessif, outré, immodéré*, qui agit ou parle avec *excès*, *outre* mesure. Ou de ὑπέρ et ἔπω, parler; qui *parle* avec excès.

Cet adjectif peut, enfin, se composer de ὑπέρ et πέρας, limite; m. à m., *au-delà des bornes, sur toute limite, au-dessus des limites*.

Πέρυσι, l'an dernier, le temps passé. Pour ὑπερόσι, de ὑπέρ, comme en latin *nuper*, de ἐν-ὑπέρ, jadis; m. à m., l'année *supérieure*, au temps *supérieur*. Le temps *coule, s'écoule*, par conséquent le passé est au niveau *supérieur*, comme cela a lieu pour tous les *écoulements*. C'est pour cela que l'on *remonte* au temps passé.

Πεσσός, dame, pion, jeton. Vient de πίπτω, πέσω, tomber. Ils *tombent* au hasard, le sort *échoit, tombe sur*, sur la table du jeu où on les *jette*. Ou bien de πεζός, qui va ou sort à *pied*, c'est-à-dire *pion* (pied), valet de pied, piéton, fantassin.

Πέταυρον, perche, juchoir pour la volaille, volière. Du verbe πετάω, s'étendre, ou voler. C'est sur quoi *volent, voltigent*, les oiseaux. Ils sont indispensables dans les *volières*, pour l'exercice, et, par conséquent, la santé des oiseaux qui y sont renfermés.

Πετάω, ouvrir, étendre. Est un composé de ἐπί ou ἀπό et de τάω, étendre, πιτάω ou ποτάω, étendre, dérouler, ouvrir, déployer, car ce qui est ouvert, *s'étend* au loin, a de l'*étendue*, de l'extension. Si l'on n'est point satisfait de cette étymologie, il faudra avoir recours au sémitique *phatach*, פתח.

Πέτομαι, voler. Vient du précédent. Voler, c'est *s'étendre, étendre* les ailes, planer, *ouvrir* les ailes. L'*extension* est l'attitude propre au vol. L'oiseau *s'étend* tout de son long pour présenter à l'air une surface la plus grande possible.

Ce peut aussi être une corruption de ἵπταμαι.

Πέτρα, pierre, rocher. N'est autre chose que πέκτρα, du verbe πάγω, contracter, serrer, comprimer, rendre compacte. La compacité est le caractère essentiel des rochers, car, sans elle, ils se réduisent en *terre* (tero, τείρω), c'est-à-dire en *détritus*, qui n'est autre chose que l'état contraire de la compacité, c'est-à-dire la désagrégation.

Πεύκη, poix, résine, amertume. Du verbe πάγω, πηγνύω, πεκύη; m. à m., la *figée, coagulée, condensée.*

La signification d'*amer* vient de la saveur qu'a effectivement cette substance, ou bien encore parce que les saveurs amères sont *astringeantes, resserrent, constipent.*

Πηγή, source, eau jaillissante. Ce mot, s'il n'est pas pour πηδή, du verbe πηδάω, sourdre, jaillir, bondir, ne peut guère venir que de πάγω, ficher, percer, enfoncer, piquer. La source est, en général, un *point (pungo)*, c'est-à-dire une *piqûre* d'où sort un filet d'eau mince, grêle à son origine, comme le sont toutes les choses qui commencent, qui *pointent*, qui se font jour avec lenteur et avec peine.

Πηγνύω, ou primitivement Πάγω, ficher, implanter, enfoncer, serrer, comprimer, durcir, coaguler. Les deux séries de significations que l'on attribue à ce verbe, si riche en dérivés, se rapportent à un composé de ἐπί et ἄγω, qui nous donne ἐπάγω, et enfin πάγω, *pousser sur, choquer sur, presser sur, amener sur,* opérations qui sont exactement celles que l'on exécute quand on fiche, plante, implante, enfonce. Ou bien quand on serre, presse, amasse, coagule, contracte. En latin, *co ago, co agulo, con traho*, in *duco,* ou intro *duco.* C'est toujours *ago* ou ses synonymes qui sont en action, parce que, nous le répétons, *enfoncer* ou *serrer*, ne sont autre chose que *pousser dans*, ou *pousser contre* : ἄγω.

Πηδάω, sauter, s'élever, jaillir, bondir. Ce verbe est vraisemblablement dérivé de πέδον, sol, terre, et se dit plus particulièrement de tout ce qui s'élève ou jaillit du sol, comme les sources, les fontaines. Ou bien dérivé de σπαδάω, de σπάω, à cause des sauts, soubresauts, tiraillements, tensions, extensions, convulsions, spasmes de ce qui saute, s'élève, s'élance, saillit. Le saut, l'élan, le bond, ne sont, en effet, qu'un vrai tiraillement, une extension des muscles du sauteur ou de la chose sautante vers le haut.

Ce verbe marque donc proprement la sortie avec bouillonnement, et, comme les Espagnols disent très-bien, à *borbotones*, à gros bouillons.

Si l'on préférait voir dans ce verbe une altération de ποδάω, de ποδός, ce serait proprement *piétiner, agir des pieds, trépigner*, organes essentiels du *saut* comme de la *danse;* les pieds y jouent le rôle principal.

Πηδόν, rame, manche. Pour κοπήδον, du verbe κόπτω, couper et battre : justement les deux rôles qu'y joue la rame en *fendant* et battant les flots. En latin, *remus*, de ῥηγνύω, ῥῆγμα, fendre, couper.

Un manche ne sert non plus qu'à *couper* et *battre* avec plus de force et de facilité, soit qu'on le joigne à la hache, au hoyau, à la pelle ou à tout autre instrument destiné à *couper* ou à *battre*.

Πήληξ, casque. Vient de πάλλω, battre frapper. Parce que cette arme défensive, destinée à garantir des *coups* la partie la plus noble et la plus importante du corps, est, par cela même, la plus sujette aux *coups,* à être *battue.* Voilà pourquoi les Espagnols rapprochent très-bien, dans la même famille de mots, *casco,* casque, *cascar,* battre, frapper, et *casco,* fragment, têt, brisure.

On pourrait encore voir ici le verbe πλήσσω, battre, frapper, πλήξ, πληξιή, πήλκα, pour πλήκα. Ou encore, de παλάσσω, agiter et tirer au sort ; rien de plus mobile que le casque et son cimier ou aigrette. Le casque servait, d'ailleurs, à tirer au sort.

Πηλός, boue, argile, mortier. Vient évidemment de πάλλω, battre, secouer, agiter, ou abrégé de τραπηλός, tournée, trouble, τρέπω. Une boue quelconque est le résultat du battage, du remuement, de la secousse, de l'agitation, du tournoiement, du trouble, du mouvement circulaire, soit qu'il s'agisse de la boue naturelle (ἰλύς, de εἰλέω, tourner, troubler, remuer, agiter), soit des boues artificielles, comme celles du potier, du mouleur, du maçon, qu'il faut *pétrir, remuer, battre, agiter, broyer, secouer, tourner, retourner.*

Πῆμα, perte, dommage. N'est autre qu'un abrégé de λυπήμα; m. à m., douleur, souffrance, peine, du verbe λυπέω ou λυπάω, affliger, peiner. A moins qu'il n'appartienne au verbe πάω, goûter, essuyer, *éprouver;* car, en français, *épreuve* est synonyme de souffrance, peine et dommage, parce qu'en effet, pour *éprouver* une chose ou une personne, on la soumet à des traitements *durs, violents, pénibles, accablants,* pour voir si elle y résiste, si elle *endure,* si elle *supporte* la *preuve, l'épreuve.*

Πηνίκη, perruque. De πῆνος, fil, trame, tresse. C'est une chevelure en *fil,* en étoupe filée ; ou bien, une *trame*, un *tissu*, une *tresse* de cheveux véritables, mais étrangers à la personnne qui les porte.

Peut-être est-ce encore ὑπηνίκη, de ὑπό εἶναι; m. à m., *sub posés, supposés,* ou ἐπί εἶναι, *superposés;* postiches (*posititius*), que l'on met à volonté, *supposé* (*subpositium*).

Πῆνος, fil, filament. Vient probablement du verbe σπάω, tirer, étirer. Le fil n'est que le résultat du *tirement, étirement* de la matière textile enroulée sur la quenouille et *étirée* sur le fuseau. Ou bien pour πῆγνος, de πηγνύω, serrer, comprimer, feutrer, fouler. Comme le sont les tissus, les feutres, les draps ; en espag., *paño*, drap, tissu, qui est le même que πῆνος ou πάγνος.

Πήρα, besace, sac des mendiants. De πηρός, estropié, pauvre, mendiant; sac où ils mettent le produit des aumônes. Ou bien, sac des travailleurs, ouvriers, manœuvres, pour κοπήρα, de κόπος, travail, fatigue.

Πηρός, estropié, pauvre, mendiant, malheureux. Peut être un abrégé de κοπήρος, du verbe κόπτω, couper, amputer, tronquer ; ou bien de λυπηρός, *fâcheux, triste, malheureux, infortuné*, pauvre, misérable. Κοπήρος signifie pénible, fatigant, lassant par le travail ; homme de travail, homme de peine.

Πῆχυς, coude. Vient de πάγω, πηγνύω, appuyer, ficher, consolider, soutenir. Le coude sert précisément à l'appui, au soutien du menton, de la tête, du bras et même de toute la partie supérieure du corps. En latin, *cubitus*, coude et repos, de *cubare*, rentre parfaitement dans notre idée.

En outre, le coude se *fiche*, s'*implante* sur les points qui lui servent d'appui.

Si l'on voulait avoir recours à l'idée de courbure, brisure, fraction que le coude représente, en effet, l'étymologie sera toujours πάγω, mais composée de ἐπί ἄγω, *infrango, infractus*, infraction, brisure, fracture. Ἄγω, signifie *briser* et *pousser*.

Πίδαξ, source, fontaine. Vient de πηδάω, sourdre, jaillir. Ou bien, pour σπίδαξ, de σπίζω, étendre, épancher, ouvrir.

Πιέζω, opprimer, presser, fouler. Est un composé de ἐπί et ἕζω ; c'est proprement *être assis sur, posé sur, imposé*, en latin, *inpositus;* peser sur, comprimer.

Πίθηξ, singe. De πείθω, obéir. Cet animal imite, suit, obéit à tout ce qu'il voit faire, comme peut le faire un enfant docile, il apprend tous les petits exercices avec *obéissance* et souplesse.

Πίθος, tonneau, baril. Ce mot paraît être un abrégé de τροπίθος, du verbe τροπίζω, arrondir, construire en rond. C'est là, précisément, la forme du tonneau (torneau), τρόπις, carène d'un navire, c'est-à-dire sa partie *arrondie*, convexe, analogue au tonneau par sa forme et son mode de construction. A moins qu'il ne dérive tout simplement de πίω, πίνω, boire ; ce serait proprement un *vase à boire*, du vin surtout.

Πικέριον, beurre. Pour πυκέριον, de πυκέω, πυκάζω, épaissir, condenser, rendre solide. Le beurre est, en effet, un *épaississement*, une *condensation* du lait ; ou de πικρός, πευκερός, à cause de la saveur âcre, acide, rance, que cette substance acquiert très-facilement ; rance, amer, piquant.

Πικρός, amer. Pour πευκρός, de πεύκη, poix, résine. C'est le goût de cette matière. Ou bien de πηγνύω ; la saveur amère est astringeante, serrante, comprimante.

Πῖλος, chapeau, bonnet, feutre. Voy. le mot suivant.

Πιλέω, fouler de la laine. Est un composé de ἐπί et de εἰλέω, tourner. Pour fouler, feutrer la laine, on la *tourne, contourne, plie, replie, bouleverse, entrelace, pelotonne, englobe*. Ou bien on *l'amasse, serre, comprime, presse*.

Πιμελή, graisse. Pour πιγμελή, πιομελή, de πιός, gras ; ou bien de πῆγμα, πηγνύω, épaissir, condenser. C'est, proprement, un *épaississement*, une *condensation des sucs. Gras* et *épais, dense,* sont synonymes.

Ce peut encore être l'abrégé de ὀπίμελη, de ὀπός, suc, de la même famille que ὀπισμός, ὄπισμα, suc, jus, et le latin *opimus*, gras, succulent. Ou bien, enfin, ἐπί, sur, μέλος, membre, car c'est précisément sur la surface du corps et des membres qu'elle s'accumule dans le tissu cellulaire.

Πίναξ, tablette, tableau, planche. Vient aussi de πηγνύω, dans son acception de figer, piquer, enfoncer, graver, écrire, rayer. C'était, en général, toute surface plane sur laquelle on grave, incise, écrit, peint (*pingo, pictura*, de πηγνύω), comme en grec γράφω, écrire, peindre) ; ce qui donnerait à penser que le premier dessin a été la *piqûre* (*pictura*), la *rayure* sur le bois, la pierre, la brique.

Πίννα, pinne, coquillage à nacre. Pour πίγνα, a la même étymologie que le précédent, parce que la surface nacrée, plane et assez étendue de cette coquille ou huître servait à y écrire, dessiner par la *piqûre*, *pictura*. Elle servait de *tablette* à écrire. Rappelons-nous la manière de voter des citoyens d'Athènes et l'*Ostracisme* grec écrit sur l'écaille d'*huître*.

Πῖνος, crasse, ordure. De πῖος, gras. Ce mot s'applique particulièrement aux ordures provenant de la surabondance d'excrétions grasses qui se déposent sur la peau.

Comme étant aussi un épaississement, une condensation d'humeurs grasses, on pourrait le rapporter à πηγνύω, πίγνος.

Πίμπλημι, remplir. Est un abrégé du double composé ἐπί, ἐν, πλέω; ce serait, proprement, *remplir avec excès*, en *surabondance* (*super ab undanter,* mot latin où l'on voit aussi double préposition).

Πίμπρημι, brûler. Est un abrégé du composé ἐπί, ἐν, πυρέω, consumer, *brûler entièrement*. En latin, ce serait *super, in uro*.

Πινυτός, sensé, sage, qui sait. Pour ἐπί πνυτός; m. à m., *in-spiré*, de πνύω, souffler, inspirer, *inspiré, insufflé;* qui a reçu l'*esprit*, le *souffle*, qui a de l'*esprit, spirituel*, bien *inspiré*.

Πίνω, Πίω, boire, ou Πόω. Ce verbe remarquable, comme tous ceux qui désignent une des fonctions les plus importantes et en même temps les plus simples de la vie animale, s'il n'est point primitif et onomatopée, comme on pourrait le présumer des labiales π, b, qui y figurent, car les lèvres sont le principal instrument de la succion et de la boisson, d'où les locutions « *porter ses lèvres, approcher ses lèvres* de la coupe, de la liqueur, etc., etc. », pour « *boire*, de la coupe, de la liqueur », si ce n'est pas une belle onomatopée, disons-nous, ce ne peut être qu'un dérivé de ὀπός, suc; d'où ὀπόω, ὀπίνω, sucer, boire, et ὀπίσμα, ὀπισμός et ὀπίζω, suc, succion, exprimer le suc. Ce sont les *sucs*, les *liquides*, qui sont l'objet de la boisson. Ou bien, tenir au verbe παύω, d'où πόω, apaiser, reposer, calmer (la soif), comme ἔδω, ἐσθίω, manger, ont pu être dérivés de ἕζω, ἕδω, ἐσθίω, asseoir, rasseoir, reposer, apaiser, calmer (la faim), comme en hébreu, *schata*, boire, de *schout*, poser, asseoir, déposer; en latin, *satiare*, pour *cessatiare*, (de *cesso*), faire cesser. Ou bien, de ἤπιος, doux, calme, d'où ἠπιάω, adoucir, calmer, apaiser (la soif) la plus ardente et la plus énergique des nécessités du corps.

Ou, enfin, un abrégé de ὀπίω, ὀπίζω, de ὀπός, suc; m. à m., sucer. La succion est une boisson ; sucer est synonyme de boire.

Πίππος, petit poussin. Onomatopée du piaulement des petits oiseaux en général.

Πίπτω, tomber. Ce verbe, dont le primitif paraît être πέτω, n'est probablement qu'un composé de ἐπί et πετάω, s'étendre, se déployer sur. C'est précisément l'image et le résultat de la chute. Un objet, ou personne tombée, est une chose ou personne étendue, tendue, et, comme disent les Espagnols, tendida, et même tumbada. Notre mot tombe, n'est lui-même qu'un équivalent de gisement, extension (du corps) sur la terre.

Πίσος, pois. Le nom de ce légume tient à ὀπτῶ, cuire, bouillir. On sait qu'il est plus particulièrement employé en bouillies, potages, purées. C'est pourquoi il porte, en espagnol, le nom de guisantes, du verbe guisar, cuire, condimenter, bouillir. Les légumes se mangent, ou crus, en salade, ou cuits, en bouillie, purée, etc... Ou bien, ce mot appartient-il à la même souche que πίεσις, πίεσμα et πιέζω, qui signifient presser, broyer, fouler, car c'est le légume dont on fait les purées, les bouillies, c'est-à-dire les broyements, les pilements, à cause de leur dureté ; πίσος, pour πίεσος ; m. à m., le broyé, pilé.

Πίσσα, poix. Pour πίξα, de πηγνύω, épaissir, condenser. C'est un épaississement des sucs végétaux. Ou pour ὀπίσσα, du verbe ὀπίζω, tirer le suc d'un arbre, le faire couler. Voy. πίτυς.

Πιστάκη, pistachier, espèce de térébinthe. Peut venir de ἐπί et στάζω, égoutter, écouler (à cause du suintement de la résine, la térébinthe et le mastic qui en coulent naturellement, et par des incisions de quelques arbres de cette famille). Ou bien, pour ψιτάκη, couleur de perroquet ; son fruit a une couleur vert perruche, vert tendre. Nous préférons, cependant, la première étymologie comme la plus naturelle.

Πίστις, foi, confiance. Abrégé de ἐλπίστις, de ἐλπίζω, confier, se fier, espérer.

Πίτυλος, bruit, murmure de l'eau agitée. Ce mot paraît être le même que le suivant, car λ et ρ sont des lettres de la même touche. Ce serait donc, proprement, le bruit qui résulte du *choc, brisement, foulement*, et, en quelque sorte, trituration des eaux par la rame.

Ou, mieux peut-être, le même que πιπυλός, alouette et son sifflement, analogue à celui que fait l'eau agitée par la rame.

Πίτυρον, son. Composé de ἐπί et τύρω, τρύω ou τείρω; m. à m., le *brisé, moulu, trituré*. C'est le résultat de la *trituration*, du *brisement* du grain.

Πίτυς, pin, arbre gras. De πῖος, gras : qui donne la résine; ou, mieux, de l'abréviation de ὀπίτος, ὀπίτυς, du verbe ὀπίζω, qui signifie tirer le suc, la résine d'un arbre, en y pratiquant des incisions (πίσσα, poix, résine). On en retire la résine de cette manière.

Πίων, gras. Pour ὀπίων, de ὀπός, suc; m. à m., *succulent*, qui a du *suc*, du *jus*.

Πλάγιος, oblique, de travers. De πλέκω, plier, fléchir. C'est, m. à m., *infléchi, penché, plié*.

Πλάδος, humidité, moiteur surabondante, excessive. Composé de πολύ et ἅδω, rassasier, remplir, dégoûter, surabonder, πολάδος, très ou *trop-plein*; par syncope, πλάδος. Ou, mieux encore, pour πλέαδος, de πλέος, plein; m. à m., *plénitude*, surabondance, débordement.

Πλάζω, égarer, faire errer, écarter de. Pour πελάζω, πελάω. Composé de ἀπό et ἐλάω, étendre, s'étendre, s'écarter, allonger ses pas, aller au loin, se perdre, s'évanouir, s'écouler (*erro*, ἐν ῥέω).

Ou, si l'on aime mieux, ἀπό et ἀλάω, errer, s'égarer, se perdre, être aveugle. Ou, enfin, du verbe πλέκω, plier, πέπλαγα, πλάγω, plier, écarter, *tordre, pervertir*.

Πλάξ, plaque, plaine. Du précédent, car une chose plate, aplatie, n'est autre qu'une chose *tendue, étendue*, déroulée, *détendue*, développée, écartée, ouverte. On pourrait encore voir ici le verbe πλήσσω, battre, frapper, car le battement, la percussion, sont les procédés ordinaires pour opérer l'aplatissement.

Πλάσσω, former, façonner. Ce verbe, qui s'applique plus particulièrement aux ouvrages d'argile, de boue, peut venir de πηλός, boue, πηλάσσω, *façonner la boue*. Le nom ἄργιλος paraît venir de ἔργω, faire, façonner. C'est, en effet, la première matière qui ait servi à l'homme (et même au créateur dans la formation de l'homme) pour *construire, façonner, former* toutes les imitations des objets sensibles ou les ustensiles nécessaires à la vie civilisée.

Ce verbe remarquable pourrait, néanmoins, être aussi une syncope de πελάσσω, approcher, rapprocher, adapter, presser, serrer, car c'est effectivement là ce que l'on fait en *pétrissant, pressant, serrant* la boue, l'argile, pour lui donner de la consistance, de la solidité sous la forme que l'on veut lui imprimer. L'adjectif *figuline* et le latin *fingo*, façonner, former, viennent du grec σφίγγω, presser, serrer, comprimer. *Facio*, lui-même, tient à πάγω, πηγνύω, serrer, presser, consolider, rendre *compact*.

Πλατύς, large, ample. De ἀπό ἐλάω; m. à m., *étendu;* en latin, *extensus*, déployé, tendu. Ou bien, métathèse de l'adjectif παλτός, de πάλλω, battre, frapper; on se sert de la percussion pour étendre. Ou, enfin, venant directement du verbe πλάσσω, πλήσσω, battre, frapper.

La largeur est le résultat de l'*extension*, ἐλάω, ou du *battage* : πάλλω, πλήσσω.

Πλέθρον, arpent, stade, cirque. Peut être dérivé de πλέος, plein, la mesure *pleine*, entière, *complète*, la mesure type. Ou, si l'on veut encore, pour πλέκθρον, de πλέκω, plier, courber, contourner. Le *cirque* était *circulaire*, courbe, rond. Πλεκθή ou πλεκτή, est, d'ailleurs, une corde, tresse, cordeau pour *mesurer*. Πλέκθρον pourrait signifier aussi *pli, courbure, enlacement* des bœufs sous le joug, ce qui répondrait parfaitement au latin *jugerum*, de *jugum*, *jungo*, et à l'espagnol *yunta, yugada*.

Πλέκω, enlacer, plier, tresser. Ce verbe vient de πολέω, ou de πέλω, tourner, au parfait πεπολέκα, πεπλέκα, puis πλέκα; au participe πλεκώς, ayant tourné. Parce qu'en effet, *plier* et *tourner*, sont synonymes dans toutes les langues. Ce qui est *plié* est *infléchi, contourné, courbé, retourné*.

Ce peut être encore une abréviation de διπλέκω, appartenant à la même famille que διπλάζω, διπλόω, διπλός, doubler, faire double, et, comme disent très-bien les Espagnols, *doblar*, plier.

Πλέος, plein. Est le même que le comparatif πλείων, plus grand, plus nombreux que. Lorsque le *contenu* remplit le *contenant*, il y a égalité, niveau parfait; mais l'adjectif en question ne signifie proprement qu'une plénitude avec *excès, plus grande* que la capacité ou la mesure destinée à la contenir. C'est, en un mot, le *surabondant*, le *trop*. Ou, si l'on aime mieux, le *plus grand*, le *plus nombreux*, eu égard à la capacité possible. Dans le langage ordinaire : « c'est *plein* de monde », équivaut à « c'est *trop* de monde, *plus* qu'il n'en faut », puisque tout ce qui est plein ne peut plus rien admettre ni contenir. Μεστός, synonyme de πλέος, vient de ἐμέω, vomir, rejeter, et le latin *refertus*, de *refero*, rendre, rejeter de *trop plein*.

Πλέος est donc, m. à m., *plus nombreux que*, ou *le plus nombreux possible*.

Ou bien ce mot n'est-il qu'une contraction de πολέος, de πολύς, beaucoup, nombreux ; en français même, « c'est plein de », est synonyme de « il y a beaucoup de ».

Πλευρά, côté, flanc. N'est autre que πνευρά, du verbe πνέω, souffler, respirer, comme *flanc*, de *flao*, souffler. Les flancs sont de véritables soufflets qui suivent les mouvements alternatifs des poumons dans l'acte de la respiration.

Πλέω, naviguer, flotter. Peut être une corruption de ἐπί νέω, devenu ἐπνέω, puis ἐπλέω : λ pour ν. Ce serait alors, m. à m., *nager sur*, précisément ce qu'est l'acte de flotter, voguer, naviguer.

Si l'on considère cependant que le principal moteur de la navigation est le *souffle* du vent, au point que *voile* est devenu synonyme de *navire, bateau, vaisseau*, etc., parce que c'est par elle que les navires se meuvent, et que ναῦς peut être une simple altération de πναῦς, πνέω ; m. à m., la *soufflée, insufflée*, poussée ou gonflée par le vent (le navire et la voile), le verbe en question pourrait bien être le même que πνέω.

Et, enfin, eu égard à la synonymie de *voile* et de *navire*, ce pourrait être, mieux encore, une abréviation de πεπλέω, ou πεπλόω, de πέπλος, voile ; m. à m., *être en voile, faire voile*, comme nous disons en français, *aller à la voile*, naviguer, voguer.

Πλήν, excepté, rien que. Cet adverbe vient de πλέον, et signifie *plus que*. Nous disons : « Je n'ai *plus* qu'un écu », pour « je n'ai *rien, excepté* un écu ». « Il n'est *plus* arrivé que des malheurs », pour « il n'est *rien* arrivé, *excepté* des malheurs ».

Πλήσσω, frapper, battre, heurter. C'est un dérivé de πάλλω, battre, secouer, pousser, qui a donné aussi παλάσσω, d'où, par syncope, on a fait πλάσσω. Remarquons cependant que πλα, plan, plan, rataplan, plaf, sont des onomatopées.

Πλίνθος, tuile, brique. Pour πηλίνθος, de πηλός, boue, limon, argile ; πήλινος, fait avec de la boue, de l'argile, matières de la brique. Le mot français, *brique,* vient probablement lui-même de βορός, boue, limon, de *borique,* comme *terrine* de *terre ;* et le latin *pelvis,* de πηλός, boue, argile ; en espag., *barreño,* de *barro,* boue.

Πλίσσω, ouvrir les jambes, les écarter, marcher. Ce verbe, dont le sens est assez obscur, paraît n'être autre que ὁπλίζω, s'armer, se préparer, s'apprêter, se disposer (pour le combat). C'est l'attitude de celui qui se met en garde pour la lutte, le combat, qui avance une jambe pour mieux établir son centre de gravité. Ou, mieux encore, un dérivé de πλέκω, plier, doubler, plier le genou, le courber, donner un croc en jambe.

Πλοῦτος, Plutus, dieu des richesses. De l'adjectif πολύς, beaucoup, riche, abondant. Dieu de l'abondance, dieu du *beaucoup.*

Πλύνω, laver. Vient du composé ἀπό λύω ; m. à m., *dissoudre, résoudre* les taches, ordures, saletés, au moyen de l'eau.

Πνέω, souffler, respirer. Ce verbe est une belle onomatopée tirée du son que rend l'air en sortant par la double voie de la respiration, les lèvres et le nez : π labiale, ν nasale, font πνω, le souffle en action.

A moins qu'on ne préfère y voir une simple transposition de l'hébreu נפש, souffler, respirer.

Πνίγω, suffoquer, étouffer. Paraît être une abréviation de ἀπνίγω ; m. à m., *ne pas respirer, ne pas souffler ;* et, en supprimant le α privatif, πνίγω. Il répondrait exactement au verbe *asphyxier,* son synonyme, qui est composé aussi du α privatif et de σφύζω, souffler.

Πόα, herbe, gazon. Ce mot vient de πάω, manger, ou βόω (πόα, βόα), manger, brouter, paître. C'est le *manger,* la *pâture* des animaux. Le latin *herba* vient lui-même de φέρβω, nourrir ; m. à m., *nourriture, pâture.* Ou bien, abrégé de καρπόω, cueillir, récolter, καρπός ; le produit, la récolte, la moisson, le fruit.

Πόθος, désir, amour, regret. Ce mot tient probablement à πάθος, souffrance, passion. Le désir, le regret d'une chose absente ou qu'on a perdue, est effectivement une souffrance, une *passion.* C'est pour cela qu'en français aussi, *regret* est synonyme de *peine, affliction.*

Ce pourrait être encore un composé de ἀπό et ὀθέω, mouvoir, émouvoir, inquiéter, agiter. Ce serait un *soin*, une *inquiétude*, un *souci* de, une *sollicitude*, avoir *souci* de quelque chose.

Ποιέω, faire, façonner. Ce verbe remarquable est un composé de ἐπί et οἷος, égal, semblable, ἐποιέω, proprement, *assimiler*, faire une *image*, une *ressemblance*, une *imitation* de quelque objet. L'art a toujours été une *imitation* de la nature, une *fiction*, une *semblance*; en latin, *fingo, fecit, fictio, factus, facio,* façon, forme, figure. L'homme ne saurait produire que par l'imitation des objets visibles. L'idéal dans l'art n'est qu'un mot vide de sens, à moins qu'il ne signifie un *arrangement*, une *synthèse* de parties diverses et choisies, mais dont le type est toujours dans la nature. Le mot *art*, lui-même, le donne bien à comprendre, car, venant du grec ἄρω, il signifie non pas *invention*, mais simplement *ajustement, arrangement, concert, assemblage, construction.*

Ποικίλος, divers, varié, différent. Composé de ἀπό et de εἴκω, rassembler. C'est, m. à m., *dissemblable, non semblable.*

Ποιμήν, berger. Ce mot tient évidemment à la même famille que πῶϋ, troupeau, πόα, pâture, herbe, πάω, paître. Ce peut être une syncope de ποαιμήν, de ποαίνω, ποάω, faire brouter, paître l'herbe. Ou bien, πουμαίνω.

Ou, si l'on veut encore, βοιμαίνω, βοιμήν, βοιομήν, de βοῦς, bœuf; proprement, *bouvier,* meneur de bœufs. Ou bien, enfin, de ἐπί et οἴς, brebis; *sur les brebis, préposé aux brebis.*

Ποινή, peine, châtiment. Pour πονιή, comme πόνος, de πένομαι, souffrir, être affligé. Ou bien de ἐπί et ὀνόω ou ὄνημι, servir, blâmer, injurier; *service* est synonyme de *charge, travail, poids.* Une peine est aussi, en effet, un *poids*, une *charge.* Ou de ὑπό et ὀνόω; m. à m., *servir sous.*

Πόλεμος, la guerre, les combats. Ce mot peut être un dérivé du verbe πάλλω, par son parfait 2ᵈ πέπολα, d'où πεπόλεμαι, je suis *battu*, heurté, frappé, *choqué.* Une guerre n'est, en effet, qu'un *combat*, un *choc*, une *bataille* (battre). Ou, si l'on aime mieux, un composé de ἀπό et ὀλέω, tuer, perdre, détruire. La guerre est, en effet, la *destructrice,* la *destruction,* par excellence, la *ruine, dévastation* des peuples.

Πολέω, tourner. Ce verbe remarquable, s'il n'est pas racine, n'est autre qu'une abréviation de πεπόλεω; m. à m., être *agité, secoué, ébranlé, remué,* du parf. 2ᵈ de πάλλω, secouer, agiter, ébranler, πέπολα, s'agiter, s'ébranler, se secouer, *se battre* sur soi-même, en soi-même, en se servant de centre, de pivot. Le mouvement circulaire est, effectivement, le mouvement type, le mouvement par excellence, le mouvement de la nature entière. Les astres, les planètes, la terre, les saisons, les heures, tout arrive et se meut en tournant, arrive à son *tour*. Il en est de même des roues, rouages, cylindres, machines *à mouvement*, moulins, *moteurs* de toute espèce. Le mouvement *circulaire* règne entièrement sur l'art de même que sur la nature. C'est sous cette forme qu'a lieu le mouvement continu, et que nous concevons le mouvement perpétuel, car le mouvement en ligne droite se perd dans l'immensité de l'espace ou l'œil de l'homme ne peut pas le suivre. *S'agiter* en ligne droite, c'est courir, se diriger à un autre lieu, se transporter, changer de place. Si, au lieu de πολέω, on voulait voir βολέω, de βάλλω, ce serait *être lancé*, *jeté*, mis en mouvement, *être impulsé*, *prendre* l'impulsion (*pello*), l'élan, *être poussé*. Le mouvement circulaire a besoin d'un *impulseur*, *propulseur* qui lui donne et soutienne le *branle*.

Enfin, et pour terminer, ce verbe pourrait être une dérivation de τρέπω, τραπολέω, τροπολέω, τροπαλέος, τροπαλίζω.

Πολιός, poil gris, blanc. Peut être de πόλος, le pôle couvert de neiges perpétuelles ; m. à m., *couleur polaire*, couleur *blanche*. Ou bien, pour τραπόλιος, couleur *changée*, *altérée*, cheveux changés, altérés. Ou bien de πάλη, farine, παλύνω, *blanchir* de farine, comme faisaient nos bons aïeux avec leurs cheveux poudrés. Ce serait alors pour παλιός ; m. à m., *couleur de farine*.

Πόλις, ville, cité. De πολύς, nombreux, fréquent. C'est la *multitude*, la *pluralité* des habitations, des maisons, qui forment *la ville*. C'est peut-être πολεῖς, sous-entendu οἶκοι ; m. à m., *plusieurs* ou *beaucoup de maisons*. Les Espagnols disent *pueblo*, pour signifier ville et peuple, c'est-à-dire amas de maisons et amas d'hommes. Πόλις paraît donc être l'opposé des maisons *isolées*, des maisons de *campagne*. Ou bien encore de πολέω, tourner, comme le latin *urbs*, de *orbis*, cercle, contour de l'enceinte ; dans l'origine, probablement, circulaire.

Πόλις serait ainsi simplement le *contour*, la *circonférence*, l'enceinte.

Πόλος, pôle, pivot du monde. Pour πέπολος ; m. à m., le *secoué, agité, mu*. C'est le point d'où part le *mouvement*, la secousse, l'*agitation*, le *point de branle*, la source, le centre du *mouvement circulaire*, πολέω.

Πόλτος, bouillie, purée. De πολέω, tourner. La bouillie n'est que de la farine *tournée, brouillée, agitée, remuée, retournée* en tous sens. Ou bien de πάλλω, secouer, agiter, battre.

Πολύς, beaucoup, nombreux. Cet adjectif vient de πολέω, tourner; εἴλη et ὅμιλος, troupe, de εἰλέω, tourner; comme le latin *turba* et notre français *troupe*, de son synonyme τρέπω. C'est qu'en effet, pour former une *masse*, une *multitude*, un *assemblage*, il faut *environner, contourner, enceindre, entourer,* renfermer *tout autour, englober,* comprimer *à la ronde* les objets ou individus dont on veut former ce *pluriel,* cette *multitude,* cette *troupe* (τρέπω), ce *tout; cunctus,* de *cingo,* ceindre, environner.

Si l'on fait dériver πολύς directement du verbe πάλλω, par l'intermédiaire d'un parfait 2ᵈ πέπολα, on se représentera l'agitation, la secousse, le branle, le trouble, le retentissement, le tumulte, inséparables de la *multitude,* du *grand nombre,* de la *foule,* des *flots populaires,* poussés, agités, choqués, refoulés en tous sens (πέπολος); d'où le latin *populus,* peuple et peuplier, arbre aux feuilles agitées, tremblantes (le *tremble* en est une espèce), comme l'arbre entier l'est aussi lui-même à cause de sa hauteur et de sa forme, rapports qui nous expliquent l'homophonie de leurs noms : *peuple* et *peuplier*.

Πόλφος, espèce de pâte à beignets, ou de vermicelle. Ce mot est le résultat d'une transposition pour πόφλος, abrégé du composé ἀπόφλος, de ἀπό et φλάω, piler, pétrir, broyer.

Πόνος, peine, travail. Vient de ὑπό, sous, et ὀνέω, servir; m. à m., *servir sous,* analogue au latin *sub fero,* souffrir.

Πόντος, la mer. Ce mot remarquable et difficile est problablement une altération de πάντος, tout. C'est, proprement, la *totalité,* la *réunion,* l'*amas* des eaux, comme en latin, *mare,* de ἅμα et ἄρω, amasser, joindre, réunir; et en hébreu, *iam,* de *im,* avec, ensemble, réunion. Dieu, dit la Genèse, *rassembla toutes les eaux,* et leur donna le nom de *mer* (c'est-à-dire, *assemblement*).

Ποππύζω, siffler, animer, appeler en sifflant, cajoler. Peut être une onomatopée analogue à πιπίζω, piauler. Ou bien, pour πομπύζω, de πέμπω, envoyer, émettre, ou de πομπεύω, qui signifie accompagner, mander, faire aller, pousser, envoyer, lancer. Le sifflet est un signal qui sert à tout cela.

Πόρκης, anneau qui lie le fer au bois de la lance. Pour πόρικος, du verbe πορίζω, faire passer, donner passage; m. à m., qui *passe* ou *fait passer*, qui ou dans lequel *s'introduit*, du verbe πείρω, passer, traverser. C'était probablement l'anneau qui donnait passage à la courroie par laquelle on retenait le manche de la pique.

Πόρκος, nasse, panier, clisse; porc, cochon. A la même origine. C'est un ouvrage de vannerie qui laisse *passer, traverser* (l'eau), *filtrer* : πόρικος. La signification de pourceau est due au composé ἀπορύσσω ou ὑπορύσσω, fouir, creuser, dont le parfait ἀπώρυκα, a donné, par abréviation, πώρυκος, πόρκος; m. à m., le *fouisseur*, le *creuseur*, caractère distinctif de cet animal.

Πόρπη, boucle, agrafe. Probablement pour πόρκη. (Π et κ se confondent dans quelques dialectes). Encore, de πείρω. Le corps de la boucle est un anneau dans le quel on *fait passer* la pièce qui doit être mordue, *percée* par l'agrafe : πείρω, πόρος, passage, traversée, trou.

Ou bien, composé de πείρω et ὀπή, trou; m. à m., qui *traverse*, qui *passe un trou*, ce qui est exact.

Πόρτις, génisse. Pour πρότις; m. à m., *première*, qui porte petit, qui est grosse pour la *première* fois, et, comme disent très-bien les Espagnols, *primeriza*. Génisse, vient du latin *gignere*, engendrer, produire, porter. Le latin *vacca* est un abrégé de *nŏvacca*, la *nouvelle* grosse, fécondée, qui porte pour la première fois; en hébreu, פרה, de פרה, porter, produire.

Πορφύρα, couleur pourpre. Peut venir de πῦρ et φέρω; m. à m., *porte feu*, couleur de *feu*, pour πυρφόρα. Peut-être ce nom lui vient-il du porphyre, roche de la même couleur, et qui donne réellement du feu au briquet, et surtout sous le ciseau des sculpteurs qui, l'employant dès la plus haute antiquité, ont dû remarquer cette propriété qu'elle doit à sa dureté extrême.

Ou bien de προφύρω, ou abrégé de ὑπέρ, φύρω, d'où περφύρω, puis πορφύρω, *mêlé, troublé, saupoudré, mélangé, arrosé, aspergé* de petites taches blanches.

C'est une roche saupoudrée, aspergée, et comme arrosée par les cristaux de feld-spath.

Ce mot pourrait encore très-bien être un composé de πρό et de φύρω, teindre, tremper; m. à m., *première teinture*, car la pourpre avait deux teintes : la première, plus ou moins rouge, et la seconde, violette, que les Hébreux appelaient aussi *scheni*, c'est-à-dire *seconde teinte*, la violette. Ou bien, enfin, πῦρ et φύρα; m. à m., *teinture de feu, teinte* couleur de feu.

Πός, Ποῦ, Ποῖ, qui, en quel lieu, de quelle manière. Paraissent être des syncopes de ποιός, quel, ποιοῦ, ποίοι, composés de ἐπί et οἷος, quel, égal, semblable. Le latin *quis, quo*, etc... n'est autre que *œquis, œquo*, etc.; m. à m., *égal, même, le même.* La phrase « mulier *quœ* vendidit » revient à « mulier *œqua, ea ipsa* vendidit », « la femme qui vend », « la femme, *la même, celle même*, vendit ».

Ou bien, ces monosyllabes sont-ils simplement des abrégés de τόπος, lieu, et τρόπος, manière.

Ποσειδῶν, Neptune. Le nom du dieu de la mer est pris, en grec, de sa faculté la plus redoutable, celle d'*agiter* et de *soulever* les flots. C'était, pour les faibles mortels, le côté saillant de la figure mythologique. Ce nom vient de ἀποσείω, agiter, secouer, ἀποσειών, l'*agitateur*, le *secoueur*.

Neptune pourrait être aussi δισπόζω et ὕδωρ; m. à m., *dominateur de l'eau.*

Πόσις, mari, époux. De δεσπόζω, dominer, maîtriser, δεσπόσις, domination. Le mari, dans l'antiquité, comme encore aujourd'hui en Orient, était un *seigneur*, un *maître* pour son épouse, appelée en grec δάμαρ, m. à m., la *dominée*, la *domptée*. Le christianisme vint plus tard détruire cet état de choses.

Πόρνη, prostituée. Pour πρόνη ou πρό νεύω, tendre, faire signe, accorder la première, consentir, comme les femmes galantes qui devancent, qui vont au devant, qui convient (*prostituta*, de *pro stare*). Ou bien, de πέρνημι, vendre, *qui se vend*, comme *meretrix*, de *merces*, prix.

Ou, peut-être mieux que tout cela, ce mot n'est-il que la simple métathèse de πόνρη, contraction de πονερή ou πονηρή; m. à m., la *méchante, perverse, misérable, vile, perdue*, épithètes bien dignes d'une telle profession.

Πόσθη, gland, membre viril. Abrégé de ὑπόσθη, du verbe ὑποίσθαμαι, être *dessous*. C'est la partie placée *sous* le pli du prépuce.

Ποταμός, fleuve, torrent, cours d'eau. Abréviation du composé ἀπό et τάμω, couper, ἀποταμός; m. à m., *découpure, entaille, fente* de la terre, du sol, ordinairement pratiquée par les eaux elles-mêmes. Son synonyme χαράδρα, ravin (gravin), de χαράσσω, graver, fendre, découper, vient confirmer notre opinion. C'est dans les montagnes surtout que les cours d'eau ont ce caractère de fentes, coupures, entailles, et c'est là que se forment toutes les rivières.

Πότερος, quel des deux. C'est un composé de πός, quel, et de ἕτερος.

Πότμος, sort, destin. Ce mot peut venir de ἀποτόμος, de τάμω, couper, trancher, décider; m. à m., *décision*, jugement, arrêt, ce qui est *décidé*, ou bien, *partage, part, lot.* Les Parques, qui sont les ministres du *Destin, coupent, tranchent* le fil : ἀποτάμω. Le sort est, d'ailleurs, la *part* qui échoit à chacun.

Ce pourrait encore être ἀποτιμός, ἀπό et τιμή, châtiment, punition, paiement, sentence, jugement.

Πότνιος, auguste, vénérable. Composé de ἀπό et τίω, τίνω, honorer, vénérer, respecter, *rendre* les devoirs, *payer* le tribut de son respect, *rendre hommage*: τίω, τίνω, payer, rétribuer.

Ποῦ et Ποῦ, en quel endroit ? où ? à quel point ? en quelque endroit, en quelque point, en quelque façon, presque..... Cette particule est une contraction de ποιοῦ, génitif de ποῖος, quel (sous-entendu ἐπί) ; m. à m., *sur quel ou sur quoi.*

Ποῦς, pied, génitif Ποδός. Ce mot peut venir de ὑπό, εἰμί ; m. à m., *qui est dessous*. C'est le *dessous* du corps, sa *base* ou soubassement, son *piédestal* : ὑπούς. Ce peut être encore ἐπούς, de ἐπί, car il pose *sur* le sol, il s'appuie *sur* la terre. Ποδός génitif, cas qui, par parenthèse, est le cas absolu des Grecs, et, par conséquent, le représentant légitime du mot dans la plupart des cas, peut-être, très-bien, ἐποδός, ἐπί, ὁδός, ou ἔδος; m. à m., *sur le sol, sur la terre, sur la route;* en latin, *pede*, cas absolu. C'est là, en effet, la place du pied.

Πόω, primitif de Πίνω, boire. N'est autre chose que παύω, apaiser, faire cesser, calmer (la soif), comme ἕζω, ἕδω, manger; ἕζω, asseoir, rasseoir.

Πρᾶος, doux, bon, affable. Cet adjectif paraît venir de πάρ εἰμί, παραυς; m. à m., *qui est auprès*, qui est, qui habite avec nous, *domestique*, apprivoisé, *privé*, en latin, *privatus*, qui est notre propriété. Les Espagnols disent *domesticado;* le latin *suetus* paraît aussi formé de σύν εἰμί, *être avec, auprès, en compagnie*, comme le sont tous les animaux que l'homme a fait ses *compagnons*, ses *associés*, ses *attachés*, par opposition aux animaux des forêts, des déserts, aux animaux libres, qui *fuient* l'homme, qui sont *féroces, cruels, indomptables, indociles.*

En hébreu aussi, bête féroce s'appelle *chaiat a*, *schadé*, animal des champs, *extérieur, du dehors*, par opposition à celui *domestique*, de *la maison*, le doux, le docile.

Πραπίδες, estomac, cœur, diaphragme. Ce mot singulier et difficile vient de πρό ὄπις; m. à m., *prévision, prévoyance, soin, égard du cœur.* D'où les expressions : « le cœur me dit que...; en espag., *me lo dice el corazon* ». C'est le sentiment du cœur, son sens, son instinct intime, les impulsions du cœur, les *pressentiments* du cœur, le cœur lui-même, qui est effectivement la partie la plus importante de notre organisation ; ou, si l'on veut, l'*âme*, l'*esprit*, l'*intelligence*, l'énergie vitale qui réside dans le *cœur*, le courage, la force d'âme. C'est, en effet, le cœur qui nous dicte, qui nous fait voir, prévoir, pressentir.

En changeant une seule lettre, nous aurons τραπίδες, de τρέπω, et ce serait alors proprement les entrailles, les intestins, les *tripes*, de τρέπω, tourner, remarquables par leurs circonvolutions.

Πράσον, poireau, ognon. Le nom de ce légume vient de πυράζω, brûler, échauffer, à cause du goût âcre et caustique que tout le monde lui connaît. Ou bien, à cause de la couleur *rousse*, de *feu*, de l'enveloppe de ce bulbe, πυρράσον, πῦρ, πυρρός. En latin, *porrus*, porreau; m. à m., le *roux* ou l'*ardent*, le piquant.

Πράσσω, faire, pratiquer, traiter, manier. Est le même que le verbe πλάσσω, que nous avons vu plus haut, avec le simple changement du λ en ρ.

Πρέμνον, tronc, racine, souche, partie extrême de la plante. N'est probablement autre que πρύμνον, *extrême, final, base, bout* de l'arbre. Ou bien, syncope de πυρόω, enflammer, brûler ; ce sont des parties ordinairement destinées au feu, surtout la partie enfouie dans la terre, d'où partent les racines : πυρεμενον.

Πρέπω, être séant, beau, convenable ; exceller, être remarquable. Ce verbe paraît être composé de περί et de ἔπω, ou παρά ἔπω, suivre à côté, accompagner, *aller avec, aller bien à, convenir à*, être conséquent à, *approprié* à. Être approprié, *convenable, conséquent*, c'est être *séant, beau, propre, décent, convenant.*

Ce verbe peut encore être une corruption de ὑπέρ ἔπω, ou, mieux encore, de πρό ὀπή ou ὠπή, ce qui reviendrait au latin *proprius*, propre à, décent, convenant ; m. à m., *en vue, qui paraît* ; εἰκώς, vraisemblable, convenable, décent, ce qui *paraît, semble*, garde les *apparences*, les *convenances*.

Πρεσβεύς, grand en dignité, vieillard, député, ambassadeur. N'est autre qu'un composé de ὑπέρ, ou de πρό et σεβεύω, honorer, vénérer, ὑπερσεβεύς, πέρσβευς ; m. à m., *très-honorable*, vénérable *par-dessus tous*. Ou προσέβευς, le *premier en honneur, en respect*, comme le sont les vieillards, *senes, seniores, senatores* (σεμνός), et les personnes élevées en dignité.

On pourrait encore rapporter ce mot aux formes πρέψω, ἐπρέψα, du verbe πρέπω, être digne, convenable, remarquable, exceller, être le premier, le meilleur, être illustre, noble, glorieux, vénérable ; par métathèse, πρεσβεύς. La vieillesse est l'âge de la dignité, de l'honneur, du respect, de la vénération, des bienséances. Dans le premier cas, il y a métathèse à la première syllabe, πρέ ; dans le second, à la dernière, βσευς. Πρεσβεύς serait donc proprement un *honorable*, ou bien, un *dignitaire*.

Πρήθω, brûler, être brûlant, enflammer. Pour πυρήθω, de πυρηθείς ; m. à m., *qui est en feu*, enflammé, brûlant : πῦρ, feu, πυρέω, πυράω, πυράζω.

Πρηνής, penché, incliné, précipité vers. Est probablement pour προενής, πρό εἶναι, aller en avant ; en latin, *pronus*, se porter, se jeter en avant. Ou bien, de παρά, devant, en avant, du devant : πρανής. Ou bien, πρό νέω, πρό νάω.

Πρίαμαι, acheter. Pour ποριάμαι, comme πορίζομαι, ou πορεύομαι ; m. à m., *se procurer, se gagner, s'acquérir* ; c'est notre français *acheter* (*acquiro*), qui peut aussi être le même que *acquitter*, c'est-à-dire, *payer*.

Πρίαπος, Priape. Le nom de cette divinité est un composé de Κυπρί, Vénus, et ἰάπτω, jeter, rejeter, ou ἀπό, loin de. Priape, fils de Vénus, fut, en effet, *rejeté, repoussé* par sa mère, épouvantée de sa laideur. Sa figure était semblable à celle des satyres.

Ce mot peut aussi être pour περίαπος, du verbe περιάπτω, *suspendre, attacher autour* ; ou bien, *s'allumer, s'enflammer*. Cet organe est, en effet, une partie *pendante*, un *appendice* (*pendo*) *suspendu*, et, en même temps, essentiellement *inflammable, irritable*.

Πρίν, auparavant. Pour προί, avec ν euphonique, *devant, avant*. Ou bien, abrégé de ὑπερίν, de ὑπέρ, le temps *d'en haut, supérieur*. En hébreu, עלם, de על, haut.

Πρῖνος, yeuse, chêne-vert. Le nom de cet arbre peut venir de πῦρ, feu, πύρινος, *combustible*, qui sert *au feu*. Ou bien encore, de la préposition περί, ou de περιεῖναι, tourner, contourner. Le tronc et les branches de cet arbre se font remarquer, en effet, par leur formes *tortueuses* et *contournées*.

Πρίω, scier; serrer, comprimer. Les deux acceptions de ce verbe paraissent venir du composé περί ἔω, *aller autour, environner,* d'où *serrer, presser*. La scie coupe tout *autour* les grosses pièces, comme troncs d'arbres, blocs de bois ou de pierre, qui ne sauraient être entamés d'un seul côté, surtout dans une position verticale. Les Espagnols, comme les Latins, disent *serrar, sierra,* scier, scie, comme nous, *serrer,* presser, comprimer, chacune de ces langues ayant adopté une acception différente qui vient se confondre dans le grec περιέω.

Si l'on voulait que le composé fût παρά ἴω, ce serait *passer, aller au travers, traverser*, diviser de part en part, comme fait la scie qui *tranche* toute la pièce (*transit, trans,* au travers).

Πρό, devant, avant. Cette préposition n'est qu'une abréviation de ὀπηρό, de ὀπή, ὄψ, ou ὠπή, vue, œil. C'est, proprement, *à la vue de, aux yeux de, en regard de;* comme en hébreu, אל פני, en vue, en face, ב פני, *in conspectu, aspectu* (*aspicio*).

Πρόβατον, brebis. De πρό et βάω, marcher. Dans la vie *nomade* et *parcoureuse* (βάω) des troupeaux, la brebis marche toujours *à la tête, en avant* du gros bétail, et de tout le bagage de la bergerie. Ce sont les brebis qui ouvrent la marche. Les pasteurs, les bergers vont *derrière*, et poussent le troupeau en avant; sans quoi, ils ne pourraient pas le surveiller.

Προίξ, don, présent, cadeau. Peut venir de πρό et ἴκω, venir, s'approcher, présenter, se présenter devant; ce serait, proprement, *aller au devant* de la pétition, devancer la pétition ; ou bien, πρό εἶκα, parfait de ἵημι, mettre, émettre, laisser devant. C'est *présenter, offrir l'offrande* (*ob fero*), le présent. On peut encore voir ici le composé πρό et εἴκω, céder ; c'est la *cession*, la *concession*, le don gratuit, ce que l'on *cède* de bon gré, *céder d'avance*.

Πρόξ, faon, jeune cerf. Composé de πρό ou ὑπέρ et de ὠκύς, vif, actif, prompt; ou ὀξύς, même signification, προοξύ, πρό οκύς, ὑπερόξυ, περόξυ, par syncope πρόξυ.

Ou bien de προάγω, qui va, pousse, avance, croît, grandit, marche, court; ou *premier,* jeune, qui porte pour la première fois, soit un petit, soit des cornes, et comme en espag., *primerizo.*

Πρόκα, vite, rapidement, aussitôt, à l'improviste. A la même étymologie, car c'est l'accusatif singulier de πρόξ.

Πρός, vers, chez, du côté de. Cette préposition peut fort bien n'être autre chose que πόρος, chemin, passage, car elle marque la direction, le passage d'un lieu à un autre. « Il prit le *chemin* de la ville, nous faisons *route* vers le temple, *chemin* de la maison », locutions qui équivalent à « il alla en ville, *vers* la ville, nous allons *vers* le temple, *vers* la maison ».

Ce pourrait encore être un dérivé de πρό, devant, en face, et, comme disent les Espagnols, *hacia* (*facia, facies*), c'est-à-dire le *visage* tourné vers, la *face* vers Rome, du côté de Rome. Nous avons vu que πρό est ὀπηρό, ὀπή, *en vue, en face.*

Πρυλέες, fantassins, troupes qui combattent au premier rang. Ce mot est une corruption de πολυρέες, de πολύ, beaucoup, nombreux (d'où le latin *plures* et *proles*), et de ῥέω, couler, fluer; proprement, *affluant, abondant* (*unda*). A moins que ce ne soit un composé de παρά, ou, mieux, de πρό et εἰλέω, réunir, assembler, εἰλή, troupe, multitude, περιλέες, προειλεες, puis πριλέες ou προλέες; ou même de προελάω, προελεύσις, aller en avant, avancer, marcher devant, à la tête.

Πρυμνός, dernier, extrême, poupe, bout, fin. De ὑπερεύω, ou ὑπερέω, être dessus, au-dessus, en haut, le plus extrême, et, comme disent les Latins, *ultimus* pour *altissimus,* le plus élevé, le plus haut, le dernier, l'extrême, la fin. La poupe d'un navire est son extrémité, et en même temps sa partie la *plus haute* où se trouve le *château de poupe.*

Πρυτανεῖον, prytanée. Édifice public qui servait, en Grèce, à conserver le feu sacré de Vesta, πῦρ; et les grandes affaires de l'État y étaient traitées. Πυρτανεῖον est donc le palais du *feu,* le *foyer* sacré et public.

Mais cet édifice renfermait aussi les greniers publics; c'étaient les magasins à blé : πυρός, froment, blé, *frumentaria.*

Πρωΐ, du matin, le matin. De πρό εἴ, qui vient, qui avance, qui *procède,* qui *marche en avant*, qui commence (sous-entendus le soleil, le jour, la lumière). C'est aussi le *premier* moment du jour, la *première* heure.

Πρωκτός, anus, ouverture anale. Contraction de προακτός, de προάγω, pousser en avant, faire sortir, mettre dehors. C'est le muscle ou portion du gros intestin *poussé* dehors dans l'acte de la défécation. Le mot anus paraît venir du grec ἀνά ἵημι, ou ἀνά ἕω, renvoyer, lâcher, rejeter, ce qui nous présente une synonymie évidente.

Πρώρα, proue de navire, front, pointe. Probablement composé de πρό et de ὁράω, voir ; la partie de devant, qui *regarde en avant*, comme la proue, la face, le front.

Πταίρω, éternuer. De πταίω, choquer, heurter, secouer. L'éternuement est une secousse, un choc, un ébranlement convulsif. Le latin *sternuo* vient de *sterno*, renverser, jeter, abattre, choquer. Ou bien, est-ce une simple onomatopée analogue à πτύω, cracher.

Πταίω, choquer, battre, heurter, tomber. Est une abréviation de κοπταίω ou de τυπταίω, avec la forme fréquentative αίω, de κόπτω et τύπτω, battre, frapper, choquer, heurter. Éprouver un *choc* ou un *échec*, c'est être *battu*. Le sens de tomber vient de πέτω ou πίπτω, choir, tomber.

Πτελέα, orme, ormeau. Le nom de cet arbre appartient à ἵπταμαι, voler, parce que son fruit est garni d'une *aile* large et membraneuse qui le fait voler au loin. Πτελέα est probablement πτερέα, de πτερόν, aile ; m. à m., *ailée*, garnie d'ailes.

Πτέρνα, talon, pied, base, fondement, fond. Ce mot vient de πτερόν, aile ; rebord, ce qui déborde, qui s'étend aux côtés d'un objet : *ailerons* de Mercure, *talonnières*, éperons des oiseaux, des coqs surtout ; *ailes* ou *contre-forts* d'une montagne, ses *talons*, sa *base*, son *pied*. Remarquez que la montagne a un *sommet*, des *flancs* et des *pieds*.

Si l'on veut voir ici κόπτω ou τύπτω, κοπτέρινος, τυπτέρινος, il y aura de l'analogie avec le latin *talus*, talon ; du verbe τλάω, briser, rompre, battre ; le talon étant, en effet, le principal instrument que la nature nous aie donné pour rompre, battre et briser. Le vol lui-même consiste dans le *battement* (battre de l'aile) de l'air avec l'*aile*, κοπτερον, c'est-à-dire, la *batteuse*, la *frappante*.

Πτερόν, aile, rame. De ἱπτάω, voler ; ou de κόπτω ou ἵπτω, battre, frapper. L'aile *bat*, *frappe* l'air ; la rame *bat* les flots. En hébreu, nous voyons אנף et אף, aile, de נאף, battre, frapper.

Πτίλον, duvet, plume, aigrette, voile de vaisseau. De ἱπτάω, voler. Ce sont tous des objets *volatils* et légers que le vent pousse et emporte.

Πτίσσω, piler, égruger, émonder. Ce verbe peut venir de πτίλος, pelé, plumé; proprement, ôter aux grains leurs duvets, glumes, écorces, enveloppes. Ou bien, choses *volatiles*, légères, qui *s'envolent* au vent, que le vent emporte, ἵπταμαι. Ou de la famille πταίω, πταῖσμα, choquer, heurter, chopper contre, ce qui constitue l'acte de piler.

Ou bien, pour κοπτίσσω, du verbe κόπτω, car *piler* n'est autre chose que *battre, frapper, briser, concasser.*

Ou, enfin, abrégé de βαπτίσσω, plonger, immerger, tremper. C'est en détrempant, en mettant en infusion, que l'on émonde les grains, que l'on les pèle, que l'on fait les tisanes, qui sont de véritables infusions.

Πτοέω, épouvanter, étonner. Ce verbe est une abréviation de τυπτοέω ou κοπτοέω, battre, frapper, de même qu'en latin *stupor*, de τύπω, *perculsus*, frappé, *quassus*, frappé. En français, nous disons aussi *frappé d'épouvante*, de crainte, d'admiration, de stupeur. Une chose *frappante* et même *choquante* est synonyme d'une chose *admirable, étonnante, terrible*, épouvantable. Au lieu des τύπτω et κόπτω, on pourrait supposer le verbe πταίω, choquer, heurter, frapper.

Πτόρθος, pousse, rejeton, branche. Ce mot est une syncope de ποτί, qui, en dialecte dorien, est le même que πρός, et de ὀρθός, droit, redressé, surgissant. C'est donc, proprement, un *surgeon*, comme, en latin, *surculus*, de *surgo*, qui *s'élève, surgit.*

Πτύσσω, plier. Abrégé de κοπτύσσω, τυπτύσσω, ou, mieux encore, de κυπτύσσω, de κύπτω, courber. Un pli n'est autre chose qu'un *brisement*, un *fractionnement* d'un objet *droit, raide;* comme l'angle γῶνος, de ἄγω, briser, ou πλέκω, plier, πλέγωνος. Πλέκω est, d'ailleurs, bien voisin de πλήσσω, battre, briser, frapper. En général, un *pli*, une *rupture*, sont le résultat du *battement*, du *choc*, du *coup*, du *heurtement* contre un corps plus dur, battement qui est, en général, répété, redoublé, fréquent, d'où la terminaison fréquentative en ύσσω.

On peut aussi rapporter πτύσσω à πταίω, choquer, heurter, battre, ce qui revient à la même idée.

Πτύω, cracher. Ce verbe est une simple onomatopée tirée du son que rendent les lèvres, les dents et la langue, organes qui concourent tous dans cette fonction. Πτύ, πζύ, πσύ, est, pour ainsi dire, l'expectoration parlante.

On peut voir ici le verbe ἰάπτω, jeter, rejeter, lancer, ce qui convient parfaitement au crachat, qui est précisément une excrétion jetée, rejetée, lancée de la bouche.

Πύανος, fève. Transposition et abréviation du composé ἀπό αὐνος, de ἀπό, et αὔω, souffler, gonfler, être flatueux, causer des vents, ce qui est une des principales propriétés de ce légume. Le latin *faba* tient peut-être à *faveo, foveo, favonius*, du grec ἀφ αὔω, souffler, venter, insuffler.

Ou bien ce mot est-il pour κύανος ou κύαμος, noir, sombre, de couleur noirâtre; la fleur de la fève est presque la seule dans le règne végétal qui aie la couleur noire, raison pour laquelle elle était consacrée aux morts et aux funérailles.

Πυγή, fesse. Vient de πηγνύω. C'est le volume musculaire le plus *épais*, le plus *robuste*, le plus *compact*, le plus charnu, le plus *dense* du corps.

Πυδαρίζω, danser en ruant, ruer. Pour ποδαρίζω, de ποδός, pied; m. à m., *piétiner*, agir ou battre *des pieds;* en espag., *patear*, de *pata,* pied, patte.

Πύελος, baignoire. Paraît être composé de ἐπί ou ἀπό et λύω, dissoudre, laver, nettoyer; pour πλύεος, par métathèse πύελος.

A moins que l'on ne préfère le rapporter à πλύω ou πλύνω, laver, ce qui revient à peu près au même. Ce serait un bassin à *laver,* une *auge,* un lavoir.

Πυθμήν, fond, base, fondement, racine. Pour βυθμήν, de βυθός, fond, profondeur, enfoncement. Les glossaires écrivent βυθμήν.

Πύθω, pourrir. Peut venir de πύον, pus; m. à m., être *purulent,* circonstance qui accompagne ordinairement la putréfaction, qui *dissout, liquéfie,* changeant, par conséquent, en *pus* les parties solides des êtres organisés.

Πύθων, Πυθώ, Πυθώνισσα, Python, Delphes, pythonisse, pythie, oracle, prophète. Malgré l'étymologie mythologique que la fable donne à toute cette famille de mots, il serait peut-être possible de lui en assigner une autre tirée de la forme primitive du verbe πύθω (d'où πυνθάνομαι), qui signifie interroger, demander, s'informer, apprendre, savoir, s'enquérir, ce qui constitue précisément le but et l'objet de tout oracle. Un oracle n'est autre chose qu'une *interrogation,* une *demande,* une *question,* une *consultation,* une nouvelle ou annonce qu'on demande, qu'on apprend, qu'on cherche à savoir, ou qui s'apprend, se fait savoir, significations qui sont toutes celles du verbe πυνθάνομαι ou πύθω.

Πύκα, solidement, d'une manière compacte, épaisse ; sagement, prudemment, πύκνος, dru, solide, sage, prudent. Tout cela se rapporte à πηγνύω, consolider, épaissir, rendre compact et solide. La *solidité,* la *consistance,* la *compacité* est le symbole de la *sagesse*, de même que la *vanité,* la *vacuité,* le *vide,* le *creux* est le symbole de la folie, la sottise, la niaiserie, qui sont les idées opposées.

Πύλη, porte. Ce mot, qui est très-souvent employé au pluriel, peut être un abrégé de κοπύλη, de κόπτω, battre ; m. à m., *battant* (battants de porte).

Ou bien, de τραπύλη, τροπύλη, de τρέπω, tourner, et répond parfaitement au latin *valva,* de *volvo,* tourner. Ou de πολέω, tourner ; πόλη, devenu πύλη, ou ἐπ εἴλη, εἰλέω, tourner (μύλη, la meule). Ou bien encore, et considéré sous un autre point de vue, être une abréviation de σκοπύλη, du verbe σκέπω, couvrir, munir, défendre, fermer ; ce qui est précisément le rôle des portes, ou plutôt de leurs battants, qui servent à *couvrir, munir,* protéger l'*entrée,* l'ouverture par laquelle on entre ; le *passage* d'un lieu, ville ou montagne, comme le fameux *passage* ou *pas* des Thermopyles : πύλαι.

Ou bien, enfin, appartenir au même verbe sous l'acception de garder, veiller, surveiller, σκοπύλη, devenu πύλη. Ce serait l'analogue des pylônes égyptiens, c'est-à-dire des espèces de tours qui flanquaient les portes des villes, temples et autres grands édifices, et qui étaient destinées à la *surveillance,* à la *garde,* à l'*inspection* (σκέπτω, σκόπτω) des portes, comme on le voit encore aux portes des villes et châteaux du moyen-âge, et même des villes et forteresses modernes flanquées de tours ou *pylônes,* ou percées dans le massif de ces tours qui constituent de véritables vigies (*vigilo*).

De tout temps, en effet, les *portes* ont été l'objet spécial de la *garde,* de la surveillance, de l'attention. On y voit toujours des *gardiens* sévères, des chiens, des dragons, des cerbères redoutables. De là les noms de θυρωρός, πυλωρός, πυλοῦχος, qui tous signifient *gardiens* des portes, partie des édifices qui est, en effet, la plus essentielle à garder et à surveiller.

Πύνδαξ, fond d'un vase. Pour σπόνδαξ, du verbe σπένδω, verser, répandre, exactement analogue au latin *fundus*, de *fundo*, verser, d'où le français *fond* et *fondre*. C'est le creux, l'enfoncement où l'on *verse*.

Πυνθάνομαι, savoir, entendre, comprendre; demander, s'enquérir. Ce verbe est une transposition de πνυθάνομαι, paraissant formé de πνύθεις, participe aor. de πνύμαι, proprement, être *inspiré*, recevoir l'*inspiration*, le *souffle* (*spiritum*), l'intelligence d'une chose. Πνέω ou πνύω signifient toutes ces choses. Νοῦς pour πνοῦς, esprit. Le souffle, dans l'antiquité sacrée et païenne, était le symbole de la science communiquée.

Demander, s'enquérir, n'est autre chose que chercher à *savoir*, désirer de *savoir*, d'*apprendre*, de *s'instruire*. Le latin *sciscitor*, demander, vient précisément de *scio*, savoir; c'est, en quelque sorte, *se faire savoir*, se rendre instruit de quelque chose, se constituer *sachant*.

Πύξ; le poing. [Pour πτύξ, du verbe πτύσσω, plier, replier. Le poing est précisément la main *pliée*, *repliée* sur elle-même.

Ou bien, de πήγω, πηγνύω, la main *fermée*, rendue *ferme*, *dure*, *solide*, *serrée*, *compacte*.

Πύξος, buis. A pour étymologie le verbe πηγνύω, dont une autre forme a été probablement πεύγω. Le bois de cet arbuste est effectivement remarquable par sa compacité et sa densité, qui le font employer à certains ouvrages auxquels les autres bois ne peuvent servir.

Πῦρ, feu, le feu, la flamme. Ce mot remarquable paraît être une abréviation de λαμπύρ; m. à m., le *brillant*, le *resplendissant;* λαμπρός, clair, brillant; λαμπρύνω, rendre clair, faire briller. En ôtant la première syllabe, il nous reste πρῦ, et, par métathèse, πῦρ. Le feu possède, en effet, comme propriété essentielle, celle de *briller* et de faire briller, luire, reluire les corps qu'il pénètre.

Ce mot pourrait encore être πνῦρ, de πνεύω, souffler, et serait, dans ce cas, le *soufflé, insufflé*, allumé au moyen du *souffle*, le résultat de l'*insufflation*, comme le latin *flamma*, de *flao*, souffler (remarquez l'analogie). Une des propriétés du feu est, en effet, de croître et de se développer au moyen du souffle, soit naturel comme le vent, soit artificiel.

Ajoutons encore que ce mot pourrait être σπῦρ, de σπείρω, semer, disséminer, répandre. Rien n'est, en effet, dans la nature, plus *expan-*

sif, plus communicatif, plus pénétrant, plus *répandu* que le feu, le calorique, auquel nulle matière ne peut se soustraire.

Πύργος, tour, enclos, fortification. Est composé de ἀπό et εἴργω, défendre, repousser, ou bien, *enfermer, serrer, clore.* Les tours, les forts servent précisément à *défendre, clore,* protéger les villes, et à *repousser* plus facilement l'ennemi de devant les courtines que les tours protégent de flanc. Ἀπείργος, πείργος, πύργος. C'est le synonyme de πέργαμον, πέργαμα, lieux forts, forteresses, citadelle, Pergame, qui doivent probablement aussi leur origine à ἀπό εἴργω.

Ou bien, ce mot est-il une syncope de πυράγος, brasier, bûcher, comme πυραμίς, pyramide, vient de πυραμα, brasier, bûcher. Les tours, aussi bien que leurs analogues les pyramides, avaient exactement la forme d'un bûcher, c'est-à-dire d'un tas de bûches arrangées en forme de pyramide tronquée plus large à la base qu'à son sommet, et terminé par une plate-forme.

Πυρήν, noyau. Pour σπυρήν, du verbe σπείρω, semer. Le noyau des fruits, c'est leur *semence.*

Πυρός, froment, blé. Ce mot vient, comme le précédent, de σπείρω, semer ; m. à m., *semence ;* en espag., *semillas,* grains, *semences* alimentaires ; les *grains,* synonyme de *céréales, blés,* etc... ; et la preuve, c'est qu'on trouve εἷς πυρός, *un seul grain,* ce qu'on ne peut évidemment traduire par *un seul blé.*

Ou bien, de πῦρ, feu, à cause de la couleur *rousse,* de *feu,* qu'a l'espèce ou variété du blé si commune dans les pays du Midi et de l'Orient ; le *blé roux,* d'une qualité si supérieure.

Πυτίνη, bouteille, flacon garni d'osier. Pour ποτίνη, de πόω, boire ; m. à m., *propre à boire, destinée à boire ;* on trouve l'adjectif πότιμος, potable, propre à la boisson.

A moins, cependant, qu'il ne soit pour πυκτίνη, le même que πτυκτίνη, dérivé de l'adjectif πτυκτός, plié, plissé, doublé. Ce serait, m. à m., une bouteille *doublée, repliée* d'osier.

Πώγων, barbe. Pour ὑπό ἄγων ; m. à m., *poussant dessous,* synonyme de ὑπήνη, ὑπό, ἀνά ἔω, sortir, pousser par dessous le menton. C'est là sa place : ποάγων est devenu πώγων.

Πωλέω, vendre. Paraît n'être autre que πολέω, tourner, faire le tour, aller de côté et d'autre, aller *souvent* (πολύς), fréquenter ; en latin, *versari,* de *verto.* Rien n'est, en effet, plus mobile, plus voyageur, plus *touriste* que les marchands, colporteurs, *commis voyageurs,* négociants *ambulants,* surtout dans les temps anciens, où le commerce n'avait pas acquis ces formes larges et faciles qu'il a de nos jours. Dans l'antiquité, c'étaient les vendeurs qui allaient chercher les acheteurs, comme cela a lieu encore aujourd'hui pour les habitants de la campagne, c'est-à-dire, pour la majorité de la population.

La vie du marchand a été de tous temps inséparable des *tours, tournées,* voyages, foires, expéditions, courses, caravanes, navigations ; en un mot, la vie du *marcheur,* du mouvement, de l'activité. *Arrivages* est synonyme de *marchandises.*

Πῶλος, poulain, jeune animal. Ce mot peut venir de πόα, herbe, s'il n'est pas pour παῦλος, παῦρος, petit, ou tiré de παύω, finir, cesser (de *téter*), c'est-à-dire, *sevré.* Dans le premier cas, il serait pour ποάλος; m. à m., qui *va à l'herbe,* poulain qui broute déjà l'herbe, par opposition au petit qui n'est pas encore sevré, et que les Espagnols nomment *lechales,* de *leche,* lait, poulain qui tête, poulain de lait.

Mais les poulains sont dressés au manége, c'est-à-dire, en *tournant,* en les faisant *tourner* au moyen d'une allonge ou *lesse.* Πῶλος, ou πόλος, serait donc l'âge du *tour,* du *tournoiement,* du manége, ce qui paraît confirmé par les dérivés πωλεύω, πωλευτής, πωλετικός, πώλεσις, qui ont tous rapport à l'art d'élever et dresser les jeunes chevaux en les faisant *tourner.*

Πῶμα, boisson, couvercle, bouchon. La première acception vient du primitif πόω, boire, d'où πόσις, boisson.

Quant à la seconde, ce pourrait être πτῶμα, de πτόω, pour τυπτόω, battre, frapper, presser, fourrer en frappant (rappelons-nous notre *champagne frappé*), comme on fait avec le bouchon.

Ou bien, pour σπῶμα, de σπάω, tirer, retirer : on *le tire* pour déboucher.

Πῶρος, tuf, marbre blanc, gypse, escayole. Ce mot paraît être un abrégé du composé ἀπώρος, de ἀπό et ὁράω, voir ; m. à m., *transparent, translucide,* qui *laisse voir.* On garnissait les fenêtres avec des plaques minces de cette pierre qui servaient de vitres, comme on les voit encore dans certains pays et dans des anciennes églises et couvents des pays où cette roche est commune.

Πωρός, aveugle, estropié ; pauvre, misérable. Ce mot peut venir du composé τυπ et δράω; m. à m., *frappé de la vue*. Ou, si l'on veut, ἀπό δράω; m. à m., *ab oculis* (sous-ent. τετυπός, frappé). Du latin *ab oculo* est venu notre français *aveugle,* c'est-à-dire, *frappé aux yeux, à la vue.*

Ce pourrait encore être simplement πηρός, estropié.

La signification de *pauvre, malheureux,* peut être rapportée à παῦρος, peu, petit, mesquin, *homme de peu ;* ou bien, à ἄπορος, sans ressources, sans moyens, dénué de tout.

Πῶρος est aussi le nom d'une espèce de tuf ou de marbre translucide qui servait, comme aujourd'hui encore en beaucoup de pays, au lieu de vitres, pour donner du jour aux habitations, et qu'on nomme, en Espagne, *claravoya,* claire-voie. Ce tuf devait être, dans l'antiquité, d'autant plus indispensable pour garnir les fenêtres des habitations et surtout des édifices publics, que l'usage du verre plan n'était pas encore connu. Ayant donc égard à ces observations, πῶρος sera un composé de ἀπό ou ἐπί et δράω, voir : *visible, translucide, transparent, diaphane.*

Le mot en question signifie aussi *callosité, dureté,* surtout celle qui se forme sur la jointure des os brisés, qui a effectivement l'apparence du *tuf,* d'une *matière calcaire.* De là son étymologie.

Πῶϋ, troupeau. Poétique pour ποεῖ, ποΐ. Appartient à la même famille que ποιμήν, ποιμαίνω, πόα, πάω, berger, pâture, pâturage, paître, faire paître. Voy. ποιμήν. La pâture par excellence, c'est l'herbe : πόα.

Πώϋγξ, nom d'un oiseau dont l'espèce est douteuse, le plongeon ou la bergeronnette, mais, quel qu'il soit, venant de πῶϋ, troupeau. Les plongeons forment, sur la plage, des *troupes* nombreuses ayant, aux yeux des navigateurs, toute l'apparence d'un *troupeau :* πῶϋ et ἄγω, marcher, mener, conduire ; la bergeronnette vit au milieu des *troupeaux,* comme l'indique fort bien son nom français. Ou, dérivé d'un verbe inusité, πωύσσω, aller en troupes. Ou, syncope de πωύκος, πωύκς ; m. à m., de *troupeau.*

P

Ῥά, or, donc, certes. Pour ἄρα, de αἴρω, prendre, ou ὅρα; m. à m., *tiens;* en espag., *toma* (de *tomar,* prendre), qui servent aussi d'adverbes et d'interjections.

Ou bien, ὅρα, *vois, regarde,* de ὁράω, voir, qui s'emploient dans des cas analogues, et qui ne sont que de simples impératifs employés adverbialement.

Ῥάβδος et Ῥαπίς, verge, baguette, bâton; fente, rayure, rainure, rayon, ligne. Ce mot, eu égard au second ordre de significations, paraît n'être qu'un dérivé de γράφω, écrire, graver, inciser, rayer; γράβδην, adverbe, *en rayant,* aura fait γράβδος, raie, fente, rainure, incision, rayon, ligne, baguette. (Rappelons-nous γράμμα, rayure, incision, lettre, gravure, écriture.) Pêcher à la *ligne,* c'est pêcher avec une *baguette, canne, bâton, roseau.* La baguette, le bâton, la verge, servent, en effet, pour *tracer, rayer, aligner,* faire ou servir de raies, de lignes, de rayons, de règles. Nous avons déjà vu que κάννη et κανών, le roseau, servent également de *ligne,* de *règle,* de *trait,* de *raie, marque, alignement.*

Mais, en se rappelant la signification et l'étymologie de κλάδος et de κλών, qui peuvent passer comme synonymes de ῥάβδος, et qui viennent de κλάω, rompre, briser, de même que le latin *ramus* de ῥηγνύω, et le français *branche* de ῥηγνύω, on pourrait voir dans ῥάβδος une légère altération de ῥάγδος, venant aussi du même verbe, et signifiant, par conséquent, une *brisure,* une *rupture,* un *fragment* séparé, détaché de l'arbre; précisément ce qu'est le bâton, la baguette, la branche.

Ῥάβδος pourrait enfin n'être que l'abrégé de στράβιδος, de στρέφω, tourner, courber, fléchir; m. à m., la *courbe,* la *flexible,* comme *virga,* de *vergo,* tourner.

Ῥάγιον, espèce d'araignée. Vient de ῥαγή, fente, crevasse, lieu où elle établit sa demeure. C'est l'araignée des murailles et des rochers.

Ῥάδαμνος, rejeton, jeune branche. Tient aux mêmes origines que ῥάβδος, ou ῥάγδος.

Ou plutôt, c'est une abréviation de ὀρόδαμνος, branche, rameau, arbuste. Ou bien encore, doit-il se rapporter à κράδη, rameau, ou à κραδάω, secouer, agiter, battre; κράδαμνος serait alors l'*agitée*, la *secouée*, la *battue*; rien, en effet, n'est plus mobile qu'une branche légère, qu'un rameau suspendu en l'air, que le moindre souffle met en mouvement. Ou, enfin, pour ῥαδινός, mince, frêle, délicat, grêle.

Ῥαδινός, faible, mince, tendre. Cet adjectif n'est autre que ῥαβδινός; m. à m., *comme une verge ou baguette*, ῥάβδος; mince, fluet, flexible, svelte, souple comme une baguette, houssine, verge, jeune branche de saule, peuplier, etc., etc., qui plie à tout vent, qui se prête à toute inflexion, qui cède au moindre effort.

On trouve aussi βραδινός, pour ῥαδινός, ce qui ferait supposer que cet adjectif peut dériver de βραδύς, lent, lourd, faible, doux.

Ῥάδιξ, branche, rameau. Pour ῥάβδιξ, de ῥάβδος.

Ῥάδιος, facile. De ῥέζω, faire, qui *peut se faire*. Il répond exactement au latin *facilis*, de *facio*.

Ῥάζω, aboyer, grogner, déblatérer. Voy. βράζω, qui a les mêmes acceptions; ou, mieux encore, κράζω, croasser, criailler, comme les corbeaux; ou, enfin, ἀράζω, ἀράσσω.

Ῥάθαγος, fracas, éclat, bruit. Est une métathèse de ῥάγαθος, de ῥάγω, fendre, rompre, briser. C'est le bruit d'une rupture; *fracas*, de *frango*, briser, *fragor*; m. à m., *rupture, fracture, bruit*.

Ῥάθαμιγξ, goutte, éclaboussure de boue, poussière, étincelle de feu. De ῥαθαίνω, arroser. Ou bien, de παρά et θαμίζω, être ou devenir fréquent, nombreux, répété, comme le sont les gouttes, les étincelles, les poudres et poussières. Ou bien, enfin, de ῥαχθήμα, du verbe ῥάγω, briser, rompre; m. à m., *fragments, débris, parcelles, battitures, éclats*. Le latin *frequens* paraît venir de *frango*, en *fractionnant* en plusieurs fois, *à coups répétés*.

Ῥαιβός, courbe, tortu, cagneux. Est une altération de στράβιος; en éliminant στ, il reste ῥάβιος, et, par métathèse, ῥαιβός.

Ῥαίνω, répandre, arroser, asperger. Pour ῥεαίνω, de ῥέω, faire couler, verser.

Ῥαίω, perdre, détruire, consumer. Ce verbe paraît dériver de l'adjectif ἀραιός, faible, mou, fragile, sans consistance, consumé.

Ou bien, pour ἐρραίω, de ἔρρω, composé lui-même de ἐν et ῥέω, couler, s'écouler, se dissoudre, se perdre. Ῥαίω peut encore être tout simplement une syncope de ῥεαίω, fréquentatif de ῥέω; m. à m., *faire couler, écouler, dissoudre,* tomber en *dissolution,* comme fait un corps corrompu, *putréfié.* Ou, enfin, simple variété de ῥαίνω, ou de ῥάσσω, répandre et briser.

Ῥάμνος, nerprun, aubépine. Abréviation de ῥάγμενος, de ῥάγω. Les épines de cet arbuste *déchirent.* Ou bien, parce qu'il croît et se plaît dans les *fentes* et les *crevasses* des rochers qu'il contribue même à *fendre*, au moyen de ses racines, comme le saxifrage. Ῥῆγμα et ῥηγμίν signifient crevasses, précipices, anfractuosités. A moins que ce ne soit la ronce avec ses fruits et ses feuilles couleur de feu, πυράμνος, *rubus,* rouge. Rappelons-nous le *buisson ardent.*

Ῥάμφος, bec d'oiseau. Ce mot appartient à la même famille que ῥόμφος, ῥόμφεα, etc..., et vient de στρόφος, στρέφω, tourner, contourner. C'est le bec *crochu, recourbé, tordu* des oiseaux de proie.

Ῥάξ, grain de raisin. De ῥάσσω, rompre, briser. Le raisin est un fruit éminemment destiné à être rompu, brisé, broyé. La vendange consiste précisément dans la *rupture* du raisin; aussi, τρύγη, vendange, τρύξ, lie, marc de raisin, viennent précisément aussi de τρύω, τρύχω, qui signifient rompre, briser, broyer. En certaines provinces d'Espagne, on appelle le marc de raisin *brisa,* mot qui doit peut-être son origine au français *briser.*

Ῥαπίς, verge. Paraît se rapporter à ῥάβδος. A moins que l'on ne veuille voir ici τραπίς, de τρέπω, tourner, courber; m. à m., la *flexible,* la *courbe;* comme, en latin, *virga*, de *vergo,* courber, fléchir. Ῥάβδος, sous ce point de vue, pourrait fort bien être στράβιδος, στράβδος, de στρέφω, tourner, fléchir, courber.

Ῥάπτω, coudre, raccommoder. Ce verbe, s'il n'est pas tout simplement le sémitique *rafa,* réparer, arranger, guérir, peut être un composé de παρά et ἅπτω, attacher, relier, rattacher, réunir : παράπτω; par abréviation, ῥάπτω.

Ῥάπυς, navet, rave. Pour τράπυς; m. à m., le *tournant*, le *pivotant;* du verbe τρέπω, tourner, à cause de la forme de *toupie* qu'ils affectent. Ce sont des racines *pivotantes* (remarquez l'expression). En espag., la *toupie* s'appelle *trompo*, de τρέπω, tourner.

ANALYSE ÉTYMOLOGIQUE DES RACINES GRECQUES. 401

Ῥάσσω, briser, rompre, renverser. Est le même que ἀράσσω, que nous avons vu en son lieu. Ou bien, dérive directement de ῥάγω, rompre, fracasser, briser.

Ῥάφανος, rave, navet. C'est la même origine que ῥάπυς. Voy. ci-devant.

Ῥέγκω, ronfler. Paraît être une onomatopée du bruit rauque que fait entendre le gosier. Ou bien, abrégé de λαρέγκω, λαρύγκω, de λάρυγξ, gosier, larynx, organe d'où sort le bruit.

Ῥέζω, faire, pratiquer. Peut fort bien n'être autre que ἀρέζω, fréquentatif de ἄρω, ajuster, apprêter, préparer. *Faire* est, dans une infinité de cas, synonyme de *préparer, apprêter, disposer. Façon* est synonyme de *disposition, forme,* préparation, composition, apprêt.

Ῥέθος, peau, et, par extension, le corps qu'elle couvre. Ce mot peut être une abréviation de αἱρέθος, de l'aor. 1 passif de αἱρέω, enlever, ôter, dépouiller. La peau se *détache,* s'*enlève, se sépare, se rejette* (le latin *pellis,* de *pello,* chasser, rejeter). C'est une *dépouille,* une pelure qu'on *enlève* des corps, des fruits et des pierres mêmes (la croûte), quand on les polit.

Ῥέμβω, tourner, faire tourner, errer, agiter. Ce verbe vient de τρέπω, tourner, ou de ses dérivés στρέφω, ou de στρόμβος, στρέμβω, tourner, tournoyer, faire tourner. L'erreur, l'égarement ne sont que des *tours,* des *contours* dans tous les sens.

Ῥέπω, incliner vers, pencher vers. N'est autre que τρέπω, tourner, se tourner vers, converger. La préposition *vers,* vient elle-même de *verto,* tourner, en sorte que *tourner vers* est un vrai pléonasme. Une chose qui se *penche,* s'*incline,* est une chose qui se *tord,* se *courbe,* se *tourne,* se *fléchit.*

Ce verbe signifie aussi ramper, sorte de locomotion propre aux serpents. Or, ce mouvement n'a lieu qu'au moyen de la *torsion,* du *contournement,* des *contorsions* horizontales du corps de ces reptiles sur le sol; de sorte que *ramper* n'est autre chose que se *tordre,* se *contourner,* se *recourber,* ou, si l'on veut, *rouler,* se *rouler* par terre; et, de là, nous concluons que ῥέπω n'est encore, dans cette acception, que τρέπω, tourner.

Ῥέω, couler, répandre; parler, dire. Nous regardons ce verbe comme un mot primitif, comme une vraie racine. L'écoulement, c'est le mou-

26

vement, la locomotion des liquides. La touche, l'organe ou partie la plus mobile de la bouche mis en émotion, en ébranlement, devait en être l'image parlée. C'est un frémissement de la langue : ρρρ... Remarquons que les Hébreux disent רור et רוה, et les Arabes *marar*, c'est le grec μύρω, μορμύρω, couler et parler. D'un autre côté, la parole est une *émission*, un *jet*, une voix : ἰογή, ἰάχω. Nous disons : « style *coulant, flux* de paroles »; parler, revient à *écouler, verser, répandre, émettre* des sons, des voix, des mots; murmurer, marmotter.

Rappelons-nous aussi le verbe εἴρω, εἰρέω, parler, qui n'est probablement autre que αἱρέω, prendre; comme en français, *prendre* la parole ; en espag., *tomar* la palabra ; ou bien, *lever, élever* la voix, parler.

L'onomatopée de ῥέω pourrait aussi venir de μορμυρέω, couler en faisant un certain murmure, d'où μύρω, couler, et, enfin, ῥέω, en remarquant, en outre, que la parole est précisément un murmure, un son, un bruit.

On pourrait, enfin, considérer ῥέω, comme l'abrégé du composé παρέω, de la préposition παρά, par, en, au delà, au travers, et de ἔω, aller; m. à m., *aller par, aller en, passer, aller au travers, passer outre*, c'est-à-dire, *couler, s'écouler*. Dans la plupart des langues, le verbe *passer* est synonyme de *couler*. Nous disons : « le temps passe, la vie passe », pour « le temps s'écoule, la vie s'écoule ».

Ῥήγω, Ῥήσσω, Ῥηγνύω, Ῥάγω, briser, fendre, rompre. N'est autre que le sémitique *rasas* (רסס), ou *ratsats*, briser, rompre.

Ῥηχός et Ῥάχος, clôture, enclos, prison. De ῥήγω, rompre, fendre, séparer, diviser. Une clôture, un enclos n'est réellement qu'une *séparation*, une *division*, ou, si l'on veut, un *fragment, fractionnement* des lieux qui l'environnent. Nous avons, en français, une *défense,* synonyme de *clôture,* qui appartient à la même famille que *fendre,* synonyme de *rompre,* tant il est vrai que l'idée de séparation est corrélative de celle de clôture ; l'une ne saurait exister sans l'autre.

Ῥῖγος, froid, frisson. Ce mot vient de ἐρείδω, des formes inusitées ἐρείγα, ἐρείγον, ἐρίγον, ἐρίγα, dresser, raidir, redresser. Le froid, la gelée rend les corps *raides, dressés, résistants, fermes, solides, durs, rigides*. En latin, *frigidus* et *rigidus*, et, en français, *rigueur* du froid, froid rigoureux ; de même que la chaleur, son antithèse, les *fond, lâche, relâche, ramollit ;* c'est là leur nature.

A moins que l'on ne préfère rapporter ce mot à φρίσσω, frissonner ; ce serait alors le *frisson*, comme, en latin, *frigus*, le *tremblement*.

Ῥίζα, racine. Reconnaît la même étymologie que le mot précédent, car c'est elle qui *soutient, appuie, raffermit*, et tient *droits et dressés* les arbres et les plantes. C'est leur *appui*, leur *soutien*, leur *base*. Ou bien, ὀρύζα, la *creuseuse*, la *fouilleuse* ; elles creusent réellement la terre en s'étendant, et creusent et décomposent même les rochers.

Ῥικνός, ridé, rugueux, ratatiné, cassé, voûté. Cet adjectif peut se rapporter à ἐρείκω, briser, casser, broyer. Ou, mieux encore, à ῥιγός, ῥιγνός, contracté, raidi, desséché par le froid. Ou, enfin, à ῥηγνύω, fendre, crevasser, briser. Les *rides* sont des *fentes*, des *crevasses*, des *anfractuosités* (*frango*).

Ῥίν, nez. De ῥέω. Le nez, les narines sont le canal par lequel *s'écoulent* les mucosités.

Ῥίνη, lime. Pour ῥίκνη ; m. à m., la *rayée, ridée, rugueuse*, comme l'est effectivement la lime dont les *aspérités* usent et rongent les métaux.

Ῥινός, peau, cuir. Abrégé de ταυρινός ; m. à m., de *taureau*, cuir ou peau de taureau.

Ῥίον, mont, montagne. Abrégé de ὄριον, de ὄρος, montagne. On trouve aussi ὄριον, monticule, et ὄριον, borne, hauteur, tertre. Ῥίον est probablement un promontoire ou *petite montagne*, car les *hautes* montagnes se trouvent au milieu des terres : ce sont leurs contre-forts qui vont aboutir à la mer. Ou abrégé de ἀερίον, *aérien, ventilé, exposé au vent*, élevé ; en espag., on appelle *ventisquero*, le sommet d'une montagne.

Ῥιπίς, éventail. De ῥιπή, secousse, impulsion, agitation de l'air ou de l'instrument qui est sans cesse *agité, secoué*.

Ῥίπτω, jeter, lancer, renverser, battre. Ce verbe, qui s'appliqua plus particulièrement, dans l'origine, à l'attaque et défense du taureau, peut être un abrégé de κορύπτω, κορίπτω, ou κυρίπτω, κυρίπτω, jeter, lancer, projeter, renverser avec les *cornes*, à coups de *cornes*, comme les ruminants, et surtout le taureau.

On pourrait aussi voir dans ce verbe une contraction du composé παρά ου ὑπέρ, et le verbe ἰάπτω, jeter, lancer, d'où, en abrégeant παρά ἰάπτω, ὑπέρ ἰάπτω, il nous resterait ϸαίπτω, ἐρίπτω, puis, enfin, ῥίπτω.

'Ρίσκος, malle, coffre. Abrégé de ταυρίσκος. C'est une malle en peau de taureau, de bœuf; une *vache*, comme nous disons aussi en français, de l'animal dont elle est faite. En espagnol, *vaqueta*, vachette : le cuir de la *vache* ou du *veau*. Ou bien, contracté de ῥινίσκος, de ῥινός, peau, cuir. Voy. ce mot.

'Ροά, grenade, grenadier. Abrégé de πυρόα; m. à m., *couleur de feu*, à cause de la couleur de ses fleurs et de ses grains.

'Ρόγος, grenier, magasin à grains. Est un abrégé du composé πυρόγος, de πυρός, blé, et ἄγω, conduire, apporter.

'Ρόδον, rose. Abréviation du composé φορόδον, φέρω et ὄδω, ὄζω; m. à m., *porte odeur*. Ou, si l'on veut, de ὑπερόδον; m. à m., *éminemment odorante*, qui surpasse en odeur. C'est là, en effet, le caractère principal de la reine des fleurs.

'Ρόθος, bruit des flots, fracas des ondes. Le même que ρόχθος.

'Ροιβδέω, siffler, bruire; avaler, engloutir. Abrégé de στροιβδέω, στροβιδέω, στρόβις, tournant, tourbillon. C'est le bruit du tourbillon de l'eau.

'Ροῖζος, sifflement, rugissement, grognement, frémissement, bruit sifflant. Abrégé de συριζοος, du verbe συρίζω, siffler; ou de ὑύζω, gronder, frémir, rugir, κράζω, κρόζω, croasser, τρίζω, grincer, piauler, siffler. Ou, mieux que tout cela, abrégé de ἀερίζω ou ἀεροιζω, imiter le vent, faire comme le vent, comme l'air; c'est l'agitation et le passage de l'*air*, c'est l'*air* en action. Ce mot pourrait être une onomatopée d'un bruit *rauque* et sifflant à la fois.

'Ρόμβος, toupie; rhombe, rhomboïde. La première signification appartient à ῥέμβω, tourner, et aura été primitivement στρόμβος.

La seconde peut se rapporter à ῥέμβω, ou, mieux, à ῥέπω, pencher, incliner; car un rhombe est un parallélogramme *penché*, *incliné*, déjeté, oblique, *tourné* de côté.

'Ρομφαία, espèce de sabre ou épée de grandes dimensions. De ῥέμβω, tourner, parce qu'on la faisait tournoyer en la brandissant, comme le *moulinet* de notre cavalerie.

'Ρομφέος, fil de cordonnier. De ῥέμβω, tourner, tordre; la torsion rend, en effet, le fil plus fort et tel qu'il puisse coudre les cuirs.

'Ροῦς, sumac. Abrégé de πυροῦς, πυροος, à cause de la couleur rouge que prennent, vers l'automne, les fruits et les feuilles de ce végétal.

Ῥόπαλον, massue. Peut être une abréviation de τρόπαλον, de τρέπω, tourner. On la *fait tourner* en la brandissant. Ou bien, du composé ταυροπάλλω, battre, abattre les taureaux, qui était, en effet, un de ses principaux usages.

Ῥοφέω, absorber, avaler, engloutir. Ce verbe, qui s'applique particulièrement à l'eau, n'est autre qu'une abréviation de στρόφεω; m. à m., *tourner, tourbillonner*, comme fait l'eau en absorbant et engloutissant les objets qui y sont attirés et entraînés par ce mouvement *circulaire*, par ces *tourbillons* (*vortex* en latin) dont les dangers sont connus des navigateurs et des baigneurs qui en sont si souvent victimes.

Ῥόχθος, bruit des flots qui se brisent. De ἐρρόγα, parf. 2 de ῥηγνύω, briser, rompre. Les flots se *brisent* contre les *brisants*, d'où résultent le *fracas;* en latin, *fragor*, le bruit de la *fracture* (*frango*).

Ῥύγχος, groin, boutoir, bec, museau. Vient de ὀρύσσω, fouir, creuser, déchirer. C'est avec lui que *creuse* le porc, et que l'oiseau de proie *creuse* et *déchire.*

Ῥυθμός, rhythme, nombre, cadence, rime. De ῥύω, traîner, entraîner. C'est, proprement, le *train*, la *marche*, l'allure, le mouvement d'une chose, d'un vers, d'une danse; la manière, le pas dont elle *se traîne*, la *cadence*, la *chute*, le compas de ses pas ou *pieds* (les vers en ont pour *se mouvoir* et cadencer avec eux). Nous disons aussi en français : « aller à ce train », pour « de ce pas, de cette manière, de cette allure ». Si on voulait que ῥυθμός fût le même que ἀριθμός, ce serait alors tout simplement le *nombre*, si essentiel dans la poésie et la musique, qui se composent de combinaisons, de *mesures* et de compas mathématiques.

Ῥυκάνη, varlope, rabot. Ce mot peut être pour τρυκάνη, de τρύζω, bruire, siffler, gazouiller, à cause du sifflement qu'il fait entendre lorsqu'il est manié.

Ou bien, de τρύχω qui signifie user en frottant, exténuer, amincir, épuiser en grattant, ce que fait précisément le rabot.

Ou bien, enfin, de ῥύω, ἐρύω, traîner, tirer; on le *traîne*, en effet, sur le bois pour produire son effet.

Ῥύπος, ordure, saleté; avarice, mesquinerie. Ce mot paraît dérivé du verbe ἐρύπτω, variante inusitée de ἐρύκω, écarter, éloigner, mettre de côté, garder, réserver. L'homme chiche *garde, réserve, épargne.*

L'épithète *sordide* que l'on donne à l'avarice vient du latin *sordes*
'Ρύπος peut encore avoir été ῥίπος, de ῥίπτω, jeter, rejeter. L'ordure,
les saletés, sont précisément des choses que l'on *jette, rejette, écarte,
éloigne, rebute*. Ce sont les *rebuts*, les *scories* (ἐξ κορέω).

'Ρύτις, ride. De ῥύω ou ἐρύω, tirer, traîner. Une ride est, en effet, le résultat du *tirement, tiraillement* de la peau ; ou bien, une *traînée* sur cette peau ou autre matière quelconque.

'Ρύω, tirer, retirer, traîner, sauver. C'est le même que le verbe ἐρύω, que nous avons vu en son lieu.

'Ρῶπος, marchandise de pacotille, de peu de prix. Peinture de broussailles, de volutes, de rinceaux.

Nous pouvons très-bien rapporter les premières significations de ce mot au verbe τρέπω, tourner, circuler, de la même manière que nous avons πωλέω, tourner, circuler, et, en même temps, *vendre, colporter* des *marchandises*.

Ou, mieux encore, à ῥώψ, ronces, broussailles, marchandises analogues aux broutilles, broussailles, menues branches, ce que les Espagnols appellent très-bien *brozas*, broussailles, menus bois, et, par extension, toute sorte d'effets de peu de valeur, et, en français, *ramassis*, fagots. Chacun connaît les diverses acceptions de ce dernier mot.

La peinture de volutes et de rinceaux appartiendra aussi à τρέπω, car les volutes (*volvo*) ne sont précisément que des *contours*, des *circonvolutions*, des *enroulements*, ou bien, des *broussailles* et des *ronces* peintes, ῥώψ, des feuillages enroulés et entrelacés ; en espag., *hojarascas*, de *hoja*, feuille.

'Ρώψ, broussailles, ronces, épines, broutilles. Ce mot est un abrégé du composé πυρώψ, de πῦρ, feu, et ὄψις, vue, aspect, qui, de même que πυρωπός et πυρόπη, signifie *semblable au feu, aspect de feu, en feu, enflammé*. C'est la ronce dont les fruits et les feuilles deviennent, à certaines époques, couleur de feu. Au lieu de ὄψ, vue, on peut supposer ἄψ, de ἅπτω, enflammer, allumer, et on aura le composé πυρό ἄψ, contracté en πυρώψ, comme composant le mot en question ; et cela parce que, en effet, les ronces et broussailles ont pour rôle principal de servir à *allumer* le feu. Remarquez que le latin *rubus* vient de *ruber*, rouge, ce qui rentre dans la même idée.

Le mot en question peut aussi venir du verbe ῥέπω, ramper. Ce sont des plantes *rampantes*. Ou bien, de τρέπω, car ce sont aussi des plantes *enroulées*, *contournées*; en latin, *virgultum*, de *vergo*, tourner, enrouler. La ronce, le sarment, l'osier, se comportent ainsi.

Ῥώω, fortifier, donner de la force, de la vigueur, rendre fort. Ce verbe remarquable n'est autre chose qu'une abréviation de νευρόω; m. à m., *donner du nerf, rendre nerveux*. La première expression est encore usitée en français. Les nerfs sont, en effet, la source, ou, si l'on veut, l'instrument de la force, du mouvement, de la vigueur. Ce sont eux qui agissent sur les muscles et les os qui sont, en quelque sorte, les leviers. Sous d'autres points de vue, ce verbe pourrait aussi être le même que ἐρωέω, être impétueux, violent, fort, entraîner, arrêter, empêcher, significations qui conviennent toutes parfaitement aux attributs de la force.

Ou bien encore, à ἄρω, concerter, ajuster, unir, ἀρώω, puis ῥώω. L'*union* a toujours fait la *force*, la *consistence* (*cum sistere*), la compacité. Toujours l'idée d'union, réunion, assemblage.

Mais en réfléchissant que la force s'exerce surtout et se reconnaît par la faculté de lever, soulever, porter des poids, des fardeaux, comme le donne fort bien à entendre le latin *fortis*, de *fero*, peut-être *robur*, de *rapio*, enlever, emporter, et le grec τόλμα, τλάω, ἄθλος, etc..., qui, tous, présentent les deux idées de *force* et de *porter*, on pourrait encore voir dans le verbe qui fait l'objet de cet article, le verbe αἴρω, lever, enlever, porter, devenu αἰρώω, puis ῥώω. Aujourd'hui encore, les *porteurs* de la halle sont pour nous les *forts* de la halle.

Enfin, comme le principal agent ou instrument de la force est naturellement la main, le bras, on pourrait voir encore ici l'abrégé de χειρώω ou χειρόω, agir du bras ou de la main, *forcer, faire effort, s'efforcer*, dompter, subjuguer. De là le nom de Rome, la ville forte, la ville qui dompte, qui subjugue.

Ῥώομαι, s'agiter, se hâter, courir, se précipiter. Ce verbe est le même que ἐρωέω (voy. ce mot), ou bien, ῥώω, être fort, violent, impétueux. Ou bien, dérivé de ῥέω, couler, se répandre. Ou, enfin, pour ἀερώω, **s'élever, se soulever.**

Σ

Σαβάζω, Σαβάω, crier *saboi*; célébrer, invoquer Bacchus. De même que σαβακία, bacchante, courtisane, femme déréglée. Σαβάζιος, nom de Bacchus, et quelques autres mots appartenant à la même famille, viennent du verbe σοβέω, agiter, chasser, pousser, courir, s'agiter, car on trouve aussi σοβάς, bacchante et courtisane, σοβός, impudique, effréné; σαβάω, pour σοβάω, σάβοι, σόβοι. L'agitation, l'emportement, la folie étaient, en effet, le caractère distinctif des fêtes et *orgies* de Bacchus, toujours accompagnées de cris et de courses déréglées, de danses obscènes et de tout l'attirail d'une licence effrénée.

Σαβάζω, dans le dialecte ionien, signifiait aussi briser, ébranler, secouer, ce qui convient encore au verbe σοβέω.

Σαγάπηνον, suc, gomme de la plante férule. Peut être une contraction de σταγάπηγνον, composé de στάζω, égoutter, écouler goutte à goutte, et de πηγνύω, figer, coaguler. C'est, proprement, une *goutte coagulée*.

Σάγαρις, sorte de hache ou de dague à deux tranchants. Ce mot, que l'on croit Persan, pourrait, néanmoins, être un composé de δίς et ἄγω, briser, couper; δισάγαρις, par abréviation σάγαρις; m. à m., qui *agit*, qui *brise* des *deux* côtés. Ou, simplement, ἐς et ἄγω; m. à m., la *briseuse, fendante, rompante. Acies, ascia*, en latin, tranchant, hache, viennent également de ἄγω, briser. Ou, enfin, transposition de σάραγις, du composé ἐς et ἀράσσω, rompre, briser, fendre.

Σάγη, hotte, harnais, bât. Ce mot a la même origine que celui qui précède. Le bât sert à *porter, transporter*, ou à *être porté, chargé, conduit*. C'est donc encore ἐς et ἄγω.

Σαγήνη, seine, grand filet, nasse. Ce mot vient encore du composé ἐς ἄγω. Les filets *se mènent, ramènent, tirent, retirent*, ou bien servent à *mener, ramener, retirer, extraire, enfermer, introduire* la pêche. Ou bien, pour σαργήνη, σαργάνη, qui a les mêmes acceptions. Voy. ce mot.

Σάγος, espèce de sayon, cotte ou manteau. Ce mot, que l'on croit d'origine barbare, peut, néanmoins, être regardé comme composé de ἐς ou εἰς et ἄγω; en latin, *induco, induo* : les habits, quels qu'ils soient, *se portent, se mettent, se mènent, s'introduisent, se promènent;* ou, plutôt, on s'y *introduit* : ἐς ἄγω.

Σαθέριον, castor. Est pour σαγθέριον, de la forme σάχθη, du verbe σάττω, charger, ou porter des charges, être chargé. On sait que cet animal, remarquable par ses mœurs, est une véritable bête de somme; il charrie les matériaux qui lui servent à ses constructions hydrauliques.

Σάθη, parties sexuelles de l'homme. Pour σάχθη ou σάκθη, du verbe σάττω, presser, bourrer, fouler, à cause de la contractilité du *scrôtum*.

Ou, mieux encore, pour σήθη; m. à m., *crible, tamis*, de σήθω, cribler, tamiser; les testicules sont, en effet, par leur disposition, leur tissu et leurs fonctions sécrétionnelles, des véritables cribles qui *sécrettent, séparent (secerno)* la liqueur prolifique.

Rappelons, d'ailleurs, que σήθω ou σάθη n'est qu'un dérivé de σαίω ou σαίνω, secouer, agiter, remuer. Les parties ou l'organe dont il s'agit est à la fois réellement *agité, pendant,* et *agitateur, excitant*.

Σαθρός, pourri, dissous, friable. Pour ψαθρός, de ψάω, triturer, concasser, émietter, fondre, dissoudre, comme, en latin, *corrumpere*, de *rumpo*, briser, concasser. Ce qui est *pourri*, tombé en *poussière*, se réduit en *poudre*. Ou bien, de σής, ver, teigne, *vermoulu*. Ou, enfin, pour σαπθρός, de σήπω, pourrir.

Σαίνω, agiter, remuer, troubler. Paraît être une simple variété de σείω; ou bien, le même que ξαίνω, frotter, râcler, exciter, irriter en frottant et râclant. Ou bien, de ὄρω, exciter, remuer, ὄρσω, aor. ὄρσα, ὀρσαίνω, exciter, remuer, comme σείω et σεύω, que nous verrons plus bas.

Σαίρω, grincer les dents, ricaner, ouvrir la bouche; balayer, ôter, enlever les ordures, nettoyer. Les premières acceptions peuvent se rapporter à ξάω, ξαίρω, râcler, frotter, ou ψάω, ψαίρω, qui a une signification analogue.

La signification de nettoyer, balayer, peut appartenir aux mêmes verbes, car ces opérations consistent précisément à *frotter, râcler* le sol ou l'objet sali. En français, *grincer* est bien voisin de *rincer*. Le bruit de ces deux actes est très-ressemblant. Ou, si l'on préfère, à ἐξ et αἴρω; m. à m., *enlever, ôter, emporter,* comme on fait avec les taches, les ordures, les saletés.

Σάκκος, étoffe en crin ou poil, sac, tamis ordinairement en crin. Ce mot paraît appartenir à la même famille que σάγη et σάγος, saie, sayon, étoffe, habit, sac en poil, en crin, ou toute autre matière analogue, du verbe σάττω, charger, remplir, entasser, bourrer. Les *sacs* servent à être remplis, chargés, bourrés, entassés. Ils forment, avec les bâts, la charge ordinaire des bêtes de somme.

Ayant égard à la signification de tamis, de filtre, de chausse à filtrer, on pourrait croire ce mot un dérivé de στάζω, égoutter, filtrer, pour στάκος; m. à m., *égouttoir*.

Σάκος, bouclier d'osier, bouclier en général. Ce mot peut venir aussi de σάττω, charger. Le bouclier se porte, se charge sur le dos ou au bras. C'est, en quelque sorte, le *bât* du guerrier; ou bien, c'était une *clisse*, un *égouttoir* (στάζω) fait en osier, surtout dans l'origine. Ce pourrait encore fort bien être une métathèse de ἀσκός, sac de peau, cuir, peau. C'était, en effet, une des principales matières employées dans la fabrication des boucliers, comme le donne à entendre le latin *scutum*, qui n'est autre que *exutum, ex* ou *ec sutum*; m. à m., dépouille *arrachée, dénudée, enlevée* du corps de l'animal : sa peau, son cuir.

Σάκχαρ, sucre. Ce mot, que l'on croit exotique, peut encore être regardé comme composé de ψάκας, goutte, égouttement, distillation, ou στάκη, de στάζω, égoutter, filtrer, distiller, et le mot χάρις, grâce, agrément, douceur. C'est effectivement le *suc* (sucre, *succus*), *gracieux, agréable, délicieux, doux* par dessus tous.

Le sucre, ψάκχαρ ou στάκχαρ, est, comme tout le monde sait, un *suc*, un *égouttement*, une *distillation* de quelques végétaux.

Σαλάσσω, mouvoir, agiter. De σάλος, mouvement, agitation.

Σαλάκων, insolent, fanfaron. Peut venir du verbe qui précède. Ce serait proprement un homme *remuant, bruyant*, qui se *donne du mouvement*, des airs, qui s'agite; un *turbulent*.

Ce peut encore être ἀλαζών, fanfaron, précédé de la préposition ἐς ou εἰς. Et, enfin, σελάκων, de σελάζω, σελαγέω, σελάσσω, luire, briller, jeter de l'éclat.

Σαλαμάνδρα, salamandre. Ce mot paraît exotique, mais il pourrait aussi être pour ζαλαμάνδρα, composé de ἀζαλός, brûlant, et μάνδρα, demeure, logement, étable; m. à m., *demeure brûlante*, à cause de l'opinion des anciens sur ce reptile qu'ils croyaient *incombustible*.

ANALYSE ÉTYMOLOGIQUE DES RACINES GRECQUES. 441

Σαλάμβη, trou pour la fumée, cheminée. Ce mot est probablement étranger, à moins que l'on ne veuille y voir un composé de σέλας, éclat, jour, lumière, et ἀμβαίνω ou ἀναβαίνω, aller, venir, entrer par, au travers de : ce qui est le but et l'usage des ouvertures, des jours, des fenêtres. En espag., *luces* est synonyme de fenêtres. Ou bien, pour ζαλάμβη pour ἀζαλάμβη, de ἄζα, suie, fumée, et λαμβάνω, prendre, recevoir ; il reçoit la suie et la fumée.

Σάλος, agitation, mouvement des flots, de la mer ; la mer elle-même. Ce mot est composé de ἐς et ἁλός, mer ; m. à m., *sur flot, à flot*, par opposition à *être à sec*, en *station*, en arrêt, ὅρμος, comme on mettait les embarcations en les tirant à terre. De là la signification de σαλεύω, être mu, agité par le flot, flotter, *fluctuer*.

Ce mot peut encore venir directement de ἐς et ἄλλω, sauter, bondir, s'élever, se soulever, comme font *les flots*, κῦμα, de κύπτω, se courber, se gonfler, se soulever, se voûter.

Σάλπη, salpe, espèce de mollusque. De σάλπη, trompette. Il est, en effet, muni d'une espèce de trompe ou trompette. C'est pour cela qu'ils portent aussi le nom de *biphores* qui peut être un abrégé de *tubiphores*.

Σάλπη, merluche, morue. Peut être pour σάλκη ou σάλμη, de ἐς et ἅλς, ἅλμη, ἁλίκος, salé, salaison. C'est le poisson éminemment destiné à la *salaison*, à la *salure*, à être, en un mot, converti en *morue*, ἁλμύρα, *almorue*.

Σαλπίζω, jouer, sonner de la trompette. Ce verbe paraît tenir à ψάλλω, toucher, jouer, sonner d'un instrument. Ψάλτιγξ, psaltérion, harpe, instrument, a été probablement changé en ψάλπιγξ, le τ et le π se remplaçant fréquemment dans les dialectes. Ψάλμιγξ, ψάλμιζω, chanter, chant, faire chanter, sonner, résonner la trompette. En espag., on dit encore aujourd'hui *tocar* la trompetta, *toucher* de la trompette, ψάω, ψάλλω, comme s'il s'agissait d'un instrument à cordes.

Σαμάρδακος, charlatan, baladin, prestidigitateur. Composé de σῆμα et de δράσσω, faire, exécuter ; m. à m., qui *fait des prodiges*, des signes, des auspices, conjectures : *signa, prodigia*.

Ce mot est pour σημάρδακος, composé de σῆμα, signe, prodige, et de ἔρδω ou δράω, faire, exécuter, accomplir.

Σαμβύκη, instrument de musique. Mot qui paraît d'origine étrangère, probablement chaldéenne, mais qui pourrait bien être le même que le latin *sambucus*, sureau, arbre dont on faisait des flûtes en vidant la moelle abondante de ses branches. Il n'est pas bien sûr que la sambuque fût un instrument à cordes. On peut encore le rapporter à la famille βύζω, βυκάνη, βύκτηρ : συνβύκη, buccin, trompette, συμβύζω, résonner, bruire, avec la conjonction σύν.

Σάμψυχον, marjolaine. Peut être pour σύμ. ψύχον. Cette plante aromatique ranimait les esprit vitaux, *l'âme*, ψυχή, ψυχόω, *ranimer, réveiller, exciter ;* ou, si l'on veut, *rafraîchir :* σύν, avec.

Elle se plaît aussi dans les lieux *frais* et *froids* des montagnes.

Σάνδαλον, sandale, soulier. Est probablement le même que σκάνδα'ον, comme le latin *pedica*, en français, *piége, piedge*. Parce qu'en effet, le piége et la sandale sont des appareils analogues en ce qu'ils prennent, serrent, enveloppent le pied, prennent par le pied, par la patte. Ou bien, pour σύνδαλον, composé de σύν et δέω, lier, attacher. On les attachait avec de longs cordons, comme les *espardeilles* des Espagnols.

Ou, enfin, la syriaque סינא, soulier, et דל, léger, chaussure légère des femmes.

Σανδαράκη, rouge d'arsenic. Est un mot exotique comme l'était probablement, pour la Grèce, le minéral lui-même.

Σανίς, ais, planche. Pour ξανίς, de ξάω, ξέω, ξαίνω, gratter, frotter, varloper, polir, comme on fait avec les planches, surtout celles destinées à l'écriture, la peinture, et autres usages analogues, qui demandent une surface lisse et polie. On trouve ξανίς, ξανίον, table, billot, hachoir pour hacher les viandes.

Σαντόνιον, espèce d'absinthe. Ce mot est probablement pour συντόνιον, de l'adjectif σύντονος, qui signifie *fort, violent, soutenu, tonique, énergique*.

Σαπέρδης, espèce de poisson salé. Est une métathèse de σαρπέδης, composé de σάρπη, pour σάλπη, poisson nommé *salpe,* et de εἶδης, semblable, de *même aspect*.

Ou bien encore, pour σαπρέδης, de σαπρός, pourri, et ἔδω, manger ; m. à m., qui *se mange pourri, rance.*

Ou, enfin, pour σαρπέδης, de σάρπος, caisse, baril, à cause des caisses ou barils où l'on renferme ordinairement les poissons salés pour les conserver et les transporter au loin.

ANALYSE ÉTYMOLOGIQUE DES RACINES GRECQUES. 413

Σαπήριον, espèce de loutre. Métathèse de σαρπήιον, de σάρπος, caisse ou baraque en bois : à cause des huttes ou cases en bois que construisent ces animaux, ainsi que les castors. Ou bien, pour σκαπηριον, de σκάπτω, fouir, creuser ; elle vit sous les roches ou les racines des arbres.

Σάπων, savon. Ce mot se rapporte probablement au verbe σήπω, pourrir, se putréfier, être pourri. Les savons proviennent, en effet, des mucilages résultant de la putréfaction des huiles et matières grasses, et ils ont une odeur nauséabonde analogue à celle des matières rances et corrompues.

Σάπων signifie donc proprement le *pourri*, l'étant *pourri*.

Σαργάνη, corbeille, panier, filet, lien, corde. Ce mot peut être une transposition de σαγράνη, abrégé du composé de ἐς ou ἐξ, et de ἄγρα, chasse, proie, capture. C'est un panier ou nasse, propre à la pêche, exercice qui n'est autre chose qu'une *chasse* dans l'eau. Ou bien, métathèse de ἐσαγεράνη, de ἐς et ἀγείρω, réunir, ramasser.

Σάργος, sargue, espèce de poisson. Ce mot vient de la forme ἐσάργα, parf. 2 du verbe σαίρω, qui signifie montrer les dents, grincer les dents, rire d'une manière sardonique (en montrant les dents), ricaner. Ce poisson est muni d'un système dentaire qui lui donne, en effet, cette physionomie *sarcastique* et ricaneuse.

Σάρξ, chair, la chair. Ce mot paraît être un composé de ἐς et ἄρω, ajuster, joindre, unir, appliquer, comme la chair l'est sur les os. De là les rapports entre le latin *carus, carissimus* et *caro*, cher, attaché, uni, lié, et chair ; comme, en français, *cher, chéri* et *chair*. Ce peut être aussi une altération de ψάρα, du verbe ψάω, réduire en poudre, en miettes, se dissoudre, se fondre, se désagréger, car c'est précisément là le caractère principal de la chair, *pulvis est et in pulverem*, etc.... Nous avons déjà vu κρέας, de ἐκ ῥέω, se dissoudre, couler. Ou bien, enfin, est-ce ξήρω, sécher, dessécher, consumer, qui doit figurer ici comme étymologie, ce qui convient parfaitement avec la chair qui se dessèche, surtout dans les climats chauds et secs, sur les squelettes et les momies, ne laissant que les os, c'est-à-dire, la partie résultante du dessèchement ; αὐστεον, αοστεον, d'où οστεον, os, de ἄω, αὔω, sécher, dessécher.

Σάρπος, caisse ou baraque en bois. Transposition de σαπρος, gâté, pourri, sali, corruptible. Le bois pourrit, en effet, surtout sous l'eau, tandis que la pierre et la brique sont incorruptibles.

A moins que ce ne soit un reste défiguré de l'adjectif σκαπρός, du verbe σκάπτω, creuser. C'est un vase de *bois creusé*, analogue à nos huches de bois; en espag., *vacia*, de *vacio*, vide, creux, creusé.

Σατίνη, char, litière, charriot. Pour σακτίνη, de σάττω, charger, dérivant du composé ἐς ou ἐξ, et ἄγω, conduire, mener, porter.

Σάττω, charger, entasser, accumuler. Ce verbe, qui a été dans le principe σάκτω, n'est autre chose qu'un composé de ἐς et de ἄγω, dont l'adjectif verbal ακτός a servi à former le composé, qui n'a, par conséquent, que les significations de ἄγω, mener, conduire, amener, porter, pousser en avant, chasser devant soi, *transporter sur, mener, conduire sur* (le dos, les épaules, l'échine).

Σάτυρος, satyre. Le nom de cette divinité singulière peut venir du verbe σάττω, remplir, bourrer, soûler. On se rappellera qu'ils étaient les fidèles compagnons de Bacchus, et qu'ils étaient ordinairement ivres.

Ou, si l'on aime mieux, ce pourra être une variante de ψάθυρος, ψάτυρος, gâté, poudreux, dissous, pourri, corrompu : en faisant remarquer que les satyres étaient représentés ayant au cou des tumeurs ou tubercules produits d'une vie licencieuse et obscène, qui donna le nom à la lèpre nommée *satyriasis*, humeur herpétique et *poudreuse*; ψάω, réduire en poudre.

Σαυκός, Σαυλός, Σαυνός, sec, fragile, frêle, tendre, délicat, efféminé. Ces adjectifs ne sont que des abrégés de ἐσαυκός ou ἐξαυκός, ἐξαυλός, ἐξαυνός, composés de ἐς ou ἐξ, et de αὔω, sécher, dessécher ; et, par conséquent, *rendre friable* et *fragile*, comme tout ce qui est trop sec, et perd, par cela même, sa ténacité et son élasticité.

Σαῦλος, sec, aride, desséché, poudreux, fragile, friable. Adjectif composé de ἐς ou ἐξ et αὖλος, du verbe αὔω, sécher, dessécher. Ou bien, ψάω, ψαύω, réduire en poudre, émietter, être friable.

Σαύνιον, javelot, pique. Transposition de συάνιον, de σῦς, sanglier, porc sauvage. Le français *javeline, javelot*, dérivent probablement d'un vieux mot qui se conserve encore dans la langue espagnole, *javali*, et qui signifie précisément *sanglier*, et cela, sans doute, parce que ces sortes de piques étaient employées à la chasse de cet animal. Voy. aussi σαύριος. σαυρία.

Σαῦρα, et Σαῦρος, lézard. Pour σοῦρα, composé de ἐς et de οὐρά, queue, reptile remarquable par sa belle queue, qui se reproduit même lorsqu'elle est coupée.

Ou bien, est-ce ψαύρα, de ψαύω et ψαίρω, effleurer, raser, toucher en rasant, en effleurant, à cause de la rapidité et de la légèreté de sa course, qui lui permet à peine de toucher le sol ou les murailles sur lesquelles il semble glisser : ψαύω.

La signification de pieu, lance, piquet, vient de σταύρα, σταυρός, qui signifient tout cela, et dont on a supprimé le τ.

Σαυρία, Σαῦρος, Σαυρόω, javelot, pique, lancer le javelot. Tous ces mots sont pour σταυρία, σταυρός, pieu, piquet, pique, pal, perche.

A moins toutefois qu'on ne préfère y voir une métathèse de συαρία, συαρός, etc., et les rapporter, comme les mots de l'article qui précède, à σῦς, sanglier, porc sauvage.

Σαυρωτήρ, bout inférieur de la lance ordinairement garni de fer. Ce mot est pour σταυρωτήρ, parce qu'il servait à la planter et la faire tenir debout comme un pieu : σταυρός, pieu.

Σαφής, clair, apparent, évident. Composé de ἐς et φάω, briller. Εσφαής est devenu par métathèse ἐσαφής, σαφής. A moins qu'on ne préfère y voir ἐς et ὄψ, ὀπή, vue, ὄπτω, voir : σαφής pour σοφής. Ou bien, de ἐς et ἅπτω, allumer. M. à m., ce qui est *allumé, illuminé, flamboyant*, comme, en espag., *alumbrar*, éclairer, de *lumbre*, feu. Le feu, la flamme, est la source de la lumière, de la clarté.

Σβεννύω, éteindre. Est une simple métathèse de deux lettres, car ce n'est que le verbe πνεύω, souffler, précédé de la préposition ἐς. C'est, m. à m., *souffler sur, insuffler* : souffler une chandelle, c'est l'*éteindre*.

Σεβένιον, spathe, enveloppe des fruits du palmier. Pour συβένιον, de συβένη, étui, carquois, manchon.

Ou bien, pour στεβένιον, de στείβω, presser, serrer, enserrer, ou στέμβω, ceindre, couronner, envelopper.

Σέβω, vénérer, respecter, révérer. Ce verbe n'est autre chose qu'une légère altération de σκέβω, σκέπω, considérer, regarder, faire attention. Le respect (*respicio*) n'est, en effet, que la *considération*, l'*égard*, le *regard*, l'*attention* que l'on a envers une personne ou chose *vénérable*, et qu'en espagnol on appelle aussi *miramiento*, de *mirar*, regarder. Les locutions françaises « regardez-y, faites attention, ayez égard à », équivalent à « *respectez* ».

Tandis qu'au contraire, celles « ne pas regarder, n'y faire pas attention, laisser passer inaperçu », équivalent à « *dédaigner, mépriser*.

Σείρ, le soleil. Ce vieux mot est pour ξείρ, de l'adjectif ξείρος ou ξερός, sec, séchant, chaud, siccatif, chauffant. L'expression : *Sécher au soleil*, est de tous les temps et de toutes les langues ; c'est la source principale de toute sécheresse et aridité. On trouve ξερός et ξηρός, d'où ξεραίνω et ξηραίνω, dessécher.

Σειρά, chaîne, lien, attache, corde. N'est autre qu'un composé de ἐς et le verbe εἴρω, lier, attacher, nouer.

Σειρήν, sirène. Le nom de ce monstre fabuleux vient de εἴρω, lier, nouer, avec la préposition ἐς. Ou, si l'on aime mieux, de σειρά, chaîne, lien, ce qui revient au même. Elle avait la dangereuse faculté de *lier, entraîner* et *retenir* par ses chants les voyageurs qui passaient à sa portée.

Σείριος, chaud, brûlant ; canicule. C'est un composé de ἄεω, *sécher, dessécher*, et ἐς ou ἐξ (voy. ξέρος, ξήρος, sec). M. à m., qui *sèche, dessèche, consume*; ou bien, *ventilé, aéré, exposé à l'air, au vent*, comme le chaud, la canicule, l'été (*œstus, aestus,* ἄεω, sécher et souffler), l'air, le vent, est l'agent du *dessèchement*, de la *sécheresse*, surtout lorsqu'il est accompagné de la chaleur.

Σειρός ou Σιρός, silo, fosse où l'on conserve le blé ; c'est pour le conserver à sec, sécher, dessécher. Vient de σείριος ou de σειρός.

Σείω et Σεύω, agiter, mouvoir, ébranler, s'élancer. Ce verbe paraît être une dérivation de ὄρσω, ὄρσα, ὄρσος, ou toute autre forme de celles que présente le verbe ὄρω, soulever, lever, exciter, remuer, secouer, agiter. En abrégeant, ὀρσείω devient σείω. A moins que l'on ne préfère y voir l'abrégé du composé ἐς et ἕω, εἶναι, envoyer, lancer, jeter.

Σέλας, clarté, éclat, lumière. Pour στέλας, du verbe στέλλω, envoyer, émettre. La lumière est une *émission*, une *émanation*, une *vibration*, une *ondulation*, un *flux*, fuglor (*fluo, fluxus*), *lux* pour *flux*. C'est un *fluide* qui *se jette, s'élance, se répand, inonde*. Nous disons : un *trait* de lumière, un *jet* de lumière. *Stella*, étoile, est l'astre qui *vibre*, qui *envoie*, qui *émet*, qui *jette* son éclat, ses rayons, ses éclairs.

Σέλαχος, sélacien. Le nom que porte cette famille de gros poissons, et qu'on fait dériver de σέλας, éclat, lustre, pourrait aussi fort bien se rapporter à σαλάσσω, agiter, remuer, secouer les flots; ce serait pour σάλαχος; m. à m., *l'agitateur;* ce qui est effectivement le propre de ces robustes et redoutables poissons.

Σελήνη, la lune. Vient naturellement de σέλας. C'est l'astre *brillant* de la nuit. La *lampe* argentée du firmament.

Σέλινον, persil, ache. Composé de ἐς et ἕλος, marais, marécage; ce sont effectivement des plantes qui se plaisent dans ces lieux. Ou bien, pour ψιλίνον, de ψιλός, mince, menu, à cause de la ténuité de son feuillage; persil, de *perexilis,* très-menu.

Σελίς et Σέλμα; carène de navire, espace entre ses bords, espace, en général, interligne, page de livre. Toutes ces acceptions, plus ou moins vagues, peuvent se rapporter à ἕλιξ ou ἕλις, précédés de la préposition ἐς, et qui, comme ἔλυμα, ἕλμα, signifient proprement *rondeur,* forme *arrondie, convexe, voûtée,* de εἰλέω, εἰλίσσω, εἰλύω, comme l'est, en effet, la carène d'un navire, appelée pour cela τρόπις, de τρέπω, tourner, arrondir. L'espace ou intérieur du navire est aussi sa convexité, ou, mieux, sa *concavité,* son *contour,* son *enveloppe.*

Outre ces rapprochements, nous ferons remarquer que les mots en question peuvent aussi être les mêmes que στέλις et στέλμα, venant de στέλλω, et signifiant bande, sangle, bandeau, tirant, objets qui ont beaucoup d'analogie avec les bancs des rameurs, qui sont les *sangles* qui retiennent et unissent le babord et le tribord des navires, de même qu'avec les *plate-bandes* et les pièces de bois arrondies et courbes, analogues aux bandes et bandeaux qui forment la carcasse des vaisseaux, et qui en constituent les espaces vides qu'on couvre avec des planches. Un étage, une étagère, un banc, une poutre, une planche, ne sont que des *bandes* ou *sangles* de bois qui unissent deux bords, deux murailles, et qui traversent l'*espace* qui y est compris. Voy. le mot τηλία, bord, rebord, planche, table, plancher, banc, de στέλλω.

Σεμίδαλις, fleur de farine ou amidon. Ce mot paraît être une corruption du composé ἐσμύδαλις, de la préposition ἐς ou ἐξ, et l'adjectif μυδαλέος, qui signifie humide, moisi, pourri par l'humidité: ce qui a lieu, en effet, dans la préparation de l'amidon, qui n'est que de la farine moisie. Ἐσμύδαλις serait devenu, par une légère transposition, σεμύδαλις, les voyelles υ et ι étant d'ailleurs presque homophones.

Σεμνός, grave, vénérable. De σέβω, vénérer, respecter.

Σέρις, espèce de chicorée. Ce mot peut être un abrégé de κλείσερις ou de κρίσερις, dérivés de κλείσις, clôture, ou de κρίσις, séparation, séquestration, et cela à cause des méthodes suivies dans la culture de l'espèce escarole, la plus belle des chicoracées.

Σέριφος, espèce de sauterelle. Στέριφος, stérile. La sauterelle détruit, *stérilise* les champs, les moissons. Ou ἐς ἐρέπτω, dévorer, ἐς ἐρείπω, détruire.

Σέρφος, moucheron, blatte (rapprochez σίλφη, qui vient plus bas). Peut être pour στρέφος, le *voltigeant*, le *tournoyant* sur les eaux, sur les marais, comme les cousins, moucherons et d'autres insectes. Ou bien, de στερίφος, stérile. Ces insectes stérilisent, détruisent les plantes, les fruits, les grains. Ou ἐς ἐρέπτω, dévorer, ἐρείπω, détruire. Ou de ἐς et ἐρέφω; m. à m., la *cachée*, la *couverte*, comme le sont les blattes.

Σέσελι, plante. La terminaison en ι, et toute la physionomie de ce mot, me fait soupçonner qu'il est exotique à la langue grecque.

Σεῦτλον, poirée, betterave. Pour στεῦτλον. Voy. τεῦτλον.

Σήθω, cribler, tamiser. Verbe dérivé de σάω, σαίνω, qui signifie remuer, agiter, secouer. L'usage et l'effet du tamis consistent dans l'*agitation* et la *secousse*. De l'adjectif verbal σατός, secoué.

Σηκός, étable, enclos, parc, demeure : poids. N'est autre que στηκός, de ἱστάω, ἵστημι, poser, arrêter, établir. C'est, m. à m., une *station*, un *arrêt*, un lieu de *repos*; en latin, *stabulum* (de *stabilis*, *stare*), surtout pour les troupeaux toujours en marche, toujours *nomades*, toujours *errants* (*trashumantes*, en espagnol, et dans tous les pays pasteurs). Σηκός est donc la *station*, le lieu d'*arrêt*, bercail, enclos, parc, clôture, séparation où les troupeaux *reposent*, *s'arrêtent*, la nuit surtout.

La signification de poids tient à la même racine ; comme, en latin, *stater, statera*, le poids d'une chose étant précisément le point où la balance, où le fléau *s'arrête*, cesse d'osciller, *demeure immobile* et de niveau.

Σῆμα, signe, monument. Pour στῆμα, de ἵστημι, poser, établir, dresser. On *dresse*, on *élève* les *monuments*, les pierres, les statues, les stèles (ἵστημι), les colonnes, les cippes, les tombeaux, les hermès, et, en un mot, tout ce qui doit servir de signe, signal, marque, souvenir, avis; ce sont des *établissements*, des *statuts*, des *statues*. Les monuments et signes des temps primitifs ont été, comme chez les Celtes, de simples *pierres dressées*, *élevées*, fixées debout, d'où le nom de tant de localités nommées *Pierre fixe*, en espag., *Piedra fita*. Par extension, ce mot a signifié toute espèce de signe, de signaux, comme le drapeau qui, d'ailleurs, se *lève*, se *dresse*, se *plante*, se *fixe*.

On pourrait encore voir ici des abrégés de ἴσῆμα, ou νοησῆμα, des verbes ἴσημι et νοέω, savoir, connaître, car les signes ont pour but de savoir, faire savoir, faire connaître.

Σήμερον, aujourd'hui. Cet adverbe de temps est un abrégé du composé ἐσ ἥμερον, de ἡμέρα; m. à m., *dans le jour, dans la journée*.

Σημύδα, bouleau. De σῆμα, signe. On écrivait et traçait des signes sur son écorce.

Ce mot peut être encore un abrégé du composé μεσημύδα, de μέση, milieu, et de μυδάω, moisir, pourrir. Cet arbre présente, en effet, la particularité d'avoir, dans les vieux individus, le tronc complètement pourri et ne conservant que l'écorce seule, dont l'éclat et la finesse laissent encore pour quelques années à l'arbre une apparence de vie et de fraîcheur.

Remarquez que le français *bouleau* pourrait fort bien être l'abrégé, un peu défiguré, de l'adjectif *tubuleux*, faisant aussi allusion au tube que forme son écorce.

Σηπία, sèche. Paraît être une corruption de ξίφια, ξήφια, venant de ξίφος, pointe, aiguillon, stilet. On sait que ce mollusque est armé d'une pointe aiguë, qui a fourni les fossiles nommés *bélemnites* ou pointes de flèches. A moins que ce ne soit une dérivation du verbe σήπω, pourrir, corrompre, altérer, à cause du liquide remarquable que cet animal émet et *dissout* dans l'eau pour la troubler et la corrompre. Ou même σκήπιά, de σκήπτω, lancer, jeter, rejeter, projeter (son encre). Ou, enfin, de σκάπτω, creuser; son corps étant un creux, un sac.

Σήπω, pourrir, corrompre. Ce verbe paraît être lui-même une corruption, une transposition de ψάω ou ψάπτω, ronger, rogner, réduire en poudre, dissoudre, pourrir. La poudre, la poussière, sont le résultat de la pourriture (*poudriture, poudri*), de la *dissolution*, de la corruption (*cum rumpo*), briser, pulvériser. Un corps qui tombe en *poussière* est un corps *pourri*.

Σήρ, nom du peuple chinois. Ce mot, qu'on a cru d'origine chinoise, pourrait cependant très-bien être grec. Ce serait tout simplement l'abrégé de l'adjectif μεσήρες, *qui est au milieu, qui tient le milieu*, et c'est, précisément, le nom d'*empire du milieu* que ce peuple donne à son pays, persuadé qu'il occupe le milieu du globe. Σῆρες n'est donc que μεσήρες, *les mitoyens, ceux du milieu*.

Σῆραγξ, creux, crevasse, caverne. Abrégé de μεσήραγξ, composé de μέσος, milieu, et ῥήγω, fendre, rompre. C'est donc proprement un objet ou lieu *crevassé au milieu, fendu dans son centre*.

Σής, ver, vermisseau. Ce mot peut venir de σήπω, pourrir : σήψ. Ces vers sont le symptôme et la cause de la pourriture. La putréfaction est leur centre, leur demeure favorite. Ou, si l'on veut, pour ψής, du verbe ψάω, ronger, réduire en *poussière*, pulvériser, moudre (*vermoulu*), comme font réellement les vers, teignes, blattes, larves, etc., etc. Ce mot, de même que σήπω, pourrir, a vu, à cause de l'euphonie, son π initial rejeté à la fin. Πσής est devenu σήπς, puis σής, de même que πσήω est devenu σήπω. C'est le même que ψήν, gallinsecte, puceron, insecte, ver.

A moins que ce ne soit tout simplement un abrégé de ἐσής, du primitif ἔδω, manger, aor. ἦσα, futur ἔσω.

Σήσαμος, sésame. Plante, graine dont on extrait de l'huile. C'est le mot oriental *schamen*, huile.

Σθένω, pouvoir, être fort, avoir la force de. Ce verbe dérive de θέω, infinitif aor. 2 θεῖναι, et la prépos. ἐς ; m. à m., *imposer, établir, instituer*. C'est *être institué, constitué, établi, préposé*. Nous disons en français : « Les *autorités constituées* », constituées en dignités, en honneurs, en puissance. Or, tout cela est synonyme d'*avoir* la *force*, la *puissance*, la *faculté*, le *pouvoir*, le *moyen de*, ce qui est *constitué, institué, établi*, permanent, fort, durable.

Σιαγών, mâchoire, joue. Peut être συγών ; m. à m., en latin, *con fringens*, la brisante, triturante, mâchante, *con-cassante*. De σύν, avec.

Ou bien, pour ζυγαών ; m. à m., la *joignante*, la *jonction*, la *jointure*, l'articulation des mâchoires supérieure et inférieure, l'arcade *zygomatique*, l'os de la pommette, la joue.

Σίαλον, salive. De ψιάς, goutte, ψιάζω, distiller, égoutter, couler. La salive est un *écoulement*, une *distillation*.

Σίαλος, gras, onctueux. A la même origine que le précédent. C'est, m. à m., *dégoûtant, coulant, suintant,* la graisse, la substance, le suc, *succulent.*

Σιβύλλη, sibylle, prophétesse. Ce mot est peut-être une dérivation assez altérée de συμβάλλω, conjecturer, augurer, prédire, deviner ; συμβολή, conjecture, augure, pronostic. Remarquez que *conjecture,* en latin, *conjectura,* est une traduction rigoureuse de συμβολή (*cum* et *jacio,* jeter).

Ou bien une abréviation du composé θεσσιβύλλη; m. à m., *remplie, pleine de Dieu, de la Divinité.* De θεός, Dieu, ou σιός lacédémonien, et de βυλλός, plein, rempli, bourré, de βύω. C'est précisément la croyance de tous les peuples à l'égard de leurs prophètes, devins, *aruspices,* etc., etc.

Ou bien de θέσις, proposition, décret, sentence, et βάλλω, lancer.

Ou, enfin, une simple transposition de σιλλύβα, frange, bord, rebord, à cause de quelque particularité de son vêtement, ou ornement du trépied sacré.

Σιβύνη, pique, javelot. Corruption de σύουνη, συίνη, de σῦς, sanglier ; c'était une arme spécialement destinée à la chasse du sanglier. Le français *javeline* vient probablement de l'espagnol *javali,* sanglier. Σαύνιον, pour συάνιον, a la même signification. Voy. aussi σίγυνη, pour σύγινη, de σῦς, sanglier. Ce serait β pour γ.

Σιγαλόεις, luisant, brillant. Cet adjectif est une métathèse de σιαλόγεις, de σίαλος, salive, graisse, saindoux. Tout ce qu'on frotte et enduit de ces matières onctueuses devient, en effet, luisant, brillant, reluisant. Σιγαλόεις sera donc proprement *onctueux, graissé.*

Σιγή, silence. Vient de σίζω, siffler. C'est le moyen d'imposer silence. Faire σιιιιιι. Le latin *sileo* peut être une syncope de *sibileo,* siffler. Nous disons en français : faire *chut, chuter,* se taire ou faire taire.

Σίγλη, boucle d'oreilles (abréviation de l'écriture). Pour στίγλη, de στίζω, piquer, percer, rayer ; les boucles *percent* et *traversent* l'oreille de laquelle elles sont suspendues.

La seconde signification est due à ce qu'en effet les points et les raies ou rayures (*pungo,* στίζω) servent de signes d'abréviation dans presque toutes les langues.

Σῖγμα, nom de la lettre S. Vient de σίζω, siffler. C'est, m. à m., *sifflement*, la lettre *sifflante* par excellence.

Quoique ce mot soit bien proche de l'hébreu *samec*, on n'y doit cependant voir autre chose que le dérivé du verbe σίζω, siffler, en sorte que σῖγμα ne sera proprement que le *sifflement*; la prononciation de cette lettre, appelée par les grammairiens la *sifflante*, n'est, en effet, qu'un véritable sifflement.

Σίδη, grenadier. Est une simple abréviation de Περσίδη, de Perse. Cette plante aura été importée en Grèce, comme elle le fut, en Italie, de Carthage, et nommée pour cela, en latin, *punica*.

A moins qu'on ne préfère y voir ξίδη, abrégé de ὀξίδη, du verbe ὀξίζω, être aigre, acide, aigrelet, ce qui est le caractère de ce fruit.

Avant l'invention de la lettre ξ, on employait le σ, qui se prononçait d'une manière analogue.

Σίδηρος, fer. Ce mot paraît être un composé de ἴδηρος εἴδω et de la préposition ἐς; m. à m., le *clair*, le *brillant*, le clairvoyant, le voyant ou faisant voir, et se rapporte surtout au minerai de fer, appelé aujourd'hui encore *spéculaire*, à cause de la propriété *miroitante* de ses cristaux, propriété qui, avec quelques autres, a dû attirer les regards des premiers métallurgistes de ce métal, bien avant les autres minerais de fer, d'aspect et consistance terreuse ou pierreuse, quoique plus abondamment répandus dans la nature. Le fer *spéculaire* ou *miroitant* s'offrait d'ailleurs, aux Grecs, profusément dans plusieurs îles de la Méditerranée. Remarquez que l'acier poli est, d'ailleurs, un véritable miroir.

Dans une autre manière de voir, σίδηρος pourrait venir de σίζω, siffler. Ce serait le fer *sifflé, sifflant, ayant sifflé*, en un mot, *trempé*, ayant subi la *trempe* pour le rendre plus dur et plus acéré. Tout le monde connaît le sifflement que produit le fer rouge quand il subit cette opération importante, indispensable pour la fabrication des armes et des outils. Σίδηρος est donc le fer durci à la trempe.

Σίζω, siffler. N'a pas d'étymologie. C'est une belle onomatopée qui nous reproduit le bruit du sifflement lui-même.

Σίκερα, bière. De σίζω, siffler. M. à m., la *sifflante*. Tout le monde connaît les effets des gaz qui s'en échappent. C'est la *liqueur sifflante* par excellence.

Σικύα, ventouse. De σίζω, siffler, souffler.

Σίκυος, concombre, courge. Le nom de ce légume peut venir de σίζω, siffler, souffler, parce qu'il devient comme *soufflé, enflé, gonflé, bouffi* de vent, ce qui, de tout temps, l'a fait employer comme bouteille, calebasse, fiole, ampoule pour renfermer des liquides. Ou bien, de ψύχω, rafraîchir, ψύκιος, transformé en σίκυος; m. à m., le *frais,* le *froid,* le *rafraîchissant,* qualités que le concombre possède en effet.

Σικχός, dégoûté, sans appétit, triste, morose; railleur, moqueur. Ce mot peut venir de σίζω, siffler. C'est peut-être un homme *sifflé,* avec toutes les conséquences morales qui s'en suivent. Et, en même temps, un *siffleur* ou moqueur, railleur.

Ce peut être aussi un homme *taciturne,* σιγεχός, σιγχός, et, par conséquent, *morose, triste, fâcheux,* de σιγή, silence, σιγάω, se taire. La *taciturnité* a toujours été la marque d'un caractère morose et difficile. Ou, enfin, abrégé du composé ἄσιν ἔχω, avoir dégoût, satiété.

Σιληνός, Silène, satyre nourricier de Bacchus. Vient du verbe σιλλαίνω, railler, se moquer, caractère qui était propre à ces êtres fantastiques, et de là, la dénomination de *satyre,* appliquée à toute composition ou discours railleur, insultant.

Ou bien, de σιλλός, camus. Les silènes étaient remarquables par leur nez *camus, retroussé.*

Σίλιγνις, fleur de farine. Composé de ἐς et de εἰλίσσω, tournoyer. C'est la farine *tournoyée* dans le tamis, passée au tamis.

Ou, mieux encore, de ψιλίζω, rendre léger, volatil, sublimer. C'est la farine la plus légère, la plus volatile, la plus *menue,* ψίω, la plus impalpable.

Σιλλός, camus, nez relevé. Pour στίλλος, de στέλλω, dans son acception de réprimer, arrêter, comprimer, contracter, arrêter dans son développement. Ou, pour ὑψιλος; m. à m., haut, élevé, relevé, redressé, retroussé; en espag., *remangado.* C'est, proprement, la disposition des nez camus. Voy. σιμός, pour ὑψιμός.

Ou, enfin, abrégé du composé ἐξιλλός ou ἐσιλλός, de la préposition ἐξ ou ἐς, et du verbe εἰλέω, tourner, retourner, retordre, retrousser, à cause du *nez retroussé.*

Σιλλόω, regarder du coin de l'œil, railler. Abrégé du composé ἐξ ou ἐσιλλόω, de ces prépositions ajoutées au verbe εἰλέω, tourner, retourner, détourner; c'est, proprement, *regarder de travers,* comme font les louches. C'est le *strabisme*, mot dérivé du grec τρέπω, tourner, retourner. Remarquez toutes ces analogies dans diverses langues. Un rire malicieux est ordinairement accompagné d'un regard de travers.

Σίλλυβα, bords, franges. Corruption de σύλλιβα, du composé συλλείπω, finir, terminer, cesser.

Σίλουρος, silure, poisson. Pour ψιλούρος, de ψιλόω, peler, dénuder. Ce poisson a, en effet, la peau *nue*, sans *écailles*. La terminaison en ουρος pourrait se rapporter à quelque particularité de sa queue.

Σίλφη, blatte, insecte. Pour σίφλη, de σιφλόω, vider, creuser, ronger, carier. Ce sont des insectes essentiellement destructeurs des matières organiques qu'ils gâtent par la carie. Ou bien, de στίλβω, στίλφη, à cause de la lueur phosphorescente de quelques espèces et de leurs moisissures.

Σίλφιον, plante, laserpitium. Peut être corruption du composé ἐσφίλιον, devenu σφίλιον, puis σίλφιον; m. à m., plante *érotique*, qui excite, réveille l'amour, qui fait l'amour, *philtre*, de ἐς et φιλέω, aimer. On sait que le suc de cette plante est extrêmement tonique et échauffant.

Ce mot signifie aussi *asser* ou *assa fœtida*, et, sous ce point de vue, il pourrait être rapporté à σίλφη, blatte, teigne, insecte, cette plante servant probablement à les chasser par son odeur forte et pénétrante. Ce serait proprement l'*herbe aux blattes*.

Σίμβλος, essaim, ruche d'abeilles, réunion. Ce mot n'est autre que le composé σύμβολος, de συμβάλλω, réunir, rassembler, former en masse; le français *essaim* n'est lui-même que l'italien *ensiéme*, ensemble.

Σιμίκιον, certain instrument de musique à cordes. Je crois voir dans ce mot une métathèse de σικίμιον, abrégé de μουσικίμιον, et dérivant des verbes μουσίζω ou μουσικεύομαι, qui signifient *faire de la musique, jouer de la musique, jouer d'un instrument, moduler*.

Σιμός, camus. Pour ὑψιμός, de ὕψος, haut, élevé, relevé, retroussé, ayant l'ouverture des narines retournée en haut. Voy. σιλλός, ψιλλός.

Σίναπι, moutarde. Ce mot, s'il n'est pas étranger (comme sa physionomie et sa terminaison le font soupçonner), peut venir de σύν et ἅπτω, enflammer, allumer, échauffer. On connaît la saveur âcre, *caustique, brûlante* de cette graine. Ou, mieux peut-être, un abrégé de ποσίκναπι; m. à m., qui *gratte, démange, écorche les pieds*. On sait que les *sinapismes* forment le principal usage de cette graine.

Σινδών et Σινδός, étoffe légère de lin ou coton. Ce mot paraît n'être autre que ἰνδός, Inde, indien, pays d'où venait ce tissu : ἐσινδῶν ou ἔξινδῶν : on a retranché le ε des prépositions.

A moins que l'on ne veuille voir ici le verbe ἐνδύω, habiller, et l'idée générale d'habillement, vêtement. Ou ἔνδον, intérieur, habit intérieur, chemise, faits en général des étoffes les plus fines et délicates.

Ou bien, pour Σιδών, σιδόνη, de Sidon, ville de Phénicie, où l'on fabriquait ces sortes d'étoffes, et dont on faisait un grand commerce.

Σίνιον, crible. Pour σείνιον, de σείω ou σαίνω, secouer, remuer.

Σιόν, sium, plante aquatique. Probablement abrégé de πλευσιόν, qui *vogue, navigue, nage.*

Ou bien encore est-ce un abrégé de κλείσιον, clôture, enclos, fermeture, à cause du grand involucre qui renferme les fleurs et lui sert de *clôture.*

Σίνω, nuire, blesser, détruire, perdre. N'est autre que ψαίνω, ψίνω, ψίω, ronger, égruger, pulvériser, frotter, user, briser, gâter. Ce dernier verbe est le même que l'espagnol *gastar*, user, frotter, détruire, pulvériser.

Σιπαλός, défectueux, vide, hideux. Vient de σήπω, pourrir, σηπαλός; proprement, *pourri, corrompu, gâté.*

Σίπαρος, rideau, toile, voile. Pour σκίπαρος, de σκίπων, bâton ; c'est une toile qui se roule sur un mât.

Σιπύη, huche, arche à serrer le pain, la farine, pétrin. Pour στιπύη, du verbe στείβω, serrer, presser, fouler. On y *presse* et *entasse*, foule et pétrit la farine ; son synonyme μάκτρα, huche, en latin, *mactra*, de μάσσω, pétrir, presser, fouler, en espag., *amasar, masa*, vient confirmer pleinement cette étymologie.

Σιρός et Σειρός, silo, fosse, puits pour conserver le blé. Ce mot est le même que σείρος ou ξείρος, chaud, sec, desséché. Les silos ont pour objet de garantir les grains de l'humidité, de les conserver à sec ; ce sont des lieux essentiellement secs ; de là le composé σιρομάστης, espèce de sonde, au moyen de laquelle on cherchait le degré de sécheresse des grains renfermés dans les silos ou greniers, et même des terrains qu'occupaient les armées en campagne.

Σισάριον, chaîne, collier. Pour σεισάριον, de σείω, agiter, remuer, secouer ;

c'est un ornement *pendant, mouvant, flottant,* pour le distinguer des colliers ajustés et serrés au cou.

A moins qu'on ne veuille y voir une transposition de σιράσιον, de σειρά, chaîne, syncopé en σιρά, ce qui serait plus naturel.

Σίσαρον, chervis. Plante qu'on croit orginaire de l'Inde de même que son nom.

Σισόη, nom d'une certaine coiffure. Pour σεισόη, de σείω, agiter, mouvoir : c'est une chevelure ou coiffure flottante, mouvante, agitée, soit sur les épaules, soit d'une autre façon.

Σίσυβος, frange, bordure. Peut être un abrégé du composé ποσίσυβος, de ποῦς, pied, et συβάω ou σύμβω, aller avec ; m. à m., qui *va aux pieds, avec les pieds, jusqu'aux pieds.*

Ou bien encore, composé de σείω, agiter, secouer, et la préposition ὑπό, sous, dessous, en dessous. La frange et la bordure flottent, en effet, à la partie de *dessous, inférieure* de l'habillement.

Σίσυμβρον, sisumbre, cresson. Mot probablement exotique.

Σίσυρα, fourrure grossière, peau garnie de son poil, espèce de tapis de peaux velues. C'est probablement aussi un mot étranger. A moins qu'on ne le compose de ποσί et σύρω ; m. à m., *foulée, traînée aux pieds,* tapis sur lequel on marche, qu'on *traine* par terre, *sous les pieds.*

Σῖτος, blé, froment. Ce mot, qui nous a donné beaucoup à méditer, ne doit être autre que ζειτός ; m. à m., *bouilli,* de ζέω. C'est, proprement, la *bouillie* que l'on en faisait avant que l'on ne connut la fabrication du pain. L'homme primitif a d'abord mangé le blé rôti ou *bouilli,* comme cela a encore lieu dans quelques pays peu civilisés. De là, peut-être, les noms de ζεά, épeautre, ζεοπύρον, autre espèce de blé, où l'on voit figurer ζέω, bouillir, parce qu'on les mangeait en cet état. Les Romains faisaient avec le blé épeautre une *bouillie* qu'ils appelaient précisément *alica,* c'est-à-dire la *nourrissante,* la *nourricière,* la *nutritive,* comme σῖτος ou ζειτός signifie *bouillie* et *nourriture* en général, parce que le *blé,* soit bouilli, soit rôti, soit en pain, a toujours été la base, l'élément principal de la nourriture. Si l'on voulait voir, dans le mot en question, un simple dérivé du verbe σείω, secouer, agiter, battre, σειτός serait naturellement le grain *secoué, battu, vanné* pour le séparer de sa paille et sa glume, et rendu, ainsi, propre à être mangé. Le latin *spelta,* épeautre, doit son nom à ἐς πάλλω, battre, secouer, ce grain étant précisément très-difficile à battre, et, par conséquent, très-battu; et cela à cause de l'adhérence de ses glumes. Et *triticum* vient de τείρω, battre, triturer, opérations que subit le blé, soit dans l'aire, soit sous la meule du moulin.

Σῖτος pourrait encore dériver de ἔδω, manger, ἔσω, ἐσίτος; m. à m., le *manger*, la *nourriture* par excellence, comme le latin *triticum* peut être l'abrégé de *nutriticum*, de *nutrio*; m. à m., le *nutritif*, la *nourriture* par excellence : *esus*, *esca*.

Σίττη, oiseau, pivert, ou merle. Pour ψίττη ou σίκτη, du verbe σίζω, siffler. Le sifflement du merle est, en effet, caractéristique de cet oiseau.

Ou bien, est-ce pour στίτη, du verbe στίζω, piquer, ficher, ce qui est la propriété du pivert, et autres grimpeurs, qui piquent les troncs des arbres et y fichent leur bec pour en extraire les insectes.

Σιφλός, difforme, estropié, laid, ridicule. Contraction des adjectifs σιπαλός, σιπλός. Voy. ces mots.

Σιφνεύς, taupe. Ce mot est une contraction de σιφονεύς; m. à m., le *siphoneur*, ou fabriquant de siphons, tuyaux, canaux; par allusion aux tubes, siphons et galeries, que cet animal creuse sous le sol.

Σιφνός, creux, vide. De σιφόω; m. à m., soufflé, gonflé, rempli de vent, vain, vide; en latin, *vacuus, vanus* (*ventus*, vent). Les Espagnols disent *chiflar*, siffler, souffler, et *chiflado*, vidé, creux, exténué, consumé, desséché.

Σίφων, siphon, canal, vide, tuyau pour pomper. Ce mot paraît être le participe présent d'un verbe onomatopéique σιφόω, souffler, siffler, vider. C'est le bruit que l'on fait en produisant le vide dans le tuyau ou siphon pour y faire monter les liquides que l'on veut pomper.

A moins que, dans ce mot ainsi que dans σιφνός, on ne préfère voir le composé σύν πνέω; m. à m., en latin, *consuflare*, souffler avec, souffler vers soi, à soi. Ou bien, ὑψιπνέω, ψιπνέω, ψιπνός; m. à m., *soufflé en haut, aspiré, humé en haut*, ce qui constitue essentiellement le jeu du siphon.

Σιωπή, silence. Est un composé du sifflement σι, ξι, caractéristique du silence, et de ὀπή, voix, ou ἔπω, dire; m. à m., *dire sssss...* Ou bien, de σι et de ποιέω; m. à m., *faire si, chiiiii, ziiiii..., faire chuuut...,* σιπωή. Ou encore, σι et παύω, finir, cesser : de la même manière que son synonyme σίγη vient de σίζω, siffler, faire un sifflement, faire *siiii*, *chiiii*, faire *chut*, *schut*. Dans ce cas, σιωπή serait une transposition de σιπωή.

Σκάζω, boiter. Vient de l'adjectif σκαιός, gauche, de travers, oblique, penché. C'est précisément la disposition, le maintien et l'allure du boiteux.

Σκαιός, gauche. Est une altération de σκιαός, de σκιά, ombre. C'est le côté de l'*ombre*, du couchant, de l'*obscurité*; par conséquent, le côté triste, fâcheux, mauvais, lugubre. Le latin *sinister* vient lui-même de *sineo*, laisser de, cesser de, finir, acceptions se rapportant toutes à la lumière du jour. Par opposition, δεξιά, la droite, était le côté où *se montrait*, où *paraissait* la lumière, le jour, le soleil *levant*, le levant.

Σκαίρω, danser, sauter, bondir. Pour ἐξ αἴρω, proprement, *s'élever*, *s'enlever*, *se soulever*, *sauter*. La danse n'est qu'une *élévation*, un *saut*. En latin, *saltus*, *saltare*, de *altus*, élevé, haut. σκ est mis très-souvent pour κς, qui n'est autre chose que ἐκς, ἐξ.

Σκαλάθον, pieu, piquet. De σκάλλω, creuser.

Σκαλίας, tête ou fleur d'artichaut. De σκάλλω, racler, sarcler, à cause des piquants qui les garnissent, et qui forment un véritable sarcloir.

Σκαλλίον, sorte de petit vase. De σκάλλω, gratter, creuser, racler. C'est un vase *creusé*, *gratté*, tels que sont, en général, les vases en bois qui sont *creusés* au ciseau ou au tour, comme écuelles, coupes, tasses, etc.....

Σκάλλω, sarcler, gratter, creuser. Peut être composé de ἐς et de κνάλλω, variante de κνάω, gratter, racler, égratigner, carder. Ou, mieux encore, simple forme fréquentative du verbe ξάω, peigner, carder, racler.

Σκάλοψ, taupe. Le nom de ce petit animal peut être rapporté au verbe σκάλλω, fouir, creuser.

Ou bien être une métathèse de σκάπλος, de σκάπτω, creuser, fouiller. Ou, enfin, être pour σκάλυψ, de ἐς et σαλύπτω; m. à m., le *caché*, le *couvert;* il vit dans les ténèbres.

Σκάνδαλον, piége, achoppement. De σκάζω; m. à m., qui *fait boiter, broncher*, branler, clocher, tomber, heurter.

Σκάνδιξ, cerfeuil. De σκάζω, boiter, pencher, incliner. Une des espèces de ce végétal porte le nom de *penché*, à cause de l'*inclinaison* de ses ombelles ou fleurs. Une autre est appelée *peigne* de Vénus, et alors il faudra voir dans σκάνδιξ un composé de ἐς et κνάδιξ, de κνάω, κνάζω, gratter, peigner, carder, à cause de la figure de *dents de peigne* que présentent ses fruits allongés et grêles.

Σκάπτω, fouir, creuser. Composé de la prépos. ἐς et de κάπτω, verbe qui ne se trouve guère comme simple que dans le sens d'avaler, dévorer, c'est-à-dire, *enfouir, engloutir, ensevelir* (dans le gosier, l'estomac, le ventre), et dont on voit des traces dans ses dérivés κάπρος, sanglier, κάψα, boîte, κάπηλος, κάπη, et quelques autres. C'est le sémitique כס, creux, creux de la main.

Σκάπερδα, certain jeu où l'on s'efforçait de se soulever mutuellement de terre au moyen d'une corde passée au travers d'une poutre. Ce mot paraît composé de σκήπτω, s'appuyer fortement, peser sur, s'appuyer sur, et de ἔρδω, faire, agir, procurer ; ou bien, de ἕδρα ou ἕδος, sol, place, terre, pavé.

Σκάραβος, scarabée, scarbot. Voy. κάραβος, métathèse de σκάβαρος, de σκάπτω, fouir, creuser, fouiller.

Σκαρδαμύσσω, cligner les yeux, clignoter. Composé de κραδάω, secouer, et μύω, fermer.

Σκάριφος, poinçon, pointe, plume à écrire, sarment. Composé d'une métathèse de σκαφιρός, du verbe σκάπτω, creuser, fouir, appartenant à la même famille que σκαφίς, σκαφίον, σκαφίδιον, qui signifient *poinçon, pointe, burin*.

Ou bien, corruption de γράφω. Ce mot serait devenu κράφιος, puis κάριφος, poinçon, pointe *graphique* avec laquelle on *grave*, on *écrit*.

Σκαῦρος, qui a de gros talons, qui est éperonné, qui a des talons allongés. Pour σκαίρος, du verbe σκαίρω, sauter, trépigner, danser. Cette forme de pieds est, en effet, propre au saut et au trépignement, témoins les gerboises, cangourous, gerbilles et autres animaux analogues.

Σκεδάω, disperser, dissiper, chasser, expulser. Peut être considéré comme une abréviation de ἀσχεδάω, qui serait un composé de la négation α: et de σχεδόν, près, proche, uni ; m. à m., *non près, non proche*, *désuni*, ce qui est précisément l'état de dispersion, de dissipation, de dissémination, séparation, désagrégation, désunion.

Ce peut encore très-bien être ἐξ ἕδος, ἐκς ἕδος; m. à m., *du sol, de la terre, du pays* (sous-entendu *chassé, expulsé*), comme disent les Espagnols, *desterrado* (de *terra*), chassé *de la terre, du sol,* exilé, banni. Le latin *exul* vient de *ex solo,* du sol, comme ἐξ, de ἕδος, sol.

Σκεθρός, exact, soigneux, parfait. Peut provenir de ἀσκέω, exercer, travailler, appliquer, instruire, d'où ἀσκητής, qui s'exerce, qui cultive, qui a soin, qui rend culte, *ascète*.

Ou bien de σκέπτω, méditer, étudier, considérer, s'appliquer, soigner, porter son attention sur quelque chose, σκεπθρός, σκεπτερός; m. à m., attentif, soigneux, *réfléchi, médité*. Une chose ou acte réfléchi, médité, est une chose bien faite.

Σκέλλω, sécher, dessécher. Ce verbe a dû être primitivement συκέλλω, σικέλλω, dérivé de σίζω, souffler, siffler, qui a produit la latin *siccus*, sec, *siccare*, sécher, comme αὔω, souffler et sécher, a fait αὐστήρ, le vent *desséchant*, αὐστηρός, *sec, aride*. Le vent et son souffle sont, en effet, un des principaux agents de la dessiccation, du dessèchement. On expose à l'air, au vent, les objets que l'on veut sécher.

Σκέλος, jambe. Vient de σκέλλω, sécher. C'est, en effet, la partie *sèche* depuis le genou jusqu'au pied, surtout chez les animaux chez qui elle ne se compose que des os et la peau. C'est une flûte; en latin, *tibia*, de στείβω, serrer, presser, comprimer; une partie mince, fluette, grêle.

Σκέπαρνον, hache à deux tranchants. Composé de δίς, deux, et κοπάνερον, de κόπτω, couper, frapper, pour σκόπαρνόν, δισκόπανρον.

Σκέπτομαι, considérer, méditer, réfléchir. Ce verbe paraît être une métathèse de σπέκτομαι, comme, en latin, *specto, spicio*, regarder, considérer, qui tirent leur origine de πάγω ou πηγνύω, ficher, fixer, implanter; car on *fixe* la vue, on *fiche* les yeux. La vue *perce, traverse*. Ou bien *se pose, s'appuie, s'asseoit*. Εἴδω, voir, n'est autre que ἕδω, asseoir, poser.

Ce verbe peut encore très-bien être ἐς et κόπτω, battre, frapper, car les regards, les yeux, la vue *frappent* et *sont frappés, choquent* et *sont choqués, heurtent, rencontrent, atteignent* les objets.

Ou bien est-ce tout simplement ἐκς ou ἐξ et ὄπτω, voir, observer, examiner; ὀπή, vue; ὄψ, œil; σκοπή, σκοπία, regard, vue, observation.

Σκεπῶ, couvrir, abriter. Peut fort-bien être le même que le précédent. Ce serait tout simplement *observer, faire attention à,* et, par conséquent, *avoir égard, garder,* conserver, défendre, comme, en latin, *servare* et *observare,* garder et observer; *tueri* et *intueri,* garder et observer, regarder. Toutes ces analogies se servent réciproquement de confirmation.

Σκεῦος, vase, arme, meuble, ustensile. Vient de ἀσκέω, ἀσκεύω, exercer, préparer, appareiller, armer, équiper, disposer, apprêter, orner. En supprimant le α, il reste σκεῦος, qui signifie proprement *appareil, équipement, équipage, apprêts,* soit de guerre, soit de voyage, d'artiste, laboureur ou autre. Les Espagnols disent *aprestos de guerra, aperos de labranza.* Le latin *vasa,* qui répond à ce mot, n'est que l'abrégé de σκεύασα, dont on a supprimé σκε, première syllabe du mot, et dérivé de σκευάζω, apprêter, préparer, disposer, équiper, accommoder.

Σκηνή, tente, pavillon. Peut venir de ἀσκέω ou σκεύω, σκευαίνω, disposer, apprêter, arranger, accommoder, dresser. La tente se *dresse,* se *dispose, s'arrange* pour la *station* ou pour la *représentation* du théâtre. De là la synonymie entre les mots *scène,* la scène, et *apparat, disposition, préparation, pompe,* ornement.

Lorsqu'on n'en a plus besoin, on la plie et on la transporte pour la *dresser* et *disposer* ailleurs, bien différente de la maison *fixe,* de la *bâtisse,* du *bâtiment* solide, qui ne se *dresse* qu'une seule et première fois et pour toujours.

Ce mot peut encore venir de σηκός, clos, enclos, loge, logement, demeure, habitation, car le mot qui signifie tente, en hébreu et en latin, *tabernaculum,* signifie, en général, maison, habitation, demeure. On peut encore voir ici σακός, peau, tissu de poil, de chameau, chèvre, mouton ou bœuf; surtout dans les temps primitifs, les tentes se faisaient précisément avec ces matières.

Σκήπτω, s'appuyer. Est une métathèse de πήκτω, πάγω, πηγνύω, précédé de la prépos. ἐς; proprement, *se fixer* ou *ficher* sur, dans, en, peser, poser sur, établir, planter, implanter sur, affermir, raffermir sur, assez analogue au latin *impingo.* Appuyer n'est effectivement autre chose que *affermir,* rendre *ferme, stable, solide, robuste,* ἐπί ἄγω, ἐπ ἄγω, *agir sur, porter* et *pousser* sur, *peser sur.*

Σκιά, ombre, obscurité. Pour ἐκσιά, ἐξιά, de ἐξέω. M. à m., *absence, départ* du soleil, de la lumière. Ou bien, mieux encore, ἐς κειά, de ἐς et κέω, κεῖμαι, coucher, se coucher. Le *coucher* du soleil, la *chute* du jour, le jour qui *tombe, occasus, occidens*, le jour qui *baisse*.

Σκιαστής, danseur, en dialecte laconien. Pour σκαστιής, du verbe σκάζω, sauter, clocher, bondir.

Σκίγκος, scinque, espèce de lézard. Ce mot est une contraction et abréviation du composé δυσκινήχος, de δυς et de κινέω ; m. à m., qui *se meut difficilement*. Ces reptiles sont, en effet, *dépourvus* d'une partie des organes moteurs, et n'ont souvent que les pattes de derrière ou celles de devant, et même à l'état rudimentaire ; leur démarche doit donc nécessairement s'en ressentir.

Σκίλλα, ognon marin. Peut venir de σκιά, ombre. L'espèce *postmeridiana* ferme ses fleurs le soir, la nuit. Ou bien de σκύλλα, peau, enveloppe ; c'est un gros ognon composé, comme tout bulbe, d'enveloppes épaisses et nombreuses. Ou, enfin, κυλίω, du verbe σκύλλω, tourmenter, troubler, donner des *entorses, tortures*, des nausées faire vomir. Ce bulbe est un purgatif et vomitif très-violent.

Σκιμαλίζω, donner une chiquenaude, tâter, appuyer le doigt sur. Vient du verbe σκίμπτω, *appuyer* et *plier*, parf. passif ἐσκίμμα ; d'où σκιμμάλον et σκιμμαλίζω. Dans la chiquenaude, le doigt se *plie* et se *détend*, s'appuie avec violence sur le nez de celui qui subit ce coup, toujours insultant. Ou bien contraction de κίνημα, d'où κινημαλίζω, de κινέω, agiter, secouer.

Σκίμπτω, appuyer. Est une variante de σκήπτω.

Σκίναξ, agile, leste, léger. Composé de ἐς et de κινέω, mouvoir, agiter.

Σκίναρ, corps. Ce mot est encore un abrégé du composé ἐσκίναρ, de la prépos. ἐς, et de κινέω ; m. à m., qui *se meut, mobile ;* en espag., *mobil, se moviente.* Le mouvement est une des propriétés essentielles des corps organisés, un des principaux symptômes de l'animalité.

Σκιρῖται, nom de certaine classe de soldats qui étaient chargés de la surveillance sur leurs camarades. Cette particularité des mœurs lacédémoniennes peut devoir son nom à une légère altération de σκιερός, adjectif tiré de σκιά, ombre ; m. à m., *qui est* ou *qui agit à l'ombre :* c'étaient des *surveillants de nuit*, des vigilants des *ténèbres* pendant l'*obscurité*. Ou bien, dans le sens figuré, des surveillants *cachés, secrets*, une espèce de *police secrète*.

On pourrait encore y voir une corruption de ἐσκρῖται, du verbe κρίνω, juger, examiner, précédé de la préposition ἐς.

Σκῖρος ou Σκίρρος, fragment de marbre ou de pierre, éclat qui saute sous le coup de l'outil. Ce mot dérive de σκαίρω, σκιρτάω, sauter, bondir, jaillir. Le français *éclat* est le verbe grec κλάω, rompre, briser, diviser, et *copeau*, de κόπτω, couper, briser. Ou, mieux que cela, de κείρω, couper, diviser.

Σκίταλοι, génies du vice, divinités lascives, espèce de satyres. Ce mot est peut-être pour σκίρταλοι, du verbe σκιρτάω, sauter, bondir, saillir, assaillir. C'étaient des génies *saillissants*, ou inspirant cet acte lubrique. Ou bien, pour σκύταλοι. Voy. ce mot.

Σκίφος, épée, poignard. Est peut-être une métathèse de σφίκος, de ἐς et πηγνύω ou σφίγγω, ficher, piquer. C'est un *piquant*, *pugio* en latin, un *poinçon*, *pungo*. C'est peut-être aussi, en adoucissant sa syllabe initiale, le même que ξίφος, épée. Voy. ce dernier.

Σκνίπτω, piquer, gâter. Du verbe κνάπτω, κνίπτω, κνίζω, avec ἐς, préposition.

Σκνίφος ou Σκνίπος, avare, sordide ou qui a mauvaise vue. Voy. plus haut κνιπός, chassieux et avare. La chassie cause la mauvaise vue.

Σκνίψ, insecte, moucheron, blatte. De κνίπτω, nuire, détruire, percer. Ils percent les bois, les peaux, etc., etc. Ou bien, de κνάπτω, carder, racler, gratter, ronger, user.

Σκολιός, oblique, tordu. De κυλίω, tourner, tordre, précédé de ἐς : ou de κοῖλος, creux, cave, courbe. L'idée de *courbure* est inséparable de celle de *cavité, creux*.

Σκολόπενδρα, scolopendre, mille-pieds. Peut être un composé de σκόλος ou σκώληξ, ver, et de πόδερα, de ποδός, pied. Cet insecte est remarquable par la multitude de ses pattes. Ce sera donc, m. à m., *ver à pieds, ver aux pieds*, par excellence, un *mille-pieds*. Un autre insecte, le pou, s'appelle, en latin, *pediculus*, de *pes*, pied, à cause de la taille et vigueur de ses pattes.

Σκόλοψ, pieu; perche, piquet. Composé de ἐς et κολοβόω ou κολόπτω, élaguer, tronquer, mutiler. C'est un tronc d'arbre dont on a *élagué, coupé* toutes les branches, ou une branche dépouillée de son feuillage, pour les rendre propres à servir de pieux, piquets, perches, pals, etc...

Σκόλυθρος, tabouret à trois pieds; *bas, humble, rampant*. C'est, m. à m., un tabouret *mutilé* d'un de ses quatre pieds. De σκολύπτω, mutiler, tronquer, ou de ἐς κολοῦω; m. à m., le *tronqué, écourté*, rampant, bas, nain.

Σκόλυμος, artichaut, chardon. Pour σκάλυμος, de σκάλλω, gratter, racler, frotter, de même que son synonyme σκαλίας, que nous avons vu ci-devant. Voy. ce mot.

Σκολύπτω, dépouiller, peler, élaguer, mutiler. De ἐς et κολόβω, mutiler : κολόπτω.

Σκόμβρος, maquereau, ou esturgeon. Le premier, de κόμπος, bruit, murmure, à cause du bruit que causent dans les flots les bandes innombrables de ces poissons qui passent sur les côtes : ἐς κόμπερος; m. à m., le *bruyant*. Dans le second cas, l'étymologie est κόμβος, nœud. L'esturgeon a son corps garni de rangées de *nœuds* en forme d'écussons : ἐς κόμβερος; m. à m., le *noueux*.

Σκόπελος, rocher, écueil, promontoire. Ce mot vient de σκέπτω, considérer, regarder, surveiller. Les rochers servent ordinairement de *vigies*, en latin, *vigiliæ*; on y monte pour regarder et découvrir au loin.

Les rochers et les écueils sont aussi *battus* des flots. Ce sont des *brisants* qui *brisent*, en effet, les flots; et, sous ce point de vue, le mot dont nous nous occupons peut venir de κόπτω, battre, choquer, briser, rompre. Ils sont *battus* incessamment par les flots.

Nous préférons cette étymologie.

Σκορδινάομαι, s'étendre, bâiller, s'étirer en bâillant. Pour σκραδινάω, dérivé du composé ἐς κραδάω, secouer, agiter, brandir. C'est proprement *se brandir, se secouer;* on brandit et secoue, en effet, ses bras à droite et à gauche.

Σκόροδον, ail. Est une corruption du composé ἐς et ὄδορος, du verbe ὄζω, sentir, ou de ἐς ὀξυ ὄζω, *qui sent vivement*, qui a l'odeur piquante; m. à m., l'*odorant*. Tout le monde connaît l'odeur extrêmement forte de l'ail. Nous avons vu que ῥόδον, rose, a une étymologie semblable, quoique dans le sens opposé de son odeur agréable.

Σκορπίζω, disperser, disséminer. N'est qu'une métathèse de ἐς κοπρίζω; m. à m., *fumer*, disséminer, répandre, éparpiller le fumier sur les terres; de κόπρος, fumier. Plus tard, la signification propre à cette opération du laboureur s'est généralisée.

Σκορπίος, scorpion. Pour ἐς κοπρίος; m. à m., de *fumier*, qui vit *dans le fumier*. C'est la demeure de cet animal immonde et venimeux.

Σκότος, ténèbres. Vient de ἐς κοίτη, du verbe κεῖμαι; m. à m., le *coucher* du soleil, le *couchant, occident*, comme σκιά, de κεῖω, κεῖμαι.

Σκύβαλον, fumier, ordure. Pour σκόβαλον. Appartient à la même famille que κόπρος, fumier, et le latin *scopa*, balai, c'est-à-dire, au verbe κόπτω, couper, séparer, pousser, repousser, élaguer, comme on fait avec les excréments (*ex secerno*, κρίνω, *ex cretus*), on *les sépare*.

Σκυδμαίνω, s'indigner, s'irriter. Composé de ἐς et κυδοιμός, κυδοιμαίνω; m. à m., *se troubler, se soulever*. Ou de κύμαδος, flot, κυμοδαίνω, ressembler aux flots, se gonfler, soulever comme eux.

Ce verbe peut encore venir de κῦδος, injure, insulte, et signifier proprement, être *insulté, irrité, choqué*.

Σκύζα, chaleur, rut. Pour σκνύζα, de ἐς et κνύζα, démangeaison, prurit, cuisson. Ou ἐς et κύω, être grosse, enceinte, pleine.

Ou bien, pour ἐσκαύζα, de ἐς et de καύω, brûler, chauffer.

Σκύζομαι, grogner, glapir, se fâcher, s'irriter. De ἐς ou ἐξ et de κνύζω, grogner, murmurer, glapir, gronder. *Gronder* et *grogner* sont, dans presque toutes les langues, synonymes de se *fâcher*.

Σκύθης, scythe. Le nom de ce peuple est tiré du composé ἐς ou ἐξ κεύθω, cacher, couvrir. Il habite, en effet, un pays couvert, caché, sombre, soit par rapport au ciel et au climat, soit aussi par son habitude de vivre dans les forêts. Ou bien, parce que ce pays était *caché, inconnu* pour les Grecs. Rapprochez ce mot de σκυθρός, triste, sombre, qui peut en être la souche.

Σκυθρός, triste, sombre, fâcheux, grogneur. De ἐς ou ἐξ et κεύθω, couvrir, cacher. C'est un visage ou humeur *couvert*, par opposition au visage ou à l'humeur *ouverte*, synonyme de gai, réjoui, agréable. Un ciel *couvert* est un ciel *triste*.

Σκύθραξ, mot lacédémonien qui signifie jeune, adolescent; est un dérivé du mot qui nous occupe. C'est l'âge où le visage et le caractère changent leur grâce et candeur enfantines en un aspect sombre et soucieux, résultat des premiers mouvements de l'orage des passions propres à cet âge.

On peut aussi rapporter σκύθραξ à σκύζω, irriter, s'irriter, être excité, sentir le prurit. C'est l'époque du réveil des passions érotiques.

Σκύλαξ, jeune chien, jeune animal. Pour ἐς κύλαξ, de κύω, concevoir, porter, être grosse ; c'est, m. à m., le *conçu*, le *porté ;* en un mot, la *portée* du chien et de tout autre animal mammifère ; la *ventrée*, le fruit (*fructus*, de *fero*). Ou bien, pour ξύλαξ, κσῦλαξ, de ἐξ et ὑλάσσω, aboyer, glapir, comme le font les jeunes chiens.

Σκύλλαρος, espèce de crabe. De σκύλλω, parce que cette espèce se dépouille à certaines époques de sa peau ou carapace.

Σκύλλω, Σκύζω, déchirer, écorcher, tourmenter, chagriner. Pour ἐκ σύλλω, σύλω, dépouiller, dénuder, peler. Tourmenter, c'est écorcher, enlever la peau, piquer jusqu'au vif. En espag., *desollar*, qui est presque le verbe grec lui-même.

Ou bien, pour ξύλλω, κσύλλω, de ξύω, racler, peler, gratter.

Σκύμνος, petit d'un animal. Est simplement le participe passif ἐς κύμενος, de κύω, concevoir, porter, être grosse. C'est, proprement, la *portée* d'un animal, le petit *conçu*, *porté* par sa mère, comme les mots κῦμα, κυήμα.

Σκύνιον, peau ridée au-dessus des sourcils, sourcil. Syncope de σκύανιον, de ἐς ou ἐξ et κύανος, noir, noirâtre, sombre, obscur, rembruni. Les rides, plis ou froncement des sourcils donnent, en effet, au visage, un air sombre et renfrogné.

A moins toutefois que ce ne soit une variante de prononciation de κσύνιον ou ξύνιον, de ξὺν εἰμί ; m. à m., *réunis*, sourcils *réunis*, ce qui produit sur le visage le même effet.

Σκύνος, sourcil, tache, ride du front. Ἐς κύανος, sombre, noir, obscur, ou plutôt, ξυνός, réunion des sourcils, de ξυνόω, réunir. Ou, mieux peut-être, de la métathèse de κνυός, de κνύω, racler, gratter, rayer : une *rayure*.

Σκύρον, sorte de mille-pertuis. Voy. ἄσκυρον. Le nom de cette plante vient de ἀσκός, outre, vessie, parce que ses feuilles sont, en effet, garnies de nombreuses vessicules, pleines d'une substance huileuse, qu'on voit très-bien en les regardant au soleil.

Σκυτάλη, massue, bâton, cylindre, scion pour la greffe. Pour ξυτάλη, de ξύω, peler, dépouiller de son écorce, racler, comme le bois qui est destiné à tous ces usages qu'on dépouille de l'écorce et polit préalablement. Ou bien, de σκῦτος, peau, cuir, lanière, parce que c'était autour de ces bâtons qu'on roulait les lanières de peau qui constituaient les messages et dépêches.

Σκύτος, peau, cuir. Pour ξύτος, ἐξύω, dépouiller, peler, excorier, comme son antithèse ενδ-ύω, in-vestir, vêtir, revêtir ; en latin, induo. Le cuir est la *dépouille, pelure, écorchure* des animaux. Ce peut encore être un dérivé de ξύω, racler, raser, gratter ; c'est la peau sans le poil, la peau *grattée, raclée*.

Σκύφος, verre, vase à boire, coupe. Paraît être le même que σκεύος, vase, avec une orthographe différente. Aujourd'ui encore, les Espagnols appellent le *verre, vaso*, un vase.

Ou bien, de κύπτω, courber, comme κυφός et κύπελλον, à cause de la forme courbe, convexe, arrondie, ventrue qu'ont, en général, ces sortes de vases.

Σκώληξ, ver. Peut être un dérivé de σκολιός, tortueux, sinueux, comme le latin *vermis*, de *verto*, tournoyer, enrouler, contourner. Ou bien, composé de ἐς et χῶλον, intestin, se rapportant surtout aux vers *intestinaux* qui jouent un si grand rôle dans l'économie animale.

Σκῶλος, pieu, piquet, barre, traverse. De ἐς et κωλύω, empêcher, arrêter, retenir. On s'en sert pour y attacher les bêtes, attacher la toile de la tente et barrer le chemin.

Ou bien, de χῶλον, membre, pièce, fragment, branche.

Σκώπτω, railler, se moquer. Le même que κόπτω, couper, inciser, piquer, blesser. Raillerie *piquante, mordante*. Toute moquerie *blesse, mord, pique, tranche jusqu'au vif*.

Σκώρ, excréments, ordures, scories. De ἐς et κορέω, balayer, nettoyer. Ou bien, pour ξώρ, de ξέω, ou ἐξ ἀείρω, enlever, ôter, séparer, comme l'on fait avec les ordures. Ou encore, de ἐξ et ὄρω, s'élever, surgir, sortir, comme les *scories* des métaux qui *s'élèvent* et *surnagent* sur la masse fondue.

Σμαραγέω, faire du bruit, retentir. Nous croyons voir dans cette forme étrange une altération de ἐς μαργάω, de μάργος, fou, insensé, emporté.

Nous disons encore : « *crier* comme un fou ». Ou bien, de δράγμα, choc, fracas, retentissement, de ἀράσσω, briser, rompre. Le français *fracas*, comme le latin *fragor*, viennent de *frango*, rompre, briser. C'est qu'en effet, toute rupture violente est inséparable du bruit, du fracas. Ἐς ἀραγμάω a fait, par métathèse, σμαραγέω. On trouve, dans les auteurs, le composé ἐς ἀράσσω.

Σμάραγδος, pierre, roche, ou marbre verdâtre; émeraude. Ce mot est un dérivé de σμαραγέω, résonner, retentir, et s'appliquerait vraisemblablement à la roche ou minéral que nous appelons *phonolite*, à cause du son qu'elle rend. C'est, en effet, une espèce de marbre verdâtre qui *retentit, résonne*, une pierre *sonore* dont on fabrique des vases, des colonnes et autres ustensiles. C'est la pierre *ollaire*, de *olla*, marmite, pot, dont on fabrique ces sortes de vases encore aujourd'hui.

L'émeraude fut ainsi nommée à cause de l'analogie de la couleur verdâtre qu'a cette gemme avec celle de la phonolite ou pierre ollaire. Nous croyons même que les anciens appelaient aussi *émeraude* ce que nous appelons aujourd'hui *diallage vert*. Mais, dans aucun cas, l'émeraude n'a pu être la matière des grands vases et des colonnes dont parlent les anciens auteurs.

Σμάω, essuyer, nettoyer, frotter. Est une variante du verbe μάσσω, précédé de la prépos. ἐς. Ce peut encore être ὁμάω, de ὅμος ou ἅμα; m. à m., *égaliser, unir*, ce qu'on fait en *frottant*, grattant, nettoyant: net, essuyé, propre, n'est autre chose que *poli*.

Σμέρδος, puissance terrible, effrayante. Peut très-bien être un composé de δύς et μέδρος, de μέδω, commander, dominer : δυςμέδρος, par abréviation σμέδρος, puis, enfin, σμέρδος.

Σμῆνος, essaim d'abeilles. Pour ἐσμῆνος. Voy. ἐσμός, essaim, expliqué plus haut. A moins que ce ne soit ἐς et ὁμόω, ἅμα, ensemble, réunion. Le français *essaim* vient de l'italien *ensieme*, ensemble.

Σμίλαξ, if, et quelques autres plantes. De σμίλη, lancette, parce que la forme générale, ou celle de ses feuilles, ressemble plus ou moins à cet instrument. Nous nous servons aujourd'hui de l'expression *lancéolé*, pour peindre la forme des feuilles de certains végétaux.

Σμίλη, ciseau, lancette, grattoir. Vient de σμάω ou σμέω, frotter, nettoyer, essuyer, gratter. La lancette, en effet, pique, racle, frotte, gratte, nettoie. C'était une espèce de spatule avec laquelle le chirurgien *frottait, nettoyait,* étendait les onguents sur les emplâtres ou sur la blessure, la tumeur, etc., etc., en même temps que sa pointe servait à saigner, et son tranchant à inciser et trancher. Sa forme devait être celle d'un fer de lance ou de notre *grattoir* d'aujourd'hui.

Σμίνθος, souris. De ἐς et μινύθω, diminuer, amoindrir, rapetisser. C'est, en effet, le plus petit, le plus menu des mammifères.

Σμινύη, pioche, hoyau, sarcloir, herse. Vient encore de μινύθω ou μινύω, diminuer, amoindrir. C'était proprement l'outil avec lequel on brisait les mottes et rendait la terre *menue,* fine, meuble, légère.

Σμύρις, émeri, poudre à polir. De σμάω, σμύω, frotter, essuyer, nettoyer. Cette poudre sert à tout cela. Elle sert aussi à polir et à *égaliser,* ce qui nous rapporte à ἐς et ὁμύω, ὁμόω, *égaliser, unir,* rendre *égal* et *bien uni,* ce qui se fait en *frottant, essuyant, grattant, nettoyant* les corps.

Σμύχω, consumer, brûler lentement. Est composé de ἐς et μυχός, secret, profondeur, enfoncement. C'est un feu, une chaleur *intérieure, profonde, cachée,* qui consume lentement.

Σμῶδιξ, tumeur livide, ulcère, contusion. Pour ἐσμύδις, de μύδιος, moisi, pourri, μυδάω, μυδίζω, moisir, pourrir, corrompre. Ou, mieux encore, de σμάω, frotter, racler, gratter, σμόω; m. à m., *raclure, égratignure, cicatrice.*

Σμώχω, manger, mâcher, battre, frotter, rosser, rompre; se moquer. Les premières acceptions de ce verbe peuvent se rapporter à σμήχω, frotter, racler, nettoyer, car manger goulûment, c'est *frotter, racler, essuyer, nettoyer* son assiette jusqu'au vernis. Ou, si l'on aime mieux, à μύζω, sucer; le goinfre *suce* son doigt et son assiette. Ou bien, parce que le verbe μάσσω, d'où dérive σμήχω et σμώχω, signifie mâcher, pétrir, mastiquer, et, par conséquent, *manger.*

La signification de battre, rompre, rosser, s'explique d'elle-même quand on se rappelle nos expressions françaises : « Je lui ai donné une bonne *raclée;* il m'a bien *frotté* ». Frotté, raclé, sont ici pour *battu, rossé.*

Quant à l'acception de *moquer,* c'est au composé de ἐς et de μωκός, moqueur, qu'elle se rapporte.

Σοβαρός, agité, remuant, impétueux, violent. Pour σουαρός, σκοβαρός, σκοβάλος, farceur, moqueur, fanfaron, ou στοβερός, de στοβέω.

Σοβέω, chasser, pousser, agiter, s'agiter. N'est autre qu'une variante de σεύω, σόω, σοῦεω, agiter, remuer, pousser, chasser. Ou bien encore, σκοβέω, de ἐς et κόπτω, battre, frapper, heurter, choquer, pousser, chasser.

Σόβη, queue de cheval qui sert à chasser les mouches. Pour σκοβή; en latin, *scopa*; en espag., *escoba*, de ἐς κόπτω.

Σόγκος, laiteron. Composé de ἐς et ὄγκος, enflure, tuméfaction, creux, vide. Cette plante a sa tige *creuse*, et son calice *renflé*, *gonflé*.

Σόλος, masse de fer, masse en général, disque. Pour στόλος, de στέλλω, envoyer, jeter, lancer. Le disque était une masse de métal qu'on *lançait*, qu'on *jetait* au loin, comme nos *boules*, *boulets*, *balles*, de βάλλω, sont destinées à être *lancées*, *envoyées*, *jetées*. Ce peut encore être σορός ou σωρός, tas, monceau, masse.

Ou, si l'on veut, abrégé de ἀψόλος, de ἅπτω, enflammer, allumer, brûler. C'est la masse de métal, ou même de minéral, qui sort toute rouge du feu, et que l'ouvrier forge en cet état; c'est le métal *enflammé*, *incandescent*, condition indispensable pour sa purification et pour sa forge.

Σομφός, spongieux, flasque, criblé; sourd. Pour σκομφός, de ἐς κόπτω, battre, frapper, cribler. Remarquez que κωφός signifie *sourd*, c'est-à-dire, *frappé* (de l'oreille), comme τυφλός, aveugle (τύπω), *frappé* (de l'œil). Une voix *sourde* est, en français, une voix *creuse*, *cassée*, *coupée*, *entrecoupée*. *Spongieux* vient du latin *pungo*, piquer, blesser, frappé, comme κόπτω.

Σοός, sain, sauf; Σάω, sauver; Σώω. Toute cette importante famille paraît devoir sa formation à une abréviation du verbe ὄρω, aor. ὦρσα, dont on aura fait ὀρσάω, ὀρσώω, ὀρσόος; m. à m., *lever*, *élever*, *relever*, *soulever*, comme le latin *salus*, *salvus*, de *salio*, comme ὄρω, sauter, s'élever, élever. Un homme *sain* est un homme qui *relève* d'une maladie, d'une *faiblesse* (*infirmitas*), d'une *chute*, d'une *ruine* (*ruo*, tomber), d'une prostration, d'un accident, *casus* (de *cado*, tomber). Σωτήρ, sauveur, ὀρσωτήρ, est celui qui nous *relève*, nous fait *lever*, nous *tire*, *retire* en haut.

Σέος, Σάω, pourraient aussi très-bien venir de ζάω, vivre; ζόος, vivant; ζοάω, faire vivre. Être sauf, sauvé, sain, c'est être *vivant*, *vivace*, *en vie*, *vigoureux*, *vif*. De même que son antithèse la *maladie*, c'est la mollesse (μαλάσσω), faiblesse, langueur, exténuation, consomption, dépérissement, ruine, mort. La *santé*, c'est la vie. La *maladie*, c'est le chemin de la mort.

Σοραισμός et Σορδισμός. Ces expressions, employées par les grammairiens, sont probablement pour σκοραισμός, σκορδισμός, de σκώρ, ordure, saleté, impureté ; ce sont des *impuretés du langage*.

Ou, si l'on aime mieux, du verbe σκορδίζω, remplir d'ail, apprêter à l'ail, mettre de l'ail, c'est-à-dire, donner une saveur grossière et rustique, telle que celle de l'ail et de l'ognon.

Σορός, cercueil, bière, urne, tombeau. Est le même que σωρός, tas, monceau, amoncellement. Soit qu'on ait en vue un *tas* ou *amas* d'ossements, soit plutôt un *tas* ou *amoncellement* de terre. Un tertre (*terretre*, fait de terre), un *tumulus*, de *tumeo*, surgir, s'élever, se gonfler, comme l'étaient les tombeaux primitifs, c'est-à-dire, un simple amoncellement de terre qui servait à marquer l'endroit de la sépulture et qui devint, plus tard, le tombeau somptueux de pierre ou de marbre. L'étymologie de ce mot est donc ὄρω, précédé de la prépos. ἐς. C'est une *élévation*, un *exhaussement*, un *monticule* : ὄρος.

Σοῦβος, antilope, gazelle. Pour σόοβος, composé de σόω, σοῦω, σεύω, se hâter, se presser, courir, et βάω, aller, marcher.

Σοφία, Σοφός, sagesse, sage, savant. Ces mots remarquables ne sont autre chose qu'une légère modification de σκοπία, σκοπός ; m. à m., *observation, examen, méditation, attention, étude*, d'où résultent le *savoir*, la *science*, la *sagesse*. C'est donc le verbe σκέπτω, σκέπω, observer, considérer, peser, méditer, examiner, qui joue ici le principal rôle.

A moins, toutefois, que l'on ne préfère le remplacer par le composé ἐς ὄπτω, voir, observer, savoir, comprendre, comme son synonyme εἴδω, qui signifie *voir* et *savoir*. C'est qu'en effet, la *science* s'acquiert surtout par l'organe de la vue. Aucun autre organe ne nous fait connaître avec autant de vivacité et d'exactitude les choses que celui de la vue. Ce que nous *voyons* nous est *connu, su*. Avoir l'*idée* (c'est-à-dire, la *vision*, εἴδω) d'un objet, c'est le *savoir*, le *connaître*.

Ce mot pourrait encore être regardé comme un abrégé du composé μουσοφίλια ; m. à m., *amitié, amour des muses*, c'est-à-dire, de la *science*, du *savoir*, aux diverses branches desquelles présidaient les muses, d'où le nom de *musée* donné aux collections ou écoles scientifiques. La tradition de cette étymologie aurait fait plus tard restituer, au commencement du mot, la racine φίλος, qui avait été supprimée, et l'on revient à la forme φιλοσοφία, *amour de la science*, qui remplaça celle de *amour des muses.*

Nous aurions donc eu d'abord μουσοφιλία, puis l'abrégé σοφιλία, et, enfin, σοφία.

Σπάδων, eunuque. Vient de σπάω, tirer, arracher. C'était de cette manière qu'on pratiquait leur mutilation.

Σπαθάω, être prodigue. C'est-à-dire, être *large, ample,* abondant; en latin, *largus, largior,* être *large;* en espag., *largueza, libéralité,* libéral. Ou σπαχθάω, être gras, gros, épais, *pinguis,* abondant, embonpoint, de πάγω, πηγνύω, épaissir, engraisser, de σπάω, allonger.

Σπάθη, spatule, palette, lame d'épée. C'est toute lame *tirée, étirée* pour être élargie, applatie, ou avec laquelle on *étire, étend, applatit,* de σπάω, étirer. Ou bien, σπάχθη, de ἐς πάγω, serrer, presser, comprimer. On s'en servait pour *serrer* les tissus, les toiles, le tissage.

Σπαίρω, palpiter, s'agiter, se débattre. Ce verbe tient évidemment à σπάω; c'est, proprement, se *tirer*, s'*étirer,* se *tirailler* en tous sens, comme cela a lieu au milieu des *convulsions* et *contorsions* de l'agonie.

Σπανός, rare. Peut être pour σπναός, de ἐς et πνέω, souffler; proprement, *soufflé, insufflé,* réduit à un *souffle,* au vent, à l'air, *raréfié* comme l'*air*. Le latin *rarus* a pu venir lui-même de *aerarus*, c'est-à-dire, *aérien*, impalpable et subtil comme l'*air*. Ou bien, ce peut être le même que σπαρνός, de σπείρω; m. à m., *éparpillé, clairsemé, disséminé.* Ce mot pourrait encore venir de ψάω, ψανός, par métathèse, σπανός; m. à m., qui se *dissout,* se *fond,* s'*évapore,* se réduit en poudre impalpable. Ou bien, qui *effleure, rase,* touche légèrement, comme tout ce qui est *rare* et *raréfié.*

Σπάλαξ, taupe. Pour ψάλαξ, de ψάω, ψάλλω; elle *effleure, rase,* et, mieux encore, *désagrège, pulvérise* la terre, le sol, les champs.

Ou bien, pour σκάλαξ, de σκάλλω, fouir, creuser : π pour κ.

Ou, enfin, de ἐς ou ἐξ et παλάσσω, agiter, ébranler, remuer (la terre, le sol).

Σπαράσσω, déchirer en morceaux, mettre en pièces. Se rapporte à σπάω. C'est déchirer en *tirant, tiraillant* les chairs de sa victime palpitante. Ou de σπείρω, en *disséminant* les morceaux.

Σπάργανον, langes, maillot, drapeau. Ce mot vient probablement du verbe σπείρω, ou, mieux, de σπαίρω, parf. ἐσπάρκα, ἐσπάργα. C'est, proprement, tout linge, drap ou étoffe qui se *répand, étend, disperse*, ou bien, qui se *meut, s'agite, palpite* et *vibre*, flotte au gré du vent comme les langes amples, flottants, traînants, qui forment le premier habillement de l'enfant, et comme les drapeaux, enseignes et bannières.

Σπαργάω, être gonflé, enflé, replet. Ce verbe, qui s'applique surtout aux mamelles, paraît formé du parf. ἐσπάρκα, ἐσπάργα, de σπείρω, et signifie, proprement, se *répandre*, se *disséminer* ; en espag., *despar ramarse*, ce qui arrive surtout aux mamelles par surabondance de lait, aux plantes par surabondance de séve. Cette étymologie explique trèsbien pourquoi σπαργάω se dit aussi de la plénitude vénérienne (σπέρμα, σπείρω), c'est-à-dire, du flux séminal.

Σπάρος, spare. De σπείρω, semer, parsemer. Ce poisson a le palais parsemé de dents en formes de pavés. C'est, m. à m., le *parsemé*.

Σπάρτον, spart. Le nom de cette plante peut venir de σπάω, tirer, traîner, car elle servait à fabriquer des cordes, câbles (*rudens*, ῥύω), qui servent à tirer, retirer, traîner, surtout dans la marine. Ou bien, de σπεῖρα, lien, corde, attache, σπειράω, tourner, contourner, tordre, entortiller, car les cordes et câbles se font précisément de cette manière, comme le fil, *filum* (de εἰλέω, tordre). Les cordes et câbles sont des *spirales*. Le spart, croissant spontanément dans beaucoup de pays, nous suggère l'idée que σπάρτον pourrait bien être ἀσπάρτον, c'est-à-dire, le *non semé*, le *non ensemencé*, contrairement au *chanvre* et au *lin*, plantes textiles qui sont l'objet d'une culture soignée et régulière.

Σπατίλη, excrément, liquide. Pour ψατίλη, ποατίλη, du verbe ψάω, fondre, se fondre.

Ou, mieux peut-être, pour σπαρτίλη, dérivé de σπαρτός, du verbe σπείρω, semer, disséminer, éparpiller ; m. à m., *propre*, ou en état d'être *parsemé*, répandu sur la terre pour la fumer.

Σπάω, tirer, retirer, arracher. Ce verbe n'est probablement qu'un dérivé de ἕσπω, suivre, accompagner, aller après. Ἑσπάω serait donc, proprement, *faire suivre, se faire suivre*. La main qui *tire, retire, arrache, fait venir après elle*, se faire suivre par l'objet *tiré, traîné, arraché*. De là les expressions « traîner *après* lui, tirer *après* soi », parce qu'en effet, l'objet *traîné, tiré, retiré, entraîné, suit, va après, accompagne* nécessairement l'objet ou la personne qui le traîne. Le latin *traho* peut venir lui-même du composé *posterago*, en abrégé, *trago*; m. à m., je *conduis derrière*. Le français *tirer*, du latin *postire*, aller après, suivre, *faire aller après*.

Ou bien, pour ψάω, ἀψάω, de l'aor. ἧψα, de ἅπτω, suspendre, lier, s'attacher ; on tire, on traîne au moyen d'une corde, en suspendant.

Σπείρα, contour, cercle, entortillement, spirale. Composé de ἐς et περίω, περίεω; m. à m., *aller autour, entourer, environner*.

Σπείρω, semer, ensemencer. Nous avons été longtemps sans pouvoir nous rendre compte de l'étymologie de ce verbe, un des plus remarquables de la langue grecque, mais, en réfléchissant que l'objet de la semence et le résultat de l'ensemencement sont de faire *pourrir* le grain dans la terre, et que c'est précisément de cette *décomposition* indispensable que résultent tous les phénomènes de la végétation, nous devons conclure que le verbe en question n'est autre chose que σηπείρω; m. à m., *faire pourrir ;* de σήπω, pourrir. Nous ferons aussi remarquer, à cette occasion, que les cadavres, analogues en cela avec la *semence*, sont enterrés pour les *faire pourrir*, et que le latin *sepelio* ne serait, par conséquent, non plus, qu'un dérivé de σήπω, pourrir, faire pourrir. *Semen*, en latin, n'est probablement qu'un dérivé de σέσεμαι, σεσήμμαι, parf. passif de σήπω, et signifie, m. à m., le *pourri;* σησήμενος, σήμενος, σήμεν, car c'est là le rôle et le destin de toute semence.

Si toutes ces observations ne satisfaisaient point, il faudrait voir dans σπείρω une simple variante de σπείζω, σπίζω, épandre, répandre, éparpiller, ce qui paraît plus simple et plus naturel.

Σπέλεθος, excrément, ordure, fumier. Peut devoir son origine à πάλλω, secouer, lancer, rejeter, expeller. Les excréments ne subissent que ce traitement ou celui d'être *lancés, jetés, disséminés* sur la terre pour la fumer, ἐς ou ἐξ πέπηλα, πέλεθεος.

Ce sont encore des matières infectes, pourries, corrompues et, sous ce point de vue, ce mot appartiendrait à σήπω, σηπέλεθος, corrompu, infect, pourri.

Ou, enfin, la *plénitude, le surplus, le trop plein* du corps, du ventre, de l'estomac, πλέθος, πλέθεος, πέλεθος; de πλέω, remplir, être plein.

Σπένδω, faire des libations, verser, répandre, offrir des libations. Ce verbe fameux nous offre, quant à son étymologie, assez de difficultés. J'ai longtemps pensé qu'il était un de ces mots auxquels il est impossible d'en assigner aucune, et qu'il fallait, par conséquent, le regarder comme véritable racine primordiale. En observant, néanmoins, la forme de presque tous ses temps, qui deviennent σπείσω, ἔσπεισα, ἔσπεισμαι, ἔσπεισθην, σπειστέος, etc., etc., nous pourrions très-bien n'y voir que le verbe σπίζω, verbe inusité, mais dont les dérivés σπιδής et σπιθμή nous font connaître sa signification. Σπένδω aurait donc été d'abord σπείζω, étendre, *épandre, disperser, répandre*, émettre, comme son synonyme λείϐω, qui n'est autre que λείπω, laisser, lâcher, émettre, épandre, laisser en *liberté* le liquide. Faire des *libations* (λείϐω) n'est précisément autre chose que *répandre* un liquide, le *lâcher*, le *laisser libre* : λείϐω, λείπω. Un liquide est *tenu, contenu, retenu, renfermé* dans un vase ou capacité quelconque; ou bien, *lâché, délivré*, mis *en liberté, étendu, dispersé, épandu*, mis *au large*. Ce sont des idées corrélatives : *compression* est corrélatif d'*extension, dispersion*, quoique son antithèse.

Σπέος, caverne, antre, creux. Ce mot paraît être une syncope de σκαπέος, de σκάπτω, creuser. La *caverne* n'est qu'un trou *excavé*, creusé, *cavus* : σκαπέος, une *excavation*.

Ce peut encore être une syncope de σκοπέος, de σκοπέω, observer, regarder, épier, ou une simple transposition de πσέος, ὀψέος, vue, vedette, *specula*, en latin. Elles servent de lieu d'*observation*, surtout sur les bords de la mer, pour les bêtes féroces qui y *épient* leur proie, et on y voit loger les voleurs, espions, embuscades, gardes, vedettes.

Ou, encore, syncope de σηπέος, de σήπω, pourrir ; m. à m., *pourrissoir;* c'est, en espagnol, *podridero,* lieu où l'on enterre et laisse pourrir les cadavres, les caves, caveaux, cryptes des églises et cimetières.

Ou bien, de σκήπτω, couvrir, protéger, cacher. Les cavernes servent de *refuge*, d'*abri*, de *cachette*. Elles ont été les premières habitations des hommes, comme elles le sont encore des animaux sauvages.

Σπέρχω, hâter, presser, se hâter, pousser. Ce verbe peut être un composé de ἔρχω, aller, et ἐπί, sur, ἐπέρχω; m. à m., *aller sur, se porter sur, venir sur,* ou *survenir* tout à coup, sans qu'on s'y attende, et, par conséquent, rapidement, promptement ; en latin, *expromptu, impromptu.* On a, de plus, ajouté ἐς, ce qui a fait ἐσεπέρχω, arriver sur, venir sur.

A moins que ce ne soit aussi le composé ὑπέρ ἔχω, être sur ; insisto en latin ; *insister* en français, synonyme de presser, pousser. Ou, περί ἔχω, être autour, auprès, c'est *presser* ; premo, en latin, venant de περί εἰμί, ou ὑπέρ εἰμί, ou παρά εἰμί, être auprès, sur, autour de.

Σπεύδω, se hâter, se presser, s'appliquer, soigner. Ce verbe est peut-être le composé ἐσποδεύω ou ἐσπεζεύω ; m. à m., *aller à pied*, marcher, agir des *pieds*, agiter les pieds, mouvoir les pieds. Remarquez qu'en français même, *marcher* est, dans beaucoup de cas, synonyme de *se hâter, se presser*.

Ou bien, de ἕσπω et ὁδός ; m. à m., *suivre son chemin*, ne pas s'arrêter, se hâter. *S'appliquer*, c'est être *porté vers*, se *porter sur*, se diriger, aller, marcher à ou vers quelque chose sans se distraire.

Σπίζω, ouvrir, étendre, épandre ; gazouiller, piauler. Ces deux dernières acceptions ne sont qu'une suite de l'onomatopée. Quant aux premières, elles se rapportent probablement à σπαΐζω, variante du verbe σπάω, *tirer, étirer, étendre, tendre, allonger,* opérations qui sont une seule et même chose. Long, ample, large, sont synonymes d'*étendu, étiré, allongé*.

Σπιθαμή, palme, empan. De σπίζω, étendre, allonger. C'est la main *étendue*.

Σπῖλος, tache ; rocher, caverne, argile. Les significations de rocher et de caverne peuvent se rapporter à σπήλυγξ, σπῆλος, σπήλαιος, cavernes. Les cavernes sont des *rochers* creux, d'où l'identité de dénomination. Ou bien, à σκόπελος, roc, rocher, dont il serait l'abrégé. A l'égard de l'acception de tache et d'argile, on peut se rapporter à πηλός, boue. L'argile est une *boue* ; la boue cause les *taches* ; *couvrir de boue*, c'est tacher, salir. L'argile (πηλός) est une terre *salissante, tachante*, soit qu'elle se compose d'alumine ou de calcaires. C'est une des qualités qui la distinguent des sables, grès, quartz, qui ne salissent point.

Σπινθήρ, étincelle. Tient évidemment au verbe σπίζω, s'étendre, s'épandre, s'éparpiller, l'étincelle n'étant qu'un *éparpillement*.

Ou bien, à ψίω, réduire en *miettes, parcelles* : ψινθήρ.

Σπίνος, espèce d'alun. Pour ἐσπίνος, de la prépos. ἐς et de πίνος, crasse, ordure ; c'est l'alun *impurifié*, l'alun brut.

A moins que ce ne soit, m. à m., *pour la crasse*, propre à enlever l'ordure, la crasse à *détacher*.

Σπλάγχνον, entrailles, ou plutôt, cœur. Ce mot n'est autre qu'un dérivé de πλήσσω, battre, précédé de la préposition ἐς ; m. à m., le *battant, frappant, heurtant*. Nous avons déjà vu que son synonyme καρδία venait de κραδάω, battre, secouer, heurter. C'est, en effet, le trait caractéristique de l'organe le plus important de la vie.

Ce mot paraît répondre au latin *præcordia*, qui signifie le cœur et tout son *entourage* (*præ*), c'est-à-dire, les poumons, qui ont aussi leurs *battements* et leurs *secousses*. Σπλάγχνα est donc proprement la réunion des viscères thoraciques, c'est-à-dire, de ceux *qui battent*.

Σπληδός, cendre. Ce mot peut être une corruption de ἀσβοληδός, de ἀσβόλη, suie, devenu σβληδός ; m. à m., *semblable, analogue* à la *suie*. Ou bien encore, de πρηδών, brûlure, combustion : πρηδός, πληδός, précédé de ἐς ; de πρήθω, brûler, comme *cinis*, de καίω.

Σπλήν, la rate. Nous pouvons soupçonner que ce mot est σπνήν, de ἐς et πνέω, souffler. La douleur de rate provient de l'*essoufflement*, elle fait respirer avec effort et comme *souffler*. Ou bien, parce qu'elle se gonfle, *s'insuffle*, et cause par là le *mal de rate*.

Σπόγγος, éponge. Vient de πηγνύω, ficher, piquer, cribler. L'éponge est, en effet, une masse élastique toute *percée, criblée* de trous.

Σποδός, cendre. Paraît être pour ψοδός, de ἅπτω, brûler, et appartient à la même famille que ἀσβόλη, pour ἀψόλη, suie, autre produit de la *brûlure, de la combustion*. Le latin *cinis* vient de κνίσσα ou καίω, brûler, brûlure.

A moins qu'on ne préfère y voir σπόρος, de σπείρω, disperser, disséminer : δ mis pour ρ. Les cendres se jetaient au vent, et se dispersaient pour féconder les champs.

Ou bien, enfin, est-ce σπόνδος, parce que les cendres de la victime étaient mêlées aux *libations* et en faisaient la partie essentielle.

Σπολεύς, sorte de pain. Peut-être pour σποδεύς, de σποδός, cendre ; m. à m., de cendre, *cuit sous la cendre*.

Σπολία, laine des pieds du mouton. Probablement pour σποδία, de ἐς et ποδός, pied.

Σπόνδυλος, vertèbre. De σπένδω. C'est, proprement, la partie creuse de la face de la vertèbre qui ressemble à une coupe, à un spondyle, au vase qui *répandait* les libations, à une espèce de cassolette.

Σπυρίς, corbeille, panier. De ἐς et de πυρός, grain, blé, froment ; des corbeilles pour porter les grains, les blés, les semences (σπείρω). Le français *panier* vient de pain, *corbeille à pain*, comme les Grecs disent ici *corbeille à blé*.

Στάδιον, stade, carrière, course, mesure de longueur. Vient de l'adjectif σταδιος, stationnaire, arrêté ; c'est le *point d'arrêt* de la course ou de la route.

Στάζω, verser goutte à goutte, écouler doucement. Ce verbe peut être une syncope de σταλάζω, couler, égoutter, filtrer.

Ou bien, venir de τήκω, fondre, couler, écouler, précédé de ἐς.

Ou, enfin, n'être autre que στάω, ἵστημι ; m. à m., *reposer, faire reposer*, comme font les chimistes lorsqu'ils veulent *décanter* un liquide. Ce serait, proprement, *faire reposer* un liquide pour le faire ensuite *couler goutte à goutte* dans un autre vase.

Σταθεύω, mettre au feu, chauffer. Ce verbe peut être rapporté à ἵστημι, d'une de ses formes στάθην ou σταθείς ; m. à m., *placer, poser*. Ou bien, à ἑστία, ἕστα, feu, foyer, d'où ἑσταθεύω ; m. à m., *mettre au foyer*.

Σταῖς, pâte de farine de froment. Pour σιταῖς, de σῖτος, froment, ou de στάω, à cause de sa solidité ; biscuit.

Ou, enfin, de la prépos. ἐς et de τάω, étendre ; c'est de la pâte *tendue, étendue,* passée au rouleau, comme celle des pâtisseries, pour lesquelles cette opération est indispensable.

Observez, d'ailleurs, que la pâte s'étend en plaques, tourtes, galettes, qui sont toutes des surfaces planes et étendues.

Στάμνος, cruche, outre, urne. Pour στάμενος, de στάω, ἵστημι. C'étaient des vases de grandes dimensions à *demeure fixe,* immobiles à leurs places, et, quelquefois même, collés ou enchâssés dans les murs ou sur le sol des caves et des celliers, et dans lesquels on conservait le vin, l'huile, et même l'eau, comme cela a lieu encore aujourd'hui dans tous les pays où l'on n'a pas de tonneaux, de barriques et autres vases de bois. C'est le vase qu'on connait, en Espagne, sous le nom de *tinaja*, espèce d'outre de terre cuite d'un grand volume, qui est, dans ce pays, d'un usage général, vases à demeure fixe, et souvent même insérés, enchâssés dans les murs des caves ou sur leur sol, servant comme d'espèces de citernes où l'on va puiser les liquides avec des vases portatifs. Il y a de ces énormes vases qui peuvent contenir plus de 10 ou 12 barriques.

Στατήρ, poids, monnaie. Ce mot vient probablement de στάω, ἵστημι, et signifie proprement *fixe, stable, arrêté,* ou, mieux peut-être, qui *fixe, statue, établit, arrête;* c'est l'analogue du latin *solidus,* poids, monnaie, et solide, stable. C'est le poids ou monnaie invariable, fixé par la loi, ou qui fixe et détermine les autres : la monnaie type.

Σταυρός, poteau, pieu, gibet. Ce mot vient du primitif στάω, ἵστημι, être debout, dressé, droit. On *dresse,* on *élève* un gibet, un poteau, et son principal rôle est d'être *dressé, érigé, droit, planté.*

Σταφίς, Σταφυλή, raisin sec ou vert. Ce mot vient probablement du verbe στείβω, serrer, fouler, presser. On les presse, en effet, on les foule, on les serre pour les conserver. En espag., *pasas*, du grec πήγω, serrer, presser. Στηρίς du parf. ἐστείφα, devenu στήρα. Les raisins, soit verts, soit secs, sont toujours destinés à être pressés, soit pour en extraire le vin, soit pour être conservés.

Ou, si l'on aime mieux, du verbe στέμφω, qui signifie également resserrer, presser, comprimer, et qui tient à στείβω.

Les fruits secs, en général, et particulièrement les raisins et les figues, se présentent dans le commerce sous la forme de masses pressées, comprimées, compactes.

Στάχυς, épi. Ce mot peut venir du verbe στάω, être debout, droit, planté. C'est, proprement, une *plante*, un *plant* de blé.

Le latin *spica* vient de πηγνύω, planter, ficher, précédé de la préposition ἐς.

Στάχυς peut encore être un dérivé de τάσσω, ranger, aligner, arranger, précédé de la préposition ἐς. Ταχύς, ou, si l'on veut, τέταχυς, du parf. τέταχα, signifierait proprement un *rang*, une *rangée*, une *ligne* d'épis, telles qu'on les voit dans les champs ensemencés de cette manière, ou par sillons. On peut, enfin, voir, dans ce mot, une corruption ou variante de στίχας, qui signifie aussi rang, ligne, rangée.

Στέαρ, suif. Ce mot est une légère altération de στέρεα; m. à m., la *solide,* la *ferme*, pour la distinguer des autres substances grasses analogues qui sont plus ou moins liquides. C'est la *stéarine* la plus solide des graisses. Le latin *sebum* vient confirmer cette étymologie, car il dérive du grec στείβω, qui signifie aussi rendre solide, compacte, condenser, presser.

Στέγη, toit, couverture. N'est autre que τέγος, toit, dérivant du verbe τέγω, couvrir, précédé de la préposition ἐς.

Στεγνός, serré, épais. Syncope de στέγμενος, participe de στέγω, serrer, resserrer, enfermer, contenir, retenir.

Στείβω, fouler, battre des pieds, comprimer, bourrer. Ce verbe n'est autre chose qu'une variété de τύπω, frapper, devenu τίπω, τίβω, τείβω, précédé de la préposition ἐς. C'est, proprement, *battre, frapper sur* : ἐς τίβω, ἐς τύπω. De là le dérivé στίβος, chemin *battu*, expression française qui conserve parfaitement le sens du grec.

Στεῖρα, carène, quille de vaisseau. De στέρεος, solide, fixe. C'est précisément par la *quille* que le vaisseau acquiert de la *fixité*, de la *stabilité ;* c'est sur elle qu'il *pose, repose* et *se fixe*, soit sur les flots, soit même sur terre. Le mot *quille* lui-même doit son origine au latin *queo*, poser, reposer. La carène et la quille sont les *reposoirs* du navire.

Στεῖρα, stérile. Pour στερεία, de στέρεω, priver. Ou, si l'on préfère, de ἐς τείρω, affliger, tourmenter, frapper. Ou bien, abrégé de αὐστείρα; m. à m., *desséchée, séchée, consumée.* La *sécheresse* est l'opposé de la *fécondité* (*facio undam*), de l'*abondance* (*ab unda*). C'est toujours l'*onde*, l'*eau*, symbole de la multiplication ; la *sécheresse* doit donc être son antithèse.

Στείχω, marcher en ordre, en rang. Ce verbe est une variété ou dérivation de στίζω, piquer, rayer, aligner, d'où στίγμα, ligne, raie, στιγμή, point mathématique. C'est proprement marcher en *ligne*, en *raie*, en *rainure*, en ordre, en rang, en rangées, être ou marcher en alignements.

Στελγίς, strigile, brosse. Métathèse de στελίγς, στελίγξ, vient de στελίζω, verbe dérivé de στέλλω, équiper, arranger, préparer, approprier, rendre propre. Ou ἐς τέγγω, mouiller, laver, arroser. Ou bien, le même que θέλγις, de θέλγω, toucher, flatter, caresser, adoucir en frottant, frotter avec douceur, chatouiller. Ou, enfin, στρέγγω, στράγγω, égoutter, serrer, frotter, tordre, exprimer, essuyer. Voy. στλεγγίς.

Στελεόν, manche. De στέλλω, équiper. Le manche est l'*équipement* de l'outil.

Στέλεχος, tronc, tige, souche, bûche. Ce mot peut venir de στέλλω, envoyer, pousser, émettre, lancer, jeter. C'est, proprement, une *pousse*, un *rejeton*, un *jet*.

Ou bien, pour στελεόχος, d'un verbe inusité στελεόσσω, qui, comme στελείόω, a signifié *emmancher*, garnir d'un *manche*, servir de *manche*, de στελεόν, manche. Ou bien, στελεόν ἔχω, qui est ou contient un *manche*, propre à être ou devenir *manche*.

Ou pour στήκελος, du verbe στήκω, de ἵστημι, se tenir droit, raide, dressé.

Ou, enfin, une métathèse de σκέλετος, de σκέλλω, tronc *sec, desséché*, et, par conséquent, propre au feu.

Στελίς, espèce de gui. De στέλλω, arrêter, retenir. Ce sont là les propriétés de cette plante, au moyen de la glu qu'elle contient.

Στέλλω, équiper, préparer, disposer; envoyer, émettre; arrêter, retenir. Ce verbe important de la langue grecque, que nous avons longtemps regardé comme une racine primordiale, nous semble, après mûre réflexion, n'être autre chose qu'une variété ou dérivation du primitif στέω, ἵστω, ἵστημι, qui possède également les trois diverses acceptions de στέλλω, à savoir : poser, disposer, composer, équiper, dresser, installer, d'où dérivent celles de mettre, émettre, poser, placer (un habit), habiller, vêtir (στολή, une mise), envoyer, constituer, instituer, installer (*sto, sisto*). Un envoyé, un embassadeur est une autorité *constituée, établie* telle, *instituée* telle, *installée* telle, *commissionnée* (*missus*), traduit, m. à m., en français, *mis, posé, placé, préposé*. *Mittere, commitere*, sont les *mettre, commettre* français, synonymes de *poser, placer* (ἱστέω). Un embassadeur est un *commis*, un *émissaire* chargé d'une *mission* (toujours le latin *mittere* qui a formé le français *mettre*, poser, placer), parce qu'en effet, *poser, placer* un objet, c'est le *laisser*, le *lâcher*, l'*émettre*; l'*envoyer*, s'en *démettre*.

La troisième acception, enfin, de *arrêter, retenir*, qui est aussi celle de στέω, ἵστημι, et qui est analogue à celle de *poser, faire poser, reposer*; le *repos*, c'est la *station*, l'*installation* (*in stallo*).

La terminaison en λλω n'est qu'une légère altération des verbes en ω pur, comme on le voit dans ψάλλω, de ψάω; βδέλλω, de βδέω, et beaucoup d'autres.

On pourrait encore assigner à ce verbe, pour étymologie, ἐς et τέλλω, lever, élever, produire, faire sortir, surgir. Car on *lève* des troupes, des armées, des flottes; on fait des *levées* d'hommes, de matelots; on *lève* des impôts; on *dresse* les armées et les flottes; on *élève* au rang d'ambassadeur, député, magistrat; on *lève* ou *prend* un habit, de même qu'on le *laisse*; en espag., *tomar un habito*.

Στέμβω, presser, fouler, maltraiter, insulter, blesser. Vient de στείβω, presser, fouler, serrer. Ou de ἐς τέμνω, couper, tailler, piquer. Dire des choses *piquantes, incisives, blessantes, mordantes*. Ou, peut-être même, de στέφω, ceindre, environner, serrer, presser, resserrer.

Στενός, étroit, resserré. Composé de ἐς et τείνω; m. à m., *tendu, tiré, étiré*. Pour serrer, resserrer, étreindre, on *tend*, on *tire*, on *étire* le lien, la corde qui *serre*, de même qu'on *lâche, relâche* ce qu'on veut *laisser*, mettre *au large*, abandonner.

Στένω, gémir, crier, exclamer. Composé de ἐς et τείνω; m. à m., *tendre, étendre* la voix, l'*étirer*, l'allonger, la prolonger, lui donner de l'*étendue*, de l'*intensité*, de l'*extension*.

Στέργω, aimer, chérir. Peut être une corruption de οἰστρέγω, οἴστρω ἄγω, du verbe οἰστρέω, être piqué, poussé par l'aiguillon, percé des flèches de l'amour, sentir l'*aiguillon* de l'amour, être *passionné, emporté, furieux, fou* d'amour. Ou de οἴστω et εἴργω; m. à m., *presser, serrer* par l'aiguillon. Ou bien, de ἐς τείρω, parf. 2 ἐς τόργα ou ἐς τέρω; proprement, être *attendri, amolli, percé, frappé* d'amour, éprouver de la *tendresse*, être *tendre* (τέρεις, de τείρω) envers quelqu'un. Amour et tendresse sont synonymes. Peut-être aussi, de στράγγω, serrer, presser, embrasser. Ou στρεύγω, mêmes significations.

Στερεός, solide, immobile. Est un dérivé de στάω, ἵστημι, arrêter, poser, établir, fixer, être en *station, stable*.

Στερέω, priver de, frustrer. Ce verbe est le même que ὑστερέω, qui a une acception semblable. Ce serait *rester en arrière, manquer, faire rester en arrière, faire manquer, faire faillir*.

Ou bien, de στερεός, proprement, *arrêter*, faire *cesser*, finir.

Στέρνον, partie basse de la poitrine. Est un composé de ἐς et de τέρεν, τερένον, tendre, mou, flasque. C'est la partie voisine de l'estomac, le creux de l'estomac, la région située entre les fausses côtes, la région *molle, tendre, flasque*, les *flancs*.

Στέρφος, cuir, peau, écorce. Métathèse de στρέφος, de στρέφω, entourer, ceindre, envelopper. C'est une *enveloppe*, un *contour*.

Στέφω, ceindre, couronner. N'est autre que στείθω, presser, serrer, enserrer, ceindre, comme fait la couronne qui ceint la tête.

Στῆθος, la partie haute de la poitrine. De στάω, ἵστημι, c'est-à-dire, la partie *solide, ferme, consistante*, par opposition à la partie *tendre*, στερένον, sternum. Voy. ce mot.

Ou bien encore, la partie *osseuse*, ὀστῆθος, ὀστέον, os. La région de la poitrine renforcée par les os des côtes et l'os médian.

Στήλη, colonne, stèle, pilier. Dérive naturellement de στάω, ἵστημι, être droit, debout, dressé. La première colonne fut une pierre dressée, érigée, élevée. Les Celtes n'en avaient pas d'autres, de là, le nom local si commun dans les pays qu'ils habitèrent, de *pierre fixe*, en espagnol, *piedrahita*.

Στήμων, chaîne de tisserand, fil de la chaîne. De ἵστημι. C'est la partie *arrêtée, fixe, en place*, car la trame est toujours en mouvement de va-et-vient.

Στήνια, Sténies, fêtes en l'honneur du retour de Cérès. De ἵστημι, arrêter ; ce fut l'arrêt et le repos de la déesse après ses longues courses, pour la recherche de sa fille.

Στία, petite pierre, petit caillou. Ce mot est vraisemblablement un abrégé de λαῖστια, de λάας, pierre ; ou bien, de λείστια, de λεῖος, lisse, poli, uni comme les cailloux roulés par les eaux : λίθος a la même origine. Ou, enfin, de ἵστημι, στάω, être *ferme, dure, solide, consistante*, caractère propre aux cailloux.

Στίβη, gelée blanche ou autre. Vient de στείβω, presser, serrer. Toute congélation est le résultat d'une *compression*, d'un *resserrement* causé par le froid, de même que la chaleur (*calor*, de χαλάω, est la cause du *relâchement*, opposé à la congélation.

Στίβι, antimoine. De στείβω, presser, serrer. Minéral *stiptique*, astringeant par sa saveur et ses effets.

Στίζω, piquer, rayer. Ce mot, s'il n'est pas onomatopée (*tic, tig* est le son de la pointe sur un corps dur), est probablement un abrégé de οἰστίζω, de οἰστάς, pointe, piquant, trait, aiguillon.

Ou bien, dérive de στῶ, être fixé, fiché, implanté. Ce serait, m. à m., *fixer, ficher, implanter*. Nous avons, en français, quelque chose d'analogue dans les mots *piquer* et *piquet*. Pour faire tenir debout (*stare*), il faut, en effet, piquer, percer, trouer la terre ou le corps qui sert de base. Στίζω serait donc la forme fréquentative ou causative de στῶ.

Στίλϐω, briller, resplendir. Ce verbe est peut-être un composé de στέλλω, envoyer, émettre, et φῶς, lumière : στείλφω.

Ou bien, simplement, ἐς λείϐω, m. à m., *répandre, verser.* Aucun fluide n'est plus *expansif* que la lumière qui se *répand, verse* ses torrents, *inonde.* Le latin *splendor,* de *plenus, splendere;* ἐς πλεόν δω, je donne en plein ; m. à m., *remplir, inonder. Lumen* lui-même est peut-être *flumen,* de *fluo, lux, flux;* m. à m., *flux,* écoulement, versement, expansion.

Στλεγγίς, étrille. Voy. στελγίς ou στράγγω, égoutter, serrer, pressurer, exprimer, *premo.* L'étrille frotte, égoutte.

Στοά, portique. Ce mot, qu'a rendu célèbre un fameux édifice d'Athènes et la secte philosophique qui y prit naissance, est probablement une syncope de σιτοά, de σῖτος, blé, soit qu'ils fussent destinés primitivement à servir de magasins, de greniers, soit qu'ils fussent bâtis sur leur emplacement, étymologie d'autant plus vraisemblable que ce mot a souvent la signification de cellier ou grenier.

Στοῖχος, rangée, ligne, enceinte. Composé de ἐς et τοῖχος, mur, muraille. C'est la ligne, la rangée d'hommes, d'arbres, de pierres ou autres objets disposés verticalement, et formant ainsi comme une muraille. Ou, mieux encore, pour στιχόος, de στίχος, rang, raie.

Στόμα, bouche. Ce mot n'est autre chose qu'un composé de ἐς et τόμα, de τέμνω ; m. à m., *coupure:* La bouche est, effectivement, une *coupure,* une *fente,* une *incision* faite au bas de la face.

Στόμαχος, estomac. Ce mot signifie proprement *qui a une bouche,* στόμα ἔχω. Les Espagnols disent : *la boca del estomago,* la bouche de l'estomac, ce qui prouve qu'ils le considéraient sous le même point de vue que les Grecs. La bouche dont il est question ici est le pylore (πύλη), espèce de porte qui se ferme et s'ouvre pour donner passage dans les intestins. Les uns l'ont appelé *porte,* et les autres *bouche.*

Στορέω, étendre, coucher, abattre. Ce verbe paraît se rapporter à στερεός. C'est, proprement, *asseoir, établir, appuyer* sur, *reposer, poser* sur ; le *lit* est une *pose,* une *pause,* un *reposoir* où l'on est *tranquille,* en *repos* : στερεός.

Στόρϑη, pointe de lance, pointe. Vient de τορέω, percer, pénétrer, précédé de ἐς ; comme *pointe,* de *pungo* : πηγνύω, piquer, percer.

Ce mot pourrait encore être un composé de στάω, se tenir, et de ὀρθός, droit, dressé, ce qui peut s'appliquer à la pointe supérieure et même à l'inférieure, ferrée aussi, et qui sert à la planter, la ficher à terre, la *faire tenir droit*.

Στοχάζομαι, viser, s'appliquer, tendre vers, rechercher. Paraît être pour ἐς et τυχάζω, de τύχω, rencontrer, trouver, atteindre, arriver à. C'est *chercher à atteindre* le but, la fin, à *rencontrer juste*.

Στράγγω, tordre, presser en tordant. Composé de τορεύω, tourner, et ἄγχω, serrer, presser, le tout précédé de la prépos. ἐς. Ou τορνο ἄγω, τορον ἄγω, agir, pousser en rond. A moins que l'on ne préfère le rapporter à στρεύγω, qui a les mêmes acceptions, et qui dérive lui-même de τρύω ou τρύχω.

Στράγξ, goutte. Particulièrement celle qui provient de la *torsion* d'un corps mouillé. De στράγγω, serrer en tordant.

Στρατός, armée. Ce mot tient à στερεός, solide, ferme. C'est la troupe qui combat de *pied-ferme*, et, jusqu'à un certain point, l'armée *permanente*, la troupe *exercée* (*exercitus*), pour les distinguer des troupes *légères*, ὄχλος; des troupes *mobiles*, irrégulières (ὀχλεύω, mouvoir), des guérillas, chasseurs, etc., etc.

Στρεύγω, presser, serrer, fouler, comprimer. Dérive de τρύω ou τρύχω, précédé de ἐς.

Στρέφω, tourner, circuler. De ἐς et τρέπω.

Στρηνής, aigre, aigu, fort, rude. Composé de ἐς et τρανός, clair, perçant. Une voix aigre, aiguë, est une voix *perçante*, une voix rude, forte.

Στρῆνος, joyeux ébat; force, vigueur, excès, débauche, mollesse. Acceptions qui rentrent toutes dans celles de τρανός, clair, perçant, éclatant, bruyant, comme le sont toujours la gaieté et l'orgie. Ou bien, *rude, aigre* comme la fierté, l'orgueil.

A moins que la mollesse ne se rapporte à στράω, στορέω, στρώννυμι, se coucher, s'étendre sur un lit, se reposer, s'abattre (s'ébattre).

Στρογγύλος, rond. Pour στραγγύλος, de στράγγω, arrondir.

Στρουθιομῆλον, coing. Ce mot paraît composé de στερεόθεος, consolidé, raffermi, et de μῆλον, fruit. C'est, en effet, un fruit dont la dureté et la compacité sont caractéristiques. Il est, en outre, *astringeant*, c'est-à-dire, *arrêtant* et *consolidant* les intestins.

Στρουθός, autruche, moineau, et, en général, passereau. Qu'y-a-t-il donc de commun entre les deux extrêmes de l'échelle ornithologique, quant à la taille? La *fixité*, la *stabilité* dans le pays où ils sont nés. Du verbe στερόω, στεροῦθεις; m. à m., le *fixé*, le *stable*, le *permanent*, par opposition aux autres oiseaux qui émigrent et disparaissent suivant les saisons, aux oiseaux de *passage*. Le français *moineau* vient peut-être de μόνος, seul, ou *qui reste;* μένω, rester. Le latin *passer* vient de πήξος, fixe, stable; πάγω, fixer, arrêter.

On peut encore observer que l'autruche est remarquable par sa *solidité*, sa force : στερεός. Ses jambes ressemblent à celles du chameau.

D'un autre côté, le moineau est le fléau des récoltes qu'il détruit et *stérilise :* στερέω, priver, stériliser.

Στρυφνός, dur, serré, épais, âpre, astringeant. Métathèse de στυφρνός; pour στιφρνός, de l'adjectif στιφρός, dru, serré, astringeant, dérivé de στείβω.

Ou bien encore, pour στυφερίνος, du verbe στύφω, qui a les mêmes significations.

Στύγος, haine, inimitié, répugnance. Ce mot est un dérivé du primitif τύχω, rencontrer, choquer, heurter, précédé de la prépos. ἐς. La haine est un *choc*, une *rencontre*, une *répugnance*, ce qui *heurte* et *choque* nos sentiments, notre caractère, nos sympathies, nos intérêts, et, par conséquent, nous est *odieux*. En espagnol aussi, *encontrados* est synonyme de *enemigos*, ennemis, *adversaires, opposés, contraires*, qui sont posés *contre, vis-à-vis*, à l'*encontre*.

Ou bien, pour στίγος, στίγεω, tirés du parf. 2 du verbe στίζω, στίγα, piquer, percer, blesser. Ce serait, proprement, être piqué, percé, blessé, irrité, excité, incité, piqué au vif contre quelqu'un.

Στύλος, colonne. Pour στόλος ou στήλος, comme στήλη. Toute cette famille dérive de στάω, ἵστημι, être debout, droit, élevé.

Στύπη, étoupe. Composé de ἐς et τύπτω, battre, frapper. L'étoupe est, en effet, le produit du *battage*, de la *percussion* du chanvre, lin, écorces et autres matières textiles.

Στύπος, billot, tronc, bûche. De ἐς et τύπτω, battre, frapper. Le billot est destiné à être battu, à soutenir les coups de la hache, du marteau ou la massue.

Στύραξ, sorte de gomme, d'arbre qui la donne ; bout de lance. Ce mot, qui paraît exotique (syrien, probablement), a été donné au bout des lances et des piques qu'on en fabriquait, à cause de la dureté du bois de cet arbre, remarquable par cette qualité propre à la famille des ébénacées, et qui remplaçait, dans l'origine, celle du fer. Aujourd'hui encore, les peuples d'une civilisation peu avancée fabriquent leurs armes avec des bois durs.

Στυφέω, resserrer, épaissir, comprimer. Composé de ἐς et de τύπω, battre, frapper. C'est en *battant* et *frappant* sur un objet, qu'on le comprime, l'épaissit, le resserre, le réduit à un plus petit volume, et, par conséquent, plus *compact*, plus *serré*. Tels sont le fer *battu*, le chemin *battu*, le cuir *battu*, etc., etc.

Στυφλός, sévère. De ἐς τύφω, ou, plus directement, ἐς τύπω. C'est, proprement, *serré, dur*, inflexible. *Dureté* et *sévérité* sont synonymes.

Στύω, dresser, être dressé. Pour στεύω, est une variante de στάω, ἵστημι.

Σύ, toi. On peut assigner à ce pronom, pour étymologie, le mot δύ, δύο, deux, de même que τρεῖς, trois, de ἕτερος, l'*autre*, et μέ, moi, μία, une (μίος, un), ἐμός, mien ; moi, toi, lui, μέ, σύ, ἕτερος, pour μία, δύο, τρεῖς, un, deux, trois : c'est la *première, seconde* et *troisième* personnes.

Ou bien, un sifflement, σσσ..., ψψ..., σιιιι..., συυυ..., une interjection pour appeler son semblable, comme, en hébreu, *atta*, toi, *aha, ahat*, ah, hé.

La première parole de l'homme, en présence de son semblable, a dû être un mot simple, un cri, une exclamation, un appel.

Ou, enfin, un abrégé du composé πρόσεω ou ἔσεω, de πρός εἶμι ou ἐς εἶμι, venir ou être en, vers, dans ; à la 2ᵈ personne, πρόσεί ou ἔσει ; m. à m., *qui survient, qui approche*, comme l'hébreu אתה, toi, tu, de אתה, venir, approcher.

Συκῆ, figue. Paraît venir de ψύχω, sécher, dessécher. Ce fruit est, en effet, séché, et, ainsi préparé, il a formé de tous temps, dans les pays méridionaux surtout, une partie importante de la nourriture des hommes. Le latin *ficus* tient à φίγγω, serrer, presser, comprimer, autre manière d'apprêter les figues sèches dont on forme des *masses serrées* et *pressées* pour les mieux conserver. Tout le monde connaît le *pain de figues*, si commun dans les pays du Midi et de l'Orient. Remarquez que *pain*, en latin, *panis*, pourrait bien être pour *pagnis*, de πάγω, πηγνύω, serrer, amasser, presser.

Σῦκον pourrait encore assez bien se rapporter à ζεύγω, joindre, réunir, amasser; par les raisons exposées plus haut, ζῦκον, de ζύγω, comme *ficus*, de φίγγω, serrer, presser.

L'accent circonflexe pourrait, néanmoins, faire regarder ces mots comme des syncopes du composé ἐς αὔω, sécher, dessécher, hâler, à cause de l'immense consommation des figues sèches qui a lieu dans les pays du Midi.

Ou bien encore, de l'adjectif σαυκός, mou, tendre, délicat. La figue est, en effet, un fruit remarquable par sa moellesse, et le bois du figuier l'est d'ailleurs aussi par sa tendresse et sa délicatesse, qualités qui le faisaient employer préférablement par les sculpteurs des premiers temps. Remarquez que le dorien σαυκός signifie aussi *sec, séché*.

Σύλη, dépouille. Pour σκύλη. Voy. σκύλλω (ξύω, ξύλω); écorcher, peler, racler, raser, arracher la peau : σκύτος, peau, cuir, dépouille.

Σύν et Ξύν, avec. Cette préposition paraît être une simple abréviation de ὁμόσυν, du verbe ὁμόω, unir, réunir, assembler. On trouve ὁμόσε, on peut bien supposer ὁμόσυν. Si on n'a en vue que ξύν, ce sera l'abrégé de ζευξύν, μιξύν, εἰξύν; de ζεύγω, μίγω, εἴκω, joindre, mêler, ressembler. Le latin *cum* n'est lui-même que l'abrégé de *junctum, juncum,* du verbe *jungo,* joindre, unir; m. à m., *joint à,* et, comme disent les Espagnols, *junto a*, joint à, près de, ensemble, avec (*ab œquo*), également. Ou, si l'on veut, de *qum*, abrégé de *œqum*; m. à m., également, semblablement : « Pierre comme Paul », pour « Pierre et Paul » ; « Pierre *également*, ou *à l'égal* de Paul ».

Σύρβη, trouble, tumulte. Voy. τύρβη.

Συρίσσω, siffler, jouer de la flûte. Ce verbe, s'il n'est pas une onomatopée véritable, un vrai *sifflement*, peut être composé de ἐς et αὐρίζω, de αὔρα, vent, souffle; m. à m., *souffler, faire du vent,* comme αὐλίς, flûte, de ἐς αὔω, souffler dans, en latin, *insufflare*.

Σύρω, traîner, entraîner, enlever, ôter, nettoyer. Ce verbe n'est qu'une métathèse de ἐς ῥύω, σρύω, puis σύρω, entraîner, traîner en.

Σύρτις, syrte, bancs de sable du nord de l'Afrique. De σύρω, traîner, σύρτος, train ; c'est du sable traîné par les courants.

Συρφετός, fumier, ordure, amas de saletés. Ce mot, qui n'a pas de physionomie bien dessinée, peut être un composé de ἐς et ῥύπος, ordure, crasse. Ou bien, formé de σύρϐη, trouble, confusion, mélange (de matières). Ou encore, de ἐς et φύρω, mêler, mélanger, confondre, ou de σύρω, traîner, συρεύω, συρυέτος, συρεύτος, d'ou, enfin, συρφέτος. Ou, pour terminer, enfin, σύν φέρω, συφέρω, et, par métathèse, συρφέω, *emporter ensemble, avec,* mêler, confondre; c'est la lie, le limon, l'ordure qui se ramasse, se réunit.

Σῦς, porc, cochon. N'est autre chose qu'un abrégé de δασύς, épais, dru. Tout le monde sait que cet animal est le type des *pachydermes,* c'est-à-dire, des mammifères à *peau dense, épaisse, serrée.*

Σῦφαρ, vieille peau, dépouille des serpents, insectes, et même du lait. Ce mot n'est autre qu'un composé de ἐς ou ἐξ, et de ὑφαίρω, ôter, enlever par dessous, en dessous, *soustraire.* La peau nouvelle est, en effet, chassée par celle qui pousse *en dessous,* qui la *soulève,* l'enlève en dessous.

Σφαδάζω, trépigner, s'agiter, se débattre, se fâcher. Ce verbe parait venir de σπάω, se tirailler, σπάδων, tiraillement, palpitation, agitation, spasme : σπαδάζω. Ou bien encore, de σπαράσσω, σπαίρω, qui ont des significations analogues à celles de σπάω.

Σφάζω, égorger, tuer. Ce verbe tient probablement à φάγω, manger, et à l'inusité φαγός ou φαγή, mangeoir, gorge, gosier, pharynx. C'est, proprement, couper la *voie du manger,* la gorge, *é-gorger,* enlever la gorge (faire passer le goût du pain).

A moins que ce ne soit la famille σίφων, σιφόω, σιφάω, *vider le syphon, le tube de la gorge.* Ou bien, de ξιφός, épée, glaive, *passer au glaive,* au *couteau,* au *fil de l'épée; en* espag., *pasar a cuchillo.*

Σφαῖρα, sphère, globe, ballon. Ce mot remarquable est un composé du pronom σφέ et de αἴρω, prendre. C'est, proprement, *se prendre.* La sphère, le globe est une contraction, un englobement; une chose qui *se prend, se résume (sumo),* se coagule, s'amasse, se serre, se ramasse, se presse. C'est la forme la plus simple, la plus restreinte, la plus petite, la plus ramassée que puisse prendre la matière; la forme que lui fait prendre, en effet, dans tous les corps célestes, la force universelle que l'on appelle *gravité, attraction,* la *force centripète.* Le mot *globe* lui-même vient, de λάβω, prendre, se prendre, s'amasser, contracter, résumer.

A moins qu'on ne préfère voir un composé de ἐς ou ἐξ et φάω, luire, briller; σφαερά serait alors, m. à m., l'*étincelante,* la *brillante,* à cause des étoiles qui y brillent et en font comme un manteau de diamants.

Σφάκελος, gangrène. De ἐσφάγω, qui mange, ronge, dévore.

Σφάκος, sauge, tumeur blanchâtre. Ce mot peut provenir de φάω, luire, briller, φάσκος; m. à m., la *blanche,* la *claire,* l'*éclatante,* car telle est la couleur de cette plante, remarquable par sa blancheur. Il y aurait une métathèse. Ou bien, composé de ἐς et φάω, ou bien, de σφάκη, tumeur, à cause de la tumeur que cause, sur la feuille de l'espèce *pomifère,* la piqûre d'un insecte. La tumeur de la grosseur d'une noix, et qui est même comestible, circonstance qui pourrait nous reporter à ἐς φάγω, manger (qui se mange).

Σφάλλω, faire tomber, ébranler, abattre, renverser, supplanter, tromper. Ce verbe paraît être le même que πάλλω, précédé de la prépos. ἐς; m. à m., secouer, agiter, ébranler, heurter. La chute commence toujours par l'*ébranlement,* la *secousse,* qui l'amènent. La *commotion,* l'*agitation,* font tomber (*labe-faciunt*). Ce qui est *ébranlé* et *secoué* est près de *tomber*. Ce qui est *battu* est *abattu* (remarquez l'analogie française), πάλλω, σφάλλω.

Au lieu de πάλλω, on pourrait mettre βάλλω, qui est le même verbe; prononcé et écrit un peu différemment, et qui signifie aussi jeter, lancer, battre, abattre, pousser, frapper.

De σφάλλω est venu le latin *fallor,* faillir, se tromper, c'est-à-dire, *tomber,* et, comme nous disons en français, être *déçu, déchu* (*decidit,* de cado, tomber). *Faute* et *chute* sont synonymes dans la morale religieuse. Une *faille,* en géologie, est une *chute, abaissement, abattement* du terrain. Une *faillite* est une *chute,* une *rupture,* un abattement d'une banque ou comptoir; *banqueroute* (*rupta*).

Σφάραγος, bruit du gosier; le gosier. Ce mot pourrait tenir à φάρυγξ, gosier, pour ἐς φάγαρος, de φάγω, manger, avaler. C'est le bruit que l'on fait en avalant, surtout un liquide, en passant par le gosier, le pharynx. Le gosier, c'est le *mangeur,* l'*avaleur :* φάγερος.

Σφεδανός, prompt, vif, agile. De σφέ; m. à m., qui va de *soi-même,* spontané, de bon gré.

Σφέλας, bloc de bois, escabeau, banc, banc de rameurs. Vient de σφάλλω, faire trébucher, tomber, renverser. C'est un instrument d'*achoppement*, de chute, contre lequel heurtent les pieds.

Ou bien, contraction de στυφελός, dur, compacte, ferme, solide, appartenant à la même famille que στύπος, vu un peu plus haut, et qui a presque les mêmes significations.

Σφέλμα, chaton ou fleur pendant de l'yeuse. De σφάλλω, tomber, choir; il *tombe* de l'arbre, ou est *tombant, penchant*.

Σφενδόνη, fronde; bandeau, ruban; voûte ou clef de voûte. Ce mot vient de σπένδω, laisser, lâcher, envoyer, émettre, répandre, laisser pendre, suspendre. Une pierre *suspendue* et *pendante* à une corde, c'est *la fronde*. Une autre pierre *suspendue* à la voûte et plus saillante que celles qui forment le cordon de la voûte, c'est *la clef de voûte*, lui donne l'apparence d'une fronde dont le projectile est la clef de la voûte. Un ruban, un bandeau, c'est un morceau d'étoffe *suspendu* et flottant comme en usaient les anciens, surtout dans les cérémonies du culte; ou bien, ceinte à la tête ou ailleurs, au moyen d'une agrafe ou d'un chaton, ce qui les faisait ressembler à une fronde, σφενδόνη, dont le chaton était la pierre ou projectile. On peut encore regarder ce mot comme une métathèse de σφηνόδη, σφηνοείδη; m. à m., *semblable à un coin, analogue à un coin*, σφήν, car la clef d'une voûte est un véritable coin; le chaton, ou plutôt la pierre, était un coin. C'étaient trois pierres enfoncées comme des *coins*, chacune dans sa position et son usage respectif de clef de voûte, d'agrafe ou de pierre à lancer.

Σφένδαμνος, érable, faux platane, sycomore. De σφενδόνη, à cause de la disposition de ses fleurs suspendues à un long filament et ressemblant à une fronde ou bandelette.

Σφήν, coin à fendre le bois ou la pierre. Pour σπήγν, de πηγνύω, ficher, planter, enfoncer. Ou bien, ἐς φίγγω, pour σφιγν (σφιγξ), qui *serre, presse, opprime*, précisément comme fait le coin à l'égard du bois et de la pierre pour les fendre et les briser.

Σφήξ, guêpe, et Σφηκόω, rétrécir. De σφίγγω, serrer, comprimer. Le *rétrécissement* du corps de cet insecte, qui paraît comme coupé en deux, est si remarquable, qu'il forme proverbe. Aujourd'hui encore, une *ceinture de guêpe* est une ceinture extrêmement rétrécie.

Σφίγγω, serrer, presser. Composé de ἐς et πηγνύω, figer, contracter, rendre compacte, serrer, comprimer : σπήγνω, σπήγγω, σπίγγω.

Σφίδη, corde à boyau. Pour σπίδη, de σπίζω, gazouiller, piauler. Ce mot a donné le latin *fides*, corde à boyau. Les cordes des instruments de musique, les *chanterelles*, les *gazouilleuses*.

A moins qu'on ne préfère y voir une corruption de σφίγδη, du verbe σφίγγω, serrer, comprimer, étreindre, comme le sont, en effet, les boyaux pour former les cordes, et même après par les chevilles qui les assujétissent sur l'instrument.

Σφοδρός, véhément, violent, fort. Cet adjectif est peut-être une métathèse de ἐς φοραδός ou φοροδός, de ἐς φέρω; m. à m., *emporté* ou *entraîné*. Ou bien, *qui emporte, entraîne*. Comme *rapidus*, de *rapio*; *fortis*, de *fero*; *véhément*, de *veho*. L'idée d'*emporter, enlever, entraîner* est toujours la dominante.

Σφόνδυλος, vertèbre. Voy. Σπόνδυλος.

Σφραγίς, sceau. Composé de ἐς φράσσω, clore, fermer, serrer, comprimer, déprimer. Le sceau n'agit qu'au moyen de la *pression*, et sert à *clore* et *fermer* les écrits.

Σφριγάω, être plein, trop plein, crever, se répandre, être gonflé. Composé de σφέ et ῥήγω; m. à m., *se briser, se rompre*, crever par trop de plénitude. Ou bien, σφέ ἐρείκω, se rompre. Ou, enfin, σφέ ῥιγέω, se raidir, se dresser, s'élever, se soulever, se gonfler, se tuméfier.

Σφύζω, palpiter, battre, soulever. Ce verbe paraît être le même que φυσάω précédé de ἐς, et s'appliquer plus particulièrement au mouvement, à la palpitation, au soulèvement qui provient du jeu des poumons (des soufflets) ; φυσάω, souffler ; des organes de la respiration. C'est le mouvement alternatif de soulèvement et d'affaissement de la poitrine.

Σφύρα, marteau, masse, hoyau, pioche. Du verbe φύρω, pétrir, mêler, secouer, battre ; ἐς φύρα signifie donc tout instrument qui sert à *pétrir* (le fer rouge, les métaux, la pierre), comme le *marteau;* ou bien la terre, les champs, les mortiers, comme le *hoyau*.

Ou bien, pour ἐς φόρα, de φέρω; m. à m., *portées* sur un manche qui leur sert de *pied*, de *support*.

Σχαλίς, fourche ou pieu à soutenir les filets. Vient de σχῶ, tenir, retenir, contenir. Ou de ἐς χαλάω, lâcher, relâcher, caler. Ou, enfin, de ἐς ou même δίς et χηλίς, pince, fourche, pointe à *double branche*.

Σχάω, inciser, ouvrir, scarifier, relâcher, céder. De ἐς χάω, χαίνω. (Voy. ces verbes.)

Σχέδιον, tablettes collées, ajustées, *proches* les unes aux autres, comme feuillets d'un livre, d'un cahier. De σχεδόν, près, proche, uni. Ou qu'on tenait *près* de soi, *sur soi* (le *vade-mecum*). Ou sur lesquelles on écrivait à la hâte, *à l'instant, de suite,* impromptu.

Σχεδόν, près, de près. De σχῶ; m. à m., *tenant à, in continenti, à l'instant* (*in sto* = σχῶ), en série, enchaînement, *continuité.*

Σχέτλιος, malheureux. Composé de σχῶ et τάλας ou ὄτλος du verbe τλάω, souffrir; m. à m., *qui est malheureux* ou *qui a des peines.*

Σχίζω, fendre. N'est autre que ἐς χαίζω, de χάω, ouvrir, séparer.

Σχῖνος, lentisque. Ce mot peut venir de ἐς χαίνω, s'ouvrir, à cause des ouvertures par lesquelles coule le ladanum ou le mastic qui s'en échappe. Ou bien de ἐς χέω, verser, répandre, écouler, suinter.

Ou, enfin, de σχῶ, retenir, s'adhérer, à cause de la résine gluante et visqueuse qui s'attache à tout ce qui la touche, et, notamment, au museau et à la barbe des chèvres et des moutons qui broutent cette plante.

Σχοῖνος, jonc. Paraît dériver de σχῶ, tenir, retenir. Le jonc est remarquable par sa *ténacité* (*teneo*), qualité qui le rendait très-propre à la fabrication des cordages, surtout dans l'antiquité. Aujourd'hui encore, le jonc sert de lien, de corde, d'attache dans une foule de cas. On peut aussi y voir l'adjectif κοινός, commun, uni; comme le latin *juncus* de *jungo*, et l'hébreu כאחיו, de עם, ensemble, uni, avec. Cette plante croît, en effet, en masses serrées et compactes. La première étymologie nous sourit davantage.

Σχολή, repos, loisir. Ce mot vient de σχῶ, et signifie proprement *arrêt, station;* c'est l'action de *se tenir, retenir, contenir,* et, par suite, être tranquille, en repos, en arrêt.

Ou, si l'on aime mieux, de ἐς et χαλάω, lâcher, relâcher, laisser; c'est, m. à m., *relâcher.* De même que travailler, c'est *prendre* en main, *entreprendre, mettre la main* à l'œuvre; en espag., *enprender;* en latin, *laboro* (de λάϐω, prendre). De même aussi, se reposer sera *lâcher, relâcher, laisser, délaisser, abandonner* le travail, l'œuvre, la matière.

Remarquons que les anciens regardaient l'*école* comme un amusement, un *délassement* (délaissement) aux rudes travaux de l'agriculture et de la guerre. Nos mœurs et nos idées sont aujourd'hui bien différentes à cet égard, surtout dans le jeune âge.

Σῶδες, espèce d'oiseaux chanteurs. C'est évidemment un abrégé du composé ἐς ou ἐξαώδες, de ᾀωδή, chant, ἀείδω, chanter.

Σωλήν, canal, tuyau. Composé de ἐς et αὐλή ou αὐλός; m. à m., *en flûte, en tuyau*. ἐς αὐλήν, en flûte.

Ou encore, de ψόλος, fumée; canal, tuyau pour la fumée, ψωλήν.

Σῶμα, corps. Probablement ψῶμα, de ψάω, triturer, pulvériser, réduire en poudre, dissoudre; ψῶα, puanteur, corruption. Rappelons ici le *pulvis es* et *in pulverem reverteris*. Le corps est, en effet, essentiellement *corruptible*, comme le disent les Latins (*corpus*, de *corrumpo*). Ou bien, λυσῶμα, de λύω, dissoudre, ce qui rentre dans la même idée. Peut-être encore est-ce un abrégé de ὁμοσάω, ὁμοσόω, réunir, ramasser, rassembler; ὁμοσῶμα serait alors proprement *réunion, assemblage* de plusieurs parties, de plusieurs membres; μέλος κωλόν (ταμέλος, κωλούω, couper, trancher) et le latin *membrum*, de μείρω, diviser, séparer, font voir que le *membre* est la *division*, et le *corps* la *réunion*.

Σωρός, amas, tas, monceau. Composé de ἐς et ἀορός, ἀείρω; c'est, proprement, *élévation, hauteur* de matières amoncelées.

Σῶτρον, jante de roue, bois qui forme la circonférence de la roue. De σόω, σάω, conserver, préserver. C'est, effectivement, le rôle de la jante de *conserver* la roue du frottement violent du sol.

Σωφρών, sage, prudent, savant. Est composé de ἐς et ὄπτω, voir, parf. ὦφα, ωφέρος, comme σόρος, celui *qui a vu, connu, su*. Le synonyme εἴδω a donné le latin *video*, d'où *providens*, dont l'adjectif *prudens* n'est qu'une contraction.

Σώω, σάω, sauver, délivrer, préserver. Ce verbe remarquable n'est peut-être qu'une abréviation de λυσωῶ, λυσαώ, de λύω, délier, délivrer, affranchir; comme en hébreu, יָשַׁע, élargir, relâcher, et sauver, délivrer.

Ou bien, ὀρσόω, de ὄρω, exciter, élever, soulever, soulager. Le latin *salus* tient à *saltus, saltare, exaltare*, élever, soulever ce qui est bas, abattu, tombé, ruiné. Le sauveur donne la main pour *lever* ou soutenir le malade, le faible, l'abattu, le tombant.

T

Ταβαρίτης ou Ταβυρίτης, espèce de pain. Abrégé du composé καταβαρίτης ou καταβυρίτης, de κατά et de βαρύς, lourd, épais ; ou de κατά et βύω, bourrer, serrer, comprimer. C'est du pain sans levain, du pain azyme, du pain *lourd* et *serré*.

Ταγγή ou Ταγγός, rance, relent. Vient de τήκω, fondre, dissoudre, macérer dans l'eau. Ou de τέγγω, mouiller, tremper, humecter. C'est, en effet, l'humidité qui est cause de la dissolution, de la *moiteur*, de la *moisissure*, de la corruption. Ou bien, parce que tout ce qui est rance, vieux, pourri, se *fond*, se *dissout*, se *liquéfie* : τήκω. *Dissolution* est synonyme de *pourriture*.

Ταγύριον, miette, parcelle, croûton. Abrégé du composé καταγύριον ou μεταγύριον, de κατά ou μετά, et ἄγυρις ou ἀγείρω, ramasser, recueillir ; m. à m., un *ramassis*. Les miettes ont, en effet, besoin d'être ramassées, recueillies, pour pouvoir être utilisées, pour former une *bouchée*. Ou bien, de γρύ, rien, fétu, miette.

Τάλαντον, plateau de balance, poids, talent, monnaie. De τλάω ou ταλάω, porter, élever, suspendre. Le plateau est *supporté, suspendu* ; le poids est *supporté, suspendu, élevé, porté* en l'air. *Pondus*, de *pendo*, être pendant, suspendu, élevé, porté, supporté.

Ταλάσιος, laine, ouvrage de laine. Paraît être un composé de κατά et λάσιος, *velu, chevelu* (remarquez l'abréviation française). Ce que les Espagnols appellent *vellon*, c'est une *chevelure épaisse*.

Ταλαῦρινος, fort, robuste, grand. Abrégé du composé καταλαῦρινος, de κατά et de λαῦρος, large, robuste, fort.

Ταλίς, jeune fille, jeune femme. Peut être un abrégé de ὀρταλίς, poule, poulette ; *puella, pulla* (*pullus*), en latin.
Ou bien, de ἀταλός, délicat, tendre, jeune, ἀταλίς.

Ταμίας, intendant, dispensateur, trésorier. Vient de τάμω, couper, diviser, partager, soit qu'il se rapporte à l'écuyer ou officier de bouche qui *découpait* les viandes à la table des princes, au maître d'hôtel ou *majordome de bouche,* comme on dit encore à la cour d'Espagne, soit qu'il s'agisse d'un *diviseur, distributeur, dispensateur,* en général, qui fait la *part,* la *division* de chacun et de chaque chose.

Τάμισος, présure, caillette. Vient naturellement de τάμω, couper. Cette matière sert, en effet, à cailler ou *couper* le lait ; *cortar,* comme disent les Espagnols, car le lait caillé est une véritable *division* ou *séparation* du sérum et du fromage ; une *coupure.*

Τάμω, couper, diviser. S'il n'est pas primitif, est un composé de κατά et ἄμω, ἀμεύω, passer, traverser (*divido, di vado*).

Ταπεινός, humble, bas, méprisable. Abrégé du composé καταπενίος; proprement, *pauvre, misérable, malheureux, nécessiteux,* de πενίος, πενία.

Τάπης, Ταπήτιον, tapis. Est l'abrégé du composé κατά, πατέω, fouler ; καταπάτης, ταπάτης ; m. à m., *qu'on foule,* sur lequel on marche. Le tapis n'a pas d'autre usage.

Ταράσσω, troubler, émouvoir, ébranler. Composé de κατά et de ἀράσσω; en abrégeant, ταράσσω, choquer, frapper, heurter, ébranler.

Τάρβος, peur, crainte, trouble. Est pour τράβος, de τρέπω, tourner, troubler, bouleverser. C'est, proprement, le *trouble ;* en latin, *trepidatio, trepido, turbatio,* de τρέπω. La crainte *trouble, bouleverse* et fait même *tourner* le dos, aussi bien que la tête, l'esprit.

Τάργανον, vin aigri, piquette. Vient de ταργαίνω, dérivé du verbe ταράσσω, remuer, agiter, troubler ; c'est du vin *trouble,* aigri par l'agitation, *tourné, troublé,* et ayant perdu sa transparence.

Τάρπη, Ταρπάνη, corbeille. Pour τράπη, de τρέπω, tourner, retourner, courber, comme *corbeille,* de *corbis,* du latin *curvo,* courber. C'est le résultat ou produit de la courbure de l'osier, du roseau, du jonc ou de toute autre matière de vannerie.

Τάριχος, salaison, corps enfumé, embaumé. Ce mot difficile paraît être un composé de κατά et ἐρείδω, affermir, dresser, redresser, rendre *ferme, rigide, dur, raide, consistant,* par le moyen du desséchement, des fumigations ou de l'embaumement. Les Espagnols disent *aderezar,* apprêter, condimenter, et *enderezar*, dresser, redresser. Au lieu de ἐρείδω, on pourrait mettre ῥῖγος, ῥιγόω, d'où le latin *erigo*, ou ῥικνός, desséché, hâlé, raidi, rigide.

Ce mot peut encore tenir à τάρσω, sécher sur une claie, ou à τέρσω, sécher, dessécher, et signifierait proprement toute viande ou corps *desséché* ou momifié. *Poisson salé*, équivaut à *poisson sec*.

Ταρσός, claie, éclisse; rang, rangée; tarse du pied. Ce mot, dans ses diverses acceptions, est un composé de κατά ou μετά et de ἄρω, unir, ajuster. Une claie, éclisse ou natte, n'est, en effet, autre chose que la *réunion*, l'*ajustement*, l'*enlacement* des matières qui servent à leur construction. De même aussi, le *tarse* n'est autre chose que le point d'*union*, l'*ajustement*, l'*emboîtement*, la *conjonction*, la *jointure* du pied avec la jambe. Une rangée est un *ajustement*.

Τάρταρος, le Tartare, l'enfer. Ce mot fameux a toute la physionomie d'un comparatif, et vient probablement de κατάρος, bas, comparatif καταρότερος, κατάρταρος, puis τάρταρος; m. à m., le lieu *le plus bas, l'inférieur* au sol que nous habitons, *inferus*, l'enfer.

Ou, si l'on préfère de βάτρος ou βάθρος, fond, profond, enfoncé. Βατρότερος, βατράτερος, et, enfin, τράτερος, τάρτερος ou τάρταρος, le lieu *plus profond, plus enfoncé,* l'abîme. De là, l'expression d'Hésiode : τάρταρα γαίης, les profondeurs de la terre.

Τάρφος, épaisseur. De τρέφω, nourrir. C'est, proprement, *bien nourri, nourri*, gros et gras, dense, robuste, épais. Les Espagnols disent *nutrido*, pour épais, robuste, dense, fort.

Τάσσω, régler, commander, gouverner. N'est qu'un abrégé de κατά et ἄγω, comme on le voit dans les dérivés τάγμα, τάγος, etc... Κατάγω ou τάγω est donc, proprement, *conduire, mener, être chef, être commandant*, ordonner, gouverner.

Τατός, Cette terminaison du superlatif grec paraît tenir au verbe primitif τάω, tendre, étendre, s'étendre. Ce serait, proprement, l'*étendu*, l'*étendu par excellence*, par-dessus tous, plus que tous, dans toute son *extension*.

Ou bien, un abrégé de ὕστατος, le *dernier* (en haut), ou au *dernier degré*, au *dernier* point, expressions qui sont aussi françaises et même synonymes du superlatif, mot grammatical composé de *super elatus*; m. à m., *élevé au-dessus*. Voy. ὕστερος. Ou bien, enfin, pour τακτός, du verbe τάσσω; m. à m., *qui domine, régit, commande,* c'est-à-dire, le *dominant.*

Ταῦρος, taureau. Le nom de ce bel animal, le roi des pâturages, peut avoir plusieurs étymologies. Ce peut être un abrégé de μετάορος, de μεταείρω, enlever, élever, lever en l'air; ταῦρος, le taureau se distingue, en effet, par la terrible faculté de faire sauter en l'air, d'*enlever* tout ce qui s'oppose à sa fureur, au moyen de son robuste cou et de ses redoutables cornes. C'est l'animal *enleveur* par excellence, faisant consister en cela ses moyens de défense et d'attaque. Rappelons-nous πεταύρον, perche, juchoir, *élévation, suspension* en l'air, qui aura pu aussi être souche de ce mot. On peut encore présenter comme étymologie le mot célèbre κένταυρος, qui vient de κεντάω, percer, piquer, et dont les deux dernières syllabes, ταῦρος, auraient donné le nom de cet animal qui *perce, pique, traverse* de ses cornes, comme les centaures (qui n'avaient rien de commun avec les taureaux) *perçaient, traversaient* de leurs flèches ou de leurs piques. Comme troisième étymologie, nous pouvons présenter encore le verbe τραῦω, percer, traverser; τραῦος, par métathèse, est devenu ταῦρος. Rappelons-nous τραῦμα, percement, blessure.

Citons, enfin, l'adjectif τορός, *perçant, pénétrant,* qui pourrait n'être qu'une variante de ταῦρος, et nous verrons que, sans sortir de la langue grecque, on peut assigner à ce mot une étymologie naturelle. N'oublions pas, néanmoins, que les Orientaux ont שׁוּר et תּוּר.

Τάφρος, fosse, tombeau, sépulcre. Ce mot, au lieu d'être rapporté à θάπτω (voy. ce verbe), pourrait fort bien n'être autre que l'abrégé du composé κατάφρος, de καταφέρω, porter en bas, conduire, mener en bas; en latin, *ad inferos, ad inferiora terræ,* en bas, en sous, en dessous terre, ce qui constitue, en effet, l'enterrement, le tombeau.

Ταχύς, vite, prompt, rapide. Cet adjectif est un composé de κατά et de ἄγω, pousser, exciter, agir. Proprement, *actif, agissant, poussant* ou *poussé, excitant* ou *excité.*

Τάω, étendre, tendre, allonger, développer, tendre la main, prendre, atteindre. Ce verbe remarquable, qu'on peut regarder comme une racine empruntée aux langues de l'Orient : *táa,* arabe; *atâ,* hébreu, pourrait, néanmoins, trouver en grec son origine en le supposant un simple abrégé de πετάω, étendre, déployer, détendre, allonger (venant après tout lui-même du sémitique *phatach*).

Ou bien, de κατά ἰῶ; m. à m., *aller par, aller en, aller contre*, s'en aller, se diriger, aller en bas, répandre (κατά), épandre, coucher, étendre. On s'étend sur le sol, la terre, le *bas*, le pavé. C'est la position *horizontale*, la position *basse*, car la *verticale*, c'est l'élévation, la hauteur, la position *haute*. Voy. plus bas τείνω, composé de κατά εἶναι, *être bas, couché*.

Ταώς, paon. Abrégé de τεταώς, du primitif τάω, tendre, étendre ; m. à m., *l'étendu* ou *l'étendant* (sa queue magnifique).

Τέ, conjonction, et, aussi. Est un simple abrégé de αὖτε, comme, également, de même, de αὐτός, même. « Pierre *et* Paul » équivaut à « Pierre et *même* Paul » ; « Petrus *ut* Paulus, Pierre *de même* que Paul, *également* que Paul ».

Τέγγω, mouiller, tremper, amollir, arroser. Ce verbe est un dérivé de τήκω, et de la même famille que τάγγος, rance, moite, moisi, humide, mouillé. C'est, proprement, fondre, dissoudre, mouiller, amollir, émollir (*émollient*), tremper, détremper.

Τέγος, toit, couverture, abri. Abrégé du composé κατέγος, du verbe κατέχω, avoir sous, tenir, contenir dessous. Ou bien, κατάγω, mener, pousser sous, dessous. Tout objet qui en couvre un autre le tient nécessairement sous lui, au-dessous de lui. Le latin *operio*, couvrir, n'est lui-même que ὑπέρω, être sur, dessus, ce qui présente la même idée, la même image, car, *être sur*, équivaut à *avoir sous*, c'est-à-dire, à *couvrir* : ὑπέρ, εἰμί.

Τείνω, tendre, étendre. Variante du primitif τάω. A moins que ce ne soit κατά εἶναι; m. à m., *être bas, abaissé, couché, penché, étendu, tendu*.

Τείρω, battre, fouler, affliger, triturer ; user, frotter. Ce verbe, s'il n'est pas le même que τερέω, percer, traverser, pénétrer, car ce qui est battu, amolli, foulé, est, par cela même, facile à pénétrer, percer, traverser. Nous disons : « *percé, transpercé* de douleur, pour *affligé, accablé ; pénétré, percé, blessé* », équivaut à « foulé, trituré, moulu, comprimé, opprimé ». Ou bien, de κεντείρω, dérivé de κέντρον, percer, traverser, blesser, affliger.

Τεῖχος, mur, muraille. N'est autre qu'une abréviation du composé de κατά ou μετά et εἴχω, tenir, contenir, κατείχος; m. à m., *qui tient, contient*, renferme. Ou bien, sous l'autre point de vue, qui est *entre, au milieu*, qui *sépare, divise, partage*. Les murs ne servent précisément qu'à ces deux fonctions : *contenir* et *séparer*.

Τέκμαρ, fin, but, terme; marque, signe. Ce mot paraît être une simple métathèse de τέρμα, peut être précédé de ἐκ, ἐκτέρμα, puis κτέρμα, puis τέκμαρ, par une de ces prononciations vicieuses si communes dans toutes les langues.

Τελαμών, baudrier, ceinture, bandeau. De ταλάω, τλάω, porter, supporter, suspendre. Le baudrier sert à *porter* et *supporter* l'épée, le glaive, le sabre.

Τέλλω, produire, faire sortir, faire, accomplir; se lever, sortir, surgir. Ce verbe n'est qu'une simple variété de ταλάω, τλάω, lever, élever, surgir; faire sortir, faire lever, faire surgir. L'Orient, *ortus*, de ὄρω, élever, surgir; ἀνατολή, lever, élévation (du soleil).

Τέλμα, mare, bourbier, fange, limon. Ce mot paraît venir de στέλλω, dans son acception de arrêter, retenir, étancher, rendre stationnaire. Στέλμα est donc un *arrêt*, une *stagnation*, un *étang*. Des eaux *arrêtées, retenues, stagnantes*; en espag., *estancadas*, dormantes, immobiles.

Τέλος, fin, terme; impôt, corvée; magistrature, dignité; rite, cérémonie. Les diverses acceptions de ce mot peuvent se rapporter à τέλλω ou à στέλλω, dont toutes les acceptions rentrent dans celles de τέλλω, dont il dérive, car, finir, terminer, ne sont autre chose que *faire, parfaire, accomplir*. Les impôts et les corvées se *lèvent,* ce sont des *levées,* soit d'argent, soit de soldats. Les magistrats, les fonctionnaires sont des hommes *élevés* en dignité, en honneurs, en autorité. C'est la *supériorité*, la classe *élevée*, les grands et *hauts* seigneurs, les *altesses*. J'ajouterai que certaines magistratures sont même de véritables corvées, des *charges* publiques; en espag., *cargas concejiles*. Quant aux rites et cérémonies, ce sont des *accomplissements*, des *compliments*, des *pratiques* qu'il faut *accomplir, faire, exécuter, parfaire*.

Τέμνω, Τάμω, couper, diviser, trancher. Ce verbe, que nous avons regardé comme une véritable racine, peut très-bien être le מבצע des Hébreux, finir, achever, accomplir, parfaire, définir, terminer, déterminer, cesser. *Couper* un objet n'est, en effet, autre chose que le *finir, définir, terminer, déterminer,* le cesser ou faire cesser, comme, en latin, *cædo*, couper, et *cesso*, cesser, finir. Un objet *fini* est un objet *parfait*, complet, achevé, terminé; par conséquent, *coupé,*

ANALYSE ÉTYMOLOGIQUE DES RACINES GRECQUES. 471

tranché, séparé des autres, ayant ses bouts ; en espag., *sas cabos*, d'où *acabado*. Or, les bouts ne sont autre chose que des *fins*, des *coupures*, des solutions de continuité. Voilà pourquoi *finir* et *couper* se confondent dans l'idée, comme dans les langues.

Enfin, et en rigueur, cette racine pourrait être regardée comme provenant d'une simple abréviation de ἱστάμω, ἱστάω, ἱστάμενος, qui tous marquent l'idée d'*arrêter* ; la coupure est, en effet, un *arrêt*, une *station* dans la continuité, soit du temps, soit de l'espace. *Cœdo* et *cesso* sont aussi, en latin, une seule et même racine, parce que *cesser* et *couper* sont une seule et même image. En français, *couper court*, est synonyme d'*arrêter*, comme en espag., *cortarse*, l'est d'*arrêter son discours*.

Τέμενος, temple, enceinte sacrée. Ce mot vient de τέμνω, couper, et signifie proprement non pas une enceinte, une séparation, comme on l'a cru jusqu'ici, mais une *coupe* faite à une forêt, c'est-à-dire, une *clairière* pratiquée dans un bois en *coupant* un certain nombre d'arbres. Tels furent les premiers temples naturels qu'eurent les hommes. Et cela est si vrai, que les temples construits plus tard avec le bois d'abord, et, ensuite, avec la pierre et le marbre, conservèrent tous la forme primitive de la *clairière de la forêt*, dont la *cella*, ou nef ou salle, représentait l'espace vide, éclairci, *coupé*, τέμενος, et les galeries et colonnades qui l'entouraient représentaient fidèlement les arbres qui bordaient la clairière dont les troncs formaient de véritables colonnades sous lesquelles le peuple profane assistait et prenait part aux cérémonies qui avaient lieu au milieu de la *clairière*. Tels furent les temples des Druides, des Germains, etc., etc..., comme ils le sont encore des peuples sauvages ; et tels furent les modèles des merveilleux édifices du Parthénon, du Pestum, Agrigente et tant d'autres. Pour plus d'analogie, nous observerons que la *cella* des temples construits ne fut qu'assez tard couverte par un toit ; telle était la force de l'habitude primitive.

Τέμπεα, vallons, défilés. Ce mot est pour στέμπεα, du verbe στέμβω, serrer, presser, enserrer ; ce sont des lieux *serrés*, des endroits *étroits* et *resserrés* ; en espag., *angosturas* ; en limousin, *congost*, resserrement, du latin *angustus*, serré.

Τέναγος, gué, bas fond, terrain fangeux, vase, limon, lagune, mare. Ce mot est une corruption de τέγγος, devenu τένγος, τέναγος, et, par conséquent, appartient à τέγγω, mouiller, arroser, détremper. C'est un terrain *détrempé* par les eaux. Ou bien, est-ce tout simplement στέναγος, de στένος, étroit, resserré, et ἄγω, mener. Un passage *étroit, resserré*, un gué, une chaussée, un défilé dans des marais.

Ou, enfin, métathèse de στέγανος, couvert, impénétrable, imperméable.

Τένδω ou Τένθω, être friand, gourmet, gourmand. C'est l'aor. passif de τείνω, τένθεις; m. à m., *étendu* vers, *tendant* vers, *porté* vers, ayant du *penchant*, de la *tension* pour quelque mets, *appéter* (*petere ad*), se porter vers, aimer un certain mets, plat, nourriture, *se porter, y tendre* la langue ou la main.

Τενθρηδών, guêpe. Paraît être une corruption du composé μετά ou κατανθρηδών, de ἀνθρηδών, guêpe, abeille.

Τέρας, signe, prodige, présage. Ce mot paraît être une abréviation de ἀστεράς; m. à m., *astéroïde*, astre nouveau, météore, prodige du ciel, astronomique; ou ὀπτεράς, du verbe ὄπτω, voir, regarder; ou σκεπτέρας, de σκέπτω, observer, considérer. Le latin *monstrum*, vient lui-même de *monstrare*, comme *prodigium*, de πρό δείκω, montrer, faire voir, faire considérer, faire admirer. C'est effectivement le but et l'effet des prodiges, prestiges et *phénomènes* (φαίνω, se montrer; *monstra*), dernier mot qui vient confirmer notre étymologie. Les prodiges, les signes, sont des *apparitions*, des *spectacles, visions, visibles* à tous, que tout le monde *regarde*, des *fantômes*, des *fases*, des *formes* : φάω, φαίνω.

Τερέβινθος, τέρμινθος, térébinthe, pistachier, lentisque. Arbre de l'Orient, et, par conséquent, de nom oriental. A moins que l'on ne veuille y voir la racine grecque τερέω, τερεμίζω, τερεμαίνω, à cause de la propriété que possède cet arbre d'être *percé, fendu* ou de se fendre luimême pour en extraire sa résine célèbre. Les Latins disent *terebro*, percer, ce qui est bien voisin de *térébinthe*.

Τερετίζω, gazouiller, fredonner, piauler. Fréquentatif de τερέω, percer; c'est rendre un cri *perçant, pénétrant, aigu*. Ou, simplement, *être perçant, pénétrant* (dans sa voix ou son chant).

Τερέω, percer, traverser, ouvrir. Ce verbe nous a paru d'abord, comme exprimant une idée générale, devoir être une racine primordiale; en y réfléchissant cependant un peu, on peut le regarder comme un composé de ἐντά, dans, en dedans, ce qui donnerait ἐντερέω; m. à m., *entrer, s'introduire, introduire, pénétrer.* Ou, si l'on veut encore, de μετά, entre, parmi, au milieu, d'où μετερέω, *être dans, parmi, au milieu.* Le latin *transio, transigo, trajicio,* sont composés avec *trans,* qui n'est autre chose que le participe *intrans* abrégé. C'est qu'en effet, *percer, pénétrer,* c'est *entrer dans, s'introduire.*

Τέρθρον, extrémité, bout, pointe. Pour τερέτερον, du verbe τερέω, percer.

Τέρμα, fin, but, terme, limite. Ce mot, comme son synonyme τέλος, τέλσον, n'est autre qu'un dérivé de τελέω, finir, terminer, accomplir. On n'a fait que changer λ en ρ. Une borne, une limite, ne sont, en effet, autre chose que la *fin,* l'*extrémité* d'un espace, d'un lieu, d'une ligne. Τέλμα est donc aussi synonyme de τέλος, fin.

Si l'on veut encore, ce mot serait le même que στερέμα, de στερεός, *fixe, solide, immobile,* comme le sont les bornes, colonnes ou *pierres fixes* qui servent à marquer les limites, et qui forment, sous ce point de vue, le type de la *fixité,* et de la *stabilité,* στέρμα.

Τερός, terminaison du comparatif grec. Peut être un abrégé de ἕτερος, autre, l'autre, c'est-à-dire, l'un des deux termes ou objets de la comparaison. De sorte que, par exemple, ἁγιώτερος pourrait être considéré comme ἅγιος ἢ ἕτερος; m. à m., *saint que l'autre,* ou *qu'un autre* (sous-entendu πλέον, plus).

A moins, toutefois, que ce ne soit un abrégé de ὑπέρτερος, supérieur, venant de l'adverbe ὑπέρτε, sur, au-dessus; ou bien, du verbe ὑπέρτερέω.

Τέρπω, plaire, charmer, séduire. Ce verbe n'est autre que τρέπω, changer, tourner, distraire, *divertir (verto,* tourner). C'est, proprement, changer et tourner, *détourner* l'esprit des idées continues et *monotones* qui l'occupent, ou le corps d'un travail *toujours* le même. La *variété,* le *changement,* l'*alternative* a toujours été la principale source de l'agrément et du plaisir, comme la monotonie l'est de l'ennui. *Séduire,* est, en outre, *détourner* ou *tourner* quelqu'un vers, dans une direction différente de celle qu'il suit.

Τέρσω, sécher. Verbe composé de μετά ou κατά ἀέρσω, de ἀήρ ἀέω : *aérer, exposer à l'air, au vent.* C'est la principale et la plus naturelle des dessications ou dessèchements.

Si l'on préfère voir ici ἕρση, égouttement, écoulement, rosée, ce sera κατάερση, (ῥέω, couler ; ou ἀέρ, élevée, aérienne), καταέρσω, égoutter, écouler.

Τετρά, quatre. Ce nom de nombre est un abrégé de στέτερα, στέτρα, de ἵστημι, στάω. C'est le nombre *stable, solide* par excellence. C'est sur *quatre* pieds que se soutiennent les animaux. C'est sur *quatre* soutiens que reposent également les siéges, les bancs, les tables, les lits, tous nos meubles. C'est sur *quatre* points cardinaux que repose la voûte céleste. Ce nombre est le premier *carré*, et, par conséquent, la base du premier *solide* ou *cube* (du latin *cubare*, reposer). Remarquez bien ces analogies. Et voilà pourquoi l'appellaient les Hébreux *arba*, de *rabats*, reposer. Le nombre *quatre* porte toujours avec lui l'idée de la stabilité, de la solidité, du repos.

Τέττιξ, cigale. Le nom de cet insecte criard est une onomatopée. Ou bien, dérivé de τρίζω, parf. 2ᵈ τετρίγα, τέτριξ ; m. à m., *la crieuse, grinçante*.

Τεῦθος, calmar, sèche. Pour τεύχθος, du verbe τεύχω, fabriquer, construire un mur, murer. C'est, m. à m., le *muré*, le *construit*, le *bâti*, à cause de la grande plaque pierreuse qui garnit son corps, et qui fait comme une muraille.

Ou, si l'on aime mieux, de τεῦχος, vase, urne, cavité, creux. Ce mollusque se distingue, en effet, par sa poche ou cavité qui contient la liqueur noire particulière qui le rend si remarquable.

Τευτάζω, s'occuper, s'arrêter longtemps à une *même chose*. N'est que ταὐτό, τό αὐτό, *la même chose*, devenu un verbe.

Τεῦτλον, bette, poirée, betterave. Nous regardons ce mot comme l'abrégé du composé βοτεῦτελον, de βοτή, pâture, et εὐτελής, commun, vulgaire, vil, de bon marché. Ces plantes, surtout l'espèce appelée *vulgaire* (remarquez le mot), sont extrêmement communes et forment un excellent fourrage pour les bestiaux ; on les appelle racine de *disette*, racine d'*abondance*, mots qui expliquent notre étymologie.

Ou bien, ce mot est-il pour στεῦτλον, du verbe στεύω, se tenir debout. La betterave est, en effet, une racine éminemment *pivotante*, se tenant, par conséquent, perpendiculaire, c'est-à-dire, *debout, droite, dressée*. Ou, enfin, est-ce une transposition de τελεύτον ; m. à m., le *fini*, l'*achevé*, l'*accompli*, le *parfait*, à cause de la facilité, de l'abondance et de l'ampleur de son développement.

Τεύχω, travailler en bois, en métaux ; fabriquer, construire. Ce verbe remarquable, qui a dû être primitivement τεῖχω, comme le donne à entendre son dérivé τεῖχος, mur, construction, est probablement une abréviation du composé κατά ou μετά ἔχω, d'où μετείχω, *tenir avec, tenir ensemble, réunir, assembler, ajuster, construire, adapter, composer.* Une *construction* est, en effet, un *ajustage*, une *com-position*, un *assemblage* de diverses parties ou diverses matières; un art, un artifice (ἄρω, concerter, ajuster), et, comme disent les Espagnols, *ensamblar,* ce qui est le propre de tout artiste, de tout ouvrier, surtout en bois, comme charpentier, menuisier, ébéniste, armurier, etc., etc.

L'art (ἄρω) n'est, en effet, que l'*ajustage,* la *com-position,* la *construction,* l'*assemblage,* la *réunion.* Le latin *facio,* qui représente l'idée la plus générale de la fabrication, n'est autre que πάγω, πηγνύω, serrer, presser, unir, réunir (les parties, les matières) pour former un tout, un corps compacte.

Τέφρα, cendre. Pour τρέφα, de τρέφω, nourrir, entretenir, conserver. La cendre *entretient, nourrit, conserve* le feu, la braise qui *couve* (ou est *couvée*) sous elle, comme les œufs et les poussins sont couvés, entretenus, conservés, éduqués par leur mère.

Ou bien (comme le latin *tepera,* tiède), ce mot vient-il de τέρπω, réjouir, plaire, complaire, être agréable, comme le milieu entre les deux extrêmes; le trop froid et le trop chaud.

Τέχνη, art, adresse. De τεύχω, ajuster, assembler, apprêter, composer. Voy. τεύχω.

Τήβεννα, toge, manteau des Romains. Serait-ce pour τίβερνα, τιβερίνα; m. à m., *la tiberinne,* du fleuve Tibre, le fleuve de Rome, comme aujourd'hui encore « les habitants de la Seine », pour « les Parisiens, les habitants de la Tamise, de la Gironde, du Manzanares », etc., etc. On n'aurait pas besoin, dans ce cas, d'en adjuger le brevet d'importation à l'arcadien Tebennus, qui aborda le premier en Italie avec cet habillement. Ou bien, pour Θήβεννα, emprunté aux Thébains.

Ou bien, de στείβω, serrer, fouler, épaissir, à cause de son tissu épais, fort, serré, compacte, espèce de bure, de drap grossier, analogue aux couvertures de laine; en espag., *paño,* de πηγνύω; *manta,* manteau, couverture de laine encore en usage chez les basses classes en Espagne et en Orient, et qu'on replie sur l'épaule gauche d'une manière qui rappelle exactement la draperie de la toge romaine.

Τῆθος, mollusque, ascidie. Pour στήθος, de στῶ, ἴστω, être ferme, solide, arrêté. Ces animaux sont, en effet, fixés sur les rochers où ils naissent, vivent et meurent.

Τηθύς, Téthys, la terre. Pour στηθύς, de ἵστημι; m. à m., la *fixe*, la *solide*, la *consistante* (le continent), et cela, par opposition à la mer, qui est fluide et mobile.

La signification de la mer se rapporte à la nymphe Thétis, divinité de l'Océan, mais c'est un autre mot avec une orthographe différente.

Τήκω, fondre, liquéfier. Ce verbe n'est vraisemblablement qu'un abrégé de κατά et ἄγω ou ἔω; m. à m., *pousser, aller en bas*, descendre, faire descendre, couler, écouler; en latin, *fundere, fundus*, fond, bas. Tout ce qui est fondu et coulant se porte nécessairement en *bas*, au niveau *le plus bas*, à la partie *inférieure*.

Fondre, verser, renverser, appartiennent au même ordre d'idées.

Τῆλε, loin. Cet adverbe tient au verbe στέλλω, envoyer, jeter, lancer, étendre. *Étendu, long* et *loing* (ancienne orthographe) sont synonymes. Nous disons en français *jeté, rejeté au loin. Éloignez de vous*, est synonyme de *rejetez, renvoyez* : στέλλω.

Τηλία, planche, rebord, plancher, crible. Ce mot est pour στηλία, dérivé du verbe στέλλω, émettre, lancer, lâcher, étendre, allonger, déposer. C'est un *dépôt, place, poste*, ou *lieu de dépôt*, le lieu où l'on *laisse*, où l'on *lâche*, où l'on *met* (mettre vient du latin *mitto*, envoyer, comme στέλλω). *Mettre* n'est, en effet, autre chose que *émettre* : στέλλω.

Ou, si l'on aime mieux, du verbe σταλάω, égoutter, faire sécher : στηλία.

Τηλίκος, aussi grand, aussi âgé, aussi considérable, aussi petit que. Cet adjectif vient de τῆλε, loin, et signifie, proprement, *aussi loin que, de la longueur de, étendu comme, de l'extension de*, soit en augmentation, soit même en diminution.

Τῆλις, fenu-grec, plante fourragère. Pour στῆλις, de στέλλω, émettre, pousser, produire, à cause de sa fécondité.

Τημελέω, soigner, parer, orner, servir, cultiver. Pour ταμελέω, de τάμω, couper, tailler. C'est la coupe et la taille des cheveux, ongles, et des surgeons ou branches sèches, qui est le principal dans toute personne ou dans tout végétal bien soigné. Rapprochez ce verbe de la nombreuse famille κομέω, κομιδή, κομμός, κομψός, qui vient de κόπτω, précisément synonyme de τάπω. Voy. μελέω.

Τηνίκα, lors, lorsque, alors. Cet adverbe paraît être l'abrégé de αὐτήνικα, tiré de l'accusatif féminin αὐτήν, même (sous-entendu ὥραν, *à la même heure*), et de la terminaison adverbiale ἰκα; m. à m., *à même que, à même de, au même* (instant, heure, moment). « J'étais *à même de* » équivaut, en français, à « *alors que*..... ».

Τηρέω, garder, conserver, surveiller. Est une abréviation de ὀπτηρέω, regarder, observer; ὀπτήρ, surveillant, garde, espion. Comme, en latin, *tueor* et *intueor*, et, en français, *garder* et *regarder*. « *Gardez-vous* de faire », synonyme de « *regardez-vous* de faire, *regardez-y* ». En espag., *mira* no vayas, pour *guarda* no vayas.

Τητάω, priver, marcher à tâtons. Du primitif τάω, prendre et étendre. Priver quelqu'un de quelque chose, n'est autre chose que *la lui prendre*, saisir, enlever. Marcher à tâtons, c'est marcher en *tendant*, *étendant* les bras, les mains pour tâter, palper.

Ou bien, ces mots sont-ils pour στήτη, στητάω, du verbe στάω (ἵστημι), arrêter, cesser, stationner, faire arrêter; la privation, le manque sont, en effet, des *arrêts*, des *cessations*, des *stationnements* d'une chose.

Quant à la signification de *marcher à tâtons*, si elle n'est pas un dérivé de la racine primordiale τάω (τείνω), c'est-à-dire, marcher en *étendant*, en *tendant* (les mains), ce qui est le propre des personnes qui marchent dans les ténèbres et l'allure naturelle des aveugles, on pourrait la rapporter à *marcher en s'arrêtant, en stationnant* à chaque pas; de στάω, ἵστημι.

Τηΰσιος, vide, vain, futile. Ce mot est un abrégé du composé κατηύσιος, de κατά et αὔω, souffler; m. à m., *desséché, soufflé, rempli de vent, éventé, gonflé*. Le latin *vanus* tient aussi à la même souche que *ventus*, vent.

Τιάρα, tiare, bandeau ou plaque frontale. Abrégé du composé ἀντιάρα, de ἀντί et ἄρω; m. à m., *ajuster, adapter, appliquer* devant, en face.

Τιβήν, trépied. Paraît être pour στιβήν, de στείβω, fouler. Les sibylles y montaient dessus pour y rendre leurs oracles. C'était leur *escabeau*, leur piédestal, sur lequel elles trépignaient même violemment.

Τίγρις, tigre. Vient tout simplement de στίζω, rayer, piquer; στίγρις, στίγερις, est, m. à m., *la rayée, pointillée, piquée*. Le tigre se distingue, en effet, par sa peau *rayée*, comme ses autres congénères, léopard et panthère, etc., par leur peau *ponctuée*.

Τιθασσός, apprivoisé, doux. Cet adjectif peut se rapporter à θάω, θάσω, être assis, rassis, paisible, posé, pacifique, calme. Ou bien, à τιθάω, nourrir, élever, éduquer à la maison. C'est, proprement, l'animal *nourri, élevé, éduqué, domestique, familier*. En espagnol, *domesticado, criado*, par opposition aux *bêtes des champs*, en hébreu, *chaiat a schadé*, aux bêtes sauvages, féroces, nourries et élevées dans les forêts et les déserts.

Τίθημι, mettre, poser, déposer, établir. Ce verbe n'est que le redoublement attique appliqué à θέω, qui lui-même n'est autre chose qu'une abréviation de κατά et ἕω, *laisser, lâcher en bas;* καθέω, en latin, *inmittere*, d'où le français *mettre*. C'est qu'en effet, *poser* et *déposer* un objet, n'est autre chose que le *laisser, lâcher, émettre, délaisser*, et, en général, en *bas*, de *haut* en *bas*, et non de *bas* en *haut*, ce qui constitue l'action d'*élever, enlever, prendre*, antithèse de mettre et déposer.

Τίκτω, enfanter, mettre bas, accoucher. Ce verbe paraît venir de l'adjectif verbal στικτός, de στίζω; m. à m., *piquer, percer, poindre*; τίκτω, de l'adjectif verbal στικτός, par conséquent, signifierait proprement *être piqué, percé, fendu, ouvert*. C'est exactement ce qui a lieu dans l'*enfantement* ou la femelle, *nequbà* (remarquez l'analogie hébraïque), c'est-à-dire, la *piquée, percée, fendue*, l'est effectivement par le petit qui sort, *perce, ouvre, fend* la matrice, la vulve, le vagin.

Τίλλω, arracher brin à brin, éplucher. N'est autre que πτίλλω, de πτίλον, plume, duvet. C'est donc tout simplement *plumer*, arracher *plume à plume*.

Τῖλος, excrément. Probablement du précédent τίλλω. C'est peut-être des crottes, des *brins*, des *parcelles*, comme le crotin des chèvres et brebis. Ou de στέλλω, envoyer, émettre, rejeter, expulser, pour ἐστεῖλος.

Τινθός, chaud, brûlant. Cet adjectif tient probablement à τείνω, étendre, tendre, car le calorique a la propriété d'*étendre* les métaux; aussi, ce mot pourrait fort bien s'être surtout appliqué à l'*extension* des métaux *chauds, brûlants*, qui a lieu au moyen du marteau. Τινθός serait donc τεινθός, en état d'*être étendu*, forgé.

Τίς, qui, quel, lequel. Ce mot n'est qu'un abrégé de αὐτίς, de αὐτός, même, le même, ou οὗτος, celui, lui. Le latin *qui, quae, quis*, ne sont eux aussi que *aequi, aequae, aequis*, de *aequus*, égal, même, *qualis* pour *aequalis*. C'est pour cela que ce mot est éminemment *relatif, identifique* ; il exprime l'*identité*. Quand nous disons « de *quelle* manière ? » cela équivaut à « de la manière *semblable* à, *égale* à ? » « *Qui* pourrait dire ? » équivaut à « l'homme, *le même* pourrait dire. » Au reste, le sens intime de cet adjectif se voit beaucoup plus clairement dans le latin *qualis homo*, pour *aequalis homo*. L'homme *qui*, pour le *même* homme, l'homme *identique*.

Τιταίνω, tendre, étendre vers, allonger. Ce verbe est peut-être un abrégé du composé ἀντί τείνω ; m. à m., *tendre contre*.

Τίταν, titan. Le nom de ces fameux géants n'est autre que l'abrégé de ἀντίταν, de ἀντί ταίνω ; m. à m., tendre contre (*contendere*), *aller contre, lancer contre*. On sait que les Titans étaient les *opposés*, les *adversaires*, les *ennemis*, les *antagonistes* des dieux *contre* lesquels ils *lançaient* des rochers : ἀντί τείνω.

Τινάσσω, secouer, brandir, darder, frapper. Augmentatif de τείνω, tendre, étendre, allonger, lancer, frapper.

Τίτανος, chaux, plâtre, mortier, enduit. De τιταίνω ou ἀντί τείνω, étendre contre ; m. à m., *que l'on étend, qui s'étend contre*, sur les pierres, murailles, fabriques. Tous les enduits sont employés en les *étendant*.

Τίταξ, roi, chef, prince. Ce mot de vieille origine est l'abrégé du composé ἀντίταξ, du verbe ἀντιτάσσω, gouverner, régir, commander contre ; ou bien, de ποτιτάσσω, équivalant à προστάσσω, *commander à*, où, dans le premier cas, *commander contre*, c'est-à-dire, un général *contraire, opposé, adversaire, ennemi*.

A moins qu'il ne vienne de τίτος, adjectif verbal de τίω, honorer, révérer.

Τιτθή, mamelle, bout de mamelle, pis. Pour τιχθή, de στίζω, piquer, percer. C'est, m. à m., la *piqûre*, le *trou*; la *piquée, percée* par laquelle coule le lait.

Τιτίζω, piailler, piauler. Ce verbe est une vraie onomatopée, analogue au *pipire, pipillare* des Latins.

Τιτράω, percer, traverser. Ce verbe n'est autre que τράω, avec le redoublement attique. Ou bien, abrégé de ἀντί τράω, *percer, passer contre, à l'opposé,* de *l'autre côté,* du côté *contraire, opposé.* Le verbe τράω se retrouve dans τράνος, clair, perçant, transparent, qui *perce, passe, traverse,* ou est *percé, traversé, passé* par la lumière, *diaphane.*

Τίτυρος, bélier, bouc; berger; flûte, chalumeau; singe, guenon. Ce mot tire toutes ces diverses significations du composé κατίτυρος ou ἀντίτυρος, de κατά ou ἀντί, et de ἴτης, ou de ἴτυς, qui signifient hardi, impudent, insolent, et l'on sait combien les boucs, les béliers et les singes le sont par leurs mœurs et par leurs allures.

Les composés κατίω ou ἀντίω, du verbe ἴω, *aller contre, assaillir, attaquer, se précipiter sur,* peuvent aussi rendre compte des diverses acceptions de ce mot, et même de celle de berger, car le berger est celui qui *fait aller,* qui *mène,* qui *dirige,* κατά ou μετά ἴω, ou qui *suit,* qui *va après* (le troupeau), ce qu'il pratique le plus souvent à l'aide de son *chalumeau,* de son sifflet *directeur.* Le troupeau *va devant,* πρόβατον, de πρό βαίνω.

Τῖφος, marais, marécage. De τῦφος, vapeur, fumée, exhalaison. Les marais, sont, en effet, la source des vapeurs et exhalaisons méphytiques. Comme les fléaux des peuples, ils frappent et détruisent; τετυφός, de τύπτω. De là, le nom du fameux Typhon, le génie du mal, c'est-à-dire, l'air corrompu des marais qui engendre les pestes et la pluspart des maladies qui détruisent les populations.

Τῖφυς, cauchemar, rêve pénible. Pour τῦφος, vapeur qui monte au cerveau, vapeur malfaisante, ce qui est précisément la cause du cauchemar.

Τίω, τίνω, honorer, vénérer; payer, rétribuer, punir. Les deux premières acceptions de ce verbe appartiennent à ὄπτω ou à σκέπτω, voir, regarder, considérer, avoir *égard* (*regard*), prendre garde à, faire attention à; en espag., *miramiento,* respect, de *mirar,* regarder, verbes qui sont tous synonymes de *respecter* (*respicio, aspicio*), vénérer, et dont τίω ne serait que l'abrégé. Quant aux trois acceptions suivantes, elles appartiennent au composé ἀντίεω, ἀντίοω, de ἀντί, contre, pour, au lieu de, en place de, pour prix de. Tout paiement, toute rétribution, soit de récompenses, soit de châtiments, n'est qu'un *échange,* une mutualité, compensation, un équivalent qu'on donne *contre, pour,* en *place,* en *opposition* d'un service ou d'une offense reçue.

Τλάω, porter, supporter, élever, soulever. Voici encore une racine primordiale empruntée aux orientaux תלה, הלל, qui a les mêmes acceptions.

Τοί, certes, vraiment. Cette particule est probablement un abrégé de οὑτοί ou αὑτοί, de οὗτος, ce, celui, cela, ou de αὑτός, même, le même. M. à m., *ainsi, de même, même*, aussi, aussi bien, *de cette manière*. Ou bien, enfin, pour τοία ou τοίη ; m. à m., *tel, tellement*, comme, en espag., *si tal, no tal*, oui certes, non certes, non ainsi.

Τοῖχος, mur. Voy. τεῖχος.

Τοκός, usure. De τίκτω ; m. à m., *produit, fruit*, rapport qu'*enfante*, que *produit, laisse* le capital prêté.

Τόλμα, audace. De ταλάω, τλάω, supporter, endurer, résister, élever, s'élever. L'audace n'est autre chose que la force de *supporter, endurer, affronter, soutenir, résister*, un combat, un obstacle, un effort, un travail pénible, pesant, lourd. On trouve τλήμων, hardi.

Τολύπη, peloton de laine. Pour τορύβη, de τορύβος, *trouble, mêlée*. C'est tout simplement de la laine *mêlée, troublée*, en désordre, que l'on met sur la quenouille pour la démêler, dévider ou filer. Voy. aussi les mots τύλη, μίτος, μοτός, charpie, bourre, filasse, et λάβω, prendre, englober.

Τονθορύζω, murmurer, gronder. De τόνος, τονόω, élever *le ton, résonner, retentir* ; τείνω, frapper, battre, choquer, heurter, et ὀρύζω, creuser. C'est le murmure de l'eau d'un ruisseau, d'un torrent, d'une chute d'eau. Ou bien, simple onomatopée, comme le latin *taratantara*.

Τόξον, flèche, dard, pointe. De κατά ὀξύν, ou ἀντί ὀξύν, *pointu*, piquant, aigu, perçant. Ce n'est que par extension métaphorique qu'il signifie l'*arc*, c'est-à-dire, l'instrument qui lance la flèche, au moyen duquel on jette le trait. De là, τόξευμα, coup de flèche, τόξευτος, percé de flèches, et non coup d'arc et blessé de l'arc.

A moins qu'on ne préfère le rapporter à στοχάζω, στόχος, viser, but, pointer, ce qui le ramènerait à la racine στίζω, piquer, pointer, diriger la pointe vers, l'arc étant l'instrument avec lequel on *vise*, on *dirige* le trait, un *fléchier*, une machine à flèches. Remarquons en passant l'analogie française des mots *flèche* et *fléchir*, *fléchissant*, principale propriété du *fléchier*, c'est-à-dire, de *l'arc*.

Τοπάζιος, topaze. Abrégé du composé κατοπάζιος ou μετοπάζιος, de ὀπάζω, suivre, accompagner, à cause de la propriété magnétique de cette pierre, qui se *fait suivre,* qui attire les fétus et corps légers dont on l'approche, propriété qui se développe par le frottement.

Τοπάζω, conjecturer. Composé de κατά ou μετά et ὀπή, vue. C'est, proprement, κατοπάζω, μετοπάζω, *opiner, l'opinion,* la manière de *voir,* de *considérer.*

Ou, si l'on aime mieux, abrégé de κατοπάζω ou μετοπάζω, suivre, poursuivre la trace, la piste, l'indice; du verbe ὀπάζω, suivre.

Τοπεῖον, câble, corde. Vient de τόπος, lieu, place. Ce sont les cordages *topiques* du navire, qui ont chacun leur *lieu* et *place* marqués; des cordages *locaux,* appropriés à différentes manœuvres, des cordages à place et lieu fixe et déterminé.

Τόπος, lieu, espace. Est un abrégé de μέτοπος; proprement, *intervalle, intermède, transparence;* μετά ὀπή, *clair,* vide, *clairière,* espace où l'œil *pénètre,* où la vue *perce :* μετά ὀπή; en espag., un *claro,* synon. de *vacio, espacio.*

Τόργος, vautour. Pour τορεύγος, de τορεύω ou τορύσσω, tourner, circuler, tracer des cercles, comme, en latin, *vultur,* de *volvo,* tourner. (La signification primitive et fondamentale de τορέω et τορεύω est celle de tourner.)

A moins que ce ne soit une métathèse de τρόγος, du verbe τρώγω, manger, dévorer, à cause de sa voracité.

Ou bien, pour κατόργος, de ὀργή, colère, fureur, cruauté; m. à m., le *furieux, cruel, farouche, féroce,* épithètes qui lui conviennent éminemment.

Ou, enfin, de κατοργάω, le *sacré, consacré, religieux;* on sait que cet oiseau était sacré en Égypte et en d'autres pays.

Τόρδυλος, espèce de plante ombellifère. Pour τορόδυλος, de τορέω, tourner, τορός, tour, circonférence. L'ombelle est, en effet, une *circonférence.*

Τορέω, Τορεύω, tourner, ciseler, creuser au tour. Peuvent appartenir à τράω, τέρω, τείρω, percer, ou bien au sémitique הוּר.

Τράγαινα, Τραγανόν, Τραγάω, Τραγίζω et tous les mots de cette famille qui marquent la stérilité, soit chez les animaux, soit chez les végétaux, proviennent d'une métathèse et abréviation du composé κατάργαινα, καταργάω, etc...., de κατά et αργός, inutile, oisif, inefficace, infructueux.

Τράγος, bouc. Le nom de cet animal est une métathèse de τάγερος, de τάσσω, régir, gouverner, conduire. C'est le *chef* et *conducteur* du troupeau.

A moins qu'on ne préfère le rapporter au composé grec κατὰ ἀργός, oisif, paresseux, inutile, négligé, parce que cet animal, parvenu à l'âge de cinq ans, est déjà épuisé et impuissant, et, par cela même, mis de côté, séparé du troupeau et destiné à l'engrais.

Ou bien, enfin, abrégé de τετράγος, de τέτρα et ἄγω, âgé de quatre ans, âge où il est, en effet, dans toute sa force.

Ou, enfin, est-ce une contraction de ταράγος, du verbe ταράσσω; m. à m., le *remuant*, l'*excité*, le *poussé*, à cause de ses propriétés lubriques et impétueuses.

Τράμπις, vaisseau, navire. De τρέπω, tourner, retourner. C'est un *navire de retour* ou de *tour*, qui va et vient, ou qui fait des *tournées* périodiques ou de *circumnavigation*. A moins qu'on ne préfère le rapporter à τρόπις, carène; c'est la partie principale pour le tout.

Τράπεζα, table. Est une abréviation de τετράπεζα; m. à m., *quatre pieds, quatre plantes*, et s'applique aux tables à quatre pieds, comme τρίπους, aux trépieds, tables ou meubles à trois pieds.

Τραυλός, bègue. Est probablement le même que ῥαυλός, rompu, fracassé, troublé, mou. La voix du bègue est, en effet, *rompue, interrompue, entrecoupée*. Ou bien, de τρέω, trembler, τρεύλος; m. à m., *tremblant, chevrotant*.

Τράχηλος, cou. Pour τρόχηλος ou τρεχῆλος, de τροχός, roue; τρέχω, courir, rouler, tourner; τροχάω, tourner, circuler; τρόχαλος, qui tourne. C'est, proprement, la *vertèbre* du cou, *verto* (remarquez l'analogie latine). C'est, en effet, sur la vertèbre cervicale nommée Atlas que *tourne* et *pivote* le cou. Ou bien, de τραχύς, dur; c'est la partie dure et cartilagineuse, la *trachée*.

Τραχύς, rude, âpre. Composé de κατά et ῥάσσω, ῥάγω, rompre, briser. C'est ce que les Latins appellent *prœruptus, fragosus (frango)*, et les Espagnols pays *quebrado*, terrain *brisé, anfractuosité*, raboteux. On pourrait encore rapporter directement le mot τραχύς à ταράσσω, troubler, bouleverser, renverser, rompre, interrompre.

Τράω, percer, traverser, blesser. Abrégé de κεντράω, piquer, percer, blesser. Ou bien, de τορέω, τείρω; on a dérivé la forme τοράω, et, par contraction, τράω.

Τρεῖς, trois. Ce nom de nombre peut très-bien se dériver de ἥτερος, autre, un autre ; ἡτερείος, *un tiers*, un troisième, synon. de *un autre* : τρείος, τρεῖς. Après *moi* et *toi* (*un* et *deux*), μέ, σέ (μία δύω) vient nécessairement *un autre*, c'est-à-dire un *troisième*. C'est pour cela que la *troisième* personne *ille*, lui, est si semblable à *alius*, autre, *alter*. Le numéro un marche en tête, le second *suit* (*secundus*, *sequor*), le troisième est *un autre*.

Τρέπω, changer, tourner, retourner. Ce verbe, s'il n'appartient pas à la classe des racines primitives, peut se rapporter à ἑτερόω, changer, altérer, diversifier : ἕτερω βέω ; m. à m., *faire aller d'un autre* côté, d'un *autre* sens, d'une *autre* manière, altérer (*alter*), ἑτερέβω.

Τρέφω, nourrir, élever, soigner. Paraît être le même que τέρπω, réjouir, choyer, traiter délicatement, soigner, entretenir, nourrir, élever, soutenir. La nourriture et l'éducation du petit, de l'enfant, exigent, et ne sont autre chose que la réunion des *soins*, des *caresses*, des *jouissances* prodigués par la mère. La mère chauffe, nourrit, caresse, amuse et réjouit, sur son sein, le fruit de ses entrailles ; c'est là l'éducation première.

Τρέχω, courir. Ce verbe, qui nous a longtemps occupé, est enfin devenu, comme beaucoup d'autres de ses confrères, une abréviation du composé μετέρχω, de μετά et ἔρχω. C'est, proprement, *aller après*, poursuivre, courir après, et s'applique à la course de *poursuite*, de *suite*, de *recherche*, de *chasse* ; comme φεύγω, à la fuite, à la peur, à la *course qui évite*. Τέρχω, par une métathèse, est devenu τρέχω. Ou bien, κατά ἔρχω, *aller par, selon, suivant, aller entre, au travers, traverser, se transporter* : μετά.

Ou, enfin, faudra-t-il considérer τρέχω comme contraction de τορέχω ou τορεύχω, du verbe τορέω ou τορεύω, dont la signification fondamentale est celle de *tourner* (du sémitique חור) ; *tourner* et *rouler* sont synonymes de courir. Ce qui viendrait confirmer cette étymologie, c'est qu'on trouve les dérivés de τρέχω, τροχαλός, qui signifient *roulant, courant, rapide*, en même temps que *rond, arrondi, courbé*, et τροχαλός, caillou *roulé*, c'est-à-dire, *roulant, courant*. C'est qu'en effet, la forme ronde, arrondie, sphérique est la forme la plus propre à *rouler*, c'est-à-dire, à marcher rapidement ; en un mot, à courir. Le latin *curro* est lui-même bien voisin de *curvo*, et même du grec γυρεύω, tournoyer.

Τρέω, craindre, avoir peur, fuir. N'est autre que τηρέω, observer, regarder, se garder de, avoir égard, faire attention, *respecter* (*aspicio, respicio*), verbes qui, tous, sont des synonymes de *craindre, respecter, prendre garde à*. Le latin *timeo*, craindre, vient lui-même de τιμάω, respecter, honorer.

Τρίαμβος, procession solennelle en l'honneur de Bacchus. D'où le latin *triumphus*. Ce mot est composé de τρί et du cri ιαβοῖ, ou de τρί et ἴαμβος, vers ou chanson propre au culte de Bacchus qu'on répétait trois fois.

Τρίβω, user, fouler, tourmenter, triturer. Ce verbe dérive de τρέπω, tourner, tournoyer, tordre, tourmenter. Parce qu'en effet, le mouvement circulaire est le plus propre à broyer, moudre, frotter, triturer, serrer, comprimer. Tout le monde sait la force immense qu'on obtient avec la *vis*; m. à m., *force* par excellence (du latin *vis*), qui n'est autre chose qu'un *tournoiement*, une *hélice*.

Τρίγλη, mulle, poisson et mollusque. De τρίξ, poil; le poisson en a sous le cou; le mollusque a le byssus qui n'est qu'une touffe de poils. A moins qu'il ne soit le même que le suivant, ayant, par conséquent, la même étymologie.

Τρίγλη, rouget, ou plutôt grondin. De τρίζω, grincer, gronder, grogner, à cause du bruit que ces poissons font entendre quand on les saisit, d'où le nom français *grondin*. Remarquez qu'il y en a une espèce de couleur rouge et que le vulgaire appelle *rouget*. La famille des *muges* tire aussi son nom de *mugio*, mugir.

Τριγλίζω, ricaner. De τρίγλη, dérivé de τρίζω, grincer. C'est un *grincement*, un bruit strident.

Τρίζω. Voy. τρύζω.

Τρίτω, tête, en dialecte béotien et crétois. Ce mot est peut-être pour τρίκτω ou τρίχτω, de τρίξ, poil, cheveu; ce serait, m. à m., la *pileuse*, la *chevelue*, épithète qui peint la propriété caractéristique de cette partie du corps.

Τριχίας, espèce de sardine. On pourrait voir ici une syncope ou contraction de ταριχίας; m. à m., la *salée*, de τάριχος, poisson salé, salaison. Le français *sardine* n'est lui-même qu'une corruption de *saladine, saldine*, la salée, *propre à être salée*.

A moins cependant qu'on ne préfère y voir un dérivé de τρίζω;

m. à m., la *grondante*, la *murmurante,* la *grinçante;* et cela, à cause du bruit particulier que font entendre les troupes immenses de ce poisson dans leur marche précipitée, et qui est très-remarquable.

Τρύγη, vin, vendange; blé, récolte, grains. Ce mot vient de τρύω ou τρύχω, briser, écraser, comprimer, broyer. Les vins, les grains, les huiles sont, en effet, l'objet et le résultat de la trituration, de l'écrasement, de la foulure, de la mouture.

Τρύζω et Τρίζω, grincer, roucouler, rendre un son strident. Il y a peut-être dans ces verbes une onomatopée tirée du bruit que font entendre les dents frottées les unes contre les autres, surtout chez les bêtes féroces.

Ou bien, est-ce un abrégé d'un verbe inusité ὀδοντρίζω; m. à m., *denteler,* c'est-à-dire, *agir des dents, faire agir les dents.*

Ou bien encore, de τέρω, τείρω, d'où le fréquentatif τερίζω, et qui signifient battre, choquer, frotter, triturer, broyer.

Τρύπα, trou, perforation. Pour τρόπα, du verbe τρέπω, tourner; c'est un *rond,* une ouverture *circulaire.* Le mouvement tournant ou circulaire est, en effet, le plus propre à percer et à perforer une matière. Les tarières, trépans, vilebrequins, les vis, les tours de diverses espèces ont un mouvement circulaire. De là, l'analogie entre les verbes τερέω, percer, et τορεύω, tourner. Le français *trou* dérive de τορέω, tourner et percer. Ou bien, ce mot est-il pour τρύβη ou τρίβη, de τρίβω, frotter, user, triturer, broyer, opérations d'où résulte le trou.

Τρυτάνη, balance, trébuchet. Ce mot peut être pour τριτάνη, composé de τρί, trois, et de τάνω, tendre, étendre. La balance est, en effet, sujette à une triple tension, savoir : celle du centre et celles des deux extrémités lorsqu'elles sont chargées.

Ou bien, est-ce un abrégé du composé κεντροτάνη; m. à m., *tendue, étendue au centre, au milieu* du fléau, ce qui a réellement lieu dans cet appareil.

Ou, enfin, un abrégé du composé ἑτεροτάνη; m. à m., *qui tend diversement,* qui tend d'un côté et d'autre.

Ou, peut-être même, abrégé du composé μεταρυτάνη, de ρυταίνω, fréquentatif de ῥύω, tirer, traîner, pencher, faire pencher, et des prépos. μετά ou κατά.

Τρύφη, mollesse, luxe, délices. De τρύπτω ou θρύπτω, rompre, briser, triturer, amollir, énerver, relâcher, comme, en latin, *corruptio*, de *rumpo*, briser; *mollities*, de *moleo*, moudre, broyer.

Ou bien, pour τρόφη, de τρέπω ou στρέφω, abattre, renverser (au physique et au moral), ou dans le sens de tourner, retourner, se rouler, se vautrer, comme, en latin, *voluptas* et *volutabrum*, de *volvo*, comme font les porcs dans la fange, en symbolisant parfaitement ce vice.

Ou bien, ce mot est-il pour τρίφη, de τρίβω, fouler, broyer, frotter, user. Un corps ou un naturel mou et voluptueux est un corps ou un cœur *usé, rompu, corrompu*. Rien n'use comme le vice.

Τρύχω et Τρύω, briser, trouer, percer, user, frotter. Ces verbes ne sont que des dérivés de τέρω ou τείρω et τορεύω, user, frotter, fouler, triturer, briser (en tournant, tournoyant, tordant, torturant). Pour trouer et pour torturer, comme pour triturer, il faut employer un mouvement *rond, circulaire, tournoyant*, comme étant le plus propre et le plus efficace. Τορεύω et τερεύω sont devenus τρεύω, puis τρύω.

Ou bien, est-ce un abrégé du composé ὀδοντορύσσω; m. à m., *creuser avec les dents, ronger*.

Τρύψ, plat, assiette. Pour τρόψ, de τρέπω; ce sont des *ronds*, des *cercles*, des *tourtes*, tourtières, en espag., *torteras*, et fabriquées même au moyen du mouvement circulaire du tour à potier, circonstance qui peut aussi avoir servi à les dénommer.

Τρώγλη, trou, caverne, antre. Ce mot vient de τρώγω, ronger, dévorer, manger, soit parce que les cavernes, surtout celles des bords de la mer, sont dues à l'*érosion*, au *rongement* des flots, soit parce que c'est dans les cavernes que les bêtes féroces *dévorent* leur proie; c'est, m. à m., le français *repaire*, venant également de *repaître*, synonyme de *manger* et *dévorer*.

On pourrait, néanmoins, voir aussi dans le mot τρώγλη, un simple dérivé de τράω, percer, perforer, la caverne n'étant, en effet, qu'une *perforation*.

Τρώγω, manger, ronger, croquer. Ce verbe paraît tenir à τρύχω, user, ronger, frotter, triturer, broyer (avec les dents). Peut-être est-ce encore l'abrégé du composé ὀδοντ, dent, et ῥάγω, briser. La mastication n'est pas autre chose.

Ou bien, un autre abrégé du composé ἔντερω et ἄγω; m. à m.,

pousser, mener, conduire, introduire dans les *entrailles*, l'*intérieur*, l'estomac, le ventre. Ἐντερῶγω serait devenu τερώγω, puis τρώγω. *Manger* et *dévorer* ne sont pas, en effet, autre chose.

Τρώκτης, truite. Peut venir de τρώγω, manger; m. à m., *manger* par excellence, *manger* délicat.

Ou bien, pour τρύχτης, de τρύχω, percer, perforer, ou de κέντρῳ ἄκτης; en abrégeant, τρωάκτης, d'où, par syncope, τρώκτης; m. à m., *perforée*, et cela à cause des points ou piqûres que ce poisson porte, en effet, sur ses flancs.

On peut aussi rapporter ce mot aux verbes τέρω, τορεύω et ἄγω.

Τύλη, matelas, charpie. Paraît être un abrégé de μιτύλη ou μοτύλη, de μίτος, fil, filasse, ou de μοτός, charpie, filasse, bourre.

Ou bien, pour τύρη, dérivant du verbe τείρω, fouler, battre, broyer, tourmenter, opérations d'où résultent, en effet, les filasses et les charpies. En français, nous avons *charpie* et *écharper*.

Τύλος, cal, durillon, cor, cheville, nœud d'arbre, bosse du chameau. Ce mot n'est autre que τύρος, de τείρω, fouler, presser, tourmenter. Le cor, le durillon, ne sont, en effet, autre chose qu'une *pression*, une *compression*, une *foulure* de la peau, de la chair par un corps dur, et qui, en outre, nous *tourmentent* et nous *torturent* : τείρω.

Τύμβος, tombeau, sépulcre. Ce mot vient de τύπτω, frapper, et, mieux encore, de τυπόω, empreindre, graver, *faire un type*, une image, une figure; en un mot, ce que nous appelons en français un *buste*, du latin *bustum*, qui signifie précisément *tombeau*. Τύμβος est donc, proprement, le *type*, le *buste*, la figure, l'image du mort que les Grecs mettaient souvent sur le tombeau; ou bien, le type, gravure, marque, signe, sceau, épitaphe qu'ils y marquaient ou gravaient.

Rappelons-nous qu'un tombeau était un *monument*; en latin, *monumentum*, c'est-à-dire, un *signe*, une *marque*, un *avertissement* (*moneo*) pour perpétuer la mémoire, un cype, style ou colonne sculptée.

On peut encore rapporter le mot τύμβος, qui nous occupe, au verbe τύφω, allumer, brûler, comme le latin *bustum* et *combustum*, tombeau et brûlé, faisant allusion à la combustion du cadavre sur le bûcher, pratique commune aux Grecs et aux Romains.

Τυμπανίον, sorte de pierre qui servait à faire des tambours ou des sonnettes; probablement, la phonolite, pierre qui rend, en effet, un son métallique, comme son nom l'indique.

Τύντλος, boue, bourbier, fange, trouble. Pour σύντλος, de σύν, avec, et τλάω ou τέλλω, élever, soulever, enlever, retirer.

Τύπος, type, forme, impression. De τύπτω, frapper, battre, parce que ce sont des résultats du *coup*, de la *percussion* du coin, du poinçon, de la matrice; de là, notre expression *battre monnaie*.

Τύπτω, battre, frapper, choquer. Voici encore un emprunt fait au sémitique *tafaf*, חפף, battre, frapper, souche d'une famille immense dont les rejetons se trouvent dans toutes les langues : en français, nous avons *taper, tapage, estampe, tampon, tambour*, etc., etc.; en espag., *tapon, topar*; en allemand, *tappfen*, etc... C'est, dans toutes ces langues, une belle onomatopée tirée du son que font entendre deux corps, de consistance plus ou moins dure, qui se choquent entre eux, soit bois, pierre, ou, encore mieux, bois contre bois.

Τύραννος, tyran, roi. Ce mot célèbre vient de τείρω, fouler, presser, opprimer. C'est le roi imposé par force, régnant par son propre pouvoir, l'*autocrate*, par opposition aux rois, chefs ou magistrats choisis par le peuple; c'est pour cela que l'on donnait le nom de tyran aux princes, même qui gouvernaient avec douceur et modération, mais qui s'imposaient d'eux-mêmes à l'obéissance et la soumission des peuples par le droit de la force, c'est-à-dire, par l'oppression.

A moins, toutefois, que, comme veulent quelques étymologues, τύραννος soit mis pour κύραννος, de κῦρος, autorité, pouvoir, puissance, domination.

Τύρβη, trouble, désordre, agitation, tumulte. Métathèse de τρύβη, appartient à la même souche que τρίβω et que τρύπη, τρυπάω, τρύπανον, c'est-à-dire au verbe τρέπω, tourner, retourner, contourner, bouleverser, troubler.

A moins que ce ne soit une corruption de θορύβη, qui a la même signification.

Ou bien, pour τορεύη, de τορεύω, tourner. C'est toujours l'idée de *tour*, inséparable de celle de trouble.

Τυρός, fromage. De τείρω, presser, fouler, comprimer, battre, tourmenter. Le fromage n'est, en effet, autre chose que le résultat du *battage*, de la *pression*, de la *compression* dans les formes, dans les clisses ou les paniers où il devient fromage. Le latin *caseus*, qui a fait l'espagnol *queso*, n'est autre chose que le participe *quassus*, battu, foulé, tourmenté, si, toutefois, il n'est pas *capseus*, de *capsa*, boîte, caisse, forme où il se forme et se moule, répondant ainsi au français *fromage*, qui n'est autre que formage, c'est-à-dire, *forme* ou *formation*, moulage dans les formes :

Τυῤῥήνος, tyrrhénien, étrusque, toscan. Je puis assigner au nom de ce peuple célèbre trois étymologies diverses :

La première, de τύρος, Tyr, ville qui en aurait été la souche par ses colonies de *tyriens* voyageurs ;

La seconde, de τύῤῥις, tour, château, forteresse, parce que l'Étrurie en était, en effet, remplie. C'étaient les véritables *castillans* ou *châtelains* de la péninsule italique (*castellum*), comme ceux de la péninsule hispanique ;

La troisième étymologie serait tirée de τυρός, fromage. C'étaient des *fromagiers* ou fabriquants de fromages, étymologie qui pourra paraître un peu burlesque, mais qui nous rappelle les fameux fromages de Parme, localité de l'ancienne Étrurie.

Τύῤῥις, tour, château. Pour τόῤῥις ou τόρσις, τορεύσις, de τορέω, τορεύω, tourner, contourner, circuler. C'est, proprement, la *tour* ronde, circulaire, probablement la première ou la plus généralement bâtie pour la distinguer de la *tour carrée*, mots qui sont en contradiction, car le français *tour* indique par lui-même la forme ronde et cylindrique essentielle à la véritable tour.

Τύρχη, fourche. Transposition de τρύχη, de τρύχω, harceler, battre, tourmenter, vanner la moisson, le grain, le foin.

Τυτθός, petit, jeune. N'est autre que τιτθός, de τιτθέω, allaiter, nourrir ; c'est donc, proprement, *nourrisson, enfant à la mamelle*.

Τύφη, typhe, plante aquatique. Pour τίφη, de τῖφος, marais, marécage.

Τυφλός, aveugle. Ce mot vient de τύπτω, frapper, battre : l'aveugle est un malheureux *frappé* des yeux, *blessé* à la vue, *frappé de*, comme κόφος, muet, vient de κόπτω, battre, frapper, couper (à la langue ou de la langue). Remarquez que dans le français *aveugle* (*ab oculis*), il y a aussi le mot *frappé* ou *privé* sous-entendu ; c'est un trope analogue, quoique dans un sens opposé. Remarquons aussi que l'aveugle est, d'ailleurs, sujet à se *heurter*, à se *choquer*, ce qui rentre encore dans la signification de τύπτω.

Τῦφος, fumée ; orgueil. C'est la *fumée* de l'orgueil qui obscurcit notre esprit, trouble la vue intellectuelle, nous aveugle comme la fumée physique aveugle les yeux du corps ; du verbe τύφω, allumer, s'allumer, fumer, parce que la fumée est, en effet, le premier indice de la combustion.

Τύφω, fumer, jeter de la fumée, s'allumer peu à peu. Significations qui nous donnent à entendre que ce verbe a été formé du parf. τέτυφα, de τύπτω, battre, frapper, choquer. Le feu est, effectivement, produit par le *battement*, le *choc* des pierres, du silex surtout, soit contre le fer, soit l'une contre l'autre, soit même de deux morceaux de bois bien secs, choqués, frottés, battus : telle est la méthode naturelle et primitive de se procurer du feu ; telle est celle employée aujourd'hui même chez les peuples sauvages.

Τύφω signifie donc, proprement, *avoir battu* ou *être battu*, soit la pierre, le fer, le quartz, le silex, ou même le bois, de manière à faire fumer la matière à brûler, le combustible qui fume et s'allume peu à peu en recevant les étincelles, les *battitures*, comme nous disons en français, provenant du choc. C'est un proverbe ancien et général : « que du choc jaillit la lumière. »

Τύφων, le fameux typhon. Ce monstre ou fléau terrible serait donc une vapeur, une fumée, une exhalaison pestilentielle ; ou bien, un *coup fumant* (τύπτω), c'est-à-dire, la foudre ; une exhalaison qui frappe et fume à la fois, mais qui, soit sous la forme d'exhalaisons fétides des marais, soit sous celle d'exhalaisons électriques de la tempête, sont des fléaux (en espag., *azotes*, de *azotar*, fouetter), qui *frappent, choquent, brisent*, τύπτω, la vie et la santé des populations.

Τύχη, fortune, sort. Ce mot est un dérivé de τύχω, et signifie proprement ce qui *vient, survient, advient, arrive* ; une *rencontre*, un *événement*, un *accident*, une *contingence*.

Remarquons aussi que la fortune est symbolisée par une roue, un cercle, un contour ; or, nous avons, en grec, le mot ἄντυξ, cercle, roue, qui aurait pu très-bien former ἀντύχη et son abrégé τύχη, ce qui nous conduirait à la *roue de la fortune*, au *cercle* de ses vicissitudes, aux *revers* (*verto*) ou *tournoiement* de ses caprices.

Τύχω, venir, arriver, parvenir, se trouver, rencontrer, atteindre, obtenir. Ce verbe remarquable, plus connu sous la forme τυγχάνω, pourrait très-bien n'être qu'une dérivation de στείχω, aller, venir, survenir, arriver; ou bien, de στοχάζω, toucher, atteindre, arriver à, parvenir au but, venir à fin, comme, en latin, *contigit*, il arriva, de *tango*, c'est-à-dire, *il toucha, atteignit;* en espag., *le toco la suerte*, le sort le *toucha*, l'*atteignit*, pour il *lui arriva*, le *acontecio* (*contigit*); m. à m., *il lui toucha*, στοχάζω. Les Latins disent aussi *accidit*, il arriva, m. à m., *il approcha* (*accedo*), et *contigit*, il toucha (*tango*), verbes qui correspondent au grec στείχω, venir, et στοχάζω, toucher.

Atteindre, obtenir, ne sont autre chose que *toucher à, porter sa main à, atteindre* ou *toucher,* ou frapper le but; ou bien, arriver, parvenir à : στείχω.

Se trouver, se rencontrer dans, n'est autre chose que *être venu, survenu, arrivé* dans, *devenir* (venir de) : στείχω.

Le verbe important qui nous occupe pourrait néanmoins être aussi un abrégé de ἀντύχω ou ἀντίχω, composé de ἀντί ou ἀντύ, contre, vis-à-vis, opposé, et de ἔχω, être, venir, se trouver, ce qui serait l'analogue du français *rencontrer*, de l'espag. *encontrar*, et même du latin *occurro, offendo, obviam fio*, qui sont tous formés avec les mots *contra, ob,* qui signifient précisément contre, vis-à-vis, devant, en face, opposé.

Τωθάζω, piquer, railler, mordre. Ce verbe peut venir d'une abréviation de ὀδοντώθεις ou δακτώθεις ou σκωπτώθεις, c'est-à-dire, *mordu, rongé, agacé, coupé, taillé.* Coup de dent est encore, dans beaucoup de langues, synonyme de *raillerie, injure*, et de là l'épithète de *mordante,* que l'on donne aux mots *raillerie* et ses synonymes. Peut-être encore, le mot qui nous occupe est-il un abrégé du composé κατωθέω ou ἀντωθέω, de ὠθέω, pousser, exciter, inciter, piquer, irriter, pousser à bout, et κατά ou ἀντί, contre.

Υ

Ὑάκινθος, fleur et pierre précieuse couleur violette. Pour ἰάκινθος, de ἴον, violette, qui s'écrivait aussi apparemment avec esprit rude.

Ὕαλος, verre. Ce mot peut être rapporté à εὕω, chauffer, griller, fondre. Le verre est, en effet, le produit de la fonte des minéraux ou de leur grillage ; ce sont leurs gangues fondues, surtout les quartzeuses, qui ont dû présenter à l'homme le premier échantillon du verre.

En suivant la même idée, ὕαλος pourrait être aussi un adoucissement de χύαλος, de χύω, fondre ; m. à m., le *fondu* ou le *fusible*, pour le distinguer de κρυστάλλος, dérivant de κρύος, *froid, concrétion, congélation*, cristal d'eau glacée d'abord, puis cristal de quartz, chaux ou toute autre matière, exactement semblable à celui de l'eau. Nous aurions donc, de cette sorte, ὕαλος ou χύαλος, le produit ou objet de la *fusion*, et κρύσταλλος, le produit de la *congélation*, la *glace* et tout ce qui lui ressemble par l'aspect extérieur.

On pourrait, à la rigueur, rapporter encore ce mot à ὕω, pleuvoir, les cristaux ou verres naturels n'étant que des concrétions, des sortes de *stalactiles* résultant de l'égouttement, de l'écoulement des géodes ou cavernes, d'une *pluie minérale* ou d'*eau minéralisée* qui forme les dépôts vitreux ou cristallins.

Ὑβός, courbe, bossu. Ce mot peut être pour κυβός, de κύπτω, courber. Ou bien, venir directement de ὑπό, sous, dessous, parce que l'attitude courbée est, en effet, celle de celui qui supporte (*sub portat*), qui se trouve et se courbe *sous* un poids, *plie sous* lui, le souffre (*sub fert*), le soutient (*subs tinet*).

Ὕβρις, injure, outrage, insolence. Ce mot, au contraire de celui qui précède, nous donne l'idée de la hauteur, du procédé *hautain, altier, insultant* (qui saute *sur*, *dessus*), qui foule, qui est *superbe* : ὑπέρ βω.
• Ce mot signifie aussi certain oiseau de la famille des chouettes, peut-être le même que βρένθος, que nous avons vu en son lieu, et qui, signifiant aussi *orgueil, arrogance*, tire peut-être son origine de l'abréviation de ὑβρένθος.

Il en est de même de la particule βρί, qui marque l'excès, la force, la violence, et qui pourrait très-bien n'être que l'abrégé de ὑβρί, pour ὑπερί, ὑπρί; m. à m., *supérieurement, hautement*, qui se donne des airs de *supériorité* : en un mot, de l'homme fier, orgueilleux, insolent, insultant. C'est donc ὑπέρ qui a donné naissance à ὑπερίς, ὑπρίς; m. à m., *hauteur, élévation*. Ou bien, excès, chose qui *surpasse*, qui *sort*, qui *passe* par dessus des limites ordinaires, des bornes de la convenance, qui s'*excède*, qui *franchit*, qui *saute* par dessus tout, qui ne respecte rien.

Ὑγιής, sain, bien portant. Cet adjectif n'est autre chose que le composé εὖ et ἄγω, εὐηγίος, εὐηγέω; m. à m., *se bien porter, aller bien, être bien, se bien mener*. En latin, bene ago, bene habeo, bene valeo. On pourrait le supposer aussi un dérivé de αὐγή, éclat, bril, splendeur. Nous disons *brillant de santé, santé florissante*. La maladie, au contraire, est sombre, triste, lugubre.

Ὑγρός, humide, coulant, liquide, mou, flexible, suave. Cet adjectif, s'il n'est pas tout simplement ὑερός, de ὕω, pleuvoir, mouiller, tremper, écrit ὑγρός, qui a le même son, paraît avoir la même origine que ὑγιής, c'est-à-dire, le composé εὖ et ἄγω, εὐαγερός, εὐαγηρός; m. à m., *facile à mener, traiter, conduire, manier*, comme le sont, en effet, toutes les matières macérées, trempées, ramollies (*mollies = mouillées*) dans l'eau, et, par conséquent, *humides, moites*. Nous avons déjà vu que l'idée opposée de dureté, aspérité, âpreté, tient à celle de *austérité* (αὔω, sécher), *sécheresse*, σκληρός, dur (de σκέλλω, dessécher), asper, en latin, de *a* non et σπείρω, répandre, verser; dulcis de (δεῦκος, doux), qui n'est autre que ὑδεῦκος, mouillé, trempé dans l'eau : ὑδεύω.

Ὕδνον, truffe. Est une syncope de ὕδινον, l'*aquatique*, l'*aqueux*. Ces tubercules aiment et naissent dans les terrains humides. C'est donc un dérivé de ὕδωρ.

Ὕδω, dire, parler, chanter, crier. Pour αὔδω, dérivé de l'onomatopée αὔω, crier, aboyer, lancer des sons, des voix inarticulées; c'est la voix du chien : *aü, aü, aü*, la voix élémentaire; et, remarquez que ce sont les deux extrêmes de l'échelle des voyelles α, ε, ι, ο, υ, et comme le résumé de la voix proprement dite.

Ὕδωρ, eau. Selon quelques étymologues, vient de ὕω, pleuvoir. Cela peut être. Cependant, la pluie n'est qu'une forme, un simple accident de l'eau; le caractère ou la propriété la plus précieuse de l'eau, c'est, sans aucun doute, celle d'*apaiser* la soif, de *désaltérer*, de *reposer*, de *poser*, de *faire asseoir* la fatigue, le malaise que donne la soif. C'est donc au verbe εὕδω, endormir, reposer, apaiser; ou ἵζω, ἴδω, devenu ὕδω, faire asseoir, et, comme les Latins disent très-bien, *sedare* (de *sedeo*, asseoir), qu'il faut rapporter ce mot important dans toutes les langues, puisque c'est celui d'un des éléments indispensables de l'organisation et de la vie. Le latin *aqua* peut, lui aussi, tenir à *queo*, reposer, poser, apaiser, asseoir. Mais l'eau est encore un *miroir*, où l'homme primitif a dû d'abord *voir* son image comme le beau Narcisse et le cerf de la fable; et, sous ce rapport, ὕδωρ pourrait bien être aussi ἴδωρ, c'est-à-dire, le *montrant, faisant voir*, donnant la *vue*, l'*image*, le *miroir*, le *mirage*.

Πόσις, *potus*, boisson, synonymes de *eau*, ne sont autres que *pono, positus* (*sedatio*, apaisement), repos, rassis, reposé.

Ce mot pourrait, enfin, être rapporté au verbe εὕδω, ou ἴδω, ἵζω, mais, sous le point de vue de sa tendance au repos, à la tranquillité, à la pose de son niveau, ce serait, m. à m., la *dormante*, la *reposante*, la *couchée*, l'*horizontale*, la *nivelée*, l'*égalisée*, comme, en latin, *aqua*, de *œqua*, ou de *quea*, l'*égalée* ou la *reposée*, car le niveau est le repos, surtout dans les liquides.

Ὕθλος, badinage, futilité, babil, caquet. Ce mot est peut-être une abréviation de εὔθαλος; m. à m., *fleuri, brillant*. Ce sont des paroles *fleuries, brillantes, agréables*, séduisantes, recherchées, élégantes. Le vernis, le clinquant du discours, de la parole. Ou bien, ἰύθλος, de ἰύζω, siffler, chanter en perroquet, en oiseau; ou bien, métathèse de ὑλάτος, ὕλθος, de ὑλάω, aboyer. Ce serait alors une allusion aux aboiements, jappements, cajolements du jeune chien le plus flatteur, le plus caressant de tous les animaux, le type de la cajolerie.

Ὑιός, fils. Si ce mot n'est pas pour φυιός, de φύω, naître, répondant parfaitement au latin *natus*, de *nascor*, et au grec τόκος, de τίκτω, c'est probablement un dérivé de εὕς, bon, doux, cher, chéri, tendre, adjectifs qui accompagnent ordinairement le *doux nom de fils*, dont il serait l'équivalent. Ou bien encore, le *légitime*, le *bon*, comme en espagnol, où *bueno* est synonyme de *légitimo*. Ce serait le fils *légitime*, le *vrai* fils, le fils de *prédilection*, le fils *bon* et de choix, par opposition au νόθος, au *bâtard*, au *faux*, à l'*illégitime*, au fils *mauvais*, du *mauvais* côté.

Ou, enfin, de ἴω, devenu ὔω, envoyer, émettre, produire ; m. à m., *produit*, descente, mise bas. Ce serait l'hébreu ילד pour ירד, dépôt.

Ὑλάω, aboyer. Pour αὐλάω, dérivé de αὖω, aboyer, crier, faire *aü, aü, aü*.

Ὕλη, matière, forêt, bois. Si ce mot n'est pas pour φύλη, de φύω, *produire, faire naître*, puisque c'est de la matière que nous voyons sortir toutes les formes et productions du monde *matériel* et visible, d'où le latin *materia* et *mater*, mère productrice, production, ce doit alors être une légère altération de ὕη, limon, bourbe, fange, d'où l'homme a été formé, ainsi que tous les autres êtres du règne animal et végétal. C'est, en effet, de la *terre pétrie*, materia (ἰλύς, ἴλη, μακτήρια, μάσσω) qu'a été *pétri* l'homme et avec lui les règnes aminal et végétal. Sans *terre* et sans *eau mélangées, mêlées, contournées, roulées, retournées* (εἰλέω), *pétries* (μακτήρια), il ne pourrait exister aucun être vivant ou végétant.

Quant à l'acception de *bois*, elle équivaut à celle de *matière*, parce que le bois est la matière par excellence, d'où l'homme primitif et même le civilisé a tiré presque tous les objets de son usage : meubles, vases, armes, habitations, barques ; en espag., *madera*, bois, de *materia*, matière par excellence, a suivi l'analogie grecque.

Ὑλίζω, purifier, clarifier, filtrer. Pour αὐλίζω, de αὐλός, siphon, tuyau, canal. C'est, m. à m., *passer par un siphon*, un tuyau, un manchon, ou passage étroit.

Ὕλλος, espèce de petit reptile. De ὕλη, lie, limon, partie, matière grossière d'un liquide, boue, fange. Le limon est l'habitation la plus ordinaire des reptiles, ou les petits surtout grouillent et pullulent par myriades.

Ὑμέναιος, Hyménée, dieu du mariage ; mariage. C'est, proprement, le *voilement*, en latin, *nubeo*, se couvrir, la *voilure*, la prise ou revêtement du voile de mariage. La couverture dont se couvre la jeune épouse.

Ὑμήν, membrane, tunique de peau, pellicule, union sexuelle, mariage. Vient de ὕω, ἴω, εἰμι, ἵημαι, revêtir, vêtir, habiller, pour ἵμην. C'est un *habillement* qui revêt, enveloppe les viscères ; de là, son synonyme ordinaire χιτών, tunique ; c'est aussi la tunique ou membrane qui accompagne et garantit la virginité, et que l'*hyménée* ou mariage brise à son premier abord.

Ou, enfin, ce mot est-il un simple dérivé de ὕω, arroser, verser. Le but et le résultat de l'union sexuelle sont, en effet, un *arrosement,* un *versement,* un *flux;* ou, si l'on veut, une *émission,* un *jet* : Ἴω = ὕω. Aussi est-il remarquable que la figure du dieu Hymen est quelquefois représentée avec un arrosoir.

Ὕμνος, hymne, chant, chanson. Vient de ὑμήν, hyménée, mariage. C'était, proprement, le *chant des noces.* Plus tard, la signification de ce mot s'étendit à toute espèce de chants solennels et élevés.

Ὕνις, soc de la charrue. De ὗς, porc, cochon. Elle joue le même rôle et a la même forme que le butoir du cochon, avec lequel cet animal creuse et sillonne la terre. C'est probablement le manége du porc qui a appris à l'homme à labourer la terre.

Ὕννος, poulain de jument ou d'ânesse. Ce mot est le même que ἴννος ou ἴνις, petit, jeune, poulain, peut-être ὕινος, de υἱός, fils. Serait-ce aussi ὑμένος, c'est-à-dire, le petit dans la *membrane,* l'*amnios;* le fœtus.

Ὕπαρ, vision. De ὑπέρ. C'est proprement la vision *surnaturelle, d'en haut, supérieure, céleste, divine.* Si l'on ne fait point attention à l'esprit rude, on pourrait supposer que c'est un dérivé de ὀπή, vue, ὄπτω, voir, et nous aurions tout naturellement ὄπαρ, *vision.*

Ὑπέρ, sur, dessus, au-dessus. Cette préposition appartient à la même famille que ὕψος, hauteur, ὑψί, en haut, et ἱπτάω, voler, qui tous tiennent probablement du sémitique *ouf,* voler, s'élever, s'enlever. Dans ὑπέρ, on pourrait voir le verbe ἀήρ ou ἀείρω, qui portent l'idée d'*air, élévation, suspension en l'air,* précédés de ὑπ ou עוף, qui n'est probablement lui-même qu'une belle onomatopée tirée du bruit même que font les ailes des oiseaux en s'élançant dans l'air, en s'envolant, surtout celles des grands oiseaux, bruit analogue à celui d'un grand souffle : *auf, auf, auf, auf.*

Ou bien, l'onomatopée ne serait-elle que le son que nous faisons entendre en expirant fortement et coupant tout court l'haleine par la clôture des lèvres : *hup..., hup..., hup...,* son ou interjection que nous émettons lorsque nous faisons effort pour lever, enlever, soulever un poids plus ou moins lourd.

Ὕπνον, mousse qui croît sur les arbres. Contraction de ὑπήνον, de ὑπήνη, barbe; c'est, comme la *barbe* du tronc des arbres, l'analogue de la barbe du visage humain.

courbe sous quelque chose ; on se *courbe* pour passer *sous ;* on *fléchit sous* le poids. D'où l'on voit que l'idée de *courbure* et d'*infériorité,* de bassesse, sont corrélatives.

Cette préposition peut encore tenir à ὑπ ὑψός, haut, hauteur, élévation. Ce qui est *sous* est l'*élévation,* la *base,* le *piédestal* de ce qui est dessus. La position *basse, inférieure* d'un objet, relativement à un autre objet, suppose nécessairement l'*élévation,* la *hauteur,* l'*exhaussement* de ce dernier. Pierre *sous* Paul équivaut à Pierre *élévation, haussement, hauteur de Paul,* qui, sans cette relation, ne serait ni haut, ni bas.

Ὕπτιος, couché sur le dos, à la renverse. Pour ὑπάτιος; m. à m., *en haut, tourné vers le haut,* la face *en haut ;* en espag., *cara arriba* ou *panza arriba* (face ou panse en haut); en latin, *supinus,* de *super, superinus :* ὕπατος, haut, élevé.

Ὕραξ, souris, mulot. Ce mot peut être pour σύραξ, de σύρω, traîner ; m. à m., la *traînante,* la *traînarde,* qui *se traîne,* rampe à terre. Ou bien est-ce une corruption de ὀρύαξ ou ὀρύξα, du verbe ὀρύσσω, creuser, fouir. Ou, enfin, transposition de ῥύαξ, qui se *traîne,* qui *rampe.*

Ὕρχη, terrine, cuve, vase pour conserver le poisson salé. Ce mot est pour ὄρχη, de ὄρχος, clôture, enclos, enceinte.

Ou bien, pour ἕρχη, de la forme εἴρχα, de εἴργω, presser, serrer, comprimer, renfermer. On sait que le poisson salé se met, en effet, *en presse* dans des tonneaux ou autres vases pour les garantir de l'air et de l'humidité, principaux agents de la putréfaction.

Ὕς, porc, cochon, sanglier. Pour σῦς. L'esprit rude tient la place du σ initial.

Ὕσγη, cochenille. Ce mot, prétendu gaulois, n'est que le composé du grec ὕς, cochon; d'où la traduction de *cochenille,* de l'espag. *cochinilla,* petite cochonne, à cause de la forme de cet insecte, forme analogue à celle du cochon, surtout dans la femelle, qui est arrondie, voûtée, velue, et munie d'un bec ou boutoir.

Ou bien, de ἴος et γάω, réduit, par abréviation, en ὕσγη; m. à m., *devenu violet, rendu violet,* car elle fournit effectivement la teinture violet; d'où le dérivé ὕσγινον, où l'on voit encore apparaître le verbe γένω, être, devenir.

Ἴοσγη sera donc devenu, par suppression de l'ο, ἴσγη, puis ὕσγε, ce qui est simple affaire de prononciation.

Ὕσκλος, lanière, cordon, courroie de soulier. De ὕς, porc, probablement faite de peau de cochon, à cause de sa force et de sa souplesse, et de κόλος, morceau, pièce, portion, pour ὕσκολος; ou bien, ὕσκωλος, de κῶλον, gros boyau qui servait à faire le cordon ou attache de la chaussure.

Ὑσμίνη, combat, choc, mêlée. De ὕσμα ou ὕησμα, pluie, averse, ondée; probablement, par allusion à une *pluie* de traits, à une *pluie* de flèches, comme nous disons encore aujourd'hui dans la plupart de nos langues modernes.

Ὑσσός, javelot, javeline. C'est, proprement, une pique destinée à la chasse du sanglier, ὕς; en espag., *javali*, d'où le français *javeline*; m. à m., *sangliaire*, propre au *sanglier*.

Ὕσσωπος, hyssope, plante. Pour ὑσσώπος ou ὑσισώπος, composés de ὕη, ὕσις, pluie, ὕης, pluvieux, et de ὦπος, ὤψ, vue, aspect, figure; m. à m., *aspect de pluie, semblable à la pluie*, parce qu'en effet, cette plante servait à faire les lustrations, les aspersions de l'eau lustrale dans les sacrifices et cérémonies du culte païen, comme aujourd'hui encore les aspersions d'eau bénite usitées dans nos églises, et qui font tomber l'eau *en forme de pluie* sur les assistants. C'était une plante qui, servant d'aspersoir, imitait effectivement la pluie, l'*aspect de pluie*.

Ὕστερος, le dernier, l'extrême, inférieur, postérieur. Cet adjectif comparatif paraît être une légère altération de δεύστερος, de δεύω, être inférieur à, céder à, manquer à, être postérieur, s'attarder, être le postérieur, *postremus*, le final, le terminal, le dernier. Peut-être est-ce plutôt ὑψίτερος, ὑψότερος, ὕψτερος; en latin, *summum, summitas*, le *sommet* le plus *élevé*, le plus *haut*; *ultimus*, pour *altimus, altissimus*, le plus élevé.

Ὑφάω, tresser, broder. Vient de ὑπό, sous, en dessous. C'est l'opération de passer ou faire passer *par dessous* l'étoffe, ce qui constitue la broderie et même le tissage, où la trame passe par *dessous* la chaîne. D'où le latin *texo, texere*, de *tego*, couvrir, cacher, mettre dessous.

Ὕψι, Ὕψος, haut, hauteur, de même que ὕπ, ὑπέρ. Ne sont que le sémitique *ouf* (עוף), voler, s'élever, et tous probablement qu'une belle onomatopée tirée du *soufflement, ronflement* ou *sifflement* que fait entendre l'air *froissé, foulé*, battu par l'aile ou tout autre corps. Ou du cri, du son *up, hup, houp*, que fait entendre toute bouche humaine lorsqu'il s'agit de *lever*, de *soulever* un fardeau de bas en haut, en comprimant subitement avec les lèvres une forte expiration de l'haleine.

Ὕω, pleuvoir. N'est autre que ἵω, émettre, envoyer, lâcher, laisser tomber, laisser aller. C'est une *émission*, un *relâchement* des nuages.

Φ

Φάγω, manger. Ce verbe peut être un composé de τροφή et de ἄγω; m. à m., en latin, *cibum duco*, je prends, j'amène nourriture. En abrégeant, nous avons φάγω, de τροφάγω.

Φαίνω, luire, éclairer, montrer. — Voy. φάω.

Φαιός, brun, gris, sombre, obscur. Est un simple abrégé de νεφαιός ou κνεφαιός, *nuageux*, temps *couvert*, sombre, obscurité, *brume*, la *brune*, la couleur analogue au *brun*, au noir rougeâtre qui suit le coucher du soleil. La souche est νέφος, nuage.

Φακῆ, lentille. Le nom de ce légume, si l'on a égard aux analogies que présentent (quant à ce mot) les langues latine et hébraïque, doit venir de φάγω, manger, comme l'hébreu עדשׁ, du verbe *hadasch*, conservé dans l'arabe, et qui signifie *nourrir*, et, comme le latin *lens*, qui n'est autre que le participe *alens*; m. à m., *nourrissant*. Les lentilles, à cause de leur bas prix, ont été, depuis les temps primitifs jusqu'à nos jours, la nourriture ordinaire des classes inférieures (du grand nombre), et même des bestiaux, qui la mangent généralement en Espagne sous le nom d'*algarroba*. (Souvenons-nous du ragoût de Jacob.)

En réfléchissant cependant à la couleur caractéristique de la lentille bouillie, qui est la *couleur brune*, ne pourrait-on pas aussi, en second terme, la rapporter à φαιός, φαῖκος; m. à m., la *brune*, l'*obscure*, la *sombre*?

Φάκελλος, fagot, paquet, botte. Pour σφήκελλος, de σφηκός, σφηκόω, rétrécir, resserrer, à cause de la forme *rétrécie, étranglée*, analogue à celle de la guêpe (σφήξ), que donne aux fagots, et particulièrement aux gerbes des céréales, la ligature médiane qui les comprime.

Φάλαγξ, phalange, division, peloton. Ce mot, qui paraît être le sémitique פלג, diviser, signifie proprement, *division, section*. C'est une *division* des doigts des mains, des armées, etc., etc.

Φάλαινα, baleine. Peut être un abrégé de κεφάλαινα; m. à m., *têtue, munie de tête*, car cet animal est remarquable par la grosseur énorme de sa tête qui forme presque la moitié du volume de tout son corps.

Ou, si l'on veut encore, de φάλος, cimier, aigrette. Ce cétacé se distingue par le cimier qu'il montre lorsqu'il vient à la surface des eaux, et qui résulte des jets d'eau qu'il lance par ses évents, qui lui forment une véritable *aigrette*.

Ou bien, enfin, du verbe σφάλλω, faire tomber, renverser, chavirer. On sait que la méthode de défense des cétacés consiste à faire chavirer les bateaux au moyen de leur redoutable queue.

Φαλακρός, chauve. Cet adjectif peut admettre plusieurs étymologies, dont une serait l'abréviation du composé κεφαλά κοῦρός; m. à m., *tête tondue, rasée*. Ou bien, κεφαλά χρώς, *tête en peau, en chair*. Ou bien, de φαλός, clair, apparent, visible, et κρᾶς, tête, crâne. La calvitie consiste à avoir le crâne *apparent, découvert*.

Ou, enfin, de σφάλλω et κρᾶς, *déchu, tombé, manquant par rapport à la tête*.

Φάλαρα, harnais de cheval. Peut venir de φαληρός, brillant, éclatant, empanaché, φαλός, fait pour briller. Ou bien, être l'abrégé de κεφάλαρα; proprement, ornements de *la tête, harnais de tête, tétière*, plumet, aigrette, frontal.

Φαλλός, Phallus, emblème de la génération. Ce mot pourrait venir de σφάλλω, frustrer, tromper; il donnait le change dans les statues où on peut dire qu'il frustrait, trompait les regards trop avides d'obscénités.

Ou, mieux encore, contraction de φάκελλος, fagot, paquet. Le scrotum est un véritable paquet ou sac qui enveloppe les organes de la génération.

Φαλός, clair, brillant, apparent, beau. Cimier de casque, aigrette. La première acception tient évidemment à φάω, luire, briller; la seconde pourrait, en outre, se rapporter à κεφαλός, car si le cimier, l'aigrette, le plumet, sont faits pour *paraître* et *briller* au loin, pour servir de signal, pour donner de l'*apparence*, de l'ornement, ils sont aussi des *sommets*, des *cimes*, des *têtes*, des appareils de *tête*. On pourrait, enfin, voir ici le mot ὀμφαλός, nombril. Ce serait alors le nombril du casque, son ombilic, son sommet, le bouton ou pointe qui domine et termine sa convexité.

Φάραγξ, précipice, vallon, enfoncement, torrent. Paraît être une variété de φάρυγξ, gosier. C'est tout simplement ce que nous appelons, en français, *gorge, col;* en latin, *fauces montium;* en espag., *garganta*.

Φαρέτρα, carquois. De φέρω, porter, φερέτρα; m. à m., la *porteuse*, la *portanière*. Les Latins ont *feretrum*, chaise, lit, *porteurs*.

Φαρκίς, ride. Pour φρακίς. De φράσσω, serrer, presser, fouler. La *ride* est précisément le résultat de la *compression*, de la *foulure* de la peau, qui devient, au contraire, *lisse* et *unie* lorsqu'on *l'étend* et *l'étire*, ce qui est l'opposé de la *compression*, du *resserrement*, de la *foulure*.

Φάρμακον, médecine, drogue, poison. Ce mot remarquable n'est autre qu'un dérivé de πράσσω, faire, apprêter, préparer; en latin, *parare*. Πράγμακον est donc, proprement, une *préparation*, une *confection* médicinale ou vénéneuse. Le mot *drogue* vient lui-même de δράσσω, synonyme de πράσσω, qui signifie, comme lui, préparer, confectionner, apprêter; en espag., *aderezar*.

Φᾶρος, voile, étoffe légère. Vient évidemment de φάω, briller, paraître, φάερος; m. à m., *visible*, apparent, diaphane, clair, qui laisse voir au travers, qualités toutes indispensables à cette partie de l'habillement des femmes qui, sans cela, les mettrait dans l'impossibilité de voir et de se conduire elles-mêmes. Le voile, d'un usage général encore aujourd'hui chez les Orientaux, est destiné à couvrir la figure des femmes en leur permettant de voir au travers; de là, la propriété de *clairs, diaphanes, transparents*, qui doit les distinguer.

Φαρόω, labourer. Pour παρόω, de ἐπί ou ἀπό, et ἀρόω, labourer.

Φάρσος, portion, partie, fragment. Transposition de φράσος, de φράζω, dont la signification primitive est celle de *partager, diviser*, comme dérivé du composé ἀπό ῥάγω, rompre, briser, fendre.

ANALYSE ÉTYMOLOGIQUE DES RACINES GRECQUES. 503

Φάρυγξ; gosier, gorge. Ce mot paraît n'être qu'une métathèse de φάγυρς, φαγύρος; m. à m., le *mangeur, l'avaleur*; de φάγω, manger. Ce pourrait encore être un abrégé du composé τροφή et de ἐρύω, ῥύω ou ἀρύω, *traîner, entraîner, amener, conduire* la nourriture : telle est la fonction du pharynx, du gosier, de l'*œsophage* (οἴσω, φάγος). Remarquez l'analogie de composition de ce dernier mot : *qui porte, amène la nourriture*.

Φάσηλος, haricot, vesce. Pour φύσηλος, de φυσάω, souffler, venter, gonfler. Ce légume est éminemment flatueux.

Φασκάς, sarcelle, pigeon aquatique. C'est une variante de φάσσα et a la même origine. Voy. ce mot.

Φάσκον, espèce de lichen blanchâtre. De φάω, luire, briller, être clair, de couleur claire.

Φάσσα, pigeon ramier. Pour φάεσσα, de φάω, luire, briller, à cause des beaux reflets de son plumage.

A moins que ce ne soit une corruption de φάψα ou φάψ, même signification.

Φάτνη, crèche, râtelier, alvéole des dents, lambris de plafond. Ce mot est peut-être pour φράτνη, de φράσσω, enfermer, clore, resserrer. C'est tout compartiment qui *enserre, renferme, retient, contient, encadre, enchâsse*.

Ou bien encore, abrégé de τροφάντη, τρεφάτνη, d'un verbe τροφαίνω dérivé de τρέφω, nourrir. C'est le lieu qui contient la *nourriture*, la *mangeoire* des bestiaux, comme l'alvéole *nourrit* la racine de la dent et lui donne *naissance, gingiva*, de *gignere*, faire naître, pousser, nourrir, *gigniva*. En français, nous avons aussi *râtelier*, qui signifie *crèche* et *gencive* munie de ses dents.

Ou, enfin, abrégé de ὑφάντη, par métathèse ὑφάτνη, dérivant du verbe ὑφαίνω, tresser, tramer, enlacer, entrelacer. Les auges, les crèches, les lambris sont, généralement, des *treilles, treillis, entrelacements* de diverses pièces tressées et enchevêtrées en réseaux et compartiments.

Φαττάγης, certain animal à écailles. Peut être quelqu'un des *édentés*, composé de φάτνη, alvéole, gencive, et ἄγω, rompre, briser, par transposition φαντάγης, puis φαττάγης, peut être le *tatou* ou le *pangolin*, qui sont, en effet, couverts d'écailles.

Φαῦλος, vil, méprisable, bas, grossier. Pour παῦλος, de ἀπό et αὐλή, étable, écurie, cour, bercail. C'est, proprement, ce qui appartient aux champs, aux étables, aux bergeries. Le latin *vilis* pour *ovilis, ovilia*, étables à brebis, d'où les *villas*, les maisons rurales, les *villages*, les *vilains*, *rustics*, grossiers, campagnards, paysans, bas-peuple, vils, méprisables pour les habitants des *villes* (ἄστυ), πόλις, *polis*, civilisés (*civitas*).

Voyez aussi ἀφαυρός, faible, petit, débile, méprisable : φαυρός, φαῦλος.

Φάψ et Φάσσα, colombe, pigeon. Plutôt que de φέβω, craindre, trembler, ce mot paraît venir de φάω, luire, briller, pour φάους, φαῦς, φαέσσα, à cause des reflets brillants et métalliques dont le plumage des pigeons est doué.

Φάω, luire, paraître, briller; parler, dire; tuer, égorger. Si ce verbe n'est pas directement emprunté du sémitique יפה, être clair, brillant, beau, éclatant, on pourrait le rapporter à la famille des ὄψ, ὀπή, ὄπτω, ὄφθεις, qui signifient œil, vue, voir, vu, ὀφάω serait alors, proprement, se *faire voir, être vu; videri*, en latin, paraître, montrer, se montrer, et serait formé de l'abrégé d'un parfait 2 ωφα, d'où ωφάω.

Ou bien, le regarder comme un abrégé de ἀλφαίνω, ἀλφάω, commencer, poindre, ou de ἀλφός, blanc, comme le *point du jour*, qui est *blanc, clair* comme l'*aube, alba*, qui commence la lumière, la blancheur, l'éclat : λύκη, λεύκη, la blanche; en latin, *dilucalum*, de *luceo*. La *première* lumière qui s'aperçoit à l'horizon, qui nous *montre* et *fait paraître* les objets, est la *blanche;* les idées de *primauté*, de *vision* et de blancheur devaient donc se confondre dans un langage fondé sur la nature. Ce serait le *commencement* (du jour), le *point du jour*.

Quant à la signification de *dire, parler*, elle s'explique d'elle-même, puisque cela revient à *montrer;* en latin, *dico;* en grec, δείκω, *enseigner, démontrer*, faire voir (aux yeux de l'intelligence).

Mais si l'on considère que, dans notre atmosphère du moins, la source de la lumière c'est la flamme, et que c'est par elle, c'est en *flamboyant* que les corps en combustion nous éclairent (*Lumière, allumer* sont corrélatifs), on pourra rapporter ce verbe au parf. ἦφα, de ἅπτω, allumer, enflammer, faire flamber ou flamboyer : ἡφάω, φάω.

La signification de *tuer, égorger*, devra appartenir à σφάω, σφάζω, qui signifient exactement cela. C'est, proprement, *égorger*.

Φέϐομαι, craindre, fuir. Poétique; le même que φοϐέομαι.

Φέγγος, éclat, bril, jour. Ce mot vient de φαίνω, luire, paraître, briller, d'un parf. 2d qui a du être πεφάγγα, πεφάγγος, puis φέγγος, par abréviation.

Φείδω, épargner, économiser, éviter de, pardonner. Ce verbe n'est qu'une légère abréviation du composé ἀφείδω, de ἀπό et εἴδω; m. à m., *ne pas voir, ne pas faire attention, détourner les regards*, négliger, oublier, laisser de côté, garder, réserver, laisser. Le latin *parco* est composé de ἀπό et ἀρκέω, se suffire, se contenter de, avoir assez de, avec, être satisfait (d'une injure, d'une dette, etc.); par conséquent, la *pardonner*, la remettre.

Φέλλα, Φελλάτας, Φελλεύς. Mots qui désignent tous une espèce de pierre, peuvent se rapporter à φελλός, liége, et s'appliquaient probablement à une pierre poreuse, spongieuse, ponceuse, caverneuse comme le liégo.

Ou bien, à φύλλα, φυλλάτας, de φύλλον, feuille, c'est-à-dire, à des roches *feuilletées*, schisteuses, à des *phyllades*, comme les appellent les géologues.

Φελλάς, parchemin. Peut être pour φυλλάς; m. à m., *feuille, feuillée*.

Ou bien, pour ἀφελής, uni, lisse, poli, comme l'est, en effet, le parchemin et le vélin.

Ou, enfin, pour ἀφειλάς, de ἀφαιρέω, enlever, ôter, dépouiller; le parchemin est, en effet, la *dépouille* d'un mouton, agneau, ou jeune veau.

Φελλός, liége, écorce, pelure. De ἀφείλω, arracher, enlever. Le liége n'est précisément que l'écorce, la *pelure*, la *dépouille* qu'on *enlève* aux arbres qui le produisent, en les *pelant*, en les *écorchant*.

Φέναξ, trompeur, farceur, imposteur. De φαίνω, paraître. C'est, m. à m., ce qui *paraît*, celui qui a l'*apparence* et non la réalité; qui feint, qui *figure*; φενάκη, perruque, chevelure *apparente*, postiche, supposée, feinte.

Φένω, tuer, égorger. Ce verbe n'est autre que le composé ἀφεῖναι, lâcher, laisser aller, émettre, répandre, et signifie proprement *répandre* le sang, *laisser aller* le sang, faire mourir en répandant le sang. D'où le sens spécial de φόνος, φόνιος, φοίνος, sang, carnage, sanguinaire, sanglant, rougi de sang. Ce verbe désigne donc, proprement, une *mort sanglante.*

Φέρβω, nourrir, entretenir, élever. Ce verbe paraît n'être autre que φερεύω, dérivé de φέρω, porter, élever, conduire, mener, soutenir, produire. Ce que les Latins rendent par *educare, educere,* mener, éduquer, conduire, soutenir, entretenir, *élever.* Remarquez que *élever* est synonyme de *porter* : φέρω, φερεύω, prononcé φέρβω, qui sonne de la même manière à l'oreille ; φορβή ; m. à m., *production, produit, rapport,* φορεύη ; ou bien, qui *élève, entretient, soutient, nourrit.*

Φερνή, dot. De φέρω, porter, apporter. C'est la dot qu'on *apporte* en mariage, que la mariée *apporte* avec elle, *rapporte, procure* au mari.

Φέρτερος, plus fort. Dérive naturellement de φέρω, et signifie, proprement, *plus porteur.* La capacité de lever, de soulever, de porter un poids plus ou moins lourd a toujours été la mesure de la force musculaire, des *forts de la halle,* ou *porteurs, portefaix,* qui, en français même, sont synonymes.

Φέρω, porter, élever, enlever. Ce verbe important, qui joue un si grand rôle dans toutes les langues, est probablement emprunté directement au sémitique *fará,* qui a les mêmes acceptions.

On pourrait, cependant, sans sortir de la langue grecque, lui trouver une origine dans le composé ἀφείρω, de ἀπό, et ἀείρω, élever, enlever, porter.

Φέψαλος, braise, étincelle, cendre chaude, reste de feu. De πέπτω, cuire, chauffer, comme la braise et la cendre chaude qui servaient à la *cuisson* douce et lente, comme celle du pain, cuit sous la cendre par exemple. Ou de ἐπί ou ὑπό et de ἕψω, cuire, ὑφέψω, φέψω ; m. à m., *cuire sous* (la cendre), ou *brûlant, chaud sous* (la cendre), comme la braise qui y reste ensevelie et qui s'y conserve allumée. Ce serait, proprement, la *braise qui couve sous la cendre,* expression qui est passée en proverbe dans toutes les langues.

Φηγός, hêtre, chêne à glands. De φάγω, manger. On sait que les glands de cet arbre ont servi (comme probablement la lentille, φακός) de nourriture à l'homme primitif, comme ils le servent encore aujourd'hui dans les pays méridionaux où croît l'espèce à glands doux.

Φῆλος, trompeur. Pour σφῆλος, de σφάλλω, tromper, décevoir.

Φήνη ou Φίνις, orfraie, pugargue. De φαίνω, à cause de la couleur claire, éclatante de son plumage blanc en partie.

Φήρεα, certaines tumeurs semblables à des cornes naissantes. Pour φάρεα, de φάρος, clair, blanchâtre, luisant, peut être une dartre farineuse; ou bien, de φάω, luire, briller, paraître, apparaître, se montrer.

Φθάνω, prévenir, arriver avant, être le premier, obtenir. Ce verbe peut venir de ἅπτω, toucher, atteindre, arriver : ἀφθάνω. Ou bien, de ἕπω, suivre, poursuivre, ἐφθάνω que les Latins traduisent, m. à m., par *consequor*, de *cum* et *sequor*, je suis ; en espag., *conseguir*, suivre avec, suivre de près, arriver à, toucher à, atteindre l'*objet poursuivi*, ce qu'on *suit*, ce après quoi *on court*. Des aor. passifs ἀφθήν et ἐφθήν.

Φθέγγω, sonner, résonner, retentir. Paraît composé de ἐπί et θίγω, toucher : ἐπθίγω, φθίγγω; m. à m., *toucher sur* (un instrument qui rend un son par le tact, à cordes surtout). En français même, nous disons : « *toucher* un instrument » ; en espag., *tocar, tocata*, est synonyme de son, air de musique.

Φθίω, consumer, corrompre. De πύθω, pourrir, πθίω, πυθίω. Ou bien, σηφθίω, de σηφθεῖς, participe de σήπω, être pourri, pourrir, corrompre. Ou encore, de ἀφθείς, ἄφθω, du verbe ἅπτω, chauffer, échauffer : la chaleur est la source de la corruption.

Φθοῖς, sorte de gâteau, de bouteille, de pilule. Contraction de φυθόϊς, de φύω, naître, produire ; m. à m., *semblable à un fruit* : φύθον. Ou bien, abrégé de ὀφθοις, de ωπτῶ, cuire ; ce pourrait être un gâteau *cuit*, un vase *cuit* (en argile) ou un vase à *cuire*, et, enfin, une potion, *décoction* ou médicament *cuit*.

Φθόνος, envie. De φθέω, φθείνω, corrompre, consumer. Cette passion *corrompt* et *consume* le cœur. On est *dévoré, consumé* par l'envie.

Φιάλη, fiole, bouteille, ampoule, vase à gros ventre. Pour πιάλη, grosse, potelée, ventrue, gonflée, ampuleuse, de πῖός, gras, gros ; πιάρη, même signification. Ou bien, de φλύω, φλίω, bouillir, bouillonner, s'enfler, se gonfler, se boursouffler. Ampoule, bulle, sont synonymes de bouteille, à cause de leur forme et même de la manière de les fabriquer, qui consiste à *souffler* par un tuyau dans une masse de verre fondu, et, par conséquent, y produire un *boursoufflement*, une *bulle*, une véritable *ampoule* qui est la bouteille.

Φιαρός, luisant, brillant. Transposition de φαίρος, de φάω, luire, briller. L'acception de rond, potelé, gras. Peut venir de σφαίρος ; m. à m., *sphérique, rondelet*. Ou de πιαρός, gras, graisseux.

Φιβαλέα, certaine espèce de figues. Abrégé du composé ἐπιβαλέα, de ἐπιβάλλω, qui signifie *augmenter, ajouter, prolonger, proroger*. Ce sont probablement des *figues tardives*, des figues *prorogées* au delà de la saison ; ces figues que l'on mange dans les pays du Midi jusqu'au commencement de l'hiver, vers le mois de novembre.

Φιλέω, aimer, chérir, traiter amicalement, accueillir avec faveur. Ce verbe remarquable, qui joue un si grand rôle dans toutes les langues, parce qu'il le joue plus grand encore dans la nature, n'est, en grec, autre chose qu'une abréviation du composé ἀφείλω, de ἀπό et εἴλω ; m. a m., *épris, pris, captif*, expression que la langue française a conservée et qui est employée dans le latin *amore captus*, épris d'amour, et, en espag., *prendado de*. C'est qu'en effet, l'amour, passion la plus puissante, la plus irrésistible, nous enchaîne, nous saisit, nous captive, nous rend esclaves, nous dompte, nous lie, nous attache. C'est un feu, une puissance qui nous pénètre au fond du cœur et s'empare de tout notre être. *Liaison, attache*, sont synonymes d'*amour*.

Ce verbe pourrait encore bien être un abrégé de ὠφελέω ou ὀφέλλω, servir, favoriser, être utile, bon, serviable, affable, propice, bienveillant. En français même, « accorder ses faveurs » est synonyme de « *aimer* ».

Φιλίς, flûte, tuyau, roseau. Tient à φλέω, et φόλλις, souffler, souffle, sifflet.

Φιλίστιον, gratteron, ou caille lait. Cette plante tire son nom de φίλος, ami, φιλίστιος, très-ami, parce qu'elle s'attache fortement aux corps qui la touchent ; c'est pourquoi elle portait aussi le nom de φιλάνθρωπος, *ami de l'homme*.

Φιλλυρέα, fillaria. Métathèse de φυλλιρέα ; m à m., *feuillue*, de φύλλον, feuille, à cause de la beauté ou l'abondance de son feuillage. Ou bien, est-ce un emprunt fait au latin *filum*, fil ; on s'en servait en guise de fil et de ficelle pour lier.

Φιλύρα, tilleul. Pour φυλύρα, de φύλλον, à cause de la beauté et de l'abondance de son feuillage qui en fait un des plus beaux ornements des vallées. Ou bien, de φιλέ εὖρα, m. à m., *ami du large*, de la *plaine;* ou, φιλ αὔρα, *ami du vent*, du zéphir, de la brise matinale : αὔρα; ou, enfin, φιλ ὕδα, *ami de l'eau*, de ὕδωρ, eau, des lieux frais et humides.

Ou, mieux que tout cela, de ἀφεῖλω, arracher, enlever, comme le latin *tilia*, de τίλλω, arracher, éplucher, tiller, à cause des poils ou fils qu'on tirait de son écorce.

Φιμός, muselière. Abrégé de τροφιμός. C'est, proprement, le sac à fourrage, la *mangeoire* que l'on suspend au *museau* des bestiaux, et qui leur permet de *manger*, même pendant la marche ou le travail; de τροφή, nourriture, mangeaille; comme φορβιή, muselière, de φέρβω, synonyme de τρέφω, sac à manger. C'est un sac *nourricier*.

Φίντις, cocher. De ἀφεῖναι, lâcher (la bride), ἡνία, de εἶναι, rênes, de *reddo*, rendre, lâcher. Les rênes sont lâches, étendues, détendues; les allonges.

Φλάζω, bouillonner, brodouiller, bouillir. Ce verbe est une onomatopée imitant le son que rend l'agitation, le bouleversement d'un liquide renfermé dans un espace étroit, et mis en mouvement par une cause quelconque

Φλάω, rompre, briser. Pour θλάω. C'est encore, comme le précédent, une onomatopée *flan, flin, flon*, battre, frapper; ou bien, de la famille πλήσσω, battre, *applatir*.

Φλέγω, brûler, enflammer. Ce verbe n'est qu'une dérivation de φλάζω, du bruit que fait la flamme enveloppant une proie, elle *pétille, bredouille, mugit*; ou bien, de πλέκω, parf. 2ᵈ πεπλέγα, πλέγω; m. à m., être *enveloppé, embrassé, enroulé, environné, impliqué, compliqué* par la flamme, ou entourer, envelopper, investir, s'entortiller, s'enrouler à la matière combustible, enflammée. La flamme *enveloppe, entoure* comme un manteau, en traçant mille circonvolutions, mille *tourbillons* et *replis*.

On peut encore supposer un composé de ἐπί et λέγω, saisir, prendre, embrasser, envelopper. Le feu *prend*, enveloppe, embrasse.

Φλέψ, veine. De ἐπί λείβω ou ἀπό λείβω, couler, écouler. Les veines sont les canaux par lesquels *coule* le sang *sous* la peau, à la surface du corps, où se trouve, en général, le système véneux. Ὑπλείβω, πλείβω, φλείβω, couler en dessous.

Φλέω, Φλύω, couler en abondance, surabonder, être abondant en paroles, bavarder. Peut tenir à φλάω, bouillir, bouillonner, bredouiller. Ou bien, ἀπό λύω, dissoudre, couler, se dissoudre.

Ou bien, de πλέω, remplir, être plein, trop plein, surabonder. L'idée de versement, d'écoulement est corrélative de celle de *plénitude, trop plein, surabondance*, parce que le dernier état est la cause du premier; c'est le *trop plein* qui se *déverse* hors du vase qui ne peut le contenir.

Φλιά, jambage, montant, seuil d'une porte, marche d'escalier, porte, battant. Peut tenir à φλύω, φλάω, φλέω, battre, fouler, opprimer. Les seuils, les pavés sont *foulés* et *battus* sans cesse, ainsi que les marches, barreaux ou échelons d'un escalier, d'une échelle, qui sont, avec les seuils des portes, les parties qui s'usent le plus tôt, et qu'il faut pour cela remplacer le plus souvent dans les édifices, employant pour cela des dalles de pierre, granit, ou autres matières dures. Remarquez de plus que les portes ou *battants* battent, serrent, pressent l'une sur l'autre, d'où leur nom français de *battants*.

Ce mot peut encore être le même que φελία, canne, roseau, tige, baguette, et, en général, toute pièce de bois mince et allongée pour les montants et les jambages, les pieds-droits des portes, fenêtres, etc.

Ou bien, pour Θλία, de ἀθλέω, porter, supporter; m. à m., *support, soutien*. Ou, enfin, pour φύλια, de φύλλον, feuille, feuillet, comme, en espag., *hoja*, battant de porte.

Φλιδάω, se pourrir, s'user, tomber en poudre. Ce verbe est probablement pour φολιδάω de φολιδός, écaille; m. à m., *s'écailler*, comme toutes les vieilles choses qui se décomposent et commencent par se gercer, se crevasser, *s'écailler*, se fendiller, se rider, *tomber en écailles*.

Ou bien, *défeuiller*, φύλλον, φυλιδάω, se fendre en feuillets.

Φλοιός, écorce. Ce mot appartient à la même famille que φολίς, écaille, ayant pour étymologie le composé ἀφ ἕλω, arracher, enlever, dépouiller : ἀφελοιός. L'écorce, comme l'écaille, ne sont, en effet, que des *dépouilles* qu'on *arrache, ôte, enlève*, ou qui tombent et se *détachent* d'elles-mêmes. En espag., *se desprenden*, traduit rigoureusement le grec ἀφέλω. Ou bien, pour φύλοιος; les écorces ont la forme *feuilletée*.

Φλοῖσβος, bruit des flots. Peut provenir de φλάζω, φλέω, φλύω, bredouiller, bruire, grouiller, bouillonner.

Mais il pourrait encore être un abrégé de ἀφρός, écume, et εἴβω, couler, verser, répandre, ἀφροσείβω, devenu φρόσιβος, ou φροεῖβος, φλοῖβος, qui jette ou répand l'écume, écumant.

Φλύω, couler, abonder, inonder. Voy. Φλέω.

Φόβος, crainte, peur, fuite. Ce mot n'est autre chose que le composé ἀποβάω, ἀποβέω, s'en aller, s'enfuir, et signifie proprement *fuite*, *départ*, *éloignement* : ἀπόβος, πόβος. La crainte se manifeste et a pour effet la *fuite*, l'*écart*, la *séparation* de l'objet qui l'inspire.

Φοῖβος, brillant, éclatant, splendide. Vient simplement de ἀπό εἴβω, répandre, verser, car la lumière se *répand*, se *verse*, *inonde* en torrents, en *flots*. C'est un *fluide*, un *flux* qui *coule*; en latin, *fulgor* (*flugor* de *fluo*), qui a des *émanations* (*manare*, couler), des *ondulations* (*unda*).

Ou, si l'on aime mieux, le composé pourrait être φῶς et εἴβω; m. à m., *verse-lumière*.

Φοῖνιξ, rouge. De φόνος, sang, ou de ἀφεῖναι, répandre le sang. C'est, proprement, *couleur de sang*, *sanguinolent*, couleur de sanguine (terre rouge, couleur de sang).

La signification de palmier peut tenir au pays dont les Grecs le reçurent, *la Phénicie*; ou bien, au liquide *rouge*, au vin οἶνος, que fournit le palmier par les incisions que l'on fait à son tronc.

Φοιτάω, aller souvent, aller et venir, fréquenter. Ce verbe paraît un composé de ἀπό ou ἐπί et ἰτέω, verbe fréquentatif de ἴω, aller, venir, ἴτης, rapide, mobile, prompt, hardi; ἀποιτάω, ἐποίτος, venue, allées et venues, aller et venir sur, souvent, beaucoup, fréquemment.

Φολίς, écaille, écorce. De ἀπό εἴλω, enlever, ôter, dépouiller. L'écaille est une *dépouille* qu'on *ôte*, *enlève*, *arrache*, ou qui se *détache* d'elle-même; ἀφ' ἕλω, se *dessaisir*, se *déprendre*; c'est donc une pelure, une *dépouille*, une écorce; en espag., *desprenderse*.

En réfléchissant cependant à la nature et à la forme *feuilletée* de l'écaille, on pourrait y voir une dérivation ou variante de φύλλον, feuille; φυλίς serait donc une *feuille*, *feuillet* aminci, aplati, feuilleté comme les couches d'écaille, les couches d'écorce, les feuillets d'un livre.

Φολκός, louche ou pelé, rasé. De ἀφ' ἕλκω, ὑφ' ἕλκω, qui *traîne* (les regards) *en dessous*, hagard, effaré. La seconde acception se rapporte à φολικός, de φολίς; m. à m., *écorcé, écaillé*, pelé, écorché.

Φόλλις, monnaie, obole. De φύλλον. C'est une monnaie mince, une véritable *feuille* de métal, comme le sont, en général, les petites pièces. L'obole était une petite aiguille, ὀβελός, ou une feuille analogue à nos vieux liards et monnaies du moyen-âge.

Φόλλις, soufflet, sac, bourse, maille. De φύλλον, feuille. Le soufflet se compose de plusieurs *feuillets* qui se plient les uns sur les autres comme les feuillets d'un livre. Le sac, la bourse, la gibecière, havre-sac, peut être fabriqué en *mailles* ou être à compartiments, comme le carnet et le portefeuille à *feuillets*; rien de plus semblable par la forme à un soufflet qu'un portefeuille, un carnet. Enfin, la maille imite parfaitement, dans son tissu, l'aspect des peaux *écaillées* des poissons ou des reptiles, du fruit *écaillé* des conifères, et, sous ce point de vue, l'étymologie naturelle serait φολίς, écaille. Un soufflet est un assemblage de feuillets disposés d'une manière assez analogue aux écailles superposées les unes aux autres.

Φολύνω, souiller. De ἀπό et ὄλλυμι, perdre, abîmer, gâter.
Ou, mieux peut-être, pour φόλινω de φόλις; m. à m., *gercer, écailler, carier*.

Φορειά, bourbier, fange. Vient de φέρω, porter, transporter. C'est la matière transportée par les eaux, les matières et terres de *transport*.

Φόριγξ, truffe. Pour φόρυγξ, abrégé de ἀφόρυγξ, de ἀπό et ὀρύσσω, creuser, fouir, fouiller; on la trouve en creusant et fouillant la terre. C'est un produit de la *fouille*.

Φορίνη, peau de cochon, peau rude et épaisse. De φοραίνω, dérivé de φορέω, peau qui *porte, supporte*, endure, ou qui sert à porter, à transporter, à construire des malles, vaches et autres effets de sellerie qui servent à *porter*.

Φορκός, blanc, blanchâtre, grisonnant, grisâtre. Syncope ou contraction de φορυκός, de φορύσσω, mêler, souiller, barbouiller, bigarrer, c'est le mélange du noir et du blanc.

Φόρμιγξ, harpe, lyre, cithare. Est tout simplement le composé ἀπό ὅρμις, corde, ficelle, ἀφόρμις ou ἐφόρμις; m. à m., instrument *à cordes de cor-*

des. En latin, *fidibus canere*, chanter, jouer *sur les cordes*, sur la harpe.

Φορμός, panier, natte, éclisse. Peut venir de φέρω, porter, transporter; elles servent à porter et transporter. Ou bien, de ἐπί et ὅρμος, rangement, ajustement, liaison, ajustage, enlacement, opérations qui constituent tous les ouvrages de vannerie, qui ne sont que des *formes*, des *dispositions*, des *arrangements* d'osier, joncs ou roseaux, susceptibles de se plier à tous les ajustements.

Φόρτος, poids, charge, fardeau. De φέρω, porter.

Φορύσσω et Φορύω, mêler, mélanger, souiller, troubler. Paraissent n'être que des formes de φορέω, porter, porter sur soi, avec soi, entraîner ou *charrier*, comme les rivières gonflées par les pluies, la fonte des neiges ou toute autre cause. *Charrier* devient, dans ce cas, synonyme d'être *troublé, souillé, sali, bourbeux, mélangé*. De là, la signification du dérivé φορύτος, qui comprend les brins, pailles, broussailles, balayures et toutes espèces de débris entraînés ou laissés par les eaux sur le rivage. C'est proprement le *transport*, les matières de *transport* que les eaux *portent, entraînent* avec elles.

Φράζω, dire, énoncer, parler. Ce verbe tient à φράσσω, séparer, diviser, couper, *fractionner*, phraser, faire des phrases, c'est-à-dire, des *fractions* de discours, des portions, des périodes, des articulations ; parce qu'un discours λόγος (de λέγω, cueillir), *sermo* (de *sero*, lier, unir), n'est qu'une *collection, collecte, réunion, chaine, enchainement, série, enlacement*, et, par conséquent, un composé de *parties, divisions, fractions, chainons, articulations, fragments, phrases*.

Énoncer, éclaircir, expliquer, c'est tout bonnement *distinguer, séparer*, faire la division, la découpure, l'analyse de ce qui est *mêlé, troublé, confondu*.

Φράσσω; enfermer, clore, munir, fortifier par une enceinte. Est un composé de ἀπό et ῥηγνύω, ῥάγω, fendre, couper, diviser, séparer. C'est, proprement, *séparer* par une clôture, enceinte, fossé ; mettre à l'abri par une *division, coupure, séparation, fractionnement* des objets ou ennemis qui environnent.

Φρατρία, tribu, famille, confrérie, curie. Pour φρακτρία de φράσσω, séparer, diviser. C'est, m. à m., une *séparation, compartiment, quartier, divi-*

33

sion, section, fraction de peuple, de ville, de province, etc. Le latin *curia* vient lui-même de κείρω, couper, diviser, séparer.

Φρέαρ, puits, fosse, aqueduc, ruisseau. De ἀπό ῥέω, découler, couler, écouler. C'est, m. à m., un *cours* d'eau, un *écoulement* d'eau, une source d'où l'eau coule : ou un fossé où elle coule, ἐφρέω, ἐπί ῥέω, où elle se ramasse, soit puits, citerne, etc.

Φρήν, diaphragme, entrailles, cœur, esprit, intelligence. Ce mot remarquable paraît être une abréviation de νεφρήν, νεφρός, reins, siège de l'âme, dans la physiologie ancienne, surtout chez les Hébreux. C'est le synonyme de σπλάγχνον et du latin *præcordia*, le cœur et tous les viscères qui l'entourent, et qui sont *enfermés, entourés,* séparés par le *diaphragme.*

Ou bien, le mot φρήν vient-il de φράζω, φράσσω, séparer, distinguer, discerner, juger, expliquer, comprendre, pour φρῆγν, φρεγνός, le *discernement,* le *jugement,* l'*intelligence* (*intereligo,* qui *choisit entre, distingue*).

Ou bien, φρήν n'est-il qu'un simple dérivé de φρονέω.

Ce mot pourrait être encore un abrégé de ὀσφρήν, du verbe ὀσφραίνω, sentir, percevoir la sensation de l'odorat ou toute autre sensation. Ce serait ce que les Latins appellent *sensorium,* le siége et l'organe de la sensation et du sentiment; de même, en français, le verbe *sentir* signifie à la fois *flairer, percevoir odeur,* et s'applique à toutes les opérations morales et intellectuelles de l'âme. C'est de ce rapport que provient, dans beaucoup de langues, l'expression de *avoir bon nez,* comme synonyme de *être avisé,* intelligent, prudent, sage.

Φριμάσσω, frémir, hennir. Pour φριγμάσσω, de φρίγμα, frémissement, hennissement, dérivé de φρίσσω, frémir, trembler ; le frémissement est une voix ou respiration tremblottante.

Φρίσσω, frissonner, se hérisser, avoir peur. Peut très-bien être le composé ἐπί ῥῖγος, ἐφ ῥῖγος; m. à m., *froid, frisson,* frémissement que cause le *froid,* comme, par exemple, le froid qui précède les accès de fièvre. Le froid est, en effet, la cause la plus générale du frisson, soit qu'il provienne de l'atmosphère, de la fièvre ou de la terreur, de la frayeur qui nous *glace,* qui *gèle* le sang dans les veines (remarquez l'analogie de ces locutions), d'où le sens d'avoir peur qu'a φρίσσω. Par extension, le frémissement causé par le froid a été appliqué aux frémissements en général.

A moins que nous n'ayons ici qu'une onomatopée du sifflement de la bouche du frileux.

Si l'on voulait voir ici directement le composé ἐπί ἐρείδω, se dresser, se lever, ce serait l'effet du froid, qui dresse, élève, érige les poils, les cheveux ; *erigit, rigit,* en latin, dresser et faire dresser.

Φρονέω, penser, juger, sentir, connaître. Dérive de φρήν. A moins que l'on ne préfère y voir le composé πρό νοέω, connaître d'avance, prévoir, préjuger, méditer, penser, peser dans son cœur.

Ou, mieux encore, n'est-il qu'une simple abréviation de σωφρονέω, être sage, intelligent, judicieux, savant, et qui, lui-même, est composé de ἐς et ὦφα, parf. actif de ὄπτω, voir, savoir, synonyme de εἴδω, voir et savoir, connaître. La science, et la sagesse qui est *la science de se conduire,* sont le résultat de la *connaissance,* de l'expérience acquises surtout par *la vue,* par les enseignements des yeux qui voient, observent, remarquent. *Savoir,* en un mot, c'est *avoir vu* : ὦφα, ὄπτω. « Quiconque a beaucoup vu doit avoir beaucoup retenu. »

Φρουρός, gardien, surveillant. Composé de πρό et ὁράω, voir ; ou bien, οὖρος, gardien ; en latin, *provideo,* prévoir et pourvoir à ; providence. Ou bien encore, de παρά et οὖρος, qui *veille, garde auprès,* surveillant, inspecteur.

Φρυάσσω, frémir, être arrogant, orgueilleux. Paraît être pour ὀφρυάσσω, de ὀφρύς, sourcil. C'est, m. à m., *froncer les sourcils,* être *sourcilleux,* haut, hautain. Le geste des sourcils est caractéristique des hommes fiers et arrogants.

L'acception de frémir pourrait aussi se rapporter à φρυσσάω, φρισσάω, qui précède.

Φρύγανον, menu bois, broutille, broussaille. Ce mot vient du verbe φρύγω, frire ; m. à m., *propre à frire,* à *faire des fritures,* c'est-à-dire, du bois qui produit beaucoup de flammes, un feu léger, flamboyant et sans charbon, et tel que la cuisine l'exige pour les fritures.

Φρύγω, frire, rôtir, griller. De πύρ ἄγω, *mener, traiter, passer au feu,* πρύαγω, φρύγω, par métathèse de deux lettres.

Φρῦνος, crapaud. Pour πυρῦνος ; m. à m., *couleur de feu,* roux, roussâtre ; en latin, *rubeta,* la rouge. C'est la couleur de beaucoup d'espèces de ce reptile.

Ou bien, de φορύνω, souiller, tacher, salir. Cet animal excrète une humeur dégoûtante.

Φύγω, fuir, s'en aller, se disperser, se dissiper, s'évanouir. Ce verbe ne nous offre dans la langue grecque aucune étymologie acceptable. Nous pouvons le regarder comme n'étant autre que le sémitique פוּג ou פָּג, s'écouler, se disperser, se dissiper, s'évanouir.

Φῦκος, algue, *fucus*, fard. Vient de φύω, naître, pousser, venir. Ces végétaux viennent, poussent, sortent d'eux-mêmes, spontanément, dans l'atmosphère, dans les eaux, partout. C'est le *produit* par excellence, la végétation la plus simple, la primitive, le premier effort d'organisme de la nature. C'est avec des algues qu'on se fardait en rouge dans les boudoirs grecs et romains.

Φῦκος, fard, couleur rouge que l'on retirait des algues, des *fucus*.

Φυλάσσω, garder, observer. Est composé de ἐπί et ὑλάω, aboyer. C'est, proprement, *aboyer sur*, comme fait le chien, type et symbole de la surveillance, de la vigilance, du *cerbérisme*.

Φυλή, tribu, race, famille. De φύω, naître, venir au jour, produire, faire naître. Comme *nation*, de *nascor*, naître, et *gens*, de γένω, naître. C'est donc, proprement, *génération*, *progéniture*, *engeance*, *race* (ce dernier, de *radix*, racine, pour *radce*).

Φύλλον, feuille. Vient de φύω, naître, pousser, produire. C'est, en effet, la *production*, la *pousse*, la *génération* annuelle des plantes. C'est par la pousse, le bouton, la gemme, qui ne sont autre chose que la *feuille*, que la vie et la force *génératrice* se manifestent dans le végétal.

Φύρω, mêler, pétrir, mouiller, détremper. Paraît être pour φρύω, du composé ἀπό ῥύω ou ῥεύω, ῥέω, arroser, verser, mouiller, opérations indispensables pour *pétrir* et *mélanger*, car c'est l'eau qui est le lien qui unit les poudres et poussières de diverses espèces, et qui, en les confondant, en fait une masse compacte et unique. C'est ce qui explique la synonymie de *pétrir* et *tremper*. Si ces aperçus ne satisfont point, il faudra rapporter φύρω aux verbes φορύω, φορύσσω, dont il ne serait qu'une variété.

Φύσα, crapaud. Animal qui a la propriété de *se gonfler*, *souffler*, φυσάω, et même de *siffler*, propriété qui lui a valu en latin le nom de *bufo*, analogue au français *bouffi*, qui sont de vraies onomatopées.

Φυσάω, souffler, enfler, gonfler. Ce verbe n'est qu'une belle onomatopée tirée du bruit φύ, φύς, qui est le souffle de la bouche lui-même, et qu'Aristophane, si je ne me trompe, emploie tel que nous le donnons pour imiter l'action de souffler. Les langues sémitiques ont aussi *fouah*, souffler.

Φύω, produire, engendrer, faire naître. Ce verbe, important par le nombre et l'étendue de ses dérivés comme de ses significations, n'est en grec que le composé ἀφ' ἵω, de ἀπό et ἵω; m. à m., *émettre, envoyer, laisser, lâcher, laisser aller, déposer, pousser, jeter, lancer*. Tout produit, tout être qui naît, n'est, en effet, qu'une *émission*, une *émanation*, un *jet*, un *rejeton*, une *pousse*, une *mise bas*, un *dépôt*. Γένω, naître, pousser, vient de ἐκ ἐῶ, εἶναι, *venir de, devenir*, corrélatif d'*être émis, envoyé, parti* de ce même lieu ou objet qui est le point de départ ou la cause impulsive de la *venue*, de l'*arrivée*.

Les Latins en ont formé leur *fio*, naître, devenir, *venir de*, c'est-à-dire, être *émis, envoyé*, poussé, produit.

Mais ce verbe pourrait être encore considéré comme l'abrégé de τροφεύω, τροφύω, nourrir, alimenter, élever, produire. Ce serait l'analogue de l'espagnol *criar*, qui signifie à la fois *produire* et *nourrir*; un produit végétal ou animal n'est, en effet, en dernière analyse, qu'un *nourrisson*.

Φώγω, griller, rôtir. Des formes ὀπτάω, ἔψω, ἅπτω, ὄφα, ἦφα, ὀφάω et du verbe ἄγω. Ou bien, pour φλόγω, de φλόξ, flamme, *traiter, passer à la flamme*; en espag., *foguear*. Ou bien, enfin, φῶς, ἄγω, φάω ou φαώζω, allumer, enflammer, faire *cuire*, rôtir, *mener, passer à la flamme*.

Φώκη, Φωκαίνα, phoque. Paraît venir de φώγω, φώζω, briller, cuire, rôtir, brûler. A cause de la brûlure, fonte au feu, grillage ou rôt que l'on fait subir aux chairs de cet animal pour en extraire l'huile abondante qu'elles contiennent.

Remarquons, en outre, que sa graisse abondante servait à l'*éclairage*, procurait de la *lumière*: φῶς, φάω.

Φωλεός, trou, tanière, antre. Ce mot n'est autre que φωρεός, de φώρ, qui signifie voleur, espion, qui enlève à la dérobée, en cachette, qui cache, occulte. Φωλεός signifie donc, proprement, un lieu *dérobé, caché, furtif*, ce que les Latins appellent *latibula*, c'est-à-dire, *cachette, retraite* où la bête féroce *se cache, cache* et *dérobe* sa proie, et *épie* sa victime pour s'élancer sur elle. Voy. le mot φῶρ.

Φωνή, voix, son, parole, rumeur. Vient de φάω, φαίνω, parler et montrer. La parole, la voix, sont des *manifestations*, des *démonstrations* de nos idées, de nos pensées, de nos sentiments. Le latin *dico*, dire, parler, n'est autre que δείκω montrer. Rappelons-nous ces vieux vers français : « Les princes fondirent en larmes des mots que l'évêque *montrait* ».

Φωνή est, d'ailleurs, un son *clair*, *distinct*, l'opposé du bruit, du tumulte, du fracas, confus et mêlé, et, par cela même, *obscur* (antithèse de φάω, luire, φαίνω, montrer).

Φώρ, voleur, espion. Peut venir de ἀπό αἴρω, ἀωρέω, enlever, ravir, emporter : ἀφώρ. Ou ἐπί ὁράω, voir, regarder, observer, épier : ἐφώρ. Rappelons-nous les *ephores*, les *surveillants*, *inspecteurs*.

Ou bien encore, ἀφ' ὁράω, ne pas voir celui qui dérobe ou se dérobe *à la vue*, qui enlève *en cachette*, *furtivement*; sans qu'on s'en aperçoive, sans être *aperçu*, *à la dérobée*, *fur*, larron furtif; en latin, *latro* (vient peut-être de *lateo*, se cacher).

Bien différents de ceux qui volent avec violence, à *force ouverte*.

Φώσων, toile blanche, voile de navire. Pour φαώσσων, ou simplement de φῶς; m. à m., la *lumineuse*, *l'éclatante*, la *claire*; ou bien, la *transparente*, la *diaphane*, comme le sont, en effet, les voiles (φᾶρος, voile, de φάω) des navires qui brillent au loin par leur *éclatante blancheur*; et, dans le sens de diaphanéité, les voiles d'étoffes blanches et légères comme ceux de lin et de mousseline.

Φώτιγξ, fifre, flageolet. De φωτίζω, briller, éclater, à cause du son *brillant*, *clair*, *éclatant* de ces instruments. Nos *clarinettes*, *clairons*, etc..., doivent aussi leurs noms à l'adjectif *clair*.

X

Χάζω, céder, éviter, manquer, séparer. Ce verbe n'est autre que χάω ou χαίνω, s'ouvrir, se séparer, car celui qui cède, *se retire, se sépare, se distrait, se divise* de. Celui qui évite, *se sépare* également de l'objet évité. Celui qui manque est *distrait, divisé*, éloigné, *séparé* d'un objet ou d'un lieu.

Χαίνω, Χάω, s'entr'ouvrir, s'ouvrir, se séparer, bâiller. Ce verbe remarquable n'est autre chose que l'abréviation de διχαίνω, διχάω, διχάζω; m. à m., *diviser*, partager *en deux*, couper *en deux*, ouvrir *en deux*; de l'adverbe δίχα, deux. La première division, la division par excellence, la plus simple division, est la *binaire*, celle par le nombre *deux*, et qui a formé le verbe *divido*, métathèse de *duido*; m. à m., *dualiser*, faire ou rendre *deux, duol*.

Le fameux chaos n'est donc, proprement, que la *division*, le partage *en deux*, et, par conséquent, l'ouverture, la séparation, l'*espace*, l'*étendue*, le *vide* qui résulte entre les diverses masses cosmiques qui forment l'univers, idées qui s'accordent très-bien avec les données géologiques et cosmiques de nos jours, puisque la matière informe et confuse qui occupait tout l'espace à l'état gazeux, s'étant coagulée, concentrée pour former les différents corps célestes, aujourd'hui à l'état plus ou moins solide, a laissé nécessairement ce vide, cette étendue, cet espace, ce *cahos* qu'elle occupait et qu'elle constituait même auparavant.

Χαῖος, bâton, houlette. Abrégé de ἀρχαῖος; m. à m., *propre aux vieillards*, aux anciens, aux vénérables chargés de l'autorité, des magistratures; ἀρχή, ancienneté et autorité, dont le bâton et le sceptre, la verge et la houlette sont le signe et l'apanage.

Χαῖος, antique, vénérable, bon, honnête, respectable. C'est ici un mot du dialecte dorien qui vient confirmer d'une manière frappante le système d'abréviation de la langue primitive qui a donné pour résultat la langue que nous connaissons actuellement, car ce mot n'est autre que ἀρχαῖος, qui est resté entier dans les autres dialectes.

Χαίρω, se réjouir, jouir de, avoir du plaisir, se plaire, aimer à. Ce verbe n'est autre chose que le composé ἐκ ἀείρω; m. à m., *s'élever, s'exalter, sauter* (de joie), *bondir* (de joie), comme le latin, *exultare, ex saltare,* sauter, bondir. C'est, en effet, le mouvement propre de la joie, du plaisir, qui fait bondir le cœur et les jambes à la fois, non-seulement à l'homme, mais encore aux animaux.

Χαίτη, chevelure, crinière, cheveux longs. Vient de χέω, verser, répandre. Ce sont, m. à m., les cheveux *épars, traînants, flottants, allongés, tombants.* Ou bien, de τριχίαω, τριχάζω, être chevelu, avoir de longs cheveux, d'où τριχίατη; en abrégé χίατη ou χαίτη.

Χάλαζα, grêle. Le nom de ce fléau météorique peut venir du verbe χαλάω, lâcher, relâcher, détendre, affaiblir, laisser tomber, effet qu'il produit sur les plantes qu'elle fane et détruit. Ou bien, de χαλίξ, petit caillou, petite pierre, pour χαλίζα, comme on l'appelle encore en espagnol, *piedra*, grêle; ou bien, de χαράσσω, imprimer, graver, fendre, sillonner; les coups de la grêle restent marqués et imprimés sur les plantes par des taches noires et profondes, par des espèces de stigmates.

Χαλάω, lâcher, relâcher, détendre, abaisser. Paraît être un composé de la prépos. ἐκ et de ἄλω, prendre, et répondrait ainsi à notre verbe français *dessaisir* (de-saisir); en espag., *desasirse, desprenderse.* Cesser de saisir, cesser de tenir, cesser de prendre, ne sont, en effet, autre chose que *lâcher, relâcher, détendre* un objet *pris, saisi, tenu, tendu, lié.*

Χαλβάνη, résine, galbanum. C'est l'oriental *elbenah*, espèce d'encens.

Χαλέπτω, s'irriter, fâcher, nuire, chagriner. Si ce verbe n'est pas un composé de ἄχος et λαμβάνω, *recevoir douleur, peine,* ou *prendre affliction,* nous soupçonnons que ce n'est autre que καλύπτω, couvrir, cacher, obscurcir. C'est, proprement, *assombrir, rendre sombre, triste, lugubre, obscur.* L'obscurité est, en effet, cause et symbole de la *tristesse,* de l'*affliction,* du spleen, de la mélancolie ou humeur *noire* et *sombre;* en un mot, des passions qui oppriment le cœur. La lumière, au contraire, est la source et le symbole de la joie, de l'allégresse, qui *brille, illumine, éclate, resplendit* sur le visage et dans le cœur. Un ciel *riant* rend nos visages *riants.* Un ciel *sombre* les *assombrit.*

L'effet moral que produit l'altération de l'état du ciel est plus marqué encore dans les pays méridionaux, qui, comme la Grèce, jouissent d'un ciel presque toujours serein.

Χαλινός, frein, bride, rênes. De χαλαίνω, lâcher, relâcher, comme ἡνία, de ἱέναι, lâcher, laxer, émettre. Le français *rênes* vient de *reddo*, rendre, lâcher, émettre. Les rênes, les freins *lâchent, relâchent, laissent aller, flotter* (rênes flottantes); ou bien, *relâchent, apaisent, ramollissent, ralentissent* l'ardeur, l'impétuosité, la violence du coursier : χαλάω.

Χάλιξ, petit caillou, petite pierre. Pour τρόχαλιξ, de τρόχαλίζω, rouler. C'est, m. à m., un *caillou roulé*.

Χαλκός, airain. Le nom de ce métal, ou plutôt de cet alliage remarquable, est probablement χαλικός, de χαλάω, lâcher, ramollir, fondre, comme étant plus *facile à fondre*, plus *mou* que le cuivre seul. C'était l'alliage résultant de la fonte de cuivre et d'étain. C'était, en un mot, une *fonte*, la seule *fonte* connue avant celle du fer, qui fut connue beaucoup plus tard. Ou bien, de χαλάω, tremper, à cause de la trempe qu'on faisait subir à l'airain pour le durcir, dans la fabrication des armes, avec cet alliage dont les anciens Grecs se servaient avant de savoir fondre le fer.

Ou même, parce qu'il lâche, laxe le ventre, témoin la *colique de cuivre*, ce qui le distingue des autres métaux usuels : fer, or, argent, étain. Mais comme l'airain a la propriété de s'oxyder à l'air, de *s'aérer*, d'absorber l'*air* qui est constitué par son oxygène principalement, d'où le latin *œre*, qui n'est probablement autre que *aer*, l'*air* ou l'*aéré*; ou bien, αἴρω, prendre, saisir, s'emparer, absorber, s'imprégner; en espag., *tomarse*, se rouiller, s'oxyder, de *tomar*, prendre, *se prendre*, χαλκός pourrait être formé de ἐκ et ἅλω, prendre, ἐχάλω, χάλω, répondant parfaitement ainsi au latin *œre*, et à l'espag. *tomado*.

Observons, pour terminer, que l'airain se distingue par sa sonorité. On en fait des cloches, des tam-tams et une foule d'instruments analogues. Le mot synonyme *bronze*, vient de βρέμω, sonner, résonner, frémir, ce qui nous amène au composé ἠχή ἀλκός; m. à m., *résonnant fortement, très-sonore, fort par le son*.

Χαλύψ, acier. Vient de καλύπτω, cacher, couvrir, à cause de l'opération de le *couvrir* de poudre de charbon, ou bien de le cacher dans la terre ou le fumier, comme cela se pratiquait dans quelques pays, et notamment chez les Celtibères, suivant Diodore de Sicile, pour lui donner sa trempe ou dureté caractéristique, et particulière aux armes blanches dont se servait ce peuple.

Χαμαί, par terre. Peut venir de χέω, pour χέαμαι, verser, répandre; m. à m., à la *renverse, renversé, répandu* par terre. Ou bien, pour χθαμαί, appartenant à la même famille que χθών, terre, χθαμαλός, à terre, ou κεῖμαι, ou ἐχ εἶμαι, en latin, *demittere, dejicere.*

Χαράσσω, graver, tracer, marquer, inciser, tailler. Composé de ἐχ et ἀράσσω, de αἴρω, enlever, emporter, ôter de; *emporter le morceau,* c'est graver, tailler, couper (emporte-pièce), couper, fendre, tailler, rompre, battre, frapper, significations qui toutes conviennent parfaitement à la gravure, qui n'est autre chose qu'une *taille, incision, coupure* du métal, du bois ou de la pierre. Ou bien, un *coup, type* (τύπτω), un *battement,* un *frappement* du coin, de la monnaie, de l'empreinte. La gravure est toujours le résultat d'une *incision* ou d'un *coup.* Voy. σχάω et σχάζω, couper, tailler, inciser, entamer.

Χαράδρα, torrent, ravin. De χαράσσω. Le torrent, le ravin (gravin) ne sont que des *incisions,* des *fentes* que les eaux font sur le penchant des montagnes.

Χαραμός, trou, terrier. Dérivé de χαράω, χαράσσω, creuser, fouir.

Χάρις, grâce, agrément, plaisir. Ces mots charmants peuvent se traduire par *jouissance, réjouissance, enjouement, délices,* que procurent la grâce et la beauté, soit physiques, soit morales. C'est donc le verbe χαίρω, jouir, réjouir, se plaire, qui a formé le mot.

A moins qu'on ne préfère le rapporter au composé ἐχ et ἄρω, prendre, saisir, ce qui serait, m. à m., notre verbe français *être épris* de; en espag., *prendado de.* Ce sont les liens, les chaînes de l'amour et des grâces. Ou bien, à ἄρω, adapter, convenir, ajuster; m. à m., *adaptation, attache, ajustement.* Ce qui *s'adapte, s'ajuste,* convient à nos goûts, nos désirs, nos idées.

Χάρτης, papier, parchemin. Composé de ἐχ et ἄρω, ajuster, préparer, apprêter. C'étaient, proprement, des *peaux préparées, apprêtées, disposées* pour l'écriture. *Pergamenus,* parchemin, malgré l'étymologie généralement reçue, serait-il ἀπό ἐργάμενος, *préparé, fabriqué, apprêté?* venant de ἔργω, ou ἐργάω, travailler, fabriquer.

Χάρων, Charon, nocher des enfers; bête féroce, lion, aigle, loup. Ce mot paraît être un abrégé du composé ἐχαίρων, de ἐχ et αἴρω; m. à m., qui *emporte, porte,* prend, enlève, ravit; c'est une *bête ravissante.* Et quant au batelier de la mythologie, c'est celui qui *porte, emporte, transporte.*

A moins toutefois que ce ne soit une transposition de χράων, du verbe χράω, qui signifie tomber sur, attaquer, assaillir, endommager, car l'un ainsi que les autres sont des êtres funestes aux mortels.

Χατέω, manquer, avoir besoin. Dérivé de χάω, χάζω; m. à m., *être vide* de; le *vide,* c'est le *manque, l'absence,* le *besoin.*

Χαῦνος, mou, vide, vain, flasque, sot, écervelé. Vient de χάω, être vide, vain, manquer de; tête vide, vaine, *folle, faible, flasque,* remplie de vent.

Χέζω, aller à la selle. Composé de ἐχ et ἕζω, *s'asseoir.* On *s'assied* sur un vase ou sur ses jarrets, d'où le nom de *selle.*

Χεῖλος, lèvre, bord. Ce mot vient du composé ἐχ et εἴλω, prendre, saisir, comme le latin *labrum,* de λάξω, prendre, saisir. C'est avec cet organe que l'on prend, saisit la nourriture; surtout chez les animaux, c'est le principal, et, pour beaucoup d'entre eux, l'unique organe de *préhension.* Les bords d'un vase sont ses *lèvres,* d'où la signification de *bord, rebord.*

Χεῖμα, hiver, tempête, mauvaise saison. Vient tout simplement de χέω, verser, répandre. C'est, proprement, la saison des *pluies,* des *averses;* le latin *imbris, hibernus,* de εἴξω, verser, répandre, pleuvoir. Dans les pays méridionaux, l'hiver n'est que la saison des pluies; la neige et les gelées n'y sont guère connues.

Χείρ, main. Vient de ἐχ et ἀείρω, αἴρω, prendre, saisir. La main est l'organe de *préhension* par excellence; c'est par elle que l'homme *saisit,* et, par cette seule faculté, se rend maître de la nature entière. En vieux latin, *hir,* de αἴρω, saisir.

Χείρων, pire, inférieur. De χείρων, ouvrier, manœuvre, homme de peine, des classes *inférieures, basses classes.* Ou bien, qui est *sous la main, dompté, soumis, inférieur, commun.* Ou bien, de χρεία, besoin, manque, défaut, infirmité, insuffisance. Il y aura alors transposition pour χρείων.

Χελιδών, hirondelle. Est un composé de ἐχ ἑλίσσω, voltiger, circuler. Tout le monde connaît le vol irrégulier, accidenté, voltigeant, particulier à cet oiseau. La signification de bracelet, collier, vient également de ἑλίζω, tourner, circuler. Ce sont des *cercles* et *circonvolutions*.

Χέλυς, tortue; luth. Ce mot vient de χεῖλος, lèvre, ou χηλή, pince. Cet animal a, dans quelques espèces, un *bec* ou *pince* crochue qui termine ses lèvres. Les luths étaient faits avec l'écaille des tortues marines, qui servaient de boîte d'harmonie.

Χέρης, lâche, faible, vil, inférieur, mauvais, pire. Voy. χείρων ou χερνής, de χρεία, manque, besoin; ἐκ αἱρέω, enlever, ôter, priver de.

Ou bien, doit-on voir ici un abrégé du composé δυσχερής, difficile, fâcheux, pénible, désagréable, et, par conséquent, *mauvais*, comme l'idée opposée, le *bon*, est synonyme de *doux, agréable, facile, aisé*.

Χερνής, pauvre. Pour χρενής, de χρεία, besoin, χραίνω, avoir besoin, ou χείρ, manœuvre, ouvrier, qui vit de *ses mains*.

Χέρσος, sec, désert, inculte, continent. Paraît composé de ἐκ et ἀερέω, aérer, exposer à l'air, sécher, dessécher, ἄξω, souffler, sécher; en latin, *aridus*, pour *aeridus*, aéré, séché à l'air.

Le principal agent du desséchement, de l'*aridité*, c'est l'*air* agité, c'est-à-dire, le vent. Le *sec*, l'*aride* (*aeride*), c'est le continent, par opposition à l'*humide*, au *mouillé*, à la plaine humide, liquide, à la mer.

Χέω, verser, répandre, jeter, ensevelir. Ce verbe, si riche en dérivés, est simplement le verbe ἕω, εἶναι, précédé de la prépos. ἐκ. Ἐχέω, m. à m., *émettre, lâcher, envoyer, laisser aller, laisser tomber, laisser couler*. En latin, *emittere, demittere*. Répandre un liquide, n'est effectivement autre chose que le *laisser aller*, le *renvoyer*, l'*émettre*.

Enterrer, ensevelir, c'est *verser, répandre, jeter* de la terre sur le cadavre gisant sur le sol, ce qui doit nécessairement former un *monceau*, un *tumulus* ou *gonflement* (*tumeo*).

Χηλή, pince, serres, tenaille, maille. Ce mot est composé de ἐκ ἕλω, ἅλω, prendre, saisir. Ou bien, pour σχηλή, de σχῶ, tenir, comme *tenaille*, de *teneo*. La maille du filet est *prise, tenue, retenue* par ses voisines, et sert, d'ailleurs, à *tenir, retenir, prendre, saisir* le poisson ou gibier.

Χηλός, coffre, malle, valise. Vient de χηλή, maille; c'est un réseau ou sac à *mailles,* propre à porter des hardes, et analogue au havre-sac de nos chasseurs.

Χήμη, came, coquillage. Le nom de ce mollusque vient de χαμαί, par terre, à terre, parce qu'il est, en effet, fixé sur le sol, sur les rochers où il vit.

Ou bien, est-il pour σχήμη, du verbe σχῶ, tenir, retenir; il est fortement adhéré aux rochers.

Ou, enfin, de χάω, s'ouvrir, s'entr'ouvrir; m. à m., l'*entr'ouvert.*

Χήν, oie. Abrégé de αὐχήν, cou, gosier. Cet oiseau est remarquable par la longueur de son *cou* et la sonorité de son *gosier.* Le cri de l'oie et du canard est caractéristique.

Χηραμός, trou, fossé. Pour χηραγμός, de χαράσσω. C'est, m. à m., une *fente, coupure, crevasse.* — Espèce de coquillage, analogue aux pholades, qui creuse les trous où il vit; de χαράω, creuser, fouir.

Χῆρος, veuf. Vient de χάω, manquer, être *privé* de (l'épouse), comme orphelin, du latin *orbatus,* privé de (père). C'est toujours le *manque,* la *privation* d'une personne chérie. Au lieu de χάω, on peut supposer ἐχ ἤρος, parfait de ἐχ αἴρω, être enlevé, ravi, pris, être privé de, ἐχῆρος, qui a été volé, pris, enlevé; à qui on a enlevé, pris, volé quelque chose. Le latin *viduus* paraît être le grec ἴδιος, privé, propre, seul, sans compagnie (l'esprit rude pour le doux).

Χθές, hier. Pour ἐχθές, de ἐχ et τιθέω, poser, déposer. C'est, m. à m., le jour ou soleil *posé, déposé* (*puesto,* en espag.), *couché.* Par conséquent, le jour *fini, terminé,* le *hier.* Le latin *hesternus* vient également de ἤσθα, être couché, posé (le soleil, le jour). Les anciens commençaient le jour au coucher du soleil ou à minuit. Aujourd'hui encore, le midi est le *milieu* du jour, ce qui suppose son commencement à minuit.

Χθών, terre, sol. Ce mot peut provenir du composé κατά εἶναι, ou bien, ἐχ θάω, être assis, posé, rassis, bas, καθών, χθών; m. à m., la *basse,* la *jetée en bas,* sous, dessous; en latin, *demissa, submissa,* parce qu'elle est la *base,* le *soutien,* le *dessous* de nos pieds; κεῖσθαι, κεῖθαι, χθαί, χθών, être couchée, posée, basse.

Χιδρίας et Χίδρον, certain gâteau, pâte ou pâtisserie. Probablement pour σχιδρίας, σχίδρον, du verbe σχίζω, fendre, diviser, partager, ou σχίδη, fente, division, compartiment; ce sont des masses de pâte que l'on subdivise en portions ou compartiments, analogues peut-être aux tartes de nos pâtissiers.

Χίλιοι, mille. Ce nom de nombre est composé de ἐκ et εἰλέω, ramasser, rassembler, et signifie, proprement, *multitude, attroupement, assemblage*, comme le latin *mille*, de ὁμιλέω, ἅμα, εἰλέω, rassembler, réunir, ramasser. C'est la *réunion* de dix centaines, une *troupe nombreuse* (τρέπω, synon. de εἰλέω), une *multitude* déjà longue et difficile à compter, la dixaine et la centaine ne l'étant pas autant, à beaucoup près. C'est le nombre où il commence à y avoir troupe, multitude, confusion, trouble; le *turba* des Latins.

Χιλός, fourrage. De χεῖλος, lèvre. C'est, proprement, la ration que l'on suspend dans un sac *aux lèvres* des bêtes de somme, et que les Espagnols nomment *pienso*, de *pendo*, être suspendu dans un sac ou *muselière* (φιμός, pour τροφιμός), au museau, aux *lèvres* des bestiaux. De là, le mot χιλοτήρ, sac d'avoine ou fourrage suspendu aux lèvres : χεῖλος. A moins que ce ne soit ἐκ εἴλω; m. à m., *amas, ramassis, fagot, bourrée* de foin, d'herbe

Χίμαιρα, chimère, monstre; jeune chèvre. Ce mot est pour χειμάρια, de χεῖμα, hiver, froidure, mauvais temps. La chèvre aime, vit et prospère dans les montagnes ou lieux froids et orageux; c'est un animal d'*hiver;* ou, si l'on veut encore, née *pendant l'hiver*, pendant la *mauvaise saison*.

Quant à la chimère, on sait que son composé monstrueux tenait beaucoup de la chèvre.

Χιτών, tunique intérieure qu'on portait sur la peau. Ce mot vient de χέω, répandre, verser, étendre. Elle allait jusqu'aux pieds, et traînait à terre. C'était une robe *traînante*, longue; en latin, *demissa, talaris*, jusqu'aux *talons* : χειτών, χεῖσται.

Ou bien, abrégé de ἀγχιτών, ἀγχιστών; m. à m., la *plus proche*, la *plus près* du corps, car elle se portait sur la peau. D'où l'épithète de ἐχεσαρκός, tenant à la chair, et la comparaison à la peau de l'ognon. (Odys. 19).

Χιών, neige. Paraît être l'abrégé de παχιών, de πάγω; m. à m., la *coagulée, épaissie, congelée;* παχύς, épais, coagulé. C'est, en effet, de l'eau coagulée. Rapprochez πάχνη, gelée.

Ou bien, de χέω, fondre; m. à m., la *fondante,* à cause de la facilité qu'elle a à se fondre, et qui la distingue de la *glace*, plus dure et plus persistante.

Χλάζω, bruire, bouillonner. Ce verbe paraît être une belle onomatopée. On croit entendre le bruit de l'eau agitée et courante entre des cailloux et des rochers : *cla, cla, cla, cl, cl, cl, cl.* Καχλήξ, caillou, pourrait aussi avoir formé καχλάζω, devenu par abréviation χλάζω, bruire, résonner, comme les cailloux battus et roulés par l'eau.

Ce verbe, enfin, peut encore être κλάω, rompre, briser, *éclater*. Le cri est un *éclat;* le latin *fragor*, de *frango*, en français, *fracas; prorrumpere*, éclater.

Χλαῖνα, robe extérieure, surtout, manteau. Probablement pour χλίανα, de χλιαίνω, chauffer, réchauffer, abriter contre le froid, ce que les Espagnols appellent *abrigo*, et qui est, chez eux, synonyme de manteau, surtout, *abri* du froid. Ou bien peut-être, du verbe χαλάω, lâcher, relâcher, laisser tomber, ouvrir, entr'ouvrir. Le vêtement dont il est question était libre, lâché, flottant, à plus forte raison si c'était un manteau n'étant pas ajusté et collé au corps comme la tunique l'était par la ceinture.

Χλαμύς, chlamide, vêtement, casaque. De χαλάω, lâcher, relâcher, détendre, laisser tomber, laisser flotter, comme le manteau; *pallium*, de πάλλω, secouer, agiter, flotter, contrairement au χιτών, ou tunique qui était assujettie par des manches et la ceinture. Voy. plus haut le mot χλαῖνα.

Χλανίς, manteau et couverture d'une étoffe fine et précieuse. C'est une contraction de χαλανίς, du verbe χαλαίνω, rendre mou, lâche, doux, flexible. C'était une étoffe *molle, moelleuse, en laine douce*. Ou bien, est-ce un dérivé des verbes χλίω et χλιαίνω. Voy. aussi le mot χλαῖνα.

Χλαρός, doux, agréable. Contraction de χαλαρός, de χαλάω; m. à m., *lâche, mou, moelleux, flexible.*

Χλεύη, ris, moquerie, raillerie. Abrégé de κιχλεύη, ris, moquerie, imitation de la grive, de son chant. Le chant de cet oiseau ressemble, en effet, à un rire aigu et bruyant.

Χλίω et Χλιαίνω, amollir, fondre, détremper, attiédir, dissoudre. Ne sont que des dérivés de χαλάω, lâcher, relâcher, dissoudre : χαλάω, χαλίω, χλίω. C'est *ramollir, relâcher,* au moyen de la chaleur douce, de la tiédeur.

Χλόη, herbe verte, fraîche. Peut être pour χυλόη, de χυλός, jus, suc, chyle. C'est, proprement, l'herbe *succulente,* qui a du *suc,* fraîche, tendre et humide, comme l'est, en effet, l'herbe *verte,* par opposition au *foin,* au *fané,* à l'herbe *sèche* et *fanée.*

Ou bien, faut-il voir ici χαλόη, de χαλάω, lâcher, relâcher, amollir. C'est l'herbe *molle, tendre,* comme, en général, les verdeurs, opposé du sec et dur, comme les foins. Ou bien, la *laxante, relâchante ;* on connaît les propriétés laxatives et purgatives du *vert* chez les bestiaux.

Χναύω, arracher les poils, épiler, raser ; dévorer, être avide. Pour ἀχνάω, de ἄχνη, duvet, poil follet, efflorescence. Ou bien, κνάω, râcler, carder, gratter, raser.

La signification de dévorer, engloutir, être avide, tient évidemment au verbe χαίνω, entr'ouvrir, s'ouvrir, avoir la gueule *ouverte, béante,* ou avoir un vide, un manque, une avidité, un désir de manger.

Χοῖνιξ, moyeu de la roue, mesure de grains. De σχέω ou σχῶ, tenir, contenir. C'est une *contenance,* une *capacité* type ; en latin, *modius,* de *medius,* un *milieu,* un *espace.* On trouve aussi σχοῖνος, arpent, autre espèce de mesure ou capacité. Le moyeu de la roue avait la forme d'un χοῖνιξ, d'un *modius,* d'un boisseau.

A moins que ce ne soit une transposition de χίονιξ, de χίον, mesure pour le vin, qui, comme χοῦς, vient du verbe χέω, verser, écouler. La mesure dont il s'agit était probablement creusée dans un bloc de bois semblable au moyeu d'une roue, ou en avait la forme.

Remarquez l'analogie qui existe en français entre les mots correspondants *moyeu* et *moyen* et les mots latins *modius* et *medius ;* dans les deux cas, c'est, en effet, un creux pratiqué au *milieu* (*in medio*) d'un bloc de bois, d'un cône ou pyramide de bois, d'où peut-être notre français *boisseau* (fait de bois).

Χοῖρος, porc, pourceau. Ce mot paraît venir de κοῖ et κοΐζω, qui marquent en grec le grognement des pourceaux. Et tous ensemble ne sont probablement que des abréviations de μυχοῖ, μυχοΐζω, μυχόριος, des verbes μύζω, μυζόω, grogner ; μυκτήρ, groin ; μυχρός, grognement. Le *groin* est l'instrument du *grognement,* cri caractéristique du porc. Ce mot pourrait aussi dériver de χριώ, oindre, frotter, graisser ; χροίος, devenu χοίρος, animal éminemment graisseux, suintant.

χολή, bile. Pour χλοή; m. à m., *la verte*. C'est la couleur de cette sécrétion importante. Ou, si l'on veut encore, de χέω, répandre, verser, couler, comme le latin *bilis* de εἴβω, couler, *eibilis*; m. à m., *la coulante*. La bile, en effet, se *répand, coule, inonde* l'estomac, les intestins, le sang, le corps tout entier, comme dans la jaunisse, par exemple.

Χόνδρος, grain, gruau, grumeau, cartilage. Ce mot peut être regardé comme une métathèse de χνόδρος, χνοώδερος; m. à m., *garni de duvet, d'efflorescence*, ou semblable au duvet, à l'efflorescence, grumeux. Le gruau ou épeautre est garni de duvet, poils, glumes. Le français *grumeau* pourrait bien n'être que *glumeau*, de *glume*. Ce serait le grain garni de sa glume, légèrement concassé et trempé dans l'eau pour en obtenir une boisson pâteuse et nutritive.

Les cartilages présentent aussi ces efflorescences dures et pierreuses qui se forment à leur surface comme de petits grains. De là, leur nom de χνόδερος, le *grumeux, granulé, efflorescent, à duvet*.

A moins que ce ne soit χοδρός, χορδός, corde, cordon, ligament, cartilago.

Ou, enfin, un composé de μαλάχος et δερός, peau; m. à m., *peau amollie*, μαλαχονδερος, en abrégeant χονδερος.

Χορδή, intestin, boyau, corde faite avec le boyau. Pour χόλιδη de χόλιξ, boyau; m. à m., *de boyau* : κόλον, κῶλον, boyau.

Ou bien, pour χόνδρη, de χόνδρος, cartilagineux, dur, coriace.

Χορός, chœur, danse, troupe dansante. Ce mot paraît appartenir à la même famille que χάρις, c'est-à-dire, ἐκ αἴρω, lever, élever, sauter; en latin, *saltare, exultare*; la danse est un *saut*, la joie *saute*, fait *sauter, exalte*. On *bondit* de joie, *danse* de joie, parce que, en effet, la danse est le signe, le résultat, le symbole de la joie. Si l'on n'a point égard à l'esprit doux, χορός pourrait être tiré directement de ἐχ et ὄρω, s'émouvoir, s'élever, s'exciter, se soulever, sauter. Ou bien, est-ce le sémit. כור, rond, cercle, contour.

Χόρτος, champ, enclos; pâturage, foin, fourrage. De χόρις ou ἐχορίζω, séparer, séparation, endroit clos, séparé, borné, fermé pour le pâturage, pour le distinguer des pâturages communs, de la vaine pâture, du parcours. C'étaient probablement des prairies *artificielles*, ensemencées; des pâturages de céréales vertes données comme fourrage,

34

et, par conséquent, *séparées, closes, bornées, fermées* : Χορίζω, χόριτος, ἐχ ὁρίζω.

Χράω, prêter. De χάρις, grâce, faveur; en latin, *commodari*. C'est rendre un service, une grâce, une faveur, un plaisir à quelqu'un. Ou bien, *user de* (son argent), en faire *usage*, c'est-à-dire, *usure*, en tirer *utilité* en le prêtant. Ce verbe signifie aussi user de, utiliser, être utile. C'est encore χάρις, se réjouir, *jouir de*, avoir le plaisir, l'agrément en une chose. En latin, *gaudere*, jouir et réjouir. La jouissance est une *réjouissance*, un *plaisir*. Il est bien entendu que χράω serait ici une méthathèse de χάρω ou χαίρω.

Il signifie, en outre, rendre des oracles, répondre à ceux qui consultent les oracles. C'est encore χάρις. C'est, proprement, *être favorable*, propice, *gracieux* aux consultants, leur répondre, leur *correspondre*, écouter, accueillir leur question, leur demande.

Ou bien, tout simplement, χράω, se *servir, user, employer* l'oracle pour manifester, enseigner quelque chose, s'*en servir, en user* pour apprendre quelque chose, le consulter; en un mot, *user* de l'oracle, du dieu, de la prophétie, en *jouir*, l'*utiliser*.

Ou bien, composé de ἐχ et ὁράω, voir, considérer, χοράω, devenu χράω. Les oracles sont des *visions*, des *prévisions* de l'avenir. Les prophètes sont des *voyants*. Ou bien, de κῆρ, destin, sort. Dans l'oracle, c'est le destin qu'on annonce, c'est le destin qui parle.

Il signifie aussi perdre, détruire, c'est-à-dire, user, utiliser, se servir. L'usage, le service finissent par *détruire* et *consumer* les objets. *User, abuser* des biens, c'est les détruire, les consumer. Ou, bien mieux, de κῆρ, destin, ruine, fin, destruction, mort.

Enfin, la signification de *teindre, colorer*, appartient au composé ἐχ ῥάω, ἐχ ῥαίνω, ἐχ ῥέω, *arroser, répandre, faire couler, tremper, mouiller* avec un liquide coloré.

Ce verbe signifie encore *toucher la surface, effleurer, toucher à, s'approcher, attaquer, frapper, endommager*, significations qui peuvent découler de celle de *user* (en frottant, en touchant et retouchant).

Ou bien, de χείρ, main, et, par contraction, χεράω, χράω; m. à m., *manier, traiter à la main, passer la main*; on use, en effet, un objet en le *maniant* et *remaniant*, et, comme disent les Espagnols, *manoseando*, de *mano*, main.

Χρεία, besoin, manque. De χῆρος, privé, veuf, manquant. Χηρεία, abrégé de ἐχ αἱρεία; m. à m., *enlèvement, prise, dépouillement*, de αἱρέω.

Χρεμετίζω, hennir, frémir. Vient de χρέμμα, crachat, écume qu'on rejette de la bouche. Ce verbe signifie donc, proprement, *écumer*, comme font les chevaux *frémissants* et fougueux. *Écumer* est corrélatif de *bouillir, frémir*.

Χρέμπτομαι, cracher. Est composé de ἐκ et ῥίπτω, jeter, rejeter, expulser. Le crachat n'est qu'une excrétion qu'on *rejette*, qu'on *lance* de la bouche.

Χρέος, dette; mort. La première signification tient à χράω; prêter. Une dette n'est qu'un *emprunt* ou une *usure*, une *utilité* pour le prêteur, un *profit*, et c'est χράω encore, ou une *obligation*, une *nécessité*, un *devoir* qui nous force, et c'est χράω ou χρεία. Ou, enfin, c'est une *faveur*, une *grâce* reçue, une *gratitude* : χάρις, grâce, faveur.

L'acception de *mort* tient à χράω, perdre, détruire; ou bien, à κῆρ, sort, destin, ruine, fatalité, comme le latin *mors* tient au grec μόρος, sort, destin, mort.

Χρῆμα, biens; de χράω, user, utiliser. C'est, proprement, les choses *utiles, bonnes* au service, dont on peut *user, profiter*, qu'on peut *utiliser*.

Χρίμπτω, approcher, toucher, blesser, effleurer. Ce verbe paraît n'être que le composé ἐκ ῥίπτω, ἐχρίπτω, χρίπτω; m. à m., *jeter, lancer* sur, frapper, choquer, toucher, atteindre, blesser. Les Espagnols disent : « *arrimar* un trancazo », *approcher* un coup de bâton. En français même, nous disons : *appliquer* un soufflet, *appliquer* un coup de bâton; or, *appliquer* est synonyme de *toucher, approcher*. Le sens d'*aborder*, qui se dit plus particulièrement des vaisseaux, est, m. à m., *jeter* l'ancre ou *approcher* contre le bord, le rivage, ou l'*appuyer* sur terre.

Χρίω, oindre, frotter. Ce verbe n'est autre que le composé ἐκ ῥέω, couler, écouler, répandre, arroser ; ἐχρέω, χρέω, χρείω, χρίω, verser sur, écouler un liquide, le *déverser*.

Χρόα, couleur, teinte, teint, teinture. Dérivé de ἐκ ῥέω, mouiller, arroser, répandre, couler, verser, teindre : χράω, χραίνω, même signification.

Χρόνος, temps, durée. Cette abstraction métaphysique, qui cependant se manifeste, se marque, se mesure, et ne se conçoit sans les objets physiques, tels que le soleil, la lune et les astres qui le règlent, peut être considéré sous différents aspects. Le temps est une *évolution*, une *révolution*, un *tour*, un *rond*, un *cercle*, un *cycle*, une *période*, un *chœur* ou marche en cercle; χορός, χορόνος. C'est, en quelque sorte, une danse, un *chœur* de la troupe céleste, des astres tournant et circulant sur nos têtes. C'est de la marche de ce *chœur*, de cette *troupe*, de cette *armée* des cieux, que résulte le temps. Mais le temps est encore une *limite*, une *borne*, un *terme*, une *termination* ou *détermination* à ce qui n'a ni bornes, ni limites, à l'*infini* en durée, c'est-à-dire, à l'éternité. Le latin *tempus* rentre parfaitement dans cette idée, car c'est le grec τέμνος, τεμένος, *coupé, séparé, déterminé, limité*, c'est-à-dire, une *fraction*, une *section*, une *division*, une *partie* de la durée infinie; ou bien, en le rapportant au verbe grec στέφω, ἐστέμφα, ἐστέμπα, une *couronne*, un *tour*, un *cercle* (corona) : χορός, χορόνος.

Χρυσός, or. Le nom de ce métal précieux vient du composé ἐκ ῥύω, ἐχρόω, χρύω, traîner, entraîner. L'or, en effet, s'extrait presqu'exclusivement des sables *traînés, entraînés, transportés* par les rivières. Son gisement habituel, ce sont les alluvions. L'or est donc le *métal traîné, entraîné, roulé* en paillettes par les cours d'eau. La poudre d'or n'a pas d'autre origine.

χρώς, peau, surface du corps, corps, chair. Ce mot se rapporte à χρόα, couleur, teint de la peau, ou χρόζω, colorer, teindre, ou χράω, idem. La peau est de *couleur* blanche, brune, olivâtre, rouge, noire ; c'est par la *couleur de la peau*, de la *surface* du corps, que se distinguent les nations, les races. Nous disons encore : « Un blanc, un nègre, un homme de couleur. » Ou bien, faut-il voir dans χρώς le verbe χράω, être bon, utile, servir, profiter, comme l'est, en effet, la chair pour la nourriture, dont elle forme l'élément le plus précieux, contrairement à la peau, les os, les nerfs, tendons, cartilages, boyaux, qui ne sont pas destinés à la nourriture.

Ou bien, χράω, χραίνω, périr, s'écouler, se dissoudre, se détruire comme la chair (χρέας de ἐκ ῥέω), qui est la partie du corps la plus périssable, la plus susceptible de *corruption* et de *dissolution*, contrairement à la charpente osseuse, qui reste, qui subsiste.

Χύτρος, marmite, pot, chaudière. Reconnaît aussi χεύω pour souche. C'est l'ustensile où l'on *verse, coule, répand* les liquides.

Χωλός, boiteux, estropié. Pour κωλός de κωλόω, mutiler, estropier : Κῶλον, membre. Le boiteux est estropié ou mutilé d'un membre.

Χώρα, lieu, place, pays, champ. Ce mot vient de χάω, s'ouvrir, s'entr'ouvrir, être vide, laisser un vide, un espace, et, par conséquent, signifie proprement *espace, vide*. Une place, un champ, un pays, ne sont, en effet, que des *espaces* plus ou moins étendus de terrain.

Ou bien, de ἐκ et ὅρος, borne, limite. C'est la limite qui détermine et constitue les espaces, les lieux, les pays, les champs, les propriétés.

Ou bien, pour χούρα ou χόρα, abrégé de ἀγχόρα, ἀγχούρα; m. à m., *voisin, proche*. C'est le lieu proche, voisin, tenant à la capitale, à la ville; le *suburbium*, le *voisinage*, le pays du voisinage, les alentours, ce que les Espagnols appellent *cercanias*, de *cerca*, proche, près de, alentour.

On pourrait, enfin, le rapporter tout simplement au verbe χωρέω, *contenir, comprendre*, et ce serait alors l'espace *compris, contenu* dans certaines bornes, dans certaines limites déterminées; le pays *contenu, compris*, un arrondissement ou circonscription.

χωρέω, contenir, comprendre; céder, s'en aller. Ce verbe, dans toutes ses acceptions, tient encore à χάω, être ouvert, vide, spacieux, c'est-à-dire, avoir un *vide*, un espace, une capacité pour contenir. Le vide, c'est le *contenant*, la capacité.

Céder, s'en aller, c'est tout simplement *laisser un vide, évacuer*, abandonner l'*espace* qu'on occupait, déloger, décamper.

Ou bien, comme le précédent, de ἐκ et ὅρος, borne, limite; m. à m., *borner, limiter, entourer*. Céder, s'en aller, c'est *sortir des limites*.

Χωρίς, sans, séparément. Préposition qui appartient à la même famille que les deux précédents; m. à m., *vide* de, *manquant* de, *hors* de, *loin des bornes, des limites*.

Χώω ou Χώομαι, s'irriter, s'indigner. Vient probablement de χόω, χωννύω; m. à m., *s'élever, se soulever, se monter, s'exalter*; la colère se *soulève, s'excite, se monte, s'amasse, s'amoncelle*, comme une *digue*, comme une *jetée*, comme une colline, comme un *tumulus* (*tumeo, tumens*) jusqu'à ce qu'elle *éclate, crève* et *déborde*.

Ou, si l'on aime mieux, de ἄχος, peine, dégoût, indignation, ἀχεών, affligé, indigné, d'où ἀχόω, s'irriter, affliger, indigner, supporter avec peine; abrégé de ἀχώομαι ou ἀχοώ.

Ψ

Ψάγδας, espèce de parfum. De ψακάς, goutte, gouttelette. C'est une gomme ou résine en *gouttelettes*, en *larmes*, une *distillation* de l'arbre. Rapprochons ce mot d'une autre résine, στακτή, de στάζω, qui coulait aussi goutte à goutte.

Ψαίδρος, chauve. Peut être pour φαίδρος, clair, découvert, apparent, visible (le crâne découvert); ou, simplement, de ψάω, raser, effleurer, râcler.

Ψακάς, goutte. De ψάω; c'est une *parcelle*, *miette*, *poussière* d'eau.

Ψάλιον, frein, gourmette, anneau, bracelet. Cet instrument, de forme incertaine, ressemblait probablement à l'anneau, à la courbure, et c'est alors une abréviation de τρεψάλιον, τρέπω, ou κύπτω, κυψάλιον, tourner, contourner. Ou bien, servait à *attacher*, à *suspendre* les *rênes*, ἅπτω pour ἀψάλιον; m. à m., *attachoir*, *suspensoir*.

Ψαλίς, pinces, ciseaux, voûte. Ce mot, dans ses diverses acceptions, tient probablement à κόπτω, couper, κοψαλίς, les ciseaux, ou ἅπτω, saisir, toucher, ἀψαλίς, comme les pinces, ou ἅπτω, suspendre; les voûtes sont *suspendues* en l'air. Ou, si l'on aime mieux, τρέπω ou κύπτω, tourner, courber; les voûtes, comme les pinces, sont *courbes*, *recourbées*, *tournantes*, voûtes (*voltes* de *volvo*, tourner) τρεψαλίς, κυψαλίς.

Ψάλλω, toucher, jouer d'un instrument à cordes. Ce verbe n'est qu'un dérivé de ψάω, toucher légèrement, effleurer, toucher du bout des doigts, comme on fait avec les cordes d'un instrument de musique. Κρούω, son synonyme, vient de ακρόω (de ἄκρος), toucher du *bout*, de l'*extrémité* des doigts, effleurer, toucher la *surface*, l'*extrême* des cordes, *raser* en touchant, toucher en *rasant* : ψάω, raser.

Ψάμμος, sable. Pour ψάμμενος; m. à m., le *trituré*, *pulvérisé*, *raclé*. Le sable n'est effectivement que la désagrégation, le détritus des roches.

Ψανός, chauve. Pour σπανός; m. à m., *rare* de cheveux, ou cheveux *rares*.

Ou bien, de ψάω, raser, racler, comme ψαίδρος, son synonyme.

Ψάρ, étourneau. Pour σπάρ de σπείρω; m. à m., le *parsemé*, tacheté; le plumage de cet oiseau est, en effet, parsemé de taches blanches ou fauves.

Ψάρος, tacheté, moucheté, gris pommelé. Pour σπάρος de σπείρω; m. à m., *parsemé*.

Ψάφαρος, sec, friable, fané, flétri, gâté, corrompu. De σήπω, corrompre, pourrir, parf. σεσήφα, σάφαρος, pourri, moisi, tombant en poussière. Ou de ψάω, pulvériser, triturer; m. à m., *friable, pulvérulent*. Voy. aussi le mot ξηράφιον.

Ψάω, racler, émietter, fondre, dissoudre; essuyer, frotter, effleurer, toucher. Ce verbe, que nous regarderions volontiers comme une onomatopée, peut cependant être le même que ξάω, racler, frotter, essuyer, et, par conséquent, émietter, égruger, pulvériser. La poussière, la parcelle, la miette, sont le produit du *frottement*, de la *raclure*; et comme toucher légèrement équivaut à effleurer, à frotter, à passer doucement sur une surface, toutes ces acceptions rentrent facilement dans la principale.

A moins, toutefois, que l'on ne veuille voir ici ἅπτω, toucher et attacher, d'où ἀψάω, puis ψάω.

Ou bien encore, ὑψάω de ὕψος; m. à m., toucher le *dessus*, la *surface*, la partie *superficielle*, *supérieure* des objets; passer *sur*, *pardessus*.

Ψέγω, blâmer, censurer. Paraît être pour σπέγω, de ἐς et πηγνύω ou πέγω; proprement, *tancer*, *piquer*. Ou bien, de ψάω, ψέω, *frotter*, *racler*, comme on dit dans le langage vulgaire, ordinairement plus énergique et expressif que le poli. Ou bien est-ce l'abrégé du composé de βλάψ et ἄγω, *causer dommage*. *Blâme* vient aussi de βλάπτω.

Ψέλλιον, anneau, cercle, bracelet. Abrégé de ἀψέλλιον, de ἀψίς, attache, lien, de ἅπτω. Ou de κυψέλλιον, de κύπτω, courber, fléchir, arrondir. Ou, enfin, de τρεψέλλιον, de τρέπω, tourner, contourner.

Ψελλός, bègue, balbutiant. Cet adjectif, s'il n'est pas un composé de ἐς πάλλω, secouer, battre, heurter, *langage heurté, secoué*, pourrait être supposé une abréviation de κοψιλλός, κόπτω, frapper, κόρος, muet.

Ou de τρεψελλός de τρέπω, tourner; m. à m., *langue de travers, contournée*.

Ψεῦδος, fiction, mensonge, tromperie. Ce mot tient à ὄψις et εἴδω; m. à m., vue, vision, *qui paraît à la vue, qui a l'aspect*, la *forme*, l'*apparence*, mais non la réalité. Tout mensonge, toute fiction consiste à *faire voir*, à *donner une apparence* différente de la réalité, de la vérité des objets. Le mensonge est une *vision*, une *image*, une *apparence*, un *spectacle*, une *représentation* d'une chose qui n'est pas, qui manque, faillit, *fallor*, qui n'existe pas, qui n'est pas réelle.

On pourrait aussi voir ici une métathèse de σπεύδος; m. à m., préparation, disposition, apprêt, appareil, art, artifice, manége des fourbes, des trompeurs, des imposteurs.

Ψέφος, ténèbres, obscurité. Composé de ὀψέ, tard, soir, et φάω, briller. C'est la *lumière du soir*, la lumière crépusculaire, la nuit tombante.

Ψήν, ver, teigne. De ψάω, ψαίνω, les vers *pulvérisent, rongent, émiettent* les matières sujettes à la *vermoulure*.

Ψηνός, chauve. Voy. ψανός.

Ψῆσσα, plie, sole. Vient de ψήχω, frotter, user, amincir, aplatir. Tout le monde connaît la forme mince et aplatie de ces poissons singuliers.

Ou bien, parce qu'elles glissent, frottent, rasent le fond, la vase où elles se tiennent toujours.

Ψῆφος, petit caillou. De ψάω, frotter, user, polir. Ce sont les petits cailloux que roulent les ruisseaux, ordinairement *polis, luisants, brillants* et *diaphanes*, d'où la terminaison en φός, de φάω, luire et briller. Ces cailloux servaient pour les comptes et les calculs, *calculus*, ψηφαρός, sec, friable, pulvérisé, gravier, sable. Le latin *suffragium*, de *subfrango*; m. à m., concassé, cailloux brisés, *fragmentaires;* en espagnol, *cascajo*, de *cascar*, concasser.

Ψιά, jeu, amusement. Voy. ἔψια, de ἔπω, être occupé, s'occuper de; en espagnol, *entretenimiento*, occupation, amusement; entretenir son esprit, son attention, l'occuper, c'est l'*amuser*.

Ψιάς, goutte. Peut venir de ψίω, réduire à parcelles, miettes, brins. Ou bien, être tiré directement de εἴδω, λείβω, εἰψιάς, λειψιάς, écoulement, égouttement, distillation.

Ψίαθος, natte, éclisse. Vient de ψιά, goutte. C'est un *égouttoir* avec lequel on filtre, égoutte, distille les liquides, les laitages.

Ψίθυρος, murmure et murmurateur. Pour ψιάθυρος, de ψιάζω, égoutter, couler goutte à goutte. C'est, proprement, le son, le *murmure* (μύρω, couler, distiller), *susurrus* (συνρέω), que fait un liquide tombant *goutte à goutte*, distillant, s'écoulant goutte à goutte ou par un mince filet. Voy. aussi le verbe σπίζω, gazouiller, piauler : ψίζω, πσίζω.

Ψιλός, simple, nu, sans poil, mince. Cet adjectif vient de ψίω ou ψείω, gratter, frotter, rogner, racler, peler : ψειλός, ψιλός ; m. à m., *raclé, rogné, dépouillé, dénudé, pelé*.

Ψίμμυθος, céruse, fard. Ce mot paraît être exotique (probablement égyptien), comme l'était, pour les Grecs, la drogue minérale elle-même.

A moins que l'on ne préfère y voir ψινύθιος, vain, léger, frivole, fragile, caduc, adjectifs qui tous conviennent au fard.

Ψίνομαι, couler comme la vigne et la fleur des arbres fruitiers ; être dépouillé de son feuillage. Ce verbe vient de ψίω ; ou bien, de οίνω, nuire, blesser, frapper, ruiner.

Ψιττάκη, perroquet, perruche. Dérivé de l'onomatopée ψίζω, ψίττα ou σίζω, qui signifient *siffler, sifflement*, comme font, en effet, ces oiseaux, surtout les perruches.

Ψίω, émietter, pulvériser. De ψείω, ψάω.

Ψόα, rein. Abrégé de λειψόα, de λείβω, *verser, couler*, répondant parfaitement au latin *renes*, qui dérive de ῥέω, *couler, verser*. Les reins sont effectivement la *source*, l'*écoulement* de l'urine.

Ψόλος, fumée, suie. Ce mot peut venir de ἅπτω, brûler, attacher, ἄψολος ; la fumée et la suie sont le produit, le résultat de la *brûlure*, et *s'attachent* aux cheminées, aux murs. Ou bien, de ἵψος, hauteur, élévation, car elles s'élèvent, se *subliment*, se dirigent toujours en haut.

Ψόφος, bruit, son. Nous soupçonnons que ce mot tient à ψέφος, obscurité, confusion. C'est, proprement, un bruit *confus, obscur, inconnu*, dont on ne voit pas la cause.

Ce pourrait encore être le bruit, le murmure des petits cailloux, ψῆφος, d'où ψόφος, comme en latin les mots *suffragium*, vote (caillou), et *fragor*, bruit, *fracas*, car le bruit de l'eau courant sur les cailloux forme, dans la plupart des langues, un type caractéristique.

Ψύλλα, puce, puceron. Le nom de cet insecte vient de ψιλός, mince, grêle, léger ; ou de ὑψιλός, qui *saute*, qui *s'élève* ; ou de ψίω, ψύω, qui gratte, démange, effleure, chatouille, glisse sur notre peau ; ou, enfin, *racle, ronge, émiette, pulvérise* les végétaux dont certaines espèces sont, en effet, le fléau.

Ψυχή, souffle, esprit, âme. Ce mot, important dans toutes les langues, vient, en grec, du verbe ψύχω, souffler, faire du vent, comme le latin *anima, animus*, de ἄνεμος, vent, souffle, parce que le *souffle*, la *respiration* sont le soutien et le symptôme de la *vie*, de l'*animation*, de l'union des deux essences matérielle et immatérielle.

Ψύχω, rafraîchir, refroidir, souffler, faire du vent. Ce verbe, s'il n'est pas onomatopée, doit être un dérivé de ψίω ou ψαύω, effleurer, raser, toucher légèrement : ψίσσω, ψίχω, ψαύχω. C'est le souffle léger et subtil ; en latin, *aura*, de αὔω, souffler, qui *rase, effleure, chatouille, caresse,* comme le papillon, la vapeur, l'éther impalpable, qui passent sur les corps sans presque se faire sentir.

A moins que ce ne soit ἐσπύχω, de πυκός, πυκνός, épais, compact, coagulé, ce qui est l'effet du refroidissement, de la gelée, πάγος, opposé à la chaleur, qui lâche, relâche : χαλάω, *calor*.

Ψώ ou Ψό, interjection qui signifie une impression de dégoût et de répugnance. Est probablement un abrégé de λειψώ, λειψό ; m. à m., *Laisse ! laisse donc !* du verbe λείπω, laisser, lâcher.

Ψῶα, odeur puante, dévoiement du ventre. Vient probablement de λείπω ou λείβω, laisser, lâcher, laisser aller, répandre. Les odeurs se *lâchent, se laissent aller, laissent, répandent*. Ce sont des *émanations* ou *écoulements* (*manare*) que les corps *laissent, répandent, envoient*.

Ψωλός, circoncis. Vient de ψάω ; m. à m., le *raclé*, le *rogné*, tiraillé, arraché ; ou σπάω, le *tiré*.

Ψωμός, bouchée, morceau, nourriture. Vient de ψάω, rogner, ronger, égruger, ou de τρέφω, nourrir, pour θρέψωμός, proprement, *nourrissant, nourriture*, mangeaille.

Ψώρα, la gale. Vient de ψάω, racler, gratter, frotter. C'est l'effet que produit cette maladie, à cause de son prurit insupportable. C'est, m. à m., la *faisant gratter, frotter*.

Ω

'Ωδίς, douleur de l'enfantement, douleur, peine. Voy. ὀδύνη, ὀδύσσομαι et même ὀδύρομαι. Ou bien, faut-il voir ici οἰδάω, s'enfler, se gonfler, *être grosse*.

'Ωθέω, pousser, chasser. Ce verbe peut appartenir à la même souche que ἰωή, ἰωκή de ἵημι, envoyer, renvoyer, chasser, pour ἰωθέω. Ou de εἶμι, aller; proprement, *faire aller*, pousser, diriger vers; ἴω, ἰώθεις, le *étant fait aller*. Ou bien être rapporté à ἐάω, ἰάω, εἰώθεις, envoyer, émettre, lancer, lâcher.

'Ωκεανός, l'Océan. Ce mot fameux n'est autre qu'un dérivé de ὠκύς, rapide. C'est tout simplement le détroit de Gibraltar, c'est-à-dire, la porte, l'entrée de l'Océan, par laquelle les Anciens commencèrent à connaître cette vaste mer. Or, comme les courants de ce détroit célèbre dans la fable et dans l'histoire sont, en effet, extrêmement rapides, ὠκύς, les premiers navigateurs grecs le prirent pour un fleuve, et voilà pourquoi ils lui donnèrent le nom de ποταμός, fleuve. Ce fut pour eux un courant de l'Atlantique dans la Méditerranée, un vaste fleuve de cinq lieues de largeur, et dont l'effrayante *rapidité* ne put qu'assez tard être surmontée par leurs navigateurs. 'Ωκεανός signifie donc le *rapide* par excellence.

'Ωκύς, vite, actif, prompt, rapide. Cet adjectif appartient à la même famille que ὀξύς, aigu, ἀκή, pointe, ἄγω, pousser, exciter (de ἄγω, *ago*, vient le français *actif*).

'Ωλένη, os huméral, haut du bras, bras, aune. Pour αὐλενή, de αὐλή, αὐλός, flûte, tuyau. On en faisait, ou du moins on assimilait l'os huméral à une flûte, comme les Latins le firent à l'égard de l'os de la jambe, *tibia*.

'Ωμός, cru, cruel, dur. Peut-être pour αὐμός, de αὔω, sécher, dessécher; *austère*, αὐστερος, de αὔω, sec, sont synonymes de *dur, cruel, cru*, par opposition au mot *mou, molli (mouillé)*, au doux δεῦκος, de δεύω, mouiller.

῏Ωμος, épaule. Peut venir de ὁμόω, ὁμόω, unir, réunir. C'est, proprement, l'*union*, la *réunion* de l'épaule au bras, l'*articulation* du haut de l'avant-bras, de l'os *huméral;* le lieu où l'on place l'arme défensive que nous appelons *épaulette*. On sait que l'esprit rude s'adoucit suivant les dialectes.

Ce mot, néanmoins, peut se rapporter au vieux verbe οἴω, porter, dont le parf. ὤϊμαι a pu former ὦϊμος; m. à m., le *porteur*, le *transporteur;* c'est, en effet, sur l'épaule que l'on *porte, transporte, charge* les fardeaux.

᾽Ωνέομαι, acheter, acquérir. Ce verbe, de même que ὄνημι, vient du substantif participe ὤν ou ὄν; m. à m., *biens, avoir, existences, possessions, acquisitions, jouissances*. C'est, proprement, *avoir à nous, être* à nous, mettre en notre possession; acquérir ces *choses existantes*, ces *réalités*, ces *choses qui sont;* en latin, res, choses, biens, τά ὄντα, ces *essences*, ces *existences*, ces biens; en jouir, en être maître, possesseur, ὄνημι, en user, s'utiliser. On *acquiert* pour *s'en servir*.

Ou, peut-être, abrégé de κοινωνέομαι; m. à m., *communiquer, commercer;* commerce et communication sont synonymes.

῏Ωον, partie supérieure de la maison, haut étage. On regarde ce mot comme lacédémonien et abrégé de ὑπερῷον, de ὑπέρ ὄν; m. à m., *stance, station, habitation;* en espag., *estancia, étage* pour *estage* (de *être, estre* ou *stare*), εἶναι. C'est donc proprement l'*étage*, la *station*, ὦιον. Ou, si l'on aime mieux, αὖον, de αὔω, vivre, demeurer, habiter. Ou αὔω, venter, ventiler, exposer au vent, sécher. Ce sont des galeries hautes où l'on fait sécher le linge et même certaines récoltes, et qui sont très en usage dans certains pays, du Midi surtout, et de l'Orient.

᾽Ωόν, œuf. Ce mot vient de εἶναι, être; m. à m., l'*étant*, l'*existant*. L'œuf est, en effet, le principe, le germe, la source de l'*existence*, de l'*être*, de la *vie;* c'est l'*être* lui-même non encore développé. Ce pourrait, encore mieux, être un dérivé de ἐάω, lâcher, laisser aller, émettre, déposer; ou ἵω, ἵημι, mêmes acceptions. L'œuf est une *émission*, une *ponte* que la mère *lâche, met, émet, pose, dépose, laisse aller*. C'est un *dépôt* de la mère, une *mise-bas;* en espag., *poner huebos*, poser des œufs. Le français pondre n'est autre chose que *ponere*, poser, déposer; c'est donc, m. à m., *ponte*.

῞Ωρα, heure, saison, temps, période; beauté. Ce mot vient de ὅρος, limite, borne, car l'heure est la limite, la borne qui nous sert à limiter, borner, marquer, désigner, diviser, séparer, définir le temps, la durée, l'existence des choses ; ὥρα est donc proprement la *limite*, la *borne*, le *terme* qui *coupe*, *divise*, *sépare*, *définit* la durée infinie, l'éternité. Ὥρα, beauté, de ὁράω, *species*, *speciosus*, *aspectus*, bon *aspect*, bonne *mine*, belle *apparence*; ou bien, la *période*, la *saison*, le *temps*, l'*âge* de la beauté qui est la jeunesse, la fleur de l'âge.

Ὥρα, soin, souci, attention, égard. Ce mot, malgré son esprit doux, tient évidemment, comme οὖρος, garde, surveillant, à ὁράω, voir, regarder, faire attention, veiller sur.

Ὡρακιάω, tomber en défaillance, s'évanouir. Ce verbe peut venir de ὡράκα, syncope de ἀεωράκα, parfait de ἀωράω, composé de α privatif et. ὡράω, voir ; m. à m., *ne pas voir, n'être pas en état de voir*, ce qui a réellement lieu dans les vertiges, défaillances, évanouissements, où la vue se trouble et s'obscurcit, phénomène qui est caractéristique de ces sortes d'accidents.

Ὤρυγξ, espèce d'animal, solipède mal défini. De ὠρύω, hurler, mugir, ὠρυγή, hurlement. Ou bien, de l'aor. ὤρυξα, du verbe ὀρύσσω, creuser, fouir. Animal *hurleur*, ou *creuseur*.

Ὠρύω, hurler. Paraît appartenir à la même famille que ὀρύγμαδος, et venir de ὀρύω, ὀρύσσω, creuser. C'est, proprement, *rendre* un *son creux*, *caverneux*, *profond*, *sourd*, tel que celui des bêtes féroces. Ou bien, de ἀωρέω, *lever*, *élever* (la voix).

Ὥς, comme, de même. Abrégé de οἴως, semblablement.

Ὠφελέω, aider, être utile, avantageux, profiter. N'est autre que ὀφέλλω que nous avons vu plus haut.

Ὠχρός, pâle. Composé de οὐ et χρώς ; m. à m., *sans couleur*, comme en espag. *descolorido*, décoloré, synonyme de pâle.

FIN.

CONCLUSION

Nous venons de passer en revue toute la série des mots regardés jusqu'à présent comme les racines élémentaires de la langue grecque, série que nos investigations viennent de réduire au nombre de cent vingt environ, car une douzaine d'autres, que nous pourrions y ajouter, appartenant à des objets étrangers pour la plupart au sol de la Grèce, et portant, par conséquent, des noms étrangers à sa langue, devront être négligés comme ne rentrant pas dans l'objet que nous nous sommes proposé dans cet ouvrage.

Le lecteur attentif et impartial aura pu se convaincre si la méthode que nous avons suivie, simple, logique, naturelle, basée sur la comparaison, sur l'analogie des idées et des choses, seul guide de l'esprit humain dans ses plus hautes conceptions, puisque ses créations les plus sublimes ne sont autre chose que des images, des peintures, des copies plus ou moins fidèles tirées du grand livre dont Dieu est l'éditeur, le livre majestueux de la nature, le lecteur, disons-nous, aura pu juger si cette méthode nous a donné un résultat satisfaisant et tel que nous le désirons pour produire l'évidence et élever la linguistique presque au rang des sciences exactes.

Nous donnons à la suite le Vocabulaire de ces quelques mots, qui représentent le véritable *caput mortuum* résultant de notre Analyse.

A

    Αἴ, interjection, d'où αἰάζω, gémir, αἰανός, lamentable.
Sémit........... Ἀγαπάω, aimer, chérir, embrasser. De l'hébreu אהב.
Sémit........... Ἀγείρω, ramasser, réunir, rassembler : אגר.
Sémit........... Ἄγω, pousser, mouvoir, agiter; mener; rompre, briser : יגה, *movere, amovere*.

Sémit............ Ἄλλομαι, sauter, saillir, s'élancer : אלל, עלל.
Exot............ Ἀλόη, aloès (plante).
Sémit............ Ἄλω, prendre, contenir, tenir : עלה, lever, enlever.
Sémit............ Ἅπτω, toucher, attacher, allumer : אפה et אפף.
Onom............ Αὔω, Ἀέω, Ἄω, souffler, respirer, crier.

B

Onom............ Βάζω, parler ; βαβάζω, βαμβαίνω, balbutier, bavarder.
Sémit............ Βάω, marcher, aller : בוא.
Sémit............ Βάλλω, jeter, lancer : בלל, verser, répandre, jeter.
Œgypt........... Βᾶρις, barque, bateau, sémitique ברא, porter.
Sémit............ Βάρος, poids, charge, fardeau : ברא, porter.
Onom............ Βαΰζω et βοάω, aboyer, crier.
Onom............ Βήξ, toux, βήσσω, tousser.
Exot............ Βήρυλλος, béril.
Onom............ Βληχάομαι, bêler.
Onom............ Βόμβος, bruit, bourdonnement.
Onom............ Βόρβορος, bourbier ; βορβορύζω, bruire, grouiller.
Œgypt........... Βύβλος, papyrus, papier, métathèse de βυλβός ou βολβός, ognon.
Sémit............ Βύσσος, lin, byssus : בוץ.

Γ

Onom............ Γαργαίρω, être plein, regorger, dégorger.
Onom............ Γαργαλίζω, chatouiller.
Onom............ Γογγύζω, gronder, grogner.
Sémit............ Γῦρος, rond : גור.

Δ

Sémit............ Δύναμαι, pouvoir, régir, gouverner, régner : דון, juger, gouverner.

E

Sémit............ Ἐλάω, étendre, allonger, pousser : אלה ou עלה.
Sémit............ Ἑλλός, faon de biche ou de chèvre : איל, אילה, *cervus, cerva.*
Sémit............ Ἔχω, tenir, contenir : אחז, saisir, אחד, unir, adhérer à.

Z

Exot............ Ζιγγίβερις, gingembre.

Θ

Sémit............ Θεραπεύω, servir, soigner, guérir : רפא.
Onom............ Θλάω, Θραύω, rompre, briser.

I

Onom............ Ἴα, voix, cri, clameur; Ἰύζω, crier, siffler, ou ἵημι, émettre, εἴα, émission.

K

Sémit............ Κάννη, roseau : קנה.
Sémit............ Κάππαρις, câpre, câprier.
Sémit............ Κάπτω, dévorer, engloutir : כפה.
Perse............ Κασᾶς, tapis.
Sémit............ Κέδρος, cèdre ou pin : כדר, sombre, obscur, ombreux.
Sémit............ Κῆρυξ, crieur, héraut : קרא, crier.

Sémit............ Κιννάμωμον, cannelle.
Onom............ Κλάω, rompre, briser.
Onom............ Κλώζω, glousser, son gutturo-lingual.
Onom............ Κόκκυς, coucou (oiseau).
Exot............ Κόμμι, gomme.
Sémit............ Κόπτω, battre, couper, le même que κύπτω, courber : קוף, כוף.
Onom............ Κόραξ, corbeau, de son *croassement*. D'où κράζω, κρέκω et κοράζω.
Exot..,........ Κότταβος, jeu du cottabe.
Exot............ Κοῦρμι, boisson mielléc.
Sémit............ Κράββατος, lit, grabat, canapé.
Sémit............ Κύβος, cube : קב, קובה, *id*.
Onom............ Κοκύω, gémir, lamenter, du cri du coucou.

Λ

Onom. sémit... Λαλέω, bavarder, babiller : מלל, parler.
Sémit. onom... Λάβω, λαμβάνω et λάπτω, saisir, prendre, laper avec la langue : לפת.
Sémit. onom... Λείβω, verser, répandre : לפת, incliner, fléchir.
Sémit. onom... Λείχω, lécher : לקק.

M

Onom............ Μάμμη, maman, grand'maman, μάτηρ.
Onom............ Μηκάομαι, bêler.
Sémit............ Μέλλω, devant venir, devant arriver, tarder : מול, aller autour.
Sémit............ Μόλιβος, μόλυβδος, plomb : בדל, séparer.
Onom. sémit... Μορμύρω, murmurer. Voy. μύρω, couler, distiller.
Onom............ Μύζω, sucer, geindre, gémir, sifflement nasal, ayant la bouche fermée.
Onom............ Μυκάω, mugir, meugler.
Sémit............ Μύρω, couler, distiller : מרר מור.
Onom .... Μύσσω, moucher, μύξα, morve.

Ξ

Onom............ Ξάω, racler, frotter, gratter, ξέω, ξύω, et même ψάω, ψαύω.

O

Onom............ Οἴ, οἰμόζω, ὀϊζύς, οἶκτος, cris, clameurs, pleurs, pitié.
Onom............ Ὀλολύζω, ἐλελίζω, ἐλελέω, hurler, crier, lalà! hélas! holà!
Sémit............ Ὁράω, voir ; or, lux ; ráa, voir : ראה, אור.

Π

Onom. ou sém. Πατέω, marcher, fouler, ou du sémit. בוא ; en grec, Βάω.
Onom. ou sém. Πατήρ, πάππος, père, aïeul ; sém. inverti, אב.
Sémit............ Πετάω, ouvrir, étendre : פתח.
Onom............ Πίππος, petit, poussin ; πιπίζω, ποππύζω, piauler, siffler.
Onom. ou sém. Πνέω, souffler, respirer, ou sémit. inverti, נפש.
Onom............ Πτύω, cracher.

Ρ

Sémit............ Ῥάπτω, coudre, raccommoder : רפא.
Onom............ Ῥέγκω, ronfler.
Onom. ou sém. Ῥέω, couler : רוה, רור.
Sémit............ Ῥάγω, ῥήγω, briser, fendre, rompre : רגע, רסס.

Σ

Exot. dout..... Σαλαμάνδρα, salamandre.
Exot. dout..... Σαλάμβη, trou pour la fumée, cheminée.
Exot. dout..... Σαμβύκη, instrument de musique.
Exot............ Σανδαράκη, rouge d'arsenic, sulfure.
Sémit............ Σήσαμος, sésame, plante huileuse : schamen, שמן.

Onom............ Σίζω, siffler.
Exot. dout..... Σίναπι, moutarde.
Indien.......... Σίσαρον, chervis.
Exot. .... Σίσυμβρον, sisymbre, cresson.
Exot. dout..... Σισύρα, fourrure, tapis de peaux velues.
Syrien.......... Στύραξ, gomme odorante.
Onom............ Συρίσσω, siffler.

T

Sémit.......... Τάμω, couper : תמם, finir, achever, terminer.
Sémit.......... Τάω, étendre, allonger : תהה.
Exot. dout..... Τερέβινθος, térébinthe.
Onom............ Τιτίζω, piauler.
Sémit.......... Τλάω, porter, soulever.
Onom............ Τονθορύζω, murmurer, gronder.
Sémit.......... Τόρνος, τορέω, tourner, tour, arrondir : חור.
Sémit.......... Τρέπω, tourner : חור en hébreu.
Onom. dout.... Τρίζω, grincer, rendre un son aigu, *strident*, ou pour ὀδοντρίζω, jouer des dents.
Sémit.......... Τύπτω, battre, frapper : תפף.

Υ

Sémit.......... Ὑπέρ, ὕψος, ὕψι : עוף.

Φ

Sémit.......... Φάλαγξ, phalange, division, section : *falag*.
Sémit.......... Φάω, luire, briller : *iafa*, être clair, briller.
Sémit.......... Φέρω, porter : *fara*.
Onom............ Φλάζω, bredouiller, bouillonner.
Onom............ Φλάω, rompre, briser.
Sémit.......... Φύγω, fuir, s'en aller, s'écouler : *foug, fouts*.
Onom............ Φυσάω, souffler.

X

Sémit............ Χαλβάνη, galbanum, résine : *elbenah*.
Onom............ Χλάζω, bruire, bouillonner, clappoter, craquer.

Ψ

Égypt............ Ψίμμυθος, céruse, fard.
Onom............ Ψάω, racler, triturer, le même que ξάω : Ψ pour Ξ.

Voilà donc les éléments de la langue grecque, c'est-à-dire de la langue la plus belle, la plus riche, la plus polie qui soit sortie des lèvres de l'homme.

Environ soixante ou soixante-dix mots étrangers, appartenant pour la plupart aux langues sémitiques, et une cinquantaine d'autres, évidemment onomatopées, forment ainsi la base, la matière, l'élément constitutif de cette magnifique langue des Homère et des Démosthènes, modèle de toutes les langues polies, sublime produit de l'intelligence humaine, en même temps qu'elle est son plus puissant levier, puisque c'est par son aide que les sciences, aussi bien que les lettres, ont atteint et poursuivent au delà ce haut degré de perfection auquel l'humanité aspire sans cesse.

On conçoit facilement que la première classe de mots ne doit pas nous occuper ici. Importés de l'Orient en Grèce, c'est dans les langues de l'Orient qu'ils doivent trouver leur étymologie et leur explication, qu'un jour peut-être nous essaierons de donner, en répandant sur ces mystères linguistiques la vive clarté que nous empruntons au flambeau des analogies (1).

Il ne nous reste donc que les onomatopées, que nous déclarons regarder comme le fond, la base et l'origine du langage humain, onomatopées sur lesquelles nous devons faire quelques observations, après les avoir réunies en un groupe sous les yeux du lecteur.

---

(1) Voyez l'ouvrage intitulé *Clef de l'interprétation hébraïque*, qui forme la première partie de notre travail.

ONOMATOPÉES

Αἴ, interj.
Αὔω, crier et souffler.
Ἀέω, souffler.

Βάζω, parler.
Βαβάζω, Βαμβαίνω, balbutier, bavarder.
Βαὺζω, aboyer, crier.
Βήσσω, tousser ; Βήξ, toux.
Βληχάω, bêler.
Βοάω, crier.
Βόμβος, bruit, bourdonnement.
Βόρβορος, bourbier ; Βορβορυζω, bruire.

Γαργαίρω, être plein, *regorger, dégorger.*
Γαργαλίζω, chatouiller.
Γογγύζω, grogner, gronder.

Θλάω, Θράω, rompre, briser.

Ἴα, voix, cri, clameur ; Ἰὺζω, crier.

Κλάω, rompre, briser.
Κλώζω, glousser, comme les poules.
Κόκκυξ, coucou.
Κόραξ, corbeau.

Λαλέω, bavarder, babiller.

Μάμμη, maman, mère, grand'mère, μά μήτηρ.
Μηκάομαι, bêler.
Μορμύρω, murmurer.
Μύζω, sucer, geindre, gémir.
Μυκάω, mugir, meugler.
Μύσσω, moucher ; Μύξα, morve.

Ξάω, Ξέω, Ξύω, racler, frotter, gratter.

Οἴ, Οἰμώζω, Οἶκτος, Ὀϊζύς, cris, clameurs, pleurs, pitié.

Ὀλολύζω, Ἐλελίζω, Ἐλελέω, hurler, crier, se lamenter, hélas, lalà…

Πατέω, marcher, fouler, promener.
Πατήρ, Πάππος, père, aïeul.
Πίππος, petit, poussin; Πιπίζω, Ποππύζω, piauler, *pi, pi, pi*…..
Πνέω, souffler, respirer.
Πτύω, cracher.

Ῥέγκω, ronfler.

Σίζω, siffler.
Συρίσσω, siffler.

Τιτίζω, piauler.
Τονθορύζω, murmurer, gronder.
Τρίζω, grincer des dents.

Φλάζω, bredouiller, bouillonner.
Φλάω, rompre, briser.
Φυσάω, souffler.

Χλάζω, bruire, bouillonner, clapoter, craquer.

Ψάω, racler, gratter, frotter, triturer, émietter : le même que ξάω.

En présence de ces résultats, que nous abandonnons sans commentaire à l'intelligence et à la bonne foi du lecteur, on comprendra avec quelle circonspection il faut accueillir cette fameuse classification de l'école moderne, et, en général, tous les systèmes fondés sur une étude superficielle des langues.

Comment classifier ce qu'on ne connaît pas ou qu'on connaît si mal, parce qu'on l'étudie si mal?

L'homme, en apparaissant sur le globe, fut doté non pas du langage grammatical, qui, comme simple invention humaine, comme un art analogue à plusieurs autres arts, patrimoine de l'humanité, a eu une origine et des développements successifs et graduels semblables de tous points à ceux de tous les autres, mais bien de la langue, c'est-à-dire de cet instrument admirable, agent principal de l'organe vocal, de ce faisceau de muscles subtils et déliés qui vibrent dans son centre, et constitue à lui seul presque tout le mécanisme de la parole; l'instinct délicat de l'homme et son intelligence, aidés de l'ouïe, ont fait le reste. Soutenir le contraire, serait évidemment rabaisser la majesté du créateur au niveau d'un humble pédant, d'un maître d'école, montrant, la baguette à la main, l'*a, b, c...*, à nos pères. L'homme religieux, de même que le philosophe, se révoltent à cette idée, car, en admettant cette hypothèse, il nous faudrait admettre de même cette forme d'enseignement surnaturel pour tous les autres arts, et nous figurer la majesté auguste de Dieu, armée de la guitare et de la flûte, du crayon et du pinceau, du marteau et du ciseau, de la truelle et de l'équerre, pour enseigner au premier homme les éléments des beaux arts, de ces arts qui ne sont après tout que les compagnons et les égaux de cet autre que l'on appelle l'*art* de la parole, l'éloquence et la poésie, l'*art* de parler, l'*art* de bien dire, ce que les anciennes écoles comprenaient fort bien lorsqu'elles appliquaient aux humanistes consommés le nom de *maîtres ès-arts*. C'est qu'en effet, l'art de la parole ne diffère des autres beaux arts que par les organes qu'il emploie pour l'exécution : c'est, pour le premier, la langue ou l'organe vocal guidé par l'oreille ; c'est, pour les autres, la main guidée, par les yeux et par l'ouïe, dans la musique. Ceux-ci ont pour objet la forme et la couleur que l'œil perçoit et que la main imite ; la parole et la musique ont pour domaine le monde des sons que l'oreille perçoit et que la langue et ses appendices imitent. De là, l'étroite parenté qui existe entre ces deux derniers arts ou, plutôt, entre ces deux espèces de langage, puisque l'un comme l'autre nous sert à exprimer toutes les passions, tous les sentiments du cœur humain, toutes les sensations de son être physique et moral ; puisque tous les deux réunis forment dans les bouches méridionales et certaines organisations d'une sensibilité privilégiée, cette charmante mélodie que nous connaissons sous le nom d'accent, ces modulations harmonieuses, comparables à celle du rossignol. La parole est donc, dans son origine et dans ses développements, un art analogue aux autres arts, ayant suivi comme eux une marche graduelle et successive, escortant pas à pas les progrès de l'esprit humain ; ayant, comme l'humanité qui l'a formé, son berceau, son enfance, sa jeunesse, son âge viril, et, enfin, sa décrépitude et, par suite, sa transformation ou métempsychose ; car, ne pouvant périr qu'avec l'humanité, le langage ne saurait avoir d'autre fin que la modification plus ou moins lente, plus ou moins complète à travers la suite des siècles et des générations.

Cet art, qui nous paraît si étonnant, ne l'est cependant pas plus que les autres, à moins que l'on n'aille se figurer que, par un inexplicable privilége et contre toutes les règles de la nature, l'art du langage ait été formé de toutes pièces et donné au premier homme dans l'état actuel de perfection que nous lui connaissons aujourd'hui, et qu'Adam et Ève, en sortant du limon, ou, si l'on veut, apparaissant dans l'échelle zoologique, s'exprimèrent déjà avec la même perfection que Job, Moïse, David et Salomon eussent pu le faire et le firent beaucoup plus tard.

L'art de la parole, quelque merveilleux qu'il nous paraisse au point de perfection où il est arrivé, l'est-il, en effet, davantage que l'art de la musique, cette langue des anges; que celui de la peinture, que ceux de la sculpture et de l'architecture? Si nos premiers parents, si les générations antédiluviennes qui leur succédèrent immédiatement, revenaient parmi nous, seraient-elles plus surprises de la volubilité plus ou moins sonore de ce murmure varié qui s'échappe de nos lèvres, que nous appelons langage, et au moyen duquel nous sommes parvenus à nous entendre avec un peu plus de rapidité et de précision qu'ils ne le firent eux-mêmes à leurs époques primitives? que d'entendre, par exemple, en entrant dans nos opéras, les sublimes créations des Mozart, des Rossini, des Bellini et des Meyerbeer? Leur admiration serait-elle moindre aux sons de ces torrents de mélodie, de ces harmoniques accents, ineffables échos du langage des chérubins? Et si, de là, ils passaient à nos Musées pour y lire ces autres écritures, ces *autres langues écrites* sur la toile et sur le marbre, ces chefs-d'œuvre d'une seconde création faits aussi du limon commun et auxquels il ne manque que ce que Dieu seul peut donner, le souffle de vie! Transportés de là en face des somptueux palais de nos rois, de nos merveilleuses cathédrales, croiraient-ils que ces ouvrages peuvent appartenir à la race humaine actuelle, et que ce n'est pas l'ouvrage des races de géants ou plutôt l'œuvre immédiate de la main de Dieu? Si, conduits enfin dans nos arsenaux maritimes, on leur montrait un de ces palais flottants, un de ces léviathans des mers, un de ces navires à vapeur de cent trente canons, qui sont à eux seuls le résumé le plus étonnant de tous les arts et de toute la science de l'humanité actuelle, en croiraient-ils à leurs yeux? Voudraient-ils voir dans les constructeurs de ces merveilles, leurs simples descendants? les fils du même père commun? des créatures, après tout, aussi faibles et chétives qu'ils le furent eux-mêmes? Comparons les efforts de travail, d'expérience, de fatigues, d'études, de patience, d'inventions, de génie, que toutes ces merveilles supposent chez la race humaine, avec ceux que suppose l'art du langage, même à l'état de perfection où nous le voyons aujourd'hui parvenu, et convenons de bonne foi que tout l'avantage, tout le mérite reste à ces premières, de la même manière que le jeune enfant a plus de peine et emploie beaucoup plus de temps à apprendre l'art quelconque, le métier, même le plus humble, que lui enseigne son père, qu'à s'approprier la langue qu'il lui entend parler, et qu'il possède déjà à l'âge de cinq ou six ans.

L'art de la parole, quelque merveilleux qu'il nous paraisse, n'a donc pas eu d'autre berceau que celui de tous les autres arts. L'homme n'a pu le créer, car l'être fini comme lui ne saurait rien créer ; le supposer créateur serait l'égaler à Dieu. Ce serait une impiété pour l'homme religieux, une absurdité pour le philosophe. Mais si l'homme ne sait créer, il possède en revanche, à un degré éminent, la faculté de comparer, d'imiter, de copier, et ce sont ces facultés qui forment précisément la base, le moyen et le but de tous les arts qu'il exerce.

Il a donc cherché dans le grand livre, dans cet album inépuisable de la nature où nous apprenons tout, et il y a dû nécessairement trouver ce qui devait y être : il a cherché au chapitre des sons, et il y a trouvé le langage. Et c'est toujours, comme pour tous les autres arts que nous appelons si bien *d'imitation*, par le seul moyen qu'il fut donné d'employer, c'est-à-dire, par la copie, par l'imitation, peu à peu, graduellement, en ajoutant chaque jour une nouvelle pierre, un nouveau trait, un nouveau coup de pinceau, qu'il est parvenu à ces résultats admirables qui nous étonnent aujourd'hui dans leur perfection.

Mais, pour imiter une chose quelconque, la première condition indispensable, c'est de la percevoir, d'en être impressionné, d'en recevoir la sensation. Dans la sphère du monde visible, le moyen, l'organe de perception, c'est la vue. Le monde des sons appartient tout entier au sens de l'ouïe. Comment pourrait-on, en effet, percevoir un son avec l'œil ?

La langue, n'étant composée que de sons, n'a donc pu être formée que par l'intermédiaire de l'oreille, par le moyen de l'ouïe, de cet autre sens non moins admirable dont Dieu a doté l'homme, et voilà pourquoi le sourd de naissance est, par cela même, muet ; il ne saurait, en effet, concevoir ce qu'il ne peut percevoir. Il ne saurait imiter ce qui lui sera éternellement inconnu, ce dont il ne pourra jamais avoir l'*idée*, de même que l'aveugle ne pourra jamais concevoir les couleurs et la perspective ; car l'idéal comme création de l'esprit humain n'est qu'une pure illusion de certains esprits, et l'imagination, où l'on prétend qu'il a sa source, n'est elle-même, comme son nom l'indique bien clairement, que la faculté ou l'acte de faire des *images*, c'est-à-dire, des *imitations*, des *copies*, des *ressemblances* des objets sensibles qui se trouvent tous et nécessairement dans la nature. L'homme primitif a donc trouvé sa langue toute faite dans la série infinie de sons qui se produisent au sein de la nature entière, de la matière mise en mouvement, des éléments et des organismes divers mis en action. Le monde, en effet, qu'est-il autre chose qu'un immense tableau pour les yeux, qu'une inépuisable onomatopée pour l'oreille? Le plus subtil des corps, l'air, ce véhicule indispensable du son, en est à lui seul une source infiniment variée. Mis en mouvement, c'est-à-dire à l'état de vent, il fournit à l'oreille humaine une infinité de modulations, de bruits, de sons, de frémissements, de mugissements, suivant les diverses modifications de son allure, de sa rapidité, de son volume, de la disposition et de la consistance, et surtout des obstacles et des corps qu'il vient choquer; soufflant dans un espace resserré, profond, caverneux, lointain, sous forme d'ouragan ou de brise légère; heurtant des corps solides plus ou moins résistants ou des corps liquides qu'il agite, soulève, et dont il s'échappe en les froissant au milieu de l'écume; sifflant au travers d'une fente, d'un trou, d'une tuyère, ou bien du feuillage épais d'une forêt, d'un massif de roseaux; fouettant les flancs des rochers et les sommets des montagnes, ou se répercutant au sein des vallées profondes.

Les eaux, dans leurs mouvements variés, sont aussi la source d'une vaste série de sons, soit qu'elle coule sur le sable et le gravier avec un murmure paisible, mais qui reçoit des nuances diverses suivant la disposition et le volume des petits obstacles qu'elle rencontre dans son cours, soit qu'elle coule goutte à goutte ou en un mince filet dans le creux de la roche où elle fait entendre le doux *lou, lou, clou, clou, plou, plou, glou, glou*, en un mot, la lettre *l* sous différentes formes, toutes caractéristiques de l'écoulement de l'eau et des liquides en général. Entendez-la gloussant sur les gros cailloux ou se heurtant avec fracas contre des rochers qui barrent son passage, et dont elle ronge le pied en frémissant, ou bien se précipitant en cataracte bruyante d'une hauteur plus ou moins considérable, en nappe large et paisible, ou en flots brisés et tumultueux, en échelons succesifs et doucement inclinés, ou d'un seul et immense bond qui vient l'engouffrer dans un abîme. Si nous passons aux grands amas d'eaux, à la mer, par exemple, que de sons notre oreille n'a-t-elle pas à y percevoir? Lorsque, mise en mouvement par une cause quelconque, par les vents surtout, ses flots écumants s'agitent, se balancent, se soulèvent, se froissent, se brisent, se culbutent, clapotent, déferlent, soit sur une plage douce et sablonneuse, soit sur des côtes à pic ou qui surplombent, soit dans les cavernes qu'a creusées leur incessante furie, soit, enfin, sur les flancs du navire qu'ils s'indignent de supporter.

Versez de l'eau sur le pavé, et vous entendrez les sons *schiaf, fiaf, schuf*. Prêtez l'oreille à la pluie qui tombe sur le sol poudreux, sur la roche ou sur le pavé de nos rues, sur le bois, sur les planches, sur des plaques ou vases de métal, sur des vitraux ou sur l'eau elle-même, quelle variété de sons et de murmures !

Si nous écoutons, à leur tour, les autres corps de la nature inanimée mise en mouvement, la matière sous ses différentes formes, la terre, les pierres, les rochers, les métaux, les bois, quelles nuances infinies ! Que de sonorité, de richesse encore ! Si deux pierres terreuses ou peu consistantes, par exemple, viennent à se choquer, nous aurons un son sourd et peu distinct, flasque et pâteux. Si ce sont deux cailloux durs et polis, ce sera la lettre *t, ta, ta, ta, ta,* comme si nous la prononcions nous-même. Si ce sont des roches dures et douées en même temps d'une certaine ténacité, comme la phonolite ou la pierre sonnante, et surtout des métaux, nous aurons *tan, tan, tan, tan*, et l'homme a déjà entendu prononcer à des corps inanimés la lettre dentale *t* et la nasale *n*.

Si, au lieu de roche contre roche, et métal contre métal, c'est le bois contre la pierre ou le métal, ce sera *pam, pam, pam, pan*, ou, si c'est bois contre bois, *pa, pa, pa,* et nous entendrons distinctement la lettre *p*. Choquez deux corps plus ou moins durs et creux, et, en même temps, vous entendrez la lettre *q, queu, queu, queu, qua*.

Que ce soit un corps mou heurtant contre un corps dur, comme la plante du pied nue de celui qui marche, vous n'aurez plus ni *t*, ni *p*, ni *q*; vous aurez le *b* : βάω, son plus doux. Frappons une pierre avec une pointe de fer, nous aurons *ti, ti, tic*; frappons du bois avec la même pointe, nous aurons *pic, pi, pi*, c'est-à-dire un son en *i*, aigu, comme la lettre ou hiéroglyphe qui le représente,

Traînons un objet par terre ou faisons-l'y rouler, ou frottons-le contre un autre corps : si la surface est lisse et polie, nous aurons un sifflement plus ou moins varié, *ss, ps, xs, ch, cs*, c'est-à-dire, le *s*, le *x*, le *ch*; si, au contraire, elle est rude et raboteuse, nous entendons distinctement *r r r r r r.....*, et nous aurons le *r*, ce son si expressif et si onomatopéique.

Brisons une ardoise, un galet, du bois, une branche d'arbre, et tous ces corps pousseront un gémissement qui sera *tras, cras, pras, frac, fras, crac*.

Étendons, enfin, une peau sur un châssis de bois, et le joueur habile du tambour basque vous y produira une variété infinie de roulements, de sifflements, de bourdonnements, de frissonnements, de murmures, de frémissements. Il en fera retentir toutes les touches de l'organe vocal, l'alphabet presque entier avec toutes ses consonnes.

Faites bouillir de l'eau, et elle commence à faire entendre un sifflement en *z*, *zuu* dental, tel que le prononcent les Espagnols du Nord de l'Espagne et les Arabes ; quelques instants plus tard, ce sera un *f* distinct, *fuu*, et, enfin, quand elle est en pleins bouillons : *clo, clo, clo, clo* ; on dirait qu'elle vous annonce elle-même, en son propre langage, ses divers degrés de chaleur.

Jetez-la, enfin, sur le feu, et vous les entendrez protester réciproquement par un *f* énergique et prolongé.

Si nous voulons suivre l'homme au milieu des progrès de sa civilisation, et le supposer déjà usant de la scie, du rabot, de la lime et du marteau, qui ont chacun un son, une voix si distincte et si caractérisée ! Si nous pénétrions dans nos ateliers, dans nos fabriques ; si nous prêtions l'oreille à chacun de ces fourneaux, de ces soufflets, de ces rouages, de ces martinets, de ces scies, de ces limes, de ces fuseaux, de ces cordes, de ces chaînes, de ces courroies, de ce monde en mouvement, ne pourrions-nous pas, en distinguant et classant chacun de ces sons, de ces bruits, en tirer un vocabulaire tout entier ?

Mais laissons la nature inanimée et examinons un peu dans une sphère plus élevée, dans le règne animal. Ce ne sera plus ici de simples sons que l'homme perçoit avec l'ouïe et qu'il imite instinctivement par son organe vocal, mais bien des voix véritables rendues par des organes analogues aux siens. Les mammifères, les oiseaux, les reptiles vont lui fournir à eux seuls tous les éléments d'une langue : le bœuf, en mugissant, lui enseigne la lettre *m* ; le mouton, en bêlant, la lettre *b* ; le cheval et l'âne la forte aspiration gutturo-nasale du *hennissement* ; le lion et tout le genre félis, les sons gutturaux, profonds et caverneux de leurs rugissements ; le porc, son *grognement* ; les singes donnent le type du grincement des dents, du jeu des dentales ; le genre chien offre, dans l'aboiement, le hurlement du loup et le glapissement du renard, une nouvelle variété de sons ; la chèvre et l'agneau, des vagissements semblables à ceux de l'enfant ; le chat, ses miaulements et ses bouffades.

Dans la classe des oiseaux, nous allons rencontrer un nouveau trésor de voix et de sons : le *caquet* du coq et de sa compagne ; le *piaulement* des jeunes poussins ; le *claquement* si caractéristique de la caille ; le *croassement* du corbeau ; le *roucoulement* de la tourterelle et du pigeon ;

le *coucou* qui se nomme lui-même ; le dindon et son bruyant *gloussement* ; la voix *cuivrée* des canards et des oies ; le rossignol, ce roi du chant dont les riches modulations comprennent l'alphabet entier, sans parler du perroquet et de la pie, qui articulent comme nous et parlent notre langue. Qui pourrait se faire une idée de l'immense variété de voix que possèdent les gorges priviligiées de la classe ornithologique ?

Il n'est pas jusqu'aux reptiles, classe inerte et répugnante, qui ne possède ses types vocaux : La grenouille *coasse* ; le crapaud et le serpent sifflent chacun à sa manière ; le crocodile gémit.

Les insectes, à leur tour, viennent nous offrir leur contingent de sonorité : Le bourdon, le frelon, l'abeille, dans la basse ; le cousin, le grillon, la cigale, dans le fausset, forment un concert bruyant qui contraste avec l'exiguité des êtres et surtout des organes qui en sont l'instrument. Avions-nous raison de dire que le globe que nous habitons est une vaste onomatopée ?

Hé bien ! ce sont ces bruits, ces sons, ces voix de la nature inerte, et ces mugissements, bêlements, hennissements, rugissements, grognements, grincements, aboiements, hurlements, glapissements, vagissements, miaulements, bouffements, caquetages, piaulements, croassements, roucoulements, gloussements, sifflements, coassements, bourdonnements, et tant d'autres onomatopées, qui devraient prendre place encore dans la langue des Bossuet et des Fénélon ; qui ont dû être et ont été, en effet, les éléments simples et naturels dont l'homme a composé son langage primitif et rudimentaire ; celui qui devait suffire aux idées et aux besoins si restreints de l'aurore de l'humanité.

Toute chose ne pouvant avoir que deux origines, à savoir : la création ou la composition, et, la première étant l'œuvre de Dieu seul, il ne reste à l'homme que la composition, l'arrangement, l'ajustement, l'imitation, l'*art*, en un mot, qui résume et comprend toutes ces opérations ; car l'*idéal*, tel que l'entendent certains esprits, est, nous le répétons encore, une pure illusion, ce n'est tout au plus qu'une simple synthèse, c'est-à-dire un *ajustement*, un *arrangement* de parties diverses pour composer un tout, une *harmonie* plus parfaite de choses disjointes et séparées que l'artiste choisit toujours et nécessairement dans le grand livre de la nature, suivant le degré de perfection de ses sens, suivant ses goûts plus ou moins exquis. L'imagination, redisons-le sans cesse, cette reine des arts et des lettres, que signifie-t-elle autre chose que l'art d'*imaginer*, c'est-à-dire tout simplement de *faire des images*, des *ressemblances* ; en un mot, d'*imiter* les objets qui agissent sur nos sens, ce qui suppose leur existence préalable et nécessaire? L'invention, cette autre manifestation du génie, qu'est-ce autre chose que l'acte de *trouver*, de *rencontrer*? Or, pour trouver un objet quelconque, il faudra bien qu'on nous accorde qu'il doit exister préalablement, tant il est vrai que la précision dans le langage nous ramènera toujours au vrai, dont les préjugés tendent à nous éloigner.

Mais, pour imiter un objet, il faut de toute nécessité un instrument adapté à l'opération. Ce n'est pas avec un violon ou une flûte que le sculpteur pourra extraire du bloc de marbre une statue d'Apollon ou de Vénus; ce n'est pas avec le pinceau et la palette à la main que Mozart et Hayden nous feront sentir ces ravissants et sublimes avant-goûts des extases célestes.

Ainsi, l'homme, avec son organe vocal, c'est-à-dire avec son *instrument à sons*, ne pourra et ne devra imiter que des sons. Comment pourrait-on concevoir qu'il pût, avec des sons, imiter la forme, la couleur et les propriétés qui ne fussent pas exclusivement sonores? Voilà pourquoi les noms des objets sonores ou de leurs propriétés sonorifiques conservent, dans toutes les langues, la physionomie onomatopéique, et semblent s'être nommés eux-mêmes. Et ce qui prouve que les noms qui ont ce caractère sont les plus parfaits, c'est que nous admettons volontiers, comme formant le comble de l'expression et de l'énergie du langage, l'*harmonie imitative*, qui n'est autre chose que l'*onomatopée*.

Le premier monument écrit où il soit question de la parole humaine, c'est la Genèse de Moïse; et la première occasion, c'est celle où le Créateur amène devant le premier homme les animaux divers qui peuplent la terre pour qu'il leur impose un nom, nom, remarquons-le bien, qu'il ne veut pas donner lui-même, mais qu'il exige de notre premier père. Que diront à cela les partisans, s'il en existe encore, du langage d'invention divine? Voilà donc Adam obligé d'articuler ses premiers mots, et, heureusement pour lui, son travail lui sera donné tout fait, car, dans cette revue solennelle, chacun des êtres animés qui viennent passer devant lui est éminemment onomatopéique, car il a une voix, il rend un son, et c'est en saluant leur maître par cette voix, avec ce son, qu'ils se nomment eux-mêmes. Adam n'a qu'à les répéter, et le langage humain a pris naissance.

Remarquez que Moïse ne nous dit pas qu'avant de nommer les animaux l'homme eût déjà nommé les plantes, les éléments et tant d'autres objets de la nature qu'il voyait de plus près et qui n'avaient pas besoin de lui être amenés. C'est que, pour les animaux, le travail était tout fait, tandis que le reste exigeait un peu plus d'attention et d'exercice dans l'oreille et dans l'organe vocal.

Tous les autres objets physiques et leurs propriétés aphones, quoique hors de la sphère du son, ont dû y être ramenés par l'intelligence de l'homme progressivement développée, et à l'aide de ses autres sens, l'ouïe, le tact et la vue, et cela par un rapport ou une série de rapports et d'analogies plus ou moins directs, plus ou moins clairs, plus ou moins intimes, mais toujours et nécessairement naturels, en sorte que, dans ce baptême primitif des objets physiques par l'organe de l'homme, l'analogie, la ressemblance, la relation ont toujours servi comme des marraines.

Sorti des mains du Créateur, ou terminant la série du règne animal, l'homme se trouve au milieu de cet univers dont il est le roi, ayant seul la conscience de son existence et de ses facultés. Il possède déjà deux instruments de langage, ou, si l'on veut, de cet art par le moyen duquel il manifeste ses idées et ses besoins : la langue des sons qu'il porte dans sa bouche, et la langue des signes qu'il porte dans sa physionomie, et surtout dans sa main, organes presque tout aussi admirables que celui de la parole.

Il est évident que, dans l'enfance de l'humanité, ces deux langages ont dû jouer un rôle presque aussi important l'un que l'autre, comme nous le voyons encore, soit chez les peuples sauvages, soit dans les pays méridionaux, où l'organe vocal suffit à peine aux imaginations impétueuses de leurs habitants, soit même dans nos sociétés plus polies, aux personnes douées d'une organisation énergique et expansive. Mais il est évident aussi qu'à mesure que la langue phonique, la langue par excellence, a découvert et mis en œuvre ses inépuisables ressources, la langue des gestes a dû perdre le terrain qu'elle laissait aux envahissements de la première.

L'origine de la langue parlée n'est autre que l'instinct, cette logique des sens. C'est l'instinct seul qui a dû guider ses premiers pas. L'enfance de l'humanité a suivi, sous ce rapport, la même marche que l'enfant à la mamelle qui émet ses premiers mots sans se rendre raison de leur formation, essayant simplement d'imiter, avec ses faibles organes, les sons qui viennent frapper son oreille.

Et il n'en saurait être différemment, car la raison la plus élevée, les arguments les plus subtils, la logique la plus parfaite, ne pourront pas démontrer et surtout ne pourront pas faire que les sons ne soient pas des sons, et ne sauraient nous donner pour imiter des sons un organe différent de celui que nous tenons de la nature.

C'est donc l'instinct qui a dû présider au berceau du langage, laissant à la raison, fille de l'expérience, le soin de le perfectionner et de l'enrichir.

Mais l'homme, sans sortir de lui-même, possède dans son propre organisme une source inépuisable de sons. S'il respire, s'il souffle, s'il siffle, s'il saisit avec les lèvres, s'il mâche, s'il ronge, s'il lèche, s'il avale, s'il vomit, s'il rote, s'il se mouche, s'il crache, s'il tousse, s'il ronfle, s'il crie, s'il gémit, s'il rit, s'il grince, s'il frémit, s'il frissonne, ce sont autant de sons qu'il entend de son semblable et qu'il s'entend sortir de lui-même.

Il n'est pas dans la nature un seul corps, un seul atome qui, étant mis en mouvement, ne transmette quelque son à notre oreille, son que notre oreille perçoit et que nous imitons avec notre organe vocal, avec ce muscle surtout le plus subtil et le plus délicat de tous qui en occupe le centre, battant précieux de cet instrument admirable que nous tenons de la nature.

Toutes ces observations nous conduisent donc à établir que le langage humain a dû commencer par l'interjection, c'est-à-dire par celle des parties que les humanistes appellent du discours la plus courte, la plus simple, et nous ajoutons la plus naturelle, comme fille qu'elle est du simple instinct.

Les interjections, les monosyllabes et les syllabes répétées, tel est le langage de la nature comme il l'est de l'enfant à la mamelle qui commence à balbutier. De sa bouche novice encore, il ne sort que des simples cris, des interjections, des monosyllabes, des bégaiements, c'est-à-dire des syllabes répétées ou redoublées. Papa, maman, bobo, momo, bébé, pipi, toutou, touton, loulou, lolo, tata, tatan, poupée, bonbon, forment encore aujourd'hui le vocabulaire naturel du premier âge, incapable encore d'articuler, c'est-à-dire de réunir en un seul corps plusieurs syllabes de différente touche.

Mais comme il n'y a rien d'absolu dans la nature, comme tout y est relation, rapport, analogie et modification, le langage humain ne pouvait pas en rester là; il avait besoin d'exprimer ces relations, ces comparaisons, ces modifications des objets, ces rapports et ces différences qui constituent leur véritable définition. Il fallait donc rapprocher, réunir au son principal un ou plusieurs autres sons investis déjà d'une signification propre, capable de modifier celle du premier, comme le nouveau trait ou la nouvelle couleur viennent modifier un portrait sous le pinceau du peintre; et voilà comment naquit la *parole,* παραβολή, expression que, contre l'opinion des grammairiens, nous traduirons par le *rapprochement*, la *réunion*, la *composition* en un seul de plusieurs sons monosyllabiques; en d'autres termes, l'*articulation*, c'est-à-dire encore, la réunion, l'assemblage, ce que nous appelons les *mots composés*. C'est là le second âge de la langue humaine, et c'est encore celui des langues des peuples enfants ou d'une civilisation arriérée.

Les grammairiens ont souvent agité la question de savoir si le verbe dérive du substantif ou si le substantif est dérivé du verbe. Pour notre part, nous regardons comme plus probable cette dernière hypothèse, par la raison évidente que toute action quelconque suppose préalablement un être agissant, un être actif ou passif, suivant qu'il est sujet ou objet du verbe, tandis que l'être ou objet ne suppose pas nécessairement l'action, car il peut exister et il existe avant d'agir. Pour crier, il faut un gosier; mais il est évident que le gosier existe avant le cri et peut exister sans lui. Pour marcher, il faut des pieds; mais les pieds existent avant qu'ils puissent marcher. Il en est de même de toutes les fonctions animales, de tout ce qui a rapport aux objets physiques et plus encore aux facultés morales et intellectuelles, beaucoup plus lentes à paraître et à se développer. Le jeune enfant, avec son langage rudimentaire, ne connaît qu'un verbe, le verbe *faire*, qui lui tient lieu de tous les autres. Il *fait* momo, il *fait* bobo, il *fait* pipi, il *fait* cacan, désignent des opérations qui, dans la langue qu'il apprendra plus tard, ont chacune leurs verbes particuliers et bien distincts. Si la faim le presse, il se contentera de crier *du pain;* s'il a soif, son cri sera *de l'eau,* en supprimant le le verbe *donnez-moi, je veux, j'ai besoin,* dont il ignore la conjugaison compliquée et peut-être l'existence même.

Nous voyons employer une méthode analogue aux nègres, aux peuples sauvages, et, en général, aux étrangers qui commencent à parler une langue qu'ils ne connaissent pas. Le verbe n'est alors employé que dans sa forme la plus abstraite, c'est-à-dire dans son infinitif, dans ce que nous appellerions volontiers le mot verbal ou le verbe mot : moi boire du vin, moi marcher vite; toi être blanc; lui avoir un chien; nous aimer le rhum. Voilà des locutions que tout le monde entend sortir d'une bouche étrangère, c'est-à-dire d'une bouche véritablement *enfantine* (*infans*), puisqu'elle ne parle pas encore la langue dans laquelle il essaye de s'exprimer.

C'est qu'en effet, l'étude de la conjugaison, c'est-à-dire des modifications nombreuses et compliquées du verbe, exige dans l'intelligence un degré de développement et un effort d'étude et de réflexion que ne comporte pas le tendre cerveau de l'enfant, ou celui peu exercé de l'adulte. Le substantif, au contraire, dans les langues surtout où il ne se décline pas, ne présente aucune difficulté, et a dû suffire tout seul aux besoins et aux idées d'ailleurs si limités de l'homme primitif.

Limités, disons-nous; et, en effet, ignorant jusqu'aux rudiments des sciences, de tous les beaux-arts, de tous les arts et métiers même les plus simples et les plus indispensables, et, par conséquent, l'immense attirail de nomenclatures qu'ils ont créées, et qui forment même aujourd'hui les deux tiers de la matière de nos Dictionnaires et de nos langues, l'homme primitif en face de la nature qu'il n'a pas eu le temps d'étudier encore, ayant à peine la conscience de son existence individuelle et distincte de cet océan de merveilles qui l'environne, se nourrissant de fruits crus, abrité sous des arbres, ne connaissant pas même l'industrie d'écorcher un animal pour se faire un vêtement de sa dépouille, et réduit à couvrir sa nudité de simple feuillage; l'homme, disons-nous, de ces époques primitives devait à coup sûr parler une langue qui fût à la hauteur de ses vêtements, de sa nourriture et de son habitation, énormément distante, par conséquent, du langage que parlèrent plus tard Moïse et David, Démosthènes et Cicéron.

C'est que, nous le répétons en terminant, la parole est un art analogue à tous les autres arts, ayant le même but : l'imitation; les mêmes moyens, les organes; le même berceau, l'instinct privilégié, l'intelligence de l'homme; le même âge, celui de l'humanité, ayant, par conséquent, des conditions identiques d'origine, de croissance et de développement. La parole, en un mot, n'est autre chose que l'*harmonie imitative*, c'est-à-dire la musique elle-même, comme l'écriture, cet autre art qui lui donne une forme visible, n'est autre chose que le hiéroglyphe, c'est-à-dire la *gravure imitative*, l'art du dessin lui-même. Parole et musique, écriture et peinture, ne sont que les formes, les manifestations diverses de ce grand tout que nous appelons l'*Art*, sphère sublime dans laquelle la créature s'exerce à imiter le Créateur, et à faire briller ce sceau divin qu'il reçut de lui avec le souffle de la vie.

ERRATA ET ÉCLAIRCISSEMENTS [1]

Pages	Lignes	
11	5	AJOUTEZ : Ou, enfin, ἀκτήρ, de ἄγω, pousser, lancer (par le vanneur).
11	30	pour, — LISEZ : par.
13	12	ἔκως, — LISEZ : εἰκώς.
15	22	AJOUTEZ : Ou bien, de αἴρω, enlever; on l'enlève, la sépare du blé.
20	14	ouï, — LISEZ : ouïe.
23	5	l'aor. 2, — LISEZ : l'aor. 1 passsif.
24	14	comme αἴρω, — LISEZ : signifiant comme αἴρω.
24	14-15	ἀρκέω, même ἀρήγω, — LISEZ : Ἀρκέω et même ἀρήγω.
25	28	AJOUTEZ : Ou bien, corruption de αὖλαξ, même signification.
27	21	molio, — LISEZ : molo.
29	27	AJOUTEZ : Ou, enfin, pour αἱμία; m. à m., la *sanglante*, la *sanguinolente*, à cause de la couleur de sang qu'a sa chair, contrairement à celle de la chair de la plupart des poissons, qui est blanche.
35	18	Prendre, obtenir, — LISEZ : Ou bien, prendre, obtenir, atteindre, et revient à αἴνυω, αἴνυμαι, prendre, enlever, et, par extension, tuer, détruire, etc.
36	22	AJOUTEZ : Ou bien, pour ἀπαρτάω, séparer, écarter; écart est synonyme de *erreur, faute, égarement.*
52	30	ἀφαρῶ, — LISEZ : ἀφαίρω.
55	30	AJOUTEZ : Voy. cependant l'article βαίνω.
56	23	AJOUTEZ : Les Hébreux avaient aussi l'onomatopée בוא.

---

(1) Le lecteur sera peut-être étonné de l'extraordinaire longueur de la Table des errata; je le prierai cependant de tenir compte des conditions singulières d'un travail dont l'originalité du plan et du but exigent un style *sui generis*, analogue à la bigarrure de langues et de caractères typographiques qui en forment la matière, matière d'ailleurs inépuisable, sur laquelle l'imagination et l'étude ne trouvent jamais leur dernier mot.

ANALYSE ÉTYMOLOGIQUE DES RACINES GRECQUES.

Pages	Lignes	
67	32	AJOUTEZ : Ou, enfin, un abrégé de l'adjectif λιβαρός, λιβρός, humide, coulant, fluide, dérivés de λείβω, et auquel on aurait ajouté le redoublement attique ou poétique.
70	13	AJOUTEZ : Ou bien, pour πυράζω, de πύρ, feu, brûler, être chaud ; βυράζω, d'où le latin *buro*, brûler.
72	2	AJOUTEZ : Ou, enfin, abrégé de λιβρότος, de λιβρός, humide, coulant, liquide.
73	14	βοβλός, — LISEZ : βολβός.
73	28	germe, — LISEZ : germé.
73	34	AJOUTEZ : Ou, enfin, pour βρύσα, de βρύω, foisonner, pulluler, pousser, produire en abondance les poils, cheveux, barbe et autres produits de l'épiderme.
75	31	La mauvaise humeur des belles-sœurs a formé un proverbe, — LISEZ : L'humeur querelleuse des personnes de ce degré de parenté a formé proverbe dans la langue espagnole et dans quelques autres.
77	30	גלל, גלה, — LISEZ : גלל, גלה.
78	19	ζυγόνος, — LISEZ : ζυγόνυ.
83	9	parfait, — LISEZ : parf. 2.
84	12	AJOUTEZ : Ou bien, composé de ἄγρα ou ἀγρός et ξίφος; m. à m., *couteau de chasse* ou *couteau champêtre*.
84	17	γερύω, — LISEZ : γηρύω.
85	35	נור, — LISEZ : גור.
91	9	cétacé, — SUPPRIMEZ la virgule.
93	30	comparatif, — LISEZ : adjectif.
107	32	*mores*, — LISEZ : *mos*.
114	10	préserver, — LISEZ : pressurer.
114	16	tension, — LISEZ : extension.
116	28	AJOUTEZ : Ou, mieux encore, de εἰλέω ou εἰλύω, εἰλύθεις; m. à m., *tourner, retourner, revenir*.
120	23	être devant; *pares*, objet, vient, — LISEZ : être devant, *pares* : objet vient.
121	3	AJOUTEZ (après le mot musique) : Voy. Ἔρανος.
122	31	AJOUTEZ (après les mots du globe) : L'hébreu ארץ est lui-même composé de א article, et de רוץ, rompre; m. à m., la *rompue, brisée, triturée*.
124	10	ῥηγυύω, — LISEZ : ῥηγνύω.
125	27	AJOUTEZ : Les questions *surgissent, s'élèvent*; les Latins ont dit : *orta est lis*; de ὄρω, *orsus*.
127	21	ou de tirer, de, — LISEZ : ou de tirer de.

ANALYSE ÉTYMOLOGIQUE DES RACINES GRECQUES. 567

Pages	Lignes	
129	22	AJOUTEZ : Ou bien, de celle de foyer, car le foyer a été de tout temps et est encore de nos jours, chez le bas peuple surtout, la pièce principale, la pièce essentielle.
130	19	AJOUTEZ : *tranchant*.
134	10	AJOUTEZ : comme ἐλίσσω, entourer, envelopper.
155	2	AJOUTEZ : par opposition aux serviteurs et esclaves étrangers provenant de la conquête.
155	37	parf. 2 de, — LISEZ : du parf. 2, de.
158	6	AJOUTEZ : Ou bien, abrégé du composé de κατά et de ἔρα, terre, τεράω, θράω; m. à m., *terrasser, mettre à terre*. Ou, enfin, de στερεόω, τερεόω, θρόω, θράω; fixer, planter, placer, établir.
158	12	prénétrants, — LISEZ : pénétrants.
158	31	AJOUTEZ : Ou, enfin, abrégé de ῥυθριαι, de ῥυθηρ, ῥύω; m. à m., les *tireuses*, celles qui tirent le sort de l'urne.
160	24	AJOUTEZ : Ou, enfin, pour θύραν, ἄγω, pousser, battre, ou briser la porte.
160	30	dressé : ὀρθός, — LISEZ : dressé : ὀρθρύον.
161	10	παρθένος, ἀδμής, — SUPPRIMEZ la virgule.
167	8	AJOUTEZ : Ou bien, abrégé de ἐλιγδη, de ἐλίσσω, tournoyer, broyer en tournoyant, comme cela a lieu dans les mortiers.
167	10	AJOUTEZ : Ou bien, de ἴχω, aller, marcher; un bon jarret est un bon marcheur. Ou encore, de ἴζω, asseoir; ou abrégé de ἐλιγνύη, pli, rotation, repli, flexion, peut-être la *rotule*; ou mieux que tout cela, pour ἰδνύη, de ἰδνύω, ἰδνόω, courber, plier, fléchir.
171	22	étaient aussi des, — LISEZ : étaient aussi, sous ce point de vue, des.
172	14	et aux traités et pactes ; — LISEZ : aux traités et aux pactes ;
172	15	ἴω, — LISEZ : ἴω.
174	11	s'emblent, — LISEZ : semblent.
174	33	AJOUTEZ : Ou bien, de ἴω, aller ; m. à m., *allée, passage*.
179	4	ἴω, — LISEZ : ἴω.
181	5	AJOUTEZ : Or, la purification était comme une *rénovation*, une restauration, un renouvellement, une *initiation*, un nouvel état de l'objet ou de la personne purifiée.
184	9	AJOUTEZ : Remarquez que nous disons « le point du jour »; or, *pointer* est synonyme de *percer*.
186	9	κάμνο, κάμο, — LISEZ : κάμνω, κάμω.
189	26	AJOUTEZ : de α nég. et κείρω, couper, répondant exactement au mot *atome*, de α nég. et τέμνω, couper.
193	3	AJOUTEZ : ou σκάπτω.
196	31	AJOUTEZ : Ou bien, corruption du composé ἐκ οἴδημα; m. à m., *gonflement, tumeur*.

Pages	Lignes	
197	35	AJOUTEZ : Ou bien, de εἴκελος; m. à m., qui *ressemble, imite,* tels que perroquets, merles, pies, etc., qui imitent la parole et le chant.
200	8	verser l'eau dans, — LISEZ : verser l'eau ou tout autre liquide dans.
200	13	trait, pointe, — LISEZ : trait, pointe, de χέρας, corne.
200	32	χαράω, — LISEZ : χεράω.
201	22	AJOUTEZ : Ou, enfin, du sémit. סכ, creux, cavité, qui a donné le latin *caput*, le limousin *cap*, l'espagnol *cabeza*, etc., etc.
201	26	AJOUTEZ : Ou, enfin, de ἀκή, pointe, tranchant; m. à m., *percer, trancher, piquer*.
202	27	A moins qu'on ne préfère, — LISEZ : A moins que, sous ce dernier rapport, on ne préfère.
203	22	ou mieux encore que tout cela, pour, — LISEZ : ou encore pour.
205	23	AJOUTEZ : Ou, mieux encore, appuyée sur le bras et la poitrine, pour χειθαρα, de χεῖμαι, être posé, appuyé, comme l'était, en effet, la guitare, d'où l'épithète que lui donne Homère dans l'hymne à Mercure, v. 433, où il l'appelle ἐπωλένιον, *appuyée sur le bras*, comme le sont, en effet, la guitare, la lyre, le violon, etc., etc.
206	12	figure qui, — LISEZ : figure (taille de guêpe) qui.
209	31	AJOUTEZ : Ou, mieux encore, abrégé du composé de ἐκ et ἰχώρ, sérosité, humeur aqueuse, suc, jus ; ce qui est caractéristique de cette famille de plantes.
210	7	AJOUTEZ : ce qui revient à la première étymologie que j'ai assignée au mot en question.
213	19	*Eneuis,* — LISEZ : *Cneius.*
214	12	au lieu de virgule, — METTEZ deux points après le mot chassie.
222	5	Ou le grec ἄγω, — LISEZ : Ou comme le grec ἄγω, synon. de κομίζω.
223	17	renserver, — LISEZ : renverser.
226	26	synonyme de, — LISEZ : symbole de.
226	31	AJOUTEZ : Ou bien, à cause de l'analogie au bec recourbé de cet oiseau.
227	20	merle. En attique, — LISEZ : merle, en attique;
229	2	et dans l'origine des coquilles, — LISEZ : et dans l'origine, des coquilles.
229	29	AJOUTEZ : Ou, enfin, simple onomatopée.
231	33	AJOUTEZ : Ce verbe pourrait être comme κράζω, une simple onomatopée.
232	23	AJOUTEZ : Ou métathèse de χρημηθον, de χρημάω; m. à m., *suspendu* (aux rochers peut-être).
232	24	AJOUTEZ : Ou bien, transposition de χρημηθος, de χρημάω; m. à m., *suspendu* (aux rochers).

ANALYSE ÉTYMOLOGIQUE DES RACINES GRECQUES. 569

Pages	Lignes	
232	28	AJOUTEZ : Ou bien, pour ἐκ ῥήγμενος; m. à m., *rompu, abrupte*, (*rumpo*).
233	33	l'orge en graine, — LISEZ : c'est l'orge en graine.
234	24	La seconde peut fort bien, — LISEZ : La seconde étymologie peut fort bien.
236	29	AJOUTEZ : Ou bien encore, à ἐκ ῥέω ou ῥόω; m. à m., *écoulement*, comme son synon. κρήνη; en latin, *fons*, fontaine, de *fundo*, verser, écouler.
239	33	AJOUTEZ : précédés de la prépos. ἐκ.
241	2	AJOUTEZ : A moins qu'on ne préfère y voir le sémit. כול, le même que כור, tourner.
241	20	AJOUTEZ : Ou pour ὠκύνδαλος, de ὠκύς, aigu, pointu, et δαλός, brûlé. C'est-à-dire, endurci au feu, demi-carbonisé, pour le rendre dur et incorruptible.
241	23	AJOUTEZ : Ou mieux, pour ὠκυνέω, de ὠκύς; m. à m., rendre la bouche *pointue, aiguë*, faire la *petite bouche* (*osculum* en latin, diminutif de *os*).
241	27	AJOUTEZ : Ou un abrégé du composé ὠκυπρήσσιος, de πράσσω et ὠκύς; m. à m., *fait en pointe*; ou ὠκύπερας, *extrémité pointue, aiguë*.
245	10	cacher, contenir, renfermer, — LISEZ : cachant, contenant, renfermant.
245	14	AJOUTEZ : Ou, enfin, abrégé de ὀγκώθων, de ὀγκόω, gonfler, enfler, grossir.
245	21	κυκύω, — LISEZ : κοκκύζω.
245	36	AJOUTEZ : Ou mieux peut-être, à l'abréviation de ὀγκῶλον, du verbe ὀγκόω; m. à m, le *gonflé*, le *grossi*, l'*enflé*.
247	12	AJOUTEZ : Ou bien, abrégé de ὀγκιώνωψ, de ὀγκόω et ὄψ ὀπή, voix, *voix gonflée, grossie, renflée*, comme celle des bourdons et grosses mouches.
247	28	AJOUTEZ : Tous ces caractères alphabétiques avaient la figure de coins, de clous, de massues.
247	34	AJOUTEZ : On peut, néanmoins, supposer dans ce verbe un abrégé de ὀγκοτίλλω, verbe formé de ὀγκοτός, enflé, gonflé, grossi, exagéré (dans ses paroles), comme le sont les flatteurs et cajoleurs.
250	1	*In gurgite*, — LISEZ : (*in gurgite*) :
250	4	εκαίος, — LISEZ : σκαιός.
250	13	AJOUTEZ : En supposant λαῖφος dérivé de λάπτω, nous aurions un habit *mangé, rongé, rogné* par l'usage.
251	25	le latin *turba, populus*, de πολέω, synon. de εἰλέω ainsi que τρέπω,

ANALYSE ÉTYMOLOGIQUE DES RACINES GRECQUES.

Pages	Lignes	
		— LISEZ : le latin *turba*, de τρέπω, *populus*, de πολέω, synon. de εἰλέω.
252	17	λάβρας, — LISEZ : λάβρος.
254	1	Λάτρις, — AJOUTEZ : λατρεύς, λάτρης, λατρεία, λατρεύω. Toute cette famille de mots provient de l'abréviation de δουλά^ρις, δουλατρεύς, δουλατρεύω, etc., de δοῦλος, serf, esclave, serviteur, domestique : un *serviteur* de Dieu est un *adorateur* de Dieu.
257	5	AJOUTEZ : A moins qu'on ne veuille y voir le sémit. לפת, incliner, fléchir, retourner, comme, en latin, *verso* et *verto*, tourner, retourner, renverser, verser ; pour verser un vase, il faut, en effet, l'incliner, le retourner.
257	8	souche, — LISEZ : touche.
257	20	plainier, — LISEZ : planities.
258	18	asseoir ; — METTEZ : virgule au lieu de point et virgule.
258	20	décorce ; λέπος, — LISEZ : décorce, λέπος ; ou bien.
261	7	pas. Αλάω a priv., — LISEZ : pas ; αλάω, de a priv.
261	33	AJOUTEZ : Ou, enfin, pour ἐλήμη ou εἰλήμη, matières, humeurs *prises, amassées*, ou *entortillées* aux cils, aux paupières.
262	33	Lybie, — LISEZ : Libye.
263	3	AJOUTEZ : et par les mêmes raisons climatologiques. Voy. le mot λίψ, page 267.
263	24	le précédent ἐλίζω, ou mieux, abrégé de ἐλελίζω, vibrer, retentir, — LISEZ : le précédent λίγγω. C'est, m. à m., toucher *un peu*, faiblement, légèrement. Ou peut-être, abrégé de ἐλελίζω, vibrer, retentir. Ou bien encore, de λεῖος, etc., etc.
265	9	AJOUTEZ : En français, nous avons *pileux*, abondant en cheveux, et *pelé*, manquant de cheveux.
267	5	Après le mot « préférence », — AJOUTEZ : dans la première enfance surtout.
267	8	AJOUTEZ : Voy. le mot Λιβύη.
267	18	AJOUTEZ : Ou, mieux peut-être, abrégé du composé ὀλοίαγω, de ὀλοός, ὀλοίος et ἄγω ; m. à m., qui pousse au malheur, qui porte au malheur.
267	24	AJOUTEZ : A moins qu'on ne préfère y voir l'abrégé du composé ὀλοιοδορος, qui *donne malheur*, ou ὀλοδορος, *don nuisible*.
267	28	AJOUTEZ : Ou bien, est-ce un abrégé de ὀλοιμος, du verbe ὄλλυμι ; m. à m., *perte, ruine*.
268	22	AJOUTEZ : Rappelons-nous les chiens *couchants*.
269	8	. De λύγη, λυγρός, — LISEZ : , de λύγη, λυγρός (ponctuation à rectifier).
271	3	μόλοψ, — LISEZ : μώλωψ.

ANALYSE ÉTYMOLOGIQUE DES RACINES GRECQUES.

Pages	Lignes	
277	4	, plante emolliente, — LISEZ : . Plante émolliente (ponctuation à rectifier).
278	12	. Il ne serait, — LISEZ : , π ne serait (ponctuation à rectifier).
279	21	AJOUTEZ : Sous ce point de vue πνευμαστεύω, flairer, pourrait encore jouer ici son rôle.
280	8	C'est à la famille, — LISEZ : C'est à la même famille.
280	18	AJOUTEZ : Ou, enfin, cet adverbe, ainsi que les mots de l'article précédent, μάτη, μάτιη, ne sont-ils que μάρτην, μάρτιη, abrégé de ἄμάρτην, du verbe ἀμαρτανω, errer, manquer, être en défaut, être frustré.
280	35	AJOUTEZ : C'est *être aux prises, s'en prendre à, se prendre* de querelle avec quelqu'un, locutions françaises analogues. Voy. μάρναμαι.
283	16	AJOUTEZ : A moins que ce ne soit un abrégé de χειμελαθρον, de χεῖμαι, être assis, posé; m. à m., *assise*.
283	21	AJOUTEZ : Probablement, ce verbe ne s'applique-t-il d'abord qu'à la fonte et préparation du miel et de la cire, qui a lieu, en effet, au moyen du feu.
283	35	AJOUTEZ : et μέρδω, priver, pour ἀμέρδω.
287	9	avec celle, — LISEZ : avec celui.
290	20	ἐρείγω, — LISEZ : ἤρειγα.
291	17	se connaît, — LISEZ : se conçoit.
295	26	AJOUTEZ après algues ; : telle, par exemple, que les algues et fucus auxquels doit la mer Rouge son nom, qui en grec est ἐρυθρεα.
296	26	coit, coire (cum eo), — LISEZ : *coitus, coire (eo cum).*
297	26	Sicilien), — LISEZ : Cilicien ou Lydien).
297	28	μομβδυλος, — LISEZ : μοβδυλος.
297	34	et se met en contact, — LISEZ : et au moyen desquels se met en contact.
300	2	μόος, — LISEZ : ὁμός.
301	34	AJOUTEZ : Ou bien encore, pour μυχδάω, de μύγδος ou μύχδος, dérivant de μῦχος, mucosité, glaire, viscosité, moisissure.
303	31	tourner avec, (remarquez l'analogie), de *versor* et εἰλέω, — LISEZ : tourner avec. (Remarquez l'analogie de *versor* et εἰλέω.)
304	17	tamarix, — LISEZ : tamaris.
304	29	P pour λ, — LISEZ : ρ pour λ.
305	4	Ou bien, abrégé de, etc...., etc...., — SUPPRIMEZ ces deux lignes.
307	29	χῶμος, — LISEZ : μῶχος.
311	5	, de la même race, — LISEZ : ; ou bien de la même race.
312	4	il est arrivé », — AJOUTEZ : récemment ».

Pages	Lignes	
312	36 et 313	1 et 2 en hélice. Les Espagnols disent *hilo*, le tordu, retors, d'où *filum*, εἰλέω, tourner; le fil n'est qu'une matière tordue. Et de plus il y a le tour du fuseau où il *s'enroule*, — LISEZ : en hélice; et de plus il y a le *tour* du fuseau où il *s'enroule*. Le latin *filum*, le franç. *fil* et l'espag. *hilo* viennent tous du grec εἰλέω, attique εἰλέω; le fil n'est qu'une matière *tordue*.
313	10	n'est autre que la négation ἄν, α, LISEZ : n'est autre que l'abrégé de la négation ἄν, α.
313	12	ou bien de contraction, — LISEZ : ou bien, pour éviter la contraction.
313	13	de ἄν ἐά; m. à m., laisse, — LISEZ : de ἄν ἐά; laisse, omets,
316	1	cuphorbe, — LISEZ : euphorbe.
316	20	Lybie, — LISEZ : Libye.
321	5	rassembler, — LISEZ : ressembler.
322	17	ce peut encore être βοολός, — LISEZ : ce peut encore être une métathèse de βοολός.
327	2	des Ioniens, — AJOUTEZ : ou bien des Phéniciens.
327	17	βέολς, — LISEZ : βέλός.
328	28	AJOUTEZ : Ou, enfin, pour ὀλκέλω, dérivant de ὀλκός, sillon, traînée, et même port, chantier sur lequel on *trainait* les navires, on les *retirait* pour le carénage et le repos. Le double λ aurait remplacé l'esprit rude du ὁ initial de ὀλκός.
330	37	AJOUTEZ : surtout pour les tourneurs, charrons et ébénistes.
333	5	ὁμός, — LISEZ : ὁμός.
333	26	*cum-primo*, — LISEZ : *cum-premo*.
335	35	La seconde, c'est ὄνος, — LISEZ : La seconde étymologie serait ὄνος.
335	36	dans le pays, — LISEZ : dans les pays.
336	34	*noseo, cognoseo*, — *nosco, cognosco*.
337	8	ὄννος, — LISEZ : ὄνος.
337	19-20	analogues, — LISEZ : analogue.
337	36	de *respicio*, regard, en latin, *attendo*, — LISEZ : viennent du latin *respicio, attendo*.
339	5	AJOUTEZ : avec ὄπτομαι.
341	14	serre, — LISEZ : série.
342	27	ὀρόρυς, — LISEZ : ὀρόρος.
343	33	AJOUTEZ : La danse en rond, en cercle, c'est-à-dire en chœur, était plus en usage dans l'antiquité qu'elle ne l'est de nos jours.
345	3	AJOUTEZ : A moins qu'il ne soit pour ἔσπριον, de σπείρω, semer, ensemencer; m. à m., *semences*, graines, en espag., *simientes*.
345	23	Le français *vrille*, etc., etc., — RAPPORTEZ ces deux lignes à la ligne 20ᵐᵉ, après les mots (rouler, tournoyer, enrouler).

ANALYSE ÉTYMOLOGIQUE DES RACINES GRECQUES. 573

Pages	Lignes	
345	28	Voy. le mot précédent, — LISEZ : Voy. le mot suivant.
346	6	πλεῦρον, — LISEZ : πλευρόν (πνευρόν), qui, etc.
347	29	AJOUTEZ : A moins qu'il ne vienne de αὐλός ou αὐλή, ou même αὖλαξ, sillon, canal, fente, rayure, creux comme l'est en quelque sorte une cicatrice.
348	29	εὖρον, — LISEZ : εὕρον.
354	8	plan, — LISEZ : pan.
354	20	τροπαλιεύω, — LISEZ : τροπαλεύω.
356	5	AJOUTEZ : comme le sont, en effet, les aigrettes et les plumets.
356	7	AJOUTEZ : Ou abrégé du composé ἐπί ou ἀπό et ὀπταίνω, voir, regarder. Ou, enfin, de πταίω, πταίνω, battre, frapper, choquer; les yeux, la vue *frappent* et sont *frappés* par les objets.
357	22	et presque tous, — LISEZ : et même presque tous.
362	2	veultas, — LISEZ *vueltas*.
363	12	se poussent, s'étendent, se répandent, — LISEZ : se poussant, s'étendant, se répandant.
363	24	AJOUTEZ : Voy. le mot πελός.
364	31	plein, — LISEZ : plan, plat.
365	9	approcher de ce qui vient, advient, survient, arrive, est, approché, — LISEZ : approcher de. Ce qui vient, survient, advient, arrive, approche est effectivement *ce qui est, ce qui existe*.
366	26	comme grec, — LISEZ : comme le grec.
368	30	AJOUTEZ : Ou bien, de ὑπέρ εἰμί, être haut, supérieur; c'est le *haut* de la jambe, sa partie *supérieure*. Ou encore, de περί ἴω, περίνη; m. à m., *la marcheuse*, le membre *marcheur*.
369	18	sort, — LISEZ : sert.
370	31	ou de la chose sautante, — LISEZ : , un vrai *spasme* de l'objet sautant.
372	3	m. à m., *sub posés*, — LISEZ : m. à m., *substituant* ou *substitués*, *sub posés*.
372	11	AJOUTEZ : Le σ initial est un reste de la préposition ἐς.
375	22	AJOUTEZ : La première étymologie supposerait un abrégé de ὄπισος.
377	24	AJOUTEZ : qui sont aussi des mesures agraires.
379	19	de l'hébreu נפשׁ, — LISEZ : du sémit. נפשׁ.
380	14	rassembler, — LISEZ : ressembler.
383	11	AJOUTEZ : A moins qu'on ne préfère y voir βόρχος, βόριχος, de βόρος, abrégé de βόρβορος; m. à m., *fangeux, bourbeux, boueux*, se vautrant dans la boue.
384	11	AJOUTEZ : sous-entendu τίς, τί, τίνος, etc., en quel lieu, de quelle manière.
384	17	Neptune pourrait être aussi διοποζω, — LISEZ : Neptune pourrait

Pages	Lignes	
		peut-être aussi devoir son nom grec à l'abrégé du composé de δεσπόζω et ὕδωρ.
385	29	AJOUTEZ : Voy. πίω et πίνω.
385	30	παραυς, — LISEZ : παραος.
388	8	AJOUTEZ : D'où le latin *ilex*, du grec εἰλέω, tordre, tourner.
388	32	εἶκα,..... ἵημι, — LISEZ : εἶκα,..... ἵημι.
397	15	πῶρος sera un, — LISEZ : πῶρος, dans sa signification de tuf, marbre, sera un.
398	1	ou ὅρα, — SUPPRIMEZ ces deux mots.
402	8	AJOUTEZ : Notre mot *parole* vient de παραβολή, de παραβάλλω, *jeter, lancer, émettre auprès* ou *en avant*. Dans l'écriture hiéroglyphique, la parole était représentée par des gouttes d'eau, c'est-à-dire, par un *écoulement*. Le latin *sermo* vient lui-même de *sero*, semer, répandre.
402	12	AJOUTEZ : Ou bien, εἴρω, lier, nouer, unir la parole, παραβολή, *juxta-position, construction*, union, συλλαβή (σόν λάβω), de syllabes et de mots, comme le latin *sermo* tient peut-être à σειρά, chaîne, enchaînement, *série* (ἐς εἴρω), *liaison* de syllabes et de mots et de phrases.
403	34	SUPPRIMEZ les mots « d'où en abrégeant », et RAPPORTEZ-LES à la ligne suivante, devant les mots « il nous resterait ῥάπτω, etc..... »
412	6	conjonction σύν, — LISEZ : prépos. σύν.
414	2	AJOUTEZ : Ou, pour σραπος, abrégé du composé de ἐς et ῥάπτω, coudre, rapiécer, rapporter, adapter, ajuster les pièces de bois.
416	19	Ou bien, ventilé, aéré, exposé à l'air, au vent, — SUPPRIMEZ ces mots.
416	32	*fuglor*, — LISEZ : *fulgor*.
418	13	AJOUTEZ : (comme *blatte*, de βλάπτω, nuire, gâter, détruire, abîmer).
420	16	que πσήν, — LISEZ : que ψήν ou πσήν.
420	19	futur ἔσω, — LISEZ : futur inusité ἔσω.
420	28	AJOUTEZ : Ou bien, est-ce pour ἐς et θείνω, frapper, battre, atteindre, c'est-à-dire, qui *frappe au but*, qui *porte*, qui *atteint*, efficace, capable, qui *frappe fort et juste*.
422	9	aura été importée, — LISEZ : en aura été importée.
422	9	comme elle le fut, en Italie, de Carthage, — SUPPRIMEZ les virgules après *fut* et après *Italie*.
422	15	ἴδηρος, εἴδω, — LISEZ : ἴδηρος, de εἴδω.
428	12	AJOUTEZ : de δείκω, montrer, paraître.
428	27	AJOUTEZ : pour ξάλλω.
428	31	σαλύπτω, — LISEZ : καλύπτω.
430	6	comme ἐξ, de ἔδος, sol, — LISEZ : comme ἐξ ἔδος, *du sol*.
435	23	AJOUTEZ : Ce verbe pourrait avoir la même origine que σκυθρος,

ANALYSE ÉTYMOLOGIQUE DES RACINES GRECQUES.

Pages	Lignes	
		avec lequel il a un air de famille. Ou bien, de ἐς et καύω, chauffer, brûler.
436	5	AJOUTEZ : Ou bien, de καύω, chauffer, brûler, précédé de la prépos. ἐς; c'est l'âge de la chaleur, de l'ardeur, du feu des passions.
436	9	AJOUTEZ après les mots (*fructus de fero*) : Voy. plus bas σκύμνος.
442	11	Après le mot « libéral », — AJOUTEZ : de σπάω, allonger, étendre.
442	12	RETRANCHEZ les mots : de σπάω, allonger.
443	27	excrément, liquide, — SUPPRIMEZ la virgule entre ces deux mots.
448	37	10 ou 12 barriques, — LISEZ : 5 ou 6 barriques.
450	29	στρέγγω, — LISEZ : στρεύγω.
455	21	AJOUTEZ : Ou bien, des deux verbes τορεύω et ἄγω.
457	30	AJOUTEZ : L'abrégé σεί serait devenu σύ.
458	24-25	avec (*ab æquo*), également. Ou, si l'on veut, — LISEZ : avec (pour aveque, *ab æquo*), également; ou, si l'on veut,
458	36	συρτός, train, — LISEZ : συρτός, traîné ;
459	20	AJOUTEZ : A moins qu'on ne préfère y voir un dérivé de σφεδανός, vif, prompt, rapide ; la *vivacité* est la cause de l'emportement, de l'irritabilité. Ou, enfin, de σφοδρός, véhément, violent.
461	8	AJOUTEZ : Ou bien, pour σπέλμα, de πάλλω; c'est le pédoncule qui se meut et s'agite, comme celui des pommes et des poires, nommé précisément πέλμα.
463	32	entrepèndre, — LISEZ : entreprendre.
466	11	AJOUTEZ : A moins qu'il ne soit simplement le sémit. חמם, finir, terminer, cesser (*cædo, cesso*, couper et finir).
469	31	Ou bien, de κεντείρω, — LISEZ : pourrait bien venir de κεντείρω.
469	32	AJOUTEZ : Ou bien, de στερέω, stériliser, priver de, frustrer, inutiliser.
470	13	AJOUTEZ : Ou, tout simplement, le même que στέλλω, émettre, produire, envoyer, pousser, dont on aurait retranché la première lettre σ.
471	1	*sas cabos*, — LISEZ : *sus cabos*.
474	2	AJOUTEZ : Ou mieux, peut-être, pour στερέσω, de στερέω, stériliser, priver de (l'eau), ce en quoi consiste le desséchement.
476	14	AJOUTEZ : Ou bien, simplement, le même que στάζω, dont il ne serait qu'une variante.
477	2	de τάπω, — LISEZ : de τάμω.
477	25	AJOUTEZ : La première syllabe τη pour τα serait un reste de la préposition κατά, dont le verbe aurait été composé : τατάω, τητάω.
479	29	AJOUTEZ : comme en latin *senex, senior*, d'où seigneur, sénateur, de σεμνός, vénérable, auguste, σέβω, vénérer, respecter.

Pages	Lignes	
481	20	AJOUTEZ : D'où μιτολοϐος, ou μοτολοϐος; m. à m., *lobe*, globe, peloton de filasse.
493	31	ὑϐφένθος, — LISEZ : ὑϐρένθος.
494	25	, *dulcis*, de (δεῦκος, doux), — LISEZ : tandis que son opposé est *dulcis*, de (δεῦκος, doux), etc., etc.
498		Cette page doit commencer ainsi :

Ὕπνος, sommeil, assoupissement. Paraît venir de ἱπός, charge, poids, fardeau, pesanteur. Ou bien, de ὑπό, sous, dessous, succombant, soumis, subjugué, ὑπηνός : le sommeil *accable, appesantit, alourdit;* on est *pressé, accablé, subjugué* par le sommeil ; ἱπόω, presser, fouler, accabler ; ἶπνος, accablement, poids, pesanteur (du cerveau), cause naturelle du sommeil.

Au lieu de ἴπω, on pourrait supposer κύπτω, courber, fléchir, accabler, d'où κύπνος ; le sommeil fait fléchir, courber, incliner le corps et la tête. Νευστάζω signifie sommeiller, dormir, c'est-à-dire, proprement, *pencher, incliner* la tête, ce qui est le signe du sommeil.

Ou, enfin, pour ὄπνος, de ὀπή, vue, et ὄπτομαι, voir ; c'est proprement la *vision*, de la même famille que le latin *opinio*. Ὄπνος serait la *vision*, le *rêve* (revue), et *opinio*, la *manière de voir* les choses.

Ὑπό, sous, dessous. Cette préposition tient probablement au verbe κύπτω, courber, d'où κυπό (l'aspiration du ὑ remplace le κ initial), et signifierait proprement *courbé*, parce que la courbure est, en effet, le résultat ordinaire de la *position inférieure* sous un poids quelconque. On se.. , etc..., etc... (Le reste de la page doit rester tel qu'il est.)

499	1	ὕσγε, — LISEZ : ὕσγη.
499	9	pluie de flèches, — LISEZ : grêle de flèches
511	31	en espag., *desprenderse*, — RAPPORTEZ ces trois mots à la ligne précédente, après les mots « *se déprendre* ».
512	3	AJOUTEZ : Ou bien, à qui l'on a *tiré, étiré, retiré* la peau, ἀφ' ἕλκω.
512	20	Ou mieux peut-être, — LISEZ : Ou bien peut-être.
521	5	lâchent, relâchent, — LISEZ : se lâchent, se relâchent.
525	25	ἦσθα, — LISEZ : ἔσθαι, infin. aor. moyen.
529	31	AJOUTEZ : Χορός pourrait encore être une métathèse de ὄρχος, rang, rangée, file, enclos, enceinte, cercle, rond, comme l'est, en effet, le chœur ou *danse en rond*. Ὀρχέομαι signifie de même danser, sauter.
539	19	AJOUTEZ : On pourrait aussi voir, dans Ὠκεανός, un composé de ὠκύς et de νάω, couler ; il y aurait ainsi une métathèse de Ὠκεναός.
553	17-18	par les yeux et l'ouïe, dans la musique, — LISEZ : par les yeux, et par l'ouïe dans la musique (ponctuation à rectifier).